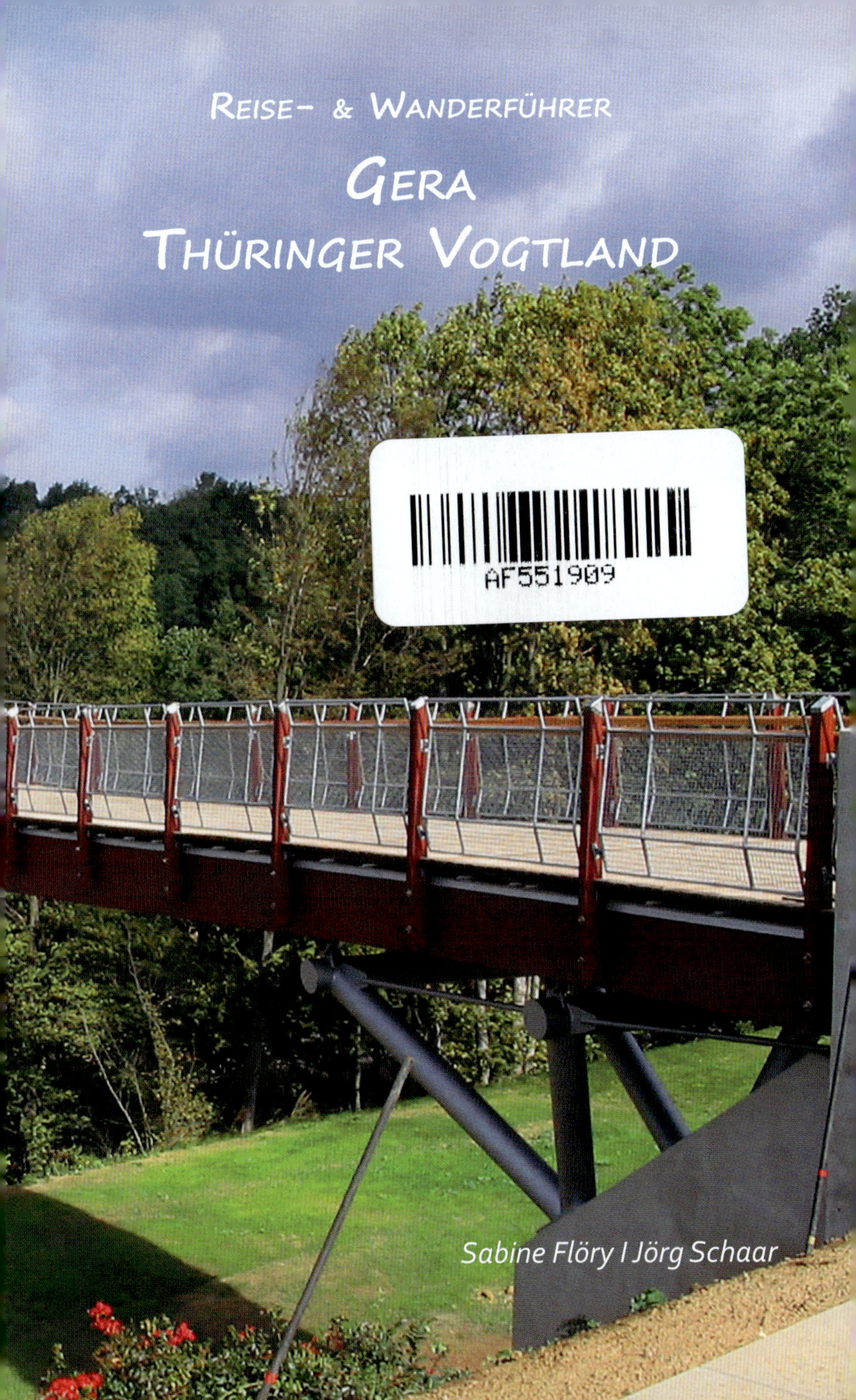
Reise- & Wanderführer
Gera
Thüringer Vogtland
Sabine Flöry | Jörg Schaar

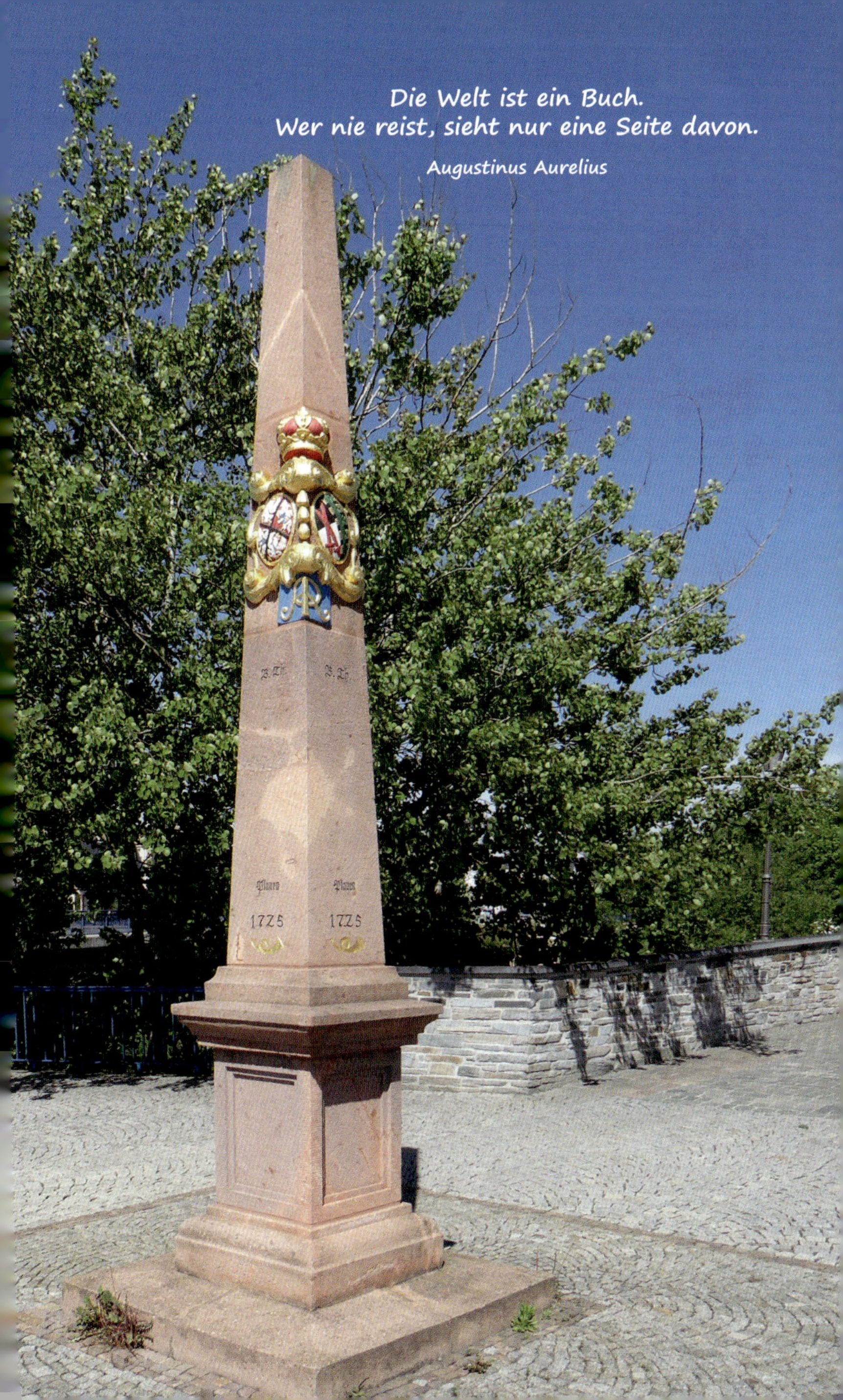
Die Welt ist ein Buch.
Wer nie reist, sieht nur eine Seite davon.
Augustinus Aurelius

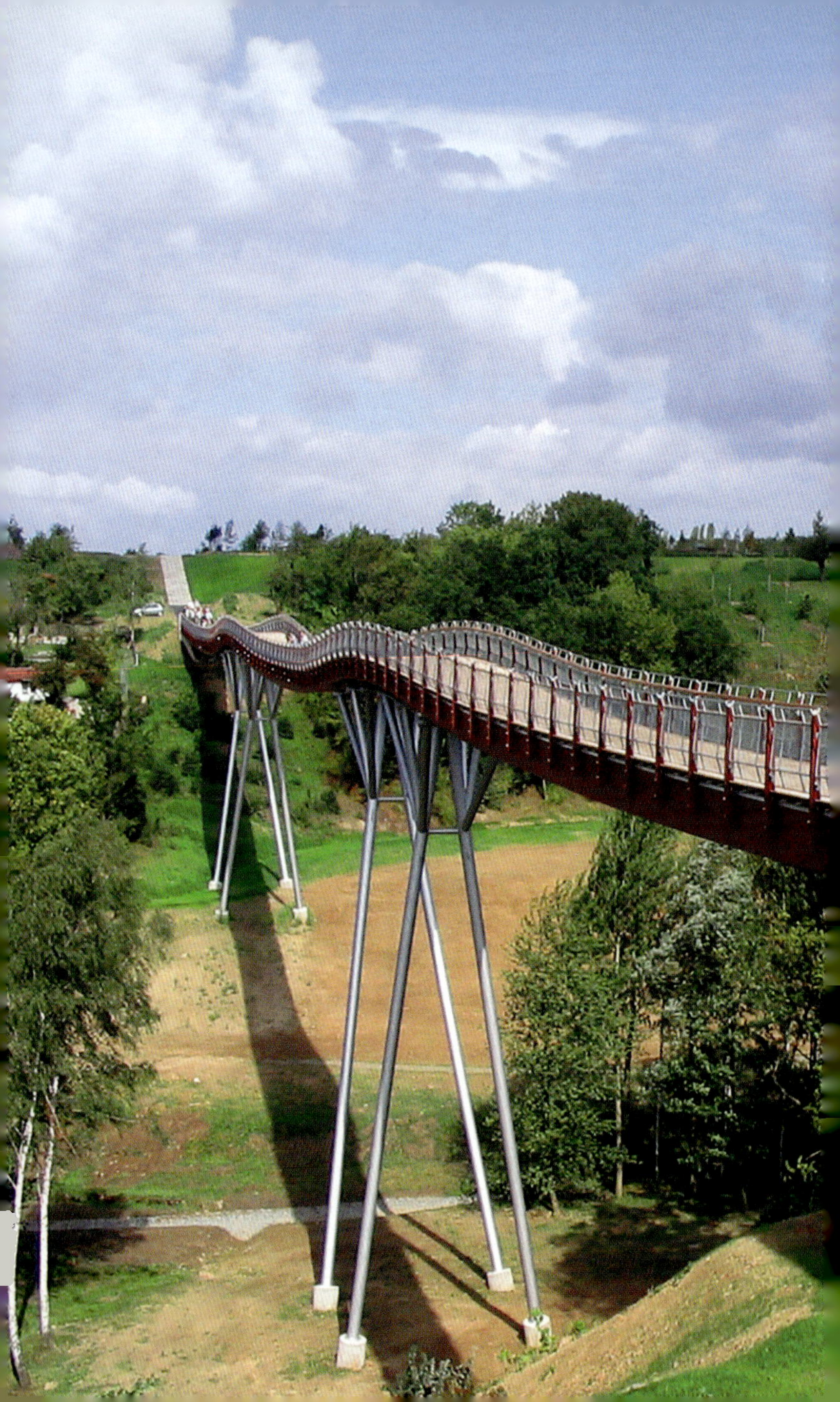

Um zu begreifen, daß der Himmel überall blau ist,
braucht man nicht um die Welt zu reisen.
(Johann Wolfgang von Goethe)

Lernen Sie das Thüringisch-sächsische Vogtland, das Thüringer Meer und das Plothener Teichgebiet im Naturpark Thüringer Schiefergebirge und Teile des Holzlandes mit offenen Augen und mit offenem Herzen kennen! Lassen Sie sich ein mit allen Sinnen auf Land und Leute und Sie werden bereichert von Ihrer Reise nach Hause zurück kehren! Sie können ein Land am intensivsten durch den Kontakt mit den Menschen erleben und deshalb verbinden wir im vorliegenden Buch einen Reise- mit einem Wanderführer, damit Sie oft "nahe dran" sind an der Landschaft und ihren Bewohnern. Wir haben über die nach unserer Auffassung interessanten Städte, Sehenswürdigkeiten und Ausflugsziele viel Wissenswertes im Reiseteil und Infoteil des Buches zusammengetragen, damit Sie immer gut informiert und vorbereitet auf Ihrer Reise unterwegs sind. Statt einer Vielzahl Reise- und Wanderbücher alles in einem Buch - das ist das Ziel. Denn nur was man weiß, das sieht man...!

Der Reiseteil liefert Wissenswertes über die Sehenswürdigkeiten der Region - nicht nur für den Wanderer, sondern auch für den Auto-, Bus-, Rad-, Bahn- oder Kurreisenden.

Die 39 beschriebenen Wanderungen eröffnen Ihnen einen anderen Zugang zur Landschaft - zu Fuß wird der Tag langsamer und man hat Zeit, die Vielfältigkeit der Natur intensiver wahrzunehmen und auf sich wirken lassen.

Mit dem das Buch abschließenden ausführlichen Infoteil möchten wir Ihnen die Organisation und Durchführung Ihrer Reise erleichtern.

Ostthüringen und Westsachsen - warum schreibt jemand ein Buch darüber, oder andersrum gefragt, warum soll man in diesen Zipfel Deutschlands reisen, um ihn zu entdecken und zu erwandern, wo es doch so viele unglaublich exotische Reiseziele gibt? Nun, gerade im Vogtland ist der Himmel blau, sind die Wälder tief grün, sprudeln Flüsse und Bäche quicklebendig, warten Städte mit großem kulturellen Reichtum darauf, von Ihnen erkundet zu werden! Wir finden, nur wer die nähere und fernere Heimat kennt, wird die Fremdartigkeit ferner Reiseländer zu schätzen wissen.

Und schließlich ist Thüringen das Herz, sogar das "grüne Herz" von Deutschland. Die Bezeichnung erklärt sich aus dem Waldreichtum des Landes und aus seiner Lage in der Mitte Deutschlands - tatsächlich liegt der geografische Mittelpunkt der Bundesrepublik im nordwestlichen Thüringen.

Wir legen unseren Fokus auf den Osten des Landes, dahin, wo Thüringen und Sachsen zusammenkommen und stellen Ihnen im weitesten Sinn Gera und die anschließenden Landstriche vor. Ein heimliches Paradies, dessen Landschaft durch seine Gegensätzlichkeit bezaubert - dunkle Wälder werden abgelöst von kahlen Kuppen, auf ruhige Dörfer, in denen die Zeit stehengeblieben scheint, folgen kulturell reiche, lebendige Städte. Wälder - Wiesen - grüne Klöße - das Vogtland ist grün - immerhin haben an die 70 Orte das Wort - grün im Ortsnamen! Talsperren - Flüsse - Karpfen blau - das Vogtland ist blau! Fachwerkhäuser in schwarz-weißen - roten Ziegelsteinbrücken - gelber Raps - das Vogtland ist bunt! Und mittendrin liegt Gera, die Stadt, die von allem etwas abbekommen hat und die unserer Meinung nach kein beinahe weißer Fleck auf der touristischen Landkarte bleiben soll!

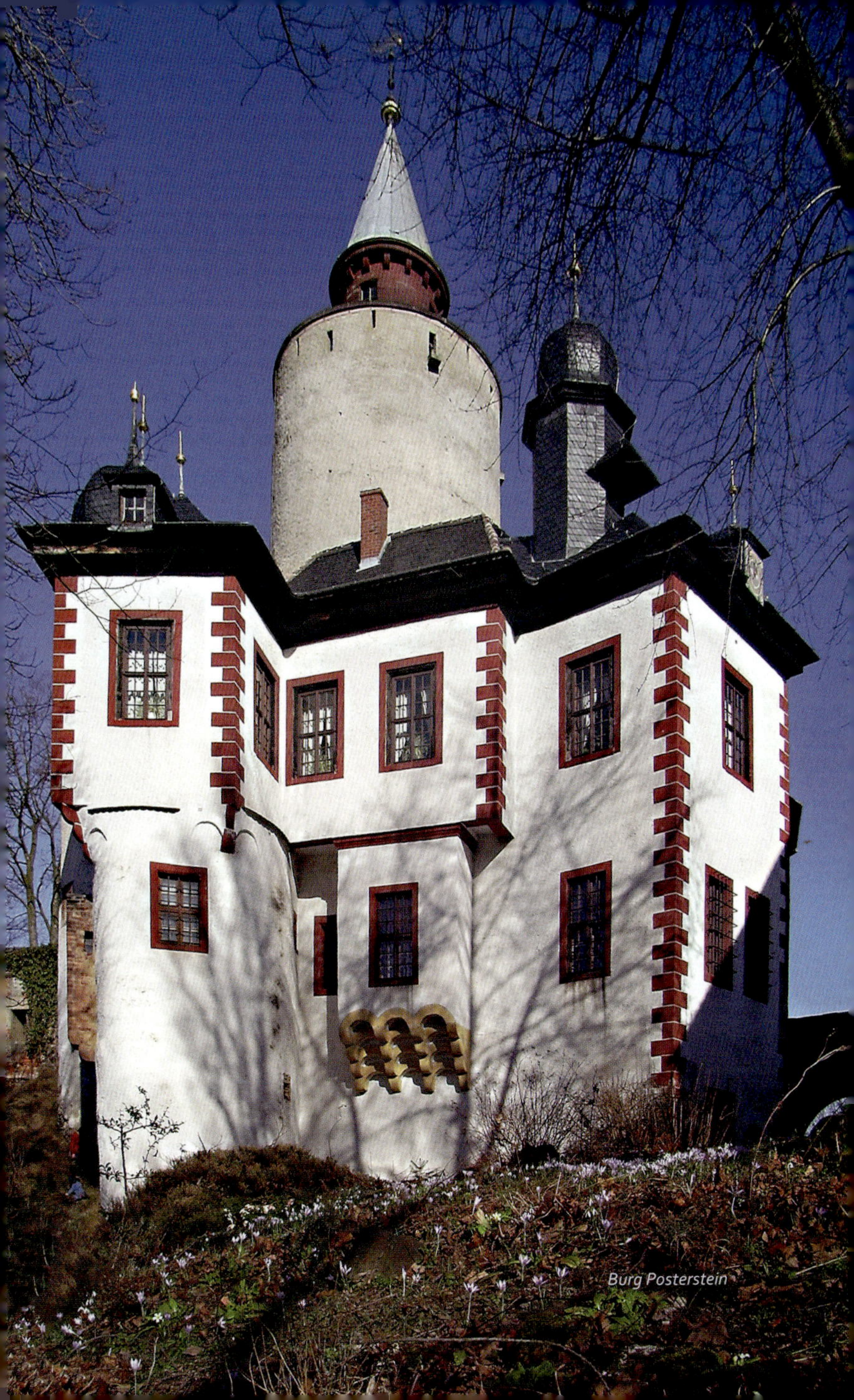

Burg Posterstein

Land & Leute

Gera & Thüringer Vogtland in Kürze

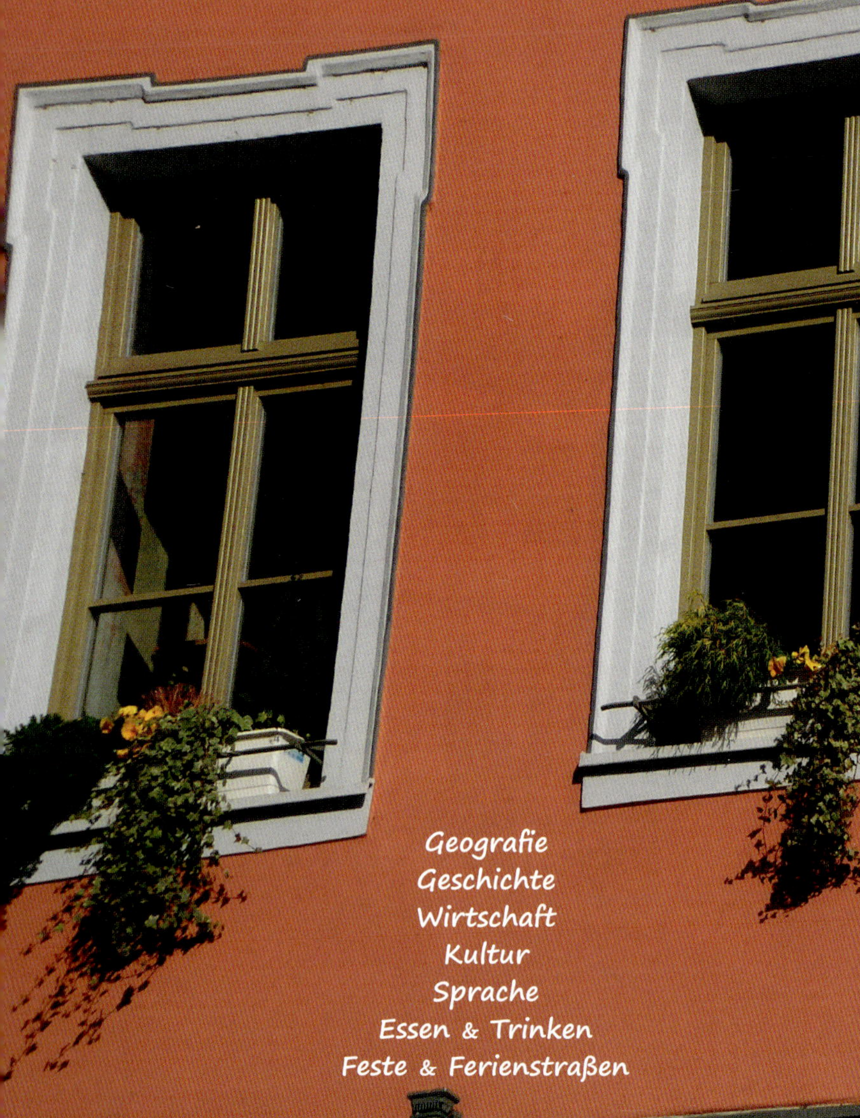

Geografie
Geschichte
Wirtschaft
Kultur
Sprache
Essen & Trinken
Feste & Ferienstraßen

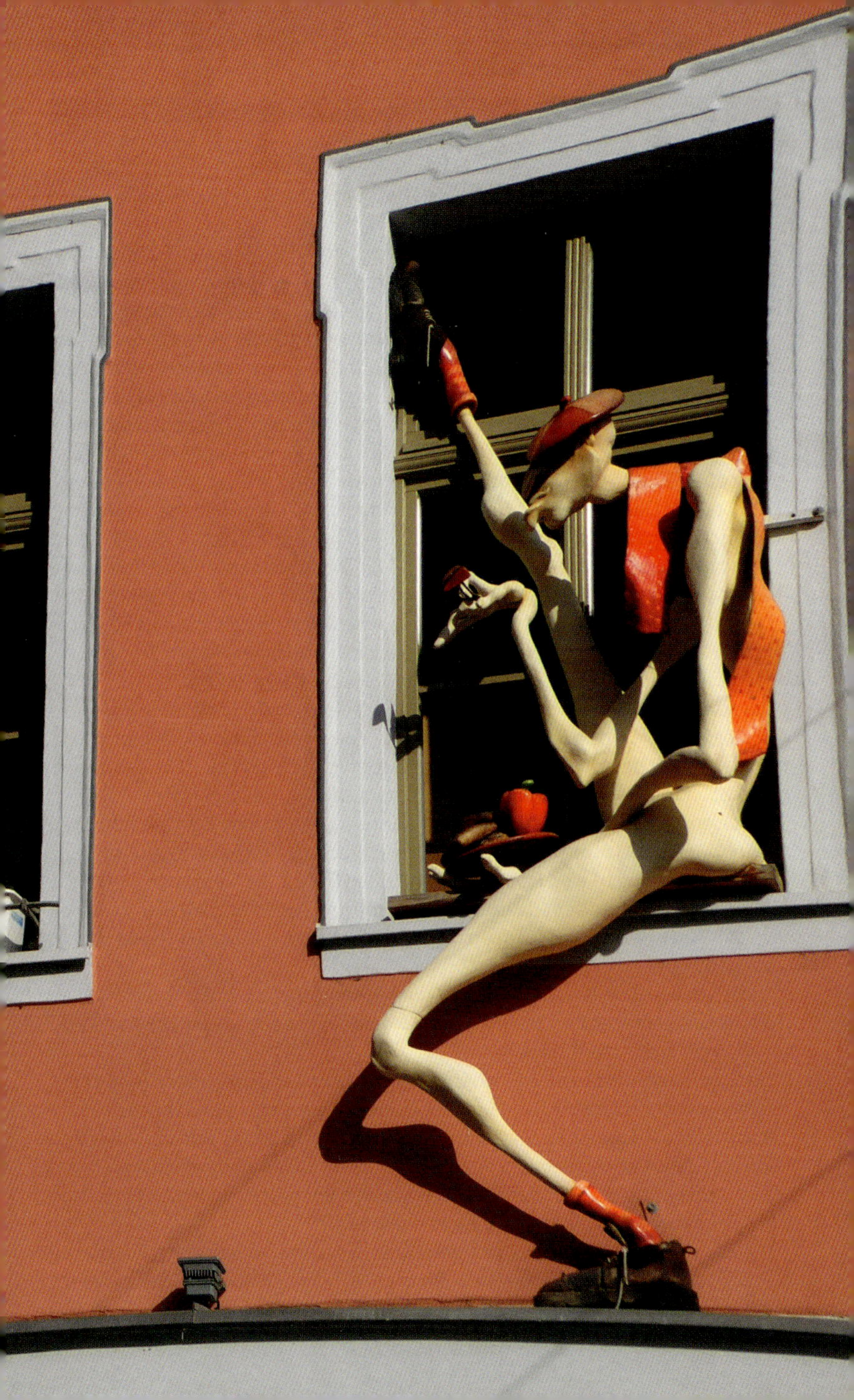

Geografie

Is dös a schö's Eckel, wie kaan's af der Welt,
Mir'sch nerngds net su wie in man'n Vugtland gesellt. (Louis Riedel)

Historische Landschaften wie das Vogtland stimmen in den wenigsten Fällen mit den heutigen Staaten und Bundesländern überein, und darum gibt es heute gleich vier "Vogtländer"! Das **Thüringer Vogtland** im Osten Thüringens von Schmölln über Greiz, Zeulenroda und Schleiz bis Lobenstein umfasst ungefähr ein Drittel des historischen Vogtlandes. Das **Sächsische Vogtland** schließt östlich an und ist im Wesentlichen identisch mit dem heutigen Vogtlandkreis mit Plauen als Kreisstadt (Autokennzeichen V). Das sächsische Vogtland gehört in seinem südöstlichen Teil zum Naturpark Erzgebirge/Vogtland.

Das **Böhmische Vogtland** *(tschech. Fojtsko)* meint die Region um Aš *(Asch)* mit den Orten Cheb *(Eger)*, Luby *(Schönbach)*, Hranice u Aše *(Roßbach)* und Kraslice *(Graslitz)*. Das nördliche Oberfranken mit Hof, Selb, Schönwald und Rehau bildet schließlich das **Bayerische Vogtland**.

Das vorliegende Buch beschäftigt sich mit dem Thüringer Vogtland und Teilen vom Sächsischen und Böhmischen Vogtland unmittelbar rechts und links der Weißen-Elster.

Die Landschaft des Vogtlandes ist abwechslungsreich: im Süden und Südosten zum Erzgebirge hin hat es Mittelgebirgscharakter mit den markanten Bergen Schneehübel (974 m), Aschberg bei Klingenthal (936 m) und Schneckenstein (883 m).

Das nördlichere Hügelland erhält sein Profil durch die Flusstäler der Weißen Elster und der Göltzsch. Die Überquerung dieser zum Teil tiefeingeschnittenen Täler erforderte den Bau mächtiger Brücken wie der Göltzschtalbrücke, die größte Ziegelsteinbrücke der Welt und deren „kleine Schwester", die Elstertalbrücke.

Die tiefen Kerbtäler boten auch ideale Voraussetzungen für den Bau von Talsperren als Trink- und Brauchwasserreservoir, die heute prächtige Erholungsgebiete sind: die Talsperre Pöhl (Trieb, ein Nebenfluss der Weißen-Elster), die Talsperre Pirk (Weiße Elster), die Bleilochtalsperre (Saale) und die Talsperre Zeulenroda (Weida). Zwischen den Flusstälern wellen sich walddurchsetzte Agrargebiete mit fast durchweg hohem Graslandandteil.

Südöstlich von Gera liegt flach geschwungenes, weitgehend waldfreies Ackerbaugebiet mit ausgedehnten Tagebaurestlöchern und Halden des ehemaligen Uranbergbaus, das Ronneburger Acker- und Bergland.

Eine Landschaft mit besonderem Reiz ist das Thüringer "Land der Tausend Teiche", das Plothener Teichgebiet, eine flachhügelige Hochfläche mit zahlreichen Teichen.

Auch unter der Erde ist im Vogtland was los, die Region gilt als eine der vulkanisch aktivsten Zonen in Mitteleuropa. Angenehmer Effekt davon sind heiße Quellen und Gasaustritte, die in den Kurorten Bad Elster und Bad Brambach mit der stärksten Radiummineralquelle der Welt ihre heilende Wirkung zeigen.

Mit den "großen Bäder-Geschwistern" Mariánské Lázně *(Marienbad)*, Františkovy Lázně *(Franzensbad)* und Karlovy Vary *(Karlsbad)* auf der böhmischen Seite bilden die beiden sächsischen Staatsbäder das Bäderfünfeck.

Geschichte

Vermutlich besiedelten im 7. bzw. 8. Jh. slawische Sorben das Gebiet um Gera. Weite Teile des waldigen Vogtlandes wurden erst im Zuge der hochmittelalterlichen Ostsiedlung im späten 11. & 12. Jh. urbar gemacht. Die Geschichte des Vogtlandes als politisches Gebilde beginnt im 12. Jh., als Kaiser Friedrich I. Barbarossa zur Sicherung seiner Herrschaft den Herren von Weida den Titel eines Vogtes verliehen hatte, die damit Verwalter seiner östlichen Reichsgebiete waren. **Vögte** vertraten den Landesherren, regierten und sprachen Recht in seinem Namen, waren für die Landesverteidigung zuständig und führten in Kriegen das Lehensaufgebot des Landes. Die älteste erhaltene Überlieferung des Namens Vogtland stammt aus einer Urkunde von 1343.

Obwohl sich das Stammhaus in drei Linien (Weida, Greiz, Gera-Plauen) teilte, die alle den Titel "Vogt" führten, stiegen die Vögte rasch in den Herrenstand auf. Kaiser Ludwig der Bayer bestätigte ihnen 1329 fürstengleichen Rang.

Die Schwellenlage des Gebietes zwischen Thüringen, Sachsen, Böhmen und Bayern war als viel bereistes Durchgangsland von Interesse für zwei mächtige Nachbarn: die Böhmischen Könige und die Markgrafen von Meißen. Verschiedene kriegerische Auseinandersetzungen führten ab dem späten 14. Jh. zu Besitzabtretungen und zum langsamen Niedergang der vögtischen Herrschaft. Den vogtländischen Fürsten blieben nur der Norden und Westen (Gera, Greiz, Schleiz), der Südosten kam an Böhmen, der Südwesten an die Burggrafen von Nürnberg und der größte Teil an die Markgrafen von Meißen, die späteren Kurfürsten von Sachsen.

1531 erlosch die Linie der Vögte von Weida, und 1550 starb die Linie der Vögte von Gera aus. Aus den Vögten von Plauen entstand das **Fürstengeschlecht der Reußen**, die 1673 in den Reichsgrafenstand und ab 1778 in den Reichsfürstenstand erhoben wurden. Sie hatten ihre Ländereien zeitweise in viele kleine Fürstentümer (Schleiz, Lobenstein, Ebersdorf, Hirschberg, Saalburg, Burgk, Dölau, Rothenthal) aufgeteilt. Ab 1848 traten sie als Fürstentümer **Reuß ältere Linie (Greiz)** und **Reuß jüngere Linie (Gera)** auf. Im November 1918 entstanden die Freistaaten Reuß ä. L. & Reuß j. L., die sich im April 1919 zum Volksstaat Reuß mit der Hauptstadt Gera zusammenschlossen und die 1920 im neu gebildeten Land Thüringen aufgingen.

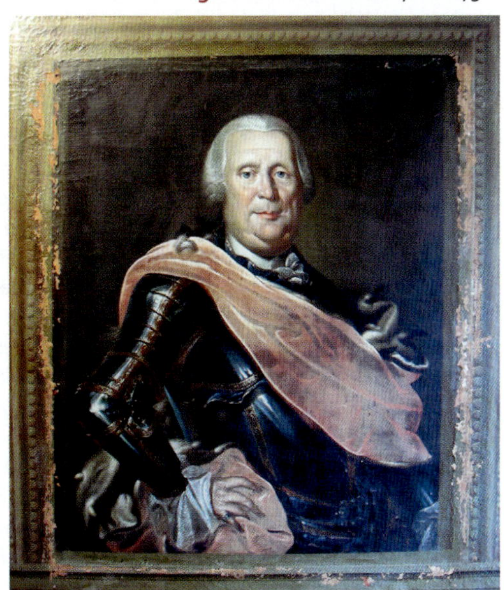

Heinrich III. ä.L. Reuß

Alles Heinrich - oder was?

Vielleicht ist es Ihnen schon aufgefallen: in der reußischen Geschichte wimmelt es von Heinrichen! Um die 200 Männer mit Namen "Heinrich" in 1000 Jahren trugen dem Herrschergeschlecht auch den Namen Heinrichinger ein. Jeder, wirklich jeder neugeborene männliche Nachkomme wurde spätestens ab dem 12. Jh. Heinrich getauft! Nicht, weil den Müttern kein anderer Name einfiel, bestimmt hätten diese auch gerne Linhardt, Jobst oder Wendelin gewählt, nein, diese Methode des einheitlichen Vornamens war damals in vielen Fürstenhäusern üblich und sollte die gemeinsame Identität der Familie stärken und symbolisieren. So kam es, das im 18. Jh. Heinrich III. von Untergreiz, Heinrich XI. von Obergreiz, Heinrich XXIV. von Ebersdorf, Heinrich II. von Lobenstein, Heinrich XXX. von Gera und Heinrich XII. von Schleiz nebeneinander regierten. Und warum gerade Heinrich? Nun, um den Stauferkaiser Heinrich VI. zu ehren, denn der hatte die ersten Mitglieder des Hauses zu den Vögten von Weida ernannt.

Wirtschaft & Tourismus

Für die wirtschaftliche Entwicklung der Region gab es günstige Voraussetzungen. Der Boden eignete sich vielerorts gut für die Landwirtschaft. Außerdem führten durch das Vogtland einige alte Handelswege, z.B. die Via imperii von Stettin über Leipzig nach Rom oder die Vogtländische Reichsstraße, die vom Halle kam. Diese Lage an den Handelswegen des Mittelalters wirkte sich förderlich auf die Entwicklung der Städte des Landes aus.

Auch mit **Bodenschätzen** ist das Gebiet gesegnet. So wurden vom 14. bis zum 19. Jh. an verschiedenen Orten Eisenerz, Zinnerz, Kupfer, Alaun, Flussspat und Wolframerze abgebaut, obwohl der Bergbau nie die Bedeutung wie im benachbarten Erzgebirge erlangte.

Nach dem 2. Weltkrieg wurden wieder verstärkt Erze und Spate gefördert und gewonnen. Besondere Bedeutung hatte der Uranbergbau durch die "SAG/SDAG Wismut" in Zobes, Bergen, Gottesberg, Schneckenstein, Gera, Ronneburg und Culmitzsch.

Plauen war das Zentrum der Textilindustrie, deren Anfänge bis ins 15. Jh. zurückreichen. Ab dem 18. Jh. lag der Schwerpunkt auf der Stickerei- und Spitzenanfertigung. Ende des 19. Jh. machte die maschinell und damit preiswert hergestellte "Plauener Spitze" Plauen in aller Welt bekannt. Das war ein positiver Impuls für die gesamte Wirtschaft, denn weitere Industriezweige folgten, z.B. der Textil-, Druck- und Werkzeugmaschinenbau, der Anlagen- und Fahrzeugbau und besonders die gesamte Textil- und Bekleidungsindustrie. Alle Industriezweige sind heute noch im Vogtland ansässig.

Das **Obere Vogtland** ging eigene Wege. Seit dem 17. Jh. werden im so genannten Musikwinkel, der Gegend rund um Markneukirchen, Klingenthal und Schöneck, wunderbare Musikinstrumente wie Geigen, Gitarren, Zithern, Waldhörner und Harmonikainstrumente gebaut. Heute vermarkten die Instrumentenbauer ihre Produkte gemeinsam unter dem Namen "Musicon Valley".

Als **Ferien- und Erholungsregion** hat das Vogtland eine lange Tradition. Um 1818 begann sich in Bad Elster das Kurwesen zu organisieren. Es wurde ein hölzerner Badeschuppen mit eigenen Badestuben errichtet; man zählte 100 Badegäste. 1911 wurde in Bad Brambach die Wettinquelle entdeckt, die als stärkste Radiummineralquelle der Welt galt, worauf 1912 der Kurbetrieb mit Radonbalneologien (Radonbäder) einsetzte.

Zu den Zeiten der eingeschränkten Reisemöglichkeiten in der DDR war das Vogtland ein beliebtes Urlaubsgebiet, lagen doch hier einige der 5 Millionen staatlich finanzierten Ferienplätze oder der damals sehr beliebten Campingplätze. Gerade die Talsperren standen als Nah- und Kurzerholungsziel hoch im Kurs.

Auch nach 1990 spielt der **Tourismus** eine zunehmend wichtige Rolle für die Wirtschaft in der Region. Im Westerzgebirge hat sich mit Klingenthal ein Zentrum des Wintersports mit Sprungschanze und Loipennetz entwickelt. Trotz allen Bemühungen, sich als Urlaubsregion weit vorne zu positionieren, ist das Vogtland mit seinen idyllischen Feldern, grünen Wiesen, bewaldeten Hügelkuppen, den blauen Talsperren, Schlössern, Burgruinen, Klöstern, Kirchen und Museen immer noch fast ein Geheimtipp. Aber bei Wanderern ist das Gebiet sehr beliebt, denn eine deutschlandweite Abstimmung im Internet wählte 2005 das Vogtland zur beliebtesten Wanderregion Deutschlands. Kein Wunder bei den vielen gut markierten Wanderwegen durch malerische Täler und über Berge, bei denen Felsen und Aussichtstürme zu einer Rast mit fantastischen Ausblicken über abwechslungsreiche Mittelgebirgslandschaften locken!

Kultur

Zugegeben, die großen Kulturströmungen Mitteldeutschlands sind am Vogtland ziemlich vorbei gegangen. Hier gab es keine Weimarer Klassik mit Goethe, Schiller & Co., hier haben sich auch nicht die berühmten sächsischen Baumeister des Barock und Rokoko wie Semper oder Pöppelmann die Klinke in die Hand gegeben. Trotzdem kann die Region mit einigen architektonischen Gustostückerln aufwarten. Die Landschaft mit ihren tief eingekerbten Tälern brauchte von jeher ordentliche Brücken, auf denen die Handelswaren transportiert werden können. Da überrascht es nicht, dass mit der Göltzschtalbrücke und der Elstertalbrücke die größten Ziegelsteinbrücken der Welt im Vogtland gebaut wurden. Auch mit den malerisch gelegenen Talsperren Pirk und Pöhl hat man architektonische Meisterleistungen geschaffen. Weniger technische, aber wunderschöne Bauwerke sind die Jugendstilgebäude in und um Greiz, die Gründerzeitvillen in Gera und die Kurhäuser in Bad Brambach und Bad Elster.

Gerade die **Volkskultur** der Region ist ausgesprochen bereichernd mit ihrer Bauernarchitektur, den Volksliedern, Trachten und Mundartwerken.

Auch einige **Berühmtheiten** stammen aus dem Vogtland: Heinrich Schütz (1585-1672) war ein Komponist des Frühbarock; Johann Friedrich Böttger (1682-1719) war an der Erfindung des deutschen Porzellans maßgeblich beteiligt; Friederike Caroline Neuber (Die Neuberin), (1697-1760) war Schauspielerin und Theaterreformerin; Johann Andreas Schubert (1808-70) war Ingenieur und Konstrukteur; Franz Rudolph Wurlitzer (1831-1914) war ein Musikinstrumentenbauer (Musicbox); Louis Ferdinand Schönherr

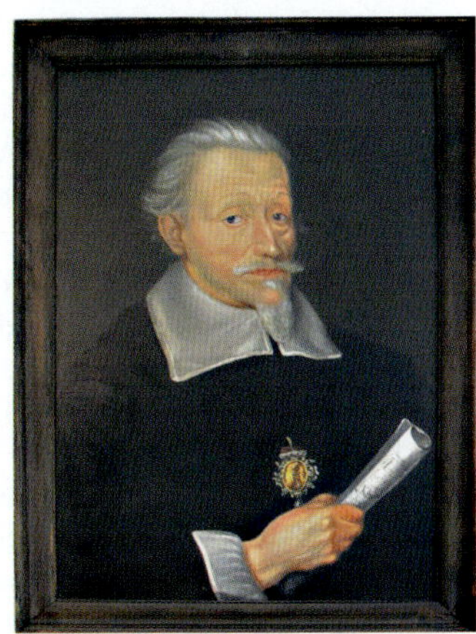

Heinrich Schütz

(1817-1911) erfand den mechanischen Tuchwebstuhl in Deutschland; Konrad Duden (1829-1911) Rechtschreibpapst; Erich Ohser ("e. o. plauen") (1903-1944), der als Zeichner und Illustrator mit den Bildgeschichten von "Vater und Sohn" deutschlandweit bekannt wurde; Sigmund Jähn (*1937) Kosmonaut und erster Deutscher im All; Ulf Merbold (*1941), Astronaut; die beiden Geraer Wilhelm Heinrich Otto Dix (1891-1969), Maler und Grafiker und der Filmregisseur Andreas Dresen (*1963) und natürlich die Schlagersängerin Stefanie Hertel (*1979).

Sprache

Wie schie is de Schprooch erscht, Wie schie reimt siech "Worscht"
Mit dem, wos drauf folng thut, lech maan, mit ne "Dorscht". *(Louis Riedel)*

Mundart ist Teil der persönlichen Identität und schafft ein Bewusstsein regionaler, ideeller, lebenspraktischer Zusammengehörigkeit. Und davon hat der Vogtländer reichlich, setzt sich doch die Region aus drei großen Mundartgebieten zusammen. Im Süden des sächsischen Vogtlands spricht man oberpfälzisch orientiertes Südvogtländisch – erkenntlich am gerolltem Zungen-R und Doppellauten (Kload = Kleid), (Brout = Brot), (Spöigel = Spiegel). Das Südostvogtländisch kennzeichnet eine langgezogene, oft stark betonte Aussprache von Vokalen, das sich sehr melodiös anhört. Vogtländisch mit Zentrum in Plauen klingt so: "Wue de Hasen Hosen haaßen un de Hosen huesen haaßen!"

Mehr finden Sie unter www.vogtlandmundart.de

Essen & Trinken

Erdeppelsupp in der Früh, Erdeppl zu Mittig in der Brüh,
Erdeppl ne Umnd in der Schol, macht ne Tag drei Mol. *(Volkslied)*

Für uns ist es immer ein besonderes Vergnügen, Spezialitäten der regionalen Küchen kennen zu lernen, nicht nur, weil's meistens sehr gut schmeckt, sondern vor allem, weil die landschaftstypischen Essgewohnheiten und traditionellen Speisen uns etwas über Land und Leute, über Lebensweise und Lebensstandard heute und früher lehren. Im Vogtland waren viele Böden wenig fruchtbar. Entsprechend bescheiden war das Nahrungsangebot. Erst der feldmäßige Anbau von Kartoffeln Ende des 17. Jh. wertete die karge Kost auf. Und so finden sich noch heute viele verschiedene Kartoffelgerichte im Vogtländischen Kochbuch.

Auf ein Gericht ist man nicht nur im Vogtland, sondern in ganz Thüringen sehr stolz: die **Thüringer Klöße** aus 2/3 rohen geriebenen und 1/3 zerkochten Kartoffeln. Sie werden traditionell zum Sonntagsbraten mit sehr viel Soße gegessen. Im Vogtland nennt man sie "Griegeniffte" und werden nur aus rohen Kartoffeln gemacht.

Das Festtagsessen "Neunerlei" am Heiligabend als Auftakt zu den weihnachtlichen Festtagen spiegelt mit den überlieferten Zutaten von Brot, Hirsebrei, Sauerkraut, Klößen oder Kartoffeln, Wurst oder Hering, Semmelmilch, Preiselbeeren, Stollen und Salz den Standard der Volksnahrung wider. Heute passt diese ursprüngliche Küche mit Produkten aus der Region gut zum Konzept der gesunden Ernährung.

Itze, wenn nu alle hungrig sei,
do kömmt ene Schüssel voll Ardäppel rei.
(Anton Günter, Hutzenlied)

Die Kartoffel im Vogtland

Seit der Mitte des 17 Jh. kennt man die Kartoffel im Vogtland, damit ist die Region eines der ersten deutschen Anbaugebiete. Der berühmte "Kartoffelbefehl" über den Kartoffelanbau in Preußen wurde von Friedrich dem Großen erst 1756 erlassen. Im kleinen Ort Lunzig wurde die Kartoffelernte z.B. bereits 1724 erwähnt.

Ihr Anbau hat sich schnell durchgesetzt: das Klima kann ruhig rau sein, sie wächst im kargen Boden und auch bei miesem Wetter gibt es ansehnliche Erträge. Viel einfacher also als der bis dahin als Hauptnahrungserwerb betriebene Getreideanbau! Den Bauern gefiel das, der Kirche und den Grundherren nicht. Die Kirche missbilligte das Wachsen der Frucht unter der Erde im Dunkeln zu nahe beim Teufel und ihre Herkunft von den Heiden. Auch die Grundherren waren zuerst dagegen, weideten sie doch bisher auf den bei der Dreifelderwirtschaft entstehenden Brachefeldern ihre Schafe und nun wollten die Bauern dort Kartoffeln legen!

Aber die tolle Knolle setzte sich durch - um 1750 war sie in mehr als 50 Orten zu finden. Innerhalb weniger Jahrzehnte wurde die Kartoffel zu dem Nahrungsmittel, das oft Hungersnöte verhinderte. Auch heute ist man sich der Bedeutung der Feldfrucht bewusst und feiert sie mit Kartoffelfesten, Kartoffelbüfetts, Kartoffelradtouren, Knollensteigfest, Kartoffellehrpfad und natürlich jeden Sonntag mit " Griegeniffte", ohne die für viele der Sonntag kein richtiger Sonntag ist.

Das zweite Thüringer Nationalgericht sind die **Rostbratwürste**, eine 15-20 cm lange Bratwurst im Naturdarm, die Sie in ein aufgeschnittenes Brötchen legen und dann mit Senf bestreichen. Die Thüringer Rostbratwurst ist als Markenzeichen geschützt und darf laut EU-Verordnung nur so heißen, wenn sie aus Thüringen kommt.

Roster - Rostbratwürste: Zerschneiden Sie 1,5 kg Kalbfleisch, 1/2 kg Schweinebauch und ½ kg Schweineschulter in kleine Stücke und geben Sie 2 Eier, 40 g Salz, 5 g Pfeffer, gemahlenen Kümmel, gerebbelten Majoran, gemahlenen Muskat und 1 zerdrückte Knoblauchzehe dazu. Drehen Sie die Masse durch den Fleischwolf. Der Teig muss gebunden und wattig sein; wenn er zu nass ist, geben Sie ein wenig Semmelmehl dazu. 6 m Schweinedärme werden dann zweimal gut mit lauwarmem Wasser durchgespült und in Stücke von ca. 20 cm Länge geteilt. Die Wurstmasse wird locker in die Därme gefüllt und die fertigen Bratwürste werden über der Holzkohle gegrillt.

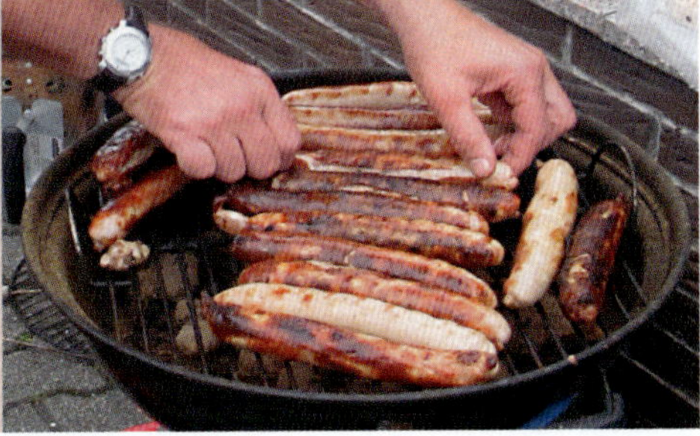

In Jena gab es 2011 die Ausstellung „Von a Brotwörschtla bis Zwetsche" zum Thema Dialekte, in der die Besucher auch am Beispiel der Rostbratwurst erfahren konnten, wie vielfältig die Thüringer Mundart ist. Im Süden des Freistaates ist es eine „Broätwüärscht", im Ostthüringer Raum "Roster", in Nordhausen „Anläufchen", an manchen Orten "Brühwurst" oder "Knackworscht" und oft hören Sie "Braadworschd".

Nicht unerwähnt soll hier der leckere **Mutzbraten**, eine deftige Delikatesse aus dem Altenburger Land und dem Thüringer Holzland, sein.

Viele der lokalen Gaststätten haben traditionelle Gerichte wie Rouladen, Sauerbraten, Karpfen oder einmarinierten Hering auf der Speisekarte. Oft ist die Köchin oder der Koch auch stolz auf handgemachte Klöße, die aber wegen des Arbeitsaufwandes meist nur am Wochenende angeboten werden.

Der Kloßvogt: Das kugelrunde Nahrungsmittel stand Pate für einen Preis, der Gaststätten im Vogtland würdigt, die sich der regionalen Küche verschrieben haben. Seit 2007 versuchen gastronomischen Einrichtungen aus dem Vogtland, den Wanderpokal "Kloßvogt" zu erringen. Mit einem Schaukochen im Mai in Greiz wird der Wettbewerb eröffnet. Die teilnehmenden Gasthäuser werden dann unangemeldet von Testessern besucht, die das Ambiente der Wirtschaft, das Auftreten des Personals, die Regionalität und Authentizität der angebotenen Gerichte und - natürlich ganz wichtig - deren Geschmack und Frische auf Herz und Nieren prüfen.

Im Herbst wird dann im Haus des Vorjahrssiegers der glückliche Gewinner bekannt gegeben und das knubbelige Männchen, der Kloßvogt-Pokal, zieht für ein Jahr in ein neues Haus. 2007 wanderte das Sinnbild für originelle, bodenständige Küche in den **Landgasthof Lucius** in *Großkundorf* und gleich drei Mal, 2008, 2009 & 2012 konnte **Waldi's Lindenhof** in *Weida* die Auszeichnung gewinnen. Keinen weiten Weg hatte der Kloßvogt 2010, als er in die **Gaststätte Zur fröhlichen Wiederkunft** in *Linda* bei Weida umzog. Das **Gasthaus Zur Rotbuche** in *Hohenölsen* war 2011 sein neues Zuhause, 2013 beherbergte ihn der **Gasthof Schweizerhaus** in *Schönbach*. 2014 musste er sich verdoppeln, denn der Preis wurde vom **Restaurant Zellreder** in *Zeulenroda* und vom **Gasthaus Thüringer Hof** in *Auma* gewonnen. Von dieser Anstrengung erholte sich der Kloßvogt 2015 im **Landhotel Jungbrunnen** in *Bad Brambach*.

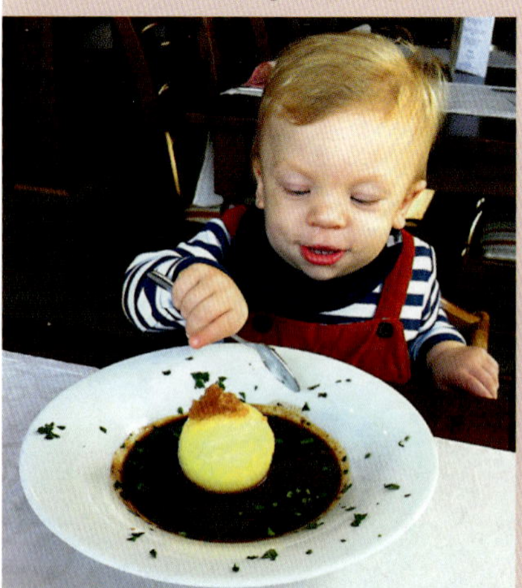

Wo er sich zurzeit aufhält, ist uns nicht bekannt - wenn Sie einkehren, halten Sie Ausschau nach einem knollennasigen, rundlichen Männchen mit Kochmütze, das auf einem Berg Klöße sitzt!

Griegeniffte - Kartoffelklöße: Reiben Sie 2 kg geschälte, mehlige Kartoffeln, pressen Sie die Masse in einem Leinentuch (Kloßtuch, frische Mullwindel) gut in eine Schüssel aus, geben Sie 2 Prisen Salz dazu. Bringen Sie in einem großen Topf viel Salzwasser zum Kochen. Jetzt darf - und das ist ganz wichtig - das Wasser nicht mehr kochen, muss aber heiß bleiben.

Den ausgepressten Teig in eine Schüssel füllen. Von dem ausgepressten Saft aus den Kartoffeln nehmen Sie die Stärke vom Boden auf und geben Sie zur Kartoffelmasse. Dann übergießen Sie die Masse mit kochendem Wasser und rühren alles gründlich durch, damit die Kloßmasse geschmeidig wird und bindet. Mit leicht angefeuchteten Händen langsam schöne runde Klöße (Durchmesser etwa 6 cm) formen und in die Mitte kleine geröstete Weißbrotwürfel geben.

Die Klöße lassen Sie in das heiße Wasser gleiten, wo sie 20-25 Min. ziehen (NICHT KOCHEN!). Wenn die Klöße alle oben schwimmen, sind sie fertig. Diese Klöße haben eine ungewöhnliche Farbe - grün (wir hatten sie auch schon grün-lila), weil die Kartoffelmasse mit dem Sauerstoff der Luft reagiert.

Und der Name? "Grie" bedeutet "grün" und "Geniffte" kommt von vogtländisch "niffeln" = reiben, schaben!

Feste

Vugtlänner hamm e waachs Gemüt, Vugtlänner, die sei gut.
Se singe gern e fröhlichs Lied. Ja dös is lustig Blut. (Volkslied)

Mit den Menschen in den Städten und Dörfern ihre Feste mitzufeiern, ist eine wunderbare Möglichkeit, um Land und Leute kennen zu lernen. Darum stellen wir Ihnen hier kurz einige Feierlichkeiten vor.

Bad Köstritz: Anfang September das traditionelle **Köstritzer Dahlienfest**; die **Köstritzer Schütz-Tage** in der ersten Oktoberhälfte

Bad Elster: Chursächsischer Sommer von Mai bis Oktober, 300 Kulturveranstaltungen in über 40 grenzübergreifenden Spielorten in der sächsisch-böhmischen Bäderregion

Bleilochtalsperre: Seit 1997 feiern am zweiten Augustwochenende am Ostufer bei Kloster etwa 35.000 Besucher das **Festival SonneMondSterne** bei elektronischer Live-Tanzmusik in vielen großen Zirkuszelten

Hummelshain: Fest des Waldes & der Jagd im Schlosspark (immer am zweiten Septemberwochenende)

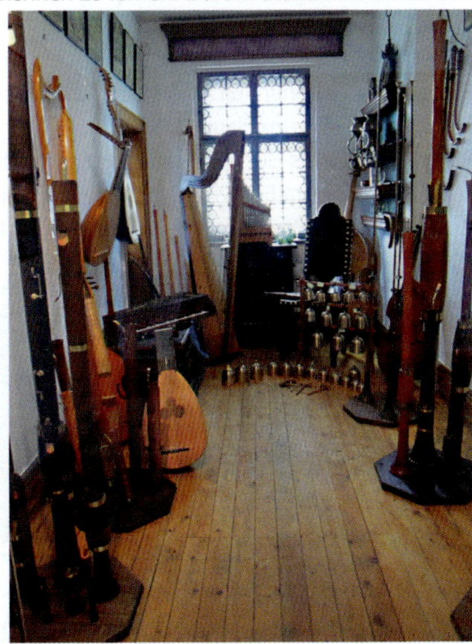

Musikinstrumente - Heinrich-Schütz-Haus Bad Köstritz

Im Rahmen des **"Thüringer Orgelsommers"** (meist im Juli) werden zahlreiche historische Orgeln u.a. in folgenden Orten erklingen: Schloss Burgk, Saalfeld, Neustadt/Orla, Triptis. Seit 1996 gibt es den **"Tag der Vogtländer"**, der jedes Jahr in einer anderen Region des Vogtlandes die heimischen Kultur und das traditionellen Brauchtum präsentiert. 2018 wird er in Adorf stattfinden, 2020 in Schöneck.

Schloss Burgk: Zu Ostern **Jahrmarkt** mit Handwerker- und Verkaufsständen, Ritterspielen; Ende Juli **Märchenfest**; am 1. Advent **Weihnachtsmarkt** im Schloss

Eisenberger Mühltal: Jedes Jahr am 3. Adventswochenende wird das Mühltal zum Weihnachtstal mit Musik und **Weihnachtsmarkt**, am 3. Oktober das Kräftemessen der starken Männer beim **Milo-Barus-Cup**

Elsterberg versucht, Geld für den Erhalt der Burgruine mit Ruinenfesten zu bekommen, z.B. **Ritterfeste** oder dem Tag der Vogtländer mit dem **Ruinen- & Heimatfest**, das alle vier Jahre Ende August (2018) stattfindet. Im Ortsteil Kleingera im abgewrackten Rittergut an einem der Adventswochenenden **Weihnachtsmarkt** mit Schauschnitzen & Schauklöppeln

Gera: das Deutsche Kinderfilm **Festival Goldener Spatz** (Juni), die **Höhlerbiennale** Kunstinstallationen in den historischen Geraer Höhlern, die vier Monate lang von Juni-Okt. gezeigt werden, der **Töpfermarkt** an einem Wochenende im Mai, der **Märchenmarkt**, ein stimmungsvoller Weihnachtsmarkt mit über 30 lebensgroßen Märchenfiguren im Advent

Kürbitz: am 3. Augustwochenende **Löwenspektakel** mit **SR2-Treffen** und SR2 Traditionsrundfahrt (SR2 ist ein tradionsreiches Simson Mopedmodell)

Weida: das **Osterburgfest** mit Gauklern, Händlern und Rittern (im April), am ersten Septemberwochenende der **Weidsche Kuchenmarkt** auf dem Marktplatz mit Kuchenverkauf, Marktständen und Wahl der „Weidschen Kuchenfrau"

Neustadt/Orla: Brunnenfest "Bornquas" am 3. Juniwochenende mit Umzug und Ernennung des Brunnenmeisters, **Neustädter Musik Sommer**: sieben Konzerte in sieben verschiedenen Musikrichtungen an fünf verschiedenen Spielorten in vier Sommermonaten

Plauen: das **Plauener Spitzenfest** jährlich Anfang-Mitte Juni, der **FolkHerbst**, das Mekka der Folkmusikfans im Plauener Malzhaus von Ende Sept.- Ende Nov.

Ranis & Burg Ranis: Bücher- & Literaturburg mit den **Thüringer Literatur- & Autorentagen**, vielseitige Veranstaltungen an 40 Orten in der Region (Mai-Juli), **Mittelalterspektakel**

Ziegenrück: das **Promenaden- & Hohenwartestausee-Fest** (Anfang August)

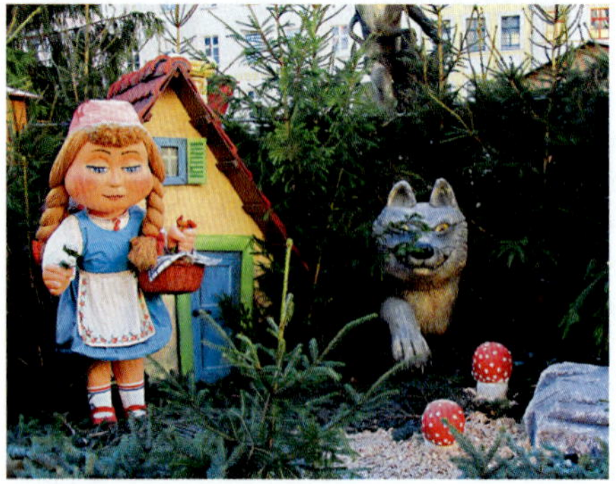

Märchenmarkt - Gera

Der **Saalfelder Ostereierbaum** wird am Wochenende vor Ostern bei einem Fest geschmückt, auch mit gestalteten Eiern der Besucher. Zu besichtigen ist der Eierbaum in der Schlossstraße bis eine Woche nach Ostern, **Musik, Kultur & Zunftmarkt** (Juni), der **Feengrotten-Advent** (am 2. Advent), das **Obernitzer Teufelsbrückenfest** in Saalfeld-Obernitz mit Einmarsch der Urzeitmenschen & Wanderung zur Urzeit-Höhle Gleitsch

Mit einem Thema unterwegs - Ferienstraßen!

Immer wieder werden Sie auf Ihren Wegen am Straßenrand Hinweisschilder auf verschiedene Ferienstraßen entdecken. Die **Thüringer Porzellanstraße** verbindet in Ost- und Südthüringen auf 340 km Orte, die mit Porzellan und Porzellanherstellung in Zusammenhang stehen. In unserem Gebiet sind das Hermsdorf, Könitz, Neustadt a.d. Orla, Pößneck, Saalfeld und Triptis. Sie können sich auf anschauliche Weise mit der Erfindung des "weißen Goldes" und der traditionsreichen Porzellankunst in Museen, Manufakturen, in Betrieben, bei Porzellanmalern und im Fachhandel auseinandersetzen.

Viele der im Buch beschriebenen Orte liegen an oder in der Nähe der **Reußischen Fürstenstraße**, die von Bad Köstritz über Gera, Weida, Greiz, Zeulenroda-Triebes, Schleiz, Burgk, Saalburg und Ebersdorf bis Bad Lobenstein führt. Den 113 Kilometern der Straße folgend, machen Sie sich auf die Spurensuche des Fürstengeschlechtes und lernen die komplizierte, weit verzweigte Herrscherfamilie und ihr Kleinstaatengeflecht anhand der historischen Sehenswürdigkeiten kennen.

Ein anderes interessantes, grenzüberschreitendes Projekt mit dem Ziel, die historische Region Vogtland in den touristischen Fokus zu rücken, nennt sich **"Kulturweg der Vögte"**. Es will touristische Angebote im Dreiländereck von Böhmen, Sachsen/Thüringen und Bayern schaffen, um die historischen Stätten an Weißer Elster, Eger, Saale und Göltzsch, das Leben der Vögte und Reußen und die spannenden Themen Christianisierung, Rodungstätigkeit und Städtegründung erlebbar zu machen. Elf Projektpartner arbeiten daran, unterstützt von EU-Fördergeldern, die geschichtlichen Fußstapfen auf einer Nordroute (Greiz-Gera-Weida-Schleiz-Burgk-Mühltroff-Elsterberg-Greiz) und einer Südroute (Greiz-Plauen-Aš-Oelsnitz-Františkovy Lázně-Cheb-Bochov-Mylau-Greiz) bis 2019 mit Flyern und Schautafeln zu präsentieren.

Die Zitate von Louis Riedel stammen aus der Gedichtsammlung Derham is Derham. Gedichte in vogtländischer Mundart.

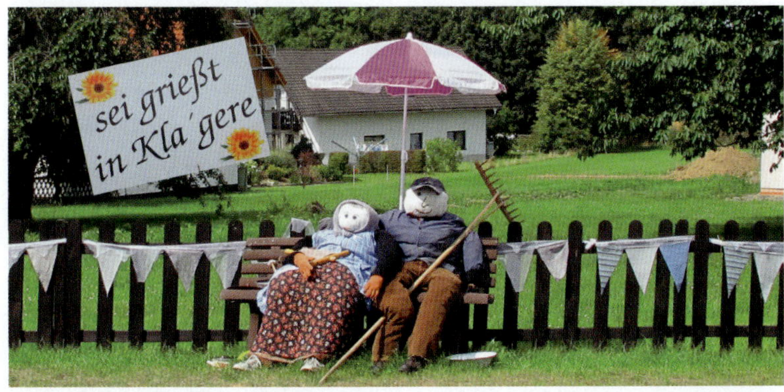

650-Jahr-Feier in Kleingera

LAND & LEUTE

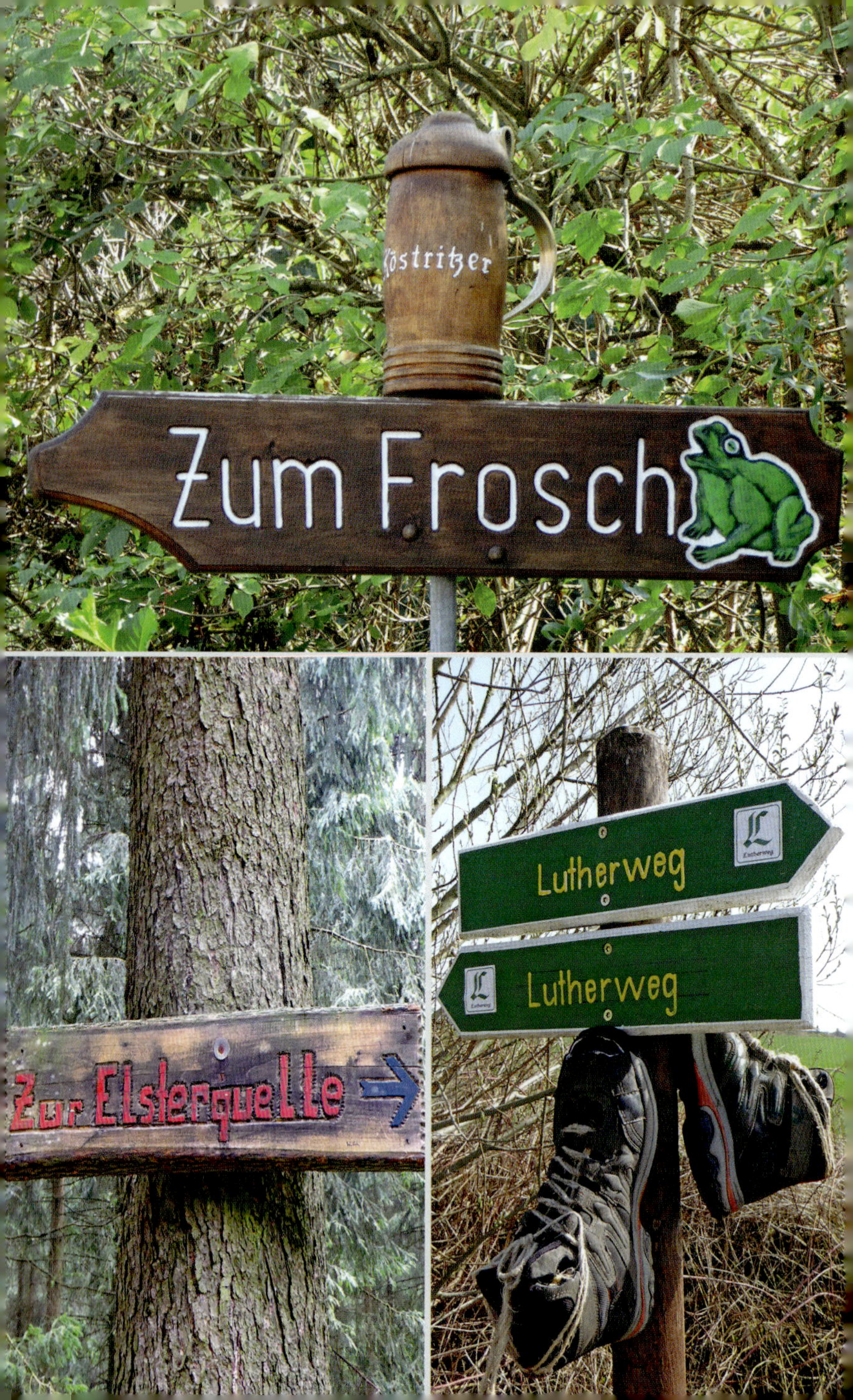
Köstritzer
Zum Frosch
Zur Elsterquelle
Lutherweg
Lutherweg

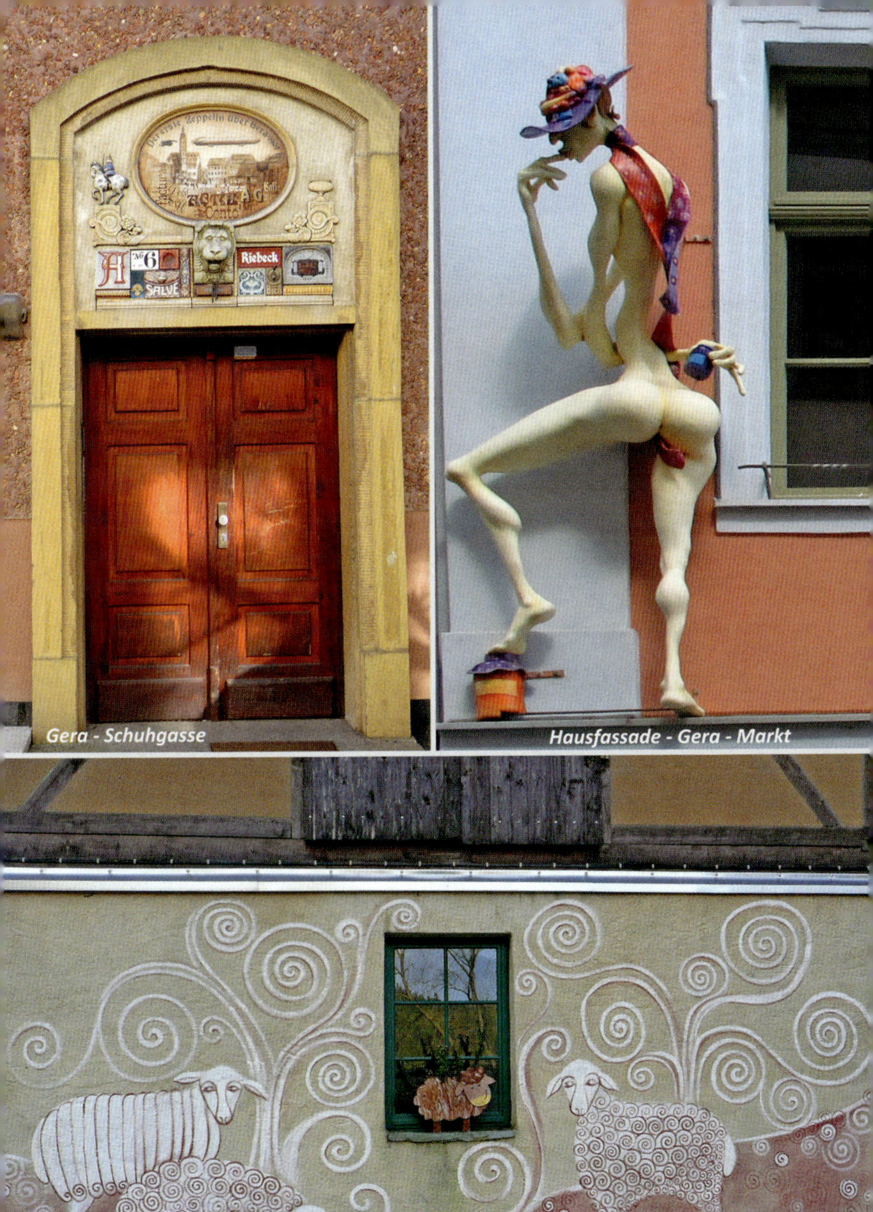

Gera - Schuhgasse

Hausfassade - Gera - Markt

Clodramühle

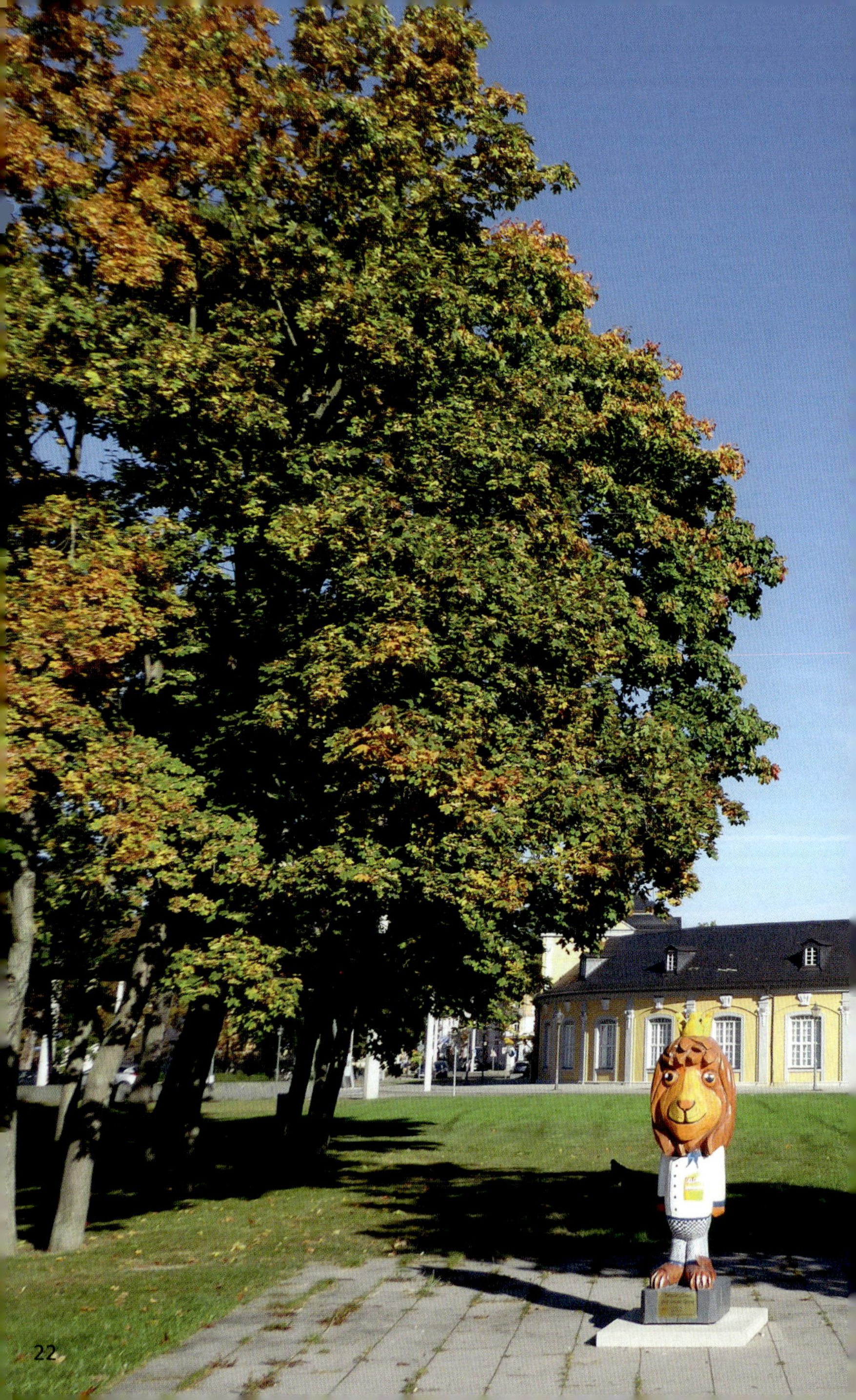

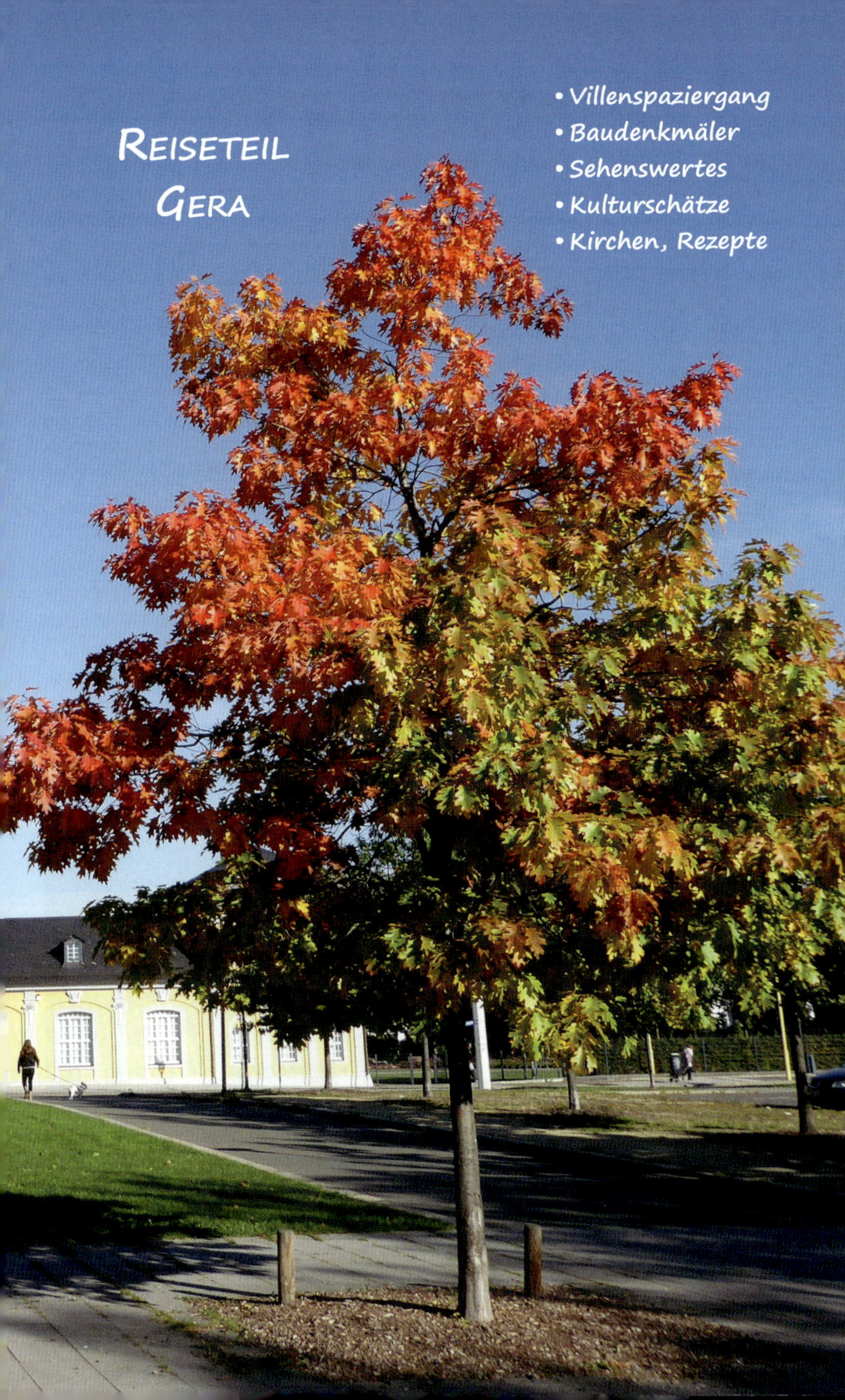
REISETEIL
GERA
• Villenspaziergang
• Baudenkmäler
• Sehenswertes
• Kulturschätze
• Kirchen, Rezepte

Gera *96.000 Einwohner 194 hm* Tour 1-13,33

Gera sieht sich als wirtschaftliches und kulturelles Zentrum der Region Ostthüringen. Die Stadt an der Weißen Elster im Schnittpunkt der drei Großlandschaften Thüringer Becken, Sächsisches Hügelland und Sächsisch-Thüringischer Mittelgebirgsgürtel ist hinter der Landeshauptstadt flächenmäßig an zweiter und bevölkerungsmäßig an dritter Stelle im Freistaat Thüringen. Nach Leipzig sind es etwa 60 Kilometer in nördlicher Richtung, nach Erfurt 80 Kilometer westlich, nach Zwickau ungefähr 40 Kilometer südöstlich und nach Chemnitz ungefähr 70 Kilometer östlich.

"Was ist los in dieser Stadt?" "Nischt"

(Kabarett Fettnäppchen)

Nun, so extrem wie die Künstler vom "Fettnäppchen" die Stadt Gera sehen, ist es zum Glück nicht! Gera gehört sicher zu den unterschätzten Städten in Deutschland. Wenn man erwähnt, man lebe in Gera, kommt ziemlich sicher die Frage " Gera, wo liegt denn das? Und, ist Gera eine schöne Stadt?" Antwort eins: " Östlich vom Hermsdorfer Kreuz", denn die meisten werden Gera nur von der Autobahn aus kennen. Antwort zwei: "Ja, Gera hat durchaus seine sehenswerten, schönen, charmanten Ecken - man muss nur wissen, wo sie liegen!" Die Aussagen von Städtetouristen reichen von " Gera ist eher eine Einkaufsstadt" bis hin zu " Es lohnt sich, die Stadt ist wirklich schön geworden". Machen Sie sich doch einfach selbst ein Bild!

Im Laufe der Zeit hatte die Stadt die verschiedensten Beinamen: von 1564-1918 "reußische Residenzstadt", "Textilstadt" (Mitte 19.- Mitte 20. Jh.), dann "Uranstadt" oder "Arbeiterstadt" (1950-89). Heute nennt sie sich stolz **"Otto-Dix-Stadt"**, denn der bekannte expressionistische Künstler wurde hier 1891 im Stadtteil Untermhaus geboren.

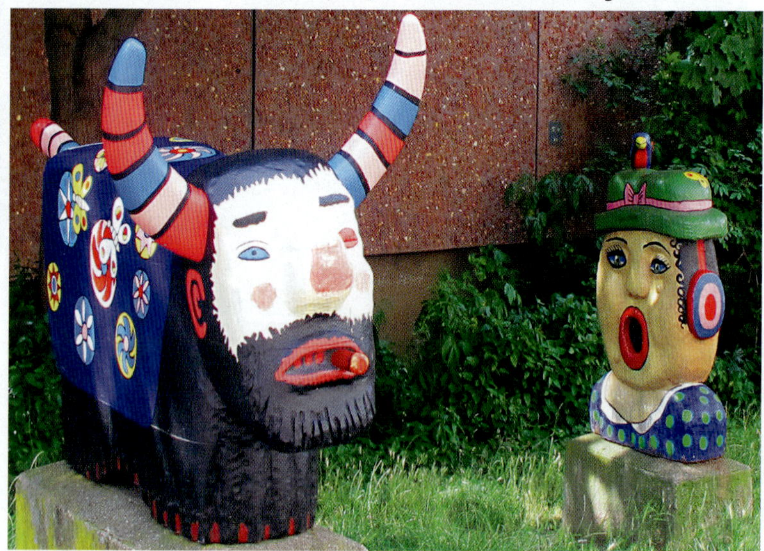

Gersche Fettgusche & der Brummochse

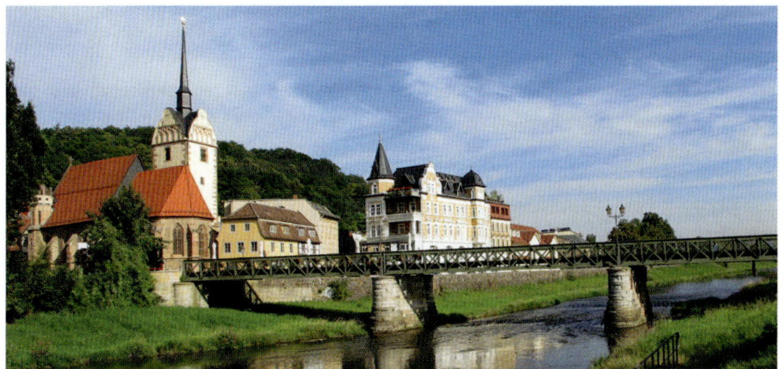

Blick zur Marienkirche - Gera-Untermhaus

Übrigens, die Bewohner von Gera sind keine "Geraer", auch keine "Geranien". Man ist Ger'scher- das erste "e" wird kräftig betont, das zweite halb verdrückt gesprochen. Auch die Bezeichnung "Ger'sche Fettgusche" wird gemocht, zeugt sie doch von Wohlstand. Hier konnte man früher in eine Fettbemme (Schmalzbrot) beißen, die einen fettigen Rand um die Gusche (Mund) hinterließ, während woanders dünne Mehlsuppen gelöffelt wurden!

60.000 bis 40.000 Jahre alte Feuersteingeräte, die in Gera-Pforten gefunden wurden, beweisen es: erste menschliche Siedlungen gehen bis in die Altsteinzeit zurück. Der Landschaftsname "Geraha" (vielleicht "gurgelndes Gewässer") taucht im 10. Jh. auf, als im Zuge einer Eroberungswelle die vorherigen Slawengebiete an Saale, Elbe und Erzgebirge mit deutschen Kolonisten besiedelt wurden. Als Stadt wird Gera 1237 das erste Mal urkundlich erwähnt.

Ab dem 14. Jh. war die Stadt Sitz einer Linie der Weidaer Vögte. Ab etwa 1370 taucht die Benennung „Herren von Gera" für eine der drei vögtischen Linien auf, und Gera entwickelte sich zum Zentrum einer kleinen Landesherrschaft. Die Nachfahren der Vögte, die Herren und späteren Fürsten Reuß, blieben bis 1918 die Landesherren von Gera und Umgebung.

Im Mittelalter war der Ort mit einer fünftorigen Stadtmauer von etwa 350 Metern Seitenlänge im Geviert ummauert. Bis ins Industriezeitalter wuchs die Stadt nur wenig. Zerstörungen und Stadtbrände (1450, 1639, 1686, 1780), die Bombardierungen im Zweiten Weltkrieg (im April 1945 wurden 300 Gebäude zerstört) und die Stadtumbauten in der DDR und sorgten dafür, dass nur noch wenige Häuser aus der Zeit vor dem 18. Jh. erhalten sind.

Von 1564 bis 1918 lag hier die Residenz der Herren, Grafen und Fürsten von Reuß, jüngere Linie. Eine kluge Entscheidung von Heinrich d. J. Posthumus war die Ansiedelung von calvinistischen Glaubensflüchtlingen aus Flandern, die ihre fortschrittlichen Techniken der Wollzeugfabrikation mitbrachten. Im 17. und 18. Jh. hatten die Kammwollwebereien Geras einen sehr guten Ruf. Nach den napoleonischen Kriegen kam Anfang des 19. Jh. die Wirtschaft mit der Übernahme neuer Produktionsverfahren (1811 Spinnmaschine, 1833 Dampfmaschine) in den heimischen Fabriken richtig in Schwung. Heute kaum vorstellbar, aber in der Gründerzeit galt Gera als die fünftreichste Stadt Deutschlands! Auch heute kaum zu glauben (vor allem, wenn man vor dem weitgehend ungenutzten Gebäude auf der Sorge steht) - Gera war die Keimzelle einer der größten deutschen Kaufhauskonzerne.

Die Kaufleute Oscar, Hermann und Georg Tietz eröffneten hier 1882 ihr erstes Geschäft, das "Garn-, Knopf-, Posamentier-, Weiß- und Wollwarengeschäft Hermann Tietz", das schon einiges von einem modernen Warenhaus hatte: festgelegte Preise, kein Anschreiben lassen und ein vielfältiges, branchenübergreifendes Angebot. **"HERTIE"** war geboren, eine Erfolgsgeschichte, die 100 Jahre dauern sollte. Der Reichtum wuchs: das Jugendstiltheater und die prächtigen Villen wurden gebaut und ab 1892 bimmelte eine elektrische Straßenbahn durch Gera.

Im April 1945 wurden durch einen Bombenangriff über dreihundert Gebäude der Stadt zerstört, darunter leider auch das Residenzschloss Osterstein. Ab 1950 gab der Uranbergbau der SDAG Wismut, der vielen Menschen Arbeit bot, in der Region den Ton an. Gera wurde Bezirkshauptstadt mit vielen Betrieben in den Bereichen Bergbau, Textilindustrie, Werkzeugmaschinenbau, Elektronik und Feinmechanik/Optik. Die Einwohnerzahl stieg auf mehr als 140.000. In den 1960'er Jahren wurde in Bieblach ein Neubaugebiet errichtet und ab 1972 entstand im Stadtteil Lusan das größte Neubaugebiet des Bezirkes.

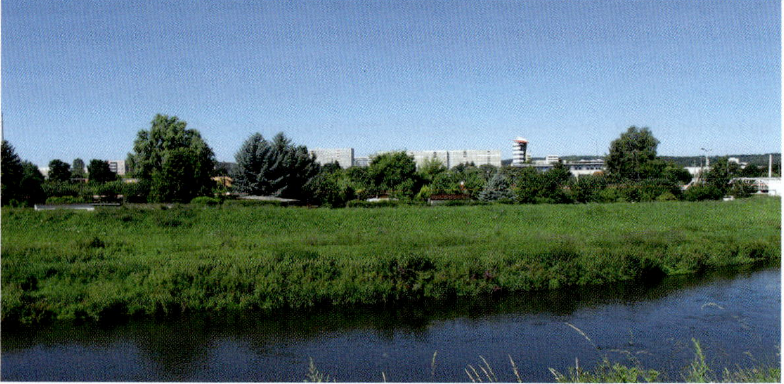

Blick von Zwötzen über die Weiße-Elster nach Lusan

Die Wiedervereinigung brachte den wirtschaftlichen Niedergang, Textilbetriebe schlossen, der Uranbergbau wurde eingestellt. Die Stadt kommt nicht wieder auf die Beine, die Stadtkassen sind leer, es gibt hohe Schulden, Stadtbetriebe gehen pleite und der Kulturbetrieb hangelt sich mühsam von Budget zu Budget. Wir sind gespannt auf das nächste Kapitel in der Geschichte Geras!

Und doch ist in Gera ganz schön was los - denn die Stadt gibt es sogar doppelt - einmal über der Erde und einmal darunter! Neugierig geworden? Um die Stadt zu entdecken, schlagen wir Ihnen drei Touren vor: den historischen Rundgang, die Villentour und die Runde "Auf der Spur der Stolpersteine".

Der historische Rundgang

Die **historische Tour** beginnt auf dem Marktplatz und führt Sie über **Schloss Osterstein** zum **Hofwiesenpark**.

Zu einem Schmuckstück hat sich in den letzten 10 Jahren der **Marktplatz** mit den ihn umgebenen Gebäuden gemausert.

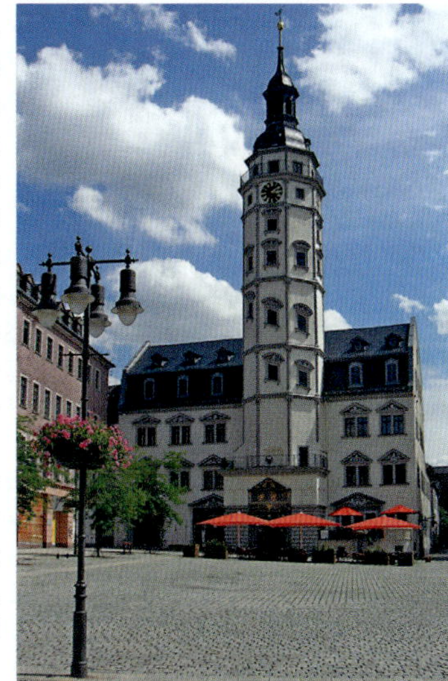
Rathaus Gera

Das **Rathaus** im Renaissancestil wurde wahrscheinlich von Nikolaus Gromann aus Torgau geplant, dem Architekten des sehr ähnlichen Altenburger Rathauses. Vom 33,5 m hohen Turm hat man einen guten Überblick, allerdings lassen die 161 Stufen manchen ganz schön schnaufen! Einen Blick wert ist auch das Hauptportal an der Marktseite mit dem reußischen Wappen und den drei Bürgermeistern. Rechts ist die Geraer Elle (0,572 m) angebracht, die die Bedeutung Geras für die Tuchherstellung und den Tuchhandel symbolisiert.

Hinter dem Rathaus befindet sich der ehemalige Kornmarkt, an dessen südwestlicher Ecke die Florian-Geyer-Gasse abbiegt. Dort stehen die fetzigen Holzplastiken von 1984 der zwei Gerschen Originale "Fettgusche" und "Brummochse".

Mitten auf dem **Marktplatz** zeigt der Brunnen den Kampf Simsons mit dem Löwen dar. Das Original wurde 1685 aus Sandstein gebaut, musste aber nach der Zerstörung 1930 durch einen Sturm restauriert werden. Der Geraer Wochenmarkt findet am Di., Do., Fr. 7-15 Uhr & Sa. 7-12 Uhr statt.

Das Haus, in dem heute die Stadtapotheke ihre Arzneien anbietet, wurde an der Wende vom 16. zum 17. Jh. gebaut. Blickfang ist der schöne **Renaissanceerker**, der mit Motiven der vier Jahreszeiten, Wappen und zehn Aposteln geschmückt ist. Damals wohnte hier der Bürgermeister, die Apotheke zog 1847 von der gegenüberliegenden Straßenseite am Marktplatzeck ein.

Die moderne Version einer Fassadengestaltung sehen Sie gegenüber am Haus Kleine Kirchstraße 2, wo zwei lässige Typen ihre Kehrseite präsentieren.

Spazieren Sie die Große Kirchstrasse hinauf und genießen Sie die hübschen Portale der Häuser Nr. 7 (Rokoko-Ornamente), Nr. 17 und vom Schreiberschen Haus, Nicolaiberg 3, die vom Reichtum der Gerschen Kaufleute im 18. Jh. zeugen.

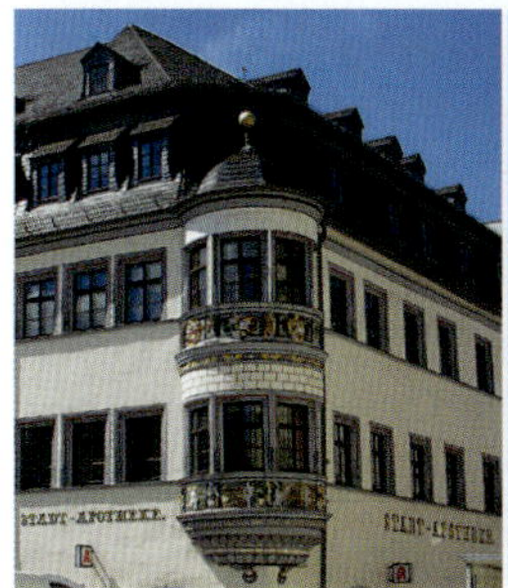
Apothekenerker

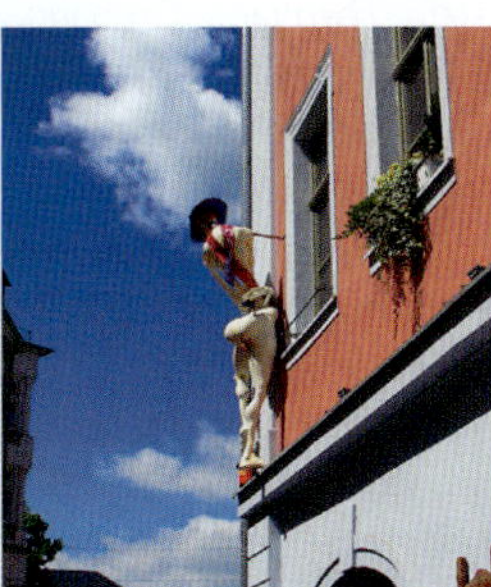
"Fassadenkletterer"

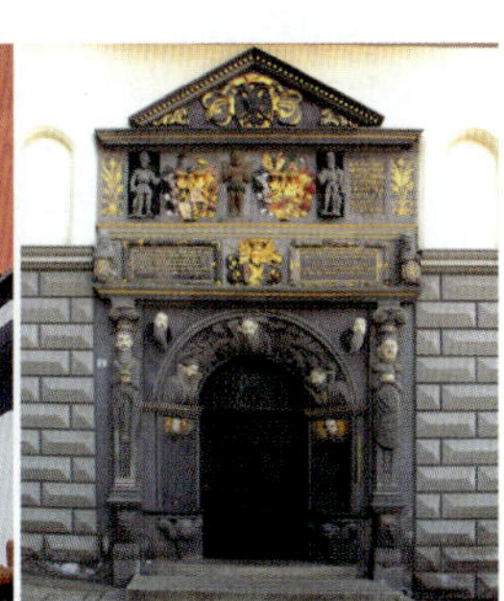
Rathausportal

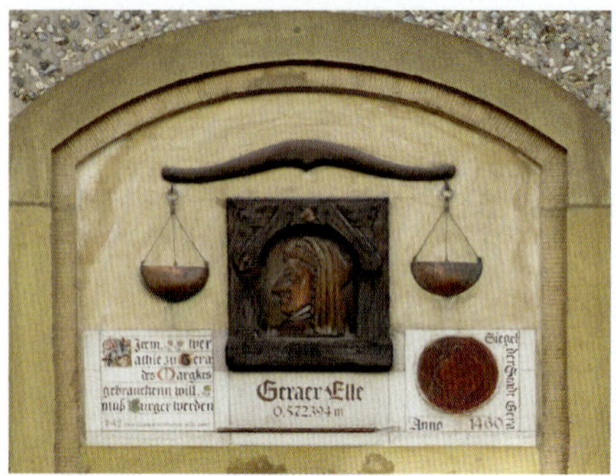

Hauszeichen Geraer Elle - Schuhgasse

Durch die Schuhgasse und die Rittergasse - die Hauseingänge haben hier zeitgenössischen Hauszeichen, die Details aus der Stadtgeschichte und verschiedene Berufe darstellen - gehen Sie in die Greizer Straße und wenden sich dort nach rechts.

Das Haus mit der Nummer 37 ist das Ferbersche Haus, ein schönes Bürgerhaus, das in der heutigen Form zwischen 1783 und 1786 mit der klassizistischen Fassade und einem Rokokoaufsatz über dem Portal gebaut wurde. Damals war es das Wohnhaus der wohlhabenden Tuchmacherfamilie Ferber. Heute können Sie in den Räumen, die Ende des 19. Jh. im historisierenden Stil mit reichen Stuckdecken renoviert wurden, die Exponate des Museums für Angewandte Kunst betrachten.

Etwa 100.000 Ausstellungsstücke wurden zusammengetragen, und Sie können sich z.B. über die Alltagskultur des 20. Jh., Kunsthandwerk, Keramik des 20. und 21. Jh., DDR-Grafikdesign sowie Fotografie informieren.

Häußler-Bitter - *eine fast vergessene Spezialität aus Gera. Karlsbad hat seinen Becherovka, das Vogtland seinen Grün-Bitter, der Harz sein Hexenfeuer und Gera hat nun wieder den Häußlerbitter, einen mageneinrenkenden Likör aus mindestens 12 Zutaten, die allerdings geheim sind. Seit Mitte des 19. Jh. bis 1961 produzierte die Firma "Gebr. Häußler in Gera, Rum-, Sprit-, Liqueur- und Essigsprit-Fabrik, Colonial-Waaren, auch Commissions-, Speditions und Incasso-Geschäft" am Bärenweg das erfolgreiche Getränk. Dann geriet der Schnaps in Vergessenheit und erst seit 2005 wird er wieder in Reichenbach hergestellt. Das Lokal am Markt, in dem die Gebrüder Häußler damals ihre Produkte ausschenkte, ist heute der "Süße Winkel", in dem Sie auch noch im 21. Jh. einkehren können.*

Wenn Sie Spaß am Ansetzen von Likören haben, versuchen Sie mal folgenden, ziemlich ähnlich schmeckenden Magenbitter: Jeweils 1 Zweig Wermutkraut, Schafgarbe, Beifuß, Giersch, Thymian, Oregano, Pfefferminze, Lavendel, Zitronenmelisse, Kamille sowie je ein Stück Rhabarberwurzel und Enzianwurzel und 100 g Kandiszucker in eine weithalsige Flasche füllen, mit 1 l klarem Schnaps (mindestens 42 %) aufgießen - die Kräuter müssen vollständig im Schnaps liegen. Flasche verschließen und 2 Monate an einem sonnigen Platz ziehen lassen, die Flasche ab und zu mal schütteln. Die Kräuter entfernen, den Ansatz filtern, in kleine Flaschen füllen und genießen!

Wem selber machen zu viel "Äktschn" ist, kann Häußler-Bitter in der Tourist-Information oder im Steinwegerich kaufen. Das Geschäft "Steinwegerich" im Steinweg 4 möchten wir Ihnen empfehlen, liegt doch das Konzept der Inhaberin, regionale Thüringer Produkte anzubieten, genau auf unserer Wellenlänge.

Nach dem Museumsbesuch laufen Sie die Greizer Str. zurück bis zur Salvatorkirche am Nicolaiberg, die aus dem 18. Jh. stammt, außen barock, innen im Jugendstil gestaltet. Das Museum für Naturkunde hat seine Räume im Schreiberschen Haus, das als einziges Altstadtgebäude den großen Stadtbrand von 1780 überstand und zeigt die Ausstellung "Erlebnisraum Ostthüringen", ein Gelehrtenzimmer und eine Mineraliensammlung.

Das wahre Highlight von Gera finden Sie aber auf der Rückseite des Museumsgebäudes. Im Steinweg/Ecke Geithes Passage können Sie in die Unterwelt abtauchen, in die **Geraer Höhler**, ein Kellersystem unter der Stadt zur Bierlagerung, das es schon seit dem 16. Jh. gibt. 230 Höhler sollen es gewesen sein, die die Bürger der Stadt unter ihren Häusern in Zechstein und Lehm durch Bergleute haben graben lassen. Über eine steile Holzstiege ging es vom Hauskeller in den Tiefenkeller, der mit 8°-10° ideale Lagertemperaturen bot, nicht nur für Bier, sondern auch für Feldfrüchte und Gemüse. Aber schon vor allem für Bier, denn das Wasser war bis zum Bau moderner Wasserleitungen Ende des 19. Jh. nur bedingt pur als Trinkwasser zu genießen. Und so war Bier ein wichtiges Nahrungsmittel, z.B. als Biersuppe am Morgen und am Abend.

Gersche Biersuppe: *Reiben Sie 300 g altes Roggenbrot in einen Kochtopf und kochen Sie es mit 1 l Bier, Kümmel und Salz auf. Verquirlen Sie 2 Eier, 35 g Zucker, 50 g Butter und 125 ml Saure Sahne, verrühren die Masse mit der heißen Biersuppe, lassen alles kurz aufkochen und schmecken nochmal ab. Die Variante mit Butter und Zucker war sicher das Rezept der Wohlhabenden, einfache Leute konnten sich das nicht leisten!*

Die Höhler lagen nun aber nicht schön ordentlich unter den jeweiligen Häusern, sondern es wurde kreuz und quer erweitert und dazu gebaut. Baupläne gab es keine, und so ist es nicht verwunderlich, dass heute niemand mehr so genau den Verlauf der Höhler kennt. Viele von ihnen wurden nämlich im Laufe der Zeit zugeschüttet. Erst Ende der 1970'er Jahre wurde das Gefüge systematisch vermessen, und 10 Höhler wurden 1986-89 als Museum ausgebaut. Obwohl es solche unterirdischen Kellerlabyrinthe auch in verschiedenen anderen Städten gibt (z.B. Meerane, Altenburg, Zeitz, Glauchau, Crimmitschau, Eilenburg, Oppenheim, Nürnberg, Eger, Retz) lohnt sich eine Führung durch Geras außergewöhnliche Unterwelt.

So, ab jetzt geht es über der Erde weiter! Über die Sorge, früher mal Geras belebteste Einkaufstraße, vorbei am ehemaligen Hertie-Kaufhaus, die Johannisstraße und die Schlossstraße schlendern Sie zu einem der schönsten Gebäude der Stadt. Wunderbaren Jugendstil gemischt mit klassizistischen Elementen können Sie am **Theater** in der Nähe des Hauptbahnhofes bewundern. Das 1902 als Fürstlich Reußisches Theater gebaute Haus galt als fortschrittlich, weil es Theater- und Konzertsaal in einem Gebäude vereinte. Heute ist es unter dem Namen **"Theater und Philharmonie Thüringen"** ein Fünfspartentheater (Schauspiel, Puppenbühne, Ballett, Konzert, Oper), 1995 aus dem Zusammenschluss mit dem Landestheater Altenburg entstanden. Auffallend ist die Eingangsfassade mit ihren Büsten: hier geben sich Schiller, Goethe, die Muse Melpomene, Genius, Sphinx und Medusa ein Stelldichein. 2005 bis 2007 wurde das Theater komplett saniert, rekonstruiert, technisch modernisiert und wieder im ursprünglichen Ockerton gestrichen. Das Theater steht auf dem Gelände, auf dem sich Teile des herzoglichen **Küchengartens** befanden. Durch den Rest des Gartens, der seit dem 17. Jh. der herzoglichen Küche Gemüse und Kräuter lieferte, kommen Sie zum Halbrund der **Orangerie**, 1729 bis 1732 gebaut. Sie diente erst als Gewächshaus, war dann Lazarett, Pferdestall, Turnhalle und Sitz des Kunstvereins Gera. Seit 1972 beherbergt die Orangerie die Kunstsammlung Gera, bestehend aus Gemälden, Druckgrafiken, Zeichnungen und Plastiken vom Mittelalter bis zur Gegenwart.

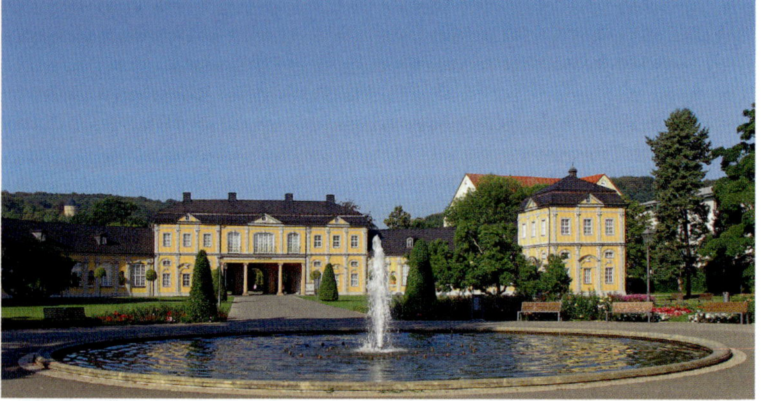

Orangerie - Küchengarten

Zur **Kunstsammlung Gera** gehören auch 400 Arbeiten von Otto Dix von den impressionistischen Anfängen bis zum letzten Selbstporträt kurz vor seinem Tod, die in der Orangerie und im Otto-Dix-Haus zu sehen waren. Die Orangerie ist wegen Bauarbeiten nach den Hochwasserschäden im Sommer 2013 bis Ende 2017 geschlossen.

Ein kleiner Spaziergang durch die Küchengartenallee und über die Untermhäuser Fußgängerbrücke, eine der ältesten erhaltenen Stahlnietenbrücke Mitteldeutschlands, bringt Sie zum **Otto-Dix-Haus** am Mohrenplatz im Geraer Stadtteil Untermhaus. In dem einfachen Wohnhaus bewohnten Ottos Eltern, Eisengießer und Näherin, zwei Zimmer. Vor dem 100. Geburtstag des Malers wurde das Gebäude von 1988-91 zum Museum umgebaut, das eine nachgestellte, aber authentische Arbeiterwohnung Ende des 19. Jh. zeigt. Einige der Einrichtungsgegenstände, z.B. die Wanduhr, die Lampe oder das Sofa, tauchen immer wieder auf Dix Bildern auf. In der Ausstellung wurde neben dem Maler auch der Mensch Otto gezeigt, der gerne auf dem Kanapee saß und seine lesende Mutter oder seine Schwestern zeichnete. Die Bilder selber, die in Gera sind, werden an und für sich im Anbau neben dem Geburtshaus präsentiert. Leider wurde dieser elsternahe Teil von Gera im Juni 2013 vom Hochwasser schwer beschädigt. Selbst im Otto-Dix-Jahr 2016 konnten die Hauptwerke daher nur im Ausweichquartier im Stadtmuseum präsentiert werden. Als "Geburtstagsgeschenk für Otto" wurden von Dezember 2016 bis März 2017 Dix selten gezeigte Zeichnungen mit dem Silberstift präsentiert. Das Dix-Haus schließt allerdings dann im März wieder seine Pforten und soll weiter renoviert werden.

Otto Dix wurde am 2. Dez. 1891 in Gera-Untermhaus in einem Arbeiterhaushalt geboren. In dieser Familie war aber auch neben den alltäglichen Sorgen Platz für ein bisschen Kunst, denn die Mutter las gerne und schrieb selber Gedichte, der Onkel war Lithograf und förderte zusammen mit einem Lehrer das Talent des jungen Otto. Das väterliche Sicherheitsbedürfnis brachte Otto dazu, eine Lehre als Dekorationsmaler zu machen. Ein Stipendium in Höhe von 500 Mark jährlich vom reußischen Fürsten, dessen Schloss in Ruf- und Sichtweite vom Mohrenplatz über Untermhaus wachte, erlaubte Dix ein Kunststudium in Dresden. Hier suchte er seine künstlerische Ausdrucksform - mal als Dadaist, Expressionist, Kubist oder Futurist.

Der erste Weltkrieg, den er in Flandern an der Front erlebte, prägte ihn tief - seine Grafiken zum Thema fingen die Grausamkeiten erschütternd und zeitlos ein. Sein Lebensweg führte ihn über das Rheinland und Berlin wieder zurück nach Dresden, wo er Professor an der Kunstakademie war. Seine Werke, allen voran "Der Schützengraben" und das Triptychon "Der Krieg", gehörten zu den ersten, die von den Nazis 1933 als "entartet" bezeichnet wurden.

Dix zog die Konsequenzen und zog sich, mittlerweile verheiratet und Familienvater, an den Bodensee zurück. Künstlerisch ging er in die "innere Emigration" und malte Landschaftsbilder im Stil der Alten Meister, ausgestattet mit zeitkritischer Symbolik. Nach dem Zweiten Weltkrieg, dessen Ende er in französischer Kriegsgefangenschaft erlebte, kehrte er zum expressionistisch-realistischen Malstil zurück.

Seine Selbstporträts zeigen ihn ernst, ohne Lächeln, aus schmalen Augen skeptisch die Welt betrachtend. Und auch in der Nachkriegszeit, so scheint es, empfindet er sich sowohl im Westen, wo er weiterhin am Bodensee lebt, als auch im Osten, dem er bei alljährlichen Besuchen in Dresden und Gera verbunden bleibt, als Außenseiter. In den sechziger Jahren wurden viele Dixwerke in Ausstellungen gezeigt und der Künstler wurde in beiden Teilen Deutschlands mit Preisen und Auszeichnungen geehrt, z.B. wurde er 1966 zum Ehrenbürger von Gera ernannt. Dix starb 1969 nach einem Schlaganfall in Singen am Hohentwiel.

Leider hat man in Gera nicht die Gelegenheit wahrgenommen in den vergangenen 20 Jahren Arbeiten von mir zu erwerben, obgleich oft Gelegenheit dazu war. (Brief von Otto Dix an die Stadt Gera vom 25. 7. 1947). Dieser Satz scheint die Einstellung Geras zu ihrem großen Künstlersohn zu charakterisieren - es gibt zwar das Otto-Dix-Haus, eine Otto-Dix-Schule, ein Otto-Dix-Pflegeheim, eine Straßenbahn Otto Dix, eine Straßenbahnhaltestelle Otto Dix, einen Otto-Dix-Preis (liegt seit 2012 aus finanziellen Gründen auf Eis) - aber eine repräsentative, liebevolle Präsentation seiner Werke war selbst im Jubiläumsjahr 2016 nicht möglich.

Außer in Gera werden seine Bilder auch in der Kunstsammlung Stuttgart, in der Otto-Dix-Stiftung Vaduz, im Otto-Dix-Haus in Hemmenhofen am Bodensee und immer wieder auf diversen Sonderausstellungen gezeigt.

Ebenfalls am Mohrenplatz steht die gotische **Kirche St. Marien**, eine der schönsten und ältesten Kirchen der Stadt, 1440 im spätgotischen Stil mit Holztonnengewölbe gebaut.

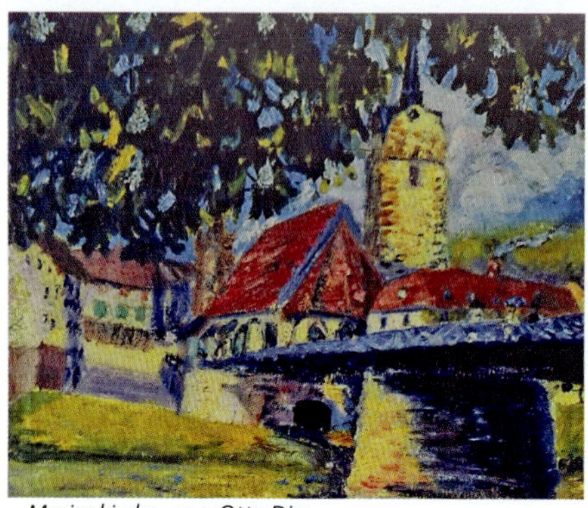
Marienkirche - von Otto Dix

Erst im 16. Jahrhundert wurde auf der Nordseite der Turm hinzugefügt, die zwei neugotischen Türme an der Westfassade kamen 1882 dazu.

Das Hofgut, heute ein Veranstaltungsort, war für die Versorgung der fürstlichen Familie auf Schloss Osterstein zuständig.

Hoch über dem Mohrenplatz stehen die Reste von **Schloss Osterstein** auf einem steilen Bergsporn des Hainberges. Die Herren von Weida hatten an dieser günstigen Stelle nach 1100 eine Burg errichtet. Ab 1550 gehörte die Burg der Familie Reuß, die sie ab 1560 zu einem Renaissanceschloss umbaute und als Wohnsitz und Residenz nutze. Das Schloss selbst wurde während des Zweiten Weltkrieges zerstört. Als einziges Bauwerk sind der mittelalterliche romanische Bergfried aus dem 12. Jh. und einige Nebengebäude erhalten. Die Anlage fristet ein eher ungeliebtes Dasein, denn selbst für das Schlossrestaurant gibt es seit 2015 keinen Pächter mehr. Marschieren Sie trotzdem hoch - der Blick über die Stadt und den Hofwiesenpark lohnt sich!

Über die Brücke geht es zurück in den **Hofwiesenpark**. Früher eine unbebaute Fläche zwischen Schloss und Stadt, wurde das Gelände nach dem Zweiten Weltkrieg zu einem Sportpark gestaltet mit dem Stadion der Freundschaft (1952), der Erwin-Panndorf-Sporthalle (1969), dem Hallenbad (1974) und anderen kleineren Sportanlagen. Der Park war ein Kernstück der Bundesgartenschau 2007 und wurde ab 2004 neu konzipiert. Vier Ovale: Stadion der Freundschaft, Spieloval, Hofwiesenbühne und Hofwiesenbad strukturieren das Areal. Was blieb von der Buga? Auf 30 Hektar große Wiesen, Schatten spendende Bäume, eine jahreszeitlich wechselnde Blütenpracht, Ruheliegen, Bänke, eine Rollhockey-Anlage, eine Rollschnelllaufbahn, ein Skater-Fun-Parcour, ein Beach-Volleyballfeld, eine Boule-Bahn, ein Minigolfgelände, ein Park-Café, das Karibiko mit Cocktailbar, Brückencafé und das Café im Hofgut.

Nach diesem Bummel durch die Natur können Sie sich in die Einkaufswelten der Arcaden an der Heinrichstraße stürzen. Am nördlichen Ende des zentralen Verkehrsplatzes Heinrichstraße steht recht verloren zwischen Arcaden und Elsterforum das **Stadtmuseum**.

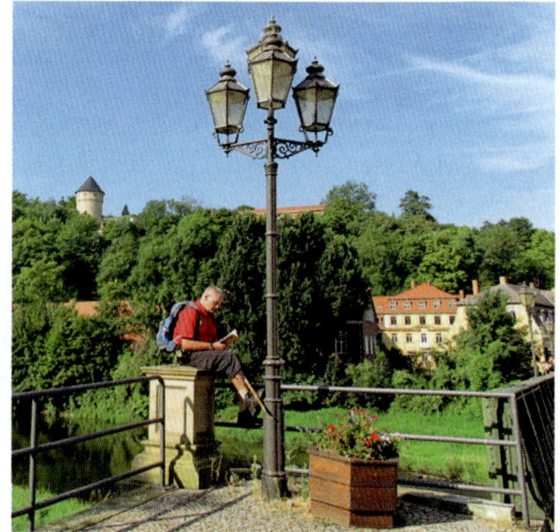
Blick von der Untermhäuser Brücke zum Schloss Osterstein

Das Haus im Barockstil mit prägnantem Turm und Dach wurde Mitte des 18. Jh. als Zucht- und Waisenhaus gebaut. Heute können Sie hier Exponate zur Geschichte der Stadt und attraktive Sonderausstellungen sehen.

Von links leuchtet schon goldgelb das Veranstaltungs- und Tagungsgebäude **KuK** 1977-81 im Zuge der weiteren Ausgestaltung des "sozialistischen Stadtzentrums" gebaut, hat es einen Mehrzwecksaal mit 1700 Plätzen und mehrere Gaststätten. Eine künstlerische Besonderheit ist im Foyer die Reliefwand "Lied des Lebens", die von 24 Bildhauern geschaffen wurde.

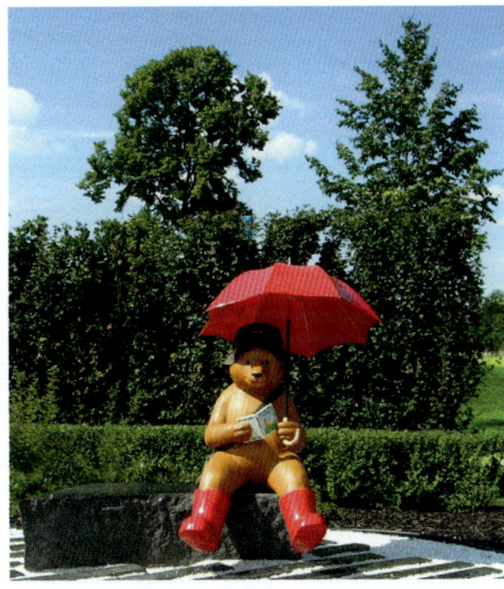

Märchenbär Uppo Nalle im Hofwiesenpark

Eine besondere Perspektive - der Villen-Spaziergang

Ab der Mitte des 19. Jh. erwarben viele Fabrikanten durch ihren Betrieben enorme Vermögen. Als Ausdruck ihrer Wohlhabenheit ließen sie sich Villen bauen, eine größer und prächtiger als die andere, umgeben von parkartigen Gärten. Bevorzugte Wohngegenden waren Untermhaus, Debschwitz (vor allem Vollersdorfer Straße, Straße des Friedens) und das Villenviertel, d.h. der Bereich um Berliner Straße, Clara-Zetkin-Straße, Goethestraße und Friedrich-Engels-Straße. Viele sind gut erhalten oder sensibel renoviert, einige prägen als jämmerliche, vernachlässigte Halbruinen das Stadtbild.

Das grüne Wohnviertel Untermhaus bietet sich für einen Villenspaziergang an. Da viele der Häuser in Privatbesitz sind, können Sie meistens nicht besichtigt werden. Ausnahmen gibt es bei den empfehlenswerten, aber leider seltenen Villenführungen durch die Tourismusinfo. Aber auch die Betrachtung von außen ist ein architektonischer Augenschmaus. Unser Tipp: machen Sie die Tour im Frühjahr oder Herbst, wenn Ihnen die Blätter an den Bäumen nicht die Sicht versperren. Wir starten an der Orangerie und gehen durch die Küchengartenallee Richtung Untermhäuser Fußgängerbrücke. Auf der linken Seite der Kastanienalle stehen die **Villa Hess**

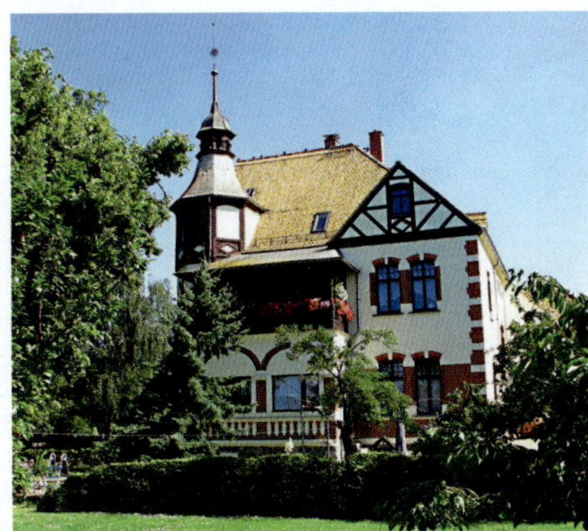

Villa Rothe - Gera-Zwötzen

(Nr. 11, gebaut 1927, Jugendstil mit Art déco Elementen), **Villa Bufe** (Nr. 13, 1924/25 als verputzter Ziegelbau im neoklassizistischen Stil errichtet), **Villa Peitzsch** (Nr. 15, 1895 im geschmackvollen, dezenten Jugendstil gebaut), **Villa Dix** (Nr. 17, gebaut 1905), **Villa Aster** (Nr. 19, 1888 gebaut als Backsteinbau im englischen Landhausstil) und die **Villa Bloch** (Nr. 21, 1913 mit schönen Buntglasfenstern und hölzerner Treppe). Nun sehen Sie rechts die **Villa der Kreuzapotheke** (Nr. 8, 1884/85 als erstes Gebäude hier errichtet) und die **Villa Nolle** von 1890 mit einer typisch historisierenden Fassade.

Rostbrätel: *800 g ausgelöster, abgehangener Schweinekamm wird in vier Scheiben geschnitten, geklopft und mit Salz und Pfeffer gewürzt.*
Rühren Sie eine Marinade aus Bier, Senf (Bautzener, Born oder Altenburger Senf), Knoblauch und Öl und legen Sie die Fleischscheiben 48 Stunden ein. Die Schweinekammscheiben in einer Pfanne mit heißem Öl anbraten. Wenn die Rostbrät`l fast gar sind, in Scheiben geschnittene Zwiebeln zugeben, goldgelb braten.

Biegen Sie in den Hofwiesenpark ein und spazieren, die Elster immer zu Ihrer rechten Seite, am Stadion vorbei bis zum Textima-Steg. Dort wechseln Sie auf das andere Flussufer und sehen rechts in der Tschaikowskistraße 39 die Anlage der **Villa Jahr** mit ihren zwei Ecktürmen, für den Maschinenfabrikanten Rudolf Jahr 1905-1907 im Stil des Historismus gebaut. Hier mischen sich Neogotik, Neorenaissance und Neobarock zu einem neuen Fassadenbild. Nach dem Zweiten Weltkrieg fand der sowjetische Stadtkommandant Gefallen an dem Prachtbau und requirierte ihn kurzerhand. Ab 1960 war sie ein Kinderheim und von 1990 bis 1997 war sie Internat für das Goethe-Gymnasium. Im Zusammenhang mit der Bundesgartenschau wurde sie 2005 saniert und als Ausstellungsgebäude des Bundes deutscher Friedhofsgärtner genutzt. Der Park, im Stil eines englischen Landschaftsgartens angelegt, war Ausstellungsfläche zum Thema Grabgestaltung. Seither diente das Haus zeitweise für Kunstausstellungen und Kulturveranstaltungen. Seit 2015 steht die Villa zum Verkauf, da die Stadt Gera Geld braucht. Wenn Sie etwa 400.000 € übrig haben, könnte das Ihre neue Adresse werden! Der Garten mit der Villa als zentralem Punkt ist ein herrlicher Platz für ein Picknick. Geschwungene Wege führen zum Teich mit Natursteinkaskade und zum Rhododendrenpark und Wiesenflächen und Baumgruppen erfreuen das Auge.

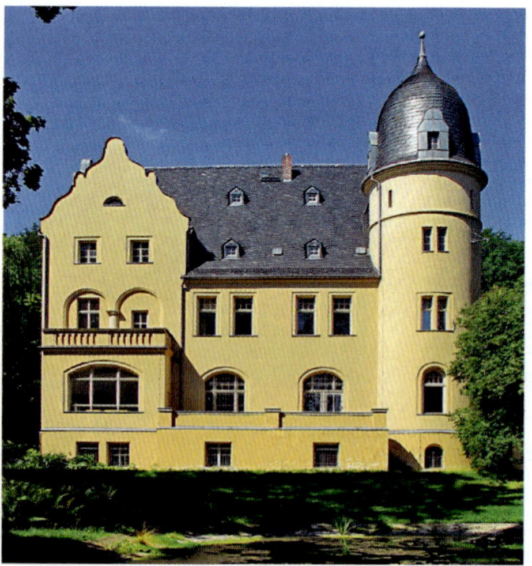

Villa Jahr

Nun müssen Sie entweder rechts oder links der Elster zu den Villen

Nolle und Apotheke zurückkehren, um dann über den grünen Biermannplatz durch die Fasaneriestraße und Leibnitzstraße die Tobias-Hoppe-Straße zu erreichen. Dort gehen Sie nach rechts, bis Sie zur Kreuzung mit der Hermann-Drechsler-Straße kommen. Hier haben die Familien Hirsch und Bauer residiert. Die **Villa Bauer** in der Tobias-Hoppe-Straße 1 wurde von Rudolf Schmidt, der auch die Villa Jahr plante, entworfen und 1907 gebaut.

Reichtum prunkvoll in Szene gesetzt - die Gründerzeit. *Im zweiten Drittel des 19. Jh. führten die technischen Neuerungen wie Dampfmaschinen, mechanische Webstühle, Spinnmaschinen und andere bahnbrechende Erfindungen zur Industriellen Revolution. Viele bis dahin handwerkliche Prozesse wurden mechanisiert und automatisiert, viele neue Firmen wurden in jener Zeit gegründet, viele Fabrikanten wurden in kurzer Zeit reich. Dieser Reichtum sollte zur Schau gestellt werden, man wollte repräsentieren. Der neue Geldadel fing an, sich seine "Schlösser" zu bauen und pflückte sich aus der Architektursprache der Renaissance, des Barock, des Rokoko und des Klassizismus die passenden Stilmerkmale heraus.*

Im kunsthistorischen Sinn bezeichnet man dieses Aufgreifen und Verwenden vorangegangener Stile als Historismus. Hier ein neugotisches Türmchen, dort ein Renaissance-Erkerchen, alles umrahmt von ein paar kannelierten Säulen, die Giebel neobarock geschwungen, und das alles üppig und wuchtig – das war der Geschmack der Zeit! Klar, das gefällt und gefiel nicht jedem und so kamen Anfang des 20. Jh. neue Ideen auf, z.B. der Jugendstil, der die Fassaden mit kurvigen Linien, von Formen aus der Natur inspiriert, schmückte. Aus England und den USA gesellte sich der Funktionalismus dazu, der seinen Schwerpunkt in hochwertiger Qualität und dem praktischen Funktionieren, verpackt in einfaches Design, hatte

Die **Villa Hirsch/Bauer** von 1907, Tobias-Hoppe-Straße 4, wird heute als Kindergarten genutzt. Hier lebte der Schwiegersohn des Industriellen-Moguls Georg Hirsch, Walter Bauer mit seiner Familie. Im Inneren gibt es noch einen originalen Kachelofen, Holzverkleidungen, Stuckdecken und Fenster-Bleiverglasungen. Die alte Gartenanlage musste dem Spielplatz des Kindergartens Platz machen.

So, und jetzt zum Gustostückerl vom Geraer Stadtteil Untermhaus! Schräg gegenüber der Villa Hirsch/Bauer steht mit der Adresse Hermann-Drechsler-Straße 2 das Domizil von Herrn Bauers Schwiegerpapa, die **Villa Hirsch**.

Johann Georg Hirsch besaß ein Kohlebergwerk, Anteile an amerikanischen Textilunternehmen, Baumollplantagen

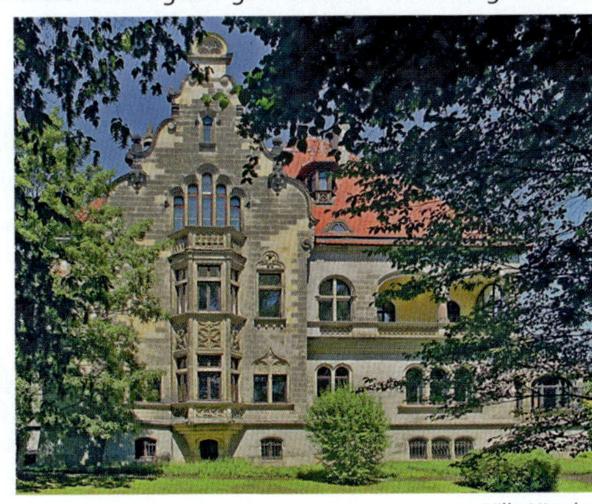

Villa Hirsch

in Afrika und in Gera die größten Appreturanstalt Deutschlands. Kein Wunder, dass er es sich leisten konnte, das für viele Zeitgenossen schönste Haus der Stadt zwischen 1894 und 1902 zu bauen. Seit 1945 nicht mehr im Familienbesitz, haben sich doch viele Originaldetails durch die wechselvolle Nutzungsgeschichte gerettet: Torturm, Herren- oder Jagdzimmer und der "grüne Salon" mit olivgrünen Wand-und Türverzierungen mit goldenen Rokoko-Stuckformen. In dieser Pracht residierte dann der Stab der NKWD der Sowjetunion, im Keller waren Arrestzellen. Ab 1955 nutzte das Theater die Villa - hier waren die Theaterschneiderei, der Kostümfundus, die Verwaltung, die Dramaturgie und das Archiv. Heute wird das Objekt als Fachhochschule genutzt.

Das nächste Prachtstück der Villenarchitektur entdecken Sie am Besten im Rahmen eines Spazierganges durch den Geraer Stadtwald oder mit dem Bus (Linie 10,11,17), denn **Haus Schulenburg** liegt etwas außerhalb. Der Textilfabrikant Paul Schulenburg wollte in den 1910'er Jahren einen Landsitz im Stil der neuen Funktionalität und beauftragte den Designern und Architekten **Henry van de Velde** 1913/14 mit dem Entwurf. Da van de Velde ein Wegbereiter des versachlichenden Bauhausstiles war, sind im Haus viele Gestaltungselemente des Bauhauses und Art déco vorweg genommen worden. Man kann Haus Schulenburg als Gesamtkunstwerk sehen, denn van de Velde war auch für die Inneneinrichtung und die Gestaltung des Gartens zuständig. Nach dem Tod Schulenburgs 1937 wurde allerdings das Konzept tiefgreifend verändert, weil seine Söhne die Villa in zwei Doppelhaushälften unterteilten. Von 1949 bis 1990 befand hier eine Medizinische Fachschule, die die Strukturen des Hauses weiter veränderte. Der sensiblen Restaurierung des neuen Besitzers ab 1997, die so nah wie möglich dem Original folgte, ist es zu verdanken, dass der Komplex mit originaler Wandverkleidungen, Originalmöbeln und historischer Farbgestaltung wieder den Geist van de Veldes atmet. Die Gebäude und der Garten, der historisch bepflanzt wurde, stehen unter Denkmalschutz. Heute beherbergt das Haus das Van-de-Velde-Museum mit zahlreichen Werken des Künstlers, Sonderausstellungen und einen Veranstaltungskeller mit Cafeteria.

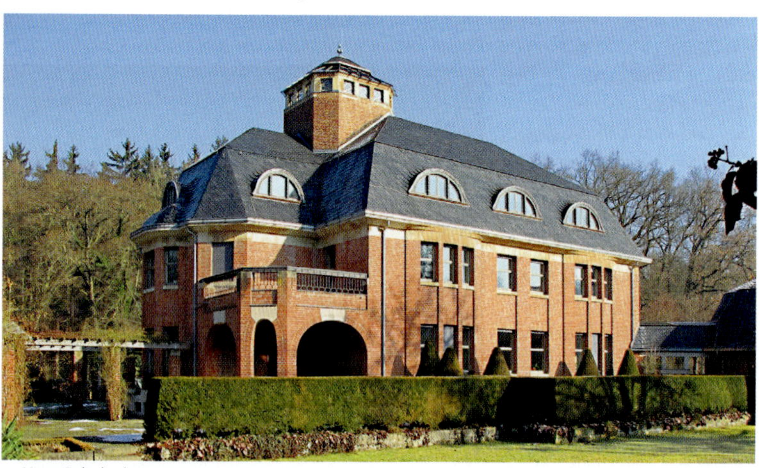

Haus Schulenburg

Warum die Zwerge aus dem Elstertale gezogen sind.

Es war einmal, da wurde in einer mondhellen Nacht ein Fischer in Langenberg von Stimmen vor seinem Haus geweckt. Als er vor der Türe nach dem Rechten schaute, stand da der Zwergenkönig Coryllis , der ihn bat, sein Volk ans andere Elsterufer überzusetzen. Der Fischer ruderte wie verlangt zur großen Zwergenhöhle. Dort hörte er es wispern und raunen, aber er sah niemanden. Er wurde angewiesen, seinen Hut in den Kahn zu legen, damit die Zwerge das Fährgeld bezahlen konnten. Und wieder sah er niemanden, aber er hörte ein Huschen und Flüstern, ein Klirren und Klappern. Sein Kahn senkte sich immer tiefer ins Wasser, obwohl nur der Zwergenkönig zu sehen war.

Als das Schifflein randvoll war, durfte er ablegen und musste sich mit dem schweren, aber scheinbar leeren Nachen kräftig gegen die Strömung abmühen. Am anderen Ufer angekommen, hörte der Fischer wieder ein Huschen und Schleichen, ohne jemanden zu sehen. Nur sein Hut, der war randvoll mit kleinem Zwergengold gefüllt! Und dann, dann wurde im schwachen Licht des Morgens eine lange Kolonne kleiner Leute sichtbar, die das Elstertal verließen. Weil die Zwerge den Menschen manchen Schabernack gespielt hatten, hatten die Menschen das Brot für die Zwerge mit Fenchel und Kümmel gebacken, was dem Zwergenvölkchen nicht bekam. Und so verließen sie den Landstrich, der daraufhin auch lange vom Glück verlassen war. Nur einem ging es gut - dem Fischer mit seinem Zwergengold, der den kleinen Leuten geholfen hatte!

Die Runde "Auf der Spur der Stolpersteine"

Einen speziellen Aspekt der jüngeren Geschichte erfassen Sie, wenn Sie sich auf der Spur der Stolpersteine durch Gera bewegen, von denen zur Zeit 59 Steine an 26 Orten liegen. Auf den Steinen sind Namen und einigen Daten von im Nationalsozialismus verfolgten Menschen verzeichnet, deren Leben mit Gera verbunden war. An einigen Standorten gibt es Infotafeln. Sie finden die Gedenksteine: Nestmannstraße 1, Altenburgerstraße 6, Blumenstraße 8, Burgstraße 5, Ebelingstraße 10, Gagarinstraße 26, Hainbergstraße 7, Hartmannsdorfer Weg 4, Johannisplatz 7/8, Karl-Liebknecht-Straße 6, Laasener Straße 16, Lange Straße 17, Lessingstraße 1, Maler-Reinhold-Straße 3, Marienstraße 13, Museumsplatz, Naulitzer Straße 9, Nicolaistraße 5, Pfarrstraße 4, Rudolf-Scheffel-Straße 18, Schlossstraße 2, Schmelzhüttenstraße 33, Sorge 9, Waldklinikum.

Um das Nicht-Vergessen bemüht sich auch die **Gedenkstätte Amthordurchgang** im ehemaligen Torhaus des abgerissenen Stasi-Gefängnisses. Thema ist der politische Widerstand in der DDR und das Andenken an die Opfer des Nationalsozialismus. Von 1933 bis 1945 war hier die Untersuchungshaftanstalt der Gestapo und Zwischenstation für Häftlingstransporte in das Konzentrationslager Buchenwald. Die DDR-Staatssicherheit sperrte von 1952 bis 1989 über 2.800 Menschen aus politischen Gründen ein. Auf zwei Etagen können Sie eine feste Ausstellung zur Geschichte und Nutzung der Haftanstalt mit echten Gegenständen aus den Zellen sehen. In der Bibliothek und im Archiv erfahren Sie etwas über einzelne Lebensläufe und Sie können mithilfe von Büchen, Dokumenten und Filmen Ihre Kenntnisse vertiefen.

Ein Spaziergang wider das Vergessen - auf der Spur der Stolpersteine:

Die Stolpersteine sind ein Projekt des Künstlers Gunter Demnig. Mit diesen Gedenktafeln soll an das Schicksal der Menschen erinnert werden, die im Nationalsozialismus ermordet, deportiert, vertrieben oder in den Suizid getrieben wurden. Die Stolpersteine sind kubische Betonsteine mit einer Kantenlänge von zehn Zentimetern, auf deren Oberseite sich eine individuell beschriftete Messingplatte befindet.

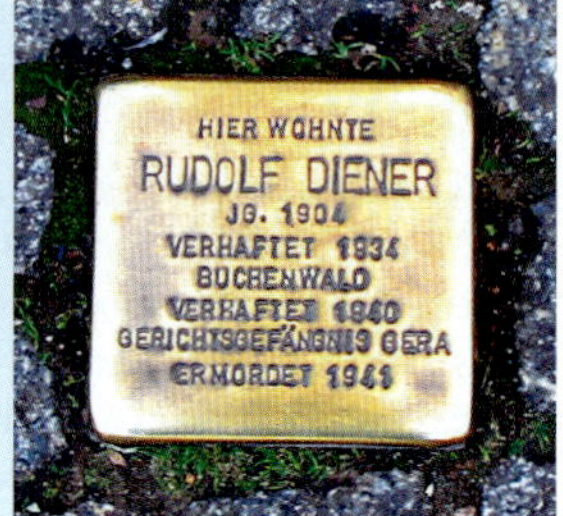

Sie werden vor den letzten frei gewählten Wohnorten der NS-Opfer niveaugleich in das Pflaster des Gehweges eingelassen. Das Projekt ist im November 2015 auf 55.000 verlegte Steine in 1.600 Orten in Europa gewachsen

Wer hoch hinaus will, hat außer dem Rathausturm noch andere Möglichkeiten. Zwischen dem Stadtgraben und dem Kornmarkt gibt es Überreste der Stadtmauer mit dem **Stadtmauerturm**, etwa 600 Jahre alt und 8 m hoch. Der Turm wird von einem Ehepaar ehrenamtlich betreut, die die Räume mit historischen Requisiten ausgestattet haben. Dienstag und Donnerstagvormittag sind sie im Turm und freuen sich über Besuch.

Im Stadtwald auf dem Hainberg steht der **Gladitschturm**, 1897 vom Verschönerungsverein gebaut. Und einen Verschönerungsverein kann der Turm auch heute wieder brauchen, denn er ist arg vom Zahn der Zeit angenagt. Menschen können ihn wegen Baufälligkeit nicht mehr besteigen, aber Fledermäuse, seltene Vögel, Hornissen, Waldkäuze nutzen ihn als Artenschutzturm.

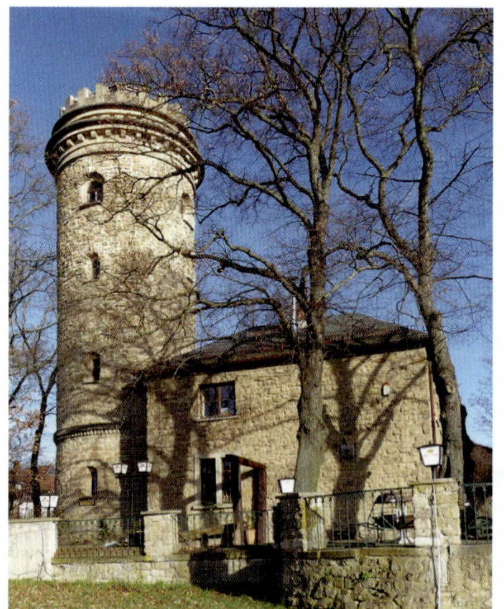

Ferberturm

Auf dem Debschwitzer Fuchsberg steht der 1901 gebaute **Fuchsturm**, damals noch Kaiser-Wilhelm-Turm. Von der 23 m hohen Aussichtsplattform können Sie sich an jeden 1. und 3. Samstag im Monat am prächtigen Ausblick über Gera bis nach Ronneburg erfreuen.

Familie Ferber besaß nicht nur das Ferbersche Haus, sondern ließ auch einen Turm bauen, den **Ferberturm** auf der Ronneburger Höhe im Osten der Stadt, dem mit 124 m über der Stadt gelegenen höchsten Punkt Geras. Der Turm ist 21 m bzw. 103 Stufen hoch und diente lange als Wetterstation. Nach dem Zweiten Weltkrieg wurde der Gaststättenbereich ausgebaut. Der Aussichtsturm und die Gaststätte sind ein beliebtes Ausflugsziel - wenn das Gasthaus offen hat, kann der Turm bestiegen werden und die Aussicht bis ins Erzgebirge genossen werden.

In der Nähe des Ferberturms stoßen Sie auf die Trasse der stillgelegten Eisenbahnlinie **Gera-Pforten-Wuitz-Mumsdorf** *(GMWE)*. Diese Schmalspurbahn transportierte von 1901 bis 1969 hauptsächlich Briketts aus dem Meuselwitzer Kohlerevier von der Station Wuitz-Mumsdorf zum Bahnhof Gera-Pforten. Hier bestand ein Gleisanschluss an die Geraer Straßenbahn, die die Briketts direkt zu den 25 Fabriken brachte.

Tote Oma (Grützwurst, Tiegelwurst): *2 Zwiebeln in Fett anbraten, 500 g Grützwurst in größere Würfel schneiden, dazu geben, rühren, bis die Wurst zerfallen ist, eventuell mit Salz und Pfeffer nachwürzen. Dazu gibt's Sauerkraut und Salzkartoffeln. Der Begriff Tote Oma klingt gewöhnungsbedürftig und bezieht sich auf das Aussehen des Gerichts.*

Außer dem Hofwiesenpark hat Gera noch andere grüne Stadtoasen. Im Stadtteil Debschwitz im Westen der Stadt lädt der **Stadtwald** zum Spazierengehen ein. Ursprünglich von der Stadt als Bau- und Brennholzreservoir angekauft, ist er heute ein 1.575 ha großes Landschaftsschutzgebiet am westlichen Talhang der Weißen-Elster, immerhin die größte zusammenhängende Waldfläche aller Thüringer Städte.

Vom Kerngebiet durch die viel befahrene Straße des Friedens getrennt, finden Sie im Martinsgrund den **Tierpark Gera**, den Waldzoo Ostthüringens. Hier leben auf einem 20 Hektar großen Gelände über 500 Tiere aus etwa 80 verschiedenen Arten, die ihre natürliche Heimat überwiegend auf der nördlichen Halbkugel haben. Aber natürlich fehlen auch nicht die vor allem bei Kindern beliebten majestätischen Löwen und die flinken Berberaffen. Wer nicht laufen mag, kann sich von der 600 mm-Parkeisenbahn ziehen lassen.

Von Juli bis Oktober ist der Geraer **Dahliengarten** ein Hochgenuss für die Sinne. Wo bis 1927 eine Lehmgrube, in der nichts wuchs, lag, bieten Ihnen heute Jahr für Jahr 2.000 Knollen und 80 verschiedene Sorten ein Farbfeuerwerk. Über einen QR-Code können Lernbegierige Informationen zu den einzelnen Sorten abrufen. Anfang Oktober werden die Knollen ausgebuddelt und an Dahlienfreunde verkauft. Passend zum Thema des Gartens heißt der Springbrunnen, 1930 von Thilo Schröder geschaffen, "die Dahlie".

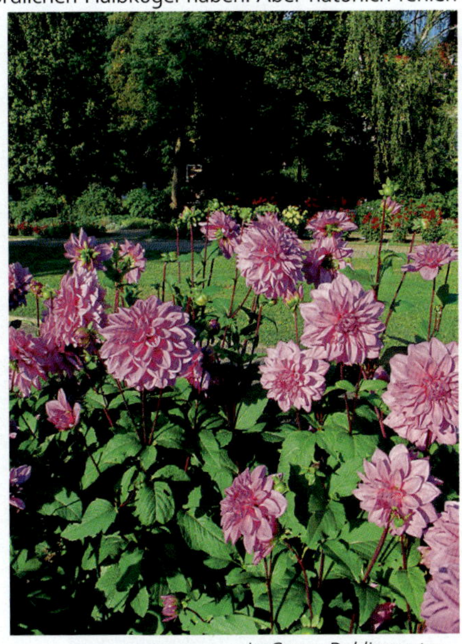

im Geraer Dahliengarten

GERA

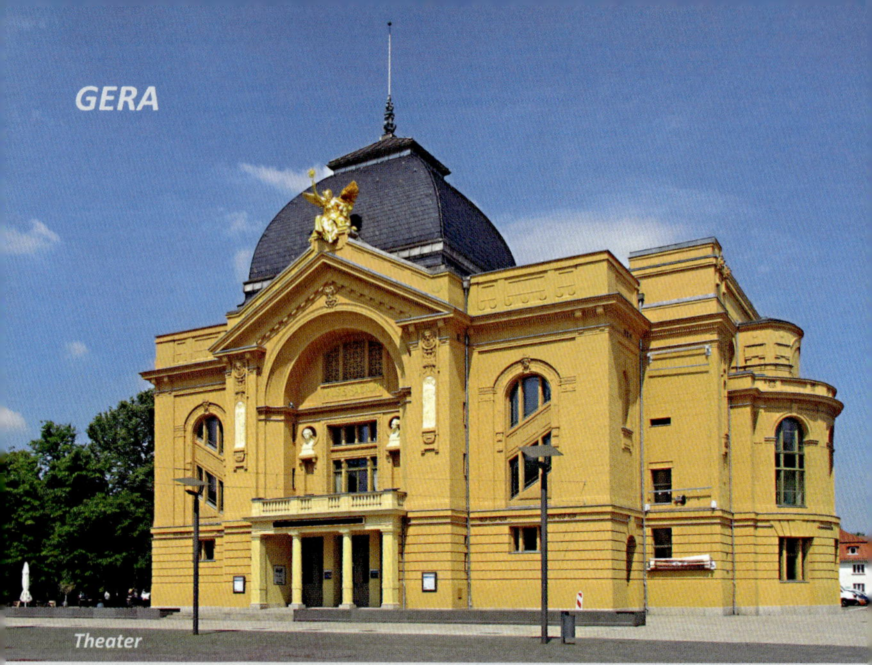

Theater

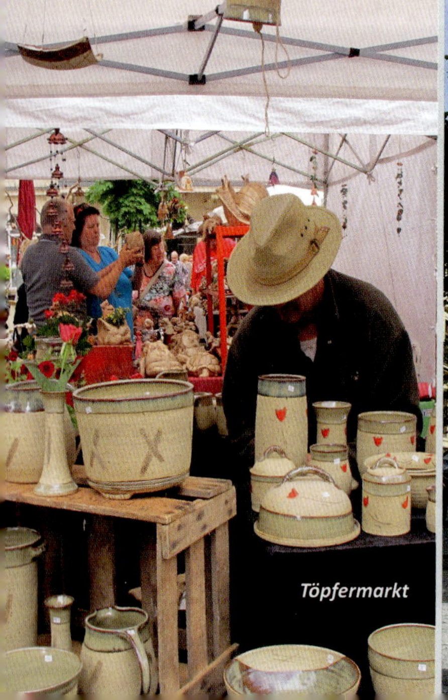

Töpfermarkt

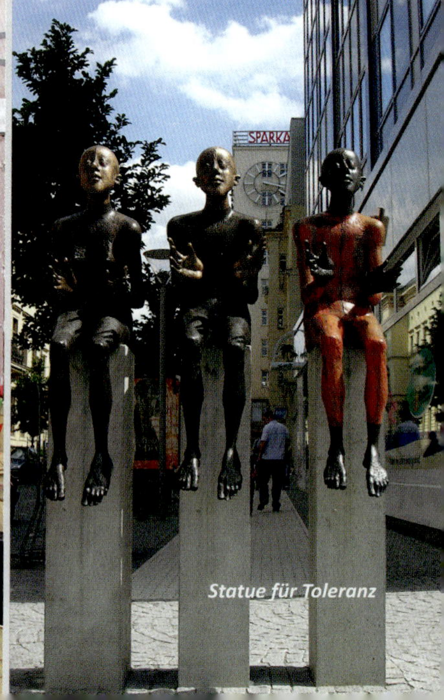

Statue für Toleranz

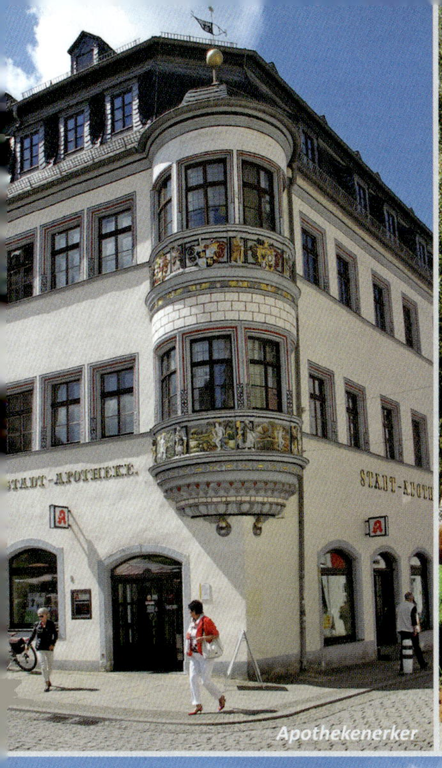

Apothekenerker

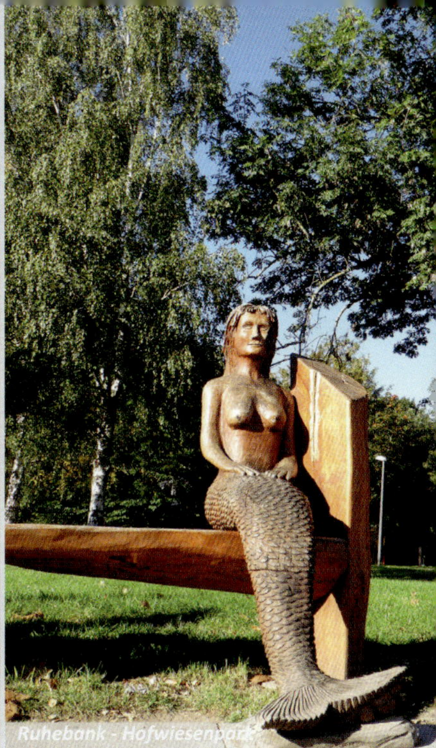

Ruhebank - Hofwiesenpark

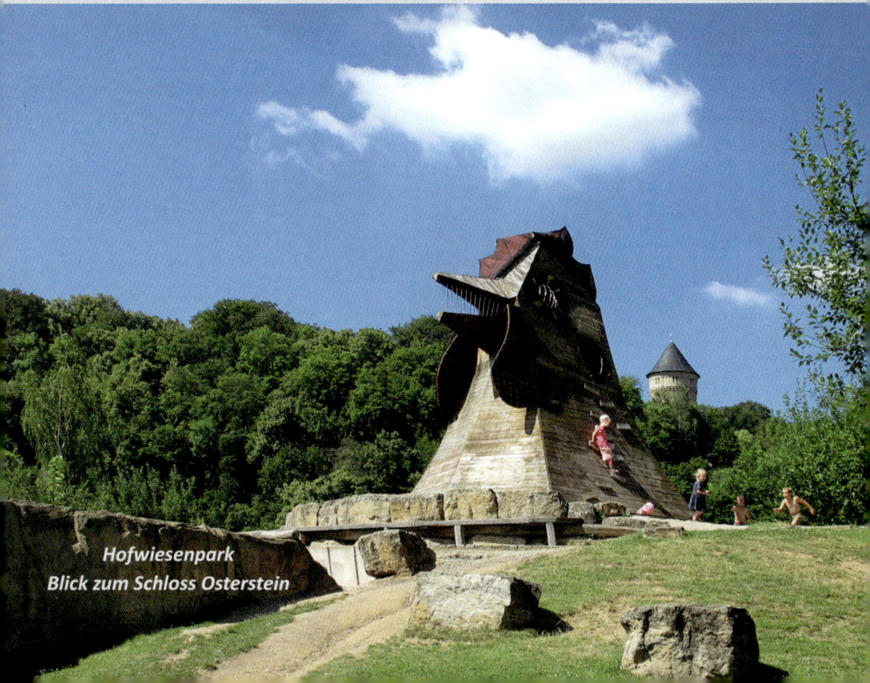

Hofwiesenpark
Blick zum Schloss Osterstein

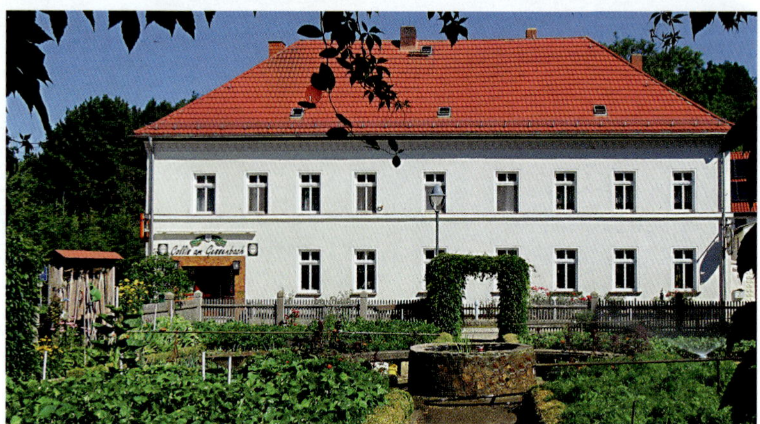

Bauerngarten am Gasthaus Collis Am Gessenbach

Auch in den **Randbezirken der Stadt**, die erst im Laufe des 20. Jh. eingemeindet wurden, gibt es die eine oder andere Sehenswürdigkeit. Vielmals prägen Fachwerkgehöfte das Ortsbild wie in Rusitz, Laasen, Röpsen-Negis oder Collis mit den gut restaurierten Vierseithöfen, zu denen oft wunderschöne Bauerngärten gehören.

Einige der Dörfer haben auch noch ihre ursprüngliche Siedlungsform als **slawischen Rundling** erhalten können, wie Lessen, Stublach oder - besonders gut erhalten Dorna.

Die alten Dorfkirchen haben oft einen sehr alten, mittelalterlichen Baukern, sind im Laufe der Zeit an- und umgebaut worden und lassen in den unterschiedlichsten Erhaltungszuständen doch immer noch ihre frühere Bedeutung im Leben der Menschen gut erkennen.

Die **Vierzehn-Nothelfer-Kirche in Langenberg** stammt aus dem 14. Jh. und bekam ihr heutiges Aussehen 1754 durch Umbauten und den Turmbau 1502. Der Vierzehn-Nothelfer-Altar von 1491 ist mit Silber und Schnitzwerk gestaltet.

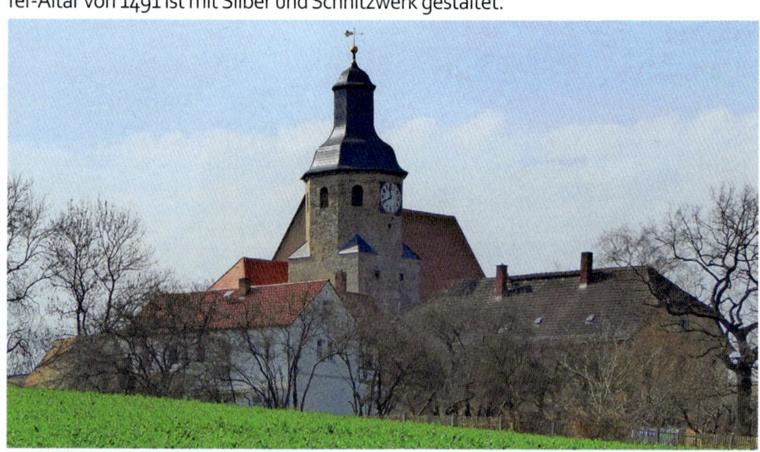
Kirche - Dorna

Rundlingsdörfer

Die typische Bauform für die Dörfer im deutsch-slawischen Grenzgebiet zwischen der Ostsee und dem Erzgebirge ist das Rundlingsdorf. Gerne wurden die Siedlungen so auf Bergspornen errichtet, dass der runde Platz in der Mitte nur über einen Zuweg von der höheren und trockenen Seite her zu erreichen ist. Die Gehöfte umrahmen den Platz, oft giebelseitig ausgerichtet. Hinter den Höfen erstrecken sich die streifenförmigen Felder und Gemeinschaftsfluren. Gerade in sumpfigen Gebieten war so ein Dorf gut zu verteidigen!

Vermutlich ist die **Kirche von Dorna** die älteste Kirche im Geraer Stadtgebiet, denn sie wurde in der zweiten Hälfte des 12. Jh. bzw. der ersten Hälfte des 13. Jh. errichtet. Im Laufe der Jahrhunderte wurde viel umgebaut, z. B. wurde der Turm um 1700 prägend mit dem Oktogongeschoss und der barocken Haube verändert. Auch heute würde dem Gebäude eine Sanierung gut tun.

Ähnlich geht es vielen Kirchen rund um Gera, z.B. **Groß-Aga**, **Roben** und **Söllmitz** - alte, würdige Bausubstanz, im Laufe der Zeit stark verändert und heute dringender Sanierungsbedarf!

Besser in Schuss sind die alten Dorfkirchen im Osten und Süden der Stadt. Gerade in **Großfalka** oder **Thränitz** wurde die alte Bausubstanz gepflegt und renoviert. Auch die barock gewandete St.-Nikolaus-Kirche aus dem 15. Jh. in **Trebnitz** wurde ab 1993 schön restauriert. Die Kirche in Niebra hat einen frühgotischen Chor und ein spätgotisches Kirchenschiff - beides neugotisch aufgepeppt. Ganz und gar im Stil der Neugotik wurde die **Zwötzener Kirche St. Martini** anstelle eines Vorgängerbaus errichtet. Das Innere ist ebenfalls neugotisch bis auf die aus Kaimberg übernommenen barocken Heiligenfiguren und das hölzerne Kruzifix.

Die kleine, zur Barockzeit gebaute **Kirche von Weißig** hat eine besondere Orgel, nämlich das angeblich einzige erhaltene Instrument dieser Art von Christian Ernst Friederici, einem Silbermann-Schüler.

Die kleinen Westvororte **Frankenthal**, **Scheubengrobsdorf** und auch **Windischenbernsdorf** halten sich ein bisschen zurück mit Sehenswürdigkeiten.

Einen Ausflug wert ist aber das **Naturdenkmal "Kalte Eiche"** auf der Höhe bei Ernsee. Sie ist angeblich 500 Jahre alt und hat einen Umfang von 6,20 m. Warum "Kalte Eiche"? Na, weil dort oben auf der Kuppe oft ein rauer Wind weht!

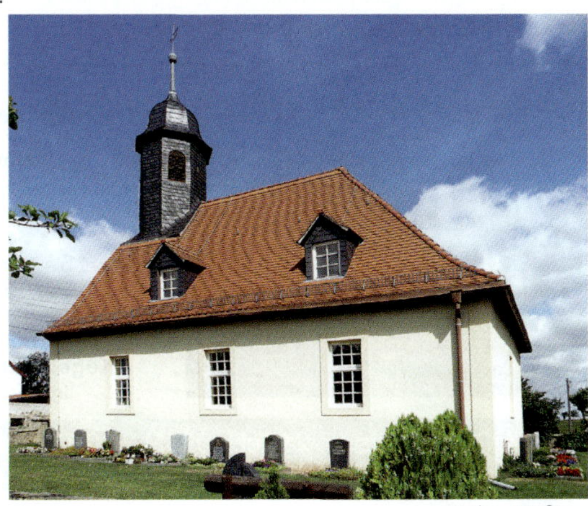

Kirche - Weißig

Auch die Natur im Umland von Gera hat einiges zu bieten. Im **Brahmetal** und den nordöstlich gelegenen Dörfern liegen die letzten Brutgebiete des Steinkauzes in Thüringen. Diese Kleineule braucht als Lebensraum Streuobstwiesen und Kopfweiden, die sie hier noch findet. In Dorna wurden bei der Kirche Quartiere für Fledermäuse, Turmfalken, Schleiereulen und Mauersegler gebaut. Hier und da kann man einen **Eisvogel** sehen.

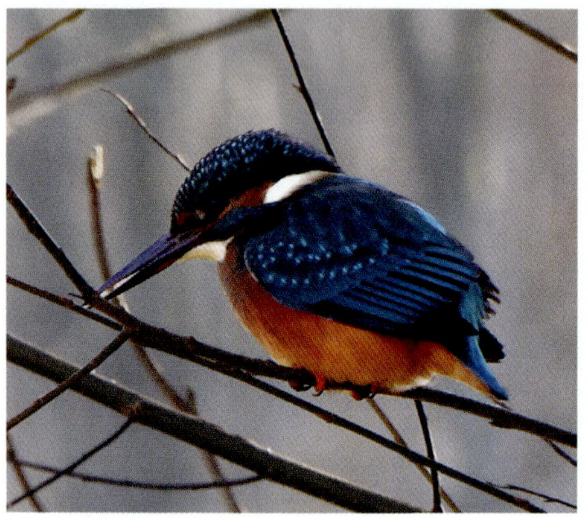
Eisvogel im Gessental bei Collis

Seltene Amphibienarten, z.B. die Wechselkröte, die Knoblauchkröte und der Laubfrosch leben am Fluss zusammen mit dem Fischotter. Freunde blühender Pflanzen finden im Brahmetal Aronstab, Hohlen Lerchensporn, Dornige Hauhechel, Buschwindröschen, Scharbockskraut, Ackerkratzdistel, Schlüsselblumen, Orchideen, Maiglöckchen, Lungenkraut, Karthäuser-Nelken, Waldgoldstern, Ackerwitwenblume, Wiesen-Flockenblume, Wegwarte und Rainfarn.

Das **Gessental** zwischen Gera und Ronneburg ist altes Siedlungsland mit einer vielfältigen Kulturlandschaft. Im 19. Jh. beliebtes Naherholungsgebiet, wandelte sich Funktion und Aussehen stark durch den Uranerzabbau der Wismut. Dörfer wie Schmirchau und Gessen verschwanden und der Gessenbach wurde mehrfach in seinem Lauf verändert. Die Buga 2007, die das östliche Ende des Tales mit einbezogen hatte, ist der Region ausgesprochen gut bekommen. Durch das Tal schlängelt sich nun ein Radweg, der, Teil des Radfernweges "Thüringer Städtekette", auch viele Geraer eine Tour nach Ronneburg unternehmen lässt. Heute finden Sie auf nur 3-4 km² Fläche über 400 Pflanzen, 600 Käfer-, über 400 Schmetterlingsarten und 82 Brutvogelarten.

REISETEIL

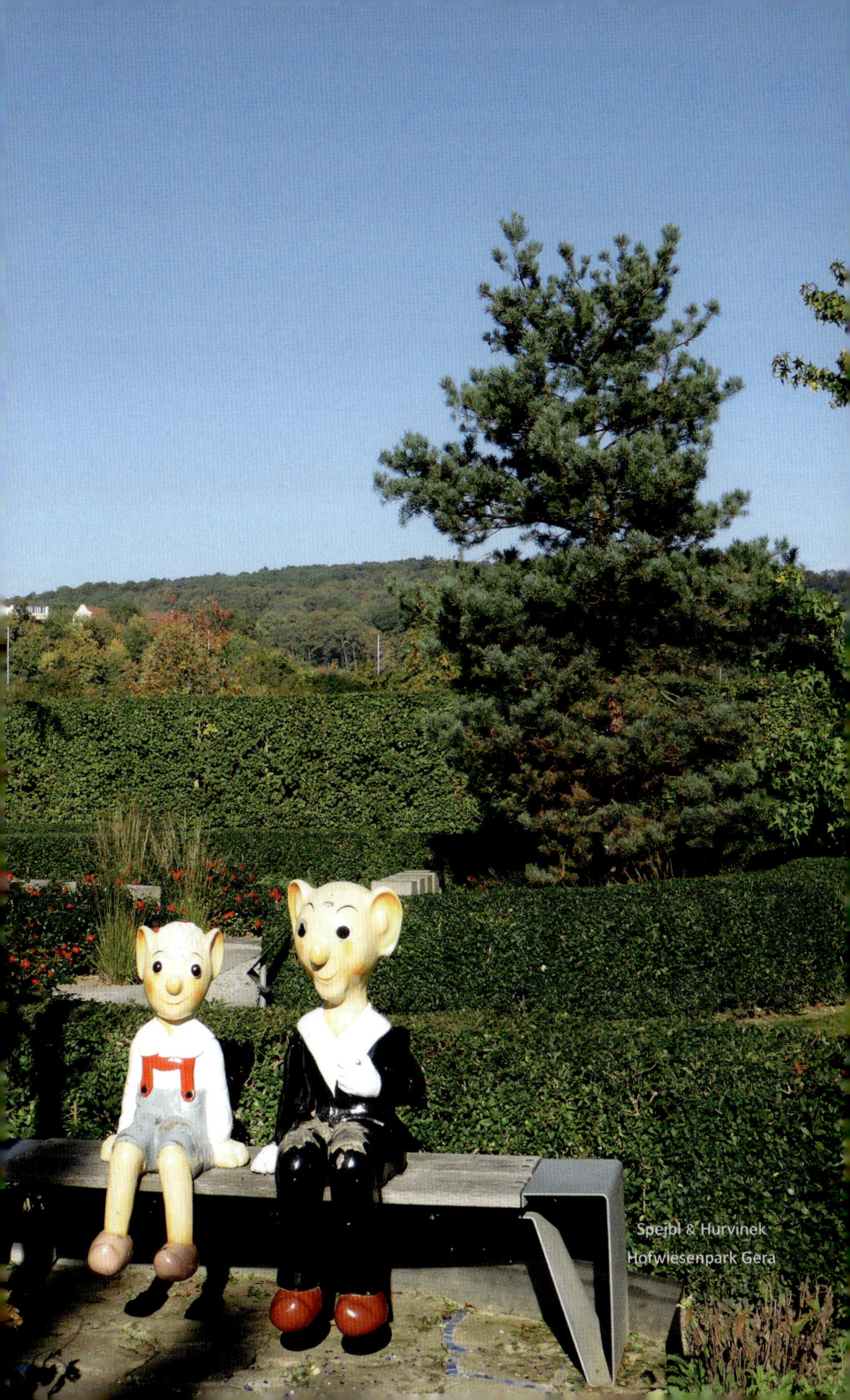

Spejbl & Hurvínek
Hofwiesenpark Gera

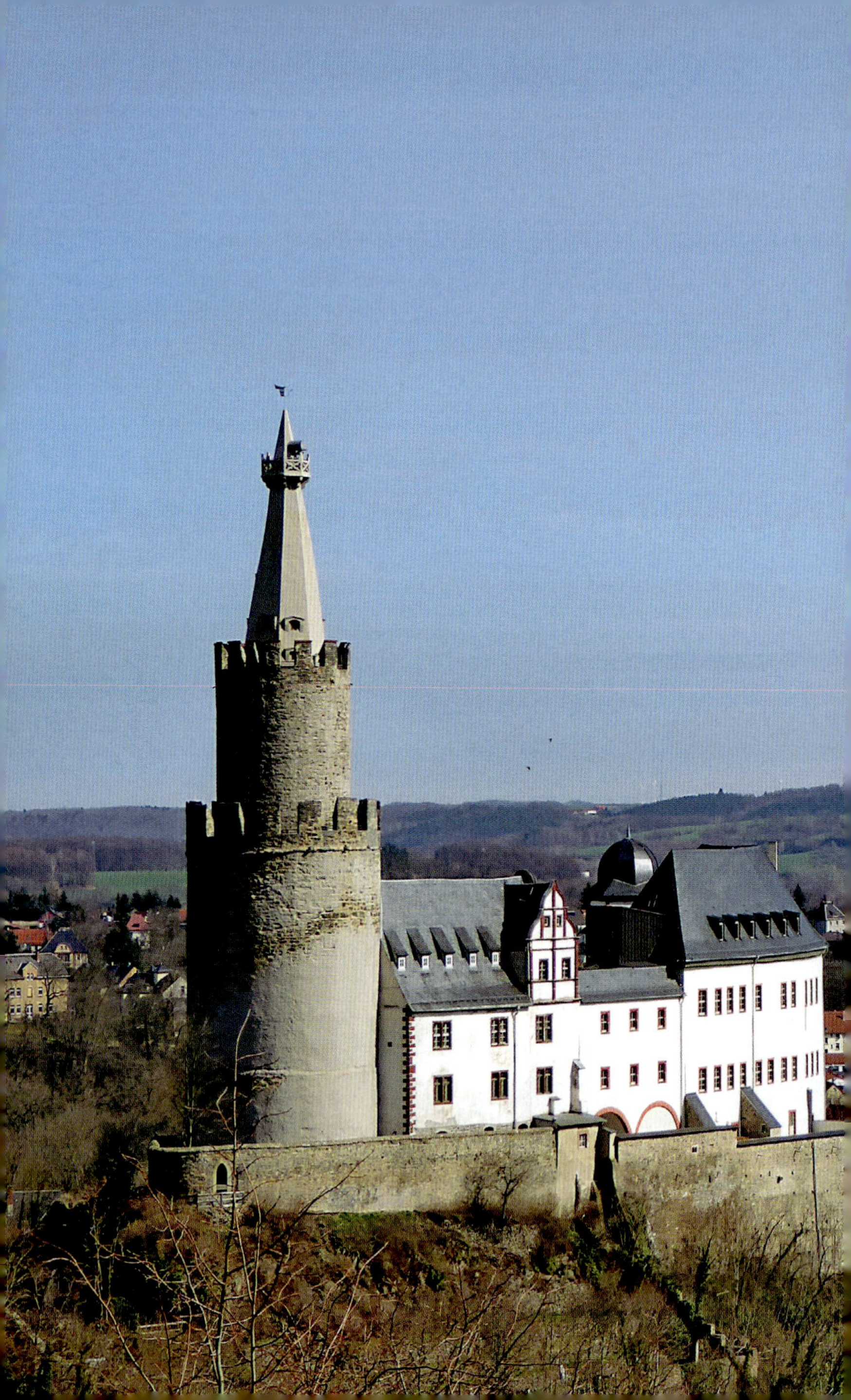

Reiseteil

Thüringer Vogtland

- Reiseziele von A bis Z
- Burgen, Schlösser
- Baudenkmäler
- Sehenswertes
- Kulturschätze
- Spaziergänge
- Kirchen

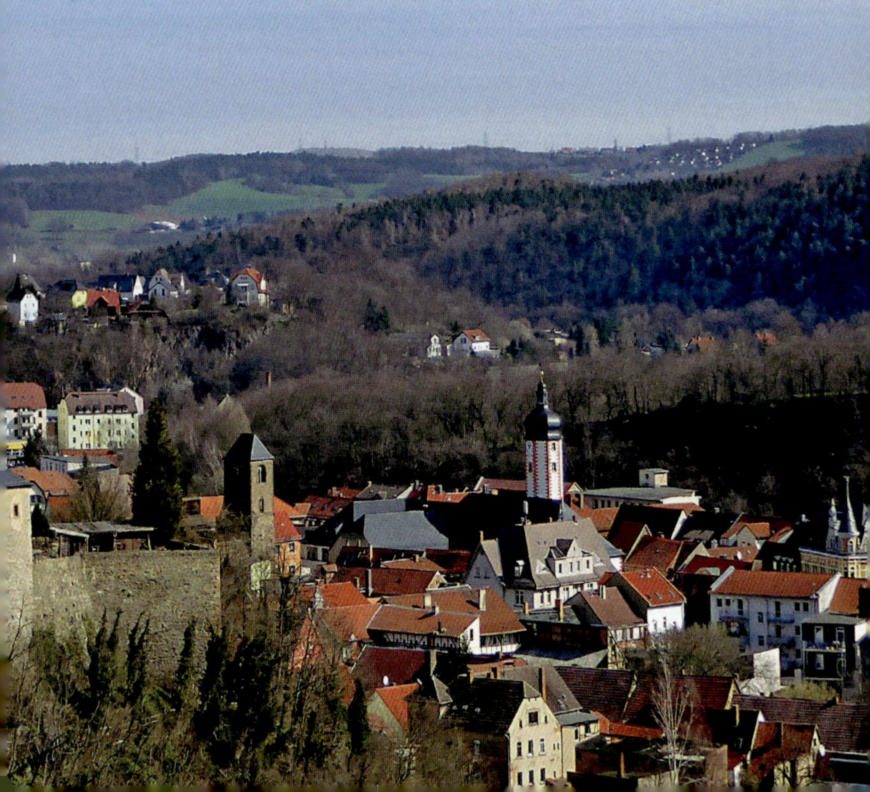

Das Thüringer Vogtland in Ostthüringen erstreckt sich von Altenburg und Bad Köstritz im Norden über Gera und Zeulenroda nach Schleiz und Lobenstein im Westen und bis kurz hinter Greiz im Süden. Es umfasst heute ungefähr ein Drittel des historischen Vogtlandes. Historisch gesehen ist die Region um Weida die Wiege des Vogtlandes, da die ersten Vögte als Verwalter der kaiserlichen Reichsgebiete ihren Stammsitz auf der Osterburg in Weida hatten. Und so präsentiert sich die Region auch als ein Mosaik von trutzigen Burgen, märchenhaften Schlössern, berührenden Kirchen, fantasievoll gestaltete Rathäusern und stattlichen Bauerndörfern. Naturräumlich gesehen, ist die Landschaft als Ostthüringisch-Vogtländische Hochfläche oder Ostthüringer Schiefergebirge der nordöstliche Ausläufer des Thüringer Schiefergebirges. Kennzeichnend sind die hohen, offenen Landschaften mit oft herrlichen Fernblicken, die durchschnitten werden von steilwandigen Tälern, in denen sich die Flüsse zu fjordartigen Seen aufstauen lassen. Es ist eine stille Region mit oft dramatischen, aufregenden Unterbrüchen.

Wehrhafte Burgen und märchenhafte Schlösser erzählen von der Geschichte der Region als Fürstentum, berührende Kirchen zeugen vom spirituellen Leben einst und jetzt und fantasievoll gestaltete Rathäuser künden vom Selbstbewusstsein des Bürgertums. Auch die Zeugnisse menschlichen Erfindungsgeistes sind reich vertreten in Museen, technischen Denkmälern und Monumenten der Industriearchitektur. Bauerndörfer und viele Mühlen bringen uns den Alltag aus früheren Tagen nahe.

Bei der Auswahl der vorgestellten Orte haben wir uns im sächsischen Vogtland auf das Elstertal (Wanderungen Nr. 26-30) und bei der Region um den Hohenwarte-Stausee und das Plothener Teichgebiet (Wanderungen Nr. 15, 35-39) auf die mehr oder weniger an den Wanderweg angrenzenden Orte beschränkt. Das Thüringer Vogtland ist breitflächiger erfasst (Wanderungen Nr. 1-18, 22-25, 31-34).

"Ein Bach, mit Namen Elster, rinnt durch Nacht und Nebel und besinnt inmitten dieser stillen Handlung sich seiner einstigen Verwandlung."

Christian Morgenstern (1871-1914)

Auma — *3.030 Einwohner* *399 hm* **Tour 14**

Das Schmuckstück des kleinen Ortes ist die prächtige kursächsische Postmeilensäule von 1722 auf dem Markt. Das Städtchen ist freilich viel älter, es besitzt seit 1331 das Stadtrecht. Die meisten heutigen Gebäude wurden ab 1790 nach dem großen Stadtbrand gebaut. Die Anfang des 17 Jh. fertig gestellte **Liebfrauenkirche** hat einen Kirchturm aus dem 12. Jh.. Im Innenraum finden Sie eine Orgel des Silbermannschülers Trampeli und geschnitzte Heiligenfiguren aus der Saalfelder Schnitzschule des Riemenschneiderschülers Hans Gottwald. Kirche, Pfarrhaus, die Bürgerschule von 1900, das Alte Rathaus von 1790, das Neue Rathaus von 1907 und einige Bürgerhäuser, denen leider oft der Charme wegrenoviert wurde, bilden den historischen Stadtkern um den Markt.

In der **Heimatstube** im Alten Rathaus treffen Sie auf Sehenswertes von Anno dazumal. Sonderausstellungen thematisieren immer wieder interessante Aspekte des täglichen Lebens unserer Vorfahren, so z.B. 2016 die Ausstellung "Heiße Eisen - von vorgestern, gestern und heute" über das Bügeln.

Als es noch kein Navi und kein Tom-Tom gab - **Kursächsische Postmeilensäulen**. König August der Starke von Sachsen (1670 -1733) ließ ab 1713 sein Land vermessen und veranlasste 1721 den Ersatz der alten Holzpfosten durch steinerne Wegsäulen mit präzisen Angaben. Direkt vor den Toren einer Stadt sollte eine große Distanzsäule, alle Viertelmeilen eine Viertelmeilensäule, alle halben Meilen eine Halbmeilensäule und alle Meilen eine Ganzmeilensäule errichtet werden.

Die auf den Säulen eingemeißelten Distanzangaben zu Städten und Poststationen in Stunden waren ein Längenmaß. Eine Meile entsprach damals 2 Poststunden. Heute gibt es noch etwa 200 Postmeilensäulen im Raum Sachsen und angrenzenden Gebieten.

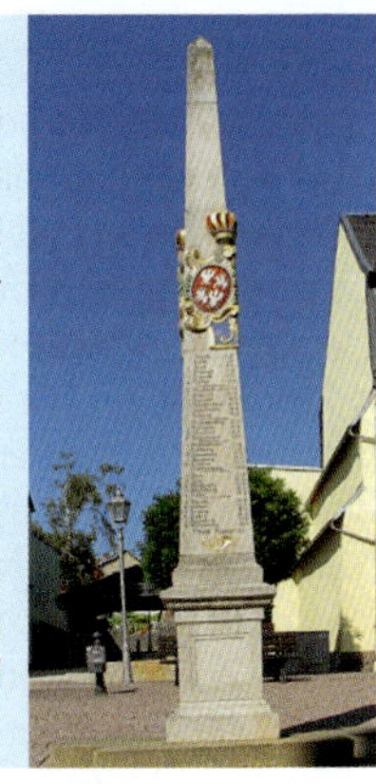

Der **Marktbrunnen** verwandelt sich zu Ostern in einen fröhlichen **Osterbrunnen**. Diese Tradition entstand Anfang des 20. Jh. im Fränkischen und hat sich bis nach Thüringen verbreitet. Die Interpretationen für den Hintergrund des bunten Brauches reichen von Brunnenreinigungsritual bis hin zu Tourismusförderung. In der Region können Sie solche mit Osterkronen verzierte Brunnen auch in Greiz, Hohenleuben, Berga, Weida, Neustadt an der Orla, Triptis, Pößneck und Saalfeld sehen.

Ein gut beschilderter **Planetenwanderweg**, auf dem Sie Kenntnisse über unser Sonnensystem quasi im Vorbeigehen erwerben können, führt von der Schulsternwarte Auma bis nach Zeulenroda.

Den Flussnamen geschuldet, liegt die Aumatalsperre bei Weida (weil sie die Auma staut) und die Weidatalsperre bei Auma (weil sie die Weida staut).

Die **Weidatalsperre** wurde Mitte des 20. Jh. errichtet. Der See fasst über 9,7 Millionen Kubikmeter Wasser und hat eine Fläche von ca. 93 ha bei einer Länge von 4,6 km. Die Gewichts-Staumauer ist 32,5 m hoch.

Im Ortsteil **Döhlen** ist der alte **Pfarrhof** von 1712 einen oder zwei Blicke wert. Die holzgedeckte Brücke über die Weida hinter dem Haus ist eine der drei in Thüringen noch erhaltenen Holzbrücken. 1799 wurde sie vom Hochwasser zerstört und musste schon öfter wieder aufgebaut werden. Der Pfarrhof wird seit 2007 sensibel Schritt für Schritt mit möglichst recycelten Materialien restauriert und wieder bewohnbar gemacht. Das gesamte Ensemble steht unter Denkmalschutz.

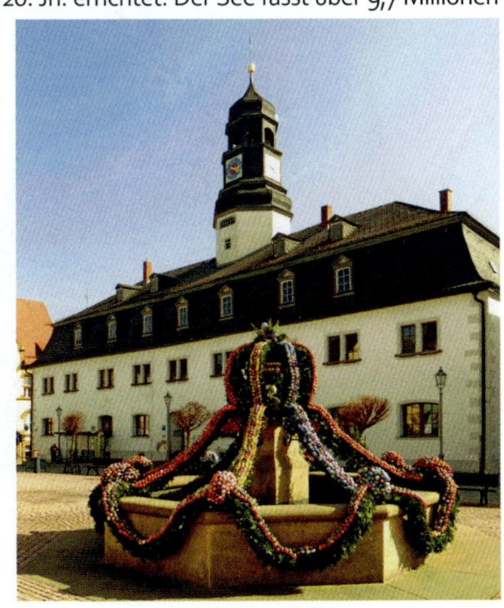

Osterbrunnen in Auma

Bad Klosterlausnitz *3.500 Einwohner* *320 hm* **Tour 9 & 18**

Klosterlausnitz liegt auf einer Hochfläche zwischen der Saale im Westen und der Weißen Elster im Osten. Auf dieser Hochebene gibt es viele Wälder mit Moorgebieten, und so entwickelte sich ein netter Kurbetrieb, der auch von der Nähe zur Stadt Gera profitiert. Lange bevor das Städtchen als Luftkurort Karriere machte, wurde hier im 12. Jh. ein Augustiner Nonnenkloster gegründet, das bis 1526 bestand und durch die Reformation aufgelöst wurde. Die Häuser, die sich um das Kloster angesiedelt hatten, sind der Ursprung des heutigen Ortes. Die **romanische Klosterkirche** wurde zur Dorfkirche, die aber zusammen mit den meisten anderen Klostergebäuden langsam verfiel. Ihre heutige, das Dorf mächtig dominierende Gestalt bekam sie beim Wiederaufbau 1863-66. Da, soweit wie möglich, originale Teile verwendet wurden und auf stilreine romanische Formen Wert gelegt wurde, wirkt die Pfeilerbasilika mit hohem Mittelschiff und niederen Seitenschiffen sehr authentisch.

1929 kam der findige Gastwirt Hermann Sachse auf die Idee, das Moor aus den umliegenden Wäldern zu Heilzwecken zu verwenden und installierte in seinem Gasthof Wannen für Moorbäder.

Ein professionelles Moorbad, das heute Kurmittelhaus heißt, wurde 1939 gebaut und in den 1950'er Jahren wurde der Kurpark angelegt. Nach einer Zeit als Ferien- und Erholungsort des FDGB der DDR wurde in den 1990'er Jahren der ganze Betrieb modernisiert. Zurzeit gibt es drei Kurkliniken zur Behandlung orthopädischer, rheumatologischer, neurologischer, dermatologischer Erkrankungen und von Suchtproblemen.

Nehmen Sie die Badesachen mit und besuchen Sie den **Kristall Sauna-Wellnesspark**, ein Wellenbad mit Meeresbrandung, Riesenrutschen, 11 verschiedene Themensaunen, fünf Dampfbädern und einem Osmanischen Hamam.

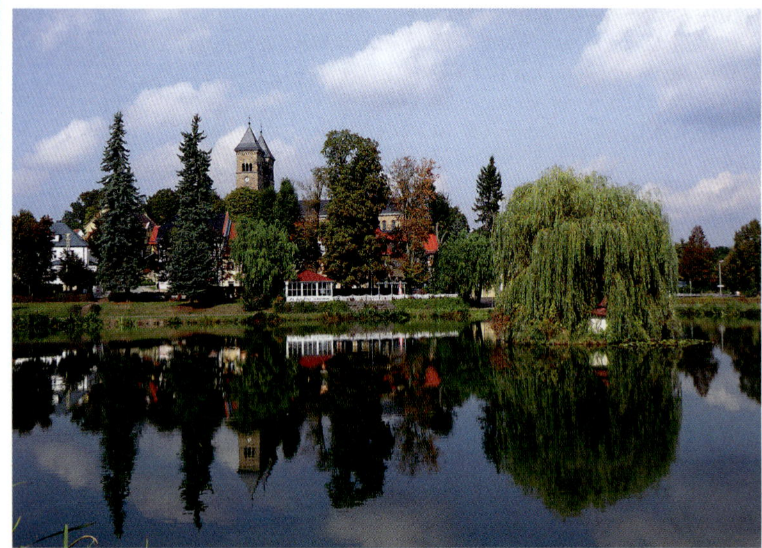

Bad Klosterlausnitz - Mühlteich

Ein beliebtes Ausflugsziel ist das zwischen Klosterlausnitz-Weißenborn und Rauda gelegene **Eisenberger Mühltal**. Der Bach Rauda verbindet acht ehemalige Wasser-Mahl- und Schneidemühlen. Die Robertsmühle war von 1266-1910 als Mühle in Betrieb, die Walkmühle wurde vom 15. Jh. bis nach 1921 als Loh- und als Schneidemühle betrieben. Die Pfarrmühle, die früher einem Kloster gehörte, wurde um 1290 das erste Mal schriftlich erwähnt.

Heute führen eine schmale Straße und ein gut markierter Wanderweg durch das Eisenberger Mühltal (Wanderung Nr. 18), so dass Sie die Mühlen gut zu Fuß erreichen können. Die meisten Mühlen bieten inzwischen auch eine Bewirtung, laden den Wanderer zur Einkehr ein, und oftmals brennt auch ein Rost.

Der stärkste Mann der Welt. Der Mann, der Pferde trug, Elefanten stemmte, mit Stieren rang, Autos mit den Zähnen zog und mit Flugzeugen raufte, trug den Künstlernamen **Milo Barus** (nach einem antiken Ringer). Sein bürgerlicher Name war Emil Bahr und er wurde 1906 in Tschechien geboren. Als Müllerbursche entdeckte er seine außergewöhnlichen Kräfte, denn er konnte alleine vier bis fünf Zentner schwere Mühlwalzensteine bewältigen, eine Arbeit, für die es gewöhnlich mindestens zwei kräftige Kerle brauchte.

Seine Karriere als Profiringer trug ihm 1930 den Titel "Stärkster Mann der Welt" ein, der ihm 6 Jahre lang blieb. Nach einer Zeit im Gefängnis unter dem Naziregime ließ er sich in den 1950'er Jahren als Gastwirt zuerst in Stadtroda und dann in der Meuschkensmühle im Eisenberger Mühltal nieder. Weitere Krafttaten werden von ihm berichtet: so hob er in Gera eine Straßenbahn mit den Zähnen aus den Schienen, stemmte ein Klavier mit vier Musikern, trug ein großes Pferd eine lange Leiter hoch, zerriss Telefonbücher mit der Hand, ließ ein Karussell mit acht Personen auf seiner Brust fahren....

Aber auch Superhelden altern und nach einem Herzinfarkt 1963 trat Milo Barus nicht mehr öffentlich auf. 1977 starb er, aber noch heute bekommen viele gestandene Mannsbilder, die in der Jugend einen seiner Auftritte miterlebten, bei seinem Namen glänzende Augen!

Mit "Milo Barus, der stärkste Mann der Welt" hat ihm der 1983 gedrehte Film ein Denkmal gesetzt, in dem Sie den Schauspieler Günter Lamprecht als Kraftprotz erleben können.

Seit vielen Jahren können immer am 3. Oktober im Eisenberger Mühltal Muskelmänner beim "Milo Barus Cup" in den Disziplinen Betonkoffertragen, Reifen wenden, Bierfass weitwerfen, Baumstamm stämmen und Steinkugel rollen ihre Kräfte messen.

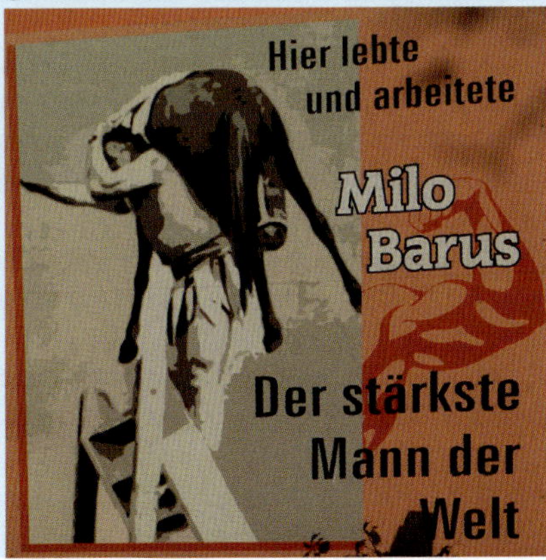

Aufschrift an der Meuschkensmühle

In Thüringen gab es früher mehr als 2.800 Wassermühlen, über 400 Windmühlen und Getreide- und Sägemühlen, Senf- und Gewürzmühlen, Papier-, Pulver- und Walkmühlen. Der technische Fortschritt ließ die meisten Mühlen aus dem Landschaftsbild verschwinden. Heute sind es noch 77 Mühlen, die meist nur noch zu Schauzwecken mahlen. Das Mühltal ist untrennbar verbunden mit dem Namen "Milo Barus", dem Kraftpaket der 1930'er Jahre. Ihm ist der Meuschkensmühle eine Ausstellung gewidmet.

In der Weihnachtszeit verwandelt sich das Tal in ein Winterwunderland, denn am dritten Adventswochenende zeigt jede Mühle einen anderen Aspekt von Weihnachten und Sie können dann sozusagen auf 8 km den längsten Weihnachtsmarkt Deutschlands erleben.

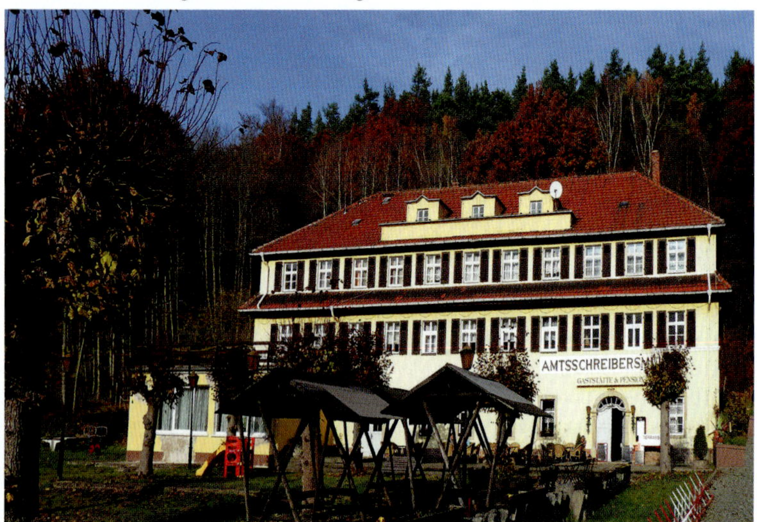

Amtsschreibersmühle - Eisenberger Mühltal

Bad Köstritz *3.600 Einwohner* *203 hm* Tour 9 & 18

Bad, Bier, Blumen und Barockmusik - das sind die vier großen "B", mit denen sich Bad Köstritz schmückt! Gleich das erste **"B" - Bad**, ist nur noch eine historische Reminiszenz. 1830 wurde bei Pohlitz eine Sole-Lagerstätte entdeckt, die hauptsächlich für die Herstellung von Speisesalz genutzt wurde. 1845 begann das Bäderwesen mit der Verschreibung von Solebädern. Die knirschenden Gelenke konnte man ab 1865 im neuen Kurhaus mit Sole-, Moor- und Sandbädern pflegen.

Am Beginn des 20. Jh. versiegte die Sole und der Kurbetrieb dauerte mit anderen Behandlungsformen noch bis 1990 an. Heute kuren und baden die Erholungssuchenden im benachbarten Bad Klosterlausnitz.

Seit über 500 Jahren wird in Köstritz **Bier** gebraut und fast jeder kennt heute zumindest dem Namen nach das Köstritzer Schwarzbier. Da sich das Bier als qualitativ gut erwies, erfuhr das Brauwesen im 18. Jh. einen deutlichen Aufschwung und es wurden mehrere Biersorten gebraut, darunter auch ein Vorgänger des heutigen Schwarzbieres. 1906 wurde eine neue Brauerei gebaut, damals eine der modernsten in Europa. Nach

1949 wurde Bier ein wichtiges Exportgut der DDR. Von 1979 bis 1990 wurde die Brauerei neu gebaut und konzipiert. Seit 1991 gehört die Köstritzer Brauerei zur Bitburger Holding.

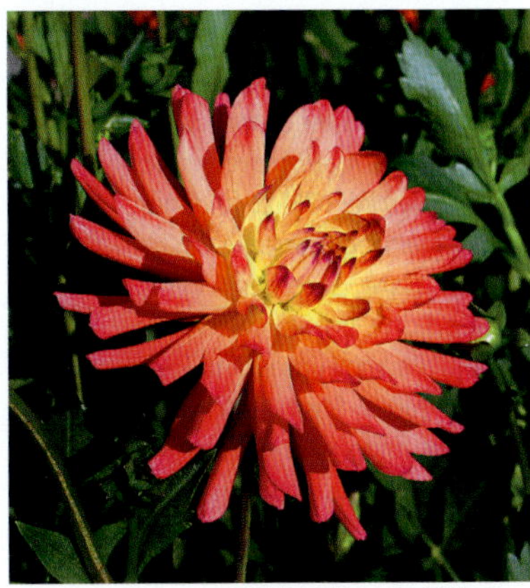
Dahlienblüte - Bad Köstritz

Die **Blumen** hielten ab 1824 im großen Maßstab in Köstritz Einzug. Da begann Christian Deegen sehr erfolgreich, Dahlien zu züchten. Seitdem gilt der Ort als Dahlien- und Blumenstadt. Seit 2007 befindet sich im Haus des Gastes das neu errichtete Dahlienzentrum mit vielen Informationen zum Thema Dahlie. Erlebenswert ist auch das alljährliche Köstritzer Dahlienfest im Spätsommer.

Blumen gibt es auch im Landschaftspark. Von dem ehemaligen Schloss und Schlosspark ist heute nur noch der Säulenrundbau der Weißen Frau des Unteren Parks erhalten, den Graf Heinrich XLIII. Reuß 1785 errichten ließ. Der Tempel wurde vor kurzem fachgerecht und stimmig restauriert und eine weiße Frauenstatue, die Göttin Demeter darstellend, zog wieder wie in historischer Zeit ein.

Nun das vierte "B", die **Barockmusik**! Untrennbar verbunden mit dem Ort ist **Heinrich Schütz** (1585-1672), Begründer der protestantischen Vokalmusik in Deutschland und der bedeutendste Komponist vor Johann-Sebastian Bach. In seinem Geburtshaus wurde die "Forschungs- und Gedenkstätte Heinrich-Schütz-Haus" mit einer Dauerausstellung zu Leben und Werk und Sonderausstellungen in der Schütz-Haus-Galerie eingerichtet. Bekannt sind die jährlich stattfindenden Köstritzer Schütz-Tage in der ersten Oktoberhälfte, heute zusammen mit den Schütz-Städten Weißenfels und Dresden die "Mitteldeutschen Heinrich-Schütz-Tage". Das kleine Museum macht Spaß, denn Sie können viele Dinge selber probieren.

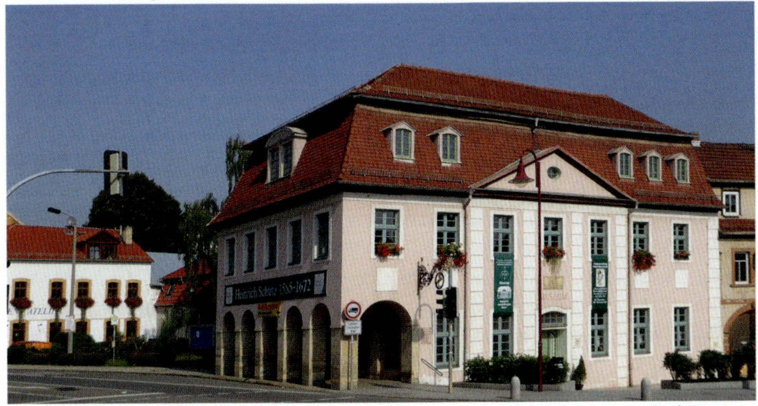

Heinrich-Schütz-Haus - Bad Köstritz

Ein wenig vernachlässigt wird immer der zweite bekannte Sohn der Stadt, der Dichter **Julius Sturm** (1816-96), vermutlich weil in seinem Namen kein "B" zu finden ist. Der langjährige Pfarrer von Köstritz verfasste Märchen, Fabeln und Gedichte im Stil der Spätromantik, die auch unter dem Pseudonym Julius Stern erschienen. Im **Palais** finden Sie seit 2003 ein "Julius-Sturm-Gedenkzimmer". Dieses repräsentative Gebäude war seit Ende des 17. Jh. Wohnsitz der fürstlichen Familienangehörigen und wohlhabenden Köstritzer Bürger. Heute ist es Sitz der Stadtverwaltung und Veranstaltungsort mit prunkvollem Festsaal.

Gedicht von Julius Sturm

aus der Sammlung Fromme Lieder

Abendlied

Der Tag neigt sich zu Ende,
Es kommt die stille Nacht;
Nun ruht, ihr müden Hände,
Das Tagwerk ist vollbracht.

Du aber, Seele, ringe
Dich von der Erde los,
Und werde leicht und schwinge
Dich auf in Gottes Schoos.

Hinauf mit Glaubensflügeln,
Die Liebe fliegt voran,
Wo über dunkeln Hügeln
Der Himmel aufgethan.

Berga/Elster — *3.400 Einwohner* *229 hm* **Tour 31-34**

Das Siedlungsgebiet hier im Elstertal bewohnten zuerst Slawen, die im 10. und 11. Jh. von deutschen Siedlern verdrängt wurden. Am Siedlungsplatz Berga wurde auf einem Bergsporn eine Burg gebaut, um den Flussübergang der Straße, die das Orlatal um Auma mit dem Muldetal von Zwickau verband, zu sichern und zu kontrollieren. Der Ort bekam aber nie eine große Bedeutung, da die Bodenverhältnisse schlecht waren und Kriege ihm immer wieder übel mitspielten. Nach einem Brand 1842 wurde Berga nach neuen Plänen zeitgemäß aufgebaut und der Bau der Bahnlinie begünstigte Industrieansiedlungen. 1944 war hier eine Außenstelle des Konzentrationslagers Buchenwald.

Schloss Berga oder Dryfels war einst ein schönes Renaissancegebäude, bewohnt von der Familie von Watzdorf. Nach dem Zweiten Weltkrieg wurde eine Landwirtschaftsschule im Schloss eingerichtet. 1994 richtete ein Brand großen Schaden an, so dass die baufälligen Mauern auf die Bundesstraße zu fallen drohten. Deshalb wurde es 2012 bis zur Oberkante des Erdgeschosses abgerissen. Die kuriose Idee eines Investors, das Schloss inklusive Grafentitel quadratmeterweise zu verscherbeln, brachte nicht den erhofften finanziellen Erfolg.

Einen kräftigen farblichen Akzent setzt das **rote Rathaus** von 1842. Das ehemalige Hospital aus dem Jahr 1823 beherbergt unter anderem heute das kleine **Heimatmuseum Spittel**. Die Stadtkirche St. Erhard wurde 1821-27 als rechteckige Saalkirche mit zweigeschossigen Langhausemporen erbaut. Ein sehenswertes Denkmal aus der jüngeren Stadtgeschichte ist die denkmalgeschützte Wohnsiedlung der SDAG Wismut aus den fünfziger Jahren des vorigen Jahrhunderts im Bereich Ernst-Thälmann-Straße, Karl-Marx-Straße, Robert-Guezou-Straße.

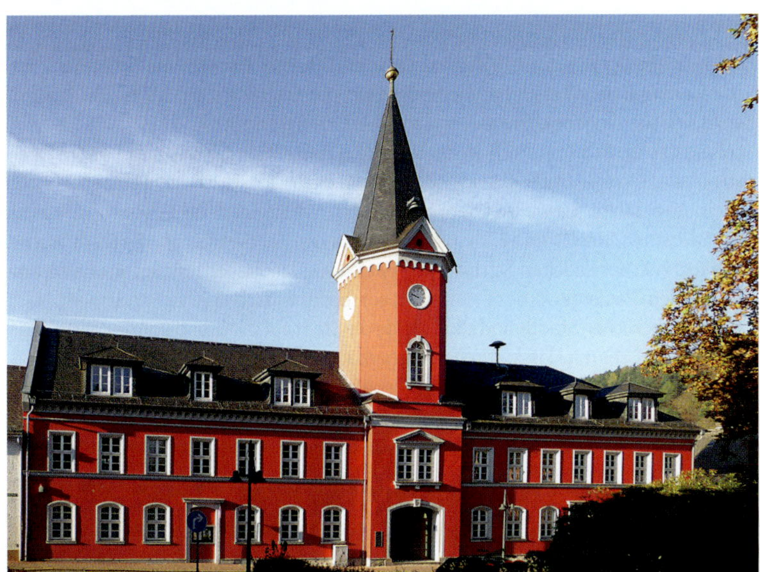

Rathaus - Berga/Elster

Die **Schafshofkäserei Clodramühle**, ein Selbstversorgerhof, hält eine muntere Schafherde und stellt aus deren Milch verschiedene Sorten Käse her, die in Läden und Märkten der Umgebung verkauft werden. In einem Käsekurs können Sie Schritt für Schritt die Herstellung eines Schnittkäses lernen. Das gelebte Lebensmotto, achtsam mit unserer Erde umzugehen, sollte uns allen am Herzen liegen.

Der **Kulturhof Zickra** im Ortsteil Zickra ist ein Kultur- und Veranstaltungszentrum in einem alten Fachwerkhof, bekannt für seine Regionalmärkte und Konzerte.

Crossen/Elster *1.600 Einwohner* *176 hm* Tour 10

In Crossen haben sich zwei Zeugnisse aus vergangenen Tagen erhalten. Ab dem 10. Jh. entwickelten sich im Schutz einer Burg drei Orte Crossen, Nöben und Rosenthal. Aus der Zeit als Verteidigungsanlage ist heute nur noch der Bergfried übrig, um den herum ein **Schloss** gebaut wurde, dass Anfang des 18. Jh. in eine barocke Anlage umgestaltet wurde. Etwas Besonderes ist der Festsaal mit seinen Decken- und Illusionsmalereien, der sich über zwei Etagen erstreckt. Im 20. Jh. wurde es fast überall schwierig, Schlossanlagen zu erhalten, so auch in Crossen. Es diente als Soldatenunterkunft, Vertriebenenlager und Lehrerausbildungsstätte. Aktuell versucht der Verein "Freunde und Förderer des Schlosses Crossen e.V." Geld für die Erhaltung des Schlosses aufzutreiben, aber einem Zeitungsbericht nach müssten ungefähr 10 Millionen investiert werden!

Die **gotische Kirche** geht bis in das 13. Jh. zurück. Das Innere lebt vom Kontrast zwischen der barocken Stuckdecke und dem hochgotische Netzgewölbe des Altarraumes. Der Zwergenbrunnen nimmt das Sagenmotiv der hilfreichen Zwerge auf.

Die schöne **Steinbogenbrücke** über die Weiße Elster ist ein Werk des 19. Jh.

Greiz *21.000 Einwohner* *265 hm* Tour 16 & 30-32

Der reizvolle Dreiklang aus hübscher Lage im Talkessel der Weißen Elster, den zwei Schlössern und der Altstadt bescherte dem Ort den Beinamen **"Perle des Elstertales"**, den es sich allerdings noch mit einigen anderen Orten teilen muss.

Anfang des 13. Jh. bildete sich an der Kreuzung zweier Handelswege und einem Übergang über die Weiße Elster eine kleine Siedlung, die bis ins das 16. Jh. weniger als 1.000 Ackerbürger zählte. Sie war seit dem 13. Jh. auch Residenzstadt der Vögte von Greiz mit dem Beinamen "Reuß". Im 16. Jh. nahm die Zahl der Handwerker zu, die Stadt wuchs. Auch Tuchmacher siedelten sich hier wie in vielen vogtländischen Städten an und zusammen mit dem Papiergewerbe hatte der Ort ein solides wirtschaftliches Fundament. Nach einem schrecklichen Stadtbrand 1802 wurde die Stadt auf der Grundlage des mittelalterlichen Grundrisses mit klassizistischen Bürgerhäusern wieder aufgebaut.

Im 19. Jh. expandierten die Industriebetriebe in das Aubachtal und südlich entlang der Weißen Elster. Wenn Sie heute mit dem Auto an den verfallenen Fabriken vorbei fahren, fällt es schwer, die vergangene Pracht zu erkennen! Die Blütezeit der Greizer Textilindustrie Anfang des 20. Jh. setzte sich zum Teil auch nach dem 2. Weltkrieg mit der Produktion von ca. 40-50 Millionen Quadratmeter Gewebe pro Jahr fort, das von fast 5.700 Beschäftigten (inkl. Verwaltung) im Dreischichtensystem hergestellt wurde. Bis 1989 ging die Zahl der Beschäftigten infolge von Rationalisierungsmaßnahmen auf 4.500 zurück; nach der politischen Wende kam die Textilindustrie bis auf wenige kleine Sparten völlig zum Erliegen.

Sind zwei Schlösser nicht ein bisschen viel für so eine kleine Stadt, die Ende des 18. Jh. knapp 4.000 Einwohner hatte? Nach der Teilung der reußischen Gebiete 1564 in Untergreiz und Obergreiz mit je einem Landesfürsten brauchte natürlich jede Fürstenfamilie ihre eigene Residenz - ein anschauliches Beispiel deutscher Kleinstaaterei auf kleinstem Raum!

Markant über der Stadt thront der Schlossberg mit dem **Oberen Schloss**. An-, Um- und Ausbauten zeigen einen munteren Stilmix mit Elementen von Gotik, Renaissance, Barock, Romanik (Doppelkapelle bei der Schlosskirche) und Rokoko. Je nach Blickrichtung dominiert die Renaissancefassade mit ihren sechs Giebeln und spätbarocken Elementen (aus Südosten) oder von Norden und Westen gesehen die mittelalterliche Burg mit

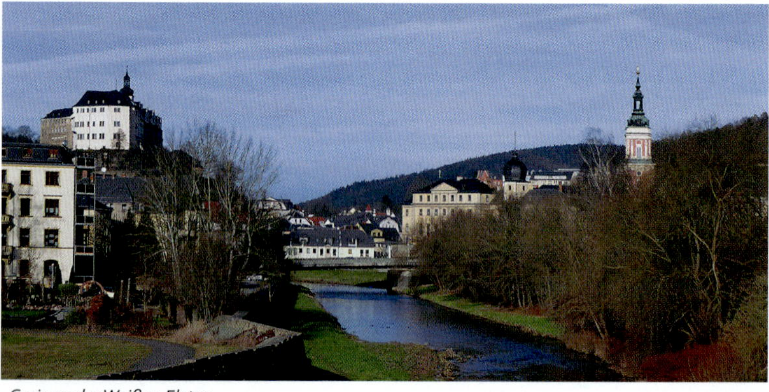

Greiz an der Weißen Elster

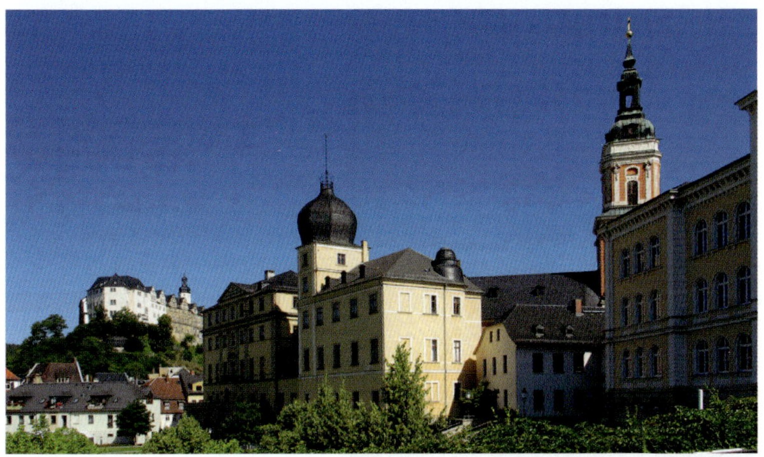

Oberes & Unteres Schloss - Greiz

Wehrcharakter. An einigen Stellen zeigt das Obere Schloss heute noch Reste der alten Burgbefestigung. Zuerst Residenz der Vögte von Weida und Plauen, wurde es im 18. Jh. zur gräflichen Residenz der Obergreizer Linie. In ihrer Entstehungszeit soll die Burg übrigens leuchtend rot gewesen sein. Die Reußen drückten so ihre Verbundenheit zum Kaiserhaus aus.

Das erlebnisorientierte **Museum** im Oberen Schloss zeigt die Ausstellung "Vom Land der Vögte zum Fürstentum Reuß älterer Linie" - hier können Sie wie auf einem Skateboard virtuell durch die Baugeschichte flitzen.

Im 16. Jh. wurde nach einer Erbteilung das **Untere Schloss** für die Untergreizer Linie gebaut und um 1780 nach Aussterben der Untergreizer Linie zur Residenz der Herrschaft "Reuß älterer Linie" gemacht. 1802-09 wurde das Schloss im klassizistischen Stil neu aufgebaut. In der ehemaligen fürstlichen Hofküche befindet sich seit 1998 die **Textilschauwerkstatt** zum Thema Geschichte des Greizer Textilhandwerks mit praktischen Vorführungen an historischen Maschinen.

Der **Greizer Park** war zuerst um 1650 eine Art Küchengarten und wurde im 18. Jh. zu einem höfischen Lustgarten im Rokokostil erweitert. Im 19. Jh. wurde er in einen romantischen Landschaftspark von ca. 60 ha umgestaltet. Seltene Pflanzen wie der Trompetenbaum, Strauchkastanie, japanische Azaleen oder Knabenkraut machen den Besuch zu einer Augenweide.

Bei der Neugestaltung des Parkeinganges wurde eine Winterlinde mitten auf einen Weg gesetzt. Denn schon bei einer früheren Umgestaltung des Parks stand ein Lindenbaum mitten im Wege und der damalige Greizer Fürst bestand auf dem Stehenbleiben des Baumes. Zentrum des Parks ist der ca. 43 ha große See mit seinen fünf Inseln, darunter die Schwaneninsel mit dem Schwanenhäuschen. Da der Park die in Thüringen sehr selten gewordenen extensiv genutzten mageren Mähwiesen des Flach- und Hügellandes beherbergt, gehört er zum FFH-Schutzgebiet. Alljährlich kann man Anfang Juni auf den "Hammerwiesen" des Greizer Parks tausende blühende "Majalis-Orchideen" erleben.

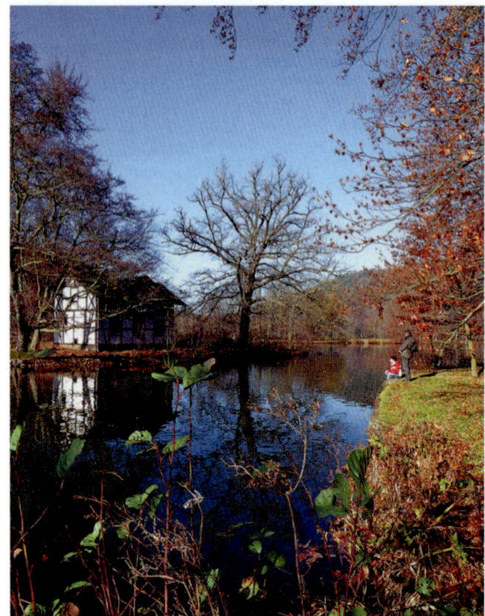
im Greizer Park

Das **Sommerpalais** im Greizer Park wurde zwischen 1779 und 1789 im frühklassizistischen Stil als Sommerresidenz gebaut. Seit 1922 sind die 40.000 Werke der **Staatlichen Bücher- & Kupferstichsammlung** vom 16. bis 21. Jh. untergebracht. Seit 1975 gibt es das **Satiricum**, eine einzigartige Sammlung von Karikaturen.

Wenn Sie durch die Stadt spazieren, können Sie viele Wohngebäude im historistischen Stil und im Jugendstil entdecken. Die erfolgreichen Industriellenfamilien des ausgehenden 19. Jh. bauten sich repräsentative Wohn- und Geschäftsgebäude vor allem in der Greizer Neustadt. In der Gründerzeit wurden in großer Zahl auch einfachere Wohnbauten errichtet, um den Wohnungsbedarf der weniger zahlungskräftigen Bevölkerungskreise zu befriedigen. Und so gibt es ein munteres Nebeneinander von Häusern, an denen die historisierenden Elemente in den verschiedensten Ausprägungen zu sehen sind. Es lohnt sich durchaus, bei einem Stadtspaziergang die Blicke über die Fassaden schweifen zu lassen und sich an interessanten Details zu freuen.

Ein auffälliges Beispiel aus dieser Epoche ist das **Rathaus** im neugotischen Stil von 1840-42, das mit seinem markanten Turm wie ein italienischer Palazzo wirkt. Bei zwei großen Bränden 1902 und 1907 wurden die südliche Seite der Marktstraße und die sich am Markt anschließenden Gebäude zerstört. Bis 1910 wuchsen Straßenzüge mit Häusern in unterschiedlichen Spielarten des Jugendstils.

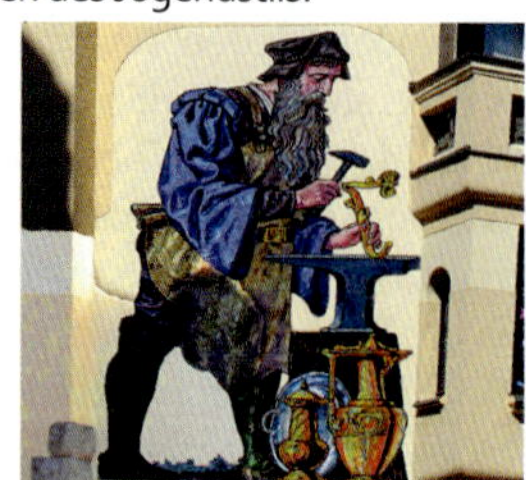
Mosaik an einem Greizer Haus

Der Dichter Reiner Kunze lebte von 1962 bis 1977 in Greiz und formuliert seine Erinnerungen so:

Häuserhänge wie
von naiven gemalt, längs
der dächer führn straßen schornsteine stehn
wie kilometersteine
Am schloßturm
fahnen, ausgehängt nach
ost und west, zwei
taube ohren
Der kirchturm eine schusterahle
für die schuhe gottes
Wälder wälder, auszuschweigen
das wort

(Reiner Kunze, Erinnerungen an Greiz. In: sensible Wege und frühe Gedichte. Fischer Taschenbuch, S. 44.)

Hermsdorf

7.700 Einwohner 330 hm **Tour 9 & 18**

Viele kennen den Ort nur als Bestandteil des Verkehrsknotenpunktes "Hermsdorfer Kreuz". Die Kleinstadt, Zentrum des holzreichen Thüringer Holzlandes, war im 20. Jh. Mittelpunkt der Keramischen Industrie mit dem VEB Keramische Werke Hermsdorf (KWH). Heute nicht mehr vorstellbar, lag hier das damals größte Freiluft-Hochspannungs-Versuchsfeld Europas, dessen drei Stahlgitter-Prüfbrücken zum bekanntesten Wahrzeichen der Stadt wurden, bis sie Anfang der 1990'er Jahre gesprengt wurden. Vor allem durch die in den 60'er- und 70'er Jahren entstandenen Wohnsiedlungen wirkt der Ort heute eher trostlos und scheint nur aus Straßen zu bestehen, die von Kreisverkehr zu Kreisverkehr führen.

Nur das Gründerzeit-Rathaus mit seiner farbenfrohen Fassade lässt die vergangene Bedeutung des Ortes ahnen. Industriearchitektur der 1920'er Jahre wird durch das heutige **Stadthaus**, früher Teil der Porzellanfabrik Hermsdorf, repräsentiert. Sie finden dort die Tourismusinformation, einen Veranstaltungssaal, eine Galerie und die Stadtverwaltung.

Hohenleuben

1.500 Einwohner 395 hm **Tour 17**

Nicht alle, die sich in Hohenleuben aufhalten, tun das freiwillig - nämlich die über 300 männlichen Gefangenen der **Justizvollzugsanstalt** (JVA). Seit 1897 gibt es hier ein Gefängnis; zu DDR-Zeiten mit 600 Haftplätzen auch für politische Gefangene. Heute ist die JVA größter Arbeitgeber des Ortes.

Auf **Burg Reichenfels** wurde im Mittelalter bestimmt auch so mancher im Burgverlies gefangen gehalten. Die Burg, von der heute nur noch ruinenhafte Reste vorhanden sind, liegt auf einem Bergsporn über dem Triebestal. Die relativ kleine Anlage hatte keine militärische Bedeutung, sondern sie wurde von den Vögten von Weida als Amtssitz und Gerichtsort genutzt.

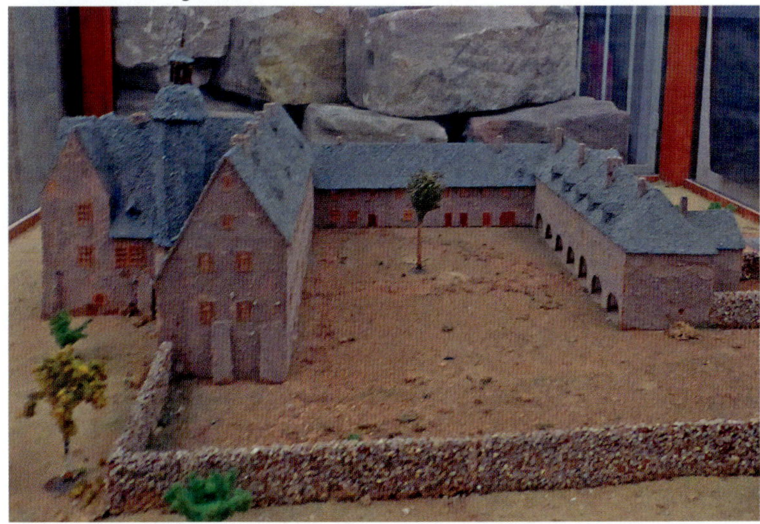

Modell Burg Reichenfels im Museum

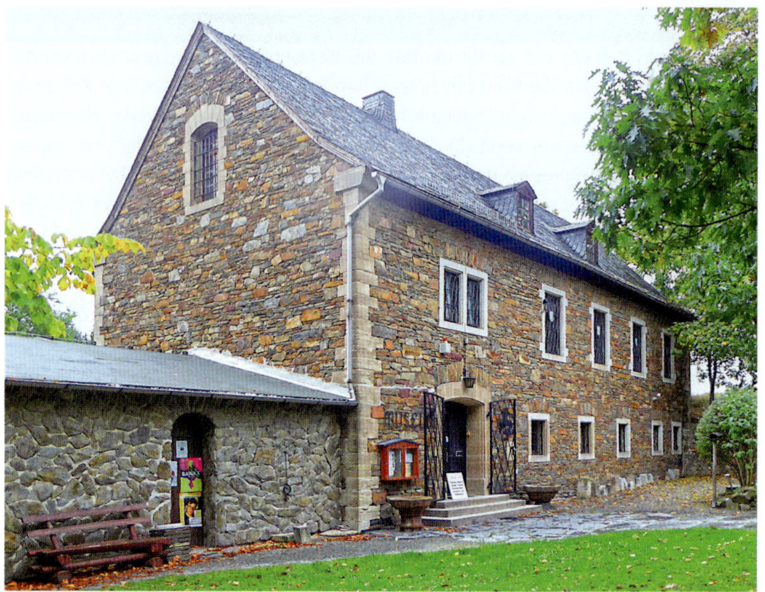

Museum Reichenfels

Ab 1703 gehörte die Burg den Reußen, die sie im 19. Jh. zu einem Schloss ausbauen wollten, den Plan aber bald aufgaben. Das frei zugängliche Gelände besteht heute aus dem ummauerten Burghof mit Grundmauern verschiedener Gebäude, dem Ringgraben mit Steinbrücke und romanischem Burgtor.

Im **Pächterhaus** können Sie im Hochzeits- und Eventhotel Burgruine Reichenfels Feste feiern oder einkehren. Das 1938 gebaute Museumsgebäude zeigt im **Museum Reichenfels** die vielfältigen, konventionell präsentierten Sammlungen des Vogtländischen Altertumsforschenden Vereins zu Hohenleuben zu den Themen Frühgeschichte, Ortsgeschichte, Handwerk, Naturkunde, und Geologie. Sonderausstellungen greifen immer wieder interessante Themen wie Münzgeschichte, historische Weihnachtskrippen oder Malerei auf.

Wenn Sie über die alte Kastanienallee in den Ort spazieren, können Sie dort eine Runde drehen, die Sie am Wasserturm von 1906, über den Marktplatz mit der Kirche von 1786, dem Pfarrhaus und der Schule führt. Es lohnt sich vor allem für Käseliebhaber, über die Bergstraße und links in die Zeulenrodaer Straße bis zur Oststraße 2 zu gehen, denn dort verkauft die **Hofkäserei Büttner** Käsespezialitäten und andere leckere lokale Produkte.

Ein schönes Ausflugsziel zum Baden und Angeln ist die **Leubatalsperre** oder **Talsperre Hohenleuben**, ein 3,7 km langer Stausee mit einem Fassungsvermögen von rund 5,5 Millionen Kubikmeter, der die Leuba staut. Zusammen mit der Talsperre Zeulenroda und der Weidatalsperre bildet sie das Weidatalsperrensystem. Sie wurde 1975-81 mit einem 33 Meter hohen Steinschüttdamm gebaut.

Kraftsdorf

3.800 Einwohner *270 hm* **Tour 6**

Das langgezogene Straßendorf im Erlbachtal mit seinen Ortsteilen Töppeln, Niederndorf, Harpersdorf und Oberndorf bezaubert durch die z. T. über 200 Jahre alten Fachwerkhäuser, die wieder liebevoll restauriert und hergerichtet wurden. Außerdem ist hier der "Unnütze Verein der Freien Mutzfänger Thüringens" zu Hause, der sich dem Schutz des bedrohten Mutz verschrieben hat und in Kraftsdorf ein **Mutzmuseum** eröffnet hat. Sie wissen nicht, was ein Mutz ist? Nun, er ist ein seltsames Tier, das vor allem im Thüringer Holzland und im Altenburger Land gedeiht. Mit den bayrischen Wolpertingern und den eierlegenden Wollmilchsäuen verwandt, ist das scheue Tier ein äußerst guter Fleischlieferant für die lokale Spezialität **"Mutzbraten"**.

Auf dem Käseberg können Sie in der weit über die Ortsgrenzen hinaus bekannte Ausflugsgaststätte **Käseschenke** im Ortsteil Kaltenborn einkehren. Die auf einer Hochfläche liegenden Siedlungen Rüdersdorf, Grüna, Pörsdorf und Mühlsdorf gehören ebenfalls zu Kraftsdorf.

Mutzbraten: *Reiben Sie faustgroße Stücke von Schweinekamm oder Schulter mit Majoran, Salz & Pfeffer ein und bestreichen Sie die Stücke mit Senf (Bautzener, Born oder Altenburger Senf). Legen Sie das Fleisch mit grob gehackten Zwiebeln im Schwarzbier über Nacht ein. Stecken Sie die Fleischstücke auf Spieße und grillen Sie sie langsam am Grillrost über Birkenfeuer. Auch per Holzkohlegrill oder Elektrogrill geht es vorzüglich.*

Oder im Backofen: auf ein Rost im vorgeheizten Backofen bei 180° legen, unter den Rost die Fettpfanne stellen, dann das Fleisch 45 Minuten lang braten, wenden und weitere 45 Minuten garen. Etwas Bier in die Schale gießen, um das Verbrennen der Sauce zu verhindern. Das Fleisch anschließend zu Sauerkraut, Schwarzbrot und Senf servieren.

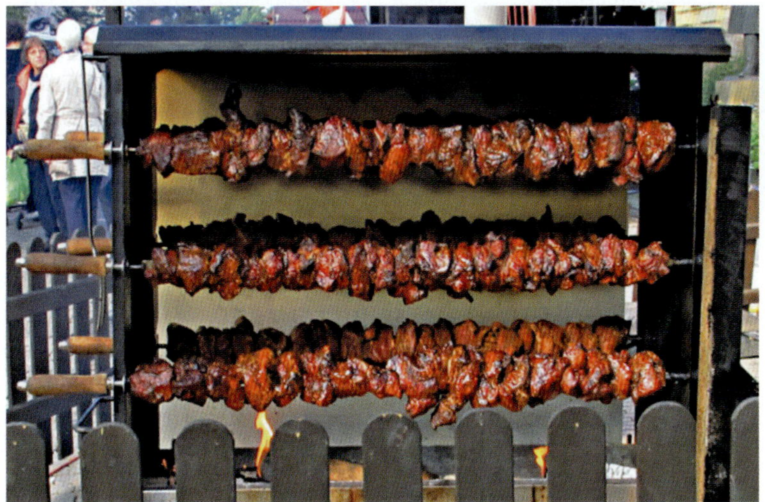

Mutzbraten "Maschine"

Lunzig *Infoteil: siehe Langenwetzendorf* *160 Einwohner* *350 hm* Tour 17

Mit über 100 Marktständen stellt das kleine Lunzig alljährlich Ende Juli einen großen und beliebten Bauern- und Trödelmarkt auf die Beine, dessen Ursprünge schon in vorreformatorischer Zeit liegen.

Im 1662 erbauten und 1707 erweiterten ehemaligen **Rittergut Schloss Lunzig** können Sie nach Voranmeldung eine liebevoll gestaltete Dauerausstellung und Dokumentation über die Geschichte des Ortes besuchen. Direkt neben dem Rittergut befindet sich eine **Mittelalterliche Ringwallanlage** mit der "Waleiche" in einem kleinen **Gebirgspflanzengarten**.

Münchenbernsdorf *3.000 Einwohner* *325 hm*

Die Kleinstadt hat Vorortcharakter, denn viele der Bewohner arbeiten im nahen Gera und beklagen die immer spärlicher werdenden Einkaufsmöglichkeiten. Dabei war in Münchenbernsdorf seit dem Ende des 19. Jh. eine blühende Teppichindustrie von überregionaler Bedeutung zuhause, von der bis zur Wende über 2000 Menschen aus Münchenbernsdorf und Umgebung lebten.

Hübsch ist der 2013 sanierte Stadtkern um den Markt mit der **Stadtkirche St. Mauritius**. In der ursprünglich romanischen Kirche ist der gotische Chorraum mit dem großen Marienaltar, der 1505 in der Werkstatt des Saalfelder Bildschnitzers Valentin Lendenstreich von Hans Gottwald von Lohr, einem Schüler Tilmann Riemenschneiders, gestaltet wurde.

Ein alter Torbogen und die Alte Försterei, die heute als Heimatstube genutzt wird, sind die einzigen Überreste des ehemaligen Wasserschlosses der Familie Münch, das 1965 abgerissen wurde.

Neumühle/Elster *430 Einwohner* *250 hm* Tour 31 & 32

Die Wasserkraft der Weißen Elster wurde in vorindustriellen Zeiten gerne für den Antrieb von Mühlen genutzt. Fünf Mühlen arbeiteten hier. Die älteste, die **Knottenmühle**, wurde um 1200 gebaut und war bis Ende der 50'er Jahre als Sägemühle, Gast- und Landwirtschaft in Betrieb. In der namensgebenden **Neuen Mühle** wird schon seit 1347 Jahren Getreide gemahlen. Sie wird nach ihrem Besitzer eher Sterner-Mühle genannt und mahlt mit Hilfe einer Turbine von 1979 täglich an die sechs Tonnen Getreide zu Mehl. Es gibt auch einen kleinen Laden, in dem Sie verschiedene Sorten Mehl in Tüten für den Hausgebrauch kaufen können. Die **Krebsmühle** aus der Mitte des 16. Jh. bestand aus einer Mühle mit zwei Mahlgängen und einem Sägewerk und lief noch bis 1982. Inzwischen ist sie Teil eines biologisch dynamischen Landwirtschaftbetriebes. Der **Neuhammer** war seit 1550 ein wasserkraftbetriebenes Hammerwerk, das später Brau- und Schankrechte bekam.

Eine andere Entwicklung gab es bei der **Bretmühle**. Errichtet als Hammerwerk und Sägemühle, war sie Mitte des vergangenen Jahrhunderts auch Gaststätte mit eigener kleiner Brauerei. Heute ist sie ein Gestüt, das Nachwuchspferde für den Turniersport ausbildet.

Nitschareuth *Infoteil: siehe Langenwetzendorf* *230 Einwohner* *307 hm* Tour 31

Machen Sie eine Zeitreise, fahren Sie nach Nitschareuth! Ein Dorfanger mit zwei Löschteichen, umgeben von giebelseitig ausgerichteten Dreiseiten- und Vierseitenhöfen in

Fachwerkbauweise, katapultiert Sie ins 18. Jh. Vermutlich bauten fränkische Siedler im 15. Jh. das erste Anwesen, heute das Haus Nummer 16.

Im Gehöft Nr.13, bis 1982 noch bäuerlich genutzt, gibt es seit 1986 ein **Bauernmuseum** mit Arbeitsgeräten, Bekleidung, Haushaltsgegenständen, Steinofen und Museumsgarten. Verschiedene Konzerte, Bastelnachmittage und Ritteressen bringen Leben in die Bude!

Nöbdenitz *870 Einwohner* *229 hm* Tour 12

Wie viele Dörfer der Region ist Nöbdenitz eine ursprünglich sorbische Siedlung und wurde etwa im 7. Jh. gegründet. Die Urform der Dorfanlage bildet einen Rundling, der noch deutlich zu erkennen ist, weil die alten Häuser fast alle die Giebelseite zum ehemaligen Dorfteich haben.

In der Ortsmitte steht die Grabeiche, auch Begräbniseiche, Thümmel-Eiche oder **"Tausendjährige Eiche"** genannt, eine Stieleiche, vermutlich 500 bis 650 Jahre alt. Sie ist der einzig in Deutschland bekannte Baum, in dessen Wurzeln sich eine Grabstätte befindet, denn hier liegt die Gruft des 1824 verstorbenen Rittergutsbesitzers und Altenburger Ministers Hans Wilhelm von Thümmel. Man kann es kaum glauben, aber einige Jahre lang verkehrte in Nöbdenitz die Hautevolee der damaligen Gesellschaft, weil Minister Thümmel bis 1821 zum Dichterkreis im Musenhof der Herzogin Anna Dorothea von Kurland in Löbichau gehörte, die mit ihren Freunden oft zu Besuch in Nöbdenitz war.

Das Herrenhaus, in dem Thümmel lebte, wurde zu DDR-Zeiten abgerissen. Auch das Familiengrab und Thümmels englischen Park gibt es nicht mehr.

Die Region um Nöbdenitz war durch den Anbau von Heil-, Duft- und Gewürzpflanzen wie Kamille, Pfefferminze, Spitzwegerich, Kümmel, Koriander, Melisse, Johanniskraut, Pharmaweide, Petersilie, Ringelblumen und Astern bekannt. Heute dominiert die Kamille.

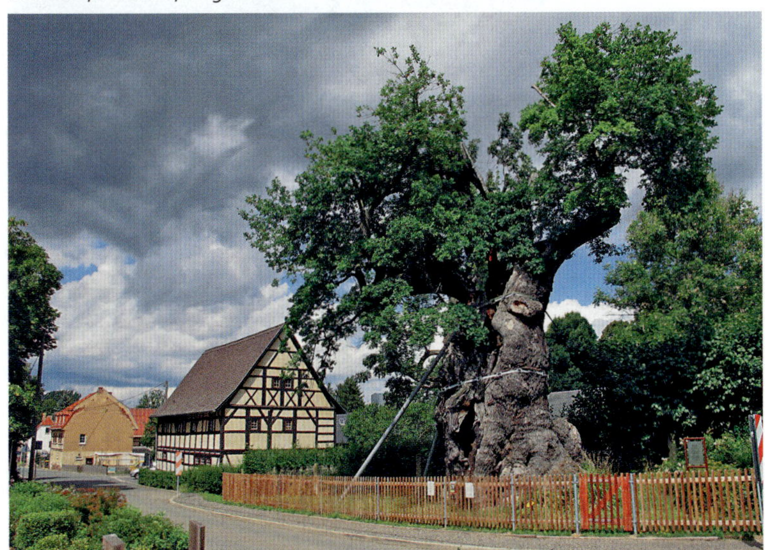

"Tausendjährige Eiche" - Nöbdenitz

Paitzdorf *424 Einwohner* *275 hm* Tour 12

Paitzdorf hat zwar kein Gasthaus mehr, aber die Firma Rohn präsentiert den ersten **Erdwärmelehrpfad** Deutschlands. Sie erfahren an sieben Stationen alles über die Nutzung von Erdwärme zur Beheizung von Gebäuden.

Posterstein *430 Einwohner* *250 hm* Tour 12

Das Ortsbild wird durch die schon von Weitem sichtbare mittelalterliche Höhenburg Posterstein mit ihrem 25 m hohen Bergfried, 1191 erstmals urkundlich erwähnt, geprägt. Im 16./17. Jh. wurde die Burg zum Wohnschloss umgebaut.

In der **Burgkirche** können Sie ein einmaliges üppiges barockes Schnitzwerk in unbemaltem Lindenholz, bestehend aus Altar, Kanzel und Herrschaftsempore, besichtigen. Außergewöhnlich sind die kunstvoll gedrechselten Hohlsäulen, die die Kreuzigungsgeschichte auf dem Altar tragen. Zum Schnitzwerk gibt es eine hübsche Legende, die aber nicht unbedingt historisch korrekt ist, denn die Schnitzereien wurden in der Nähe von Plauen angefertigt.

Die Burgkapelle zu Posterstein: *Die Sage berichtet, dass der Schnitzer Johannes Hopf nach Posterstein kam und dort in einer Schlägerei einen Menschen zu Tode brachte. Er landete im Kerker und vertrieb sich die Zeit damit, Bilder zu schnitzen. Dem Burgvogt kamen die Werke in die Hände und er ließ den Gefangenen neue Schnitzereien für die Burgkapelle anfertigen. Als der Burgherr von seiner Reise zurück kam, war er sehr erstaunt und erfreut über die wunderbaren Ornamente und wollte den Künstler belohnen.*

Er begnadigte Hopf - zu einer lebenslangen Kerkerhaft - und während dieser Zeit fertigte der Gefangene noch viele wunderbare Schnitzereien!

zitiert aus dem Flyer "Burgkirche Posterstein"

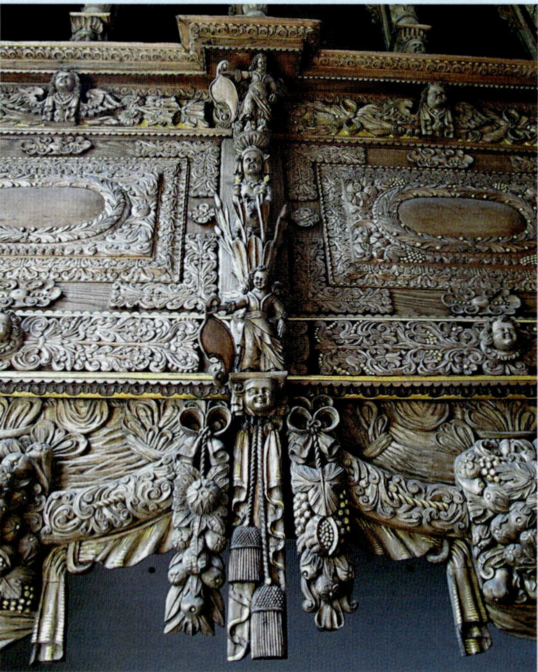

Schnitzerei - Burg Posterstein

Das **Museum Burg Posterstein** zeigt Ausstellungen zur Burggeschichte, Kulturgeschichte sowie Ur- und Frühgeschichte und Geologie der Region. Ein Schwerpunkt liegt auch auf dem Geschehen um den Musenhof der Herzogin von Kurland, der um 1800 prominente Gäste anzog: Goethe, Jean Paul, Zar Alexander I, Brockhaus oder Anselm Feuerbach. Im 20. Jh. war es der junge Rudolf Ditzen, der auf Posterstein als Landwirtschaftseleve lebte - Sie kennen ihn vielleicht unter seinem Schriftstellerpseudonym Hans Fallada.

Ein beeindruckendes Beispiel für einen regionalen Fachwerkhof ist der heute denkmalgeschützte **Kunst- und Kräuterhof Auenhof**. Er war ursprünglich im 16 Jh. im Zuge des Ausbaues des Rittergutes als Dreiseithof angelegt und wurde um 1790 zu einem Vierseithof erweitert.

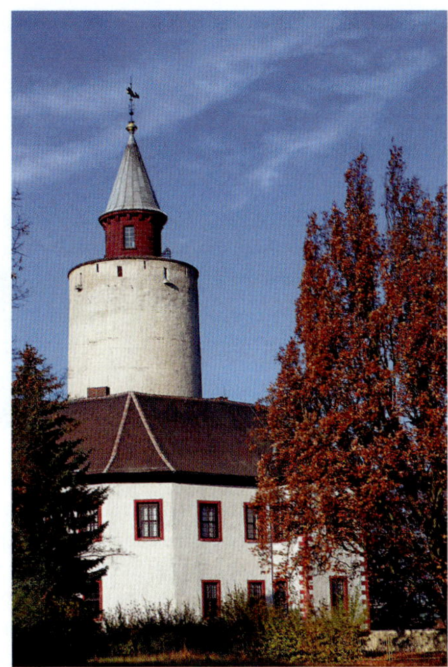

Burg Posterstein

Ronneburg *5.000 Einwohner* *278 hm* Tour 5 & 12

Im Laufe der 800jährigen Geschichte war Ronneburg schon vieles: Kurort, Bergbaustadt, Weber- und Textilort, Wismutstadt und Schauplatz der Bundesgartenschau 2007. Jede Epoche hat ihre Spuren hinterlassen, am deutlichsten sind noch die Narben des Uranabbaues des 20. Jh. zu sehen. 1209 wurde Ronneburg das erste Mal urkundlich erwähnt, es gehörte damals den Vögten von Weida. Nach einigen Besitzwechseln wurden im 17. Jh. im Zuge bergmännischer Arbeiten Mineralquellen entdeckt und für den Kurbetrieb gefasst. Um 1770 entstand in "Bad Ronneburg" eine **barocke Kuranlage** mit Kurpromenade, Badehaus, Kurhaus, Musikpavillon und Park. Hundert Jahre später machten das benachbarte Bad Köstritz und Bad Klosterlausnitz Konkurrenz und in den 1950'er Jahren war wegen des Wismut-Bergbaues endgültig Schluss mit dem Kurbetrieb. Das Brunnenholz mit der Urquelle ist das, was noch von den Kuranlagen übrig ist.

Auch das **Schloss** hat als Zeuge der Vergangenheit nicht unverändert überlebt - gleicht es doch vom **Großen Baderteich** aus gesehen eher einem Mietshaus. Kein Wunder, wurde doch der Bau mit Turm Ende des 19. Jh. als Wohnung für die Amtsleute erbaut. Ein Rittersaal ist noch von der alten Burg übrig, der heute Veranstaltungsort und Standesamt dient. Auch das Stadt- und Schulmuseum hat im Schloss sein Domizil. Im Stadtzentrum steht seit 1476 ein leuchtend rotes **Rathaus** auf dem Markt, der noch hübscher wäre, würde nicht der Verkehr darüber rollen.

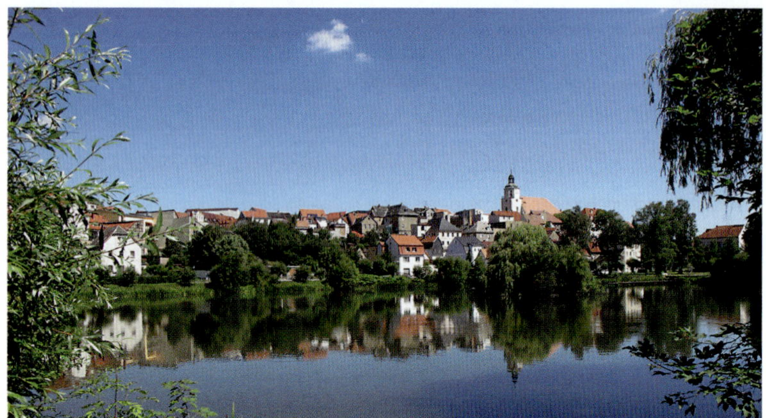

Blick über den Baderteich auf Ronneburg

Anheimelnder wirkt der im südlichen Bereich von Resten der Stadtmauer eingefasste **Kirchplatz** mit der Marienkirche von 1665. Sollten Sie gerade zu Gottesdienstzeiten die Kirche besuchen, können Sie die Ladegast-Orgel spielen hören. Das Pfarrhaus mit Fachwerkfassade, auch Bestandteil der Stadtmauer, ist eines der ältesten Gebäude des Städtchens. Vier Gässchen und Durchgänge verbinden den Platz mit dem Rest der Stadt.

Seit der Mitte des 20. Jh. wurden und werden die Geschicke Ronneburgs und Umgebung vom Uranbergbau bestimmt. Bei der **Bogenbinderhalle** befindet sich ein **Museum zur Geschichte des Uranerzbergbaus**, unter anderem wurde im Keller ein Bergbaustollen nachgebildet.

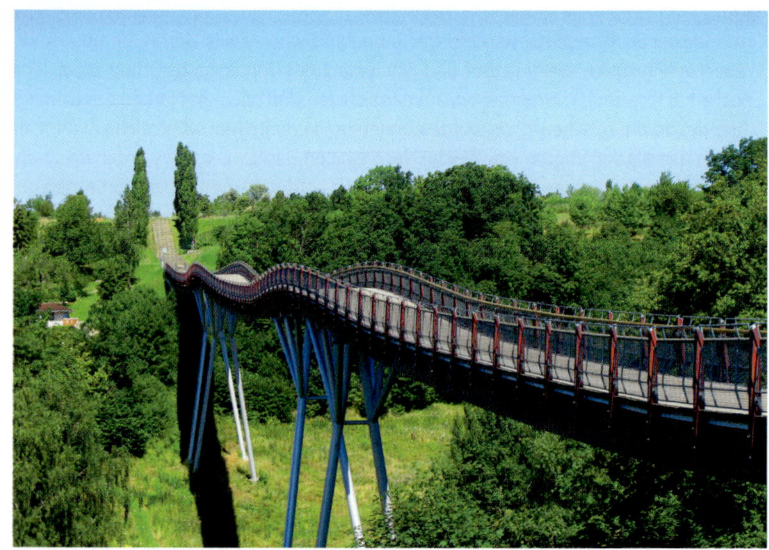

Drachenschwanzbrücke - Gessental bei Ronneburg

"Da saßen sie an den Tischen, schütteten Bier und Wodka in sich hinein, lebten von Bockwurst und Gerüchten, von Skat und immer den gleichen Witzen, im Dreieck zwischen Biertisch, Barackenmatratze und Bohrhammer, tagaus - tagein." Werner Breuning, im Buch "Rummelplatz" über die **"Wismut" und das Uran**.

Schon im Mittelalter wurde auf der Suche nach Silber uranhaltiges Gestein gefunden, von dessen Verwendbarkeit aber noch nichts bekannt war. Diese sogenannte Pechblende wanderte auf die Abraumhalde. Nachdem 1789 das chemische Element Uran definiert wurde, förderte man ab 1820 verstärkt Uranerze z.B. zum Färben von Glas und Keramik. Die Radioaktivität des Elementes wurde 1896 festgestellt. Ab 1938 verstärkte sich durch die Entdeckung der Kernspaltung das Interesse am Uranbergbau im großen Stil.

Mit der Entdeckung der Radioaktivität der Uranverbindungen durch das Ehepaar Curie 1938 begann ein neues Kapitel der Bergbaugeschichte. Nach dem Zweiten Weltkrieg begann sich Russland für den Bergbau in der sowjetischen Besatzungszone in Deutschland zu interessieren, um Rohstoffe für den Bau der sowjetischen Atombombe zu gewinnen. Besonders erfolgreich war die Suche im Erzgebirge und im Ronneburger Gebiet. Zuerst als SAG Wismut, dann ab 1954 als zweistaatliche SDAG Wismut, wurden die Lagerstätten unter Einsatz von zeitweise über 100.000 Beschäftigten ausgebeutet. Nirgendwo anders konnte man mehr verdienen, aber nirgendwo anders gab es risikoreichere Jobs! Einem Verdienst von bis zu 4.000 Mark im Monat stand das Risiko gegenüber, Lungenkrebs zu bekommen, an Silikose zu erkranken, einen Arbeitsunfall zu erleiden. Die Wismut war mit Sonderrechten wie Alkoholdeputat oder bessere Lebensmittel ausgestattet und bildete eine Art eigenen Staat im Staat.

Recherchen ergaben von 1946 bis 1990 eine Produktion von 231.000 t Uran. Die DDR war damit der drittgrößte Uranproduzent der Welt - die UdSSR konnte damit 60% ihres Bedarfs abdecken.

Seit den 70'er Jahren wurden die geologischen und bergmännischen Bedingungen schlechter und parallel dazu sank durch die weltpolitische Lage das Bedürfnis der Supermächte nach Uran. Schon vor 1989 dachte man über ein Ende der Uranförderung nach. Mit der deutschen Einheit wurde der Abbau 1990 eingestellt, die UdSSR beendete die Zusammenarbeit. Die 1991 neu gegründete Wismut GmbH besteht noch heute und ist damit beschäftigt, die Schäden in den Bergbaugebieten zu sanieren und wieder zu rekultivieren.

Weitere Standorte in Thüringen waren neben Ronneburg, Paitzdorf, Mennsdorf, Lichtenberg/Reust, Beerwalde und Schmirchau.

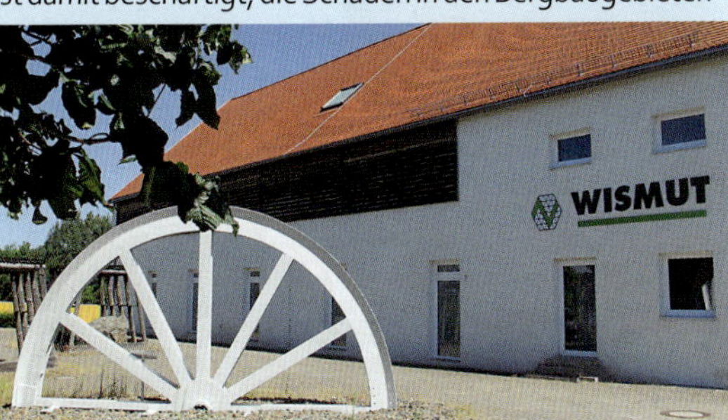

Ausstellung Wismut Objekt90 - Ronneburg

Die **Bundesgartenschau 2007** wurde als Chance genützt, die Landschaftsnarben des Uranerzbergbaues mit Fördertürmen, Spitzkegelhalden und Tagebauen unter dem Namen "Neue Landschaft Ronneburg" in kultivierte Parklandschaften zu verwandeln. Auf mehr als 800 ha wurden dafür Abraumhalden abgetragen, unterirdische Stollen geschlossenen und aus ca. 120 Millionen Kubikmeter Haldenmaterial ein künstlicher Berg, die Schmirchauer Höhe, aufgeschüttet. Die aufregende **Drachenschwanzbrücke**, die Ausstellung "Selbsthilfe der Natur", das Museum der Wismut GmbH Objekt90 in der so genannten Neuen Scheune neben dem Rittergut, Spiel- und Rastplätze sind die Höhepunkte der neuen Freizeitlandschaft.

Hoch hinaus geht es nicht nur auf der Schmirchauer Höhe, Sie können auch auf dem nahen **Reuster Berg** den 21 m hohen **Reuster Bismarckturm** besteigen. Bismarckdenkmäler waren sichtbarster und dauerhaftester Ausdruck der Bismarckverehrung in Deutschland. Von 1869 bis 1934 wurden 240 Bismarcktürme erbaut oder in Bismarcktürme umbenannt.

Schmölln *11.300 Einwohner* *220 hm* **Tour 12**

Bei Schmölln fallen einem Knöpfe und Mutzbraten ein - beides Spezialitäten der Stadt. Der Ort bekam zwischen 1324 und 1329 von den Reußischen Vögten das Stadtrecht. Damals wurden auch, wie es sich für eine mittelalterliche Stadt gehörte, eine Burg, ein Wasserschloss und eine Stadtmauer gebaut. Durch einen heftigen Brand Ende des 18. Jh. wurden über 300 Gebäude zerstört. Deshalb stammen die heutigen Bauten am großen **Marktplatz** aus späteren Tagen. Dennoch ist die denkmalgeschütze Marktanlage etwas Besonderes, denn sie zählt zu den größten in Mitteldeutschland.

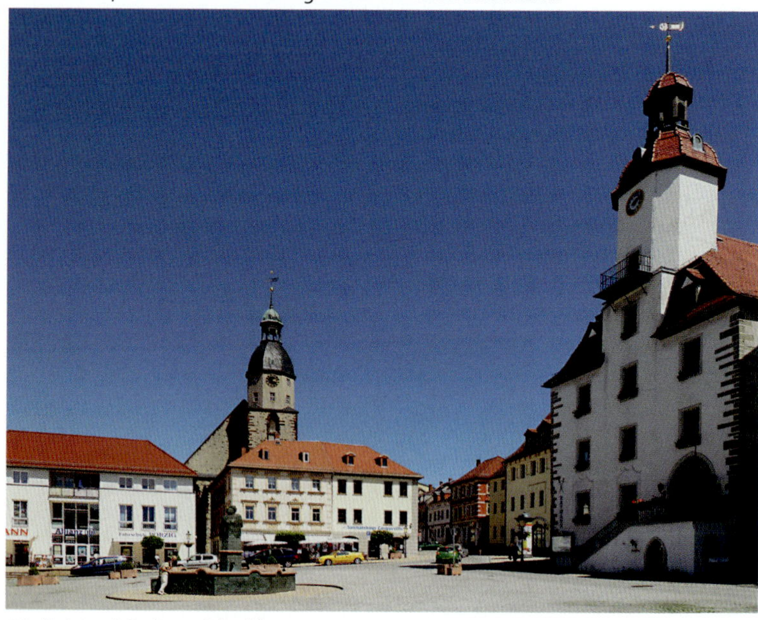

Marktplatz mit Rathaus - Schmölln

Die ursprünglich spätgotische **Kirche Sankt Nikolai** entstand nach dem Brand 1772 in heutiger Gestalt. An der südlichen Außenwand der Kirche sind schöne Baldachine, Konsolen und Pfeilerfialen zu bewundern.

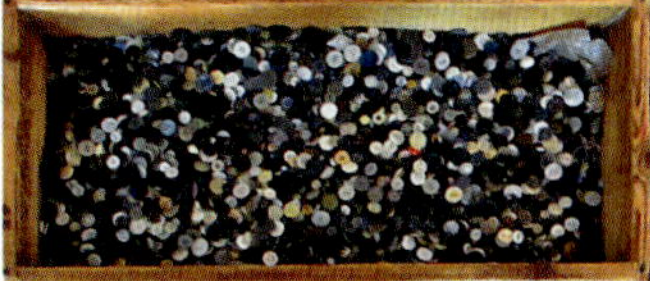

Knopfkiste im Knopfmuseum

Im 19. Jh. entwickelte sich, ausgehend vom Perlmutterknopfdrechsler Hermann Donath, die Schmöllner Knopfindustrie. Der wirtschaftliche Aufschwung war groß - Schmölln hatte damals um die 30 Fabrikschlote! Die Einwohnerzahl stieg rasch an: 1900 waren es 10.000 Einwohner, von denen 1.500 in 17 Knopffabriken arbeiteten. Heute gibt es nur noch die "Schmöllner Knopffabrik", die täglich mehr als 100.000 Knöpfe produziert. Im 1997 eingerichteten **Knopf- und Regionalmuseum** dreht sich alles um die kleinen Kleidungsverschlüsse und die Geschichte der Schmöllner Knopfindustrie.

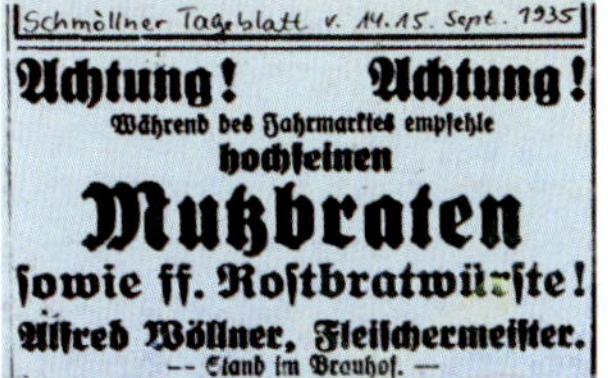

Schmöllner Tageblatt v. 14.15. Sept. 1935

Achtung! Achtung!

Während des Jahrmarktes empfehle

hochfeinen

Mutzbraten

sowie ff. Rostbratwürste!

Alfred Möllner, Fleischermeister.

-- Stand im Brauhof. --

In Schmölln ist man davon überzeugt, dass die Tradition des im östlichen Thüringen so beliebten **Mutzbratens** aus dieser Region stammt.

Das Wort **Mutz** kommt aus dem Mittelhochdeutschen und bedeutet "Stück", denn im Mittelalter wurden die gebratenen Fleischstücke gern bei Festen und Jahrmärkten serviert.

Silbitz *620 Einwohner* *187 hm* Tour 10

Fahren Sie nach Sillbitz, wenn Sie in einem originellen Café einkehren wollen! Oberhalb von der Kirche, im **"Kräuterschuppen"**, können Sie selbstgebackenen Kuchen aus besonderen Getreidesorten vom Biohof Petruschke, hausgemachte Marmeladen und Kräuteröle probieren.

Außerdem können Sie noch das hübsche Ortsbild mit dem **Rittergut** (von 1600), der dazu gehörenden **Kirche** (von 1750) und einem barocken Wohnhaus bewundern. In der Kirche steht ein Taufbecken mit einem besonderen Deckel - ein Schaf trägt auf seinem Rücken ein Lesepult!

Die mächtige Fabrik, die die Idylle im Elstertal etwas stört, ist die Gießerei der Silbitz Group, größter Arbeitgeber weit und breit.

St. Gangloff *1.200 Einwohner* *330 hm*

Von Gera aus kommend, schmiegen sich die Gebäude des Dorfes an die Flanken von sieben Hügeln - wie Rom! Keimzelle von St. Gangloff war eine Wallfahrtskapelle, die dem Heiligen Gangolf (Pferdepatron, aber auch Helfer bei Augen-, Haut- und Gelenkkrankheiten) geweiht ist.

Neben einigen Fachwerkgehöften ist die **Dorfkirche** sehenswert, die 1756 im sogenannten **Zopfstil** gebaut wurde. Die Stilrichtung kennzeichnet den Übergang des spielerischen, verschnörkelten, üppigen Rokoko zum gradlinigen, nüchternen Klassizismus. Weil diese Stilrichtung nicht mehr hauptsächlich auf Repräsentation ausgelegt war, sondern sachlicher und einfacher, fühlte sich das Bürgertum davon angesprochen.

Auch in die bäuerliche Landschaft passt der Zopfstil gut in seiner Schlichtheit - deshalb findet man in der thüringischen Landschaft viele solcher Kirchen, die mit ihren schwarzen schiefer-Turmhelmen oft vorwitzig über die Hügel gucken.

Stadtroda *5.900 Einwohner* *220 hm* Tour 19

Die engen Buntsandsteinhänge des Rodatales geben dem Städtchen nicht viel Raum, und so siedelten auch die ersten deutschen Siedler am linken Steilufer der Roda am sogenannten Alten Markt. Dort steht auch die **Heilig-Kreuz-Kirche**, deren kompakter Ostturm noch aus romanischer Zeit stammt. Im Inneren mischen sich romanische und gotische Elemente, da sie aber seit der Reformation nur als Friedhofskapelle genutzt wurde, ist die Ausstattung spärlich. Außerdem ist das Gebäude baufällig und es gibt Probleme mit der Statik. Unterhalb des Alten Marktes Richtung Roda ist in einem der ältesten Gebäude des Ortes das **Stadtmuseum "Alte Skulptur"** untergebracht.

Der zweite Siedlungskern Stadtrodas entwickelte sich um das heutige **Schloss** herum. Schloss, Kirche, Rathaus und Bürgerhäuser standen hier bis zum großen Stadtbrand 1638. Aber schon vorher war es an der Stelle recht eng , daher verlegte man den Markt an die Roda und baute dort ein zweites Rathaus. Der barocke Neubau des Schlosses ist für den kleinen Ort recht mächtig, weil Prinz Christian Wilhelm von Sachsen-Gotha-Altenburg in Stadtroda für mehrere Jahrzehnte seinen Hof hatte. Ab 1780 wurde es nur noch als Amtssitz für verschiedene Behörden genutzt, heute beherbergt es das Amtsgericht.

Gleich neben dem Schloss macht sich die **Stadtpfarrkirche St. Salvator** breit, die 1655 gebaut wurde. Das verzierte Portal stammt vom Vorgängerbau und zeigt spätgotische und Renaissance-Elemente. Schauen Sie doch mal in die Kirche rein - die herrliche Kanzel mit ihrer großen Mosesfigur und den geschnitzten alttestamentarischen Figuren ist ein Schmuckstück!

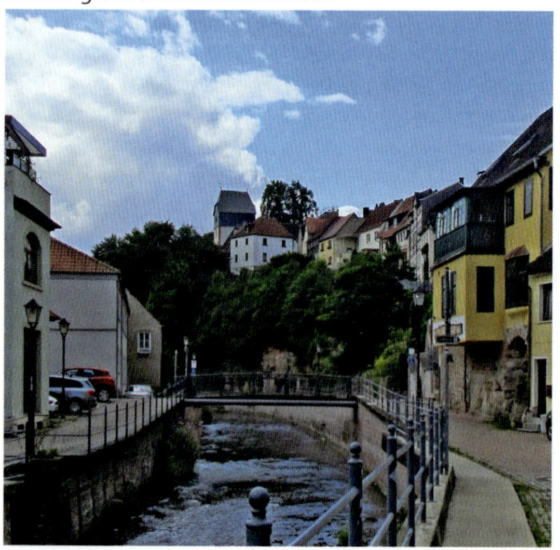

Stadtroda - Hoher Markt

Der dritte Siedlungskern, genannt Dorf Roda, entwickelte sich im 13. Jh. in der Rodaaue beim **Zisterzienser-Nonnenkloster**.

Das Kloster bestand von 1240-1534 und war Hauskloster und Begräbnisstätte der Herren von Lobdeburg als Gründergeschlecht. Sie können noch die gotische Kirchenruine aus rotem Sandstein anschauen, die viel Spiritualität ausstrahlt, obwohl sie kein Dach hat.

Reiseteil

Spaziergang Skulpturenweg: Vom Roda-Stadion zur Zeitzgrundbrücke in Richtung Quirla über das Lohmholz nach Stadtroda Wegstrecke: große Runde 4,5 km; Gehzeit: 1,45 Stunden; Schwierigkeitsgrad: leicht; Anzahl der Ruhebänke auf Wegführung 22; geplante Skulpturen 28; bereits aufgestellte Skulpturen 17; kleine Runde: 2,6 km; Gehzeit: 1 Stunde; Anzahl der Ruhebänke auf Wegführung 14; geplante Skulpturen 14; bereits aufgestellte Skulpturen 11.

Sage von der Rod'schen Möhre: *Im Jahre 1450 hatte sich der Probst von Klosterroda so heftig mit der Stadtgemeinde wegen Baurechten zerstritten, dass Graf Heinrich zu Gera um Hilfe gerufen werden musste. Der kam mit seinem Heer, stand vor dem Stadttor und wollte rein, aber der Torwächter konnte vor lauter Aufregung den Riegel nicht finden, der das Stadttor zusperrte.*

Der Wächter aß gerade seine Jause, und weil er nichts anderes zur Hand hatte, klemmte er eine dicke, große Möhre in die Torschlaufe. Leider hatte er dabei seine hungrige Ziege vergessen, die die Möhre ungeniert auffraß! So konnten die Truppen des Grafen leicht in die Stadt eindringen. Nun wissen Sie, warum die Bewohner von Stadtroda den Beinamen "Möhrenschaber" haben. Und clever wie sie sind, veranstalten sie jedes Jahr einen Wettbewerb im "Möhrenschaben"!

Zwischen Hermsdorf und Stadtroda liegt im Tal des Zeitzbaches der **Zeitzgrund**, ein Naturschutzgebiet und Naherholungsgebiet. Früher trieb der Zeitzbach viele Mühlen an, Bockmühle, Ziegenmühle, Janismühle , Papiermühle, Neumühle und Walkmühle, die Bäume zu Brettern schnitten und Korn zu Mehl mahlten. Einige der Mühlengebäude stehen noch und laden wie die Bockmühle, die Ziegenmühle und die Janismühle, zur Einkehr ein. Interessant ist auch der am Zeitzgrundrundweg gelegene **Pechofen**, in dem harzhaltiges Holz vor sich hin schwelte, um durch Trockendestillation bei 400° Holzteer, Holzkohle und Holzessig zu gewinnen.

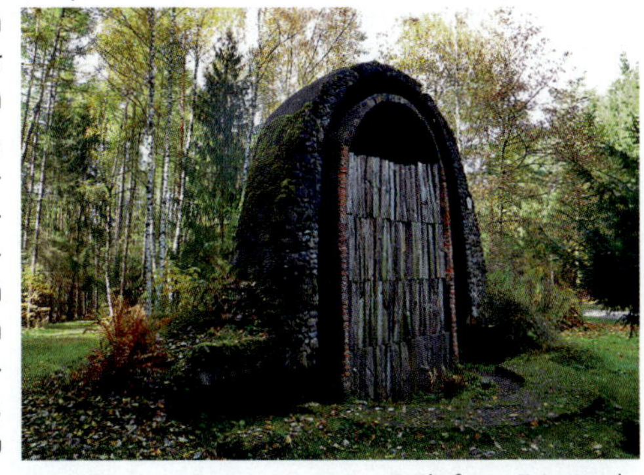

Pechofen im Zeitzgrund

Steinsdorf *400 Einwohner* *328 hm* Tour 19

In dem bezaubernden Fachwerkwerkdorf mit schönen Bauerngehöften steht eine gut erhaltene **barocke Kirche** mit kompaktem Grundriss, Zwiebelturm und Schieferdach. Der Ursprung der Kirche liegt im 14. Jh. und sie sollte im Laufe der Zeit schon oft abgerissen werden. Gott sei Dank wurde sie stattdessen immer wieder mal ein bisschen renoviert (zuletzt 2008-10 das Dach) und so können Sie heute staunend die reiche Inneneinrichtung betrachten, die zwar aus verschiedenen Epochen stammt, aber trotzdem ein harmonisches Ganzes bildet.

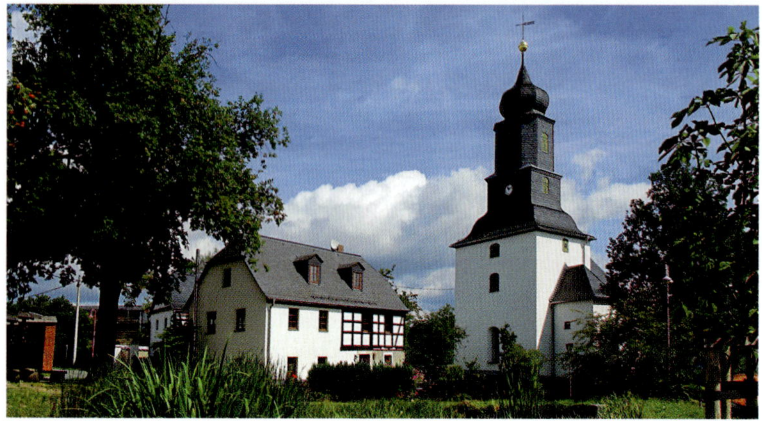

Steinsdorf Kirche

Der spätgotische Flügelaltar von 1497 stammt aus der Schule Tilman Riemenschneiders. Seit einer sensiblen Restaurierung Ende des 20. Jh., die alle Sünden der vorhergehenden Übermalungen beseitigte, funkelt er so schön wie zu seiner Entstehungszeit.

Der Elsterberger Künstler Christian Preller schuf 1662 das Taufbecken und die Kanzel. Die Figuren am Kanzelkorb sind Jesus als Welterhalter, flankiert von den vier Evangelisten Matthäus, Markus, Lukas und Johannes.

Das **Taufbecken** hat einen besonderen Mechanismus: der reich verzierte Deckel ist mit einer Schnur, die zum Heben des Deckes dient, an der Kirchendecke befestigt. Und obwohl das Alte Testament die Darstellung Gottes ablehnt, können Sie hier Gott sehen, wie er zusammen mit dem Heiligen Geist ins Kirchenschiff schaut!

Die Empore kam um 1700 dazu, die Orgel 1850. Die üppigen Reliefs sind fast alle im Stil des Bauernbarock um 1700 gemalt worden.

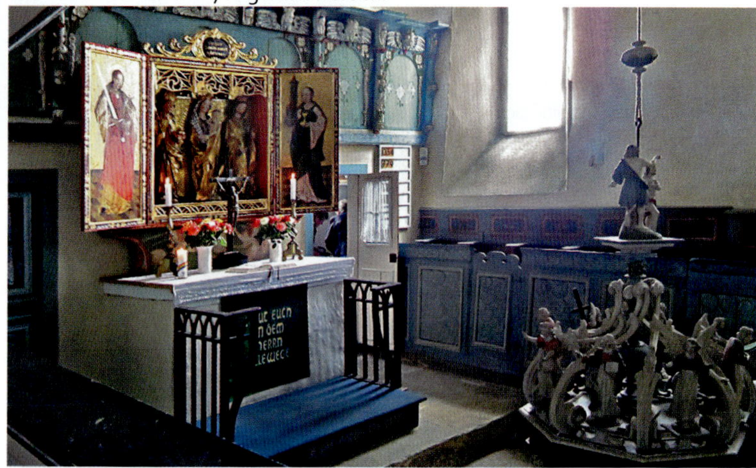

Altar & Taufbecken - Steinsdorf Kirche

Weida *8.800 Einwohner 231 hm* Tour 4,13,14 & 23

Hier steht sie nun, die Wiege des Vogtlandes, die Osterburg, von der aus das Geschlecht der Vögte von Weida, Gera und Plauen einer ganzen Region den Namen gab. Dieses slawisch-deutsche Grenzgebiet wurde im 11. Jh. von deutschen Kolonisten besiedelt. Kaiser Friedrich Barbarossa schickte als seine Vertreter Ministerialienfamilien in das Land, die mit der Verwaltung, Rechtsprechung, dem Verteidigungswesen und Organisation betreut waren. Sie trugen den Titel **"Vogt"**, was damals so viel wie "Sachwalter, Stellvertreter" bedeutete.

Diese Vögte bauten sich, wie es damals so üblich war, eine Burg, in deren Schutz ein Marktflecken entstand. Seit 1209 hat Weida Stadtrechte. Bedingt durch den S-förmigen Verlauf der Weida bildeten sich zwei historische Stadtkerne heraus, die Altstadt und die Neustadt, mit eigenen Kirchen, Märkten, Mühlen usw., aber gemeinsamer Verwaltung.

Weidaer Mooskuchen: *Machen Sie einen Rührteig aus 375g Zucker, 300g Mehl, 6 Eigelb, 250g Margarine, 1 Becher saurer Sahne, 1/2 Päckchen Backpulver und 75g Kakaopulver, den Sie ca. 25 Minuten bei Unter- und Oberhitze (180 °C) backen. Dann zerlassen Sie 250g Kokosfett, schlagen die 6 Eiweiß mit 3 EL Puderzucker steif und fügen nach und nach das flüssige Kokosfett zu.*

Den abgekühlten Kuchenboden mit der Masse bestreichen und ein wenig Kaffeepulver mit einem Metallsieb (wichtig!) darüber sieben und kalt stellen, bis der Kaffee sich grün gefärbt hat. War früher ein beliebter Hingucker am Kuchenbuffet.

Über beiden Stadtteilen thront auch heute noch die **Osterburg**, 1163 bis 1193 errichtet. Aus diesen Tagen hat sich der 54 m hohe Bergfried erhalten, der dritthöchste und einer der ältesten erhaltenen Bergfriede Deutschlands. In der Türmerstube wohnte noch bis 1917 ein Turmwächter! Der Rest der Anlage trägt nach Umbauten Ende des 16. Jh. ein Renaissance-Kleid. Mehrere Jahrhunderte war sie Residenz der Vögte und Verwaltungssitz. Nachdem im 16. Jh. das Geschlecht der Weidaer Vögte erloschen war, wurde die Burg unter den Wettinern nur als Amtssitz genutzt.

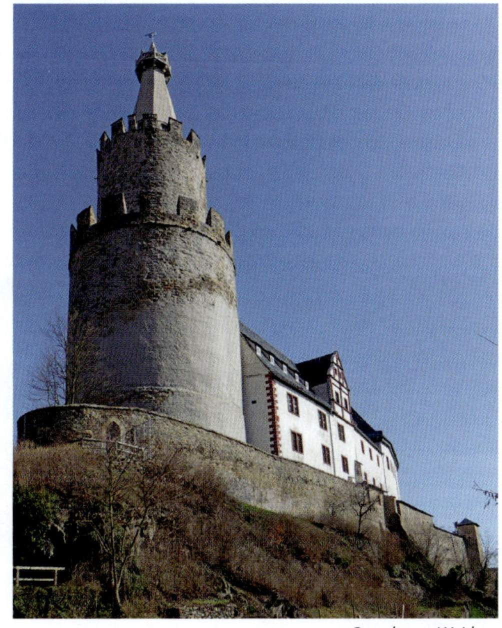

Osterburg - Weida

Zu dieser Zeit bekam sie auch den Namen "Osterburg" = Burg des Osterlandes = Land im Osten. Auch heute lohnt sich ein Burgbesuch, denn es wird viel geboten. Im Bergfried lädt der Panoramafilm im 360°-Museum zur Reise durch das Vogtland ein. In Remise, Turm und Altem Schloss werden ständige Ausstellungen, eine Bauernstube, ein Bürgerzimmer, ein Burgmodell, ein Grafikkabinett, das Theodor-Körner-Gedächtnis-Zimmer, Porzellan, Gemälde und die Geschichte der Osterburg gezeigt. Im Neuen Schloss finden Sie ein Atelier und verschiedene Veranstaltungsräume; im Alten Schloss ein Lapidarium und die Gefängniszelle. Sehenswert sind auch die Außenanlagen und Gärten der Burg. Wer vom Schauen müde und hungrig geworden ist, kann in der urigen "Wirtschaft zur Osterburg"einkehren.

Von der alten Handwerkertradition Weidas zeugt die **Lohgerberei**, im 19. Jh. als Gerberei "Friedrich Francke" ein Zentrum der Lederherstellung und -verarbeitung, die noch bis ins Jahr 1992 Sohlenleder produzierte. Viele originale Maschinen wie Lohmühle, Entfleischmaschine oder Lederwalze und ein kleines Museum dokumentieren anschaulich die Geschichte der Leder- und Schuhindustrie in Weida. Wussten Sie, dass es damals 14 Monate dauerte, bis aus der Rinderhaut eine Schuhsohle geworden ist?

Die im Ursprung frühgotische **Stadtkirche Sankt Marien** ist die ehemalige Klosterkirche des Franziskanerordens, 1644 nach einem Brand wieder aufgebaut. Aus dieser Zeit stammen Kanzel und Taufstein mit reichen Schnitzereien, Altarkruzifix, Kassettendecke und Emporen. Die **Widenkirche** in der Altstadt war zuerst romanisch und wurde im 14. Jh. mit einem hochgotischen Anbau erweitert. Seit dem Dreißigjährigen Krieg ist sie eine Ruine.

Wie viele Rathäuser in Ostthüringen wurde auch das **Rathaus** von Weida Mitte des 16. Jh. im Renaissancestil errichtet. Leider ist es nach zwei Stadtbränden sehr verändert wieder aufgebaut worden, sodass z.B. der Hohe Giebel nicht mehr erhalten ist.

Gut backen konnten die Weidaer Hausfrauen- und Männer zu jeder Zeit - davon zeugt am ersten Septemberwochenende der **"Weidsche Kuchenmarkt"**!

Im Ortsteil **Schüptitz** steht die **Wehrkirche St. Nikolaus**, deren Turm und wehrhafte Bestandteile auf einen Bau im 12. Jh. hindeuten. Die Innenausstattung stammt überwiegend aus dem 18. Jh.

Den Flussnamen geschuldet, liegt die **Aumatalsperre** bei Weida (weil sie die Auma staut) und die Weidatalsperre bei Auma (weil sie die Weida staut).

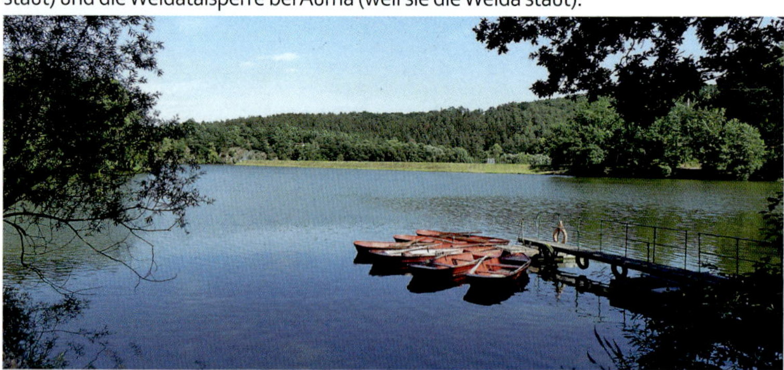

Aumatalsperre

Die Aumatalsperre hat ein Fassungsvermögen von 600.000 m³ Wasser, die von der 35 m langen und 11 m hohen Staumauer sowie einem 250 m langen Erddamm gehalten werden. Sie dient dem Hochwasserschutz und als Naherholungsgebiet. Als vor 75 Jahren die Auma gestaut wurde, um für die Weidaer Industriebetriebe, allen voran die Lederwerke im Schlossmühlenweg, immer ausreichend Wasser zur Verfügung zu haben, war allerdings von Naherholung oder gar Zelten noch keine Rede. Der Rundweg um die Talsperre ist ein beliebter Wanderweg.

Wünschendorf/Elster *3.000 Einwohner* *216 hm* Tour 13,23,33 & 34

Wer alte Kirchen liebt, kommt an Wünschendorf nicht vorbei. Die **St. Veitskirche** auf dem Veitsberg ist eine der ältesten oder die älteste Kirche im Vogtland überhaupt, denn sie geht zurück auf eine Burgkappelle, von der schon 976 die Rede ist. Diesen Teil finden Sie heute noch in der Kirche in Form der Marien- oder Taufkapelle mit ihrem uralten ottonischen Kreuzgewölbe. Das Nordschiff kam im 11. Jh. als romanisches Langhaus dazu. Im 12. Jh. baute man direkt neben das kleine, alte Kirchlein eine zweite Kirche mit Westturm. Beide Kirchen wurden im 13./14. Jh. zusammen gelegt. Auch die Innenausstattung lässt die Glaubensvorstellungen unserer Vorfahren lebendig werden z.B. mit dem gotischen Triumphkreuz von 1513, dem Hochaltar von 1480 oder den romanischen Glasmalereien im südlichen Chorfenster von 1168, die zu den ältesten der Welt gehören. Unter der Südempore können Sie sich in eine Bilderbibel vertiefen. Das Äußere der Kirche wird von Stilarten aus verschiedensten Epochen geprägt.

Nicht weit vom Veitskirchlein liegt das **Prämonstratenser-Chorherrenstiftes zu Mildenfurth**, 1193 vom Vogt Heinrich II. von Weida gegründet. Klöster und Kirche waren damals treibende Kräfte bei der Urbarmachung bisher unbesiedelter Gebiete. Die gebildeten Mönche brachten das Know-how mit, das Kloster schuf die Infrastruktur. Und so kann man davon ausgehen, dass die Erschließung des Vogtlandes von Weida und Mildenfurth ausging.

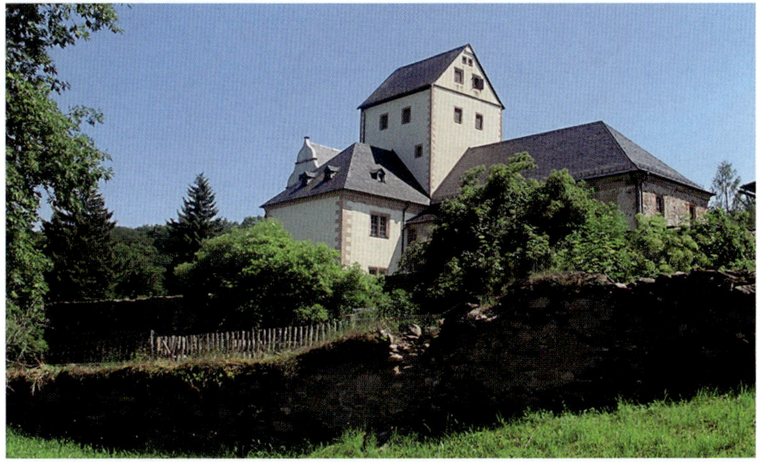

Kloster Mildenfurth

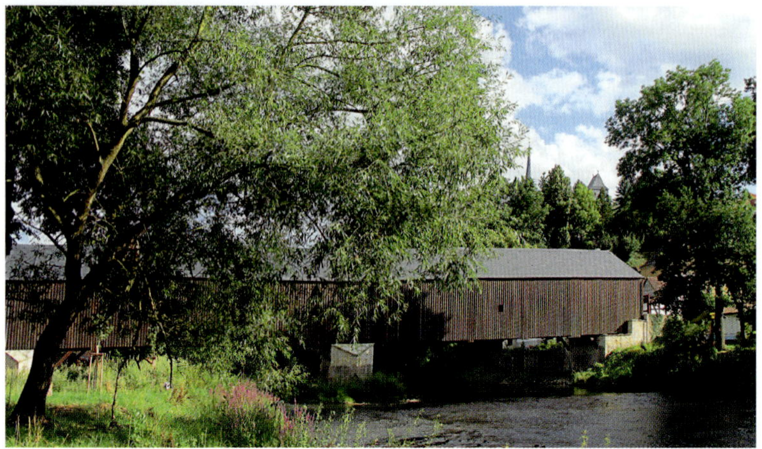

Historische Holzbrücke - Wünschendorf

Um 1200 wurde die Klosterkirche als dreischiffige, romanische Basilika mit Chor und zwei Westtürmen gebaut. Der Südflügel des Kreuzganges mit dem Refektorium ist in Teilen noch erhalten. Klöster und Kirchen waren damals auch Verteidigungs- und Zufluchtanlagen, und so gibt es heute noch eine wehrhafte Mauer mit Schießscharten und romanischem Eingangstor. Nach den Hussitenkriegen und der Reformation wurde das Kloster aufgegeben und zum Schloss umgebaut. Besucher sehen einen von Türmen akzentuierten Zentralbau, dessen vier Flügel um die Vierung der ehemals dreischiffigen Basilika mit Querhaus angeordnet sind. Das atmosphärisch dichte Gebäude war inzwischen vieles, z.B. Obstlager oder Altersheim; heute finden Konzerte und Veranstaltungen statt und das ehemalige Stallgebäude ist Atelier und Galerie.

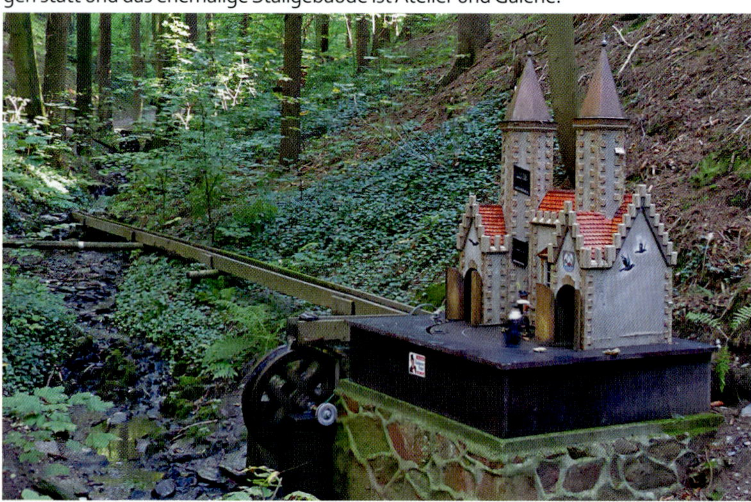

Wünschendorfer Märchenwald

Die überdachte **historische Holzbrücke** über die Elster geht auf das 13. Jh. zurück; die noch fast im Originalzustand erhalten gebliebene Holzkonstruktion entstand 1786.

Der **Märchenwald** im Kamnitztal schmückt sich mit den von einem kleinen Bächlein bewegten Märchenspielen, die zum Teil an die 80 Jahre alt sind.

Der Wünschendorfer **Artenschutzturm** beherbergt mehr als 50 Bruthöhlen, Brutnischen, Nisthöhlen, Nistkästen und Tagesverstecken für Fledermäuse; ein Fledermaus-Sommerquartier sowie ein Fledermaus-Winterquartier im Gebäude-Inneren und einem Wildbienenhotel für Solitärbienen.

Zeulenroda-Triebes *13.400 Einwohner* *360-410 hm* **Tour 22-25**

Wenn Sie an der Talsperre Zeulenroda stehen und zum Ort hinüberschauen, verstehen Sie den Beinamen "Stadt in der Höhe", denn der Ort liegt über dem See, als ob er auf einer Tribüne Platz genommen hat.

Im Spätmittelalter gründeten die Vögte von Weida an der Kreuzung der Handelsstraßen Weida-Hof und Triptis-Elsterberg eine Siedlung, die 1438 Stadtrechte bekam. Aus dem blühenden Marktort wurde aber durch Besitzwechseln und Kriegsereignisse ein ärmliches Ackerbürgerstädtchen, bis um 1700 das Gewerbe der Strumpfwirkerei bescheidenen Wohlstand brachte. Im 19. Jh. war Zeulenroda sogar eine weltberühmte Strumpfstadt.

Weiterhin spülten Maschinenbau, Tischlerei und Gummiwirk- und Strickwarenfabrikation Geld in die Stadtkasse und so konnte von 1825-27 das repräsentative Rathaus im klassizistischen Stil gebaut werden. Der gesamte Marktplatz atmet noch immer den Geist dieser Epoche.

Aus Richtung Gera kommend, fühlt man sich allerdings einen Moment lang wie in einer amerikanischen Großstadt, wenn der zwölfgeschossige Bauerfeind-Tower in Sicht kommt. Die Bauerfeind AG, zu der auch das Bio-Seehotel gehört, ist

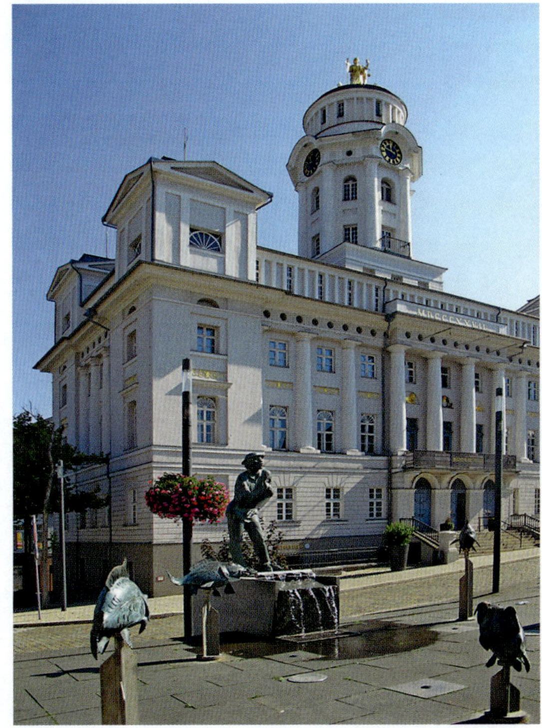

Rathaus - Zeulenroda

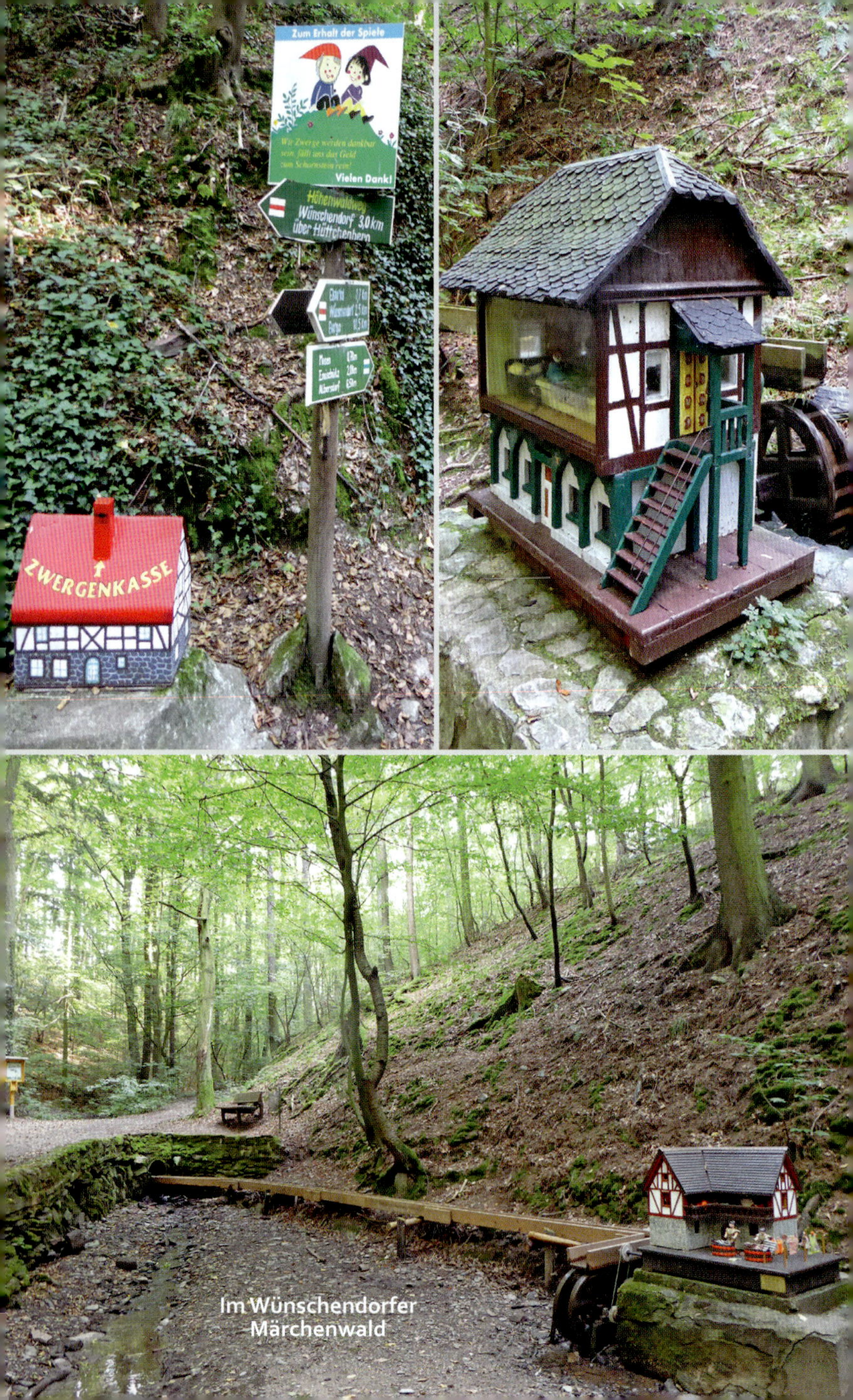

Im Wünschendorfer
Märchenwald

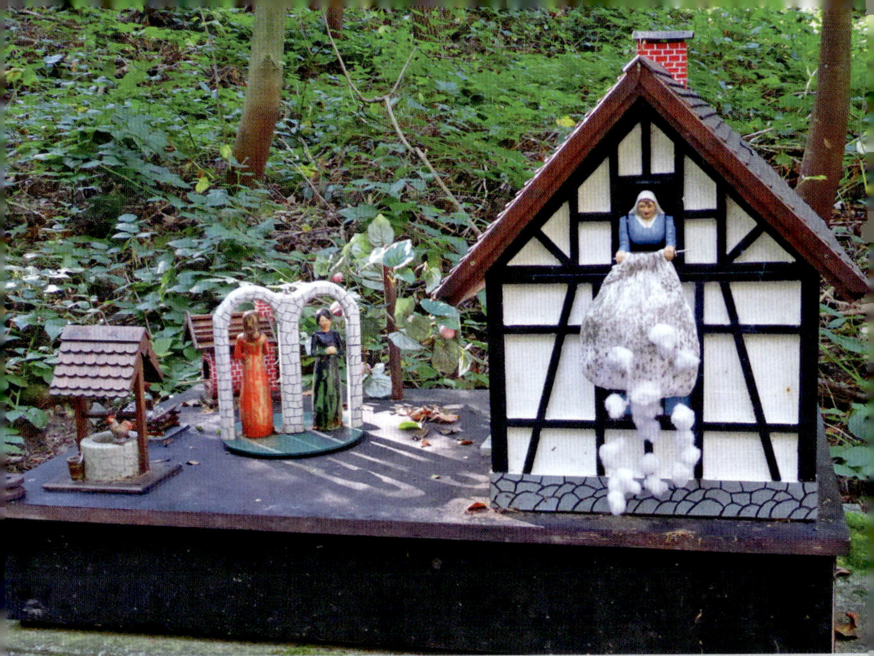

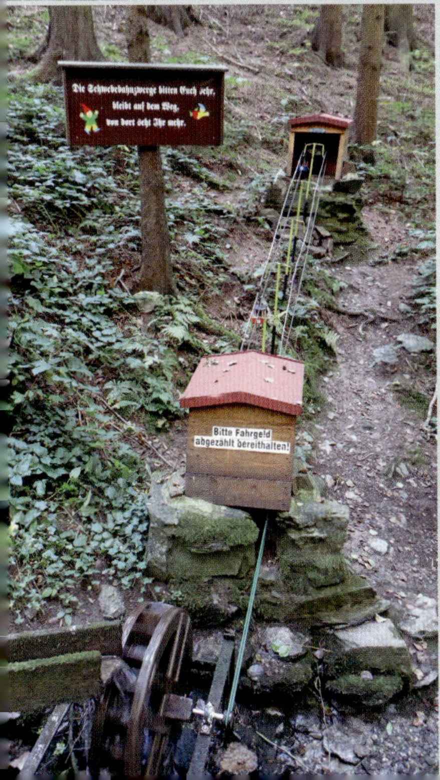

Die Schwebebahnzwerge bitten Euch sehr,
bleibt auf dem Weg,
von dort seht Ihr mehr.
Bitte Fahrgeld
abgezählt bereithalten!

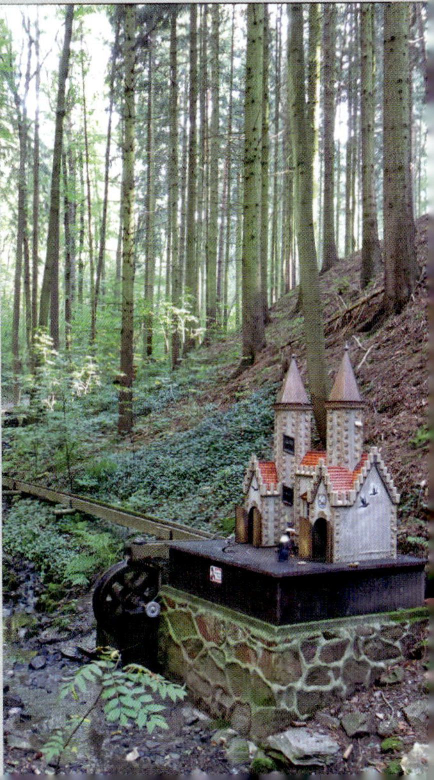

Warum die Zeulenrodaer Karpfenpfeiffer heißen: *Vor vielen Jahren befahl der Fürst in Greiz die Zeulenrodaer zu sich, um beim Abfischen des Schlossteiches zu helfen. Nach getaner Arbeit wurden sie zum Dank zum Karpfenessen eingeladen. Aber oh weh, die Greizer Karpfen schmeckten gar scheußlich nach Schlamm, weil die Schlossteiche so verschmutzt waren. In den Zeulenrodaer Teichen schwammen hingegen saubere, gute Karpfen. Die Zeulenrodaer kosteten zuerst aus Höflichkeit, aber die Fische schmeckten wirklich moorig. Da stand der mutigste Bürger von Zeulenroda auf und rief: "Wir pfeifen auf eure Karpfen!" Tja, da hatten die Einwohner von Zeulenroda ihren Spitznamen weg!*

größter Arbeitgeber der Region und stellt (mit einer jahrzehntelangen, politisch bedingten Unterbrechung) seit 1929 medizinische Hilfsmittel wie Bandagen, Orthesen, Kompressionsstrümpfe und orthopädische Einlagen her.

Der Ort hat mit seinen Ortsteilen einige handverlesene Sehenswürdigkeiten zu bieten, die Sie auf einem Spaziergang auf dem stadtgeschichtlichen Lehrpfad mit 26 Stationen, der am Rathaus beginnt, kennenlernen können.

Neben dem klassizistischen Rathaus ist die **Dreieinigkeitskirche** ein Hingucker. Sie wurde von Christian Heinrich Schopper (1787-1864) entworfen, ebenso wie das Rathaus. Das **Stadtmuseum** im früheren Wohnhaus des Strumpfwarenverlegers Ferdinand Schopper beherbergt wertvolle Ausstellungsstücke, insbesondere Stilmöbel verschiedener Epochen. Wechselnde Ausstellungen mit Ausstellungsführungen, die kreative Museumswerkstatt sowie verschiedene Veranstaltungen sorgen für ein vielseitiges Angebot.

Erster Touristenmagnet ist zweifellos die **Talsperre Zeulenroda**, die seit 1975 die Weida mit einem 307 m langen und knapp 35 m hohen Steinschüttdamm aus Diabas-Schüttmaterial staut. Früher zusammen mit der Weidatalsperre eine der beiden Trinkwassertalsperren im Thüringer Schiefergebirge, dient sie heute nur noch als Reservoir für den Hochwasserschutz, der Niedrigwasseraufhöhung und der touristischen Nutzung. Insgesamt ist es ein Verbund von vier Talsperren: Zeulenroda, Aumatal, Weidatal und Hohenleuben, der ursprünglich die Trinkwasserversorgung für 260.000 Haushalte in Mitteldeutschland sicherte.

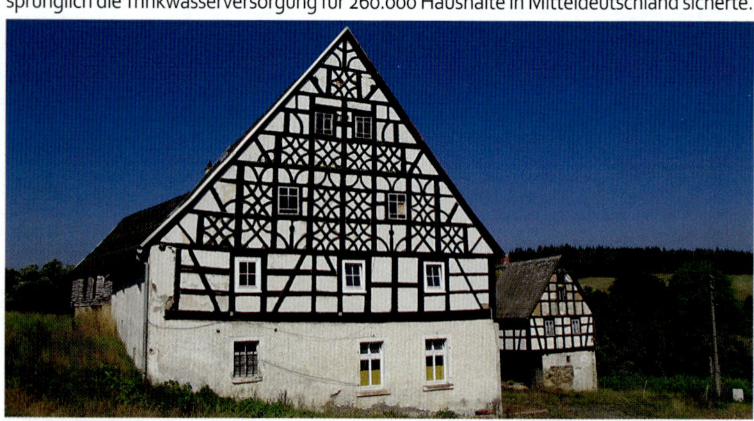

Das Dietzsche Haus - Weckersdorf

Auffällig ist der 49 m hohe Wasserentnahmeturm, der durch eine 105 m lange Spannbetonbrücke mit dem Land verbunden ist. Die maximale Wassertiefe beträgt 30,1 m. Am **Zeulenrodaer Meer** können Sie Boot fahren, in drei Strandbädern baden, am Wasser entspannen und auf dem Talsperrenweg Zeulenroda eine Runde um den Stausee wandern.

Die Dörfer und Orte im Bereich der Talsperre sind noch sehr ursprünglich, mit Bauerngehöften im Fachwerkstil, alten Kirchen und historischen Dorfanlagen. Es lohnt sich, sie auf (Auto) Wanderungen zu erkunden.

Im Ortsteil **Triebes** steht das **Winkelmannsche Haus** aus der Zeit des Dreißigjährigen Krieges, ein mittlerweise seltener Bau in Blockbauweise, die damals in der holzreichen Region typisch war. Früher ein Wohnhaus, ist es heute Kulturstätte. Die Innen- und Außenwände wurden aus bis zu 19 cm dicken horizontalen Blockbalken gebaut und von außen mit einer Mischung aus Stroh und Lehm abgedichtet. Es ist ein Einhaus, bei dem Wohnraum und Wirtschaftsraum mit Stall unter einem Dach liegen. Das Blockhaus lässt gut erkennen, wie man vor 350 Jahren wohnte.

Das **Dietzsche Haus** in **Weckersdorf**, 1780-90 erbaut, ist ein Schmuckstück bäuerlicher Architektur mit reich gegliedertem Fachwerk im fränkischen Stil. In Weckersdorf haben sich noch viele Vierseitenhöfe erhalten, bei denen Wohnhaus, Stallungen und Scheune in einem Geviert stehen und das Tor an der Straßenseite angebracht ist.

Läwitz und **Förthen** sind alte slawische Rundlingsdörfer mit noch gut erkennbarem historischen Dorfbild. In Läwitz überspannt eine alte Rundbogenbrücke die Weida.

Pahren schmückt sich mit einem Herrenhaus, ehemaligem Rittergut sowie einer Kirche, erbaut um 1500 und dem ca. 250 Jahre später erichteten Pfarrhaus.

Ins kleine **Pöllwitz** sollten Sie fahren, wenn Sie was für alte Kirchen übrig haben. Hier steht seit dem 13. Jh. die **Kirche St. Nikolaus**, deren Funktion als Wehrkirche noch am Turm zu erkennen ist. **Wehrkirchen** waren so gebaut, dass sie der Bevölkerung mit wehrhaften Elementen wie Mauern mit Zinnen, Maschikulis oder Schießscharten Schutz bieten konnten. Manchmal waren sie von Mauern umgeben, die Platz boten für Vieh, Vorräte und dergleichen. St. Nikolaus wurde mehrfach renoviert, etwa 1911 und 1978. Die Innenbemalung orientiert sich an alten Vorbildern. Im Altarraum fällt der Kanzelaltar auf, eine in lutherischen Kirchen besonders beliebte Altarform, die die Gleichwertigkeit von Predigt und Abendmahl symbolisiert.

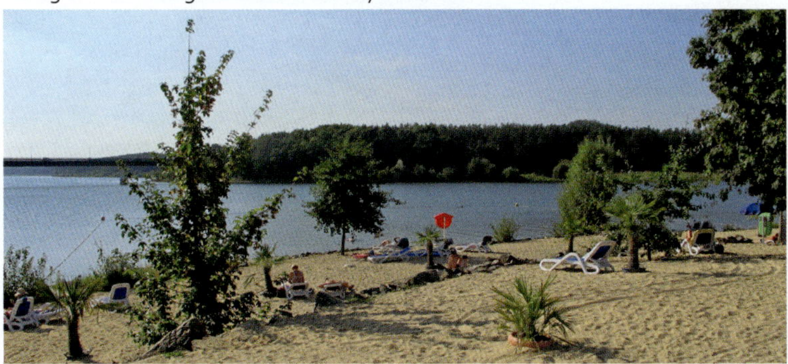

Talsperre Zeulenroda - Strand am Bio-Seehotel

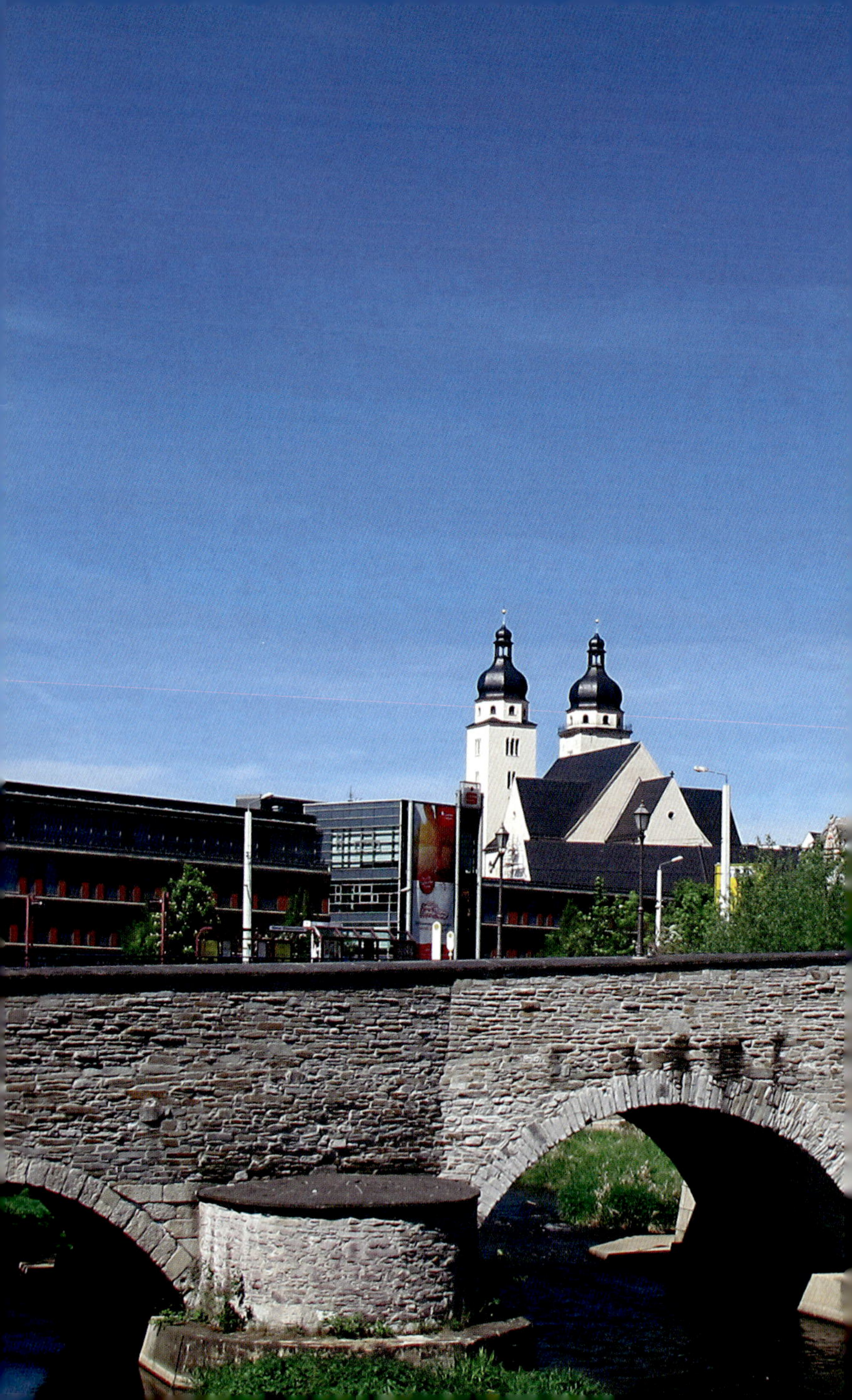

Reiseteil

Das Elstertal im Sächsichen Vogtland

- Reiseziele von A bis Z
- Burgen, Schlösser
- Baudenkmäler
- Sehenswertes
- Kulturschätze
- Spaziergänge
- Kirchen

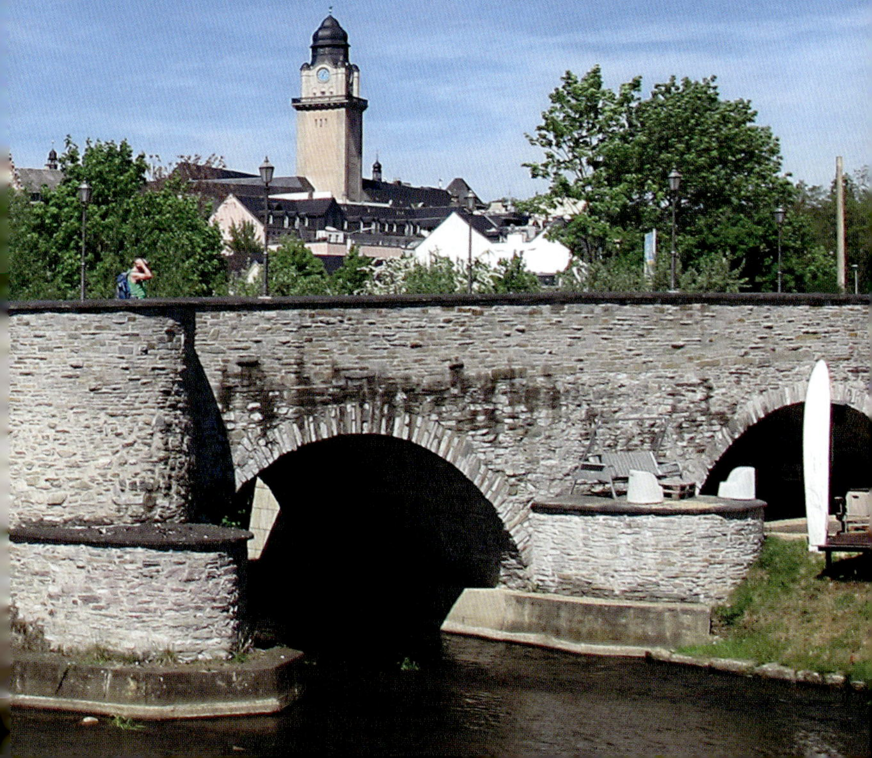

Das Tal der Weißen Elster

Wo auf hohen Tannenspitzen, die so dunkel und so grün,
Drosseln gern verstohlen sitzen, weiß und rot die Moose blühn:
Zu der Heimat in der Ferne zög' ich heute noch so gerne.
Julius Mosen (1803-67) im Gedicht "Heimweh"

Im **Elstertal** sprudelt, rieselt, quirlt und strömt die **Weiße Elster** *(tschechisch Bílý Halštrov)* 245 Kilometer lang von ihrer **Quelle bei Aš** in Tschechien bis zu ihrer Mündung in die Saale bei Halle. Sie durchquert auf ihrem Weg das südwestliche Sachsen, Thüringen und Sachsen-Anhalt. Auf ihrer Reise ändert sie oft ihren Charakter, denn sie kann wild sein oder lieblich - nur eines ist sie bestimmt nicht: weiß! Der Namensbestandteil "Elster" stammt aus der indogermanisch-slawischen Sprache und bedeutet "fließen, strömen, eilen". Den Beinamen "Weiß" bekam unser Fluss zur Unterscheidung zur in der Lausitz fließenden Schwarzen Elster.

Besiedelt wurde die gesamte Region erst relativ spät, denn das Waldland war ein eher unbequemer Siedlungsraum. Erst im 9. und 10. Jh. gründeten slawische Sorben hier Orte, heute noch erkennbar an den Ortsnamen mit der Endung "-itz".

Früher durfte der Fluss frei durch die Landschaft mäandern, heute ist er stark begradigt, was eine der Ursachen für katastrophale Hochwässer wie z.B. im Juni 2013 ist. Für die kommerzielle Schifffahrt spielte die Elster nie eine Rolle.

In historischer Zeit war die Wasserkraft des Flusses ein wichtiger Energielieferant, der zahlreiche Mühlen antrieb. Heute sind diese frühen gewerblichen Anlagen, die die Wasserkraft geschickt zum Zerkleinern verschiedenster Materialien einsetzten, weitgehend stillgelegt und laufen nur noch am Deutschen Mühlentag am Pfingstsonntag. Um einige Mühlen haben sich auch Siedlungen herausgebildet, die im 19. Jh. mit Bahnhöfen versehen

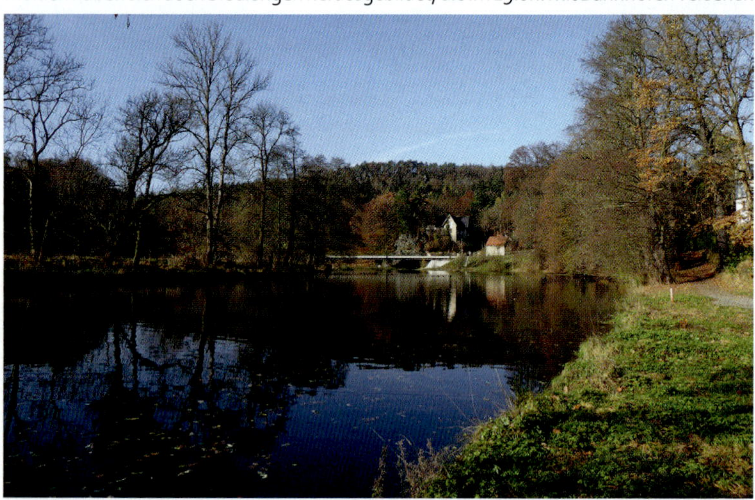

Weiße Elster bei Neumühle

wurden und die inzwischen beliebte Ausgangspunkte für Wandertouren sind (z.B. **Barthmühle, Rentzschmühle**). Leider sind viele der schönen Ausflugsgaststätten, die in den Mühlen die Wanderer labten, verschwunden oder geschlossen.

Die geringe wirtschaftliche Nutzung der Elster und die Schönheit des Flusstales sind gute Rahmenbedingungen für einen sanften Tourismus. Um die Natur zu schützen, wurde das Gebiet zwischen Greiz und Wünschendorf als FFH-Gebiet ausgewiesen. Hier haben sich Flussauen und Steilhänge mit naturnahen Eichen-Hainbuchen- und Schlucht-Hangwäldern sowie Erlen-Eschen-Weichholzauenwäldern erhalten. Diese Wälder und Wiesen sind Lebensraum für besondere Tierarten wie die Mopsfledermaus, das Große Mausohr, der Kammmolch, der Fischotter, die Grüne Flussjungfer, die Wildkatze, die Zauneidechse und die Schlingnatter. Im und am Wasser leben Bachforellen, Äschen, Bachsaibling, Hasel, Hecht, Karpfen, Aal, Blei, Döbel, Zander, Stockenten, Schwäne, Bleßhühner, Graureiher, Kormorane, Eisvögel, Spechte, Halsbandschnäpper, Neuntöter, Rauhfußkauz, Schwarzstorch, Sperlingskauz, Uhu, Wespenbussard, Zwergschnäpper und auch Wanderfalken.

Sie können das Elstertal nicht nur wandernd entdecken, der Fluss ist auch bei Kanu- und Schlauchbootfahrern sehr beliebt. Ein ganz besonderer Tipp ist die **Fahrt mit der Vogtlandbahn** ab Gera oder Greiz bis nach Böhmen. Mehrere Brücken und Tunnel werden passiert, das **Landschaftsschutzgebiet "Steinicht"** durchfahren, direkt an der Talsperre Pirk vorbei geht es bis ins obere Vogtland und weiter nach Tschechien.

Vogtländische Schwammelspalkn: *Putzen Sie 1kg frische Waldpilze, 1 Zwiebel und ½ Stange Lauch, schneiden Sie das Gemüse klein und braten Sie es mit 150 g würfeligem Speck an. Nun würzen Sie mit Salz, Pfeffer, Thymian und Kümmel, füllen mit Fleischbrühe auf und köcheln alles 30 Minuten. Dann kommen 500 g geschälte, kleingeschnittene Kartoffeln dazu, die 15 Minuten mitkochen. Sie schmecken mit Essig, Zucker und frischen Kräutern ab.*

Im Reiseteil zum sächsischen Vogtland haben wir uns im Wesentlichen auf die an den Weißen-Elster-Wanderweg angrenzenden Orte beschränkt.

Adorf/Vogtland *5.100 Einwohner 494 hm* Tour 27

Kaum zu glauben, aber der kleine Ort, entstanden auf einer Aue über dem Elstertal, kann mit einigen Superlativen aufwarten! Hier können Sie über den **längsten Marktplatz** des Vogtlandes spazieren, der über 231 m lang ist und aus der Gründungszeit der Stadt Ende des 13. Jh. stammt. Am unteren Ende des Marktes steht die **Kirche St. Michaelis**, im Jugendstil 1906 gebaut. Schön ist auch das **Rathaus im Neorenaissancestil** von 1896. Am und um den Markt stehen einige typische Ackerbürgerhäuser, erkenntlich an ihren markanten Toreinfahrten. Der nächste Superlativ ist das **Freiberger Tor**, denn es ist das einzige original erhaltene mittelalterliche Tor des Vogtlandes. Heute beherbergt es das **Heimatmuseum** mit der größten **Perlmuttausstellung** Deutschlands - ein Schmuckkästchen im wahren Sinne des Wortes, den hier funkeln Ketten, Knöpfe, Schachbretter, Besteck, Uhren, Musikinstrumente und vieles mehr um die Wette.

Schillernder Schutz - Perlmutt. Verschiedene Weichtiere schützen ihr weiches Fleisch mit Gehäusen, die innen mit einer Schicht aus 80-92% Calciumcarbonat, Proteinen, Conchin und Wasser ausgekleidet sind. Eine solche Beschichtung ist praktisch, denn sie hat eine hohe mechanische Stabilität und große Resistenz gegenüber dem korrosiven Seewasser. Diese Beschichtung ist aber vor allem schön, denn je nach Lichteinfall schillert sie in allen Farben des Regenbogens, leuchtet sanft und faszinierend oder irisiert. Gelangt ein Sandkorn in das Innere des Weichtieres, beeilt es sich, den störenden Fremdkörper mit der Schutzschicht zu überziehen - eine Perle wächst.

Nachdem man im 13. oder 14. Jh. in der Weißen Elster Perlmuscheln entdecke, wurde ab 1567 die Perlenfischerei ein Hoheitsrecht der Landesherren. Noch heute können Sie im Grünen Gewölbe in Dresden eine Kette aus Elsterperlen sehen, die zum Sächsischen Kronschatz gehörte.

Mit der Verunreinigung des Flusswassers schwanden die Bestände - nach 1960 fand man keine Perlmuscheln mehr. Heute ziehen Muschelzüchter wie Michael Lange und der Plauener Angelverein Larven und Jungmuscheln groß, um sie anschließend auszuwildern. Vielerorts wurde der Lebensraum der Muschel naturnah wiederhergestellt. Der aktuelle Bestand wird auf etwa 1.500 Stück geschätzt.

Mitte des 19. Jh. wurde in Adorf die erste "Muschlerei" gegründet, die Muschelschalen schleifte. Bis zu Beginn des 20. Jh. hatte sich Adorf zu einem Zentrum der Perlmutterwarenverarbeitung in Deutschland entwickelt, die wunderbare Dinge erzeugte: Kaviarlöffel, Chips für Spielkasinos, Knöpfe, Uhren, Kämme, Haarnadeln, Angelköder, Gürtelschnallen, Teller oder Perlmutteinlagen bei Musikinstrumenten. Und die Frage, ob es zur Perlmutter auch einen Perlvater gab, beantwortet Ihnen das Adorfer Museum!

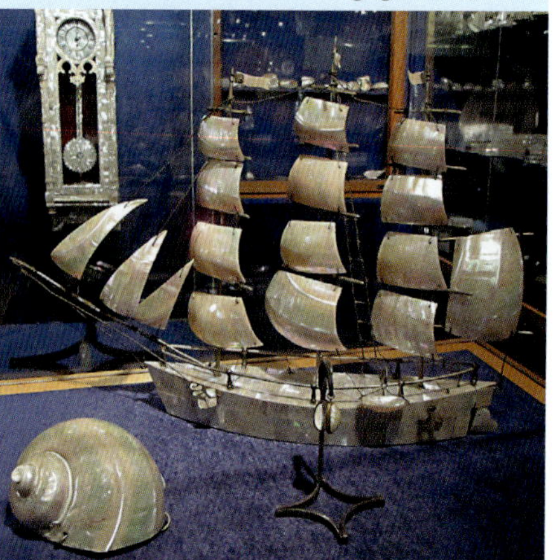

Perlmuttausstellung - Adorf

Auch das gesamte Vogtland hat in Adorf Platz in der **Miniaturschauanlage "Klein-Vogtland"**. Detailgetreue Modelle in einem Park lassen so manche vogtländische Sehenswürdigkeit in neuem Licht erscheinen - wo sonst können Sie z.B. auf die Göltzschtalbrücke von OBEN schauen? Auf dem Gelände finden Sie auch den Botanischen Garten mit dem Schwerpunkt alpine Pflanzenwelt und einem großen Kalktuffbereich. Am Bahnhof steht ein über 100 Jahre alter Lokschuppen des Vogtländischen Eisenbahnvereins Adorf e.V. mit Lokomotiven, Waggons, Werkzeugen und Maschinen.

In Adorf war die **Orgelbauerfamilie Trampeli** zu Hause, die vom 18. Jh. bis Mitte des 19. Jh. über drei Generationen hinweg erstklassige Orgeln baute, die weit über Sachsen hinaus Beachtung und Anerkennung fanden und den Namen der Stadt Adorf in die Welt trugen. Herr Wolff im Café Wolff, Lange Str. 27 ist Experte für die Trampelis und teilt auf Anfrage sein Wissen gern mit Ihnen.

Westlich von Adorf fließt der **Tetterweinbach**, der ein Beispiel für die Renaturierung eines Gewässers ist. Er wurde 1985/86 begradigt und die Feucht- und Nasswiesen drainiert, um eine intensivere Weidenutzung zu erreichen. Dadurch verschwanden typische Tier- und Pflanzenarten. Durch den Rückbau mit Altarmen, Altwässern, Feucht- und Nasswiesen und Gehölzgruppen sind wieder geeignete Lebensräume für Libellen, Stein-, Eintags- und Köcherfliegen sowie Schnecken und Wasserkäfer entstanden.

*Die **Dorfformen** in diesem Teil des Elstertales und einige **Ortsnamen** wie z.B. Rebersreuth oder Hundgrün zeigen uns, wie die Landschaft besiedelt worden ist. Die Endsilben -reuth, -grün, - roden, -roith, -greith, -rüti, -schlag, -hau, -schwand/t/dt, -schwend/t/dt, -brand, -senge gehören zu den Rodungsnamen, die Orten gegeben wurden, die in der zweite Rodungswelle zwischen dem 11. und 13. Jh. durch urbarmachen von Waldgebieten entstanden sind.*

*Auch die hier sehr beliebte Form des **Waldhufendorfes** gehört in diese Periode der Kolonisierung. Die Häuser ziehen sich wie an einer lange Kette längs einer Straße oder eines Bachs entlang. Hinter den Gehöften schließt sich der Landbesitz (Hufe) über Feld, Weide und Wald bis zur Dorfgrenze an. Eine Hufe ist die Menge Land, die mit einem Pflug bestellt werden kann, in früherer Zeit rund 30 Morgen. Das entsprach mehr oder weniger der Arbeitskraft und den Nahrungsbedürfnissen einer Familie.*

Aš *Asch (CZ)* ***13.200 Einwohner*** *660 hm* **Tour 26**

Aš, die am westlichsten gelegene Stadt der Tschechischen Republik, ist Zentrum der Region Ašško *(Ascher Ländchen oder Ascher Zipfel)*. Zum Ascher Ländchen gehören die Orte Hranice *(Roßbach)*, Krásná *(Schönbach b. Asch)* und Podhradí *(Neuberg)*. Im 11. Jh. von deutschen Kolonisten besiedelt, bekamen die Vögte von Weida das Gebiet als Lehen. Ab dem 14. Jh prägten die Herren von Zedwitz diesen Landstrich für fast 600 Jahre; sie sorgten auch dafür, dass das Ascher Ländchen in den Zeiten der Gegenreformation das einzige evangelische Gebiet in Böhmen blieb. Die Mitte des 19. Jh. brachte das Ende der Feudalzeit mit der Aufhebung der Erbuntertänigkeit. Mit der Verbreitung des mechanischen Webstuhles kam es bis 1914 zum Aufblühen der Textilindustrie - gewoben wurden Kopf- und Halstücher, Musseline und Schleier, Tischtücher, Möbelstoffe, Damenkleiderstoffe und Flanelle.

Obwohl die Stadt heute kein geschlossenes, altes Ortsbild aufweist, gibt es im Stadtgebiet einige **Sehenswürdigkeiten**. Die **St. Nikolaus Kirche** wurde 1867-71 als einschiffiger Bau mit Querschiff und einem 48 Meter hohen Westturm statt der spätbarocken Kirche vom Franzensbader Architekten K. Wiedemann aufgebaut. Das **Rathaus** ist ein Barockbau von 1733; 1885 aufgestockt und im Stil der Pseudorenaissance umgebaut.

Das **Ascher Schloss** aus dem 16. Jh. brannte 1814 aus. Nach 1822 wurde hier ein klassizistisches Gebäude erbaut, heute Sitz des 1892 gegründeten Museums. Gezeigt werden Exponate zur Textilindustrie, Fotos zur Region, Aquarelle von Karel Šramek, und eine ethnografische Sammlung. Unbedingt sehenswert ist die Handschuhsammlung mit über 23.000 Paar. Im Garten ist ein Lapidarium mit Grabsteinen, Grenzsteinen, Steinbehältern und Malsteinen.

Im Ortsteil **Doubrava** *(Grün)* steht **Schloss Doubrava**, das im 16. und 17. Jh. ein Herrenhaus der Familie Zedwitz war. Ende des 19. Jh. bekam das Gebäude sein heutiges Aussehen im Stil der Neugotik mit einem quadratischen, zinnengekrönten Turm. Östlich der Straße von Aš nach Hazlov liegt der **Goethova Skalka** *(Goethefelsen)*, ein bizarrer weißer Quarzfelsengrat auf einer Fläche von 1,33 ha mitten im Granitgebirge, zu dem ein Lehrpfad mit Tafeln zu Geologie und Geschichte ca. 2 km von Hazlov entfernt, führt.

Bad Brambach *1.940 Einwohner* *604 hm* Tour 26

Ruhe ist gut für den Kurgast - aber so viel Ruhe? Ein paar Enten watscheln um den Teich im Kurpark, auf einem Balkon flattern bunte Badetücher - im Sommer macht der Kurort eher einen verschlafenen Eindruck. Aber im Mai, zur Rhododendrenblüte, da gäbe es einen Besucheransturm, erzählt man uns und überhaupt ist die Kursaison das Winterhalbjahr! Ein mildes Reizklima, die Lage im waldigen Vogtland und natürliche Heilquellen machen die südlichste Gemeinde Sachsens zusammen mit Bad Elster zu einem der beiden Sächsischen Staatsbäder.

Die **Wettinquelle**, 1911 entdeckt, ist eine der stärksten Radonquellen der Welt. Behandlungen mit dem radioaktiven Edelgas in niedrigen Dosen haben entzündungshemmende und schmerzlindernde Effekte und wirken positiv auf den Stütz- und Bewegungsapparat und das Herz-Kreislauf-System. Insgesamt sprudeln hier sechs Quellen mit einem hohen Anteil an Mineralsalzen, Eisen und Kohlendioxid, die für Bade- und Trinkkuren eingesetzt werden. Von 1678 stammt die erste Erwähnung der Quellen. 1812 wurden das Quellwasser analysiert und als "vorzügliche Heilquellen" eingestuft; sie wurden aber noch nicht kommerziell verwertet. Ab 1890 nutzte man drei

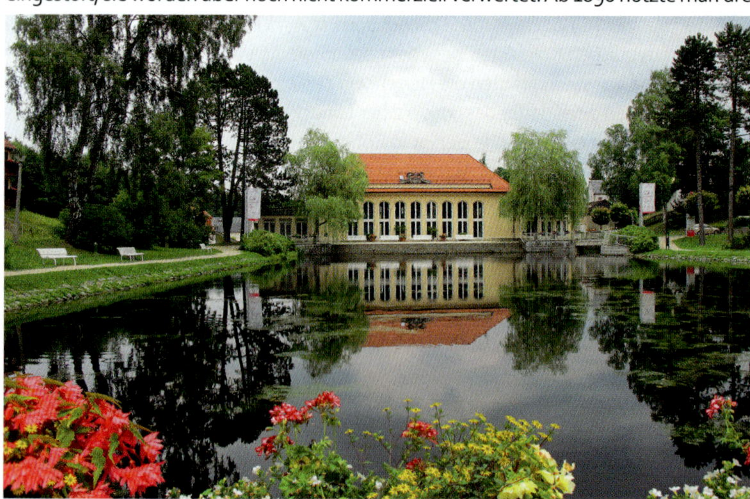

Festhalle - Bad Brambach

Quellen unter dem Namen Schillerquelle als Mineralwasser, später bekannt als VEB Brambacher Sprudel, heute Bad Brambacher Mineralwasser.

Nach der Entdeckung der Radonquelle kam der Kurbetrieb schnell in Schwung und der Ort trug seit 1922 den Titel Radiumbad Brambach, seit 1963 Bad Brambach. 1966 fusionierte der Kurbetrieb mit dem von Bad Elster unter dem Namen "Staatsbäder Bad Brambach/Bad Elster". In den 1990'er Jahren wurde viel gebaut und erneuert, um einen zeitgemäßen Kurbetrieb bieten zu können.

Das moderne **Kurmittelhaus** hat architektonisch gar nichts mit der verspielten Bäderarchitektur der tschechischen Kaiserbäder gemeinsam, denn es putzt sich mit viel Glas und geraden Linien. Es wurde 2000 eröffnet und Sie können hier nach Herzenslust im Rosen-, Schokoladen- oder Bierbad, in der Bade- und Saunalandschaft "Aquadon" oder bei klassischen Kuranwendungen entspannen.

Da die Anfänge des **Kurparkes** im englischen Stil bis 1892 zurück gehen, gilt er als historischer Kurpark. In den 1960'er Jahren wurden viele neue, zum Teil seltene Bäume gesetzt, die im heute 16 Hektar großen Gelände mit Rabatten und Rondellen Schatten spenden. Schautafeln informieren Sie en passant über die Geschichte des Ortes. Die **Festhalle** mit den Schwanenteichen wurde 1935 gebaut. In den Brunnenhäusern werden die Heilquellen gefasst. Eine Quellen- oder Kurparkwanderung wird von der Kurverwaltung organisiert. Wenn es mal regnet, finden Sie im **Heimatmuseum** in einem ehemaligen Bauerngut Ausstellungsstücke aus Landwirtschaft, Handwerk (Bogenmacher- und eine Geigenbauerwerkstatt).

Im Ortsteil Schönberg liegt am Kapellenberg **Schloss Schönberg**, das aus einem mittelalterlichen Rittergut hervorgegangen ist und 1484 bis 1945 im Besitz der Familie von Reitzenstein war. 1685 gaben Um- und Anbauten dem Schloss seine heutige Form. Nach 1945 waren dort Wohnungen, Post, Gemeindeamt, Schule, Kino, Bücherei und ein Kinderferienlager untergebracht, aber das Gebäude verwahrloste total, bis es 1994 in Privatbesitz kam und aufwändig saniert wurde. Historische Wandmalereien im Erdgeschoss und die üppigen Stuckdecken aus dem 18. und 19. Jh. sind ein besonderer Blickfang.

Juwelen der Volksarchitektur sind die Ortsteile **Raun** und **Gürth**. Die Waldhufendörfer wurden 1378 erstmals urkundlich erwähnt.

Das Ortsbild wird dominiert von schön hergerichteten **Fachwerkhäusern im Egerländer Stil**, Umgebinde- und Umschrothäuser. Die **Kapelle in Raun** gehört zu den ältesten im Vogtland und ist ein anrührendes Gotteshaus mit sehr individuell eingerichtetem Innenraum mit einer interessant gestalteten Holzkanzel und einem Altar von 1717. Im Frühling blüht mitten im Ort eine Orchideenwiese.

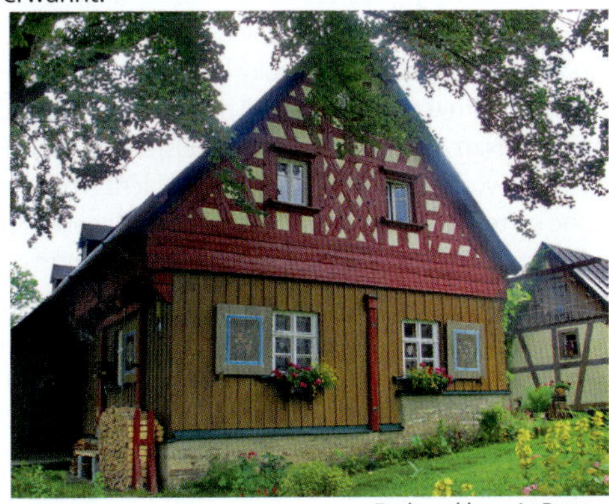

Fachwerkhaus in Raun

Im historischen Egerland und in grenznahen Gebieten in Nordbayern und Sachsen wie dem Vogtland bildete sich ab dem 17. Jh ein Typ von prächtigen Bauernhöfen heraus, der **Egerländer Fachwerkhof**, meist ein Vierseit-Hof in Blockbauweise mit üppiger Rautenmusterung aus dunklem Holz mit hell geputzten Gefachen. Typisch für die Bauweise ist ein Unterbau *(Umschrot, "Kranz")* in Blockbauweise und Fachwerk erst ab dem ersten Stock. Die Gefache haben keine statische Funktion, sind raumabschließend, wärmedämmend und passen sich hervorragend den witterungsbedingten Bewegungen des Holzes an.
Die Anordnung des Fachwerkes hat symbolische Bedeutung: Sonnenstrahlen für Freude und Leben, der Sechsstern für Glück, die Hexenraute soll Hexen abhalten und die Todesrune den Tod, die Lebensrune soll ein langes Leben und viele Kinder bescheren und das Andreaskreuz steht für Besitz, Gesundheit und wohlergehen.
Als Farbe und Imprägnierung diente früher Ochsenblut. Das Hoftor ist oft mit einem Sonnensymbol geschmückt; Misthaufen und Taubenhaus waren Wohlstandssymbole - je größer der Misthaufen, desto mehr Vieh stand im Stall!.
Der Vierseithof war ein geschlossener Komplex, der nur durch das Hoftor betreten werden konnte. Im Wohnstallhaus lebten Mensch und Tier unter einem Dach. Durch die Eingangstüre betrat man einen Flur mit zentraler Feuerstelle. Auf der einen Seite des Flures lag der Wohnbereich, auf der anderen waren die Ställe.
Heute sind diese Gehöfte noch in Neualbenreuth, Motzersreuth, Schachten, Ottengrün, Ernestgrün, Altmugl, Maiersreuth, Hatzenreuth, Querenbach, Egerteich und Mähring erhalten und in Tschechien in Doubrava, Nový Drahov, Dolní Lažany, und Salajna. Einzelne Gehöfte, an denen aber teilweise ganz kräftig der Zahn der Zeit genagt hat, finden Sie auch in Milíkov u Mariánských Lázní, Beranov bei Tepla (schöne Sonnentore), Kosmova bei Toužim (hier haben die Häuser eine spezielle Giebelform mit ungleich hohen Giebeln und die Dorfanlage ist gut erkennbar) und Kojšovice bei Toužim.

Die Berge zwischen Bad Brambach und Bad Elster gehören zum **Elstergebirge** *(tsch. Halštrovské hory)*, das sozusagen das Bindeglied zwischen Fichtelgebirge und Erzgebirge ist. Die höchsten Berge sind der Počátecký vrch *(Ursprungberg)* mit 819 m, der Hohe Brand mit 802,8 m, Vysoký kámen *(Hoher Stein)* mit 773 m und der **Kapellenberg** mit 765 m. Im tschechischen Teil des kleinen Berglandes entspringt bei Výhledy *(Steingrün)* die Namensgeberin, die Weiße Elster *(tsch. Bílý Halštrov)*. Die bewaldeten Bergrücken sind von teils felsigen Kerb- und Sohlenkerbtälern durchzogen.

Eine erste Aussichtsmöglichkeit auf dem Kapellenberg wurde schon 1864 geschaffen. Ein **hölzerner Turm** mit einer 16 m hohen Plattform entstand 1931, von dem aus man bis 1968 über das Egerbecken bis hin zu den Höhen von Oberpfälzer Wald und Kaiserwald, Erzgebirge und Fichtelgebirge blicken konnte. Nach dem Einmarsch der Truppen des Warschauer Paktes in die Tschechoslowakei 1968 wurde der Turm für die Besucher gesperrt und 1982 gesprengt. 1993 wurde der neue, nach alten Plänen leicht verändert gestaltete Turm eingeweiht. Im Erdgeschoss können Sie eine Ausstellung zur Geschichte des Turmes anschauen und an der Kasse werden Getränke verkauft.

Sage vom Kapellenberg: Vor langer Zeit lebten im Schloss von Eger drei liebliche Schwestern, die sich auf einem Turnier in den gleichen Ritter verliebten. Obwohl der Ritter die jüngste Schwester, Brunhilde, liebte, zog er ins Heilige Land auf einen Kreuzzug, um der "heißen" Situation zu entkommen. Die drei Schwestern waren kreuzunglücklich, entsagten der Männerwelt mit einem Schwur und bauten sich auf drei verschiedenen Bergen Kapellen, um dort zu wohnen. Wenn eine den Schwur bräche, würde ihre Kapelle zu Schutt und Asche zerfallen. Brunhilde zog auf den Kapellenberg. Eines Tages, als ihr Haar schon weiß war, kam ein alter Ritter mit einem Kreuzfahrermantel zu ihr. Ihr liebendes Auge erkannte sofort den kühnen Ritter, in den die Schwestern verliebt gewesen waren. Die beiden umarmten sich - da zerfiel die Kapelle zu Staub.

Bad Elster *3.700 Einwohner* *546 hm* Tour 26 & 27

Bad Elster, das zweite Sächsische Staatsbad, ist die schickere, mondänere Schwester von Bad Brambach, in dem sogar die Wegweiser Königskronen tragen! Hier kurt man mit den Heilmitteln Moor und Mineralheilwasser - seit 1699 wird der "Elsteraner Säuerling" als Quelle (die heutige Moritzquelle) gefasst. Der umtriebige Dichter Goethe, der bekanntlich gerne in Franzensbad und Marienbad weilte, war auch in Elster und schwärmte *"herrliche Wasser - säuerlich war's und erquicklich, gesund zu trinken den Menschen"*. Nun ja, wir fanden den Geschmack bitter-herb...

1805 wurden noch drei weitere Heilquellen entdeckt; 1818 zimmerte man einen hölzernen Badeschuppen für warme Mineralbäder mit Badestuben, der von etwa 100 Gästen genutzt wurde. Welch eine Entwicklung - heute kommen jährlich über 40.000 Übernachtungsgäste! Nachdem man ergänzend zu den Mineralbädern die heilende Wirkung von Naturmoor entdeckt hatte, wurde Elster 1848 zum **"Königlich Sächsischen Staatsbad"** erhoben, denn Mitglieder des sächsischen Königshofes kurten oft und gerne oder kamen zur Auerhahnjagd. Entsprechend wuchsen die Kureinrichtungen mit der Fertigstellung des ersten Flügels des Badehauses (1852), heutiges Albert Bad,

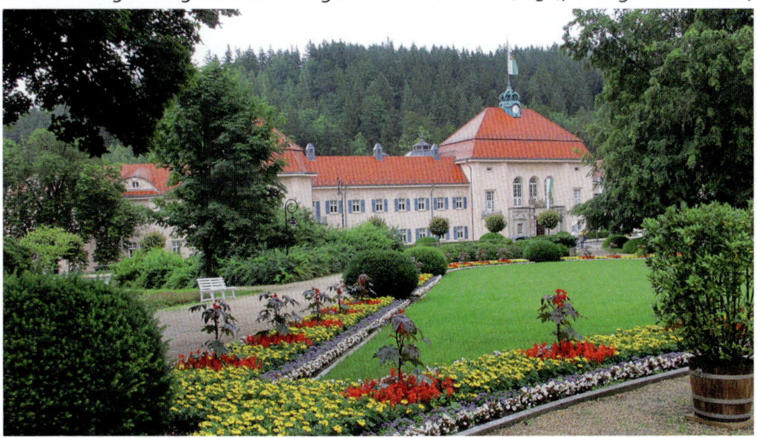

Albert Bad - Bad Elster

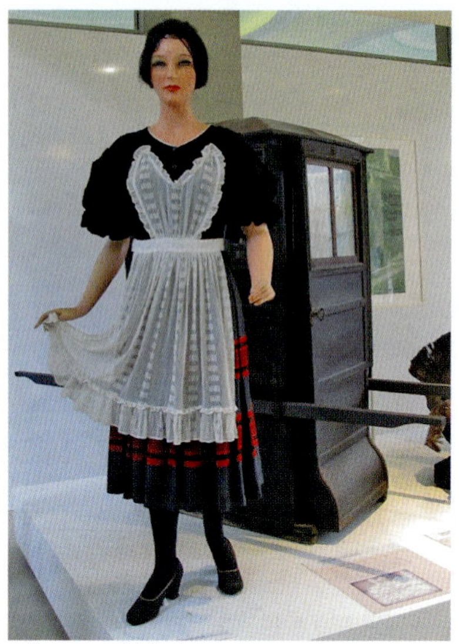

Brunnenmädchen

und dem Bau des Königlichen Kurhauses mit Kurpark (1888-90). Anfang des 20. Jh. wurden Hotels und Sanatorien gebaut, das Badehaus und der Badeplatz mit Kolonnaden gestaltet, die Wandelhalle im Bauhausstil aus Postelwitzer Elbsandstein mit Salz- und Moritzquelle eingerichtet und das Kurtheater eröffnet.

Der Ort zog Prominenz an: Marika Rökk, Heinrich George oder Romy Schneider waren hier gerne zu Gast. Nach 1945 erholten sich DDR-Obere in Bad Elster. Damals gab es auch noch die **Brunnenmädchen**, die in streng vorgeschriebener Kleidung mit einer langen Schöpfkelle dem Kurgast das Wasser aus der Quelle schöpften. 1966 fusionierte der Kurbetrieb mit Bad Brambach unter dem Namen Staatsbäder Bad Brambach/Bad Elster.

In den 1990'er Jahren profilierte sich Bad Elster zu einem der renommiertesten Moorbäder Deutschlands und zu einer bedeutenden Kultur- und Festspielstadt.

Die Heilanwendungen der Moritzquelle, Marienquelle, Salzquelle und des Elstersäuerlings wirken auf Herz und Kreislauf, Wirbelsäule und Bewegungsapparat, das Nervensystem nach Schlaganfall und bei Frauenleiden. Der Volksmund formuliert augenzwinkernd: *"Was nicht schafft die Bubiquelle, übernimmt die Kurkapelle!"*.

Im Unterschied zu Bad Brambach ist in Bad Elster die Kurstadt mit dem zentralen Ort verwachsen, so dass der flanierende Kurgast keine weiten Wege hat. Die Planer der Anlage wussten, dass zum Gelingen einer Kur mehr gehört als die medizinischen Anwendungen. Mindestens genauso wichtig sind die Lage des Ortes in der Natur, das reine Klima, das Ausbrechen aus dem Alltag und natürlich der Kurpark als Gelände der Erholung, als Oase zum Durchatmen.

Der **historische Kurpark**, der **Albert Park** und der **Paul-Schindel-Park** wurden im 19. Jh. von Gartenarchitekten zu diesem Zweck angelegt. Die Gestaltung mit geschwungenen Wegen, großen Wiesen und Pflanzenflächen und verschiedenen Themengärten wurde vor einigen Jahren nach historischen Vorlagen saniert und steht unter Denkmalschutz. 13 Springbrunnen, der Floratempel, der Luisasee, Beete, die im Frühjahr und Sommer mit etwa 35.000 Pflanzen bepflanzt werden, ein abwechslungsreiches Kurwegenetz und der prächtige Rhododendrengarten geben dem Park sein Flair.

Der Blickfang schlechthin ist das 1890 im Stil der Neorenaissance erbaute **Königliche Kurhaus**, wo das ganze Jahr über was los ist - Bälle, Konzerte, Empfänge, Kongresse, ein Restaurant, die Stadtbibliothek und Ausstellungen unterhalten die Badegäste.

Oder ist für Sie eher das **historische Albert Bad** der Hingucker? 1852 als Badehaus für die sächsischen Könige gebaut, wurde es mehrmals umgebaut, bis es Anfang des 20.

Heilmittel Moor: Kein Zweifel, Mooranwendungen sind gesund! Der natürlich vorkommende Rohstoff Torf hat eine lange Tradition als Heilmittel. Naturmoor sorgt bei einer gleichmäßigen Überwärmung des Körpers für eine verbesserte Durchblutung, wirkt antibakteriell, entzündungshemmend und die gesunden Naturbestandteile des Moores helfen z. B. in der Frauenheilkunde. In Deutschland werden für Moorbäder und Packungen jährlichen ungefähr 200.000 Tonnen Moor gebraucht - für einen Kurgast bei einer dreiwöchigen Kur werden durchschnittlich 450 Kilogramm verwendet! Aber es ist ein kostbarer Rohstoff, der sich nach dem Ende der letzten Eiszeit vor etwa 12.000 Jahren im Verlauf von mehreren tausend Jahren gebildet hat. In eiszeitlichen Schmelzwassermulden und verlandeten Flussarmen sanken abgestorbene Pflanzen und Tiere auf den Grund und wurden dort wegen Sauerstoffmangels nur unvollständig abgebaut, der Stickstoffgehalt nahm ab, die Kohlenwasserstoffe nahmen zu - es entstand Torf. Von einem Moor sprechen wir, wenn mehr Pflanzenmaterial abstirbt, als zersetzt werden kann und die Torfschicht mindestens 30 Zentimeter beträgt. Bei etwa 1 mm Zuwachs pro Jahr (!) dauert das lange - ein Torfabbau von beispielsweise 2 Metern zerstört ein Werk der Natur von 1.000 bis 5.000 Jahren!

Für die therapeutische Verwendung wird der Torf gestochen, zerkleinert und mit Wasser zu einem Brei verrührt - fertig ist die Moorpackung oder das Moorbad. Und was passiert mit dem verbrauchten Moor? Es wird fünf bis zehn Jahre in Moortaschen (Erdbecken) gelagert und als Lagermoor im Verhältnis 1:1 mit frischem Moor wieder verwendet.

Jh. sein heutiges, jugendstilartiges Aussehen als Therapie- und Wohlfühlzentrum erhielt. Um den Ansprüchen der modernen Badegäste zu entsprechen, wurde es mit einer **Bade- und Saunalandschaft** ergänzt, die mit drei Becken mit unterschiedlich hohem Solegehalt, Licht- und Klangbad, einem vogtländischen Hutznbad, Badelandschaft mit Massagedüsen, Nackenduschen, Whirlpool, Sprudelbänke , Finnischer Sauna, Bio-Farbsauna und Kristallsauna keine Wünsche offen lässt.

Wer es lieber einfacher mag, geht im Ortsteil Suhl in das idyllische, moderne **Naturbad** mit Quellwasser, Grillplatz, Liegewiese und Spielplatz.

Nicht nur der Körper, auch der Geist will gepflegt werden - z.B. im **König Albert Theater**, das seit 1888 Aufführungen zeigt. Das alte Theatergebäude wurde 1913/14 durch ein zeitgemäßes, repräsentatives Haus ersetzt, in dem die Chursächsische Philharmonie ihre Spielstätte hat und sich seit 100 Jahren geschätzte Künstler aus dem In- und Ausland die Klinke in die Hand geben. Immerhin finden jährlich mehr als 1.000 kulturelle Veranstaltungen im kleinen Kurort statt! Albert von Sachsen (1828-1902), der als Namensgeber für die schönen Gebäude fungierte, war 1873 bis zu seinem Tode König von Sachsen.

Das Quellenhaus der **Marienquelle** aus den 1930'er Jahren wirkt mit der goldenen Statue einer Krugträgerin auf dem Dach ein bisschen wie ein Tempel. Das Innere wurde in den 1950'er Jahren nochmals komplett neu und sehr stimmig ausgeschmückt; die wunderbaren Bleiglasfenster wurden von Walter Womacka geschaffen. Sehr nüchtern wirken in diesem Ambiente die Einmal-Plastikbecher, mit denen aus den Quellen geschöpft wird.

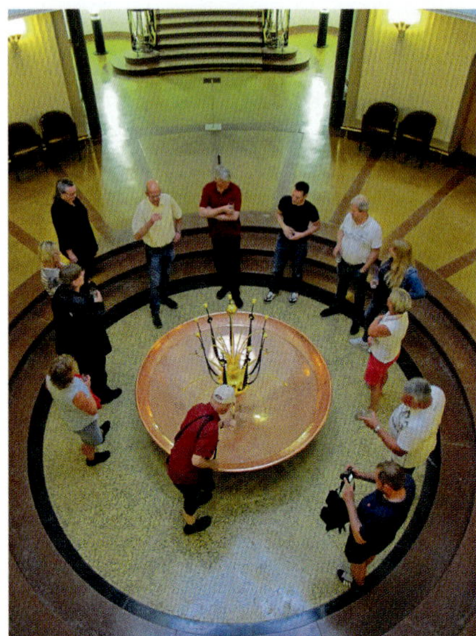

Marienquelle - Bad Elster

Um von der Moritzquelle zur Salzquelle geschützt lustwandeln zu können, wurden die Quellhäuser mit einer halbrunden Wandelbahn verbunden. 1928/1929 wurde sie durch die beheizbare lichtdurchflutete Halle im Bauhausstil ersetzt. Die **KunstWandelhalle** beherbergt Kunstausstellungen, einen Platz für Konzerte, den Ausschank der Moritzquelle und das **Sächsische Bademuseum**. Im Museum lernen Sie die Entwicklung Bad Elsters "Vom Weberdorf zum Weltbad" kennen. Den Elstertaler, den Sie an der Kasse bekommen, können Sie in der Ausstellung in ein kleines Geschenk verwandeln.

Im Waldpark können Sie die älteste Freilichtbühne Sachsens, das 1911 eröffnete **NaturTheater** entdecken, das Open-Air von Mai bis September Oper, Operette, Schauspiel, Konzerten, Kino und Folklore aufführt. Da trat nicht irgendwer auf: Achim Reichel Manfred Krug und Uschi Brüning, Konstantin Wecker, Max Raabe und seinem Palastorchester sind nur einige der großen Namen.

Elsterberg — *4.200 Einwohner* *290 hm* **Tour 30**

Elsterberg gehört zu den Orten, an denen man meistens auf dem Weg von A nach B mit dem Auto schnell vorbei saust. Fahren Sie mal rein in das Städtchen, denn es gehört zu den stillen Schönheiten des Vogtlandes!

Über dem rechteckigen Marktplatz, der von zartfarbigen Bürgerhäusern gesäumt wird, thront auf dem Weßnitzfelsen die **Ruine der Elsterburg** oder Schloss Elsterberg, die 1198 als Rittersitz das erste Mal urkundlich erwähnt wurde. Das heutige Gebäude wurde kurz vor 1225 von den Herren von Lobdeburg erbaut und bis 1750 bewohnt. Dann verfiel der Komplex mit Palas, Burgkapelle, Rotem Haus, Wehrtürmen und Burghof.

Im "Heimatturm" können Sie sich im **Museum** über die Lokalgeschichte informieren. Das Burggelände ist frei zugänglich. Für den Erhalt der Ruine werden seit vielen Jahren Ruinenfeste gefeiert, z.B. Ritterfeste oder der Tag der Vogtländer mit dem Ruinen- und Heimatfest.

Das Landstädtchen wurde von mehreren großen Stadtbränden zerstört. Nach dem letzten Brand 1840 entstanden das **Rathaus** im neugotischen Stil, das Pfarrhaus im klassizistischen Stil und die Laurentiuskirche. Der schmucke Marktplatz lässt noch den Wohlstand aus der Zeit der blühenden Textil- und Lederbetrieben ahnen. Das VEB Kunstseidenwerk Clara Zetkin hatte etwa 1600 Betriebsangehörige!

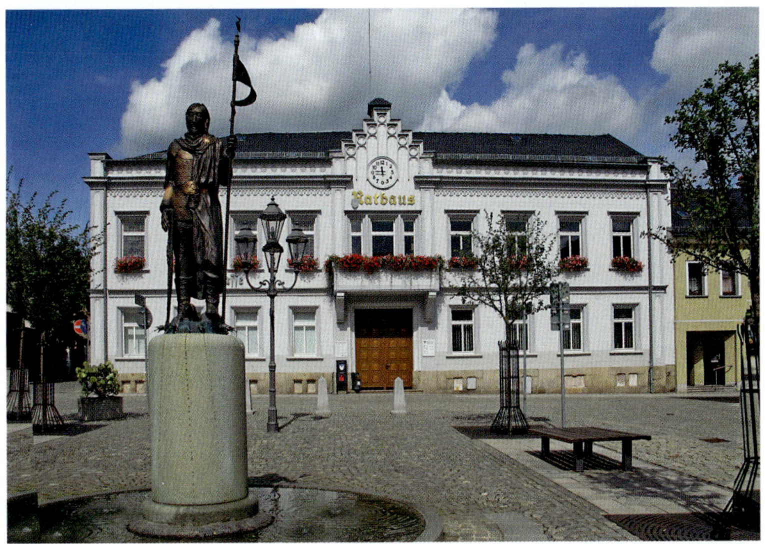

Rathaus - Elsterberg

Südlich des Ortes liegt das **Landschaftsschutzgebiet "Steinicht"**, eine 2,5 km lange, ursprüngliche, straßenlose Flusstallandschaft. Steile Talwände im Diabasgestein sind ein Eldorado für Kletterer; hier befinden sich einige der schwersten Touren Sachsens.

Die **"Vogtländische Schweiz"** zwischen Elsterberg und Plauen hat ihren Namen wegen der tief eingeschnittenen Flusstäler, durchsetzt mit hohen Felsen. Märkische Schweiz, Sächsische Schweiz, Fränkische Schweiz - 67 mal taucht der Landschaftsbegriff "Schweiz" in Deutschland auf. Der Beinamen suggeriert eine bergige, romantische Region, auch wenn die Berge, anders als in der "echten" Schweiz", nur aus Lehm und Sand bestehen. Cleveres Marketing, oder?

Jößnitz — *2.400 Einwohner* *391 hm* **Tour 21**

Der Stadtteil von Plauen schmiegt sich in die rundkuppigen Hügel des Vogtlandes, die sogenannten **Pöhle**. Diese Kuppen bestehen meist aus dem vulkanischen Ergussgestein Diabas, bedeckt mit flachgründigen Böden, auf denen sich gerne Hainsimsen-Eichen-Buchenwälder und Trockenrasen ansiedeln.

Auffällig ist das alte **Schloss**, bzw. Rittergut mit Kirche im schwarz-weißen Fachwerkstil. Das Gebäude mit dem Türmchen ist nur das sogenannte Nebenschloss, das Hauptgebäude wurde 1860 abgerissen. Von der Ritterburg über Rittergut mit Vorwerken über Schulhaus hin zum Schlosshotel im fast komplett nach altem Vorbild sanierten Haus - das ist der Werdegang der Anlage. Wo einst Ritter ihre Bäuche in Rüstungen zwängten, können Sie heute schlemmen, bis selbst die Jogginghose nicht mehr passt!

Die hübsche **Kirche** mit Barockturm steht auf einem Hügel. Sie wurde 1754 im Barockstil mit dem typischen Zwiebelturm gebaut, weil das alte Gotteshaus, das vermutlich schon im 13. Jh. gebaut wurde, dunkel und baufällig war. Aus der alten Kirche wurde manches wieder verwendet: der bebilderte Taufstein von 1598, das Lesepult von 1688, ein Gemälde aus der Werkstatt Lucas Cranachs und fünf spätgotische Heiligenfiguren.

In Teilen von Schlesien, der Oberlausitz, in Nordböhmen, in der Sächsischen Schweiz und im Vogtland hat sich ein besonderer Haustyp entwickelt. Das **Umgebindehaus** ist eine Kombination von Fachwerk-, Block- und Steinhaus. Neben einem Eingangs- und Stallbereich aus Sand-, Granit- oder Feldsteinmauerwerk liegt, getrennt durch den Flur, die Blockstube aus behauenen Baumhölzern. Um die Blockstube wird eine hölzerne Stützenkonstruktion herum gebaut, die die Last der Fachwerk-Obergeschosse mittragen soll und gleichzeitig wärmedämmend wirkt. Ende des 18. Jh. entstand der charakteristische Umgebindebogen.

Beim vogtländischen Umgebindehaus sind die Holzgebinde meistens aus Kiefern- oder Fichtenholz. Die vogtländer Spezialität ist der sogenannte Umschrot, ein Balkenkranz in voller Hauslänge und-breite, der den Raum erhöhte und eine höhere Stabilität brachte.

Mehr zu diesem Thema erfahren Sie im **Vogtländischen Freilichtmuseum Landwüst**, Rohrbacher Str. 4, 08258 Markneukirchen, geöffnet Apr.-Nov. Di.-So. 10-17 Uhr, Dez.-März Sa. & So. 10-16 Uhr, 4 bäuerliche Hofanlagen aus der Zeit, als Leben & Arbeiten noch unter einem Dach stattfanden. Museumsshop, Imbiss.

Kürbitz *Infoteil siehe Weischlitz* ***620 Einwohner*** *391 hm* **Tour 28**

Das kleine Kürbitz liegt an beiden Ufern der Weißen Elster. Zur Verbindung der beiden Ortsteile gab es schon immer eine Brücke, seit 700 Jahren eine Steinbogenbrücke mit sieben Brückenpfeilern.

Das ehemalige Herrenhaus des Rittergutes war früher eine Wasserburg, die im 17. Jh. zu einem Wohnschloss mit vorkragendem Fachwerkgeschoss und steilem Satteldach umgestaltet wurde. Innen ist noch gut die Raumaufteilung aus dieser Zeit zu erkennen. Mehrere Brände machten eine Sanierung notwendig. Gegenwärtig ist das Gebäude in Eigentumswohnungen aufgeteilt und öffentlich nicht zugänglich.

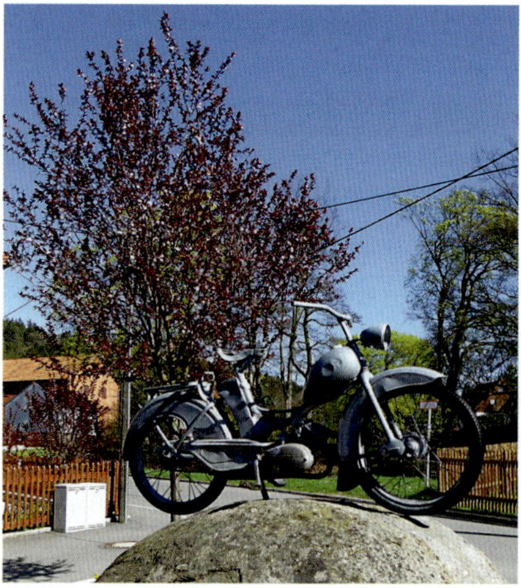

Ein Blickfang ist auch die **Salvatorkirche**, deren achteckiger Turm aus den Bäumen hervorragt. Sie wurde zu einer Zeit (1624-26) gebaut, zu der an anderen Orten durch den Dreißigjährigen Krieg Kirchen, Wohnhäuser und Schlösser zerstört wurden. Im Kirchenschiff befindet sich einen Flügelaltar (um 1500), Holzplastiken und die hübsche die Kanzel von 1626.

SR2-Denkmal - Kürbitz

Mopedliebhabern ist der Ort bestimmt wegen des seit 1995 jährlich stattfindenden **Simson-SR2-Treffen** bekannt - da knattern die alten, gepflegten Maschinen der über 100 Teilnehmer im Sommerwind!

Mylau *2.600 Einwohner* *305 hm* Tour 16

Im Schutze einer Burg, die im 12. Jh. im Zuge der Ostkolonisation auf einer Felsnase gebaut wurde, entwickelte sich ein bescheidenes Örtchen - um 1650 gab es hier gerade etwas über 20 Bürgerhäuser. Erst der Ausbau der Handweberei nach dem Dreißigjährigen Krieg brachte etwas Aufschwung und legte die Grundlagen für den wirtschaftlichen Erfolg zur Zeit der Industriellen Revolution. Immerhin wurde 1829 hier die erste in Sachsen gebaute Dampfmaschine aufgestellt! Die Firma Georgie & Co. spezialisierte sich auf die Verarbeitung von Merinowolle. Zusammen mit den anderen Textilveredelungsbetrieben konnte in Mylau ein Kleidungsstück vom "Ausziehen" des Schafes bis zum Anziehen durch eine Dame oder einen Herren komplett angefertigt werden - das war einzigartig in Deutschland! Heute bringt der Tourismus ein bisschen Geld in die Kassen, hat doch Mylau mit der Göltzschtalbrücke und der Burg Mylau zwei große Anziehungspunkte.

Nur wenige Burgen sind so gut erhalten wie **Burg Mylau**, aber auch nur über wenige Burgen gibt es so spärliche Aufzeichnungen! Bekannt ist, dass sie im späten 12. Jh. zur Absicherung der deutschen Siedler im slawischen Umland gebaut wurde. Der Bergfried und die beiden Türme stammen aus dieser romanischen Bauperiode. Um 1400 wurden Teile der alten Anlage zerstört und in Form von zwei großen Vorburgen wieder aufgebaut. Der Burgherr, der heute noch am bekanntesten ist, war der Theologe Joseph Lewin Metzsch (1508-71), der als Freund Luthers die Reformation in Sachsen und im Vogtland förderte. In dieser Zeit wurde die Burg auch zu einer Wohnburg umgestaltet und bis zum Ende des 18. Jh. bewohnt. Im 19. Jh. diente sie als Baumwollspinnerei und Kattun- und Wolldruckerei. Ende des 19. Jh. wurde die Anlage Besitz der Stadt und ein Schlossbauverein sorgte für die Umgestaltung als Rathaus, Schlossschenke und Museum. Der damalige beliebte historisierende Baustil ist gut zu erkennen, z.B. im Ratssaal mit holzvertäfelter Decke und ornamentalen Wandbemalungen. Heute dienen die Burgräume überwiegend dem **regionalhistorischen Museum**, in dem Sie etwas über die Geschichte der Burg und ihrer Bewohner und über Arbeit und Alltag in der Stadt erfahren.

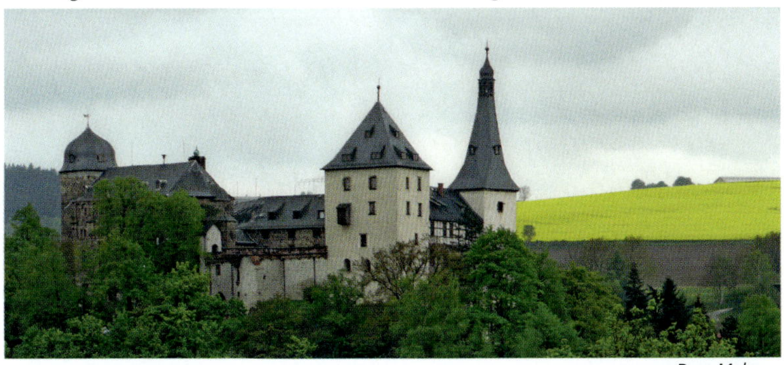

Burg Mylau

Gottfried Silbermann (1683-1753) - ein sächsischer Barockvirtuose! Er stammte aus einer Bauern- und Zimmermannsfamilie im sächsischen Freiberg, war ursprünglich Buchbinder und lernte ab 1701 bei seinem Bruder in Straßburg, wie man Orgeln baut. Ab 1711 führte er seine Werkstatt in Freiberg, aus der 50 Orgeln hervorgegangen sind, von denen es heute noch 31 gibt. Das Geheimnis des Silberklangs? Die Verwendung von guten Materialien, handwerkliche Präzision, große Intonationskunst und ein kompaktes Orgelgehäuse, in dem alle Register Platz fanden. Nicht jeder mochte den neuen, typischen Klang - sein kongenialer Zeitgenosse Johann Sebastian Bach bemängelte unter anderem die unzureichende Klangstärke im oberen Tonbereich.

Auch heute klingen für unsere Ohren die Orgeln gerade in den kleineren Dorfkirchen zu mächtig und hell, da sie gebaut waren, um den Gemeindegesang voll besetzter Kirchen zu führen. Silbermann baute auch andere Tasteninstrumente wie Cembali, Clavichorden und Hammerflügel. Machen Sie sich selbst ein Bild vom weltberühmten Klang - Silbermann-Orgeln gibt es in Ostthüringen und im Vogtland in Mylau, Reichenberg, Burgk, Ponitz bei Schmölln und Fraureuth bei Werdau. Oder Sie besuchen eines der Konzerte der alle zwei Jahre (ungerade Jahre) im September in Freiberg stattfindenden Silbermann-Tage, bei denen internationale Stars der Orgelmusik und Spitzenensembles bei den restaurierten Silbermann-Orgeln alle Register ziehen.

Den historisierenden Stil in Reinkultur können Sie bei dem neogotischen Backsteinbau der 1890 gebauten **Kirche** betrachten. Dabei können Sie auch gleich die unterschiedlichen Ziegelformen nachzählen - es sind 102 verschiedene Ziegelarten! Auch die Kircheneinrichtung ist fast vollständig im Stil der Zeit gehalten, z.B. Altar, Kanzel, Lesepult, Orgelprospekt und Kirchengestühl und Kirchenfenster. Aus dem Vorgängerbau kommt die Gottfried-Silbermann-Orgel mit 1.155 Pfeifen von 1731, die bei Konzerten gespielt wird.

Um Ziegel geht es auch bei der **Göltzschtalbrücke**, die als die größte Ziegelsteinbrücke der Welt gilt. Der Bau der Eisenbahnstrecke Leipzig-Nürnberg machte es 1846 notwendig, sich mit dem damals kühnen Projekt des Baues zweier großer Eisenbahnbrücken **zu beschäftigen. Ein Wettbewerb zur Brückengestaltung wurde abgehalten, die einge-**

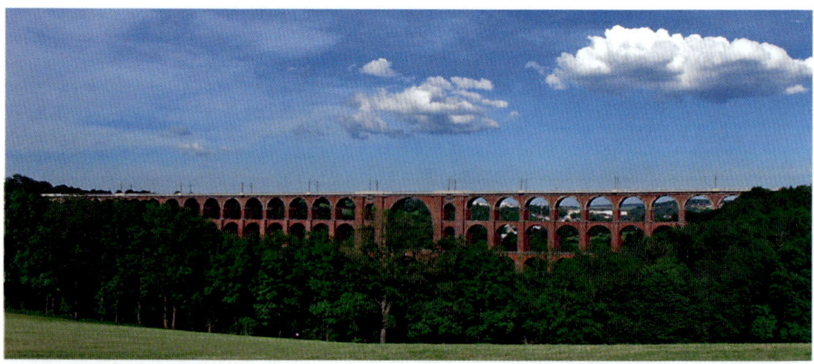

Göltzschtalbrücke

reichten Entwürfe waren schön - aber statisch nicht berechnet! Der Ingenieur Johann Andreas Schubert, der gerade den Bau des Viaduktes in Leubnitz geleitet hatte, verband seine Erfahrung mit den Ideen der besten Entwürfe und den Gesetzen der Statik - et voilà, in fünf Jahren stand das Wunderwerk und es erfüllt bis heute bestens seine Aufgabe. Moderne Neigetechnikzüge können über die 135 Jahre alte Konstruktion immerhin mit 160 km/h fahren!

Für die 29 Bögen mit 78 m Höhe auf 574 m wurden von 1.700 Bauarbeitern 26.021.000 Stück Ziegel verbaut. Das Material Ziegel galt damals als eher ungewöhnlich, war aber praktisch und kostensparend, weil in der Nähe eine große Lehmgrube lag. Die Baukosten betrugen ca. 2.200.000 Taler oder in gegenwärtiger Währung 65.076.000 Euro.

Bergbau in historischer Zeit: Schon in prähistorischer Zeit wurde in den waldreichen Mittelgebirgen Bergbau betrieben, denn es gab zu allen Zeiten Bedarf an Erz. Im Hochmittelalter war Deutschland das europäische Bergbauland schlechthin. Vor allem Blei, Kupfer, Gold, Silber, Zink, Zinn und Eisen wurden aus dem Berg geholt. Mit der Erschöpfung oberflächennaher Lager wurde der Abbau in größere Tiefen getrieben und damit schwieriger und gefährlicher. Die technischen Probleme, die dabei zu bewältigen waren, führten zu Neuerungen und technischen Entdeckungen. Aber die meiste Arbeit war harte Handarbeit: das erzhaltige Gestein wurde durch Feuer und Wasser aufgebrochen, mit Schlägel und Eisen abgebaut und in Holzmulden und Körben über die Erde gebracht. Der tägliche Fortschritt hing von der Art des Gesteines ab, betrug aber meist nur wenige Zentimeter. Hilfsmittel waren handgetriebene Seilwinden, primitive Leiterngänge von Sohle zu Sohle, Leder- und Holzeimer zur Förderung des Grundwassers und offenes Licht. Im Laufe der Zeit wurde die Arbeit durch bessere Fördereinrichtungen wie Tretrad, Tretgöpel oder Wasserräder ersetzt.

Alaun, das kristallisierte wasserhaltige schwefelsaure Doppelsalz von Kalium und Aluminium, kommt im schwarzen Alaunschiefer vor und muss mühsam aus dem Gestein gelöst werden. Der Schiefer wurde zerkleinert, in den sogenannten Röstbühnen mehrere Wochen lang glühend gebrannt, mit Wasser besprenkelt und der Verwitterung ausgesetzt. Dann wurden in großen Holzbütten die Alaunbestandteile mit Wasser aus dem Gestein gelöst und als Sole oder "Lauge" ins Siedehaus geleitet. Dort kochte man die Flüssigkeit zu konzentrierte Salzlösung, aus der sich beim Abkühlen der Alaun kristallisierte. Und wozu der ganze Aufwand? Alaun ist blutstillend, desinfizierend, desodorierend, wurde beim Gerben, Bleichen, Beizen, Färben, als Holzschutzmittel und zur Konservierung benutzt.

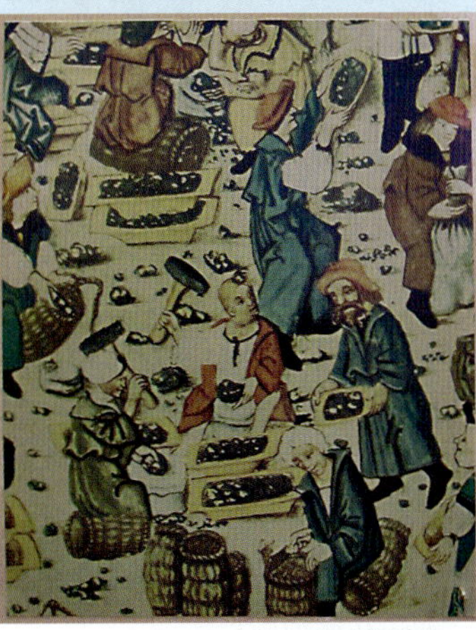

Erzverarbeitung im Mittelalter

Besonders stark belastete Bauteile der Brücke wurden aus Granit, Sandstein und Porphyr geschaffen. Die Arbeitsbedingungen müssen nicht so toll gewesen sein - es gab Kinder- und Jugendarbeit, 13 Stunden wurden am Tag gearbeitet, die Löhne waren niedrig, die Sicherheit am Bau dürftig - über 30 Arbeiter starben bei dem Projekt.

Neben der ehemaligen Ketzelsmühle unterhalb der Göltzschtalbrücke befindet sich ein großer Parkplatz mit Infopunkt. Gute Sicht auf die Brücke bietet sich Ihnen vom Reinsdorfer Weg-Siedlung (in Netzschkau) - ein prächtiger Platz, um Fotos zu machen (siehe auch Wandertour Nr. 16).

Wenn Sie im Tal der Göltzsch von Mylau flussaufwärts wandern, kommen Sie am Alaunbergwerk Mühlwand, ein seltenes Naturdenkmal, vorbei. Von 1691 bis 1827 wurden hier Alaun und Vitriol abgebaut. Lange Zeit waren die gut zugeschütteten Schächte in Vergessenheit geraten, bis 1954 Hochwasser Stolleneingänge und wunderbare Tropfsteine frei spülte. Aber erst 1995 wurde das Gelände in der heutigen Form erschlossen und für Besucher zugänglich gemacht. Das Wasser gibt, das Wasser nimmt - zurzeit ist das Bergwerk für Besucher wegen Hochwasser geschlossen.

Netzschkau *4.040 Einwohner* *378 hm* Tour 16

Netzschkau, Mylau und Reichenbach sind schon fast zu einer einzigen Stadt zusammengewachsen. Auch den Ruhm für die große Sehenswürdigkeit der Region, die Göltzschtalbrücke, teilen sich die drei Orte. Das Stadtbild wird von der Landschaft und den Verkehrsadern geprägt. Die Lage am Hang des Kuhberges bringt größere Höhenunterschiede mit sich, die Bahnlinie teilt den Ort in zwei Hälften und der Marktplatz, oft das malerische Zentrum einer Stadt, wird hier von der Lage an der Bundesstraße 173 bestimmt. Nach einem Brand, der 1887 die winkeligen Straßenzüge um den Markt vernichtete, wurde das Zentrum neu mit Wohn- und Geschäftshäusern im Gründerzeitstil bebaut.

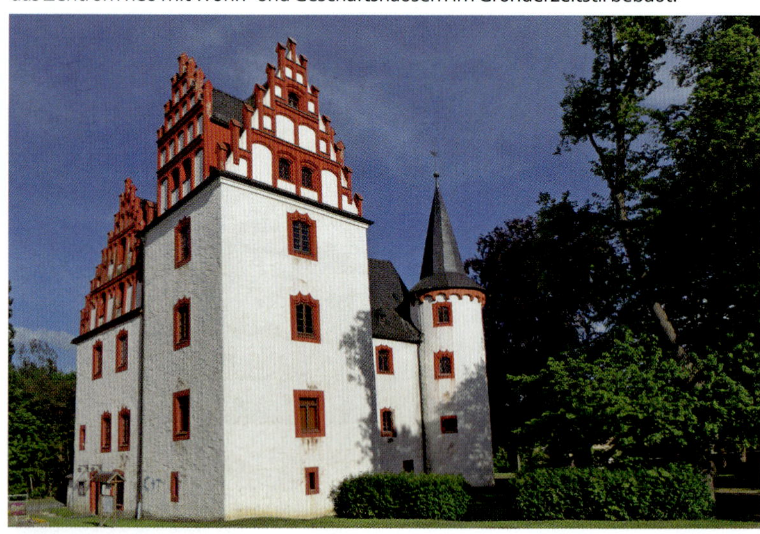

Schloss Netzschkau

Obwohl eine der ältesten Siedlungen im Vogtland, kam Netzschkau wirtschaftlich gesehen lange nicht auf einen goldenen Zweig. Erst der Bau der Göltzschtalbrücke und die Modernisierung und Mechanisierung der Textilwirtschaft brachte Mitte bis Ende des 19. Jh. den Aufschwung. Nach der Weltwirtschaftskrise 1900-03, die starke Einbrüche der Textilindustrie im gesamten Vogtland zur Folge hatte, setzte man hier auf Metallverarbeitung und Maschinenbau. Aus der "Netzschkauer Maschinenfabrik Franz Stark & Söhne", die sich sogar als Autobauer versuchte, wurde nach dem Zweiten Weltkrieg die auf Heizungs-, Lüftungs- und Kältetechnik spezialisierte erfolgreiche "VEB Maschinenfabrik NEMA Netzschkau". Die politische Wende war auch für die NEMA eine wirtschaftliche Wende, allerdings keine positive, denn in den Folgejahren wurde der Betrieb mehr und mehr zerstückelt, verkauft und aufgeteilt. Für den Betrieb, der in seiner Blütezeit an die 2.000 Menschen beschäftigte, kam 2010 das endgültige Aus. Das erklärt möglicherweise das trostlose Aussehen mancher Gebäude und Straßenzüge in der Region.

Aber natürlich gibt es in Netzschkau auch Schönes, z.B. das nahe dem Stadtzentrum gelegene **Schloss**. Es wurde 1490 als Wohnschloss gebaut, ein Gebäude zum Repräsentieren, nicht mehr zur Verteidigung und ist daher unbefestigt. Als spätgotische Elemente aus der Erbauungszeit sind an der Fassade noch gut Staffelgiebel und Vorhangbogenfenster zu erkennen; im Inneren sind es die Sandstein-Türrahmen. 1626 wurde das Schloss umfassend umgebaut, ein Nord- und Ostflügel sowie eine Kapelle kamen dazu.

Viele Teile der Inneneinrichtung stammen aus dieser Zeit, z.B. ein Kachelofen oder die schönen Stuckdecken. Seit dem 19. Jh. ist der Komplex von einem englischen Landschaftsgarten umgeben. Wie so viele Häuser aus der Feudalzeit, verfiel Schloss Netschkau nach dem Zweiten Weltkrieg mehr und mehr. Ein Förderverein sorgt heute für Sanierung und Nutzung des Schlosses. Sie können heiraten, am 3. Adventswochenende auf einem Adventmarkt Glühwein trinken oder Konzerte, Ausstellungen oder Krimi-Tage besuchen.

Auch das **Bergbaumuseum in Mylau** ist einen Besuch wert. Hier wird die harte Arbeit der Kumpel unter Tage thematisiert und eine Tour durch den Bergwerksstollen macht die Welt unter Tage lebendig.

Oelsnitz/Vogtland *10.500 Einwohner* *405 hm* Tour 27 & 28

Wenn man das erste Mal nach Oelsnitz mit dem Auto kommt, erwartet man sich aufgrund der Straßenführung ein verwinkeltes, mittelalterliches Zentrum - aber nein, aufgeräumt wirkt es, übersichtlich und gradlinig!

Das liegt an einigen Stadtbränden, vor allem dem von 1859, der eine systematische Bebauung der Innenstadt möglich machte. Deshalb wird der Ortskern vom geräumigen Marktplatz dominiert, der von klassizistischen Bürgerhäusern und dem Rathaus von 1864 umgeben ist. Das ansprechende Ensemble wurde erst Anfang des 21. Jh. saniert und neu gestaltet.

Oelsnitz nennt sich auch Stadt der Sperken (Wer oder was Sperken sind, erfahren Sie, wenn Sie die Sage lesen)! Würden Sie zu den Sperken gehören, könnten Sie sich in die Lüfte erheben und aus der Vogelperspektive erkennen, dass die Struktur des Marktplatzes einem Teppichmuster nachempfunden ist. Denn ein weiterer Beiname der Stadt ist "Teppichstadt".

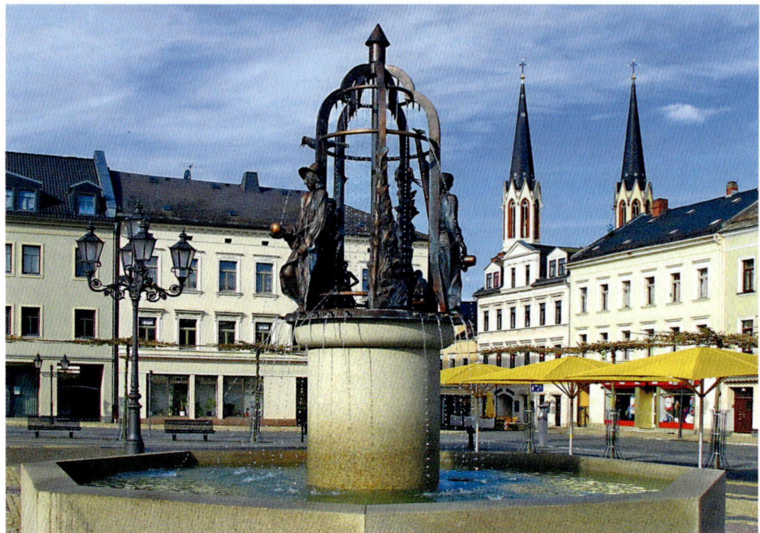

Sperkenbrunnen Markt Oelsnitz

Im Mittelalter war die Siedlung, die seit dem 9. Jh. aus einer slawischen Ansiedlung gewachsen ist, ein Bergbaustädtchen, dessen bescheidener Wohlstand hauptsächlich vom Zinnabbau kam. Dann gewann das Textilhandwerk mehr und mehr an Bedeutung.

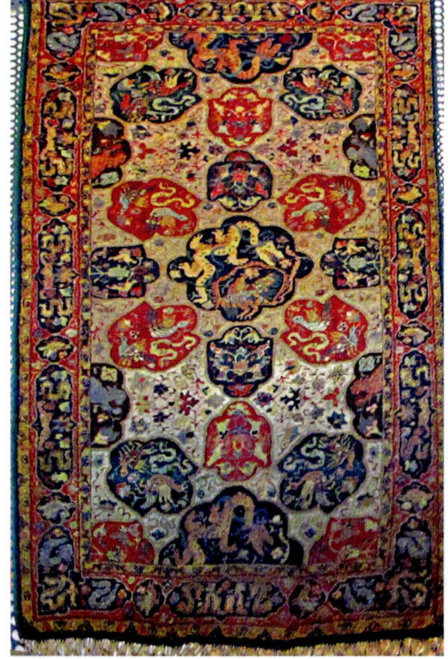

Oelsnitzer Teppich

Ein weiteres wirtschaftliches Standbein war die Perlenfischerei in der Weißen Elster (siehe Kasten Perlmutt). Wie auch in anderen vogtländischen Orten wirkte sich die Industrialisierung mit ihrer Mechanisierung positiv auf Oelsnitz aus. Man probierte ein bisschen herum - 1865 mit einer Korsettfabrik, 1867 mit Gardinenweberei, bis 1880 die Gründung einer **Teppichweberei** für Axminster-Teppiche der Marke Halbmond den Ort zum größten Produzenten Deutschlands werden ließ.

Zu DDR-Zeiten als VEB Halbmond bekannt und der größte Teppichhersteller des Landes, wird heute unter dem Namen "Halbmond Teppichwerke GmbH" mit modernsten Maschinen produziert. Der Schwerpunkt liegt auf Objektteppichböden. Über die Geschichte der Teppiche können Sie sich

Sage von den Oelsnitzer Sperken

Es war einmal vor langer Zeit mitten im Vogtland, da zog ein seltsamer Kerl durchs Land, der wild anzusehen war: lang, dürr, schwarz schimmerndes Haar, sein Gesicht war bleich. Es wurde auch von Zauberkünsten und Hellseherei getuschelt. Die Leute von Oelsnitz begannen sich vor ihm zu fürchten und zeigten ihn beim Stadtrat an. Und - hast Du nicht gesehen, wurde er verhaftet und wegen Zauberei zum Tod durch Feuer verurteilt. Am Tag der Hinrichtung waren Himmel und Menschen unterwegs, um der Zeremonie beizuwohnen, denn er war im Vogtländischen und im Fränkischen schon an vielen Orten gewesen. Aber - der Scheiterhaufen wollte und wollte nicht brennen! Sobald der Zauberer lachte, erstarben die Flammen. Also wurde rasch ein Galgen errichtet.

Die Volksmenge tobte und gröhlte, ja, damals hatten Hinrichtungen noch Volksfestcharakter. Als der Fremde unter dem Galgen stand, drehte er sich zur Menge um und schaute sie so grimmig an, dass es ganz still wurde. "Na, ihr Sperken, plötzlich so ruhig" rief er den Schaulustigen zu, warf seinen Hut unter die Leute, die sich mir nix dir nix verwandelten- die Oelsnitzer in Sperken und die Plauenschen in einen starken Wind. Das war ein Durcheinander! Der Wind peitschte die Sperken durch die Luft und kein Betteln half - der Zauberer löste sich sogar plötzlich in Luft auf. Nach einer langen, langen Weile stetzte sich ein pechschwarzer Rabe auf den Galgen und krächzte: "Spatzen und Wind, ward's und seid's bis Kindeskind". Damit verschwand der Spuk mitsamt dem Raben. Und die Oelsnitzer, die haben bis heute ihren Spitznamen weg!

im sehr sehenswerten, intimen Museum auf Schloss Voigtsberg informieren, über die Gegenwart im Werksverkauf der Firma Halbmond.

Zwei weitere Bauwerke geben in Oelsnitz den Ton an. Ein paar Schritte vom Marktplatz entfernt steht die **Stadtpfarrkirche St. Jakobi**, deren Doppeltürme mit 73,5 m ganz schön hoch in den Himmel spitzen. Vermutlich stand hier schon seit der Stadtgründung um 1200 eine Kirche, zuerst ein Bau aus Holz, dann aus Stein im spätgotischen Stil. Beim großen Stadtbrand verbrannten zusammen mit 500 Häusern auch die Türme und Dachstuhl der Kirche. Seither mehrfach saniert, stammt ihre heutige äußere Anmutung aus der zweiten Hälfte des 19. Jh. Der gotische Baukörper ist an seinem unregelmäßigen Grundriss gut zu erkennen. Schauen Sie mal rein - das Kirchenschiff wird überspannt von einem wunderbaren spätgotischen Sternengewölbe, das den Blick direkt zum Himmel leitet.

Der andere Baukomplex, der alle Blicke auf sich zieht, ist hoch über der Stadt **Schloss Voigtsberg**. Die Burganlage ist über 760 Jahre alt und beeindruckt mit Bergfried, Wehrmauer, begehbarer Außenbastion, Georgskapelle, Schösserstube von 1637 mit frühbarocker Holzbalkendecke und Wandmalereien, Rittersaal, dem Palas (ältester Teil der Kernburg) und den Rundtürmen. Beachtlich sind die Maße des Bergfrieds mit 3,30 Meter dicken Mauern und einer Höhe von 22 Metern.

Um 1200 von den Vögten von Straßberg gegründet, fiel die Burg 1356 an die Markgrafen von Meißen aus dem Haus Wettin und wurde kurfürstliches Amt. Die Wettiner ließen fünf Bastionen und einen Zwinger an der Angriffsseite anbauen. Das nützte aber im

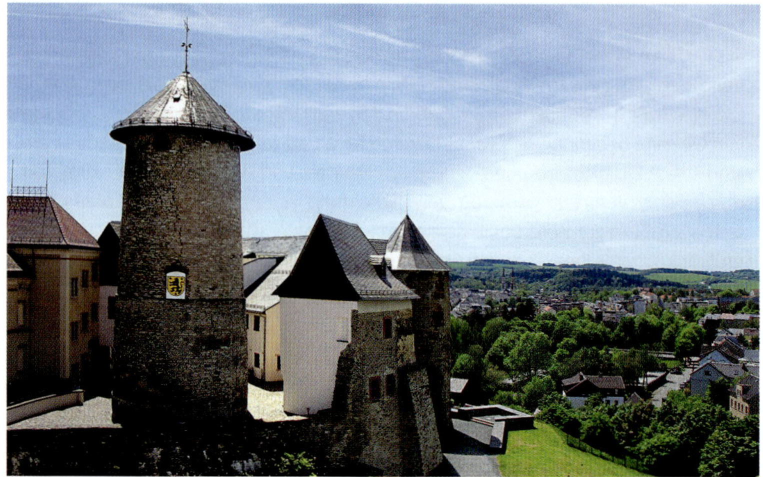

Schloss Voigtsberg - Oelsnitz

Dreißigjährigen Krieg nichts, denn dort wurde die Burg mehrmals verwüstet und erlitt Brandschäden. Bei der Sanierung und dem Umbau zum Schloss wurde die ursprüngliche Bausubstanz stark verändert. Vom Ende des 17. Jh. bis 1818 war auf der Burg oder dem Schloss, wie es jetzt genannt wurde, der Sitz des hochfürstlichen Bergamtes. Ab 1856 diente die Anlage als Gefängnis, zu DDR-Zeiten als Kaserne der Nationalen Volksarmee.

Heute werden die Räume vom **Teppichmuseum Oelsnitz**, dem Mineraliengewölbe und der Dauerausstellung **Illusorium** genutzt. Im Teppichmuseum in den Räumen der Vorburg erfahren Sie so ziemlich alles, was man über Teppiche wissen sollte. Natürlich werden die Geschichte des Teppichhandwerks in der Region und die Techniken der Teppichherstellung thematisiert; Sie erfahren aber auch Unerwartetes, z.B. etwas über Klang-, Bomben-, Gebets- und fliegende Teppiche.

Einem besonderen Kapitel der Buchkunst widmet sich das Illusorium. Hier bezaubert Sie die Welt der Kinderbuchillustratorin Regine Heinecke mit ihren fantastischen Zeichnungen.

Im **Mineraliengewölbe** wird eine Sammlung wertvoller Gesteine des sächsischen Vogtlandes präsentiert - nicht nur für Hobbygeologen interessant!

Und last but not least - die Volksmusiksängerin Stefanie Hertel stammt aus Oelsnitz.

Im Oelsnitzer Ortsteil **Unterwürschnitz** steht eine auffällige, gedrungen wirkende **Kirche**, die schon im 13. Jh. als Wehrkirche diente. Ihr heutiges Aussehen verdankt sie einer Renovierung von 1903, aber einige interessante ältere Bauteile sind im Innenraum zu finden. Der Altar und ein Kirchenstuhl wurden 1744 angefertigt. Die Kanzel stammt aus der Zeit des Dreißigjährigen Krieges. Die Bilder in der Sakristei gehörten ursprünglich zur Kanzel. Schön ist Taufengel am Fuß der Kanzel, der eine hölzerne Taufschale hält. Die Orgel wurde von der bekannten vogtländischen Orgelbauerfamilie Trampeli aus Adorf gebaut.

Das schöne Naherholungsgebiet von Oelsnitz und der gesamten näheren und weiteren Umgebung ist die **Talsperre Pirk**, ein Reservoir, das zehn Millionen Kubikmeter Wasser fasst. Das Stauwerk, das die Weiße Elster mit einer leicht gekrümmten Betongewichtsstaumauer mit Bruchsteinverblendung vor allem zum Hochwasserschutz und zur Brauchwassergewinnung anstaut, wurde von 1935-38 gebaut. Die leicht gebogene Staumauer hat einen Radius von 1.000 Metern, sie ist 250 Meter lang, am Fuß bis zu 15 Meter breit und 23 Meter hoch. Eine Vorsperre und drei Vorsperrbecken, die Wasserverunreinigungen zurück halten sollen, vervollständigen die Anlage.

Genug der Technik! Die meisten Besucher kommen her, um zu wandern, angeln, schwimmen, segeln, surfen, Boot fahren. Es gibt mehrere Badestrände mit Sport- und Freizeitangeboten. Die Wasserqualität ist meist gut, nur im Spätsommer können Algen das Vergnügen im wahrsten Sinne des Wortes trüben. **Foto Talsperre Pirk**

Warum es hier auf recht kleinem Raum so viele Talsperren gibt? Nun, Anfang des 20 Jh. benötigte die sich ausbreitende Textilindustrie immer mehr Brauchwasser, dessen gleichmäßige Menge durch die Speicherung in Talsperren gegeben sein sollte. Dieser Aspekt fiel Ende des 20. Jh. durch den Niedergang der Branche weg. Heute stehen Hochwasserschutz, die Niedrigwasseraufhöhung der Weißen Elster, die Energiegewinnung und die Funktion als Naherholungsgebiete im Vordergrund.

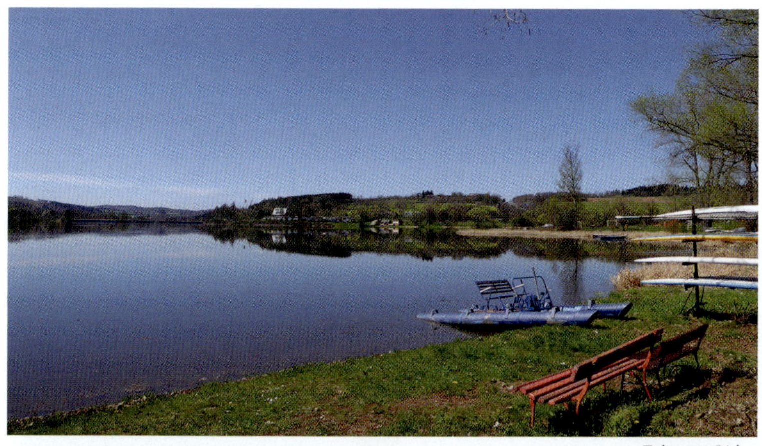

Talsperre Pirk

Pausa-Mühltroff *5.100 Einwohner* *470 hm* Tour 21 & 22

Schon seit langer Zeit betrachtet sich Pausa als Mittelpunkt der Erde, wohl ein griffiger Werbespruch, abgeleitet von Pausas Lage ungefähr in der Mitte des Vogtlandes. Pausa hat einen Bahnhof, auf dem zurzeit leider kein Zug hält, aber dafür wird die Erdachse geschmiert! Ein 1,2 Tonnen schwerer Globus dreht sich seit 1934 auf dem Dach des Rathauses, und in der Erdachsenstube im Keller des Rathauses können Sie selbst schmieren, wenn Sie vorher mit der **Erdachsendeckelscharnierschmiernippelkommission** Kontakt aufgenommen haben. Sonst gibt es hier nicht viel, an allen Ecken und Enden erzählen Häuserfassaden von den Zeiten, als Pausa noch ein Ackerbürgerstädtchen mit einer respektablen Textilindustrie war. Hier, mitten im Binnenland, wurden besonders gute Schiffsflaggen hergestellt. Während der Zeit der DDR fertigten mehrere VEB Waren von überregionaler Bedeutung an, z.B. Miederwaren für den Export. Leider sieht es seit 1990 eher trostlos aus.

Nackete Maadle: *1 kg gekochte Kartoffeln werden fein gerieben, leicht gesalzen und mit so viel Mehl vermischt, dass Sie kleine flache Klöße formen können. Die Klößchen backen Sie in einer Pfanne im heißen Fett aus, bis sie rundherum schön gold-braun sind, dabei mehrmals wenden. Entweder als Beilage zu einem Schmorgericht servieren oder als Nachtisch mit Apfelmus.*

In **Mühltroff** liegt vermutlich schon seit dem 10. Jh. eine **Burg**, auf einem Felsen zum Schutz der deutschen Ostkolonisation gebaut. Zuerst stand der Wehrturm, von Wassergräben umgeben, dann wurden im Laufe der Zeit Wohn-und Wirtschaftsgebäude und ein Rittergut dazu errichtet. Im 16. und 17. Jh. wurde die Wehranlage zum Schloss umgestaltet. Ein Brand 1817 zerstörte Rittergut, Kirche, Pfarre, Hospital und 10 Bürgerhäuser. Im 20. Jh. war das Schloss Kindererholungsheim und Wohngebäude. Gegenwärtig werden die Räume für Ausstellungen, das Heimatmuseum und eine Textil-Schauwerkstätte genutzt.

Plauen *64.100 Einwohner* *412 hm* Tour 28 & 29

Hier schlägt das Herz des Vogtlandes - der Ort an der Weißen Elster ist die größte Stadt des Vogtlandes und sein Kultur-, Wirtschafts- und Industriezentrum. Und trotzdem, wenn man heute durch einige Straßenzüge spaziert, kann man sich kaum vorstellen, dass Plauen 1872 eine blühende Textilstadt mit 239 arbeitenden Maschinen in 907 Betrieben und 1912 eine Großstadt mit 128.000 Einwohnern war.

Die Geschichte Plauens ist spätestens seit dem 16. Jh. mit der Herstellung von Textilien verbunden. Damals wirkten die Schleiermacher feinen Baumwollstoff für Tücher und Halskrausen. Anfang des 18. Jh. begann für die Plauener Baumwollwarenhändler die "goldene Zeit", in der ihre Waren bis in den Vorderen Orient gehandelt wurden. Im 19. Jh. machten die napoleonischen Kriege mit wechselnden Besatzungen und Plünderungen und die starke englische Konkurrenz in der Textilbranche der Stadt und ihren Bewohnern schwer zu schaffen. Aber Baumwollstoffe wurden in Plauen nicht nur gewoben, sondern auch veredelt, z. B. bestickt.

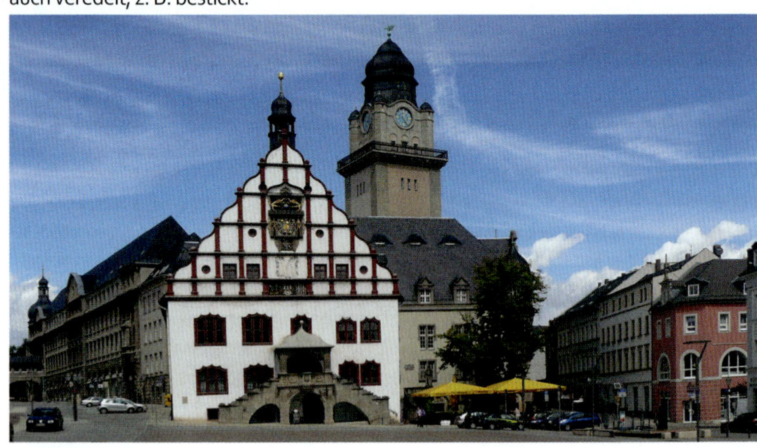

Rathaus - Plauen

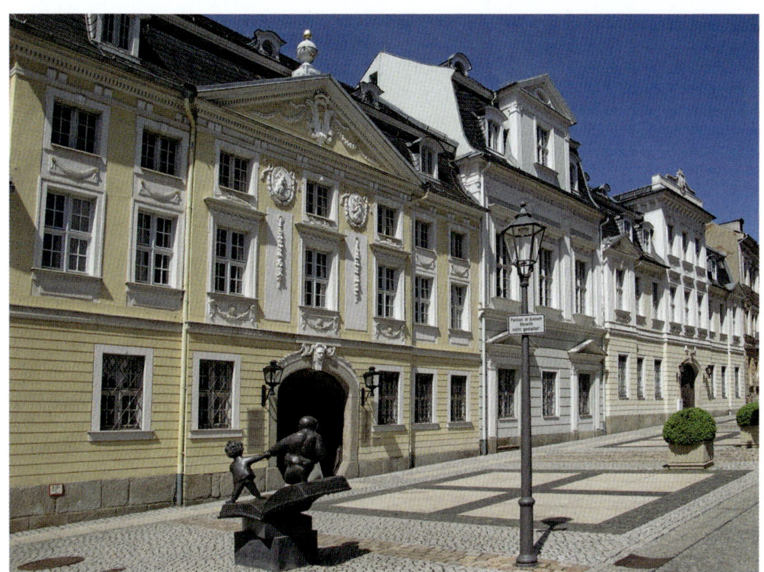

Barockhäuser Vogtlandmuseum - Plauen

Mit dem Erwerb von Stickmaschinen Mitte des 19. Jh. begann die Spezialisierung zur Spitzenstadt. Bei der maschinellen Herstellung von Tüll- und Ätzspitze wurden die Plauener so gut, dass die Plauener Spitze Weltspitze war! Der Erste Weltkrieg und die Weltwirtschaftskrise machten diesem Höhenflug ein Ende - gemessen an der Einwohnerzahl war Plauen die deutsche Stadt mit der höchsten Arbeitslosenquote.

Im Zweiten Weltkrieg wurden 75 % der Stadt bei Bombenangriffen zerstört. Die Zonenrandlage war nach 1945 mit ein Grund dafür, dass die Stadt ihre frühere wirtschaftliche Bedeutung nicht wiedererlangen konnte. Und doch wurde eines Tages in Plauen Geschichte geschrieben: am 7. Oktober 1989 (einen Tag vor Dresden und zwei Tage vor Leipzig) fand hier die erste große Volksdemonstration statt, von der maßgebliche Impulse zur Einleitung der friedlichen Revolution in der ehemaligen DDR ausgingen.

Machen Sie mit uns einen kleinen Spaziergang zu den Sehenswürdigkeiten der Stadt.

Der **Altmarkt** mit seinem modernen König-Albert-Brunnen war und ist die gute Stube der Stadt und wird vom Bau des **Alten und Neuen Rathauses** beherrscht. Ein Rathaus gibt es hier bestimmt schon seit Anfang des 14. Jh. Der heutige Bau ist das Ergebniss von Um- und Anbauten - es existieren spätgotische Mauern, auf die nach einem Stadtbrand 1558 der noch bestehende Renaissancegiebel aufgesetzt wurde. 1912-23 kam das Neue Rathaus mit dem 64 m hohen Turm dazu, von dem Sie nach 230 Stufen Aufstieg einen wunderbaren Ausblick haben. Die Uhr wurde 1558 eingebaut; heute zeigt eine Nachbildung der historischen Uhr die Zeit an.

In den Räumen des Alten Rathauses werden im **Plauener Spitzenmuseum** seit 1884 die Geschichte und die Herstellung der Plauener Spitze und natürlich auch Exponate aus Spitze gezeigt. Ein Museum, das es in dieser Art nicht noch einmal in Deutschland gibt!

Am nordwestlichen Ende des Marktes kommen Sie in die Marktstraße, der Sie bis zur Nobelstraße folgen, in die Sie links einbiegen. Hier stehen einige barocke Bürgerhäuser mit interessantem Innenleben. Das **Vogtlandmuseum** mit seinen umfangreichen Sammlungen über die geschichtliche und kulturelle Entwicklung der Stadt Plauen und des Vogtlandes ist in drei ehemaligen Patrizierhäusern aus den Jahren 1787-89 untergebracht. Der prächtige Festsaal im Louis-seize-Stil zeigt uns den Reichtum der Kaufmannsfamilien, die die Häuser bauen ließen.

Neben dem historischen Gasthaus Matsch ist das **Erich-Ohser-Haus** mit Galerie, das dem Zeichner und Karikaturisten Erich Ohser *("e.o. plauen")* gewidmet ist. Allen Freunden der bezaubernden Vater-und-Sohn-Geschichten geht beim Anschauen der Ausstellungsstücke das Herz auf. Im kleinen Museumsshop können Sie die Bücher mit den Bildergeschichten kaufen.

Immer noch aktuell - "Vater und Sohn" von e.o. plauen. Viele Kinder sind damit aufgewachsen und vielen Kindern täte es gut, damit aufzuwachsen - mit den warmherzigen und liebevollen Bildergeschichten von **Erich Ohser**. Ohser braucht keine grellen Farben, keine Sprechblasen mit "Kraawhuuumm!!", nur ein schwarzer sicherer Pinselstrich, meistens vier kleine Bildchen - und schon sind wir in der Welt von Vater und Sohn!

Der Grafiker und Karikaturist, 1903 bei Plauen geboren, machte sich nach seinem Studium im Leipzig schnell einen Namen als Buchillustrator. Für seinen Freund Erich Kästner illustrierte er kongenial die Lyrikbände "Herz auf Taille", "Ein Mann gibt Auskunft" und "Gesang zwischen den Stühlen". Seine spitze Feder zeigte sich in den Karikaturen der SPD-Zeitung "Vorwärts", mit denen er Hitler und vor allem Goebbels so verärgerte, dass er Berufsverbot bekam und ab 1934 unter dem Pseudonym e.o.plauen *(Erich Ohser Plauen)* veröffentlichte. 1934-37 entstanden die Vater-und-Sohn-Geschichten, die einmal wöchentlich in der Berliner Illustrierten Zeitung *(BIZ)* veröffentlicht wurden.

1940 erschienen seine Karikaturen in der Wochenzeitschrift "Das Reich", obwohl Ohser eine tiefe Abneigung gegen den Nationalsozialismus hatte. Die wurde ihm dann auch zum Verhängnis, denn er wurde 1944 zusammen mit seinem Freund Erich Knauf denunziert und verhaftet. Am Abend vor seinem Prozess am Volksgerichtshof unter dem berüchtigten Richter Roland Freisler erhängte sich Ohser in seiner Zelle.

Viele seiner Werke sind vor einigen Jahren wieder aufgelegt worden.

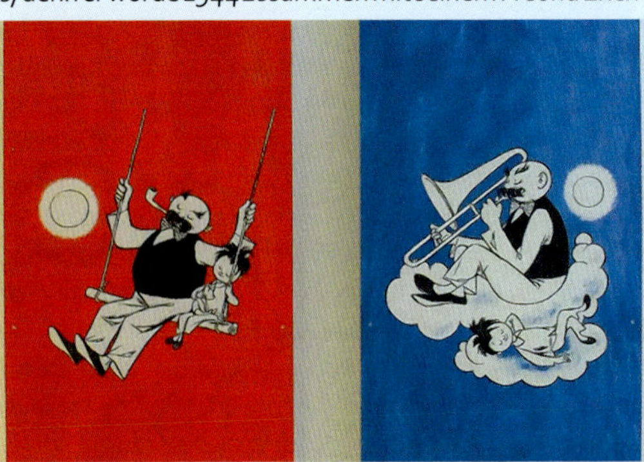

Vater & Sohn

Reiseteil

Sie überqueren die Straßberger Straße und gehen in die schmale Gasse Alter Teich, die Sie zum **Malzhaus** bringt. Das Malzhaus, heute ein renommiertes Veranstaltungszentrum, steht an der Stelle der alten Burg der Grafen von Everstein, die diese als südöstliche Eckbebauung der Plauener Stadtbefestigung errichtet hatten. Mitte des 17. Jh. brannte die Burg nieder und 1727-30 wurde das städtische Malzhaus mit dem mächtigen Walmdach gebaut. Bis 1895 arbeiten hier Mälzer, dann dient es Lager-und Wohnraum. 1907 kam das Neue Brauhaus dazu. Im Malzhaus können Sie fantastische Konzerte hören - Rio Reiser, Canned Heat, Dieter Hildebrand, Gerhard Polt & die Biermösl Blos'n, Mari Boine und Manfred Maurenbrecher - alle waren sie da!

Am Mühlberg die Stufen links hinunter kommen Sie zum Mühlgraben und von dort in die Bleichstraße. Wenn Sie sich dort nach Westen wenden, stehen Sie nach ein paar Schritten vor dem **Weisbachschen Haus**, das ab 1778 als Kattundruckerei diente. Es ist das besterhaltene älteste Barock-Manufakturgebäude Deutschlands, Wohnhaus der Familie Weisbach und Ausstellungsort. Östlich des Weisbachschen Hauses hat sich in den ehemaligen **Weberhäusern** aus der Renaissancezeit eine lebendige Kunsthandwerkerszene mit kleinen Werkstätten, Gärten und Geschäften etabliert.

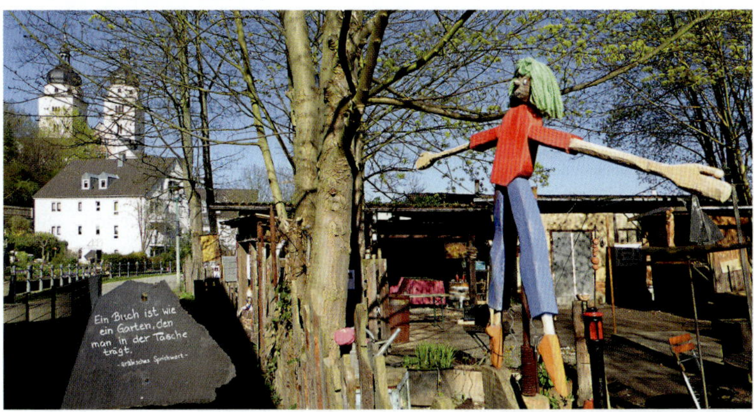

bei den Weberhäusern - Plauen

Nun 100 m die idyllische Bleichestraße entlang und schon stehen Sie unterhalb der mächtigen **St. Johanniskirche**. Sie wurde 1122 geweiht und ist damit eine der ältesten Kirchen des Vogtlandes. Wenn Sie die Möglichkeit haben, schauen Sie hinein - es erwartet Sie ein berührendes gotisches Kirchenschiff mit Sterngewölbe. Hinter der Kirche sind die **Häuser des Deutschen Ordens** wieder auferstanden. Gehen Sie über die Pfortenstraße zur Weißen Elster und überqueren Sie sie beim Stadtbad. Unter der Schnellstraße hindurch erreichen Sie ein Meisterwerk historischer Baukunst: die **Alte Elsterbrücke**. Sie wurde erstmals 1244 schriftlich erwähnt und ist so die zweitälteste erhaltene Steinbogenbrücke Sachsens. Bis 1973 (!) fuhr hier noch die Straßenbahn drüber - alle Achtung vor der Leistung des mittelalterlichen Baumeisters! Von der Brücke aus haben Sie gute Sicht zur **Schlossruine** auf dem Plauener Hradschin, Mitte des 13. Jh. gebaut und im Zweiten Weltkrieg fast völlig zerstört. Bis vor kurzem diente das Gebäude als Gefängnis.

Das Wahrzeichen von Plauen. *Früher befand sich am Rathausturm in Plauen eine künstliche Uhr mit zwei großen messingenen Löwen, welche mit der einen Vordertatze auf beiden Seiten in der Mitte eine Glocke hielten und damit die Viertelstunden schlugen. Daneben standen zwei wilde Riesen - der Mann hatte einen langen Bart und das Weib hatte einen Stab in der Hand. Beim Stundenschlag zog der große Mann sich entsprechend oft am Bart und sperrte dabei sein Maul auf und zu. Das Weib schlug gleichzeitig mit dem Stab. Unter den beiden war eine Kugel, die den Mondlauf anzeigte.*

Wenn Sie der Syrastraße einen knappen Kilometer nach Norden folgen, kommen Sie, vorbei am modernen Einkaufsmekka Stadtgalerie, zum **Theater** im neoklassizistischen Stil. Am Unteren Graben steht die **Lutherkirche**, 1693-1722 im Barockstil gebaut. Durch die Marktstraße erreichen Sie wieder den Markt. Wir empfehlen Ihnen aber, am Postplatz bei der Haltestelle "Tunnel" in die Straßenbahn 3,4 oder 6 zu steigen und die vier Stationen bis "Vogtlandklinikum" zu fahren. Von dort ist es nur ein kurzer Spaziergang über die Reusaer Straße bis zur **Schaustickerei Plauener Spitze** im Obstgartenweg.

Das alte Stickereigebäude von 1902 ist noch in fast ursprünglichem Zustand, und Sie können dort auf einer kurzweiligen und informativen Führung die Entwicklung der Spitzenstickerei von der Handplattstichstickerei über die Tüllstickerei und die maschinelle Herstellung von Tüll- und Ätzspitze bis zur lochkartengesteuerten und computergesteuerten Stickmaschine erleben.

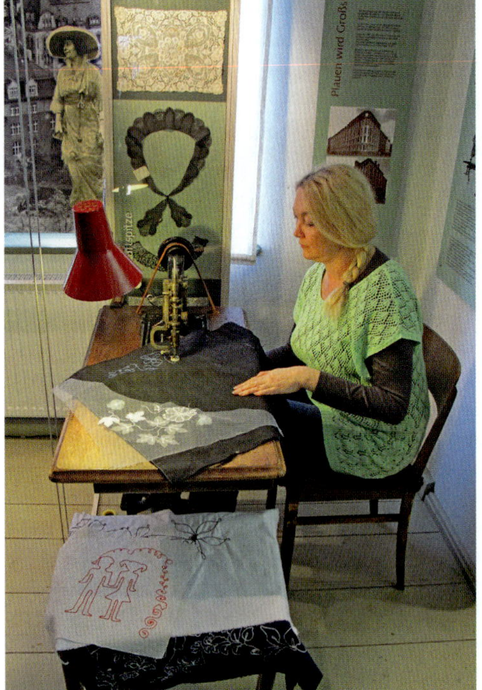

Stickereimuseum - Plauen

Wenn Sie lieber Erfahrungen unter der Erde machen möchten, wenden Sie sich am Postplatz in die Bahnhofstraße, gehen bald links in die Reichsstraße, bis Sie nach etwa 100 m das **Alaunbergwerk "Ewiges Leben"** erreichen. Hier wurde ab 1542 für fast 300 Jahre Alaunschiefer gefördert, aus dem Alaunsalz, ein wichtiges Produkt für Gerber und Färber, gewonnen wurde. Interessante Führungen von ca. 1 Stunde geben Ihnen einen guten Einblick in den historischen Bergbau. Ziehen Sie sich warm an, es hat unter der Erde nur 9°C!

Spitze - filigran und edel. *Seit hunderten von Jahren schmücken sich Menschen mit diesem bezaubernden Hauch von Stoff, denn schon unsere althochdeutschen Vorfahren bezeichneten in der Zeit von 750 bis 1050 n. Chr. ein "Garngeflecht" mit "spizza, spizzi". Und das ist Spitze noch heute - ein mit Löchern durchbrochenes Fadengeflecht, das ein Muster bildet. Das feine Gewebe kann auf viele verschiedene Arten hergestellt werden. Die ersten Spitzen entstanden wohl aus der Durchbruchstickerei, bei der Gerüstfäden auf einen Untergrund geheftet wurden und dann der Raum zwischen diesen Fäden mit verschiedenen Stichen ausgefüllt wurde. Das war mühsam und langwierig - Spitzengarnituren waren nur etwas für Reiche. Zur Zeit des Rokoko, als Nadelspitze besonders beliebt war, blätterte ein modebewusster Adeliger für eine Spitzengarnitur schon mal den Wert mehrerer Dörfer hin!*

Flinker war da schon das Spitzenklöppeln - eine Technik, die vermutlich im 16. Jh. in Italien aufkam und sich von dort verbreitete. Auf einem Klöppelkissen sind Klöppel meist paarweise befestigt. Durch Kreuzen und Drehen der Klöppel werden die Fäden miteinander verflochten. Je nach Muster und Klöppeltechnik kann die Anzahl der verwendeten Klöppel mehrere Hundert betragen. Im 18. Jh. entwickelte sich die weniger dicht gemusterte Tüllgrundspitze, die noch schneller und billiger herzustellen war - nun konnten sich auch wohlhabende Bürger den schaumigen Putz leisten.

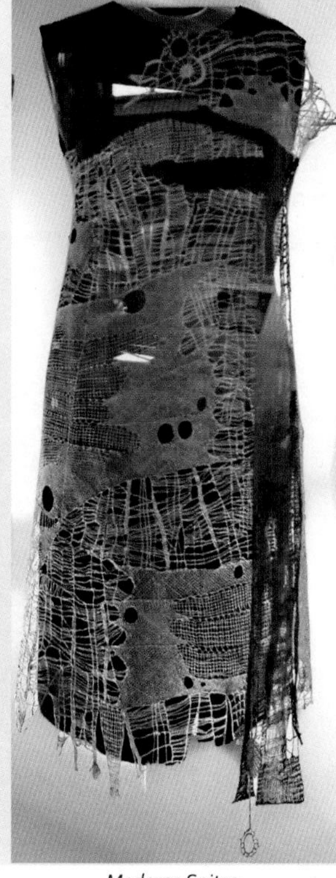

Moderne Spitze

Das 19. Jh. mit seinem Erfindergeist brachte die ersten Maschinen, die die Herstellung in größeren Mengen ermöglichte. Allerdings verloren die traditionellen Spitzentechniken dadurch völlig an Bedeutung und spielen heute nur noch im privaten Bereich eine Rolle. Klöppelspitzen, die Sie im Geschäft kaufen können, werden nur noch maschinell gefertigt genau wie die maschinelle Bohrspitze *(Lochspitze)*, maschinengestickte Tüllspitze, Ätzspitze oder die gröbere Macramé-Spitze.

Die ersten Stickmaschinen entstanden in der Schweiz und die Schweizer hüteten ihr Knowhow mit aller Kraft. Offiziell gab es keinen Weg, die begehrte Technologie zu exportieren. Mitte des 19. Jh. schaffte es dann ein findiger Student, die begehrte Technik samt des dazugehörigen Stickereimeisters aus der Schweiz ins Vogtland nach Plauen zu schmuggeln. Nun begannen hier goldene Zeiten - die Stickmaschinen wurden nachgebaut, es entstanden neue Werkstätten und Fabriken - Plauen war die Spitzenmetropole schlechthin! Und mit der maschinell hergestellten Plauener Tüll- und Ätzspitze boomte die gesamte Region.

Ein Höhepunkt war die Weltausstellung 1900 in Paris, auf der die "Plauener Musterung" den Grand Prix erhielt. Unter den Namen "Dentelles de Saxe", "Saxon Lace", "Plauen Lace" oder "Dentelles de Plauen" waren die Produkte in der ganzen Welt bekannt. 1912 ratterten 16.000 Stickmaschinen, Millionäre stiegen in den Hotels ab, Plauen wähnte sich auf dem Weg zur Großstadt. Die Weltkriege zerstörten den blühenden Wirtschaftszweig, Maschinen und einmalige Musterbücher gingen verloren.

Erst nach 1950 lebt die Spitzen- und Stickereiindustrie wieder auf. Die Erzeugnisse des "VEB Kombinat Deko Plauen" hatte bis in die späten 80er Jahre ihre Fans in mehr als 40 Ländern. Nach der Wende musste sich auch diese Branche neu orientieren. Aber das Produkt war gut, die Menschen motiviert. Heute ist "Plauener Spitze" eine weltweit geschützte Marke. Mehr als 60 Unternehmen produzieren Gardinen, Tischwäsche, Damenoberbekleidung, Lingerie und Dessous und auf Modemessen präsentiert junges Design alles andere als verstaubte Omaware. Und abseits von der Modeszene gewinnt das technische Sticken immer mehr an Bedeutung. Plauener Spitze als gestickte Fußbodenheizungen oder bestickte, ablageresistente Abwasserrohre - wer hätte das gedacht!

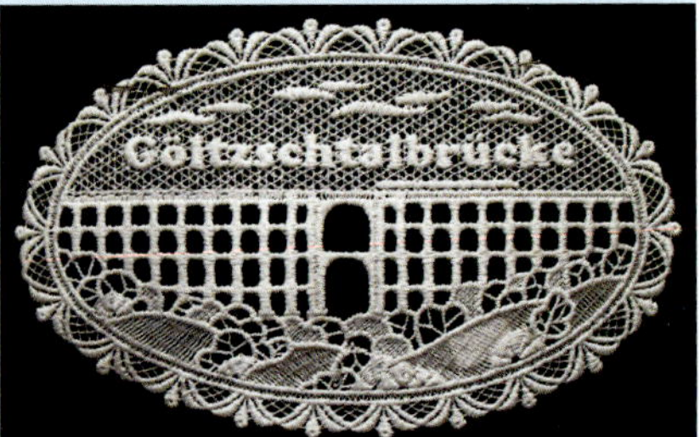

Alljährlich treffen sich Mitte Juni Künstler und Gäste beim Plauener Spitzenfest, um handwerkliche Tradition und künstlerisches Brauchtum zu pflegen.

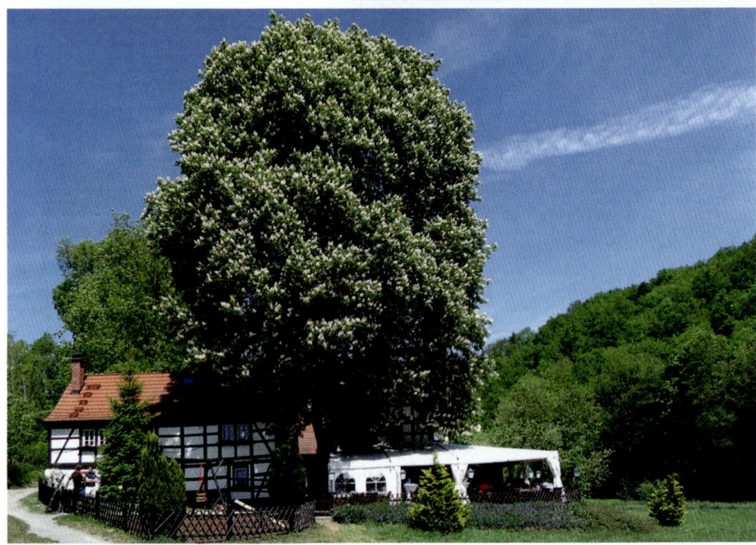

Lochbauerhof - Plauen-Reissig

Schauen Sie bei Ihrem Stadtbummel immer mal wieder auf den Boden, dann werden Sie in verschiedenen Straßen, z.B. in der Bahnhofstraße 16, der Gustav-Adolf-Straße 37, der Neundorfer Straße 16, der Scholtzestraße oder der Karlstraße **Stolpersteine** entdecken, ein Projekt des Künstlers Gunter Demnig (siehe Kasten Stolpersteine).

Im Ortsteil **Plauen-Reißig** steht ein sehenswertes Beispiel eines Dreiseiten-Bauerngehöftes im fränkischen Stil, der **Lochbauerhof**.

Er liegt idyllisch an der Elster, aber bei seiner Erbauung in der zweiten Hälfte des 17. Jh. waren andere Gesichtspunkte für die Wahl des Standortes ausschlaggebend. In den unruhigen, unsicheren Zeiten nach dem Dreißigjährigen Krieg baute man gerne an abgelegenen Plätzen, weil man sich dort sicherer fühlte. Seit 1999 können Erholungssuchende die Abgeschiedenheit genießen, denn der Lochbauerhof dient seither als Gaststätte und Pension mit einigen Gästezimmern.

Podhradí *Neuburg (CZ)* *200 Einwohner* *562 hm* Tour 26

Der Name sagt es schon: hier stand mal eine Burg, denn Podhradí bedeutet so viel wie "bei der Burg". Von der Burg und dem ehemaligen **Schloss Smrčina** *(Schloss Sorg)* sind aber nur noch Ruinen vorhanden. Erwähnenswert ist Podhradí wegen seiner **Kirche**, die die älteste noch stehende evangelische Kirche auf dem Gebiet der ehemaligen Habsburgermonarchie ist. Sie entstand Ende des 15. Jh., ihr heutiges Aussehen ist barock. Ab den 1990'er Jahren wurde und wird sie mithilfe von finanzieller Spenden ehemaliger deutscher Bewohner des Ortes renoviert.

Pöhl *2.500 Einwohner* *427 hm* Tour 29 & 30

Der Ortsname der aus zwölf Ortsteilen bestehenden Gemeinde Pöhl ist eine historische Reminiszenz an das alte Dorf Pöhl, das Anfang der 1960'er Jahre im Zuge des Talsperrenbaus geflutet wurde. Bis dahin war Pöhl ein Bauerndorf wie viele andere, das vom Mittelalter bis ins 19. Jh. vom Abbau und der Verarbeitung des Eisensteins lebte.

Ab 1880 hatte die Eisengießerei, die 1958 nach Herlasgrün verlegt wurde, überregionale Bedeutung. Außer der Eisengießerei mit Maschinenfabrik gab es ungefähr 430 Bewohner, ein Schloss, eine Schule, eine Kirche - und das Flüsschen Trieb. Das trat zusammen mit anderen vogtländischen Gewässern bei einem mächtigen Hochwasser im Frühjahr 1954 gewaltig über seine Ufer. Bereits bestehende Pläne zum Hochwasserschutz gewannen dadurch wieder an Bedeutung, noch zumal die Industrie, allen voran die SDAG Wismut, immer mehr Wasser brauchten.

Einmarinierte Heringe: 2 Möhren und 1/2 Sellerieknolle halb weich kochen. 12 gewässerte Salzheringe enthäuten und entgräten (oder Heringsfilet nehmen) und mit dem klein geschnittenen Gemüse (Möhren, Sellerie, 4 Zwiebeln, 2 saure Gurken, 1 Apfel) und den Gewürzen (2 Lorbeerblätter, 1 TL Senfkörner, 12 Pfefferkörner, 14 Pimentkörner) in eine Schüssel schichten. Aus saurer Sahne, Mayonnaise, Zucker, etwas Essig, Worcestersauce und Pfeffer rühren Sie eine Marinade, gießen Sie über die eingelegten Fische und lassen alles 24 Stunden ziehen. Dann wird mit Pellkartoffeln serviert.

1958 wurde der erste Spatenstich für die künftige Mauer gesetzt, und die Pöhler Bewohner zogen nach Jocketa, Plauen und Herlasgrün um.

Der Ortsteil **Jocketa** hat sich zum Zentrum der Gemeine entwickelt, da er günstig im Norden des Stausees liegt. Gerade zu Zeiten der DDR war die Talsperre Pöhl ein beliebter Erholungs- und Ausflugsort, leicht mit der Eisenbahn zu erreichen, umgeben von vielen Bungalowdörfern und Bademöglichkeiten.

Die **Talsperre Pöhl**, 1958-64 gebaut, staut die Trieb mit einer gekrümmten Gewichtsstaumauer aus Beton. Das "vogtländische Meer" ist 5,8 km lang (Uferlinie ca. 25 km), die überstaute Fläche beträgt 425,2 ha und sie ist vom Speicherraum her die zweitgrößte Talsperre in Sachsen. Im Südosten des Stausees liegen zwei Vorsperren.

Auch heute tummeln sich im Sommer bei schönem Wetter viele Erholungssuchende und frequentieren eines der vielseitigen Freizeitangebote, wie Badestrände & Naturfreibad, Bootsverleih, Segel- und Surfschule, Kletterwald, den Sportpark Sachsen und die beiden Motorschiffen "Pöhl" und "Plauen".

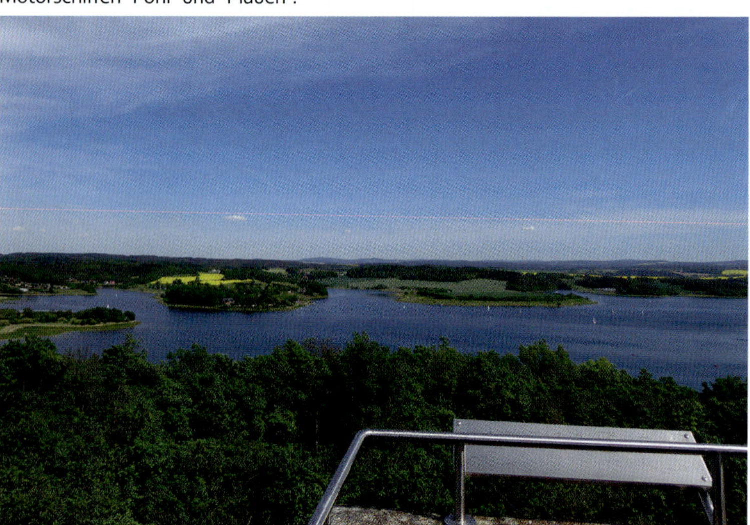

Blick vom J. Mosen-Turm auf die Talsperre Pöhl

Der zweite Hauptanziehungspunkt ist die **Elstertalbrücke**, sozusagen die kleine Schwester der Göltzschtalbrücke. Die zweitgrößte Ziegelsteinbrücke der Welt, wie die Göltzschtalbrücke ein Werk des Ingenieursduos Schubert und Wilke, ist Teil der Bahnstrecke Leipzig-Hof. 12 Millionen Ziegelsteine bilden mit zwei Etagen und fünf Pfeilern in der untersten Etage die 68 m hohe Brücke über die Weiße Elster. Sie ist 279 m lang und die größte Spannweite eines Bogens beträgt 31,1 m.

Was Sie heute sehen, ist eine Rekonstruktion, denn kurz vor Ende des Zweiten Weltkrieges wurde die Brücke Mitte April 1945 von der deutschen Wehrmacht gesprengt. Nach einer zwischenzeitlichen Stahlkonstruktion war der Wiederaufbau der zerstörten Ziegelbögen im Herbst 1950 beendet.

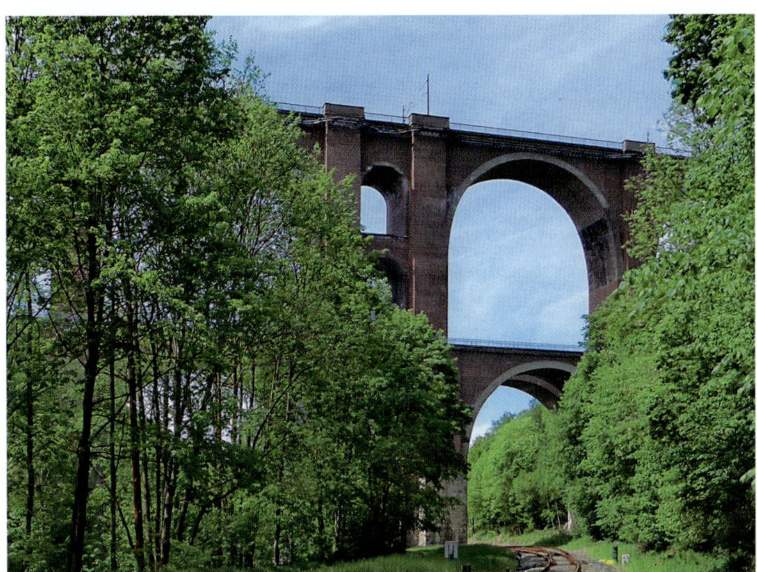

Elstertalbrücke

Eine gute Sicht auf die Brücke haben Sie vom 435 m hohen **Eisenberg** mit dem **Julius Mosen-Aussichtsturm**. 1882 wurde hier ein hölzerner Aussichtsturm errichtet, der 1897 durch den steinernen Charlottenturm ersetzt wurde. Dieser Turm wurde 1953 in Julius-Mosen-Turm umbenannt, um dem Dichter Julius Mosen ein Denkmal zu setzen. Julius Mosen kennen Sie nicht? Der Schriftsteller wurde 1803 in Marieney zwischen Oelsnitz und Adorf geboren und machte sich einen Namen als Dichter des Andreas-Hofer-Liedes "Zu Mantua in Banden", dass seit 1948 die offizielle Hymne des österreichischen Bundeslandes Tirol ist

Syrau *1.500 Einwohner* *461 hm* Tour 29 & 30

Ein Besuch lohnt sich, denn das kleine Syrau kann mit der größten Tropfsteinhöhle in Sachsen und mit der einzigen Windmühle des Vogtlandes aufwarten!

1928 wurde bei Arbeiten im Steinbruch zufällig eine 550 m lange Höhle entdeckt und in kurzer Zeit wurden 350 m für den Publikumsbesuch zugänglich gemacht. In einem Karstgebiet können Sie die verschiedenen Räume mit Tropfsteinen, Lehmgebilden und Sinterobjekte der **Drachenhöhle** im Rahmen einer 40 Minuten dauernden Führung entdecken. Die prägnantesten Formationen haben blumige Namen wie "Gardine" oder "Elefantenohr. Im 40 Meter langen und bis zu 9 Meter hohen Kuppelraum "Walhalla" wird in den Sommermonaten eine magische Lasershow gezeigt.

In der "Oberwelt" über der Höhle ist der schöne 2 ha große Höhlenpark im ehemaligen Kalksteinbruch mit alten Bäumen, einer Freilichtbühne, dem Kinderspielplatz, dem Erlebnispark und dem Kiosk sehenswert.

Der Lindwurm von Syrau. Vor langer Zeit hauste im Walde von Syrau ein schrecklicher Lindwurm, der gerne Mensch und Vieh fraß. Verständlicherweise gefiel das den Syrauern nicht und sie verabredeten mit dem Drachen, dass er alle fremden Wanderer fressen dürfe, wenn er dafür die Syrauer in Ruhe lässt. Das ging eine Zeitlang gut, aber dann trauten sich keine fremden Wanderer mehr durch den Wald und der Drache fraß in seinem Hunger wieder die Einheimischen.

Tag und Nacht flehten die Bewohner des Dorfes vergeblich den Himmel um Hilfe an. Sie begannen, die Opfer für den Drachen auszulosen. Eines Tages fiel das Los auf die einzige Tochter des reichsten Bauern, die überall sehr beliebt war.

Ihr Bräutigam sann nach einem Ausweg. Als das Mädchen am Morgen zum Drachen gebracht werden sollte, kam ihnen der Bräutigam entgegen, der den mächtigen, schuppigen Leib des Lindwurms hinter sich her schleifte. Aus Liebe hatte er das Untier im Schlaf getötet. Nun war die Plage vorbei und wenn sie nicht gestorben sind, dann freuen sich die Menschen noch heute über die Tat des mutigen Jünglings.

Die etwa zwei Kilometer nördlich von Syrau gelegene **Holländerwindmühle** wurde Ende des 19. Jh. errichtet und ihre zwei Mahlgänge waren bis 1929 aktiv. Seit 1982 dient sie als Museum für das Müllerhandwerk. Manchmal drehen sich auch heute noch die 9 m hohen Flügel, bzw. Ruten, um Besuchern einen authentischen Eindruck zu vermitteln, z.B. am Deutschen Mühlentag, der immer am Pfingstsonntag stattfindet.

Am Klappern kann man nicht erkennen, wie die Mühle mahlt *(Sprichwort).*

Im 17. Jh. war die **Holländerwindmühle** das non-plus-ultra der Technik,sozusagen der König der Mühlen, denn bei diesem Mühlentyp wird nur noch die beflügelte Dachkappe mithilfe des Steert oder der Windrosen in den Wind gedreht, nicht mehr wir früher, die gesamte Mühle. Die Vorteile sind eine höhere Leistung und ein stabileres und höheres Mühlengebäude mit größeren Lagerflächen. Unterhalb des Steert läuft eine Galerie entlang, die die Bedienung der Flügel möglich macht. Ihre Blütezeit hatte die Holländerwindmühle im 19. Jh., bis die Entwicklung von Dampfmaschinen, Motoren und Elektrifizierung die Windkraft alt aussehen ließ. 9.000 solcher Mühlen gab es damals in Holland, 1943 waren es noch 1.400, heute drehen sich noch knapp 700. In Deutschland sind es rund 1.400 Wind- und Wassermühlen, die jährlich zum Deutschen Mühlentag am Pfingstmontag ihre Mühlen für Besucher öffnen.

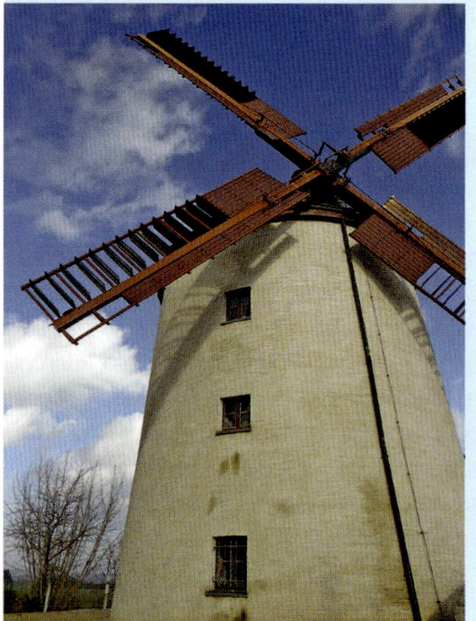

Holländerwindmühle bei Syrau

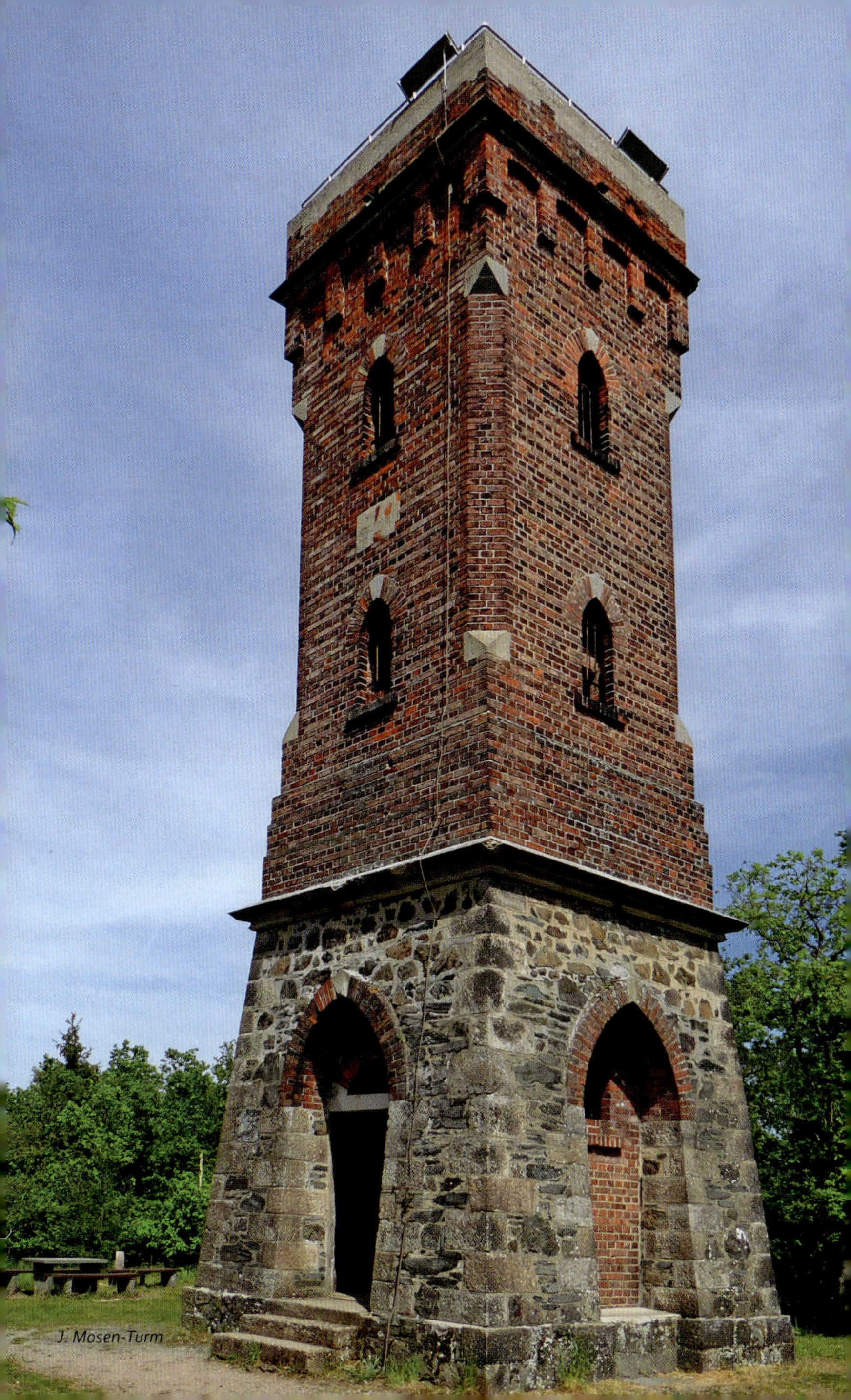
J. Mosen-Turm

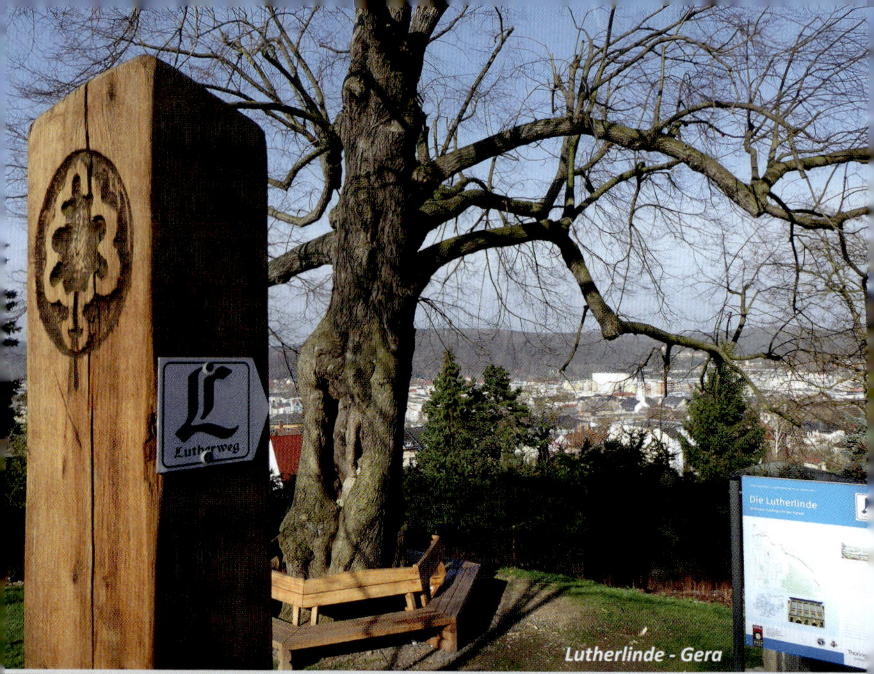

Lutherlinde - Gera

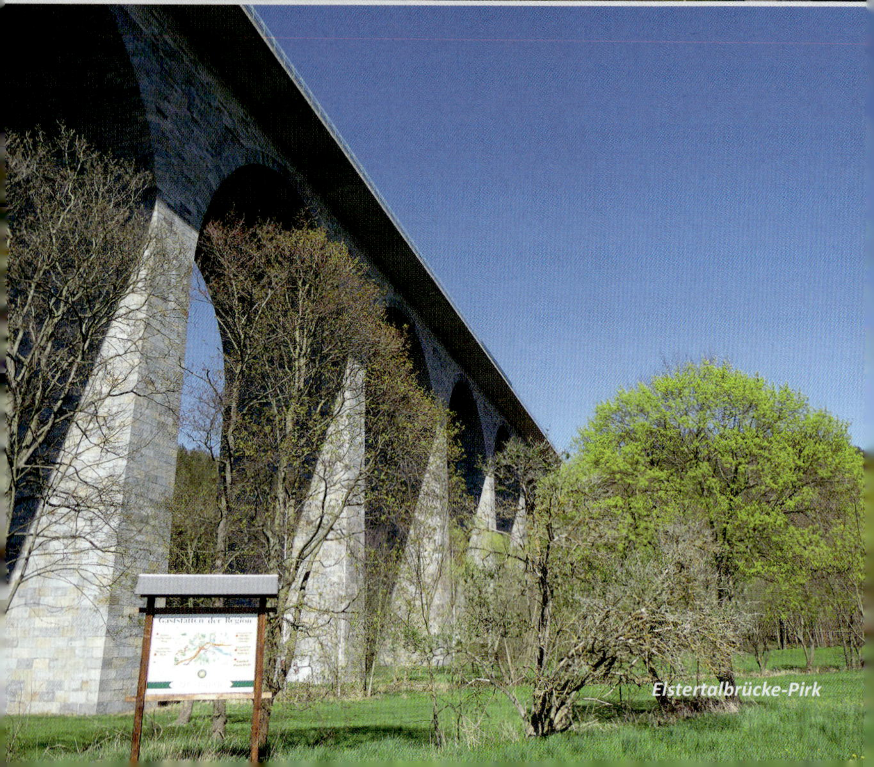

Elstertalbrücke-Pirk

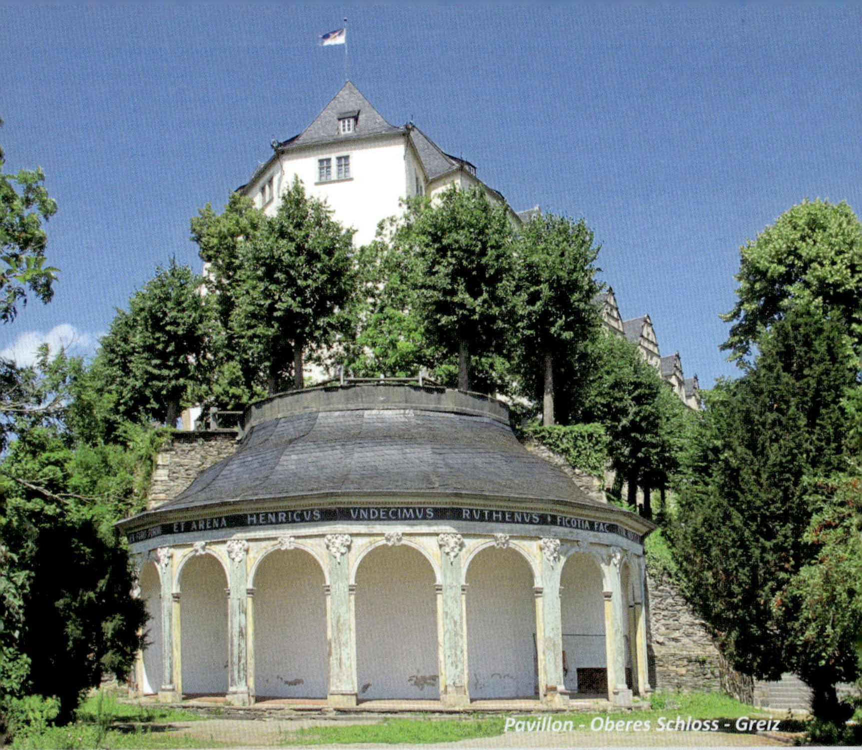

Pavillon - Oberes Schloss - Greiz

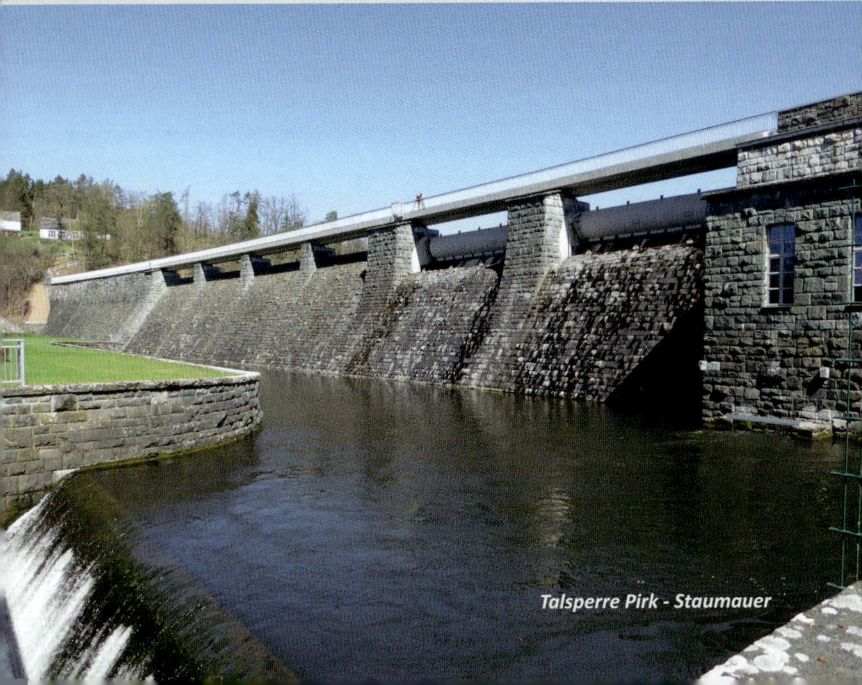

Talsperre Pirk - Staumauer

Reiseteil

Thüringer Meer & Plothener Teiche

- Reiseziele von A bis Z
- Burgen, Schlösser
- Baudenkmäler
- Kulturschätze
- Sehenswertes
- Spaziergänge
- Naturparks
- Kirchen

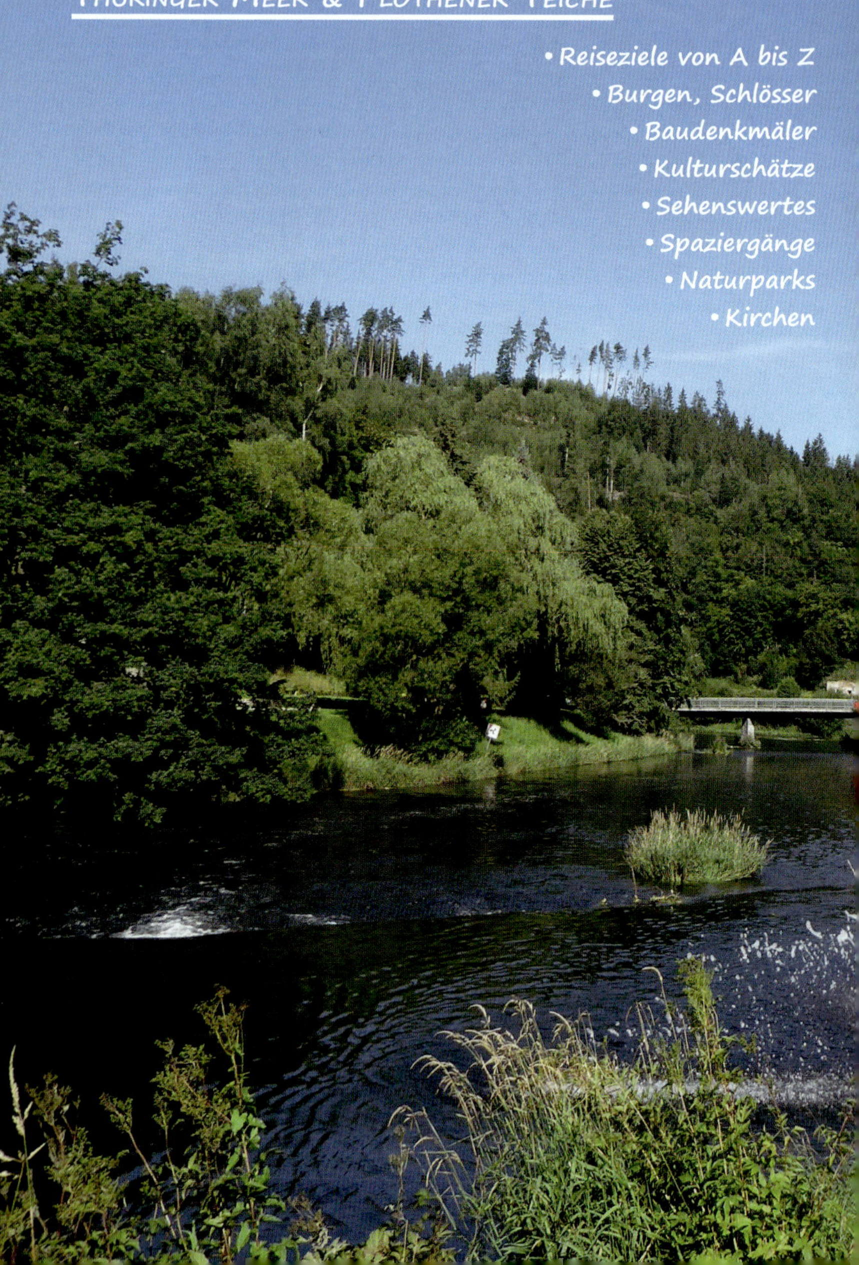

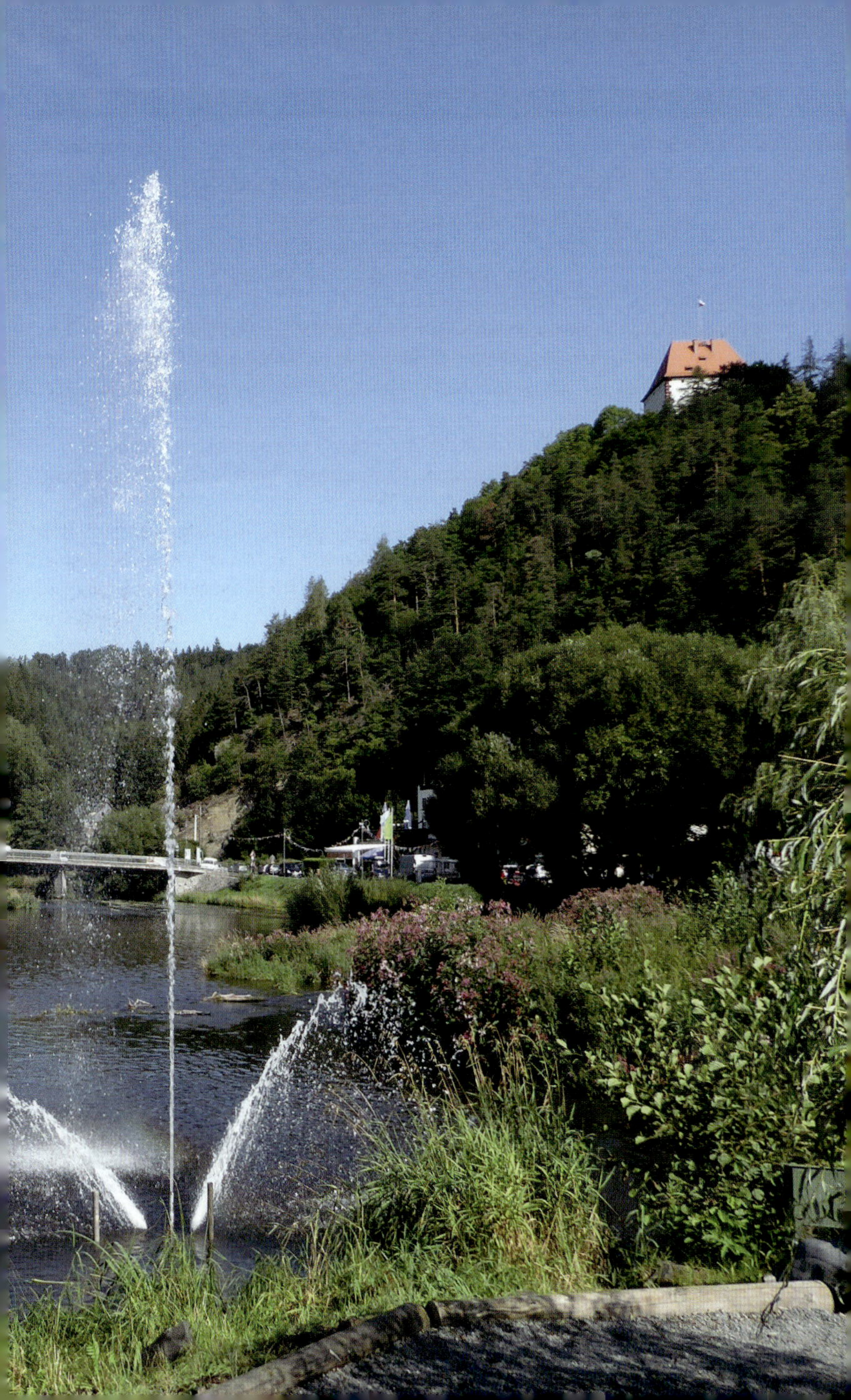

Das Thüringer Meer & die Saale

Mer kann sich gar nech satt dran sih: De lieben grinen Barge
De Felder voller Korn on Klie on Bäme wie de Wärche;
De Därferchen su blitz on blank, die Garten alle längelang,
on mettelwend de Saale.
Anton Sommer, Thüringer Dialektdichter

Ein Meer im Wald - 5 Stauseen schlängeln sich als 80 km langes **Thüringer Meer** durchs Schiefergebirge zwischen Saalfeld und Blankenstein. Entlang der Saale wurde hier bereits in den 1930er Jahren Europas größtes zusammenhängendes Stauseegebiet aufgestaut.

Das System der **Saalekaskade** dient der Stromgewinnung und der Hochwasserregulierung und besteht aus dem Bleilochstausee, den Talsperren Burgkhammer und Walsburg, dem Hohenwartestausee und der **Talsperre Eichicht**.

Die **Bleilochtalsperre**, benannt nach früheren Bleigruben, ist Deutschlands größter Stausee - 28 km lang mit einem Fassungsvolumen von 215 Mio. m³. Um so viel Wasser zu halten, braucht es eine kräftige Staumauer. 180.000 m³ Beton wurden verbaut, am Fuß ist sie 65 m hoch, 47 m breit, die Krone ist 7,2 m breit und 205 m lang und der Krümmungsradius beträgt 300 m. Die Talsperre wurde zwischen 1926 und 1932 von Arbeitslosen aus allen Teilen Thüringens und Sachsens errichtet.

Unterhalb der Staumauer schließt sich die **Talsperre Burgkhammer** als Unter- oder Ausgleichsbecken mit einer Länge von 6,5 km und einer geraden Mauer mit 122 m Länge und 22 m Höhe an. Ebenfalls als Unterstaubecken mit einer Gewichtsstaumauer dient die **Talsperre Walsburg**.

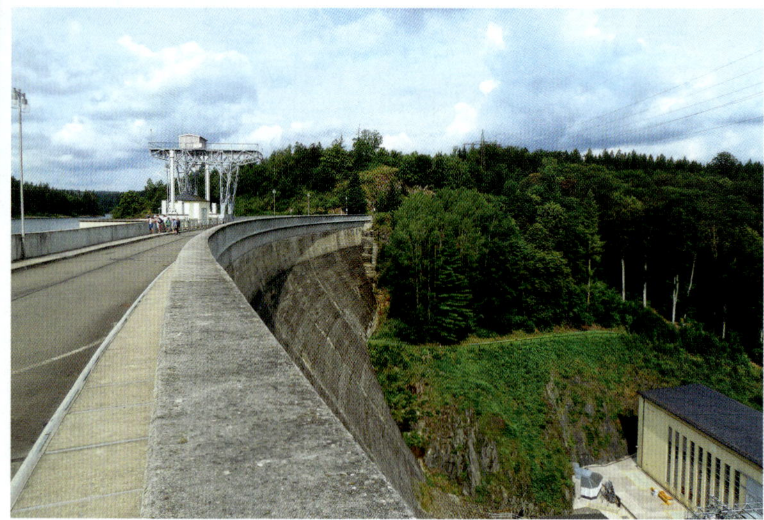

Sperrmauer - Bleilochtalsperre

Eine 75 m hohe Mauer mit 472 m Länge staut die 182 Millionen Kubikmeter Wasser des **Hohenwarte Stausees** auf 27 km Länge - das ist die zweitgrößte Talsperre der Kaskade, deutschlandweit die viertgrößte.

Mit dem Stausee-System der Firma Vattenfall werden in vier Pumpspeicherkraftwerken und mehreren Speicherkraftwerken insgesamt über 470 Megawatt Energie gewonnen.

Soweit die Zahlen! Das Thüringer Meer hat aber auch noch eine andere Dimension - es ist mit seiner großen landschaftlichen Schönheit ein Urlaubs- und Freizeitparadies ersten Ranges. In allen Gewässern können Sie angeln, denn darin tummel sich Bach- und Regenbogenforellen, Zander, Hechte, Welse, Barsche und Karpfen.

Rund um den Bleiloch und Hohenwarte Stausee gibt es Verleihstationen für Motorboote, Möglichkeiten zum Rudern, Tauchen oder Wasserskifahren. Wasserwanderer finden hier ihr Revier, egal, ob sie lieber in ruhigen Gewässern paddeln oder temporeiche Strecken wollen. Viele Badestellen in Saalburg, Kloster, der Remptendorfer Bucht, Zoppoten, Portenschmiede, Alter, Droschkau, Hopfenmühle und Gössitz bieten Ihnen die Möglichkeit zum Schwimmen und plantschen.

Für Wanderer empfehlen wir den **Hohenwarte Stausee Weg**, er führt auf vier Etappen, mit einer Gesamtlänge von rund 76 Kilometern, rings um die Talsperre und bietet Ihnen immer wieder faszinierende Panoramablicke auf das Thüringer Meer. In Saalburg, Gräfenwarth oder an der Staumauer können Sie eine ca. 22 km lange Runde um den nördlichen Teil der Bleilochtalsperre starten.

Und diejenigen, die die Landschaft als prächtige Kulisse vom Liegestuhl aus an sich vorbei gleiten lassen wollen, gehen an Bord des ersten Kabinenschiffs in Deutschland auf einem geschlossenen Gewässer, der "MS Bad Lobenstein". Sie fährt seit 2007 auf der Bleilochtalsperre ab Saalburg. Auf dem Hohewarte-Stausee bringen Sie drei charmante Ausflugschiffe zu den schönsten Buchten des Meeres. Außerdem erfreuen eine Reihe von Dörfern mit schönem Ortsbild das Auge, z.B. Neidenberga, Kaulsdorf, Drognitz, Altenbeuthen, Bucha oder Reitzengschwenda.

Eine Studie zum Thema Wassertourismus von 2014 beklagt, dass Thüringen nicht an das Wasserstraßennetz für größere Motorboote oder Motorjachten angeschlossen ist. Wir finden das gut so, denn die Ruhe und Beschaulichkeit am Thüringer Meer ist ein großer Aktivposten!

Die Saale

Das blaue Band der Saale zieht sich über 413 km von der Quelle im Fichtelgebirge bei Zell bis zur Mündung bei Barby in die Elbe. An ihren Ufern breiten sich wunderbare Landschaften aus, die alle eine Reise wert sind: der Frankenwald, das Thüringer Meer, die Muschelkalkhänge bei Jena, der Saale-Canyon zwischen Jena und Naumburg und die Weinbaugebiete bei Naumburg.

Noch im 10. Jh. war die Saale die Grenze zwischen dem Frankenreich und dem Land der Sorben. Diese Rolle als Grenzfluss wird besungen im Volkslied "An der Saale hellem Strande stehen Burgen stolz und kühn", denn über 60 kleine und große Burgen säumen den Fluss. Ihre großen linken Nebenflüsse sind Schwarza, Ilm, Unstrut, Wipper und Bode, die rechten Orla und Weiße Elster.

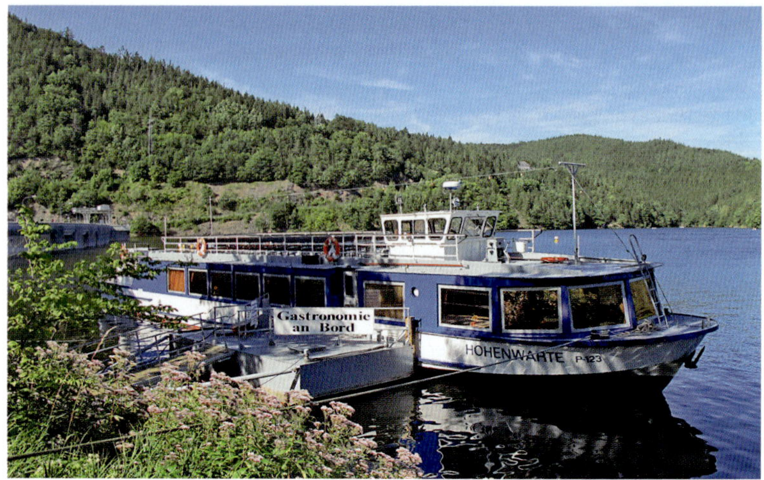

Ausflugschiff - Hohenwarte

An der unteren Saale bis zur Mündung in die Elbe finden wir ursprüngliche Auenwälder mit ihrer reichhaltigen Fauna, z.B. brüten hier ca. 50 Vogelarten.

Ab dem 13. Jh. weiß man von Schifffahrt auf der Saale, zuerst unterstützt von hölzernen Schleusen, die im 17. Jh. durch steinerne ersetzt wurden. Für Schiffe mit 1.000 Tonnen kann die Saale von ihrer Mündung bis Halle-Trotha befahren werden.

Burgk *90 Einwohner* *420 hm* **Tour 36**

Auch ein Rekord - Burgk mit den Ortsteilen Isabellengrün und Burgkhammer ist mit etwa 6 Einwohnern pro km² die am dünnsten besiedelte Gemeinde in Thüringen. Aber der Ort war nicht unbedeutend, denn von 1596-1697 war er Residenzort der Herrschaft Reuß-Burgk.

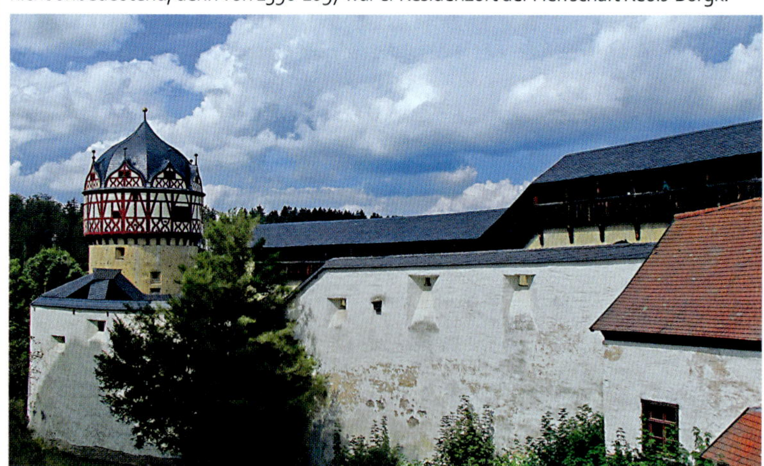

Roter Turm - Schloss Burgk

Diese Herrschaften hatten im **Schloss Burgk**, das schon von den Vögten von Gera Anfang des 15. Jh. auf einem Felsen in wehrtechnisch günstiger Lage gebaut wurde, den Mittelpunkt ihres kleinen, nur aus wenigen Dörfern bestehenden Territoriums. Ab dem 17. Jh. wandelte sich der Charakter der Burg durch Umbauten (Ostturm abgerissen, Fenster verbreitert, Parkanlage) zum Schloss. Trotzdem sind die ursprünglichen Bestandteile der Burg wie Palas, Bergfried und Brücken noch komplett erhalten. Der Rote Turm ist mit einer Fachwerkhaube im Stil der Spätrenaissance gekrönt. Den Turm konnte man nur durch einen besonderen Wehrgang erreichen. Ab 1697 diente das Schloss als Sommer- und Jagdschloss, wurde aber immer gepflegt und renoviert, so dass die Räume noch heute einen guten Einblick in das Leben auf dieser Burg erlauben. Im Kleinen Saal gibt es kostbaren Stuck und Wandgemälde im Stil von Antoine Pesne, der Rote Salon, Chinasalon und Musiksalon wurden mit kostbaren Seidentapeten, Stuck und Kristallleuchtern eingerichtet. Kommt Ihnen das Ambiente bekannt vor? Nun, das schöne Schloss war in vielen Filmen eine stimmige Kulisse, so z.B. "Im Himmel ist doch Jahrmarkt", "Die Mutprobe", "Das Wasserschloss" (3. Teil des Fernsehfilms "Das unsichtbare Visier"), "Abenteuer Mittelalter - Leben im 15. Jahrhundert" oder "Die goldene Gans".

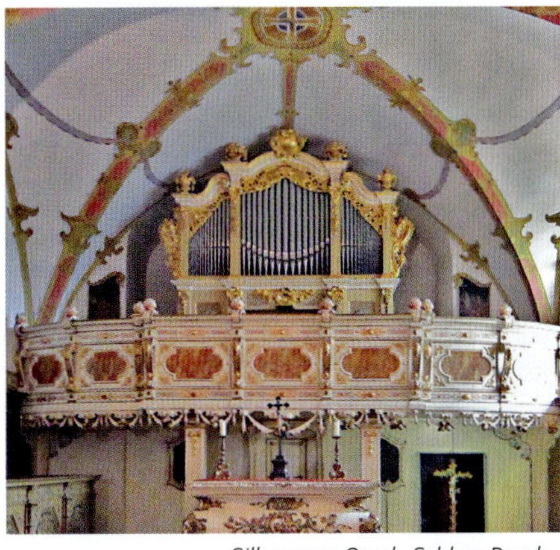

Silbermann Orgel - Schloss Burgk

Der bekannte Orgelbauer Silbermann installierte 1743 in der Kirche eine Orgel, die noch heute nahezu unverändert ist. Orgelkonzerte, Musikvorstellungen im Schlosshof, Puppentheater, ein Mittelalterfest und der Weihnachtsmarkt machen einen Schlossbesuch noch attraktiver.

Der **Sophienpark**, eine spätbarocke Gartenanlage, wurde von Fürst Heinrich III. (1701-68) zu Ehren seiner Mutter Sophie Elisabeth im französischen Stil angelegt. Später kam der englische Garten mit den beeindruckenden Statuen dazu. Eine Augenweide ist das **Sophienhaus**, ein achteckiger, lichter Rokokopavillon.

Im Staatlichen Heimat- und Schlossmuseum können Sie herrschaftliche Kunst- und Gebrauchsgegenstände bewundern, aber

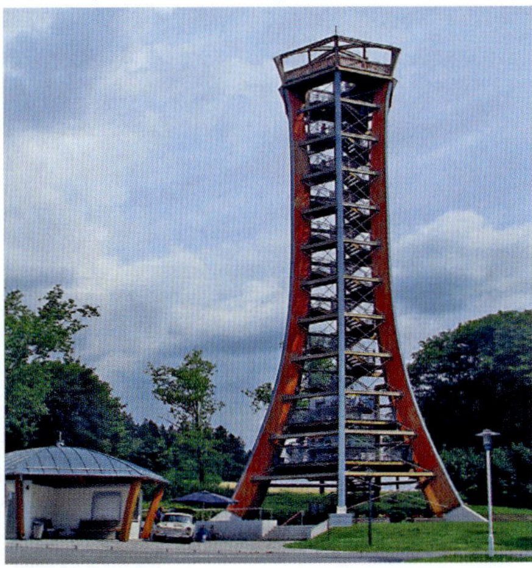

Saaleturm - Burgk

auch eine Exlibris-Sammlung, eine Bibliothek und die Sammlung Künstlerbücher. Wenn Sie Schloss, Fluss und Talsperre von oben erleben möchten, so steigen Sie über die 192 Stufen auf den 2011 errichteten 43 m hohen **Saaleturm**. Der Turm ist eine raffinierte Holzkonstruktion um eine Stahlstütze herum.

Ebersdorf *1.050 Einwohner 520 hm*

Seit 2003 gehört Ebersdorf verwaltungsmäßig zu Saalburg. Es ist heute nur noch in Ansätzen zu erkennen, dass Ebersdorf von 1678 bis 1848 Residenz des Fürstentums Reuß-Ebersdorf war. Ein Mitglied der fürstlichen Familie, Erdmuthe Dorothea, heiratete 1722 den pietistischen Theologen Graf Zinzendorf, den Gründer der **Herrnhuter Brüdergemeine**. Deshalb siedelten sich auch in Ebersdorf Mitglieder dieser Glaubensgemeinschaft an und gaben dem Ort das typische Aussehen der Herrnhuter Siedlungen. Um einen zentralen Platz (Zinzendorf-Platz) gruppieren sich das Kirchgebäude, Brüderhaus, Schwesternhaus, Witwenhaus, der ehemalige Gasthof und Wohngebäude. Außerdem gibt es einen historischen Friedhof. 1745 lebten hier 400 Herrnhuter Brüder und Schwestern, heute sind es 100.

Mehr als ein Weihnachtsstern - die Herrnhuter Brüdergemeine. *Im 15. und 16. Jh. entstand in Böhmen auf der Basis des reformatorischen Gedankengutes des Theologen Jan Hus die Gemeinschaft der "böhmischen Brüder", die für die damalige Zeit radikale Auffassungen von Religion und Gesellschaft vertraten. Vor allem zur Zeit der Gegenreformation nach dem Dreißigjährigen Krieg wurden sie unterdrückt und verfolgt. Der vom Pietismus beeinflusste Reichsgraf Nikolaus Ludwig von Zinzendorf (1700-60), der in Berthelsdorf in der Oberlausitz lebte, nahm viele der Flüchtlingsfamilien bei sich auf und förderte die Gründung einer eigenen Ansiedelung, Herrnhut genannt.*

Einige der Familien zogen weiter, so dass an anderen Orten, wie z.B. in Böhmisch-Rixdorf (Berlin-Neukölln) neue Gemeinen entstanden. Außerdem sorgte eine weltweite Missionsarbeit für Verbreitung. In Deutschland gibt es heute etwa 5.600 Mitglieder, in Europa 22.800, weltweit 1.066.500. Die Gemeinschaft hat verschiedene Namen: Herrnhuter Brüdergemeine (kein Schreibfehler!), Unitas Fratrum, Erneuerte Brüder-Unität, Evangelische Brüder-Unität oder Abwandlungen davon.

In der Lehre unterscheiden sich die Böhmischen Brüder heute nicht wesentlich von anderen protestantischen Kirchen. Jedes Mitglied soll die Bibel lesen und für das eigene Leben interpretieren; im Mittelpunkt stehen das aktive Gemeindeleben, die Liebe zu Jesus und das Wirken des Heiligen Geistes. Die Anhänger, die in den Versammlungen, bzw. Gottesdiensten mit vielen gesungenen Liedern ihren Glauben ausdrücken, verstehen das ganze Leben als Gottesdienst.

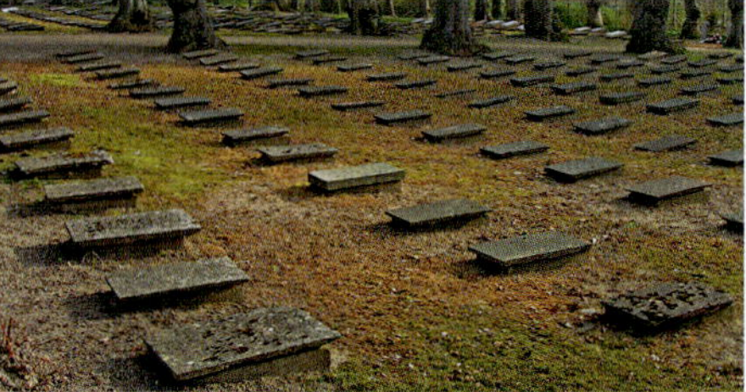

Gottesacker - Brüdergemeine

Da in der Fürstenfamilie Reuß durch Erbteilung mal wieder eine neue Linie entstanden war, wurde ein neues Residenzschloss als Wohn-, Verwaltungs- und Repräsentationsort gebraucht. Deshalb wurde **Schloss Ebersdorf** auf dem Gelände einer alten Wasserburg von 1690 bis 1693 im Stil des Barock gebaut. Hundert Jahre später wurde die klassizistische Säulenfassade gestaltet. Bis zur Enteignung 1945 war es im Besitz der Familie Reuß, dann wurde es bis 2000 als Altersheim genutzt. Zurzeit steht es leer, denn die, die es haben wollen, können es sich nicht leisten und die, die es sich leisten könnten, wollen es nicht haben. Vielleicht haben Sie ja ein bisschen Geld übrig und ein passendes Nutzungskonzept in der Schublade?

Das Schönste am Schloss, das mit seiner etwas maroden Fassade im Dornröschenschlaf liegt, ist im Moment der frei zugängliche **Garten** mit der schönen Orangerie (Veranstaltungssaal), dem Teehäuschen und dem Teichhäuschen und der 1931 von Ernst Barlach entworfenen, berührenden Grabstelle der Familie Reuß. Das Gelände wurde ab 1710 zuerst als formaler Schlosspark, dann im Stil eines Landschaftsgartens gestaltet. Es ist sehr erholsam, auf dem 2016 angelegten Baumlehrpfad durch den Park zu spazieren und en passant Wissenswertes über den Baumbestand und die Besonderheiten der dort wachsenden Gehölzarten zu erfahren.

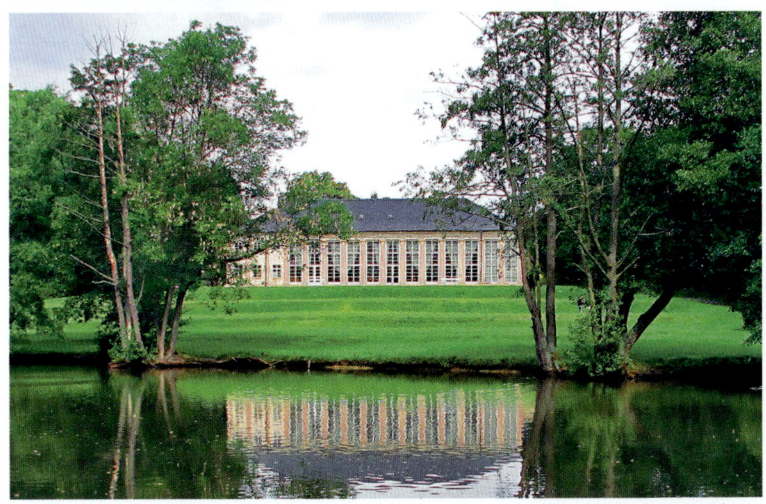

Orangerie Schloss Ebersdorf

Gräfenwarth *380 Einwohner* *464 hm* Tour 36 & 37

Der Ortsteil von Schleiz vermittelt ein zeitloses Bild bäuerlichen, bescheidenen Wohlstandes. Die verkehrsmäßig gut angebundene Lage direkt am östlichen Ende der Bleilochtalsperre und am Rand des Thüringer Schiefergebirges bietet gute Voraussetzungen für einen sanften Tourismus.

Den Dorfteich flankieren schmucke, gut hergerichtete Gehöfte mit mächtigen Toren in geschlossener Bebauung. Wie es hinter den Toren ausschaut, sehen Sie, wenn Sie im gemütlichen **Hofcafé** einkehren.

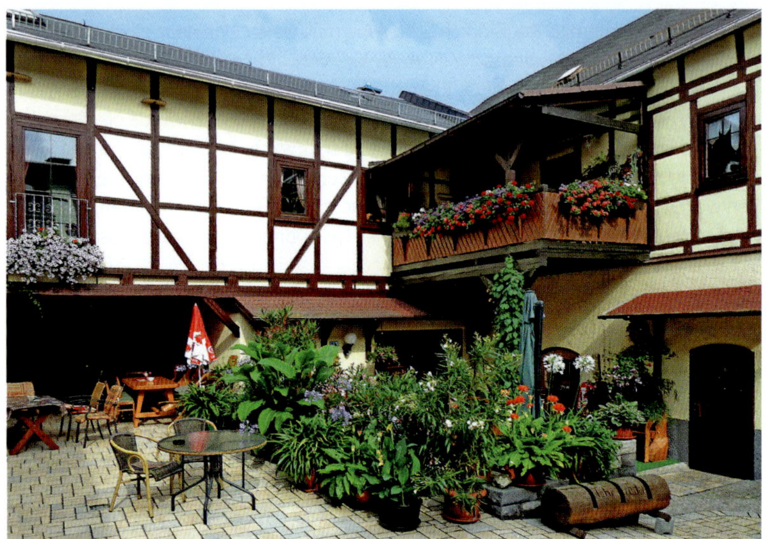

Hofcafé Gräfenwarth - Innenhof

Jahrhundertelang lebten die Bewohner von der Landwirtschaft, bis, begünstigt durch die Lage an der Mündung der Wettera, einige Hammerwerke zur Eisen- und Stahlproduktion entstanden. Der Heinrichstaler Hammer arbeitete bis 1880, das Eisenhammerwerk Christians- oder Sophiental bis 1834.

Sehenswert ist die **Dorfkirche St. Martin**, die 1702 eine gotische Kirche ersetzte. Das Interieur der Kirche ist ziemlich unverändert aus dem 18. Jh. erhalten geblieben. Die Bemalung in Rot und Ocker auf Weiß wurde 1759 angebracht. Von 1784 stammt der prächtige Altar. Bemerkenswert sind die neben dem Altar stehenden Kirchenstühle, die die Namen der Dorfhonoratioren tragen. 1771/72 entstand die Orgel der Geraer Orgelbauers Christian Ernst Friederici, die gut erhalten ist.

Zwischen Isabellengrün und Gräfenwarth liegt ein kleiner Yachthafen. Wer schon immer mal seine Kenntnisse über Pilze erweitern wollte, kann dies auf dem **Gräfenwarther Pilzlehrpfad** tun, der auf 6 km mit 13 Stationen spielerisch und interaktiv die Welt der Pilze nahe bringt. Der Rundweg beginnt am Wanderparkplatz am Ortseingang.

Eine Blüte der besonderen Art ist das **Naturdenkmal Steinerne Rose** zwischen Gräfenwarth und Saalburg. Die Natur hatte hier Lust, aus Diabas-Gestein im Laufe von 400 Millionen Jahren zu einer Rosenblütenform zu verwittern. 2013 wurde das Naturdenkmal bei einer Umfrage der Heinz Sielmann Stiftung aus 21 Kandidaten zum zweitschönsten Naturwunder Deutschlands gewählt.

Der Mensch nutzt Diabas für Fassaden, Bodenbelag oder Schotter und deshalb befindet sich bei der Steinernen Rose der Steinbruch Loitsch, der im Jahr etwa eine halbe Million Tonne Diabas produziert.

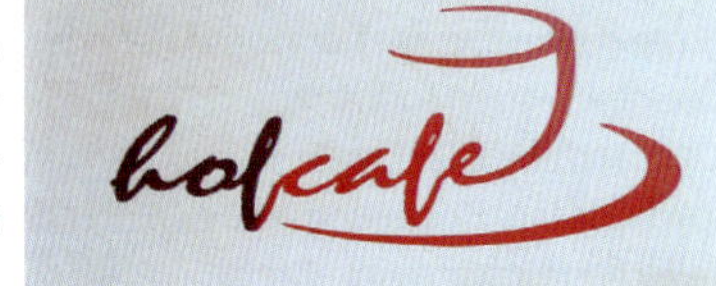

Reiseteil

Hohenwarte *170 Einwohner* *271 hm* **Tour 38 & 39**

Hier bestimmte schon immer die Nutzung der Wasserkraft der Saale den Alltag der Menschen, denn bevor der Bau und der Betrieb des Pumpspeicher-Kraftwerks Hohenwarte II begann, das Aussehen und das Leben des Ortes zu bestimmen, war Hohenwarte ein Dörfchen, dass von Mühlenbetrieben geprägt wurde.

Heute ragen die 8 Rohre des Pumpspeicherwerks mächtig über dem Ort auf, der fast nur aus den Neubaublöcken zu bestehen scheint, die für die Arbeiter des Werkes gebaut wurden - immerhin lebten in den 1960'er Jahren hier über 300 Einwohner. Das ergibt ein Ortsbild mit einem ganz speziellen Charme.

Die Pumpspeicherwerke Hohenwarte bestehen aus den beiden **Pumpspeicherwerken Hohenwarte I & II** mit den Talsperren Hohenwarte und Talsperre Eichicht sowie dem Oberbecken Hohenwarte II. Hohenwarte II ging 1966 in Betrieb und ist das letzte der Saalekraftwerke. Bleiloch, Wisenta, Hohenwarte I gab es schon Mitte der 60'er Jahre. Ein komplexes System von Ober- und Unterbecken, Staumauern und die acht am Berg verlegten, 700 Meter langen Rohre, die den See auf dem Berg mit dem Maschinenhaus im Tal verbinden, sorgen für stabile Wasserkraft. Und die wiederum sorgt dafür, dass uns der Strom nicht ausgeht!

Hohenwarte I bringt mit drei Maschinensätzen ca. 63 Megawatt, Hohenwarte II schafft 320 Megawatt und ist so das größte Wasserkraftwerk an der Saale.

Am Saale-Ufer kommen Wassersportler und Erholungssuchende voll auf ihre Kosten, denn in der Saale können Sie fliegenfischen, im Thüringer Meer angeln, es gibt einen Minigolfplatz und viele schöne Wanderwege. Mehrere Anlegepunkte der Saaleschifffahrt laden zu Bootstouren auf dem Stausee ein. Es ist immer wieder faszinierend, die zuvor erwanderte Landschaft vom Wasser aus zu sehen!

Vom Wasser zum Strom - das Pumpspeicherwerk.

Bei einem Pumpspeicherkraftwerk sind ein Oberbecken (bzw. das Speicherbecken) und ein Unterbecken mit meterdicken Rohren verbunden.

Am unteren Ende der Rohre befindet sich das eigentliche Kraftwerk. Wenn Strom benötigt wird, stürzt Wasser aus dem Speicherbecken durch die Rohre hinunter und fließt durch eine Turbine, die wiederum den Motor-Generator antreibt.

Der so im Generator hergestellte Strom wird ins Netz eingespeist. Wenn weniger Strom gebraucht wird, wird das Wasser in das Oberbecken gepumpt, um es später wieder zur Stromerzeugung zu nutzen. Bei modernen Werken sind Pumpen und Turbinen in einer Pumpturbine kombiniert, durch die das Wasser in beide Richtungen fließen kann.

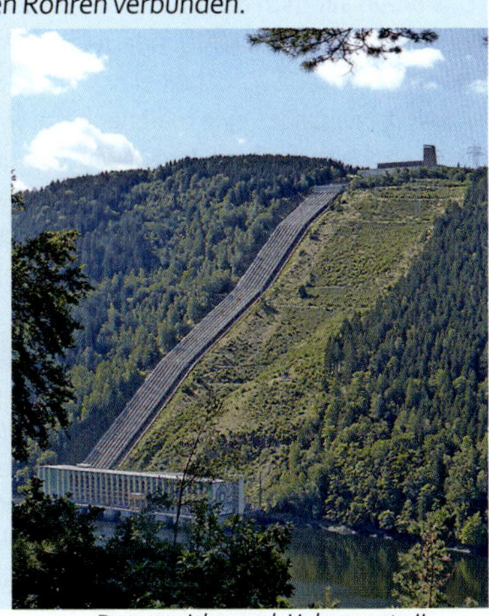

Pumpspeicherwerk Hohenwarte II

Hummelshain — *620 Einwohner 340 hm*

Mitten im wild- und waldreichen Nirgendwo zwischen den Gemeinden Hummelshain und Trockenborn-Wolfersdorf ließen sich die Thüringer Landesherren ein Jagdrevier anlegen und im Laufe der Jahre immer prächtiger ausbauen.

Von 1660 bis 1670 wurde anstelle eines Jagdhofes der wettinischen Kurfürsten ein Schloss unter der Regie von Herzog Friedrich Wilhelm II. von Sachsen-Altenburg gebaut, heute **Altes Schloss** genannt. Der eher einfache, dreiflügelige Barockbau wurde im Laufe der Jahre mehrfach umgestaltet. Im 18. Jh. fanden unter Herzog Friedrich I. von Sachsen-Gotha-Altenburg und dessen Nachfolgern viele prächtige Hofjagden auf Hirsche, Rehe, Wildschweine, Bären, Wölfe und Luchse statt.

Zur Attraktivität trug bestimmt auch die **Jagdanlage Rieseneck** bei, die ab der zweiten Hälfte des 16. Jh. in mehreren Etappen errichtet und immer wieder den Erfordernissen angepasst wurde. In einen großen Wildacker mit Futterplätzen mündeten Laufgräben und unterirdische Gängen. Am Ende der Gänge waren Nischen für die Jäger. Was Sie heute sehen, stammt aus der Zeit von 1712-35, z.B. die Steindächer. Später kamen Reitwege, Alleen, das Grüne Haus für die Unterbringung der Jagdgäste und das Blasehaus für den Wildwart und seine Gehilfen dazu. Auch der Film hat das malerische Ensemble entdeckt, denn 2009 wurden hier Teile des Kinofilms "Ein russischer Sommer" gedreht, der vom letzten Lebensjahr Leo Tolstois handelt.

Bis 1880 war das Alte Schloss Mittelpunkt der Jagd- und Sommerresidenz der Herzöge von Sachsen-Altenburg, dann entsprach es, durch einige Brände in Mitleidenschaft gezogen, nicht mehr den Ansprüchen. Was tun? Na klar, ein neues Schloss wird von 1880 bis 1885 gebaut, das sogenannte **Neue Jagdschloss** am nördlichen Ende des Schlossparks. Das Alte Schloss wurde als Gästehaus genutzt, nach 1945 war hier ein Erholungsheim, ein Tuberkulose-Kurheim und ein Senioren- und Pflegeheim. Ab 2007 in Privatbesitz, wurde das Schloss tüchtig saniert und bietet nun unter der Schlagzeile "Generationenwohnen im Alten Schloss" 17 Wohnungen und einen Veranstaltungssaal.

Das **Neue Jagdschloss** im Stil des Historismus war wohl der letzte Schlossneubau in Thüringen, bevor die jahrhundertelange Ära der Schlösser zu Ende ging. Der Architekt Eberhard von Ihne schuf hier ein Denkmal wilhelminischer Baukunst, bei dem Neogotik und Neorenaissance eine märchenhafte Symbiose eingehen. Für die Fassade wurde der nicht sehr haltbare Sandstein gewählt - wusste man schon, dass nicht mehr für Jahrhunderte gebaut wurde? Obwohl das Schloss so schön ist, kann niemand so recht was damit anfangen. Es gehört einem privaten Investor, der aber nicht investiert, und so wird der Komplex mit dem 48 m hohen Turm leider immer baufälliger.

Kaulsdorf — *2.500 Einwohner 240 hm* **Tour 39**

Bis zum 11. Jh. war die Elbe-Saale-Linie die Siedlungsgrenze zwischen den germanisch-deutschen Menschen westlich davon und den Slawen östlich davon. Erst im Zuge der Ostkolonisation , einer umwälzenden, 200 Jahre andauernden Bewegung, wurden die Gebiete östlich dieser Grenze systematisch von deutschen Bauern mal friedlich, mal kriegerisch in Besitz genommen. Die beliebteste Dorfform dieser Zeit war das **Angerdorf**, bei dem sich die Gehöfte um den zentralen Dorfplatz oder Anger, der Gemeinbesitz war, gruppierten.

Auch in Kaulsdorf wurden zu den ursprünglich sorbischen Gehöften im 12. und 13. Jh. neue Bauernhöfe entlang des durch den Wutschenbach geteilten Angers angelegt. Da der Ort günstig kurz vor den Toren der Handelsstadt Saalfeld lag, ließ 1150 der Graf von Orlamünde hier **Schloss Kaulsdorf** bauen, um seine Herrschaftsansprüche zu festigen. Entsprechen kompakt und zweckmäßig präsentiert sich der Bau auch noch heute als wohnturmartiger Komplex mit einem Halbrundturm an der kurzen Seite. Hier wurde verwaltet und verteidigt, nicht repräsentiert! An die Funktion als Burg erinnern noch Spuren eines Grabens, über den einst eine Zugbrücke ging. Wie für viele andere Schlösser und Burgen ging auch für Kaulsdorf im 19. Jh. eine Ära zu Ende und es wurde verkauft und von der Gemeinde als Armenhaus genutzt. Später diente es auch als Gasthaus und heute ist es in Privatbesitz.

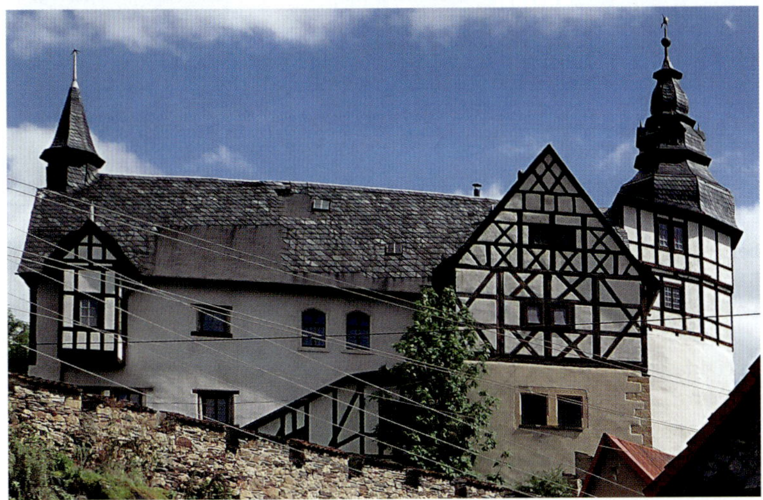

Schloss Kaulsdorf

Schloss Eichicht im Ortsteil Eichicht wurde in seiner heutigen Form erst Ende des 17. Jh. von der Thüringer Adelsfamilie von Beulwitz gebaut. Vorher stand hier zum Schutz der Saaleübergänge auf einem steil abfallenden Bergsporn unmittelbar über der Einmündung der Loquitz in die Saale seit dem 14. Jh. eine Burg, die vermutlich im Dreißigjährigen Krieg zerstört wurde. 500 Jahre bis zur Enteignung 1945 war die ursprünglich vierflügelige Anlage im Fachwerkstil im Besitz der von Beulwitz. Dann folgte eine Zeit als Altersheim, später Kinderheim und anschließend Lehrlingswohnheim; heute gehört das schön renovierte Schloss Eichicht einem Versicherungsmogul.

Knau *610 Einwohner* *450 hm* Tour 35

Knau ist ein gut erhaltenes Beispiel für ein Angerdorf, bei dem sich die Dorfstraße teilt und um den mit einem Löschteich bebauten Anger verläuft. Umgeben ist das Dorf auf der niederschlagsreichen Hochfläche des Südostthüringer Schiefergebirges von sehr lehmig-tonigen Böden mit mehreren Metern Stärke, eine Landschaftsformation, die die

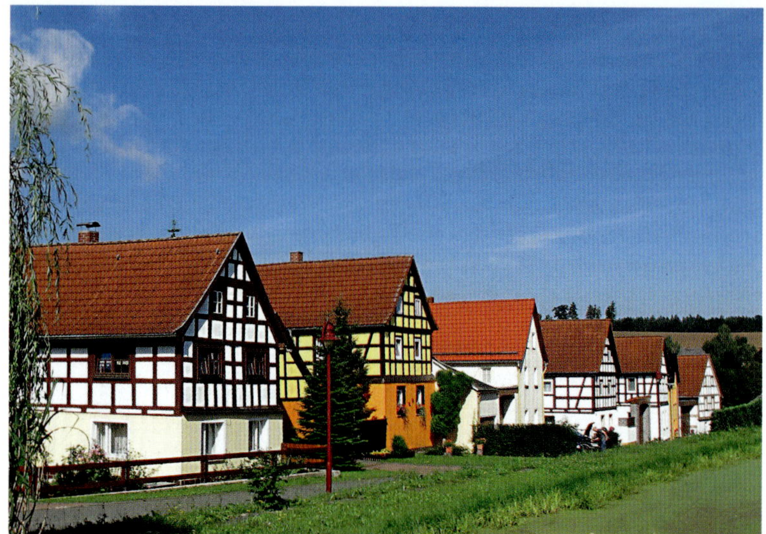

Anger Knau

besten Voraussetzungen für die Teichwirtschaft bot. Das erkannten auch die Mönche des Saalfelder Benediktinerklosters, die dort die Ersten Himmelsteiche (Teiche ohne Zu- und Abfluss, die nur vom Himmel gespeist werden) anlegten.

Neben der Teichwirtschaft bestimmte jahrhundertelang das Rittergut Knau das Leben des Dorfes. Die ältesten Bauteile (der Wohnturm) stammen aus dem 12./13. Jh., als ein Klosterhof entstand, der den Mönchen, die die Teiche pflegten, als Unterkunft diente. Was wir derzeit sehen, ist ein stockfleckiges Renaissance-Schloss mit achteckigem Treppenturm und einem spätbarocken Flügel, erbaut 1602 von Esaias von Brandenstein. Die historische Bausubstanz gibt Rätsel auf, lässt doch die Art und die Aufteilung der Räume keine wirkliche Aussage über ihre Funktion zu. Zwei große Säle über einem Küchengeschoss können als Repräsentations- und Festräume interpretiert werden, Wohnräume sind nicht zu erkennen. Nach dem zweiten Weltkrieg war Knau sozusagen fest in Schweinehand, denn bis 1990 standen Schweine und Rinder in den Gutsställen, während im Herrenhaus verschiedene Tierzuchtinstitute beherbergt waren. Zwischen Knau und Weira war außerdem das zweitgrößte Schweinezucht- und Schweinemast-Kombinat der DDR mit 180.000 Schweinen. Seit einiger Zeit kämpft der Förderkreis Rittergut Knau e.V. für die Erhaltung und sinnvolle Nutzung des Gutes.

Das Ortsbild wird auch von der Wassermühle geprägt, die bis 1740 zum Rittergut gehörte. Da die Mühle zwei Mahlgänge hatte, konnten Getreide gemahlen oder Holz in der Holzschneidemühle geschnitten werden. Bis 1966 war sie als Mühle in Betrieb. Heute ist hier der Firmensitz der Agrofarm Knau, die vom Korn bis zur Wurst Thüringer Produkte selber produziert und verarbeitet. Außerdem können Sie in der Mühle übernachten und feiern. Die Produkte der Agrofarm bekommen Sie u.a. auch in Neustadt/Orla, Pößneck, Weida, Triebes und Ronneburg.

Land der tausend Teiche - das **Dreba-Plothener Teichgebiet** und die Teichwirtschaft. Ein typisches Element der Beckenlandschaft zwischen den Ortschaften Plothen, Dreba, Knau, Bucha, Volkmannsdorf und Schöndorf sind die vielen Teiche. Früher sollen es bis zu 2.000 gewesen sein, gegenwärtig sind es etwa 600. Diese zum Teil durch Gräben verbundenen Teiche sind nicht natürlicher Herkunft, sondern sie wurden im Mittelalter angelegt, um den großen Bedarf an Karpfen decken zu können. Schließlich gab es damals bis zu 130 Fasttage im Jahr! Viele fleischlose Delikatessen wurden deshalb kreiert - Fisch war als eines der erlaubten Lebensmittel auf allen Tischen begehrt! Und so entstand ausgehend von den Klöstern, die Teichwirtschaft als eine der ältesten Formen der Fischproduktion. Seither prägen zahlreiche Fischteiche und Weiherketten auf einer Fläche von Größe von ca. 75 km² das Landschaftsbild. Heute ist der größte Teich der Hausteich mit einer Fläche von 28 Hektar, 1511 das erste Mal schriftlich erwähnt.

Die Zeit nach 1945 brachte viele Veränderungen. Die Teichwirtschaft wurde vom VEB Binnenfischerei Knau betrieben, viele kleine Teiche wurden zu großen Wasserflächen zusammen gelegt, wodurch das Ökosystem gestört wurde. Außerdem schädigte die nicht umweltgerechte Entsorgung von Fäkalien und anderen Abfallstoffen der nahen Riesen-Schweinemastanlage Luft, Boden und Wasser.

Heute ist die Region als Naturschutzgebiet Dreba-Plothener Teichgebiet ausgewiesen. Die Teiche werden nicht mehr ausgebeutet, sondern wurden renaturiert und werden im Sinne der Erhaltung der Biodiversivität betrieben. Deshalb fühlen sich hier Vögel wie Haubentaucher, Kiebitz, Blässhuhn, Bekassine, Fischadler und Milan wohl und im Herbst und Frühjahr rasten viele Zugvögel.

Mitte bis Ende April werden in die über Winter fischleeren Teiche wieder Tiere eingesetzt, die als Futter Getreide bekommen, damit sie groß und stark werden. Im Oktober wird abgefischt - mittlerweile eine Touristenattraktion. Zuerst lässt man die Teiche ab - ja, genau, wie bei einer Badewanne wird eine Art Stöpsel gezogen. Beim Hausteich dauert das bis zu vier Wochen, die kleineren Teiche sind oft schon nach einem Tag leer. Dann kommt die schwere Arbeit der Fischer, die mit einem Zugnetz die Fische "ernten" und in Bottiche verladen. Nun werden die Tiere aufgeteilt - die einen kommen in ganz kleine Teiche zum Überwintern, die anderen, die gegessen werden sollen, kommen in Fischkästen an Bachrändern. In den letzten Jahren wurden zwischen 120 und 150 Tonnen Fische gefangen.

Auf der Speisekarte und auf dem Teller finden Sie Karpfen übrigens in den Monaten mit "R" - also von September bis April.

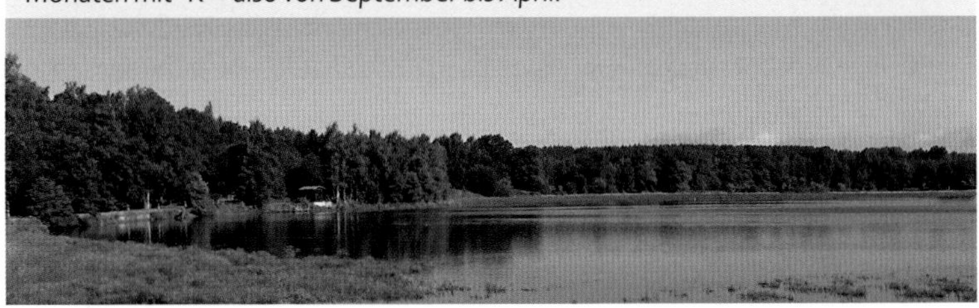

Teichgebiet bei Plothen

Neustadt *an der Orla* — *8.200 Einwohner* *300 hm* **Tour 15 & 20**

Neustadt kuschelt sich gemütlich in die Orlasenke, ein ganz weites Flusstal, von sanften Hügeln umrahmt. Die Landschaft war vor vielen Millionen Jahren der Boden eines Zechsteinmeeres. Einige Zechsteinriffe ragen schroff aus der runden Landschaft hervor, auf denen Burgen (Burg Ranis, Schloss Brandenstein, Burg Könitz) errichtet wurden. Reisende, die nur an Neustadt vorbei fahren, machen einen Fehler, denn der Ort kann mit einigen historischen Sehenswürdigkeiten, z.B. einem Lucas-Cranach-Altar, aufwarten.

In den Urkunden taucht Neustadt das erste Mal 1287 auf, man geht aber von einer Stadtgründung Mitte des 12. Jh. aus. Der Platz war günstig am Kreuzungspunkt der Handelsstraßen Leipzig-Saalfeld und Schleiz-Jena gewählt.Im Laufe der Zeit kam eine Stadtmauer, wichtiges Kriterium einer mittelalterlichen Stadt, dazu und Ende des 15. Jh. wurde mit dem Bau des heutigen Rathauses begonnen.

Die Fleischbänke, der Cranachaltar und das schöne Rathaus zeugen davon, das Neustadt zu Beginn der Neuzeit eine Ackerbürger- und Tuchmacherstadt war, der es wirtschaftlich gesehen nicht schlecht ging. Wie immer - Kriegszeiten sind harte Zeiten - und so traf der Dreißigjährige Krieg den Ort sehr hart. Einquartierungen ruinierten ihn wirtschaftlich, Plünderungen und Kriegshändel kosteten viele Menschenleben. 1650 lebte von ehemals 3.000 Einwohnern nur noch die Hälfte. Auch wenn Handel und Gewerbe wieder in Schwung kamen und die Stadt 1702 an das Postkutschennetz angeschlossen wurde, erreichte sie nur langsam ihre frühere Größe.

Die **Sehenswürdigkeiten** Neustadts sind alle gut fußläufig vom **Markt** aus zu erreichen. Ein Schmuckstück am Markt ist das Rathaus im spätgotischen Stil, das, wie noch deutlich zu sehen ist, aus zwei Häusern besteht, die man 1464 zusammenfügte. Der höhere Teil ist das ehemalige alte Rathaus, der niedrige Teil war vorher eine Kapelle. Schöne Schmuckelemente zieren die Fassade: der Schmuckgiebel, ein Erker mit Stabwerk, eine Freitreppe und die kunstvollen Tür- und Fensterlaibungen.

Neben der Freitreppe können Sie noch den **Prangerstein** sehen, geformt wie eine auf einem Brot sitzende Kröte, die dem Missetäter um den Hals gehängt wurde.

Sage von der Kröte in Neustadt: *Ein reicher Bürger wollte gegen Ende seines Lebens seine Verhältnisse ordnen und übertrug daher seinen lieben Kindern Haus und Hof unter der Bedingung, dass ihn seine Erben bis an sein seliges Ende gut versorgen und betreuen. Aber ach - er lebte zu lange, er wurde zu alt, er kostete zuviel, und als die Jahre ins Land gingen, hatte keiner seiner Nachkommen mehr so recht Lust, sich um den Alten zu kümmern. Sie ließen ihn links liegen und vergaßen sogar, ihm Brot oder andere Nahrung zu bringen, solange, bis der arme alte Mann verhungert war.*

Als die Familie nach der Beerdigung nach Hause kam, saß im Brotkasten auf dem Brot eine fette, warzige Kröte, die giftig schaute und sich durch kein Mittel verjagen ließ. Da konnten sie neues Brot backen, sooft sie wollten und an den seltsamsten Orten verstecken - die giftige Kröte hockte wieder auf dem Laib!

Die kleine Gasse zwischen Markt und Kirchplatz führt zu den **Fleischbänken** von 1475, an denen Metzger ihre Waren verkauften. Es heißt, die Fleischbänke von Neustadt sind die einzige noch vollständig original erhaltene Anlage dieser Art in Europa. Sie waren bis 1948 als Fleischstände in Betrieb. Heute zieht hier z.B. während des Weihnachtsmarktes und zum Stadtfest Leben ein.

Die **Johanniskirche** wurde in ihrer heutigen Form zwischen 1470 und 1538 gebaut. Im Inneren verbirgt sich ein kunsthistorischer Schatz: der Flügelaltar aus der Werkstatt Lucas Cranach dem Älteren, der sich hier seit 1513 befindet und der einzige Cranach-Altar noch am ursprünglichen Standort ist. Das Werk zeigt den Renaissancekünstler auf dem Höhepunkt seiner Schaffenskraft.

Am Kirchplatz präsentiert das **Museum für Stadtgeschichte** die Schwerpunkte örtliche Buchdruckerei, Neustädter Karussellherstellung, traditionelles Gerberhandwerk, eine Landkartensammlung und das Cranachzimmer mit einer Reproduktion der Neustädter Cranach-Altars. Auch das Gebäude selber ist interessant, denn hier arbeitete im 18. Jh. eine Druckerei; die Fassadengestaltung nimmt historische Vorbilder wieder auf.

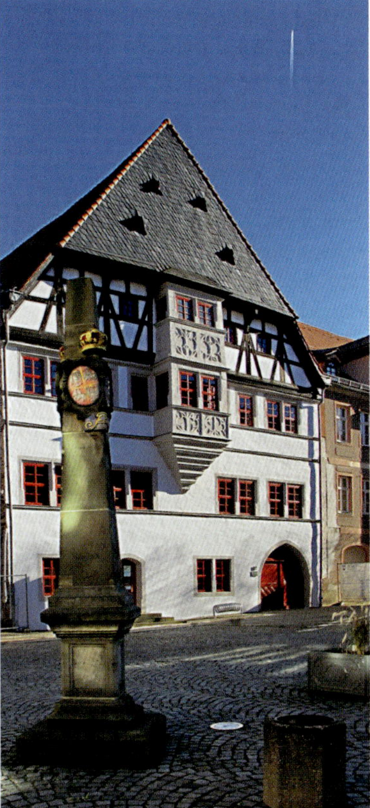

Lutherhaus - Neustadt a.d. Orla

Der Reformator Martin Luther war zweimal in Neustadt. Das erste Mal 1516, um das Augustiner-Kloster zu visitieren und dann 1524, als er auf einer Reise durch Ostthüringen in der Stadtkirche predigte. Aber wo er damals übernachtete, ist nicht bekannt! Egal, das **Lutherhaus** ist trotzdem interessant. Die Hausfassade stammt aus der Zeit der Renaissance. Die damals übliche Bauweise als Wohn- und Arbeitshaus mit Tordurchfahrt ist noch gut erhalten, ebenso die beiden verzierten und ornamental bemalten Wohnräume. Heute zeigt hier ein Museum Ausstellungen zu den Themen Stadtgeschichte und Reformation.

Das **Augustiner-Eremiten-Kloster** wurde im Dreißigjährigen Krieg zerstört. Übrig gebliebenist die **Klosterkirche**, die - seltsam halbiert - mit einem Teil heute als Festsaal dient.

1674 bauten auf dem Platz des alten Klosters die Herzöge von Sachsen-Zeitz ein **Barockschloss**, das ab 1681 Residenz und Amtsgebäude war. Die dreigeschossige Anlage mit Turm ist seit 2008 die Schloss-Schule Neustadt.

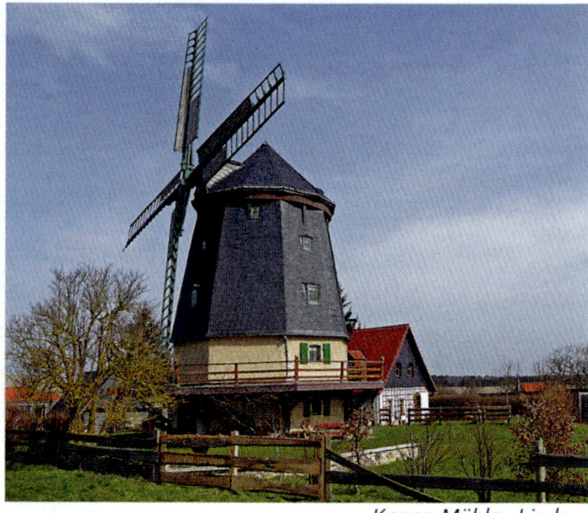
Knapp-Mühle - Linda

In der Gemeinde **Linda bei Neustadt** steht am Ortstrand die **Knapp-Mühle**. Sie ist die einzige Galerieholländermühle in Thüringen.

Als die Familie Knapp 1981 die Mühle kaufte, war sie ziemlich desolat. Zuvor drehten sich vom Wiederaufbau nach einem Brand 1867 die Holzflügel bis 1965. Inzwischen hat man schon viel restauriert, z.B. wurden 2003 die alten Flügel durch neue aus Edelstahl ersetzt und die Antriebe der Mühle erneuert. Auf fünf Stockwerken kann die authentische technische Einrichtung aus der Zeit von 1867 besichtigt werden, ein Erlebnis nicht nur für Technikfans. Als Liebhaber der Mühlenromatik können Sie in der Mühlen-Schlafkammer auch übernachten.

Plothen — *280 Einwohner* *470 hm* Tour 35 & 36

Plothen war für mich lange Zeit ein Sehnsuchtsort, denn wenn meine Familie in den 1960'er Jahren von Westberlin aus nach Bayern in den Urlaub fuhr, erzählte mein Vater jedes Mal an einschlägiger Stelle von den vielen Seen bei Plothen und Schleiz. Voller Karpfen seien die, und ja, wer weiß, vielleicht steht ja hier irgendwo ein Karpfen am Wegesrand und winkt... Und wir Kinder verrenkten uns den Hals, um vielleicht einen winkenden Karpfen zu erblicken! Nun, einen winkenden Karpfen habe ich auch vierzig Jahre später nicht gesehen, aber die weite stille Landschaft mit ihren glitzernden Wasserflächen übt doch immer wieder ihren Zauber aus.

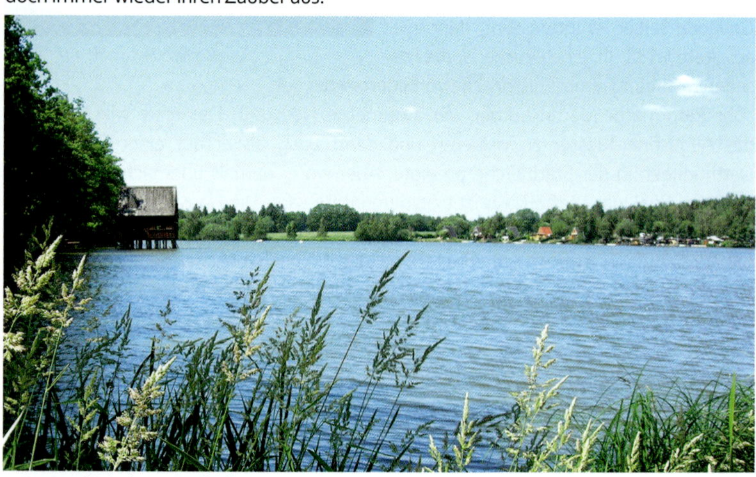
Hausteich Plothen mit Pfahlhaus

Bei Plothen finden Sie das größte Gewässer des Seengebietes, den 32 ha großen Hausteich. Das **Pfahlhaus** im Teich, das auf keinem Foto fehlen darf, wurde vermutlich im 17. Jh. gebaut, als das Gebiet zum Fürstentum Reuß ältere Linie mit Sitz in Greiz gehörte. Vielleich diente es als Jagdhütte, vielleicht als Angelhütte? Vom späten 19. Jh. bis zum Zweiten Weltkrieg wurde es als Ausflugsgaststätte genutzt. Zu DDR-Zeiten, als im Teichgebiet intensive Binnenfischerei betrieben wurde, war die Hütte Lagerraum für Fischfutter und Geräte. Seit 1991 steht das Pfahlhaus unter Denkmalschutz, und seit 1995 kümmert sich ein rühriger Heimatverein Plothen um Erhaltung und Renovierung. Aktuell können Sie sich vor allem an den Wochenenden in einer Ausstellung zu den Themen Fischerei- und Teichwirtschaft informieren. Wenn das Museum gerade geschlossen ist, sind die vielen Infotafeln rechts und links der Wege durch die Teichlandschaft ein guter Ersatz. Einige dieser Tafeln bieten auch Anregungen für Spaziergänge unterschiedlichster Länge im Teichgebiet.

Der Name "Plothen" hängt übrigens wahrscheinlich mit dem slawischen błóto (Sumpf) zusammen und charakterisiert die umgebende wasserreiche Landschaft vor der gezielten Anlegung der Himmelsteiche.

Karpfen, wie man ihn in Plothen mag. Den frischen Karpfen waschen, von Schuppen und Kiemen befreien und in Kopf-, Mittel- und Schwanzstück teilen. Ein bis zwei Bund Suppengemüse (Sellerie, Karotte, Lauch, Kohlrabi) in Juliennestreifen schneiden. 1 l Wasser mit Julienne und einer Zwiebel, Lorbeerblatt, Piment- und Pefferkörnern und Wacholderbeeren zum Kochen bringen, den Fisch einlegen und zugedeckt bei mäßiger Temperatur 10-18 Minuten ziehen lassen. 150 g Butter schmelzen lassen. Den Fisch auf der abgeschöpften Gemüsejulienne anrichten und mit der geschmolzenen Butter übergießen.

Für Nicht-Thüringer beginnt jetzt der Wettlauf mit der Zeit: wie isst man den grätigen Karpfen, ohne an einer Gräte zu ersticken und bevor die zerlassene Butter kalt wird... Und die Beilage? Da gibt es in Thüringen (meist) nur eine Antwort: mit Thüringer Klößen!...oder

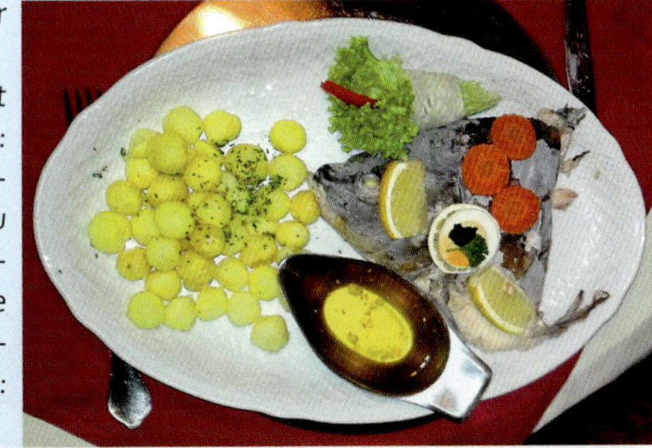

... mit Salzkartoffeln

Pößneck — *12.100 Einwohner* *220 hm* **Tour 35**

Vor 200 Jahren sagte Goethe, der hier 18 mal auf seinen Reisen nach Karlsbad und Marienbad vorbei kam, über Pößneck, es sei *"ein nahrhaftes Städtchen"*, und er hat recht, denn wenn Sie Glück haben und gerade an einem Markttag hier reinschauen, durchziehen verführerische Düfte den Ort. Vor dem Rathaus werden knusprige Broiler gebraten, würziger Käse angepriesen und knackige Würste verkauft.

Wie so viele Orte in der Region war auch das historische Pößneck ein Ort, der von der Textilwirtschaft lebte und die entsprechenden Hochs und Tiefs durchmachte. Der Tod sämtlicher Tuchmachermeister 1625 brachte dem Ort zusammen mit den restlichen Verheerungen des Dreißigjährigen Krieges fast den Ruin, aber im 19. Jh. kam mit der Industrialisierung die goldene Zeit! Große Unternehmen entstanden, eine Porzellanfabrik, eine Schokoladen- und Kakaofabrik, eine Brauerei und Betriebe der Tuch- und Lederindustrie. 1891 gründete sich in Pößneck die erste deutsche Textil-Gewerkschaft. Die schönen Villen der Gründerzeit künden auch heute noch wie in Gera und Greiz von Wohlstand und Reichtum dieser Epoche.

Richtungsweisend bis in die Gegenwart war 1891 die Gründung des Vogel Verlages. Aus einem simplen Anzeigenblatt, dem "Internationale Briefmarken-Offertenblatt", wuchs ein großer Fachzeitschriften-Verlag, und 1928 stand hier sogar die größte Druckmaschine Europas! Die Großdruckerei wurde nach dem Zweiten Weltkrieg verstaatlicht und druckte als "VOB Grafischer Großbetrieb Karl-Marx-Werk" Schul- und Lehrbücher, politische Propaganda und vieles mehr. Es war der größte Buchhersteller der DDR. Die Firma heißt heute GGP Media, ist eine Tochter des Bertelsmann-Konzerns und druckt immerhin so bekannte Bücher wie die Harry-Potter-Bände aus dem Carlsen-Verlag.

Wer den Buchjob von der Pike an lernen will, kann das im Schulteil Pößneck des staatlichen Berufsbildungszentrums Saale-Orla-Kreis. Junge Mediengestalter für Druck- und Buchbindertechnik lernen hier ihr Handwerk. Die Tradition als Buchstadt wird seit 2012 durch die alle zwei Jahre stattfindende Mitteldeutsche Buchmesse aufrecht erhalten.

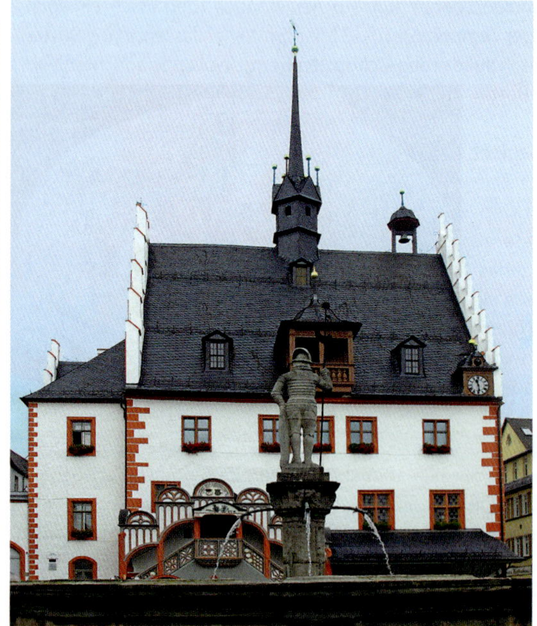

Rathaus - Pößneck

Um den **Markt** rum finden sich die meisten Sehenswürdigkeiten, allen voran das **spätgotische Rathaus** mit der überdachten Freitreppe im Stil der Frührenaissance, 1478 bis 1499 gebaut. Die nördliche Seite des Platzes schmücken zwei Häuser aus der Renaissance, das Wohlfarthsche und das Göschelsche Haus genannt.

An der südöstlichen Ecke fällt die **Stadtkirche St. Bartolomäus** auf, die aus romanischer Zeit stammt. 1290 wurde der noch heute erhaltene Turm angebaut, um 1400 wurde das romanische Kirchenschiff gotisiert und vergrößert, und 1474-76 baute man den neuen Chor. Die alte Pfarrei und ein Renaissancehaus mit Erker schließen die Ecke des Platzes nach Süden hin ab.

Das nächste Highlight, das Sie sich nicht entgehen lassen sollten, ist das **Museum642-Pößnecker Stadtgeschichte**, das in drei historischen, spannend adaptierten Häusern die Stadtgeschichte multimedial und überhaupt nicht verstaubt erzählt.

Richtung Marktplatz ist noch das Gebäude **Bilke** erwähnenswert. Ursprünglich die Klosterkirche des Karmeliterklosters, wurde die Kirche zu einem Getreidespeicher und 1871 zu einer Schule ausgebaut. Heute finden Sie hier - wie sollte es in Pößneck anders sein - Bücher, nämlich die der Stadtbibliothek.

Von der mittelalterlichen **Stadtbefestigung** sind nur noch Reste vorhanden, wie z.B. der Glockenturm oder der Weiße Turm mit der runden Bastei.

Ranis *1.700 Einwohner* *380 hm* Tour 35

Von Süden betrachtet, z.B. von der Stadtwiese aus, wirkt Ranis noch ganz wie ein mittelalterlicher Ort, um den die Neuzeit einen Bogen gemacht hat. Auf einem Zechsteinrücken, der aus der Orlasenke aufragt, steht eine große Burg, und an den Burgberg schmiegen sich die Häuser des Städtchens mit ihren bunten Dächern.

Die erste Aufmerksamkeit zieht **Burg Ranis** auf sich, weil ihr historischer Gebäudebestand überwiegend erhalten ist. Außerdem lässt sich an ihrer Bausubstanz gut der Übergang von der mittelalterlichen, wehrhaften Burg hin zum frühneuzeitlichen Repräsentationsschloss erkennen. Sie können sich die Anlage so ähnlich geschichtet wie eine Zwiebel vorstellen: der älteste Teil mit dem Bergfried von etwa 1200 ist die innere Kernburg, dann kommt die hochmittelalterliche Vorburg, der die spätmittelalterliche äußere, östliche Vorburg mit ihrem Vorgelände vorgelagert ist.

Was Sie heute sehen, stammt vorwiegend aus dem 17. Jh. Nach diversen Besitzwechseln gehörte die Burg ab 1571 der Familie Breitenbauch oder Breitenbuch, die sie schlauerweise 1942 an das Rote Kreuz verkauften. Unter den Breitenbauchs wurde im 16. und 17. Jh. die Burg "modernisiert" und zum Schloss umgebaut - gut zu sehen z.B. an der Überbauung der Toreinfahrt, dem Obergeschoss des Treppenturms oder den Giebeln mit den typischen Krümmungen. Vor allem die innere Vorburg veränderte sich stark, so dass sie heute wie ein Schlosshof aussieht.

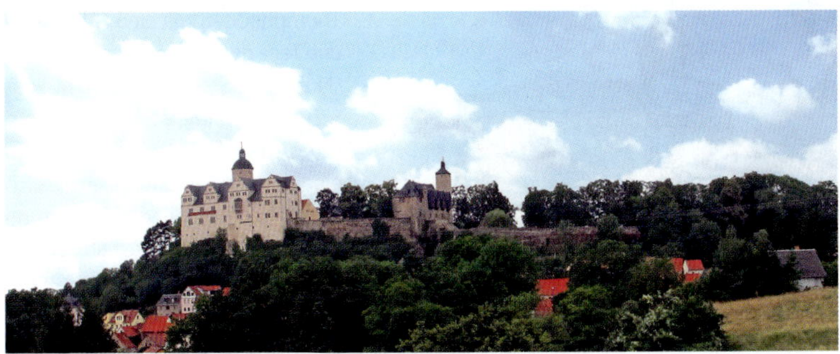

Burg Ranis

Sie betreten den Komplex durch das erste Tor und gehen an der rechts liegenden Fläche der äußeren Vorburg vorbei, in der früher die Wirtschaftsgebäude standen. Durch das zweite Tor kommen Sie zum Querflügel (hier ist das Kassenhäuschen) mit Hungerturm und Verlies. Jetzt liegt der weite Hof der inneren Vorburg vor Ihnen. Linkerhand schimmert weiß der Südflügel mit seinem Treppenvorbau, der heute von der Thüringer Literaturakademie genutzt wird. Rechts stehen die Remise und der Bergfried. Am Bergfried vorbei gelangen Sie in die Kernburg mit Palas, Westflügel und Würzgärtchen.

Das **Museum auf der Burg**, das es seit 1926 gibt, wirkt ein bisschen in die Jahre gekommen. Die Schwerpunkte Geologie und Eiszeit sollen im Laufe des Jahres 2017 mit neuen Präsentationsideen besser erlebbar gemacht werde. Die Ausstellungsbereiche "Burggeschichte", "Mittelalter in Thüringen" und "Seismologie" sollen folgen.

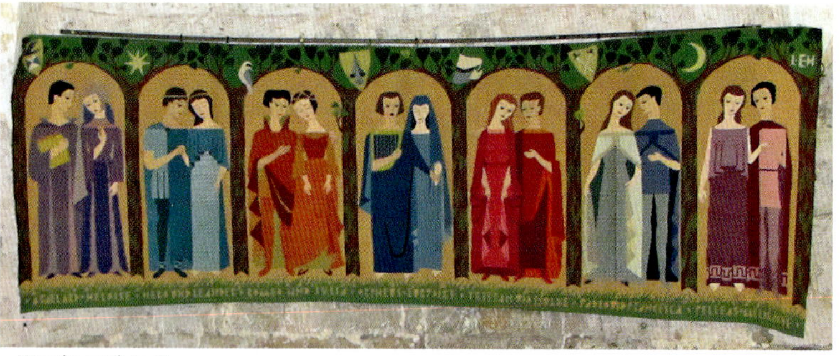

Wandteppich im Burgmuseum

Unterhalb der Burg können Sie die **Ilsenhöhle** im Zechsteinriff besuchen. Sie ist bis 15 m breit, bis 10 m hoch und setzt sich unter der Burg bis zu 10 m fort. Die Höhle ist eine bedeutende Fundstätte altsteinzeitlicher Kulturen Mitteleuropas und beweist mit ihren Funden die Besiedelung des Felsens von der Steinzeit bis ins Mittelalter.

In der hübschen **Altstadt** ist die **Stadtkirche St. Margarethen** interessant. Um 1400 im spätgotischen Stil gebaut, war sie mit ihrem Kirchenschiff von etwa 14 x 10 m ausreichend, dann wurde sie als zu klein und dunkel empfunden. 1870/71 bekam sie ein neues, helleres Kirchenschiff, aus alter Zeit blieben der Turm, die Sakristei, der Triumphbogen mit dem Chorraum und Teile des Interieurs erhalten.

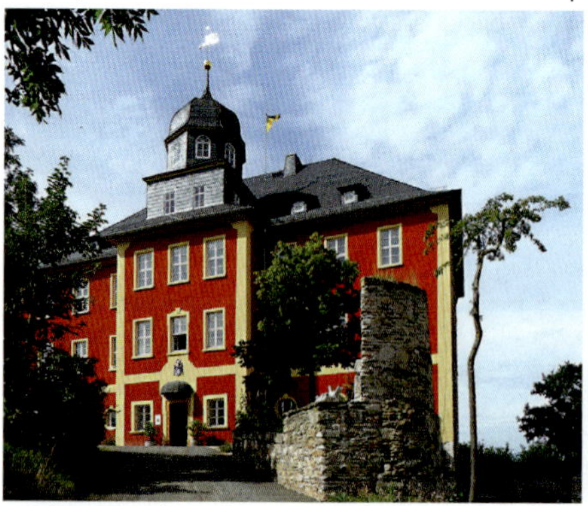

Schloss Brandenstein

Nur einen Steinwurf entfernt liegt **Schloss Brandenstein** mit seiner roten, mit gelblich-weißen Rändern eingefassten Fassade. Nachweislich seit 1289 lebten hier die Herren (und Damen) von Brandenstein, bis sie 1567 die Burg an die Familie Breitenbauch verkaufte. Nach schweren Beschädigungen im Laufe der Zeit machte Landrat von Breitenbauch 1698 bis 1705 ein hochbarockes Schloss mit kleinem Salontheater daraus. In der zweiten Hälfte des 20. Jh. war das Schloss Arbeiterwohnheim, Parteischule und Jugendherberge. Seit 2000 gehört das Anwesen der Familie Kahl, die dort wohnt und arbeitet und das Schloss Stück für Stück renoviert. Das bekannteste Familienmitglied ist Sohn Fabian, der die Antiquitätenszene mit seiner Fernsehsendung "Bares für Rares" und den kostenlosen Raritäten-, Schätz- und Ankauftagen auf Brandenstein durcheinanderwirbelt.

Zwischen Ranis und Brandenstein, gegenüber vom Freudental Teich, warten im **Thüringer Wisent-Freilandgehege** sechs Wisente auf ihren Besuch.

Im **Artenschutzzentrum Thüringen** auf dem Preißnitzberg werden auf über 200 m² Ausstellungsflächen Arten und Lebensräume Thüringens in Dioramen vorgestellt.

Reitzengeschwenda *Infoteil siehe Drognitz* ***160 Einwohner*** *503 hm*

Reitzengeschwenda ist eines der schönen Dörfer auf dem Hochplateau des Südostthüringer Schiefergebirges oberhalb des Hohenwarte Stausees, angelegt als Rodungsdorf im 12./13. Jh. durch fränkische Siedler. Giebelseitig angeordnete Fachwerk-Schiefer-Häuser umstehen einen Anger mit Löschteich. Andere schöne Angerdörfer sind z.B. **Bahren** und **Laskau**.

In einem der Gehöfte, dem Kacholdhaus von 1680, zeigt das **Volkskundemuseum Reitzengeschwenda** einen Einblick in die damalige Wohnkultur und macht mit den Lebensbedingungen vergangener Zeiten bekannt. In diesem Wohnstallhaus mit 3 Etagen lebten bis zu 10 Personen gemeinsam mit den Tieren unter einem Dach. Ein aus verschiedenen Fahrzeugteilen zusammengesetzter Traktor Marke Eigenbau und andere landwirtschaftliche Maschinen sind in der Scheune zu sehen. In der Sägemühle, die von 1925 bis Anfang der 1990'er Jahre Bretter gesägt und Getreide gemahlen wurde, können Sie Ausstellungen über den Bau der Hohenwartetalsperre 1936 bis 1942 und die Arbeitsweise des historischen Sägegatters sehen.

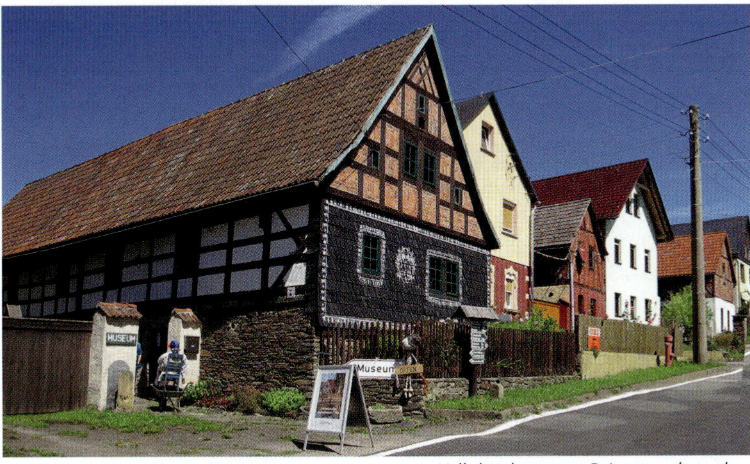

Volkskundemuseum Reitzengeschwenda

Die in der Barockzeit gebaute **Dorfkirche** ist mit landestypischem Schiefer gedeckt. Von außen eher unauffällig, begeistert sie im Inneren mit Deckenmalereien, einer barocken Kanzel und einer über zweihundert Jahre alten Orgel.

Thüringens blaues Gold, der Schiefer, entstand, als vor ca. 345 bis 500 Millionen Jahren feine Ton-Schlamm-Massen am Meeresboden abgelagert und dann unter hohem Druck zu Tonstein gehärtet wurden. Später presste Druck von der Seite, der bei der Auffaltung der Gebirge entstand, das Material in leicht spaltbare Glimmerlagen. Besonders viel Schiefergestein gibt es in den Dachschieferlagerstätten des Thüringischen Schiefergebirges, und zwar in zwei Ausprägungen, den blauen und den dunkelblauen Stein.

Das Schieferbergbaugebiet zwischen Probstzella, Lehesten und Ludwigsstadt liefert hochwertigen Dach- und Wandschiefer. Hier hat der Schieferbergbau eine Tradition, die bis in das 15. Jh. zurückgeht. Schiefer ist haltbar, ökologisch unbedenklich, wasserdicht, säurebeständig und nicht brennbar. Er kann deshalb als Dach- und Fassadenstein, in der Bauindustrie, in Kläranlagen, zur Bodenverbesserung als Katzenstreu usw. eingesetzt werden.

Renthendorf — *430 Einwohner 290 hm*

Das Mekka für alle Fans von **Brehms Tierleben** liegt in Thüringen! Hier im Tal der Roda ist die als Heimat der Naturforscher Christian Ludwig Brehm, genannt "Vogelpastor" (1787-1864) und seinem Sohn Alfred Edmund Brehm, genannt "Tiervater" (1829-84). Der Zoologe **Alfred Brehm** schuf mit seinem schlussendlich zehnbändigen Werk "Brehm's Illustrirtes Thierleben für Volk und Schule" einen Klassiker mit anthropozentrischem Blick und in bildreicher, plastischer Sprache, der in keinem Bücherregal des damaligen Bildungsbürgertums fehlen durfte.

Im Wohnhaus der Familie lockt die **Brehm-Gedenkstätte** interessierte Besucher, bzw. soll sie wieder locken, denn das Brehm-Haus wird gerade restauriert. Da das Projekt als "offene Baustelle" deklariert ist, können Sie nach Absprache die Baustelle besichtigen. Die Ausstellungsstücke werden während jener Zeit im Ausweichquartier im benachbarten Pfarrhaus präsentiert.

Saalburg — *2.400 Einwohner 431 hm*

Der Ort hat Potential für ein zünftiges Urlaubsparadies - ein hübsches Städtchen, eine prächtige Umgebung, die das Wandererherz höher schlagen lässt und die Lage am gut erschlossenen Stausee.

Keimzelle des Ortes ist, der Ortsname legt es nahe, eine **Burg an der Saale**, die im 13. Jh. errichtet wurde, um den Übergang über die Saale zu sichern. Von dieser Saalburg stehen aber nur noch die Grundmauern. Die **Marienkirche**, gebaut von 1202-23, war damals Teil eines Zisterzienserklosters, und obwohl sie 1847 und 1950 modernisiert wurde, sind der Hochaltar von 1665 von Berthold Pertes aus Schleiz und der Taufstein von 1660 erhalten.

Der heutige Gasthof "Kranich" war früher Zoll- und Amtshaus, daneben steht das letzte erhaltene Stadttor mit Resten der alten Stadtbefestigung.

An den Wochenenden geht hier richtig die Post ab oder eher das Schiff, denn in Saalburg ist eine Anlegestelle der **Saaletal Kabinenschifffahrt**. Seit 2007 schippert die "MS Bad Lobenstein", das einzige Kabinenschiff Deutschlands, das auf einem geschlossenen Gewässer unterwegs ist, durch die Fluten der Bleilochtalsperre. Ursprünglich fuhr der Dampfer zwischen Stettin (Polen) und Berlin, dann wurde er spektakulär über Land nach Saalburg gebracht. Von April bis Oktober können Sie auf einer Minikreuzfahrt mit 2 Übernachtungen die herrliche Kulisse der Ufer der Bleilochtalsperre an sich vorüber ziehen lassen. Mit der "Wappen von Saalburg" und der "Bad Lobenstein" können Sie Rund- und Linienfahrten auf dem Stausee machen.

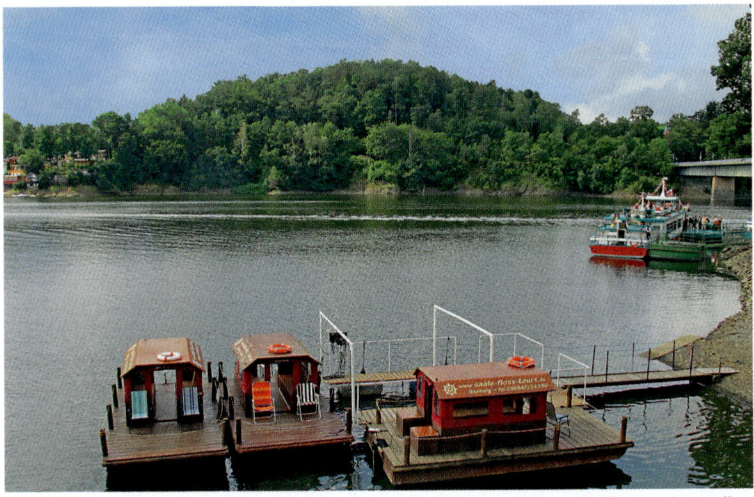

Saalburg Anlegestelle

Saalfeld/Saale — *25.000 Einwohner* *235 hm* **Tour 39**

"Feengrottenstadt" und "Steinerne Chronik Thüringens" - Saalfeld hat verheißungsvolle Beinamen! Die über 1.100-jährige Geschichte einer der ältesten Städte Thüringens, an der Saale in der Mitte des Saalebogens und am Rand des Thüringer Schiefergebirges gelegen, wird bei einem Bummel durch die attraktive Innenstadt auf Schritt und Tritt erlebbar.

In den Urkunden taucht die Stadt zum ersten Mal 899 auf, damals noch keine Stadt, sondern als Hof "sala velda". Ende des 11. Jh. wurde hier das Benediktinerkloster St. Peter und Paul gegründet. Damals waren Klöster die Zentralen des Netzwerkes der mittelalterlichen Gesellschaft, denn hier lebten Menschen, die lesen und schreiben konnten, in der Heilkunde bewandert waren, fortschrittliche landwirtschaftliche Techniken beherrschten und durch ihre Beziehungen zu anderen Klöstern für den engen Horizont des Durchschnittsmenschen ein Fenster zur Welt waren.

1208 wurde Saalfeld als vierter Ort in Thüringen zur Stadt ernannt. Bis 1517 der große Stadtbrand viele Gebäude zerstörte, wuchs der Ort - die Stadtmauer, ein erstes Rathaus, eine Brücke und ein Franziskanerkloster wurden gebaut. Neben den üblichen Gewerken in einem mittelalterlichen Städtchen waren Saaleflößerei, Bergbau, Fischfang wichtige Erwerbszweige.

Wann ist ein Ort eine Stadt? Heute versteht man unter Stadt eine im ländlichen Gebiet liegende, größere Siedlung, die Funktionen der Arbeitsteilung, der Organisation, der politischen Herrschaft und der Bildung wahrnimmt und in der sich Wirtschaftsbetriebe konzentrieren. Die amtliche Statistik der Bundesrepublik wertet gegenwärtig Gemeinden mit Stadtrecht ab 2.000 und mehr Einwohnern als Stadt. In der Vergangenheit entstanden Städte in der Nähe von Bischofssitzen, Klöstern, Flussmündungen, Verkehrskreuzungen, Märkten oder in der Nähe einer Burg. Im Mittelalter war ein Ort erst dann eine Stadt, wenn der Landesherr die Stadtrechte verlieh. Diese Rechte bestanden meist aus dem Marktrecht, dem Recht auf Selbstverwaltung, dem Recht, Steuern zu erheben, Gerichtsbarkeit, der Freiheit der Stadtbürger ("Stadtluft macht frei"), dem Zollrecht und dem Recht, eine Stadtmauer zu bauen. Zu erkennen war die Stadt an ebendieser Stadtmauer, am Marktplatz als Zentrum von Handel und Kultur, an der Einteilung in verschiedene Viertel und an der verdichteten Bebauung, bei der Haus an Haus stand und auch heute noch steht.

Nach dem Stadtbrand bekam Saalfeld mit Gebäuden wie Bürgerhäusern, Rathaus (1529-37), Münze (1551) und Stadtapotheke (1617-20) Renaissancegepräge. Eine große Portion Barock kam ab 1675 dazu, als Saalfeld Residenzstadt wurde und bis 1726 ein Schloss auf dem Gelände des aufgelassenen Benediktinerklosters gebaut wurde.

Zu Beginn des 19. Jh. drückten die Napoleonischen Kriege Saalfeld wie ganz Europa ihren Stempel auf. Die "modernen Zeiten" zeigten sich überall: eine Zeitung, die Stadtsparkasse, Fabriken und das Krankenhaus wurden gegründet. Wie überall, bracht die Industrielle Revolution einen großen Wandel. Maschinenfabriken, eine Eisengießerei und der Anschluss an die Eisenbahn 1871 legten den Grundstein für einen kräftigen wirtschaftlichen Aufschwung. Überall wurde gebaut (Schulen, Postamt, Kanalisation), auch die schönen Stadtvillen der Gründerzeit. Aus dem seit dem Mittelalter betriebenen

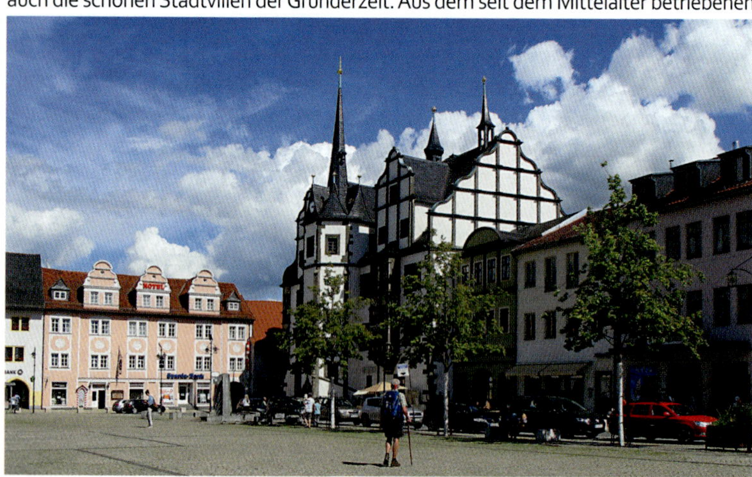

Markt mit Rathaus - Saalfeld

Bergbau entstand die Maxhütte Unterwellenborn. Seit 1901 wird in Saalfeld Schokolade gemacht, die unter den verschiedensten Namen die Regale füllte & füllt. Zuerst Mauxion, dann Hüther, war ab 1955 VEB Rotstern der führende Schokoladenhersteller in der DDR. Heute dominieren viele Klein- und Mittelbertriebe der unterschiedlichsten Branchen das Wirtschaftsleben. Eine gute Perspektive bietet auch die Zugehörigkeit zum "Städtedreiecks Saalebogen", in dem die drei Städte Rudolstadt, Bad Blankenburg und Saalfeld zusammen auftreten und kooperieren.

Fast alle **Sehenswürdigkeiten** der Stadt kann man gut zu Fuß auf einem **Stadtrundgang** kennenlernen, der am Markt beginnt. Das **Rathaus** wurde 1529-37 errichtet und verbindet die Bautradition der Spätgotik mit Architekturelementen der Renaissance zu einem harmonischen Ganzen, das das Selbstbewusstsein der Bürger hervorragend repräsentiert. Hübsche Details sind die Saalfelder Elle, ein 56,6 cm langen Eisenstab, der in die Fassade eingelassen ist, und die Wappentafeln am reich geschmückten Erker.

Die rot schimmernde **Hof- oder Marktapotheke** war zuerst der Amtssitz des kaiserlichen Stadtvogtes. Seit 1681 ist hier eine Apotheke. Als 1880 das historische Haus abbrannte, wurde es unter Verwendung der originalen, romanischen Bausubstanz so stilgerecht wie möglich wieder aufgebaut.

An der Nordseite des Marktplatzes liegt eine Häuserreihe, die durch ihre Lauben auffällt. Hier standen früher die **Liden**, mittelalterlichen Verkaufsstände, die Mitte des 19. Jh. abgerissen und 1849 im Stil des Spätklassizismus neu gebaut wurden.

Die Blankenburger Straße Richtung Blankenburger Tor entlang gehend, kommen Sie zur **Johanneskirche**, zwischen 1380 und 1514 erbaut. Das Kirchenschiff mit dem dreischiffigen Langhaus und dem einschiffigen Chor ist eine der größten gotischen Kirchenhallen in Thüringen. An der Außenfassade fällt die Außenkanzel auf, die benötigt wurde, wenn der Kirchenraum für die Masse der Gläubigen zu klein war. Die beiden Türme bekamen 1889/90 im Zuge einer Generalrenovierung ihre heutige Gestalt. Schauen Sie im Inneren mal an die Decke des Chores: da blüht die „Himmelswiese" mit einer Fülle von Blumen und Pflanzen. Im Seitenschiff gibt es vier Kirchenfenster mit Glasmalereien aus dem Mittelalter.

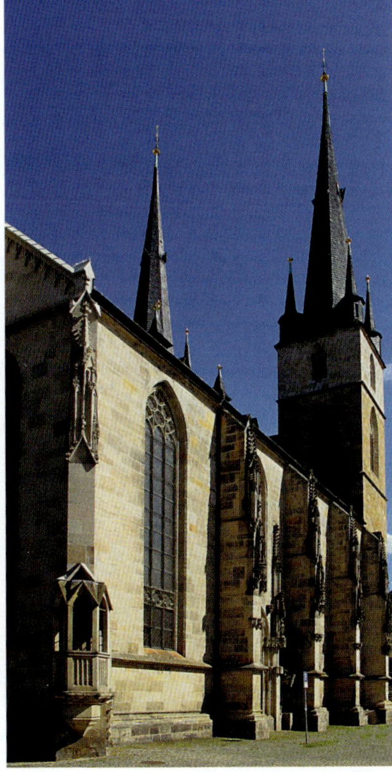

Johanneskirche - Saalfeld

Die heutige Gaststätte "Das Loch" war Bürgerwohnhaus, Schmiede, Bäckerei und ab 1830 Schankwirtschaft. Es heißt, wer noch nie im "Loch" versackt ist, war noch nie richtig in Saalfeld! Vom **Blankenburger Tor** wird schon 1372 in einer Urkunde berichtet. Es kennzeichnet zusammen mit dem Oberen Tor den Verlauf der alten Handelsstraße von Nürnberg nach Leipzig. 1726/27 wurde es baulich durch die Errichtung der barocken Zwiebelkuppel stark verändert.

Die Schlossstraße bringt Sie zum **Residenzschloss** mit dem Park auf dem Petersberg. Hier stand früher das Benediktinerkloster, das während der Bauernkriege 1525 beschädigt und für den Schlossneubau abgerissen wurde. Die dreiflügelige Anlage wurde von 1674-79 gebaut (der Mitteltrakt) und 1724 erweitert (Seitenflügel, Kirche). Das feierlich anmutende Treppenhaus, die Wohnräume und die Schlosskapelle wurden von italienischen Künstlern ganz im Sinne des Barock mit Stuckaturen und Fresken gestaltet.

Die barocke Schlosskapelle mit ihrer historischen Orgel wird noch heute als Fest- und Konzertsaal genutzt. Gleichzeitig mit dem Schlossbau wurde südlich davon die streng symmetrische **barocke Parkanlage** geschaffen. Im Mittelpunkt steht der Brunnen; Kavalierhäuschen, Orangerie, Prinzessinnengarten und Hofgärtnerei sind zum Teil noch erhalten. Schon ab 1700 stand der Schlossgarten "jedermann zum Lustwandeln offen", was damals nicht üblich war.

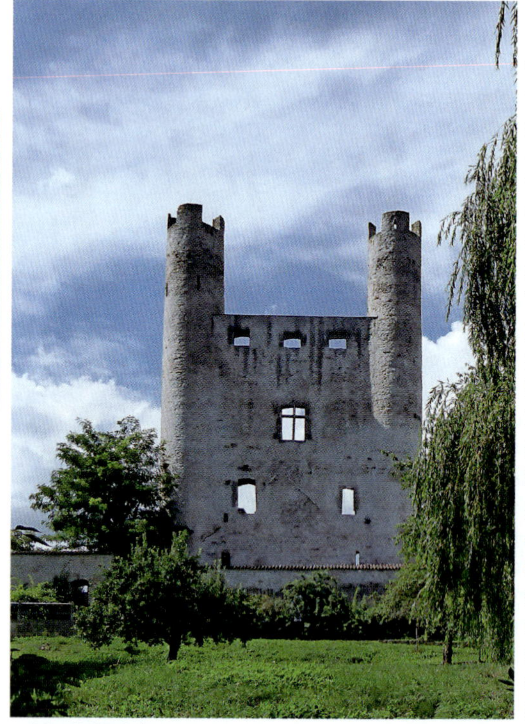

Ruine Hoher Schwarm

Leider ist von der barocken Gestaltung nicht mehr viel übrig, weil aus dem Schlosspark 1963/64 ein sozialistischer Kulturpark mit Teich, Wildgehege und Volieren gemacht wurde.

Übrigens: der herzige britische Prinz William ist ein Saalfelder, stammt er doch in direkter Linie von Johann Ernst von Sachsen-Saalfeld, Erbauer der Saalfelder Schlosses, ab!

Zurück durch die Schlossstraße und durch die Straße Hinter dem Graben gelangen Sie zur barocken **Alten Münze** bzw. **Altes Schloss**. 1602 als Gasthof gebaut, diente es interimistisch als Residenz und Stadtschloss und von 1735-1846 als landesherrliche herzogliche Münze.

Reiseteil

Das **Darrtor** ist der älteste Torturm der Stadt, aus dem 14. Jh. stammend. Ab dem Mittelalter waren hier das Gefängnis und die Wohnung des Wächters untergebracht. Seit 1998 können Sie über die Holzstiegen hinaufsteigen und einen weiten Blick ins Land genießen.

Wenn Sie sich nun Richtung Markt wenden, sehen Sie die Renaissancefassade des **Höhnschen Hauses** von 1609, bis Mitte des 18. Jh. das Postamt, das für den Postwagenbetrieb zwischen Leipzig und Coburg und die berittene Post zwischen Suhl und Saalfeld zuständig war. Wunderschön ist die ehemalige Stadtapotheke mit dem auffälligen Zwerchgiebel und dem Portal im Stil der Spätrenaissance.

Gehen Sie nun in die Gerbergasse und biegen nach links in die Webergasse ein. Von ferne grüßt das besonders mittelalterlich wirkende **Saal- bzw. Engelstor**, durch das der Handelsweg über die Saale in den Orlagau und weiter nach Sachsen führte.

Schlösschen Kitzerstein hat eine eindrucksvolle Renaissance-Fassade. Es wurde 1521-24 als mittelalterlicher adliger Siedlerhof erbaut. Im 18. Jh. war es Eigentum der Herzöge von Sachsen-Saalfeld. Heute bringt man Ihnen hier die Flötentöne bei, denn es ist Sitz der Musikschule. Die **Nikolaikirche** war vom 12.-15. Jh. ein Kirchengebäude, dann wurde sie als Lagerhaus, städtisches Kornhaus, Unterstellmöglichkeit für den herzoglichen Wagenpark, als Reithalle, Runkelrüben-Zuckerfabrik und Armenhaus genutzt.

Der **Hohe Schwarm** ist die Ruine einer gotischen Wohnturmburg, etwa um 1300 durch die Grafen von Schwarzburg auf der Grundlage einer älteren Wehranlage gebaut. Der Hohe Schwarm (der Name taucht allerdings erst im 16. Jh. auf) war keine Residenz, sondern Amtssitz und Quartier der Ministerialen und verlor die militärische Bedeutung im Laufe des 15. Jh. Heute finden vor der imposanten Kulisse Konzerte, Theaterveranstaltungen und Open-Air-Kinoaufführungen statt.

Wie sollte es anders sein - die Gasse "Hinter der Mauer" bringt Sie zu den Resten der **alten Stadtmauer**, die hier wohl aus dem 14. und 15. Jh. stammen. Die Mauer trug Zinnen und Schießscharten, hinter denen stadtseitig ein hölzerner Wehrgang angebaut war.

Das im südlichen Abschnitt der Stadtmauer gelegene **Obere Tor** bestand im Mittelalter aus einem Turm mit vier Geschossen und einem Walmdach, einem Vortor, einem Wallgraben mit Brücke und Seitenmauern mit Wehrgang und Schießscharten.

Spazieren Sie nun durch die Obere Torgasse zum **Stadtmuseum im ehemaligen Franziskanerkloster**, um 1250 durch die Grafen von Schwarzburg gegründet. Das Kloster wurde 1534 im Zuge der Reformation aufgelöst und als Schule, Münzprägestätte und Malzhaus verwendet. Von den Klostergebäuden existieren noch die Klosterkirche St. Andreas und der Ost- und der Westflügel mit den Kreuzgängen. Seit 1904 hat das Stadtmuseum hier seine Heimat, mit ca. 2.700 m² Ausstellungsfläche eines der bedeutendsten Museen in Thüringen. Gezeigt werden Saalfelder Stadt- und Regionalgeschichte, eine Dauerausstellung zur Klostergeschichte, volkskundliches und Thüringer Trachten, Werke Saalfelder Künstler, eine Naturkundliche Sammlung, ein Münzkabinett und ein Lapidarium. Durch die Brudergasse kommen Sie zurück zum Marktplatz.

Um das **Zauberreich der Feengrotten** zu erreichen, nehmen Sie am besten die Buslinie A, die im Halbstundentakt vom Bahnhof oder vom Markt aus fährt. Im ehemaligen Alaunschieferbergwerk wurde von der Mitte des 16. bis zur Mitte des 19. Jh. Alaun erzeugt und Vitriol gesotten.

Ab 1910 erforschte man die fast vergessenen Stollen und stieß 1913 auf den bezaubernden Märchendom. Seit 1914 ist es ein Schaubergwerk, das seither über 18 Millionen Besucher gesehen haben. Das mineralhaltige Wasser hat in den ehemaligen Bergwerkstollen in relativ kurzer Zeit ein Zauberreich aus farbigen Tropfsteinen wie aus einer anderen Welt geschaffen.

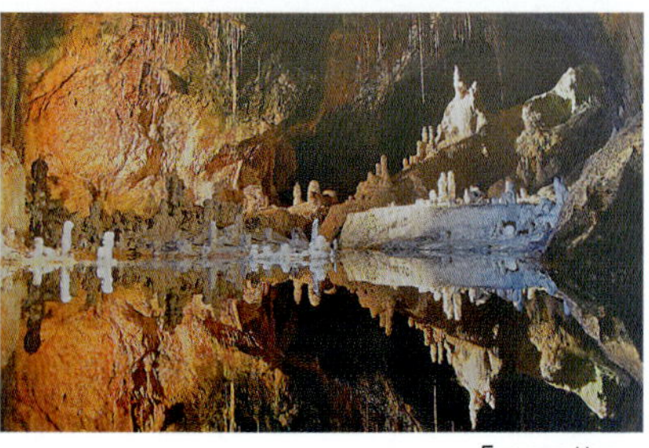

Feengrotten

Sie können die Feenwelt auf täglich angebotenen Rundgängen entdecken, dort Konzerte hören, im Grottoneum Ihre Bergbau- und Höhlenkenntnisse auffrischen oder heiraten. Im Heilstollen unter Tage wird durch 2-stündige Inhalationen Ihr Immunsystem auf natürlichem Weg gestärkt. Über der Erde ist mit dem Abenteuerwald ein Reich der Naturgeister entstanden.

Der Stadtteil **Obernitz** ist durch den Sporn des **Gleitsch** geprägt, der durch seine Lage die Saale zur Laufänderung zwingt. In der Höhle beim Naturdenkmal Teufelsbrücke wurden Malereien aus der Steinzeit und bronzezeitliche Artefakte gefunden. Das leicht desolat wirkende **Renaissanceschloss Obernitz**, ab 1534 gebaut, steht unter Denkmalschutz, ist in Privatbesitz und zum Teil bewohnt.

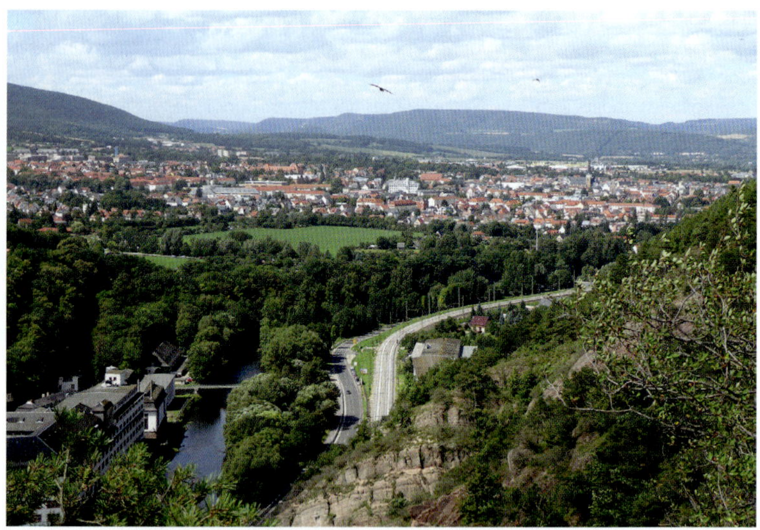

Blick von der Bohlenwand auf Saalfeld

Triptis *3.800 Einwohner 358 hm*

Triptis kennt fast jeder - aus dem Verkehrsfunk ("Stau zwischen Triptis und Dittersdorf wegen glatter Fahrbahn"). Halten Sie hier mal an, wenn Sie nicht mehr alle Tassen im Schrank haben und besuchen das Porzellinum.

Über die Gründung des Ortes und die Bedeutung des Ortsnamens gibt es keine genauen Quellen oder Hinweise. An einem Ort, wo sich die Handelswege von Saalfeld zur Weißen Elster bei Gera und von Leipzig nach Nürnberg trafen, wurde eine Wasserburg gebaut. Der Siedlungsplatz hatte möglicherweise den slawischen Namen Tri Ptiči *(drei Vögelchen)*. Im Schutze der Burg entstand ein Flecken, der 1328 das Stadtecht bekam, und mit einem Graben und einer Mauer umgeben war. Heute steht von der Burg nur noch der Bergfried, der mit dem Teich im Vordergrund ein hübsches Fotomotiv abgibt.

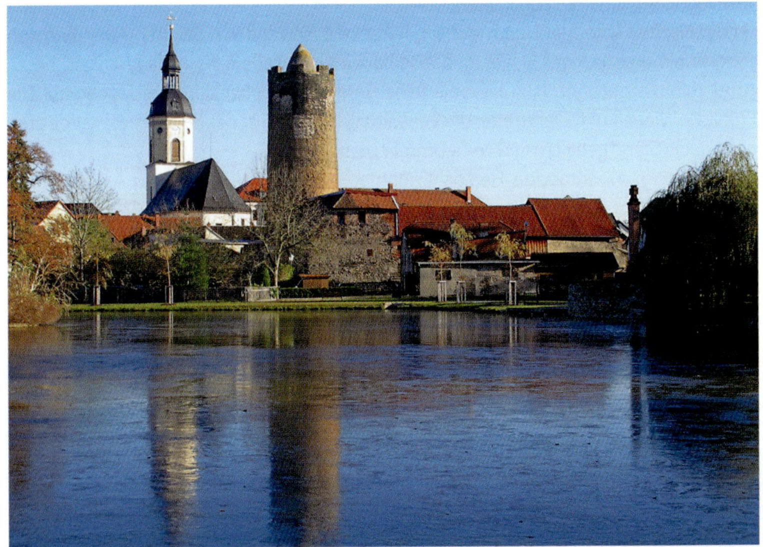

Stadtteich -Triptis

Triptis blieb lange ein kleines Ackerbürgerstädtchen, dass durch die Abfolge der zeittypischen Ereignisse - Kriege, Einquartierungen, Brände, Seuchen - nie wirklich auf einen grünen Zweig kam. Das 19. Jh. mit seinen bahnbrechenden Innovationen brachte auch für Triptis einen bescheidenen Aufschwung. Ein Fenster zur großen, weiten Welt öffnete sich durch den Anschluss an die Eisenbahnlinie, konnten doch produzierte Güter so leichter transportiert werden. Firmen siedelten sich an, allen voran 1891 die Porzellanfabrik, aber auch eine Teppichfabrik, eine Molkerei und eine Werkzeug- und Maschinenfabrik. Von 1907-90 war Triptis mit seiner Landwirtschaftsschule ein Zentrum der Ausbildung von Agrarfachleuten. Die **Porzellanfabrik** gibt es heute noch unter der Dachmarke Eschenbach Porzellan Group. Im der Fabrik angeschlossenen Porzellanium - Werksverkauf, Galerie, Atelier und Museum zugleich - können Sie hochwertiges Haushaltsporzellan nicht nur im Zwiebelmuster kaufen.

Trockenborn- Wolfersdorf *590 Einwohner* *300 hm* **Tour 20**

Zwei Bauerndörfer wie viele andere auch wurden im 12.-13. Jh. in der wald- und wildreichen Region der Ilm-Saale-Platte gegründet. Weil es hier so schön war (und ist), zog das Gebiet die Aufmerksamkeit des Adels auf sich, der in historischen Zeiten seine Zeit gerne mit der Jagd verbrachte. Vor allem im Barock (ca. 1600 bis 1770) wurde die Jagd mit allem Prunk und großer Pracht festlich abgehalten, denn sie wurde als Statussymbol gesehen.

Als erster in der Region gab Kurfürst Johann Friedrich der Großmütige den Auftrag für das **Jagdschloss Fröhliche Wiederkunft**. 1548-50 wurde mitten in Wolfersdorf in einem künstlich aufgestauten Teich ein zweigeschossiger Fachwerkbau mit hölzernem Treppenturm, umgeben von Wirtschaftsgebäuden, errichtet. Im 16. und 17. Jh. wurden hier viele Jagdgesellschaften abgehalten.

In der Nachbarschaft, in Hummelshain, hatten die Herzöge von Sachsen-Altenburg von 1660-70 ein dreistöckiges Schlossgebäude bauen lassen, ebenfalls als Jagdschloss, heute **Altes Schloss** genannt. Nun hielt die feine Gesellschaft lieber dort ihre Jagden ab. Die Fröhliche Wiederkunft diente eher der Verwaltung und war Sitz des Forstamtes, wurde aber nicht gut in Stand gehalten und verfiel immer mehr.

Ende des 19. Jh. entdeckte Herzog Joseph von Sachsen Altenburg das Anwesen und renovierte es im neugotischen Stil und richtete es prunkvoll ein. Das Schloss war im Hochadel in aller Munde und der König von Schweden, König von Griechenland, König Georg V. von Hannover, König von Sachsen, Großherzog von Weimar, Großherzog von Oldenburg und Großfürst von Russland gaben sich die Klinke in die Hand. Bis 1955 wurde es von Mitgliedern des Fürstenhauses Sachsen-Altenburg bewohnt.

Seit 2007 arbeitet eine Verwaltungsgesellschaft an der "Fröhlichen Wiederkunft" des Schlosses mit dem Ziel, die originale Bausubstanz wieder herzustellen und das Schloss der Öffentlichkeit zugänglich zu machen. Führungen werden angeboten, es gibt ein Schlosscafé und Sie können dort heiraten.

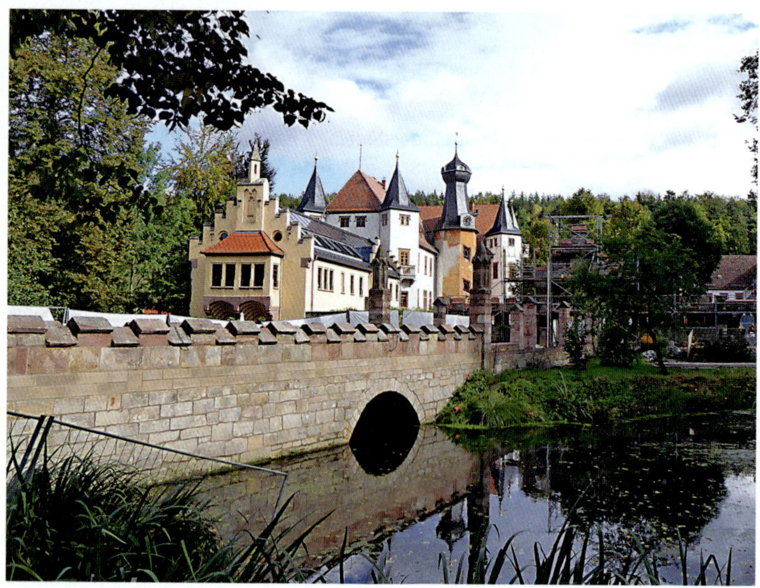

Jagdschloss Fröhliche Wiederkunft

Ziegenrück

670 Einwohner *494 hm* **Tour 37 & 38**

Der Ort ist die fünftkleinste Stadt Deutschlands (die kleinste ist Arnis in Schleswig-Holstein mit 279 Einwohnern), und das wundert auch nicht, wenn man die beengte Lage in den tief eingeschnittenen Tälern der Saale und des Drebabachs bedenkt.

Der Ortsname sagt übrigens nichts über die Hobbys der Bürger aus - hier rückt oder drückt niemand Ziegen, sondern der Name kommt vom slawischen Ausdruck Czegenruck *(Flussschlinge)*. Passt, denn die Saale macht hier eine Schlinge mit beinahe 360°.

An einer strategisch besonders günstigen Stelle über dem Fluss wurde **Burg Ziegenrück** 1222 zur Sicherung des Flussübergangs über die Saale gebaut. Der Felssporn hat an drei Seiten Steilhänge und besaß Gräben, die die Anlage in Abschnitte teilte. Heute steht noch das Wohngebäude, die **Kemenate** mit 17×13 Metern Fläche und einer Höhe von 20 Metern. Sie stammt aus dem 15. Jh. Unter dem Dach sind Schießscharten zu erkennen. Die Burg schützte die Stadt im Tal des Drebabaches die seit 1328 Stadtrecht besitzt. In der engen Altstadt drängen sich Wohn- und Bürgerhäuser aus verschiedenen Jahrhunderten ins schmale Tal. Die **Stadtkirche St. Bartholomäus** und **St. Nikolaus** stammt aus dem Mittelalter, brannte Mitte des 17. Jh. ab und wurde als dreischiffige Stufenhallenkirche wieder aufgebaut, die sich in ihrem Grundriss stark an die Hanglage anpasst und daher eine ungewöhnliche Innenaufteilung hat. Wo früher der Chor war, ist heute die Sakristei und der Altar steht in der Vierung.

Das **Laufwasserkraftwerk "Fernmühle"** ist eines der ältesten noch im Original erhaltenen Laufwasser-Kraftwerke, das von 1258-1899 eine Mühle betrieb und dann als bis 1965 als Kraftwerk diente. Seitdem thematisiert hier ein spannendes technisches Museum mit Turbinen, Wasserpumpen, und Wasserrädern den Talsperrenbau. Nicht nur Kinder können hier einige Hebel und Knöpfe drücken, um überraschende Effekte zu erzielen.

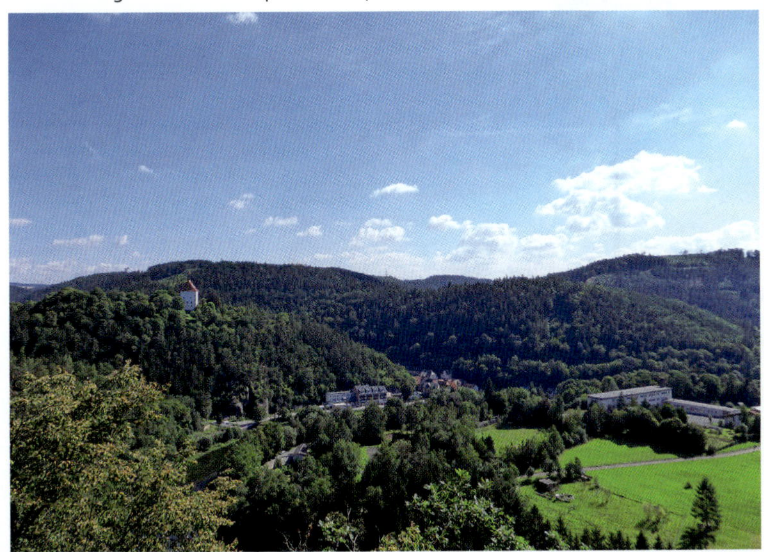

Blick auf Ziegenrück mit der Kemenate

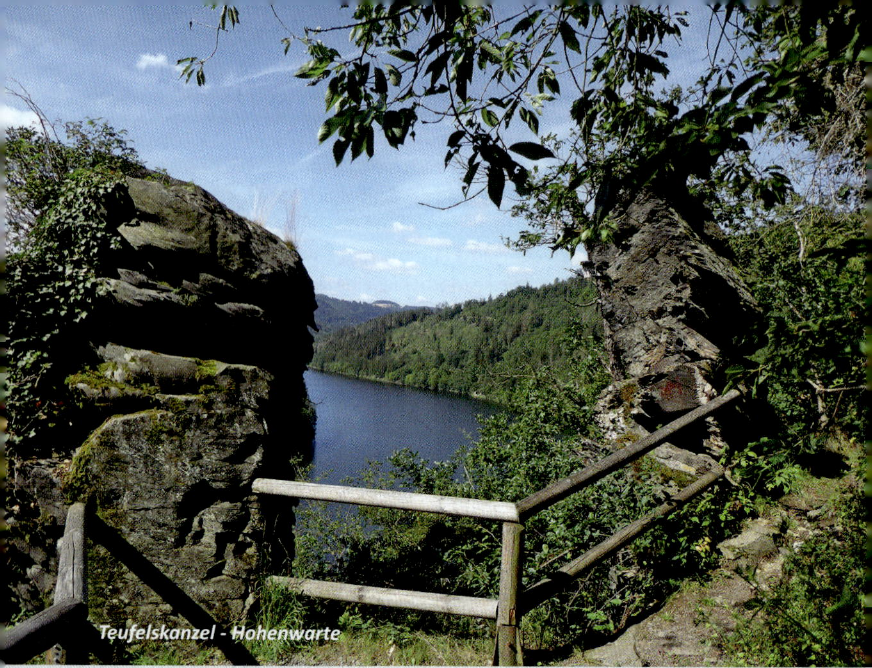

Teufelskanzel - Hohenwarte

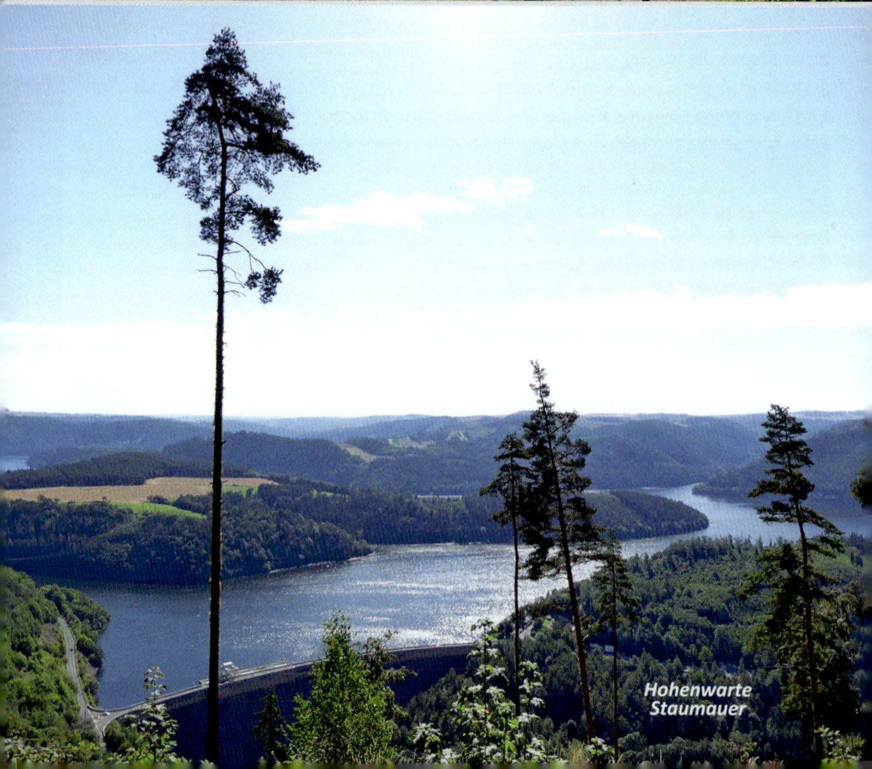

Hohenwarte
Staumauer

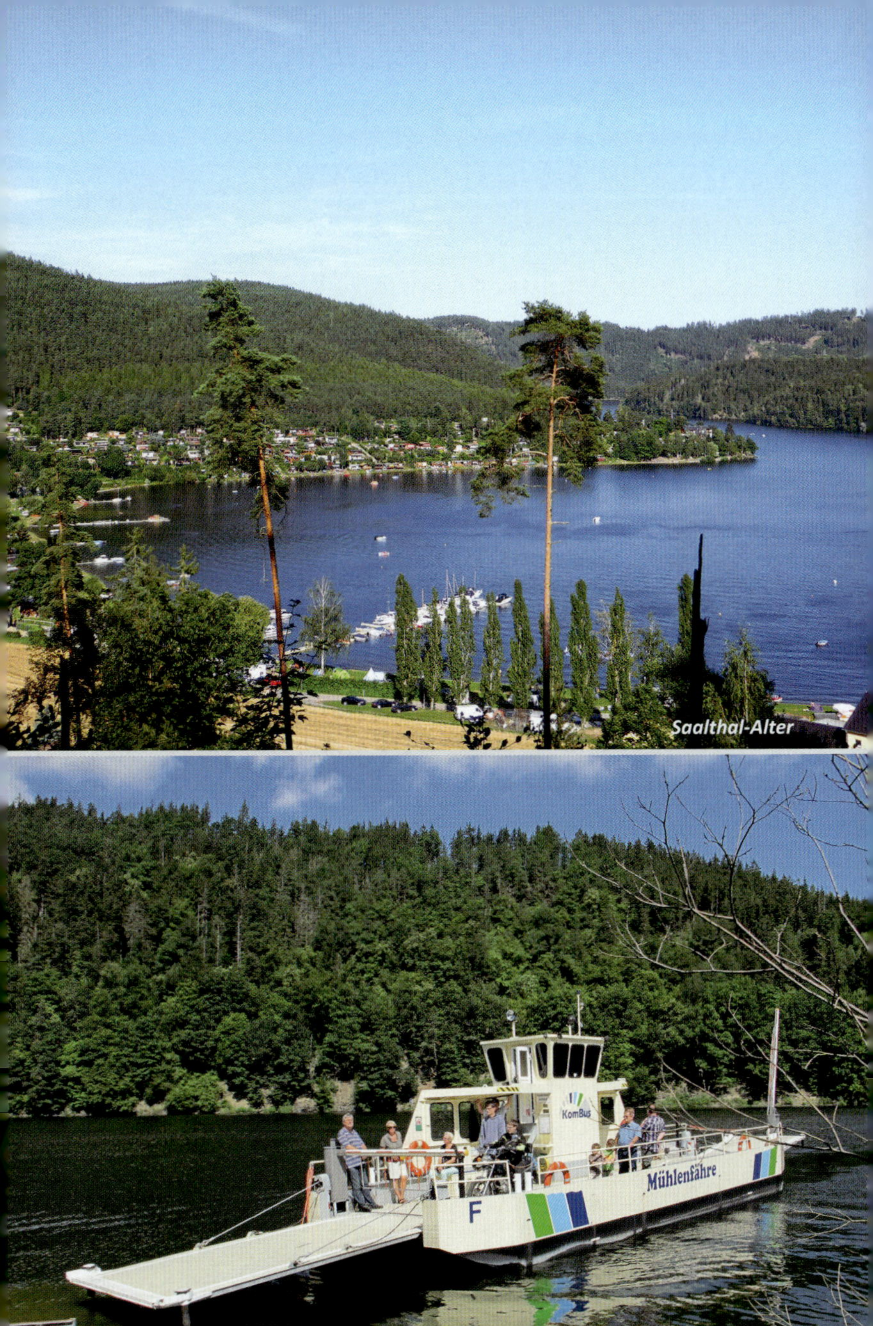

Saalthal-Alter

Mühlenfähre Linkenmühle

Wanderteil

Wegverlauf – Streckeninfo – Karten

- Gera & Umland
- Lutherweg in der Umgebung von Gera
- Thüringer Vogtland & Thüringer Holzland
- Weidatalweg & Talsperrenweg Zeulenroda
- Weiße-Elster-Weg
- Hohenwarte Stausee Weg & Plothener Teiche

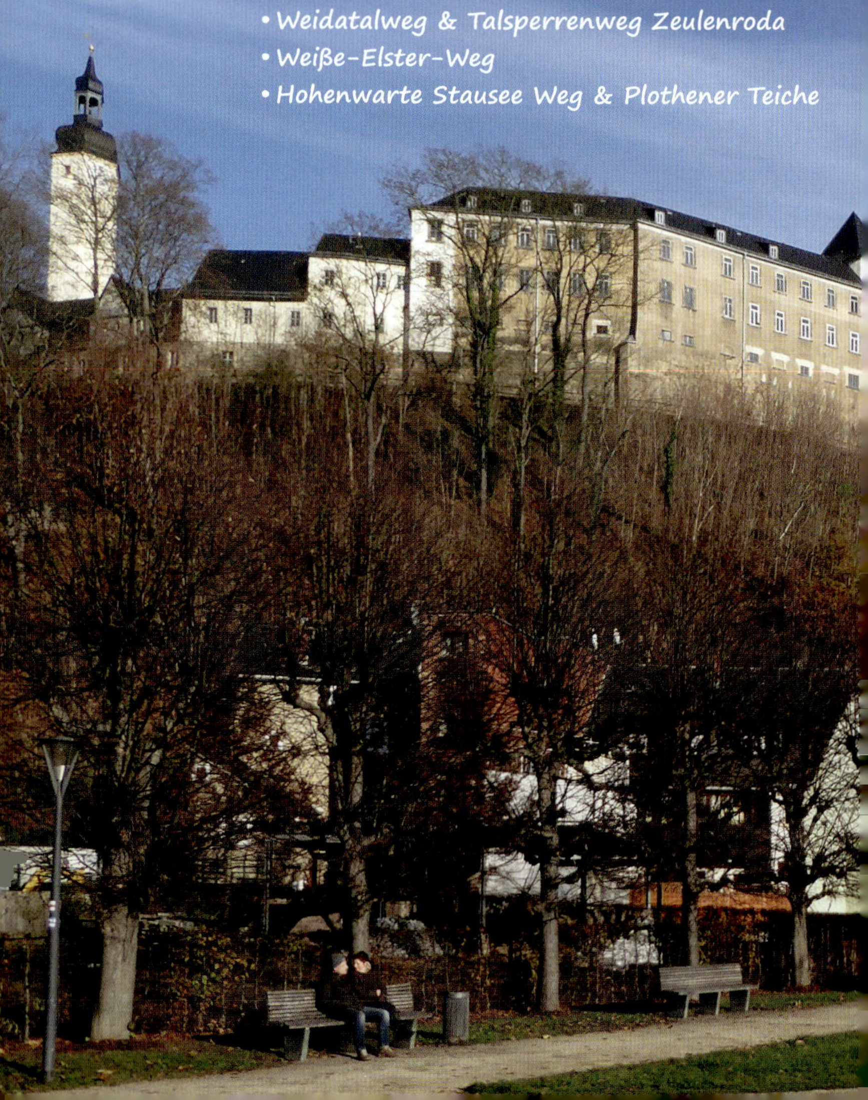

Im Wanderteil des Buches möchten wir Ihnen einen Teil der umfangreichen Wandermöglichkeiten im Thüringer Vogtland vorstellen. Das Gebiet ganz im Osten Thüringens steht leider sehr im Schatten des bei Wanderern bekannten Thüringer Waldes mit seinem Rennsteig.

Mit den beschriebenen Touren möchten wir Sie daher zu der einen oder anderen Wanderung anregen, um die landschaftlichen Schönheiten des Thüringer Vogtlandes zu Fuß zu erkunden und zu entdecken.

Bei der Auswahl der Wanderstrecken haben wir uns nicht nur auf die Gebiete rings um die Otto-Dix-Stadt Gera, die Park- und Schlossstadt Greiz und das Zeulenrodaer Meer im Thüringer Vogtland beschränkt. Denn Sie finden auch eine Streckenwanderung zu den Plothener Teichen und zum Thüringer Meer mit dem Bleiloch- & Hohenwartestausee im Naturpark Thüringer Schiefergebirge/Obere Saale. Eine weitere Streckenwanderung auf dem Weiße-Elster-Weg beginnt im Kurort Bad Brambach und führt Sie nach einem kurzen Abstecher zur Weißen-Elster Quelle in Böhmen durch das Sächsische Vogtland.

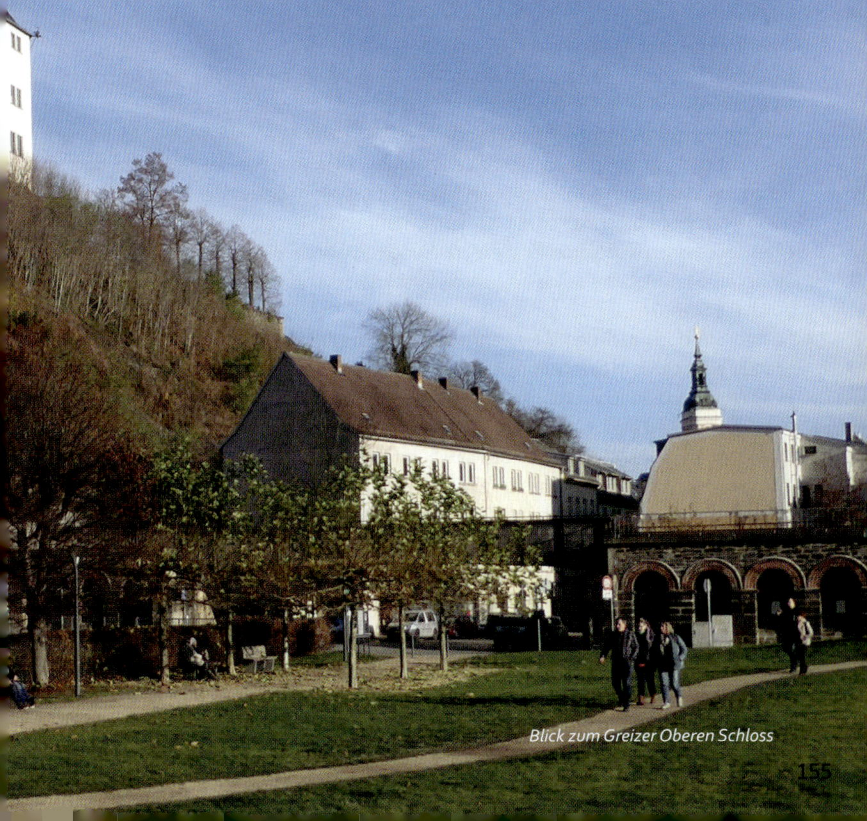

Blick zum Greizer Oberen Schloss

Wir ergänzen die Beschreibungen zum Wander-Programm mit einigen Tipps für Abstecher zu Sehenswürdigkeiten und empfehlen Ihnen zur Strecke passende Wanderkarten. Dann können Sie sich für einzelne Tour als Tagesetappe entscheiden, oder zu einer Strecken-Wanderung in aufbrechen. Sie müssen ja nicht gleich die gesamten Strecken in einer Tour gehen, denn die einzelnen Regionen können sehr gut in jeweils einer Wanderwoche erkundet werden! Für die An- und Abreise zu den einzelnen Wanderungen empfehlen wir die öffentlichen Verkehrsmittel zu nutzen (siehe Hinweise bei den einzelnen Touren).
Weiterhin geben wir Ihnen Hinweise zum Start- und Endpunkt einer jeden Tagestour, der Streckenlänge, den Höhenmetern und zur Streckenmarkierung, damit Sie möglichst problemlos Ihr Ziel erreichen. Die Streckenführung wurde von uns so gewählt, dass viele landschaftliche und kulturelle Sehenswürdigkeiten am Weg liegen und am Startort und am Ziel die Möglichkeit zur Übernachtung besteht (außer bei den stadtnahen Touren bei Gera), auch wenn sich dadurch hier und da etwas längere Etappen ergeben. Die Adressen einiger Hotels, Pensionen und Sehenswürdigkeiten finden Sie im Infoteil des Buches.

Markierung der Wege - Karten - Beschreibung der Wanderetappen

Die im Buch beschriebenen Touren entlang der Themenwege: Lutherweg, Weidatalweg, Hohenwarte Stausee Weg und Talsperrenweg Zeulenroda sind recht gut durchgängig mit jeweils dem gleichen Symbol markiert, was Ihnen die Orientierung und Wegfindung auf Ihren Wanderungen sehr erleichtern wird.
Bei vielen anderen Wegen vermissen wir leider eine einheitliche Markierung der Wanderwege, da in Deutschland leider kein einheitliches Markierungssystem zur Vernetzung der Wanderwege vorhanden ist. Die dafür Verantwortlichen sollten sich vielleicht mal ein Beispiel an Tschechien nehmen, denn die Wanderwege sind dort im gesamten Land durch ein einheitliches Markierungssystem gekennzeichnet, bei dem ein waagerechter, farbiger Balken auf weißem Untergrund (Viereck) gesetzt ist. Sollte es mal eines Tages einen Nobelpreis für die Markierung von Wanderwegen geben, so wäre sicher Tschechien für mehrere Jahre ein sicherer Anwärter, eventuell gäbe es noch Konkurrenz durch die Slowakei....
Sollten Sie doch mal den Weg verlieren oder Hilfe benötigen, finden Sie an einigen Wanderwegschildern eine Nummer, die Ihren genauen Standort markiert und die Sie dann beim Notruf 112 angeben können, um schneller gefunden zu werden.

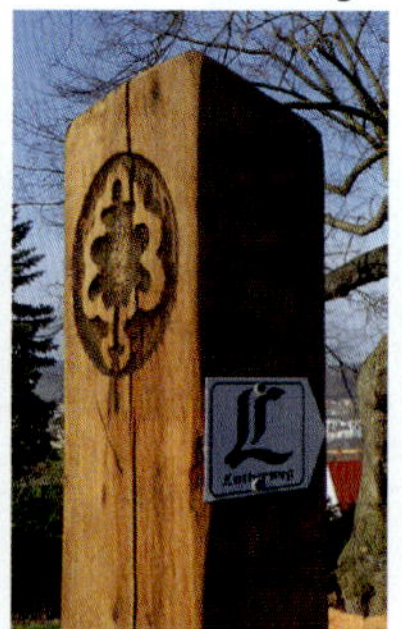

Bei der Beschreibung der einzelnen Wanderetappen haben wir uns für eine Art „Stenostil" entschieden und viele Symbole verwendet. Die Erklärung der Symbole finden Sie auf der hinteren Umschlagklappe des Buches.
Die Entfernungsangaben der Etappen sind überwiegend von Ortsmitte bis Ortsmitte berechnet. Wenn Sie Ihre Wanderungen beispielsweise von einem Quartier am Ortsrand oder vom Bahnhof aus starten oder beenden, kann sich die Streckenlänge ändern.
Bei der Beschreibung der einzelnen Wanderetappen haben wir uns für eine Art „Stenostil" entschieden und viele Symbole verwendet.

Jede Wanderwegkreuzung ist mit dem Symbol (**+**), dem Namen des Punktes, an dem der Wegweiser steht und meist auch mit den Höhenmetern (⇧) aufgeführt. Die danach mit einem Pfeil (➤) angegebenen Kilometer beziehen sich immer auf die Entfernung vom Start einer jeden Etappe. Die für jede Etappe angegebenen Höhenmeter sind ebenfalls mit einem Symbol versehen (↑Aufstieg - ↓Abstieg). Sie sind die Summen der jeweils auf einer kompletten Wanderetappe überwundenen Höhenmeter.

Da wo die Wanderwege mit einem farblichen Balken auf weißen Grund gekennzeichnet sind, haben wir in der Wegbeschreibung immer nur mit Großbuchstaben und fetter Schrift die Farbe der Markierung aufgeführt, die Ihren Wanderweg kennzeichnet.

Die Erklärung der Symbole finden Sie auf der hinteren Umschlagklappe des Buches.

Die Entfernungsangaben der Etappen sind überwiegend von Ortsmitte bis Ortsmitte berechnet. Wenn Sie Ihre Wanderungen beispielsweise von einem Quartier am Ortsrand oder vom Bahnhof aus starten oder beenden, kann sich die Streckenlänge ändern.

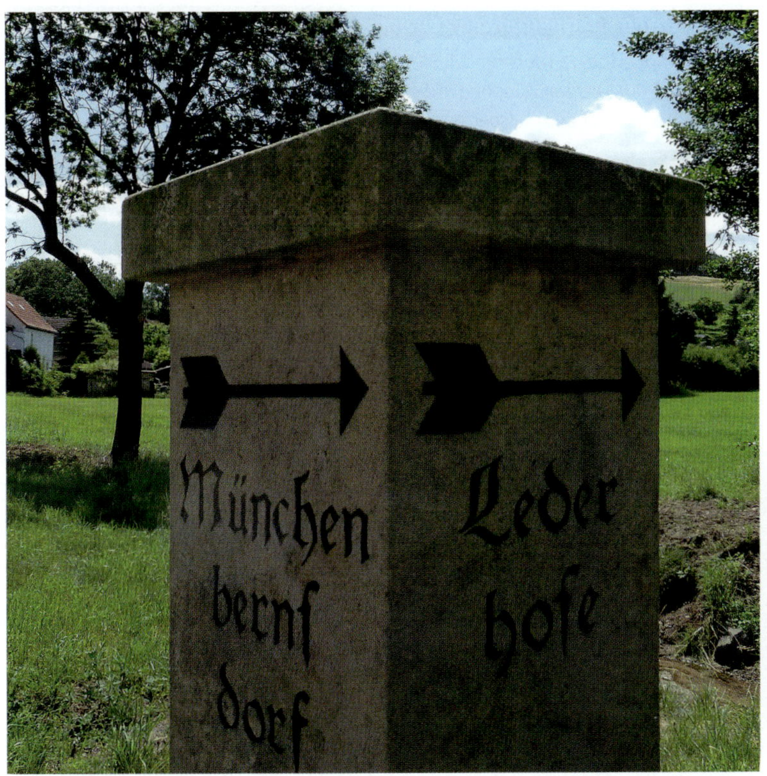

Stein-Wegweiser in Bocka

Gera & Umland

Die Etappen 1-12 & 34 sind Tageswanderungen, die entweder in der Otto-Dix-Stadt Gera beginnen oder enden. Dabei finden Sie eine kleine Innenstadt-Wanderung, eine Rundwanderung durch den Geraer Stadtwald und die Tour auf Katharinas Spange eine Runde um Gera auf dem Lutherweg. Die Start- und Zielorte der einzelnen Touren sind immer gut mit den öffentlichen Verkehrsmitteln zu erreichen.

Lutherweg in der Umgebung von Gera

Die Etappen 11-15 beschreiben Wanderungen auf dem Lutherweg in der Nähe von Gera. Die einzelnen Touren können Sie als Tageswanderung absolvieren oder auf einer Streckenwanderung von Schmölln bis Neustadt/Orla gehen.

Thüringer Vogtland & Thüringer Holzland

Die Etappen 16-21 stellen Wanderungen im Thüringer Vogtland & Thüringer Holzland vor, wobei die Start- & Zielorte der einzelnen Touren immer gut mit den öffentlichen Verkehrsmitteln ab Gera zu erreichen sind.

Weidatalweg & Talsperrenweg Zeulenroda

Mit den Etappen 22-24 möchten wir Sie zu einer Strecken-Wanderung auf dem Weidatalweg von Pausa bis zur Mündung in die Weiße-Elster anregen und die Etappen 25 & 26 sind Rundtouren auf dem Talsperrenweg Zeulenroda.

Weiße-Elster-Weg

Mit den Etappen 27-35 schildern wir die Strecken-Wanderung auf dem Weiße-Elster-Weg. Drei Länder - ein Fluss in Böhmen-Sachsen-Thüringen. Die einzelnen Touren können Sie als Tageswanderung absolvieren oder auf einer Streckenwanderung von Bad Brambach zur Weißen-Elster Quelle in Böhmen und weiter über Plauen bis Gera gehen.

Thüringer Meer mit Hohenwarte Stausee Weg & Plothener Teiche

Die Etappen 36-40 beschreiben eine Strecken-Wanderung, die Pößneck beginnt und durch das Plothener Teichgebiet zum Thüringer Meer führt. Dort treffen Sie auf den Hohenwarte Stausee Weg und folgen dem fjordartigen Ufern der Talsperren Bleiloch & Hohenwarte bis in die Feengrottenstadt Saalfeld.

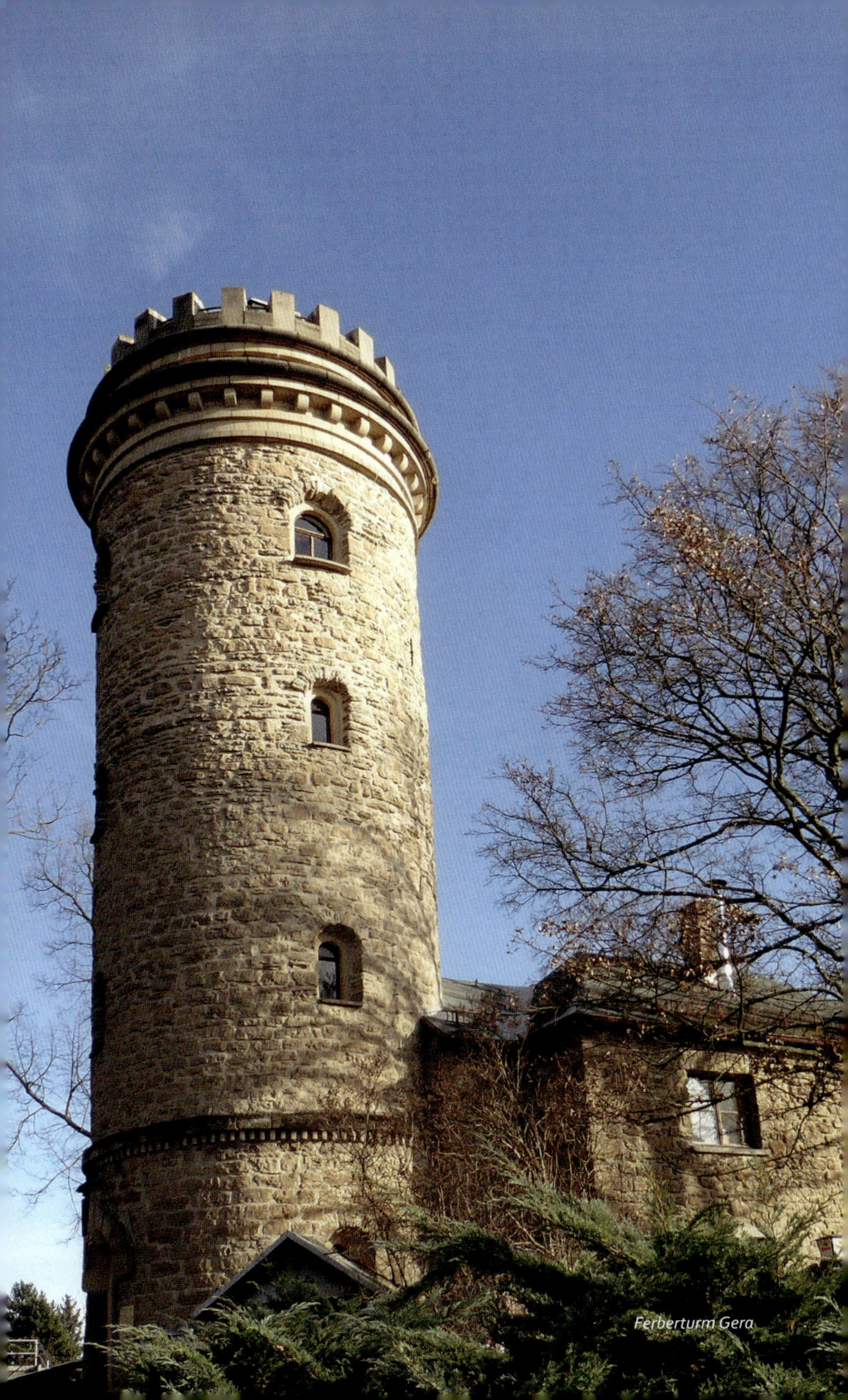

Ferberturm Gera

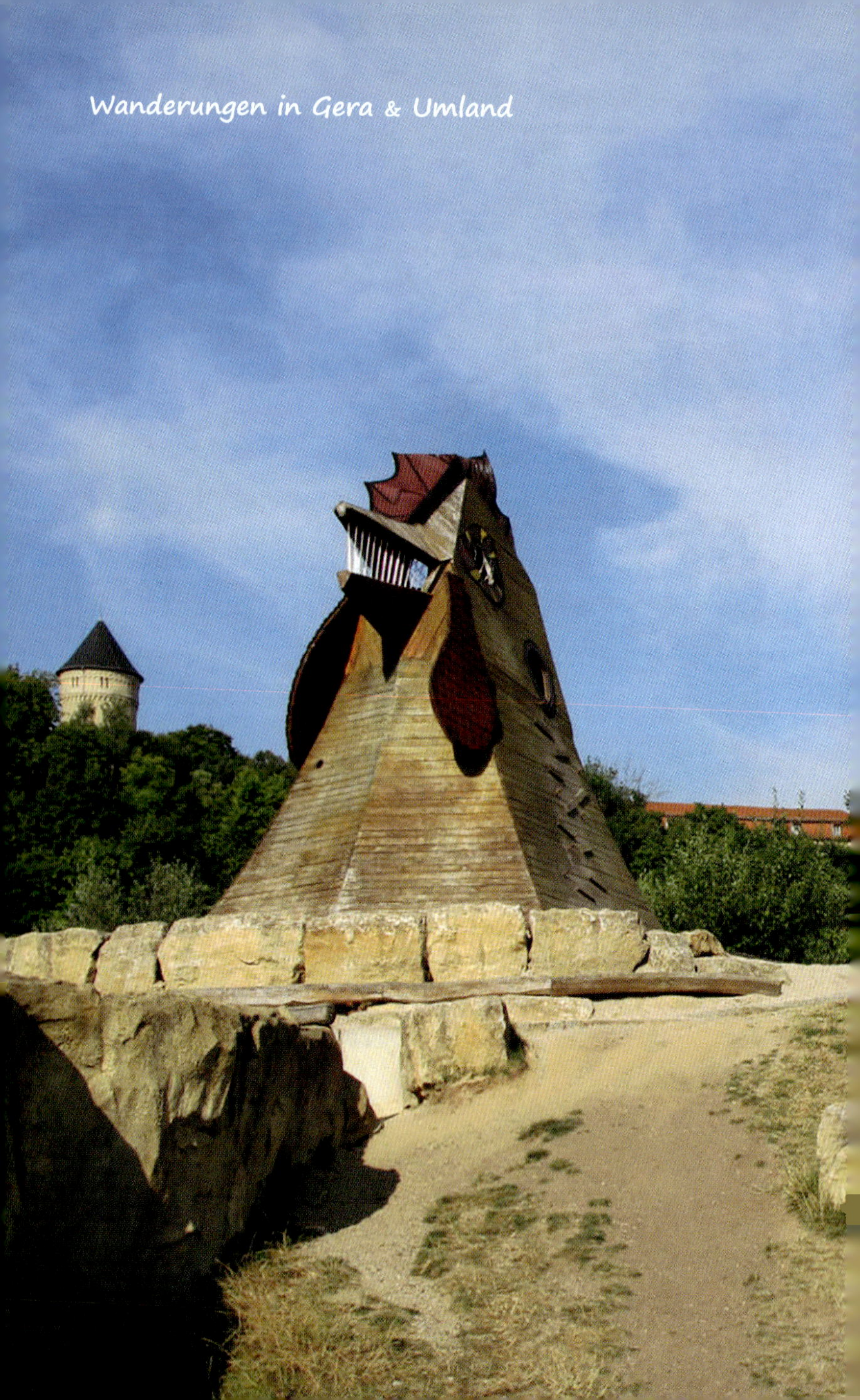
Wanderungen in Gera & Umland

Die folgenden Touren beschreiben Tageswanderungen die entweder in der Otto-Dix-Stadt Gera beginnen oder enden. Die Start- und Zielorte der einzelnen Wanderungen können Sie immer mit den öffentlichen Verkehrsmitteln zu erreichen, so dass Sie auf Ihren PKW gut verzichten können.

Auf einer kleinen Innenstadt-Wanderung werden Sie Geras Sehenswürdigkeiten im Zentrum entdecken. Eine Tour geht durch den Geraer Stadtwald, auf Katharinas Spange starten Sie eine Runde um Gera auf dem Lutherweg und weitere Wanderungen führen Sie zur Auma Talsperre, zur Osterburg Weida, zum Bismarkturm Reust und zum Geraer Wasserfall.

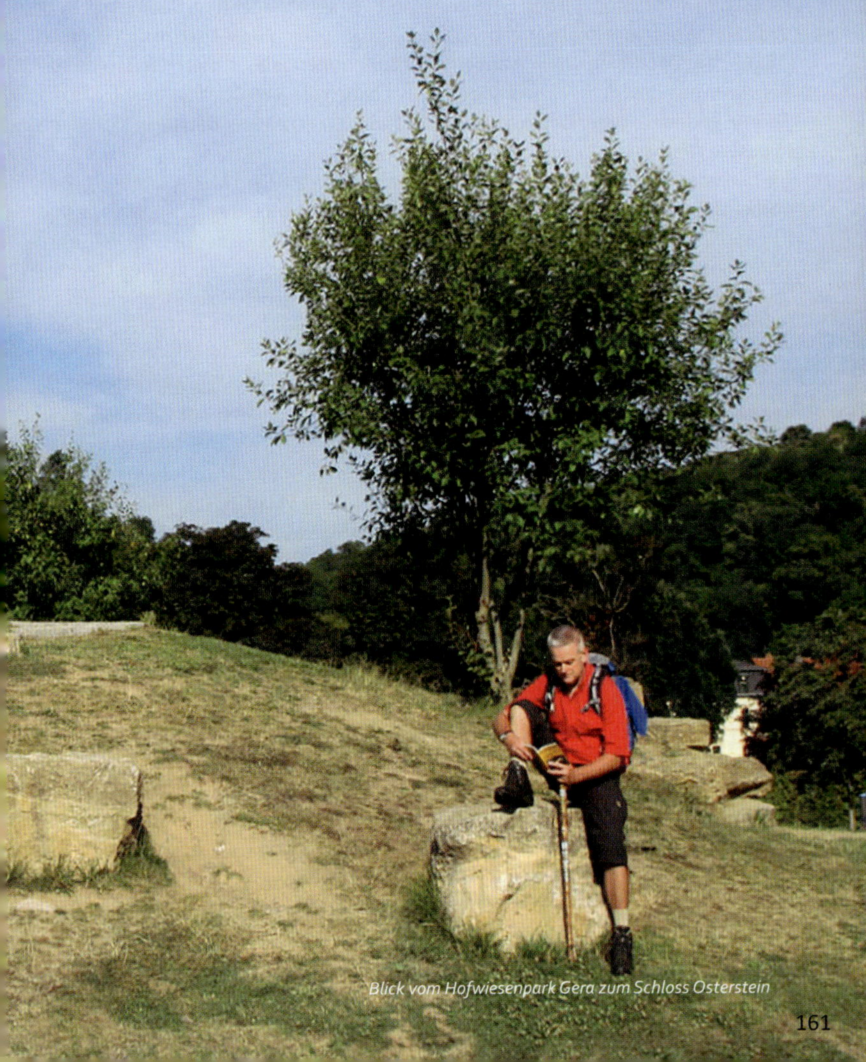

Blick vom Hofwiesenpark Gera zum Schloss Osterstein

1 Gera - Stadtspaziergang auf der Spur der Bäume

Sehenswert: Marktplatz mit Simsonbrunnen & Erker an der Stadtapotheke, Küchengarten mit Theater & Orangerie, Hofwiesenpark, Otto-Dix-Haus, Marienkirche, Villa Jahr, Schloss Osterstein, Stadtmuseum, Reste der Stadtmauer mit Wehrturm
Streckenlänge: 5,7 km **Karte:** Stadtplan Gera - 1:20.000 vom Verlag Dr. Barthel

Eine interessante Variante, die Sehenswürdigkeiten Geras unter einem besonderen Gesichtspunkt kennen zu lernen, ist der Stadtspaziergang "Auf der Spur der Bäume". Es wurden im Stadtgebiet von Gera insgesamt 185 verschiedeartige Bäume mit einer in die Rinde aufgemalter Nummer versehen und in einem Wegweiser zu den Bäumen Geras, dem Dendrologischen Wanderführer, zusammengefasst. Viele der Bäume stehen am Wege des Stadtspaziergangs, und wir haben die jeweilige Nummer (Liste der Bäume finden Sie unter Dendrologischer Wanderführer) einiger Bäume in Klammern in unsere Wegbeschreibung eingefügt.
Sie beginnen Ihre Runde am barocken Simsonbrunnen auf dem Marktplatz und gehen vorbei am prächtigen Erker der Stadtapotheke zur Puppenbühne, Johanniskirche und Theater. Zwischen dem Theater und der Orangerie befindet sich der zu einer Pause am Springbrunnen einladende Küchengarten, ein barocker Lustgarten. Ihr Weg führt Sie nun in den im Zuge der Bundesgartenschau 2007 entstandenen Hofwiesenpark, ein bei den Geraern beliebter Stadtpark. In seinem Areal befinden sich neben dem Hofwiesenbad und dem Stadion, ein Spieloval, die Hofwiesenbühne und viele liebevoll gestaltete Grünflächen. Auf der Untermhäuser Brücke wechseln Sie auf die andere Uferseite der Weißen Elster zum Mohrenplatz. Hier stehen dicht beisammen das Otto-Dix-Haus, die Marienkirche, das Hofgut und nur 300 m aufwärts kommen Sie zum Schloss Osterstein, wo sich ein weiter Blick über den Hofwiesenpark und die Stadt Gera öffnet. Vom Hofgut aus folgen Sie dem Faulenzerweg am Elsterufer bis zur Villa Jahr und gehen auf dem Textima Steg über die Weiße Elster in den Hofwiesenpark. Bei der Heinrichsbrücke verlassen Sie den Fluss, laufen durch den Park der Jugend, vorbei an der Trinitatiskirche & Stadtmuseum zum Stadtgraben. Hier befindet sich ein Teilstück der alten Stadtmauer mit einem 8 m hohen Wehrturm. Zurück auf dem Markt empfehlen wir noch einen Besuch der Geraer Höhler. Der Eingang zu den Historischen Höhlern befindet sich oberhalb des Marktplatzes, an der Rückseite des Museums für Naturkunde.

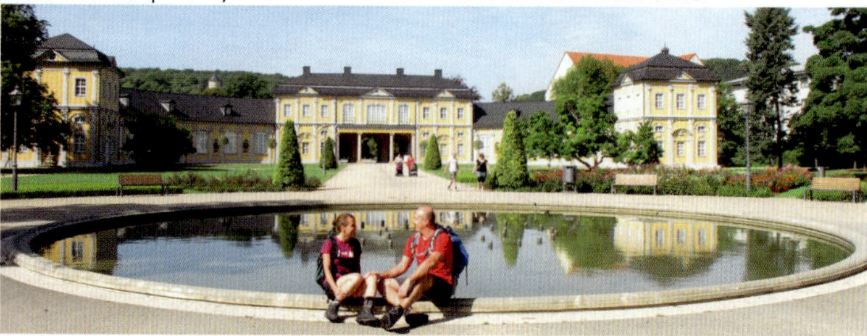

Küchengarten - Blick zur Orangerie

Wegverlauf

✱Gera-Markt ⇧202 m, auf der Gr. Kirchstraße vorbei an der Stadtapotheke, nach 50 m rechts in die Johannisstraße

✧Sorge ➤0,18 km (**90**), gerade, Schloßstr.

✧Hochhaus & Puschkindenkmal ➤0,30 km rechts, R. Diener Str., nach 140 m bei Puppenbühne (**69,74,132**) links in Amthorstr.

✧Johanniskirche ➤0,58 km (**142**), gerade in den Park der Demokratie (**20,111,170,175**)

✧Bahnhofsplatz ➤1,1 km (**116,127,139**), links, Stufen abwärts durch die Unterführung

✧Theater ➤1,4 km (**171,175**), gerade in den Küchengarten (**14,39,75,92,132,144,169**)

✧Orangerie ➤1,7 km (**24,30**), durch das Gebäude der Orangerie, dann sofort links

✧Hofwiesenpark-Eingang ➤1,9 km, gerade

✧Prinzenhäuser ➤2,0 km (**17**), rechts ab zum EGG-Kunstpavillon (**4,51,52**)

✧Parkcafé ➤2,1 km (**59,126,66,82**), rechts

✧Hofwiesenbad & Stadion ➤2,2 km (**88,99**)

✧Spieloval ➤2,3 km, gerade

✧Untermhäuser Brücke ➤2,5 km, links über die Weiße-Elster

+Mohrenplatz ➤2,6 km ⚐(**14**), Otto-Dix-Haus, Marienkirche, links auf schmalen Weg hinauf zum Schloss Osterstein (300 m), danach vom Hofgut am Ufer dem Faulenzerweg folgen, nach 400 m an der Weggabel (**178**) links am Minigolf vorbei

✧Villa Jahr ➤3,4 km (**74,96,104,137,153**), auf dem Textima-Steg über die Weiße-Elster, dann rechts am Ufer entlang

✧Pöppelner Steg ➤3,8 km (**24**), gerade

✧Heinrichsbrücke ➤4,1 km, links in die Heinrichstr. (**116**) & durch die Bahnunterführung

✧Comma-Kulturhaus ➤4,4 km (**134**), gerade, an der Haltestelle rechts in den Park der Jugend (**27,69,71,75**) und links halten

✧Trinitatiskirche ➤4,7 km (**142**), gerade vorbei an der Zentralen Haltestelle (**4**)

✧Stadtmuseum ➤5,0 km, rechts an der Reichsstraße durch den kleinen Park (**157**)

✧Stadtgraben ➤5,3 km (**27**), links aufwärts

✧Stadtmauer mit Wehrturm ➤5,5 km (**63,125**), nach der Stadtmauer links auf Stufen hinter die Mauer, links halten (rechts 150 m die Böttchergasse aufwärts kommen Sie zum Museum für Angewandte Kunst)

✧Kornmarkt ➤5,6 km (**158**), gerade

✱Gera-Markt ➤5,7 km, Touristinformation

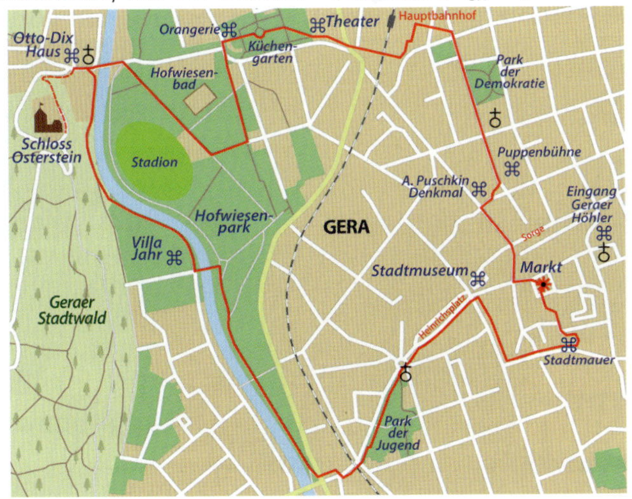

2 Gera - Stadtwaldrunde

Sehenswert: Otto-Dix-Haus, Fuchsklamm, Kalte Eiche, Gladitschturm, Jagdhof, Karl Theodor Liebe-Denkmal, Waldhausbrücke & Reformationskreuz, Schloss Osterstein
Streckenlänge: 9,1 km **Höhenmeter:** ↑193 ↓193
Wanderkarten: Gera - 1:50.000 vom Verlag Grünen Herz oder
Wälder um Gera, Eisenberg, Hermsdorf - Blatt 100 - 1:35.000 vom Verlag Dr. Barthel
Wegmarkierung: mit ***BLAUEN*** Punkt, Balken: ***GRÜN*** & Lutherweg-Markierung (***LW***)

Auf dem Mohrenplatz am Otto-Dix-Haus beginnend, führt Sie die Wanderung auf dem Kerbeweg durch eine düstere Schlucht mit rotbraunen Felsen hinauf zum bekannten Naturdenkmal Kalte Eiche. Die über 450 Jahre alte Stieleiche ist das Wahrzeichen vom Geraer Stadtteil Ernsee. Auf dem Rückweg erreichen Sie kurz vor dem Gladitschturm wieder das Stadtwaldgebiet, wandern vorbei an der beliebten Waldgaststätte Jagdhof und im Eulengraben abwärts zu den Villen in der Vollersdorfer Straße. Über den Hainberg folgen Sie dem Lutherweg vorbei am Liebe-Denkmal und über die Waldhausbrücke mit dem Reformationskreuz bis zum Schloss Osterstein, wo sich Ihnen ein prächtiger Blick über den Hofwiesenpark und die Stadt Gera öffnet.

Wegverlauf

✱+Gera Mohrenplatz ⇧194 m, auf der Weinbergstr. dem ***BLAUEN*** Punkt (Thüringenweg) folgen, nach 100 m links in den Fuchsklamm und im Kerbetal aufwärts
✧Ruhebank ⇧264 m ➤1,1 km, links weiter der Kurve aufwärts folgen
✧Abzweig ⇧275 m ➤1,3 km, nach rechts den Lehrpfad verlassen und auf der schnurgeraden Allee aufwärts: ***GRÜN***
✧Ernsee Teich ⇧308 m ➤2,2 km, gerade über die Kreuzung in die Ernseer Straße
⚐Gaststätte Pferdestall ➤2,6 km, gerade
⚐Pension & Gasthof zur Kalten Eiche ⌂ ➤2,7 km, am Abzweig nach 100 m gerade

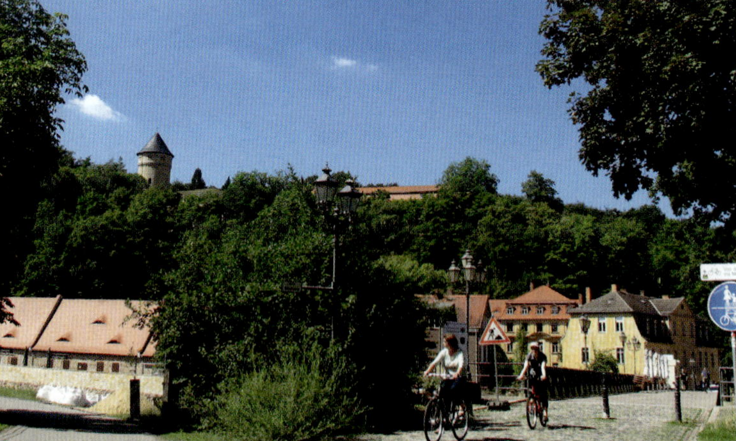

Blick zum Schloss Osterstein

✧**Abzweig** ⇧306 m ➤3,0 km, bei den zwei Kiefern nach rechts dem Feldweg folgen und nach 600 m wieder rechts

✧**Naturdenkmal Kalte Eiche** ⇧308 m ➤3,7 km ◈, gerade vorbei an der fast 500 Jahren alten Stieleiche auf der Ernseer Höhe

✧**Abzweig vor Ernsee** ⇧306 m ➤4,2 km, nach rechts ab und durch die Siedlung

✧**Ernsee Forststr.** ⇧306 m ➤4,5 km, rechts

✧**Ernsee Teich** ⇧308 m ➤4,7 km, gerade und nach 150 m links in die Schlossallee

✧**Parkplatz** ⇧313 m ➤5,3 km, links halten und dem schmalen Pfad rechts neben der Straße Schlossallee folgen

✧**Gladitschturm** ⇧309 m ➤5,6 km, gerade

⚐**Waldgaststätte Jagdhof** ⇧283 m ➤6,3 km nach dem Gasthof rechts, vorbei am Parkplatz und an der Gabelung rechts (am Jagdhof links auf der Schlossallee kommen Sie direkt zum Schloss Osterstein)

◈**Schutzhütte am Röhrenweg** ➤6,6 km, nach rechts im Eulengraben abwärts

✧**Infotafel Der Baum** ⇧255 m ➤7,0 km

✚**Vollersdorfer Straße** ⇧214 m ➤7,4 km, nach links weiter auf den Lutherweg (***LW***),

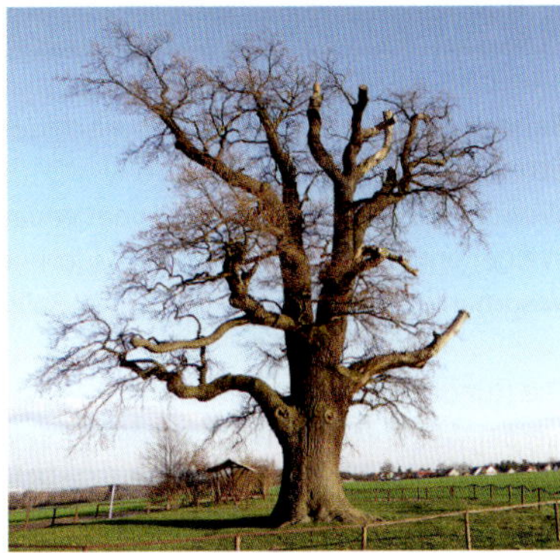

Kalte Eiche - Ernsee

hier nach rechts kommen Sie zum Dahliengarten (ca. 200 m) & Tierpark (ca. 400 m)

◈**Rondell** ⇧234 m ➤8,0 km, links halten: ***LW*** (zur Waldgaststätte Kuckucksdiele ⚐ kommen Sie rechts ca. 250 m abwärts)

✧**Reformationskreuz** ⇧235 m ➤8,4 km, nach der Waldhausbrücke rechts

✧**Schloss Osterstein** ⇧228 m ➤8,8 km, rechts halten, schöner Stadtblick und auf gepflasterten schmalen Weg steil abwärts

✱✚**Gera Mohrenplatz** ⇧194 m ➤9,1 km ⚐, Otto-Dix-Haus & Marienkirche

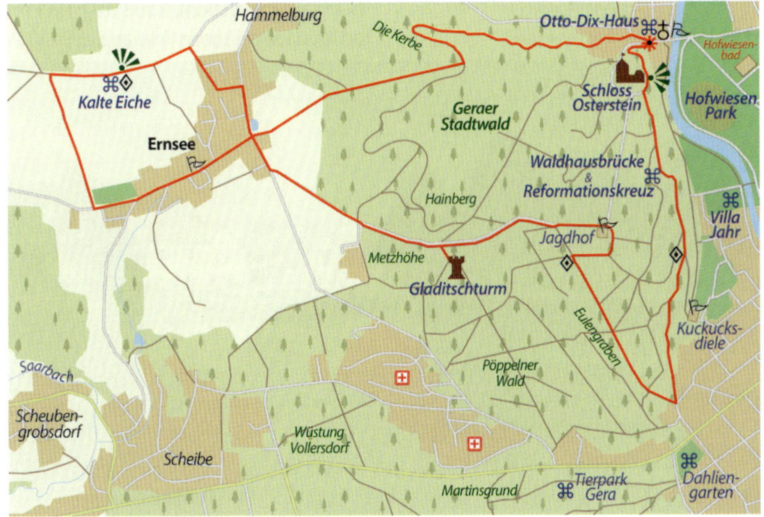

3 Weißig - Saara - Hohe Reuth - Weißig

Sehenswert: Stausee Schöna, idyllisch gelegener Teich in Kanada, Hohe Reuth
Streckenlänge: 22,1 km **Höhenmeter:** ↑382 ↓382
Wanderkarten: Gera - 1:50.000 vom Verlag Grünen Herz oder
Wälder um Gera, Eisenberg, Hermsdorf - Blatt 100 - 1:35.000 vom Verlag Dr. Barthel
Wegmarkierung: mit *ROTEN* Punkt, Balken *GELB*

Die Rundtour beginnt und endet in Weißig an der Endhaltestelle der Buslinie 11 der Geraer Verkehrsbetriebe. Vom kleinen Teich in Weißig aus wandern Sie über Markersdorf ins Tal vom Saarbach und zum Speicher Schöna, wo die Görlitz gestaut wird. Das nächste Ziel ist ein kleiner idyllisch gelegener Teich in Kanada, einem Ortsteil von Münchenbernsdorf, bevor es aufwärts nach Bocka und zur Hohen Reuth geht.

Wegverlauf

✱Bushaltestelle Weißig ⇧333 m, dem mit ***ROTEN PUNKT*** markierten Wanderweg folgen, gerade über die B2 und abwärts zwischen Feldern weiter
✧kleines Waldstück ➤0,6 km
+Markersdorf ⇧336 m ➤2,1 km, rechts aufwärts zur Kirche, ◇ oberhalb vom Teich
+Kreuzung nach der Kirche ➤2,4 km, rechts auf schmaler Straße nach Großsaara
+Ruhebank bei einer Linde ➤3,1 km, links halten - schöne Aussicht
+im Wald ➤3,8 km, gerade
✧nach dem Wald ➤4,5 km ◈, schöner Blick auf Saara
+Großsaara ➤5,4 km, links an der Straße
Gasthof Schmidt ⇧256 m ➤5,7 km, links ab, am Feuerwehrhaus links halten, Spielplatz mit ◈
✧neue Brücke über die Görlitz ➤6,1 km, nach 50 m rechts halten und bald ◇
✧am Waldrand ➤6,6 km ◈, auf Feldweg weiter, dann im Wald parallel zum Stausee
+Ortsanfang Schöna ⇧268 m ➤7,6 km, rechts, nach ca. 100 m links an der Straße

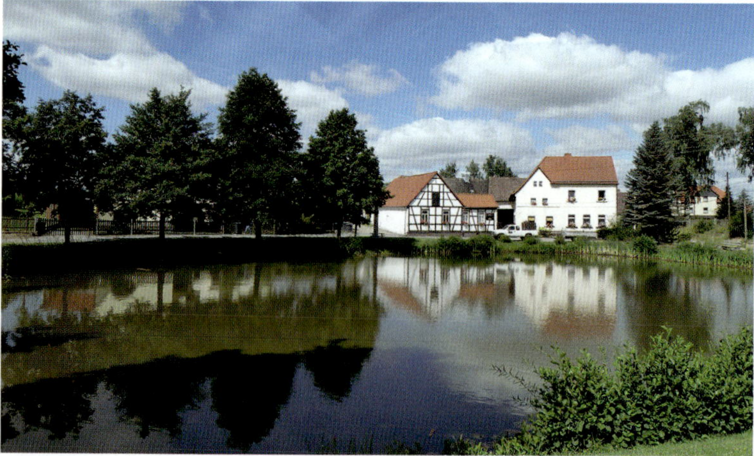

Weißig - Dorfteich

WANDERTEIL

+Schöna ➤7,9 km, links halten über kleine Brücke ◈, rechts gehts zur Kirche
+im Wald ➤8,6 km, links halten auf schmalen Waldpfad Richtung Großbocka
✧Kanada ⇧289 m ➤9,4 km, kleiner idyllisch gelegener Teich ◈
+Großbocka ➤10,3 km, links ab Richtung Hohe Reuth, über einen Bach und der Straße durch den Ort folgen
+Großbocka ⇧310 m ➤10,6 km, rechts ab der steil aufwärts führenden Straße folgen, die bald im Wald weiter geht
+nach dem Wald ➤11,3 km, rechts ab entlang einer Straße weiter
+Bockauer Grund ⇧315 m ➤11,6 km, links auf Waldweg Richtung Kamphaus
+Schwerteiche ➤12,4 km ◇, links halten
+Am Kamphaus ⇧374 m ➤13,1 km ◈, links ab und auf der Eichertstrasse weiter
+Hohe Reuth ⇧381 m ➤14,2 km, links ab und ca. 150 m der Bundesstraße 2 folgen
✧Hotel Hohe Reuth ➤14,4 km, ⌂⚐ rechts ab auf einem Feldweg weiter
+Am Schwalbengrund ⇧371 m ➤15,3 km, links ab auf dem Lehmweg
+Weggablung ⇧296 m ➤16,6 km, auf dem Forstweg links halten
+Weggablung ➤17,4 km, links halten, aufwärts weiter, nach ca. 150 m ◈
+✋nicht verpassen ➤17,9 km, Weg geht rechts, auf einem bald steil aufwärts führenden Waldpfad weiter
+gerade über eine Forststraße ➤18,3 km
+kurz vor der Bundestraße B2 ➤19,1 km, rechts ab und auf einem Waldweg weiter
✧Forststraße ⇧357 m ➤19,7 km, hier nach links gehen, nach ca. 80 m rechts ab und der schmalen Straße folgen
+Gorlitzsch ⇧292 m ➤21,1 km, die Straße nach links verlassen und auf *GELB* dem Feldweg zurück nach Weißig folgen
✱Bushaltestelle Weißig ➤22,1 km

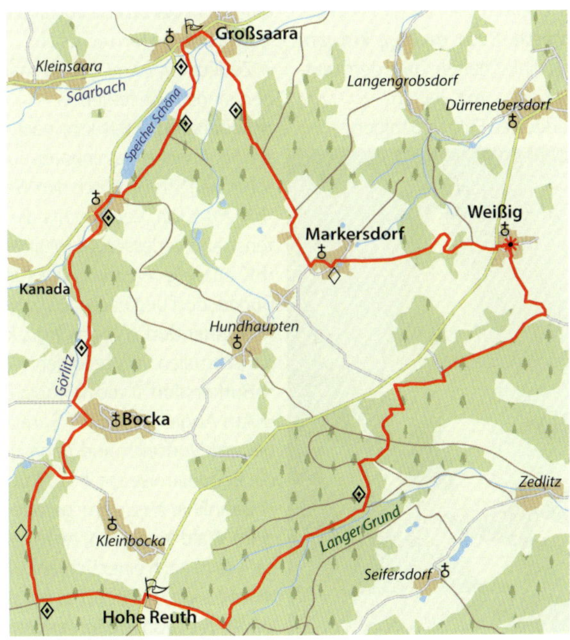

4 Gera-Liebschwitz - Auma Talsperre - Osterburg Weida

Sehenswert: Auma Talsperre, Osterburg Weida
Streckenlänge: 21,0 km **Höhenmeter:** ↑478 ↓448
Wanderkarten: Gera - 1:50.000 vom Verlag Grünen Herz oder Wälder um Gera, Blatt 100 und Vogtland in Thüringen, Blatt 116 - beide 1:35.000 vom Verlag Dr. Barthel
Wegmarkierung: mit *ROTEN* Punkt, Balken *GELB*

Start der Wanderung an der Haltestelle Friedensbrücke (Buslinie 16 & 18) im Geraer Stadtteil Liebschwitz, dann führt Sie die Tour über Röppisch, Zedlitz, Seifersdorf und Burkersdorf zur idyllisch gelegenen Aumatalsperre und der Weidaer Osterburg, dem Wahrzeichen des Thüringer Vogtlandes. Beenden können Sie die Wanderung in Weida am Bahnhof Mitte oder auf dem Marktplatz (Bus).

Wegverlauf

✱Bushaltestelle Friedensbrücke ⇧207 m, in Gera-Liebschwitz, rechts auf der Brücke über die Weiße Elster
+Kreuzung an der B92 ➤0,7 km, gerade hinweg, nach ca. 200 m links und nach ca. 50 m gleich wieder rechts auf der Straße durch Unterröppisch
+Unterröppisch ⇧221 m ➤1,4 km, am Ortsausgang links halten und dem aufwärts führenden, mit einem *ROTEN PUNKT* markierten Feldweg folgen

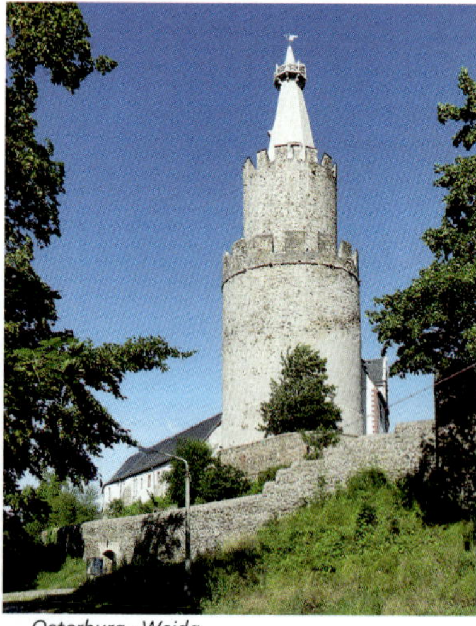
Osterburg - Weida

+☜ ➤2,3 km, Weg geht rechts auf einem schmalen Waldpfad ansteigend weiter
+an einer Forststraße ➤2,7 km, rechts ab
+Weggablung im Wald ➤3,2 km rechts halten, ◈am Waldrand ➤3,7 km
+Am Nestelberg ⇧315 m ➤4,0 km, links auf *GELB* der Straße abwärts folgen
+im Tal ➤4,9 km rechts ab
✧Zedlitz ➤5,4 km, gerade, nach dem Ort der Landstraße folgen
+Seifersdorf ➤6,8 km, nach der Kirche am Feuerwehrhaus links ab, auf *GELB* der schmalen Straße durch den Wald folgen
+☜ ➤8,2 km, nach rechts die Betonplattenstraße verlassen, auf Waldweg weiter
+Kreuzweg ➤9,1 km, links ab Richtung Burkersdorf und nach ca. 150 m rechts ab
+Nonnendorf ⇧325 m ➤9,4 km, links ab der schmalen Straße folgen
+Burkersdorf ⇧300 m ➤10,4 km, links ab
+Am Anger ➤10,6 km ◈, rechts ab, vorbei am Dorfteich und dann gerade über die Bundestraße 175 ➤11,1 km
✧Bahnlinie ➤12,0 km, gerade weiter
+im Wald ➤12,9 km, rechts ab und nach ca. 150 m nach einer Schranke links ab
+➤13,2 km, nach rechts auf der abwärts zur Auma-Talsperre führenden Straße

WANDERTEIL

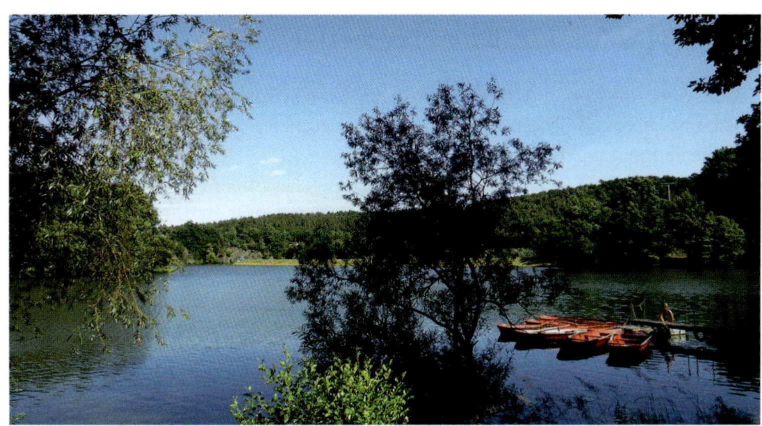
an der Auma-Talsperre

+Campingplatz ⇧290 m ➤13,7 km am Zaun entlang, dann links ab, auf einem Wiesenpfad weiter, nach 150 m schön gelegene kleine Badestelle

+Anlegestelle Auma-Talsperre ➤14,0 km, gerade auf dem Rudolf-Dix-Weg dem Ufer der Talsperre folgen

+➤14,6 km, rechts ab auf der schmalen bald steil abwärts führenden Straße

✧**Brücke über die Auma** ⇧269 m ➤14,9 km, weiter entlang der schmalen Straße die nun kräftig ansteigt

+Schömberg Bushaltestelle ⇧337 m ➤15,7 km, links ab, auf der Kuppe mit schöner Aussicht ➤16,0 km ◇ links

✧**Hohe Häuser**, in der kleinen Siedlung gerade, am Wald auf Feldweg weiter

+➤17,1 km, rechts ab Richtung Osterburg auf *GELB*, es beginnt ein schmaler Pfad, der zuerst steil bergein, dann kräftig ansteigend durch ein wildes Waldstück führt

+Hoher Herd ⇧334 m ➤18,2 km, links dem als Lutherweg gekennzeichneten Wanderweg bis zur Weidaer Osterburg folgen

✧**Aufgang Sängerehrenmal** ➤19,2 km ◈ Rastplatz am kleinen Denkmal

+Kastanienallee ➤19,5 km, links ab

+Osterburg ⇧271 m ➤20,5 km ⚐, auf dem Schlossberg abwärts, dann entweder links zum Bahnhof Mitte oder zum Markt ➤21,0 km und per Linienbus nach Gera

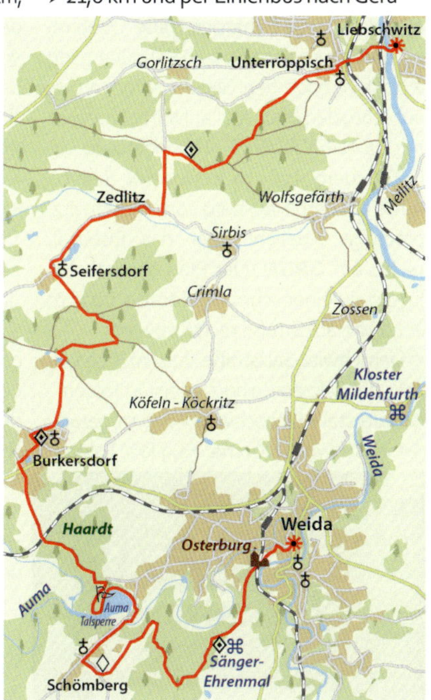

5 Liebschwitz - Reuster Berg - Pforten

Sehenswert: Reuster Berg mit Bismarckturm, Schloss Ronneburg, Drachenschwanz-Holzbrücke über das Gessental in der Neuen Landschaft Ronneburg
Streckenlänge: 24,4 km **Höhenmeter:** ↑219 ↓226
Wanderkarten: Gera - 1:50.000 vom Verlag Grünen Herz oder Wälder um Gera, Blatt 100 und Altenburger Land, Blatt 69 - 1:35.000 vom Verlag Dr. Barthel
Wegmarkierung: mit ***BLAUEN*** Punkt (Thüringenweg),mit Balken: ***GRÜN*** ***ROT***

Die Wanderung beginnt an der Haltestelle Scherperstraße der Buslinien 16 & 18 der Geraer Verkehrsbetriebe. Gleich zu Beginn führt der Weg kräftig ansteigend auf den Zoitzberg und es öffnet sich Ihnen eine prächtige Aussicht ins Elstertal. Abwärts gehend erreichen Sie Liebschwitz und wandern durch das Wipsetal nach Rußdorf und zum Reuster Berg mit dem weithin sichtbaren Bismarckturm. Das nächste Ziel der Tour ist Ronneburg mit dem oberhalb vom Baderteich gelegenen Schloss und der Drachenschwanzbrücke in der Neuen Landschaft Ronneburg. Wenn Ihnen die gesamte Strecke zu lang ist, so können Sie in Ronneburg Ihre Wanderung beenden und mit der Bahn zurück nach Gera fahren.

Wegverlauf

✱+Haltestelle Scherperstraße ⇧208 m, auf der Scherperstraße zum Bahnübergang ➤0,2 km, nach den Gleisen sofort rechts auf schmalen Pfad steil aufwärts, markiert mit ***BLAUEN PUNKT*** - Thüringenweg
✧Zoitsberg ⇧284 m ➤0,6 km ◈, Schutzhütte auf dem Hausberg von Liebschwitz, prächtige Aussicht über das Elstertal, rechts auf ***GRÜN*** über Pfad abwärts, bei Erreichen einer schmalen Straße ⇧237 m ➤1,0 km, auf Straße rechts abwärts
✧Liebschwitz-Salzstraße ⇧217 m ➤1,2 km, links der Salzstraße durch den Ort folgen
✧Haltestelle Liebschwitz ➤1,5 km, gerade
✧Liebschwitzer Kirche ➤1,9 km, links an der Kirche vorbei hinein ins Wipsebachtal
◈ Rastplatz ⇧239 m ➤3,0 km, gerade vorbei an einem Hochspannungsmast
+Wasserwirtschaftlichen Anlage ⇧262 m ➤4,7 km, rechts halten, Wipsebach folgen
✧Furt ➤5,0 km, links halten am Wipsebach
✧bei Erreichen einer Straße bei Loitsch ⇧274 m ➤5,7 km, gerade über die Straße
✧Stollnmundloch Wetterschacht 352 ⇧272 m ➤6,0 km ◇, Infotafel, gerade
✧Brücke über den Wipsebach ➤6,1 km, nach ca. 150 m, links ab auf ***ROT*** und nochmals über die Wipse (geradeaus ist der Kirchturm von Hilbersdorf zu sehen)
+am Abzweig ➤7,5 km links dem Weg folgen, nach ca. 150 m am Abzweig rechts
✧Rußdorf Ortsmitte ⇧299 m ➤8,3 km ◈
+Rußdorf Bus ⇧302 m ➤8,5 km, gerade und nach dem ehemaligen Gasthaus Zur Grünen Linde, links halten aus dem Ort heraus und auf mit Betonplatten belegten Weg zwischen Feldern weiter
✧Bahngleis ⇧329 m ➤9,6 km, nach dem

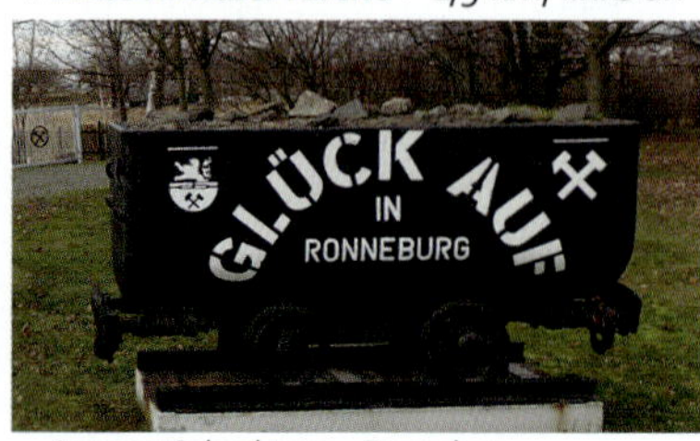

Lore vor Schacht 407 - Ronneburg

nicht mehr aktiven Bahngleis links halten

+Erlicht ⇧336 m ➤10,2 km, links ab auf ***BLAUEN PUNKT*** Thüringenweg weiter

+Reust ⇧345 m ➤11,6 km, links ab zum Bismarckturm auf dem Reuster Berg

✧Reuster Berg - Bismarckturm ⇧372 m ➤11,7 km ◈⚐, Turm & kleines Gasthaus nur im Sommer (Sa, So) geöffnet), schöne Aussicht über das Sanierungsgebiet Neue Landschaft (ehemaliges Uranbergbaugebiet), gerade abwärts, dann links auf Straße

+Abzweig ⇧348 m ➤12,7 km, rechts ab von der Straße dem Forstweg folgen

+Solarfeld ⇧335 m ➤13,8 km, auf ***ROT*** dem mittleren Weg folgen, nach ca. 100 m ◈

+Abzweig ⇧325 m ➤14,3 km, der Straße gerade folgen, vorbei an Schacht 407 - Denkmalschacht mit Förderturm

+Abzweig ➤14,6 km, gerade über die Straße, dann rechts halten auf ***ROT*** in den Wald

+Herziger ⇧315 m ➤14,8 km, links ab durch das Waldstück Brunnenholz

✧alter Sportlatz ➤15,1 km, rechts vorbei

✧Eulenhofer Quelle ⇧288 m ➤15,4 km, Ruhebank, links halten

✧bei Erreichen einer Straße ⇧295 m ➤15,7 km, der Straße nach links folgen

+Bahnübergang ➤16,0 km, nach dem Bahngleis links ab dem Lutherweg folgen

✧Ronneburg Stolln 2 ⇧277 m ➤16,3 km, ehemalige Reichsradiumreserve, rechts halten und durch den kleinen Park

+Schützenhaus ⇧272 m ➤16,8 km ⚐, links ab, vorbei an der Bogenbinderhalle

✧Ronneburg Baderteich ⇧270 m ➤17,1 km, auf dem Dammweg um den Teich

+Abzweig am Schlossberg ➤17,4 km, gerade Richtung Collis, der Ausschilderung der Thüringer Städtekette folgen, wenn Sie Besuch vom Schloss planen, gehen Sie hier rechts aufwärts

✧Drachenschwanzbrücke ⇧253 m ➤18,1 km ◈, am großen Rastplatz gerade weiter durch das Gessenbachtal, links & rechts führen Wege hinauf zur Brücke

✧Straßenunterführung ⇧232 m ➤20,2 km

✧Grenzsteinweg Gessental ➤20,6 km,

+Abzweig beim Weißen Kreuz ⇧236 m ➤21,0 km, links ab

+Collismühle ⇧221 m ➤21,9 km, links der Straße durch den Ort folgen

+Collis Gasthaus Am Gessenbach ⇧216 m ➤22,4 km ⚐, links ab dem Radweg folgen

✧Erdbeerstadion ➤23,9 km, gerade

✱+Haltestelle Pforten Stadtbahnlinie 1 ⇧196 m ➤24,4 km

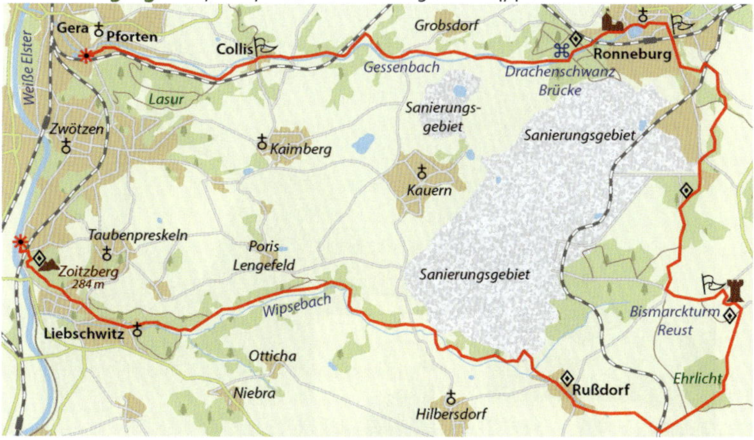

6 Kraftsdorf - Käseschenke - Gera-Untermhaus

Sehenswert: Tesseteiche bei Kraftsdorf, Käseberg mit Gasthaus Käseschenke, Kalte Eiche auf der Höhe bei Ernsee, Otto-Dix-Haus, Orangerie Gera
Streckenlänge: 19,2 km **Höhenmeter:** ↑235 ↓277
Wanderkarten: Gera - 1:50.000 vom Verlag Grünen Herz oder
Wälder um Gera, Eisenberg, Hermsdorf - Blatt 100 - 1:35.000 vom Verlag Dr. Barthel
Wegmarkierung: mit *ROTEN* Punkt, Balken *GRÜN* *ROT* *GELB*

Die Wanderung beginnt an der Endhaltestelle Harpersdorf der Buslinie 20 der Geraer Verkehrsbetriebe (oder ab Bahnhof Kraftsdorf). Durch den Tessegrund wandern Sie vorbei am ehemaligen Waldbad der Tesseteiche hinauf zum Käseberg mit der nicht nur bei Wanderern beliebten Käseschenke. Dann erreichen Sie Frankenthal, steigen aufwärts zur ca. 500 Jahre alten „Kalten Eiche" auf der Höhe bei Ernsee und wandern durch die Fuchsklamm abwärts zum Otto-Dix-Haus und der Orangerie.

Wegverlauf

✱Harpersdorf Bushaltestelle ⇧237 m, nach links der Straße durch den Ort folgen
Gasthaus Erlbachhof ⇧241 m ➤0,8 km,
✧Abzweig Tesse ⇧248 m ➤1,3 km, links ab auf *GRÜN*
✧Gartenanlage Tessegrund ➤1,6 km, links halten
✧drei kleine Teiche ⇧274 m ➤2,2 km, gerade weiter dem Bachtal der Tesse folgen
✧Tesseteiche ⇧304 m ➤3,5 km, gerade vorbei am ehemaligen Waldbad, dann an einem der oberen Teiche bei einem Ziegelsteinbau ➤3,8 km, links ab auf Waldpfad
✧Obere Tesse ⇧315 m ➤4,1 km, links ab Richtung Käseberg auf *ROT*
✧Abzweig nach dem Wald ⇧337 m ➤4,5 km, links dem Waldrand folgen
+Am Runnberg ⇧337 m ➤6,3 km, gerade weiter auf der Alten Straße über die Hochfläche, der Käseberg ist schon in Sicht

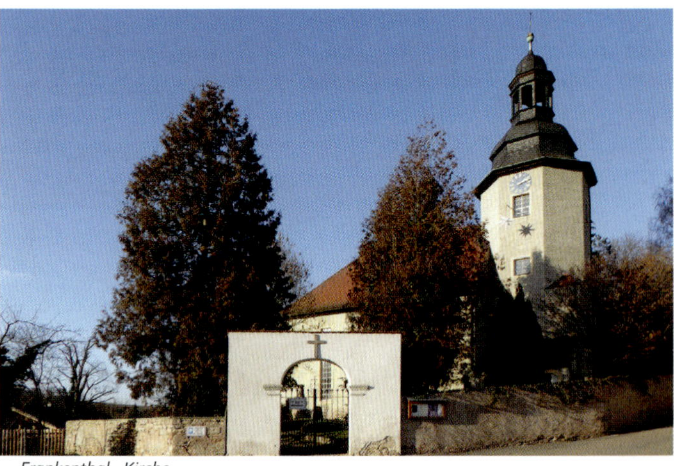

Frankenthal - Kirche

WANDERTEIL

✧**Straße** ⇧332 m ➤7,6 km, gerade hinweg und auf einem Feldweg weiter, bei Erreichen einer schmalen Straße ⇧356 m ➤8,0 km, links ab

+Käseberg ⇧360 m ➤8,3 km ⚐, am Gasthaus Käseschenke gerade, nach ca. 200 m an einer Weggabel, rechts halten auf der Alten Heeresstrasse

✧**Abzweig am Waldrand** ⇧322 m ➤9,5 km, links halten in den Wald

+An der Nesselkoppe ⇧315 m ➤10,5 km, gerade auf ***ROTEN*** Punkt Richtung Windischenbernsdorf

✧**Abzweig** ⇧321 m ➤11,1 km, gerade weiter, nach ca. 400 m Rastplatz ◊

+Abzweig im Wald ⇧282 m ➤12,3 km, bei einem Hochsitz links ab, Weg ist leider nicht markiert, nach Verlassen des Waldes gehen Sie schräg über die Wiesen hinab nach Frankenthal

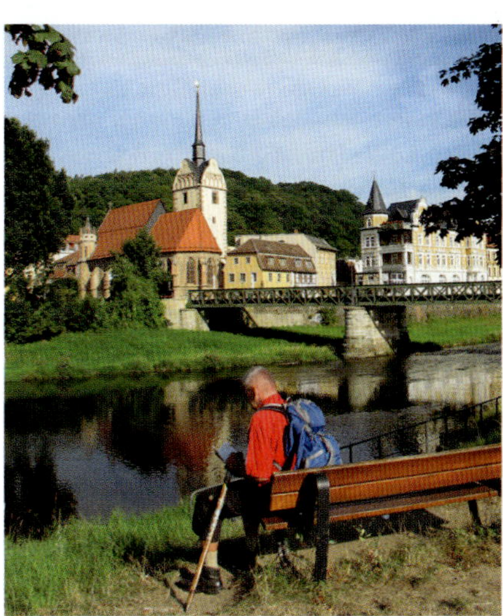

Blick über die Weiße-Elster zur Marienkirche

✧**Brücke über den Saarbach** ➤13,1 km

✧**Frankenthal Straße** ⇧216 m ➤13,2 km, nach links der Straße durch den Ort folgen

⚐**Gasthaus Dix** ➤13,4 km, gerade weiter, vorbei an der Bushaltestelle (hier können Sie die Wanderung bereits beenden)

✧**Kirche** ⇧213 m ➤13,6 km, rechts ab auf ***GELB***, nach der Kirche an einer Weggabel rechts halten und ab dem Waldrand kräftig ansteigend weiter aufwärts

✧**Abzweig im Wald** ⇧298m ➤14,4 km, nach rechts ab auf ***GRÜN***

✧**Naturdenkmal Kalte Eiche** ⇧318 m ➤15,5 km ◈, gerade vorbei an der fast 500 Jahre alten Eiche auf der Höhe bei Ernsee

✧**Abzweig vor Ernsee** ⇧310 m ➤16,0 km, rechts halten und durch die Siedlung

✧**Abzweig in Ernsee** ➤16,3 km, rechts halten und nach ca. 200 m unmittelbar nach dem Dorfteich, links ab auf ***GRÜN***, nach ca. 50 m auf Feldweg, später auf einem Waldweg weiter

◊**Rastplatz** ➤16,9 km, gerade weiter

✧**Abzweig** ⇧253 m ➤17,3 km, links auf ***GRÜN*** abwärts dem Waldweg durch die Hohle und die Fuchsklamm folgen

✧**Otto-Dix-Haus** ⇧190 m ➤18,6 km, gerade vorbei an der Marienkirche auf der Fußgängerbrücke über die Weiße-Elster

✱**Orangerie** ⇧189 m ➤19,2 km, Ende der Wanderung an der Straßenbahn-Haltestelle Otto-Dix am Küchengarten in Gera

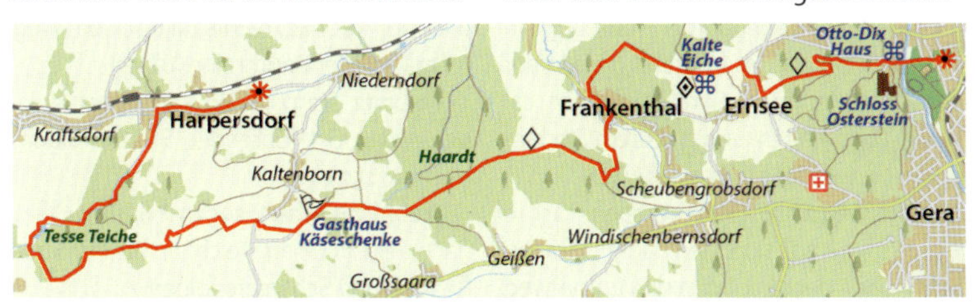

7 Gera-Markt - Brahmetal - Langenberg

Sehenswert: Marktplatz in Gera mit dem prächtigen Apothekenerker, Botanischer Garten, Lutherlinde, Ferberturm, Brahmeaue
Streckenlänge: 18,5 km **Höhenmeter:** ↑250 ↓248
Wanderkarten: Gera - 1:50.000 vom Verlag Grünen Herz oder
Wälder um Gera, Eisenberg, Hermsdorf - Blatt 100 - 1:35.000 vom Verlag Dr. Barthel
Wegmarkierung: mit Lutherweg-Markierung "*L*", Balken *GRÜN* *GELB*

Ihre Wanderung beginnen Sie auf dem Geraer Markt und gehen auf dem Lutherweg, vorbei am Botanischen Garten, dem Aussichtspunkt an der Lutherlinde bis zum Ferberturm. Im Zaufensgraben verlassen Sie den Lutherweg und folgen der ehemaligen Gera - Meuselwitz Wuitzer - Eisenbahnlinie nach Leumnitz.
In Trebnitz kommen Sie zur St.-Nikolaus-Kirche mit ihrem kunsthistorisch wertvollen Kanzelaltar, überqueren die Autobahn und wandern nach Schwaara in das Fauna-Flora-Habitat Brahmeaue. Hier im Brahmetal, wo sich eine bemerkenswerte Flora und Fauna erhalten hat, passieren Sie die Fuchs- und Türkenmühle auf dem Weg nach Dorna. Sie verlassen das Brahmetal, gehen aufwärts nach Negis und vorbei an den Dorfteichen von Hain nach Agnesruh, bevor es steil abwärts nach Langenberg geht.

Wegverlauf

✱Gera-Markt ⇧208 m, auf der Großen Kirchstraße aufwärts, an der St. Salvator Kirche ➤0,2 km, rechts halten, nach der Lutherweg-Infotafel dann links aufwärts der Ausschilderung Lutherweg folgen
+Abzweig Zum Ferberturm ⇧226 m ➤0,4 km, an der Fußgängerampel nach rechts, die Schillerstraße aufwärts
✧Botanischer Garten ⇧235 m ➤0,5 km, links ab in die Hohe Str., nach ca. 170 m, rechts ab in einer Gartenanlage aufwärts
✧Lutherlinde ⇧274 m ➤0,9 km, schöner Ausblick über Gera, auf dem Falkenweg gerade im Wäldchen aufwärts
✧Ferberturm Ronneburger Höhe ⇧298 m ➤1,5 km ⚐, an der Infotafel gerade auf dem Naturlehrpfad Gera Süd, nach ca. 150 m links halten und auf dem Zschippernweg zwischen Gärten abwärts
+Lutherwegschild Zaufensgraben ⇧259 m ➤2,2 km, gerade über den Zaufensgraben Bach, dann nach ca. 80 m den Lutherweg nach links verlassen und weiter auf dem Bahndamm der ehemaligen Gera - Meuselwitz Wuitzer - Eisenbahn
✧CJD-Gebäude ⇧294 m ➤3,4 km, gerade, nach ca. 100 rechts ab auf *GRÜN* der Naulitzer Str. folgen
✧Kreuzung ⇧296 m ➤3,7 km, gerade auf der Naulitzer Str. durch ein Industriegebiet
✧Ende Naulitzer Str. ⇧306 m ➤4,4 km, links ab auf einem Feldweg
✧B92 ⇧297 m ➤4,7 km, über die Bundesstraße und nach rechts dem Radweg für ca. 200 m folgen, dann links ab auf Feldweg
✧Ruhebank ⇧299 m ➤5,6 km, schöner Blick auf Trebnitz, rechts halten, dem Weg rechts von der Baumreihe folgen
✧Trebnitz ⇧297 m ➤6,3 km, nach links der in den Ort führenden Straße folgen, nach ca. 150 m ◈
✧Trebnitz Kirche ⇧295 m ➤6,8 km ⌂⚐, nach der Kirche am Teich, rechts der Straße Richtung Schwaara folgen

✧**Brücke Autobahn A4** ⇧298 m ➤7,3 km
✧**Abzweig kurz vor Schwaara** ⇧268 m ➤7,9 km, links ab
◈**am Teich** ➤8,1 km, rechts halten auf Feldweg und Wiesenpfad durch die Brahmeaue
◈**Schutzhütte** ⇧246 m ➤8,9 km, gerade
✧**Abzweig kurz vor Zschippach** ⇧233 m ➤9,5 km, nach links auf *GELB* dem Feldweg durch das Brahmetal folgen
✚**Fuchsmühle** ⇧228 m ➤9,9 km, gerade weiter auf *GELB* über eine Wiese
✚**Türkenmühle** ⇧224 m ➤10,4 km, gerade und unter der Straßenbrücke hindurch
✧**Dorna** ⇧222 m ➤11,2 km, rechts über die Brahme, nach ca. 150 m an der Kreuzung rechts und nach nur ca. 20 m links ab auf ***GRÜN*** Richtung Negis
✧**Straßengabel** ➤11,7 km, rechts halten, nach ca. 200 m ◈ am Ortsausgang
◈**an Weggabel** ⇧251 m ➤12,3 km, links halten am Feldrand weiter auf ***GRÜN***
✧**Negis** ⇧266 m ➤13,2 km, rechts der Straße in den Ort folgen und nach ca. 200 m an der Kreuzung links ab auf *GELB*
✚**Ruhebank** ⇧276 m ➤13,7 km, gerade aufwärts weiter, Weg ist nicht markiert
✚**Hain** ⇧294 ➤14,5 km, links auf ***GRÜN*** an einem Teich vorbei
✧**Hain Abzweig** ➤14,9 km, rechts der Straße folgen, nach ca. 150 m am Teichufer entlang, nach dem Teich am Abzweig ➤15,2 km, links der Feldstraße folgen
◈**kurz vor Kaserne** ⇧308 m ➤15,4 km, gerade, dann am Kasernengelände entlang
✚**nach dem Kasernengelände** ⇧309 m ➤16,8 km, links halten Richtung Langenberg und auf dem Waldweg abwärts
✧**Abzweig nach dem Wald**, an einer Wiese ⇧292 m ➤17,4 km, schöner Blick auf Langenberg, rechts halten und auf der schmalen Straße Im Großen Lässig, zwischen Gärten steil bergab
✧**Abzweig** ⇧213 m ➤18,0 km, gerade auf einem schmalen Pfad weiter
✧**Kreuzung** ⇧210 m ➤18,2 km, links ab auf der Zeitzer Straße
✻**Langenberg Schloßbachstraße** ⇧204 m ➤18,5 km, Bushaltestelle (Linie 22,24,28,29)

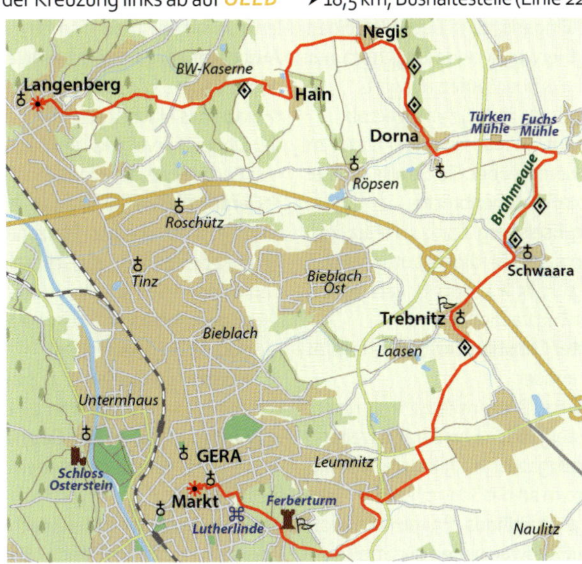

8 Dahliengarten - Geraer Wasserfall - Töppeln - Untermhaus

Sehenswert: Dahliengarten, Tierpark Gera, Geraer Wasserfall, Kalte Eiche bei Ernsee, Marienkirche Untermhaus, Otto-Dix-Haus , Schloss Osterstein, Orangerie
Streckenlänge: 18,1 km **Höhenmeter:** ↑334 ↓342
Wanderkarten: Gera - 1:50.000 vom Verlag Grünen Herz oder
Wälder um Gera, Eisenberg, Hermsdorf - Blatt 100 - 1:35.000 vom Verlag Dr. Barthel
Wegmarkierung: meist ohne, kurze Abschnitte mit der Lutherweg-Markierung "*L*" und mit Punkt und Balken ***ROT***

Die Wanderung beginnt an der Bushaltestelle (GVB-Linie 10,11,17) am Dahliengarten in Gera. Vorbei am Tierpark wandern Sie durch den Martinsgrund im Stadtwald hinauf zum Waldhaus und nach Dürrenebersdorf. Auf dem Weg nach Windischenbernsdorf kommen Sie kurz vor Langengrobsdorf zum kleinen Geraer Wasserfall und wandern dann im Waldgebiet Haardt nach Töppeln und hinauf zur Kalten Eiche auf der Ernseer Höhe. Zum Abschluss der Tour geht es durch die Hohle hinunter nach Untermhaus.

Wegverlauf

✱**Haltestelle Dahliengarten-Tierpark** ⇧218 m, Sie folgen der aufwärts führenden Straße des Friedens und biegen nach ca. 150 m links ab, gehen vorbei am Dahliengarten zum Eingang des Tierparks Gera
✧**Infotafel Lutherweg** ⇧216 m ➤0,3 km, links vom Eingang zum Tierpark, folgen Sie der Lutherweg-Markierung, nach nur ca. 100 m links über Stufen aufwärts
✧**Abzweig** ⇧273 m ➤0,7 km, links ab
⚐**Restaurant Waldmeisterei** ⇧278 m ➤0,9 km, gerade über die Straße, vorbei an der Infotafel Marienbrücke
✧**Abzweig Eselsberg** ⇧292 m ➤1,4 km, links der Forststraße folgen, Lutherweg
+**Abzweig** ⇧285 ➤1,7 km ◈, nach rechts den Lutherweg verlassen
◇**Ratsförster Christian Carl Spörl** ⇧291 m ➤1,8 km, gerade
◈**Schutzhütte** ⇧279 m ➤2,2 km, rechts auf der ansteigenden Forststraße weiter
+**Abzweig** ⇧312 m ➤2,5 km, rechts und nach ca. 150 m an der Schutzhütte ◈, links
+**Parkplatz Waldhaus** ⇧335 m ➤2,9 km ⚐, links auf Radweg neben der Straße
✧**Abzweig** ⇧345 m ➤3,9 km, rechts ab auf der Langengrobsdorfer Straße
✧**Dürrenebersdorf Teich** ⇧333 m ➤4,2 km an der Straßengabel rechts halten und weiter auf der Langengrobsdorfer Straße, nach den letzten Häusern auf der schmalen fast verkehrsfreien Straße mit schönen Ausblicken abwärts, vorbei an einem kleinen Teich (➤4,9 km) in den Wald hinein
✧**einzelnes Haus** ⇧281 m ➤5,3 km, nach der Doppelkurve links und nach dem kleinen Bach rechts auf schmalen Pfad weiter
✧**Geraer Wasserfall** ⇧271 m ➤5,5 km ◇, ein idyllisches ruhiges Plätzchen, Sie gehen wieder zurück zur schmalen Straße und wenden sich dort nach links
✧**Langengrobsdorf** ⇧267 m ➤6,0 km, gerade durch den kleinen Ort
✧**Untermühle Geißen** ⇧248 m ➤7,3 km, vor der Brücke links ab über eine Wiese
✧**Windischenbernsdorf Gärtnerei Heyer** ⇧247 m ➤7,5 km, rechts neben der Straße weiter, nach ca. 120 m vor der Brücke links dem Saarbachufer folgen, nach ca. 300 m links steil bergan am Rande der Siedlung

✧**Abzweig** ⇧253 m ➤8,4 km, links im spitzen Winkel dem aufwärts führenden Wiesenweg folgen, mit ***ROTEN*** Punkt

◈**Schutzhütte** ⇧280 m ➤8,8 km, gerade

✧**Abzweig** ⇧294 m ➤9,3 km, gerade weiter, nach Verlassen des Waldes, gerade zwischen Feldern über den Lerchenberg ◇

✧**Abzweig Waldrand** ⇧321 m ➤10,6 km, rechts ab Richtung Töppeln

✧**Abzweig** ⇧296 m ➤11,4 km, nach dem Wald rechts halten auf Wiesenweg Richtung Hans Franz Bank, schöne Ausblicke nach Frankenthal und Töppeln

✧**Hans Franz Bank** ⇧262 m ➤12,3 km, rechts abwärts nach Töppeln

✧**Töppeln Kreuzung** ⇧218 m ➤12,7 km, rechts ab, nach ca. 150 m Brücke über den Erlbach, dann rechts auf ***ROT*** ➤12,9 km und nach ca. 50 m nochmals über den Erlbach und links Am Gerberg kräftig aufwärts

◈**Schutzhütte** ⇧289 m ➤13,7 km, gerade

✧**Abzweig** ⇧298 m ➤14,0 km, gerade weiter auf ***GRÜN***

✧**Naturdenkmal Kalte Eiche** ⇧308 m ➤14,1 km ◈, gerade an der alten Eiche

✧**Abzweig** ⇧306 m ➤14,6 km, gerade

✚**Hammelburg** ⇧300 m ➤15,9 km, gerade Richtung Untermhaus, nach ca. 200 m rechts auf Forstweg weiter

✧**Die Hohle** ⇧251 m ➤16,8 km, gerade, rechts neben der steil abwärts führenden Straße Die Hohle, auf einem schmalen Pfad weiter (oder auf der Straße)

✧**Otto-Dix-Haus** ⇧190 m ➤17,5 km, gerade vorbei an der Marienkirche und auf der Fußgängerbrücke über die Weiße Elster, Sie können auch nach rechts noch einen Abstecher zum Schloss Osterstein machen - schöne Aussicht

✱**Orangerie** ⇧189 m ➤18,1 km, Ende der Wanderung an der Straßenbahn-Haltestelle Otto-Dix am Küchengarten in Gera

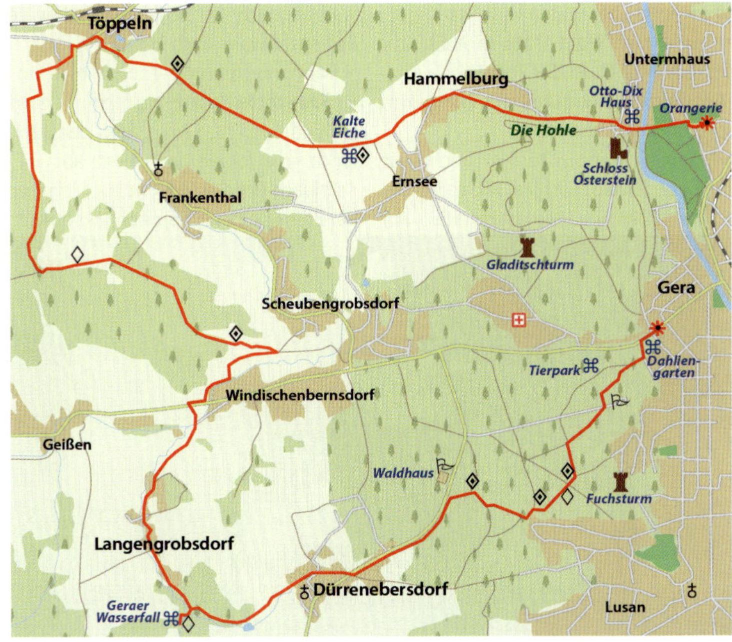

9 Gera - Bad Köstritz - Tautenhain - Hermsdorf

Sehenswert: Otto-Dix-Haus, Marienkirche Gera, Heinrich-Schütz-Haus & Wildgehege Bad Köstritz, Klosterkirche Bad Klosterlausnitz
Streckenlänge: 22,9 km **Höhenmeter:** ↑401 ↓267
Wanderkarten: Gera - 1:50.000 vom Verlag Grünen Herz oder
Wälder um Gera, Eisenberg, Hermsdorf - Blatt 100 - 1:35.000 vom Verlag Dr. Barthel
Wegmarkierung: mit ***BLAUEN*** Punkt (Thüringenweg), Balken ***BLAU***

Die Wanderung startet am Otto-Dix-Haus neben der Marienkirche. Von der Haltestelle Otto-Dix der Straßenbahnlinie 1 aus, gehen Sie durch die Küchegartenalle und über die Untermhäuser Brücke zum Startpunkt auf dem Mohrenplatz. Über Rubitz und durch das Elstertal erreichen Sie Bad Köstritz, die Stadt der drei "B" - Bier, Bad und Blumen. Im Himmelsgrund folgen Sie dem Forellenbach nach Tautenhain und kommen nach Bad Klosterlausnitz, ein kleiner Kurort, bekannt durch sein Kristallbad. Vom Ziel der Tour Hermsdorf, können Sie mit der Bahn zurück nach Gera fahren.

Wegverlauf

✱✚**Mohrenplatz Otto-Dix-Haus** ⇧190 m, auf der Weinbergstraße dem ***BLAUEN*** Punkt (Thüringenweg) folgen, nach ca. 150 m rechts über Stufen aufwärts
✧**Abzweig im Wald** ⇧281 m ➤0,9 km, links aufwärts, ***BLAUER*** Punkt
✧**Abzweig Hammelburg** ⇧290 m ➤1,4 km, rechts am Waldrand weiter
✧**Ruhebank** ⇧292 m ➤1,8 km, rechts auf Pfad in den Wald, nach ca. 180 m wieder rechts und den Energiemasten folgen, am dritten Mast links und nach ca. 20 m nach rechts auf dem Waldweg abwärts
✧**Abzweig Gartensiedlung** ⇧237 m ➤2,9 km, links ab, nach der Siedlung zwischen den Feldern abwärts nach Rubitz
✧**Bahnunterführung** ⇧200 m ➤3,8 km
⚐**Gaststätte Rubitz** ➤4,0 km, links vorbei und nach ca. 120 m, links der Straße für ca. 50 m folgen, dann rechts ab
✧**Erlbach-Brücke** ⇧195 m ➤4,3 km, nach der Brücke kurz rechts, dann links aufwärts

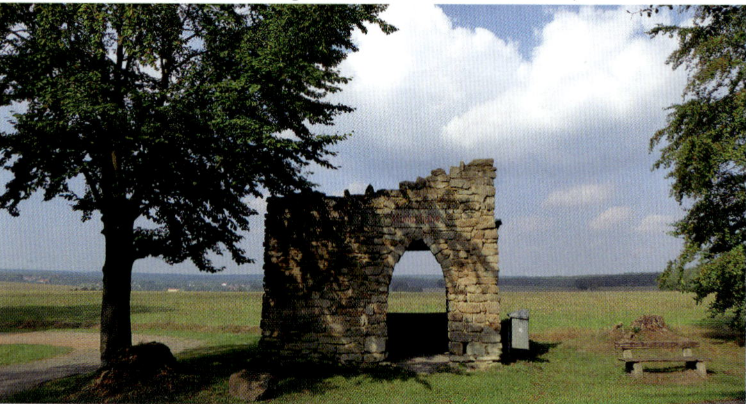

Kühnshöhe

◈Rastplatz ⇧219 m ➤4,6 km, nach ca. 300 m an einer Weggabel links halten
✧Autobahn A4 ⇧277 m ➤5,1 km, ca. 250 m nach der Brücke bei einer Eiche rechts
◈Schutzhütte ⇧292 m ➤5,9 km, rechts auf dem geschotterten Weg abwärts
✧Straße im Elstertal ⇧190 m ➤7,2 km, links dem Radweg an der W. Elster folgen
+Abzweig nach Hartmannsdorf ⇧192 m ➤7,7 km, nach rechts ab
✧Parkteich ⇧189 m ➤8,0 km ◈, gerade
✧Wildgehege ⇧187 m ➤8,8 km ◈, gerade
+Parktempel ⇧192 m ➤8,9 km, rechts ab und nach ca. 150 m gerade über die Straße, nach weiteren ca. 100 m rechts halten
✧Bad Köstritz Gasthaus Zum Frosch ⇧187 m ➤9,3 km ⚐, links ab auf der Heinrich-Schütz Straße, nach ca. 30 m rechts Eingang zur Köstritzer-Brauerei
+Bad Köstritz H.-Schütz-Haus ⇧192 m ➤9,6 km ⚐, nach der Kreuzung gerade auf ***BLAU*** der A. Puschkin Straße folgen, nach ca. 300 m links halten
✧Abzweig ⇧219 m ➤11,0 km, geradeaus auf dem Reichardtsdorfer Weg
+Reichardtsdorf Kirche ⇧234 m ➤12,6 km, gerade auf ***BLAU***, nach ca. 400 m an einer Weggabel rechts ab in den Himmelsgrund
✧Straße Abzweig Tautenhain ⇧347 m ➤17,3 km, nach links weiter auf dem Radweg neben der Straße, rechts geht es zum Gasthaus Zur Kanone (ca. 700 m entfernt)

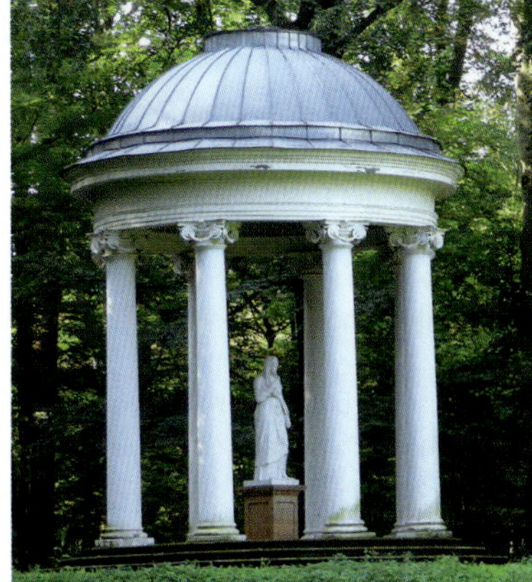
Parktempel - Bad Köstritz

◈Kühnshöhe ⇧362 m ➤18,3 km, gerade
✧Bad Klosterlausnitz ⇧315 m ➤19,8 km, rechts der Straße in den Ort folgen
✧Abzweig Oberndorf ⇧307 m ➤20,2 km, gerade weiter auf ***BLAU***
✧Kristallbad-Therme ➤20,5 km, gerade
✧Bad Klosterlausnitz Klosterteich ⇧306 m ➤20,7 km ⚐, links halten auf ***BLAU***
✧Kreuzung ⇧308 m ➤21,1 km ⚐, links
✧Ortsausgang ⇧320 m ➤21,5 km, links ab in die Bahnhofstraße, vorbei an einer Klinik dem Waldrand folgen
✧Bahnunterführung ⇧322 m ➤22,2 km, nach der Unterführung sofort rechts dem Bahndamm folgen
✱+Hermsdorf-Klosterlausnitz Bahnhof ⇧337 m ➤22,9 km

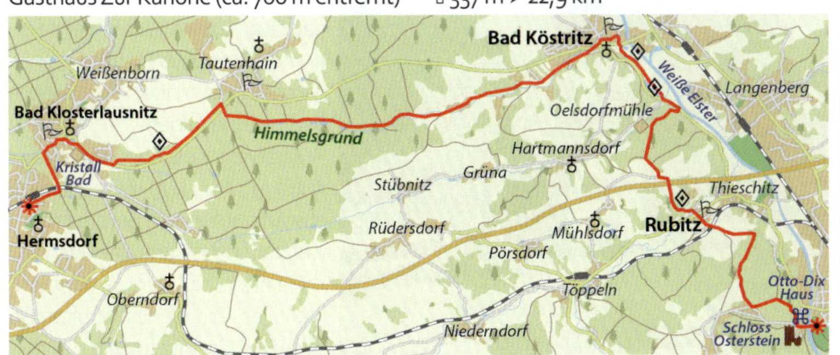

10 Langenberg - Pohlitz - Silbitz - Crossen

Sehenswert: Rote Wand bei Pohlitz, gemütliches kleines Café "Kräuterschuppen" Silbitz, Rastplatz Tauchlitzer Backofenplatz, Michaeliskirche Crossen
Streckenlänge: 16,7 km **Höhenmeter:** ↑355 ↓375
Wanderkarten: Gera - 1:50.000 vom Verlag Grünen Herz oder
Wälder um Gera, Eisenberg, Hermsdorf - Blatt 100 - 1:35.000 vom Verlag Dr. Barthel
Wegmarkierung: Balken *GELB* *BLAU* und *GRÜNER* Punkt

Vom Bahnhof Langenberg aus wandern Sie vorbei an der Vierzehn-Nothelfer-Kirche, und dem ehemaligen Freibad hinauf zum Stublacher Berg. Beim Bahnhof von Bad Köstritz beginnt der nächste Anstieg, der Sie auf dem Eselsweg nach Steinbrücken und dann auf dem Briefträgerweg wieder ins Elstertal nach Pohlitz führt. Nun folgen Sie dem Ufer der Weißen Elster über Silbitz und Tauchlitz bis zum Bahnhof Crossen-Ort.

Wegverlauf

✱Bahnhof Gera-Langenberg ⇧186 m, rechts der gepflasterten Linienstraße folgen, nach ca. 230 m links in der Straße Zu den Wiesen aufwärts

✧Abzweig ⇧197 m ➤0,7 km, links ab in Langenberger Straße

✧Kreuzung Kirche ⇧200 m ➤0,9 km, rechts ab auf der Zeitzer Str.

✧Gasthof Langenberg ⇧206 m ➤1,3 km 🏳

✧Platz des Friedens ⇧212 m ➤1,6 km, links halten und rechts am Springbrunnen vorbei zur Bushaltestelle Langenberg (Tour kann auch hier begonnen werden), nach der Haltestelle links ab auf einem Fußweg vorbei am ehemaligen Freibad

✧Sportplatz ⇧222 m ➤1,9 km, gerade vorbei in den Stockgraben

+Stockgraben ⇧232 m ➤2,2 km, gerade Richtung Rusitz und nach ca. 100 m an der Weggabel links halten

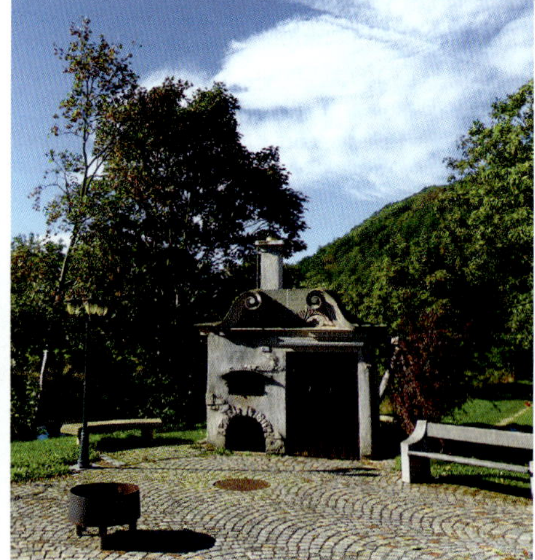

Backofenrastplatz - Tauchlitz

+Waldrand ⇧297 m ➤3,1 km, gerade auf *GELB* zwischen Feldern Richtung Bad Köstritz

+Elektromast ⇧304 m ➤3,3 km, links ab, nach ca. 150 m an Weggabel rechts halten am Zaun, nach ca. 100 m rechts dem Feldrand ansteigend und nach weiteren 150 m links der Wiesenbegrenzung folgen

✧Abzweig Kirschbaumplantage ⇧287 m ➤4,2 km, links haltend abwärts auf einem Betonplattenweg durch die Gartensiedlung

✧Heinrichshall ⇧195 m ➤5,5 km, rechts ab und der Bahnhofstraße nach Bad Köstritz folgen

✧**Bad Köstritz Bahnhof** ⇧184 m ➤6,4 km rechts auf grünen Punkt in Siedlungsstraße
✧**Bahnübergang** ⇧190 m ➤6,7 km, links der Straße folgen, nicht über die Bahn
✧**Abzweig zur Feuerwehrschule** ⇧192 m ➤6,9 km, rechts der Straße folgen
+**Eselsweg** ⇧206 m ➤7,2 km, links halten auf dem Eselsweg, einem Hohlweg durch den Wald aufwärts folgen
+**Steinbrücken** ⇧301 m ➤8,5 km, rechts und dann nach ca. 120 m links ab
+**Steinbrücken Teich** ⇧299 m ➤8,8 km ◈, links ab ***GRÜNER*** Punkt und auf dem Briefträgerweg Richtung Pohlitz
Obstplantage ⇧270 m ➤9,6 km, gerade auf einem Waldpfad abwärts
✧**Pohlitz Kirche** ⇧184 m ➤10,3 km, rechts an Friedhofsmauer, nach ca. 160 m links ab
✧**Gasthaus Zum Mandelbaum** ⇧182 m ➤10,5 km ⚐, nach ca. 100 m rechts ab Richtung Silbitz - ***GRÜNER*** Punkt
✧**Ruhebank** ⇧181 m ➤11,1 km, links halten und der Straße folgen
✧**Elsterbrücke** ⇧179 m ➤11,5 km, gerade auf ***BLAU*** dem Elsteruferweg folgen
✧**Rote Wand** ⇧196 m ➤12,5 km, schöner Blick ins Elstertal und auf Caaschwitz
✧**Café Kräuterschuppen** ⇧194 m ➤13,2 km gemütliches kleines Café mit selbstgebackenen Kuchen, in einem roten Haus
+**Am Kirchberg Silbitz** ⇧178 m ➤13,5 km ⚐, an der Bushaltestelle links ab und nach ca. 100 m vor der Brücke nach rechts vorbei an der Lutherlinde von 1844
✧**Sportplatz** ⇧174 m ➤13,8 km, ***BLAU***
✧**Abzweig Elektromast** ⇧176 m ➤14,2 km, links ab auf schmaler Straße weiter
✧**Tauchlitz** ⇧177 m ➤14,9 km, gerade über die Kreuzung und nach ca. 150 m links
◈**Rastplatz Tauchlitzer Backofenplatz** ⇧175 m ➤15,3 km, rechts dem schmalen Weg direkt am Elsterufer folgen
✧**Steinbogenbrücke** ⇧172 m ➤16,4 km, links über die historische Elsterbrücke
✱**Bahnhof Crossen-Ort** ⇧171 m ➤16,7 km, ⚐ Gasthaus ca. 350 m entfernt im Ort

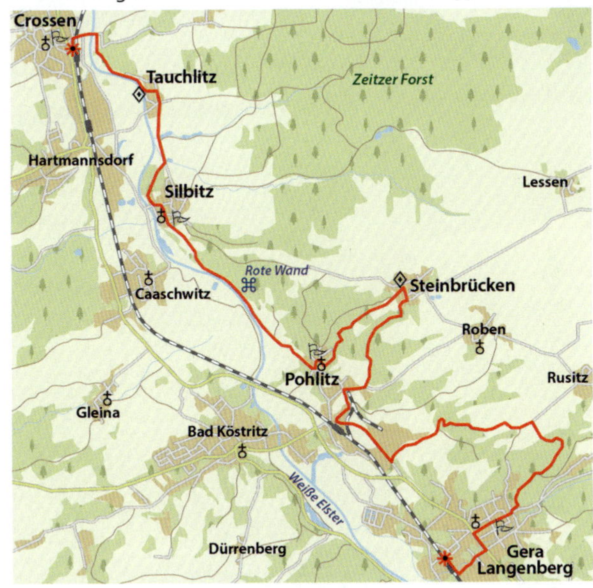

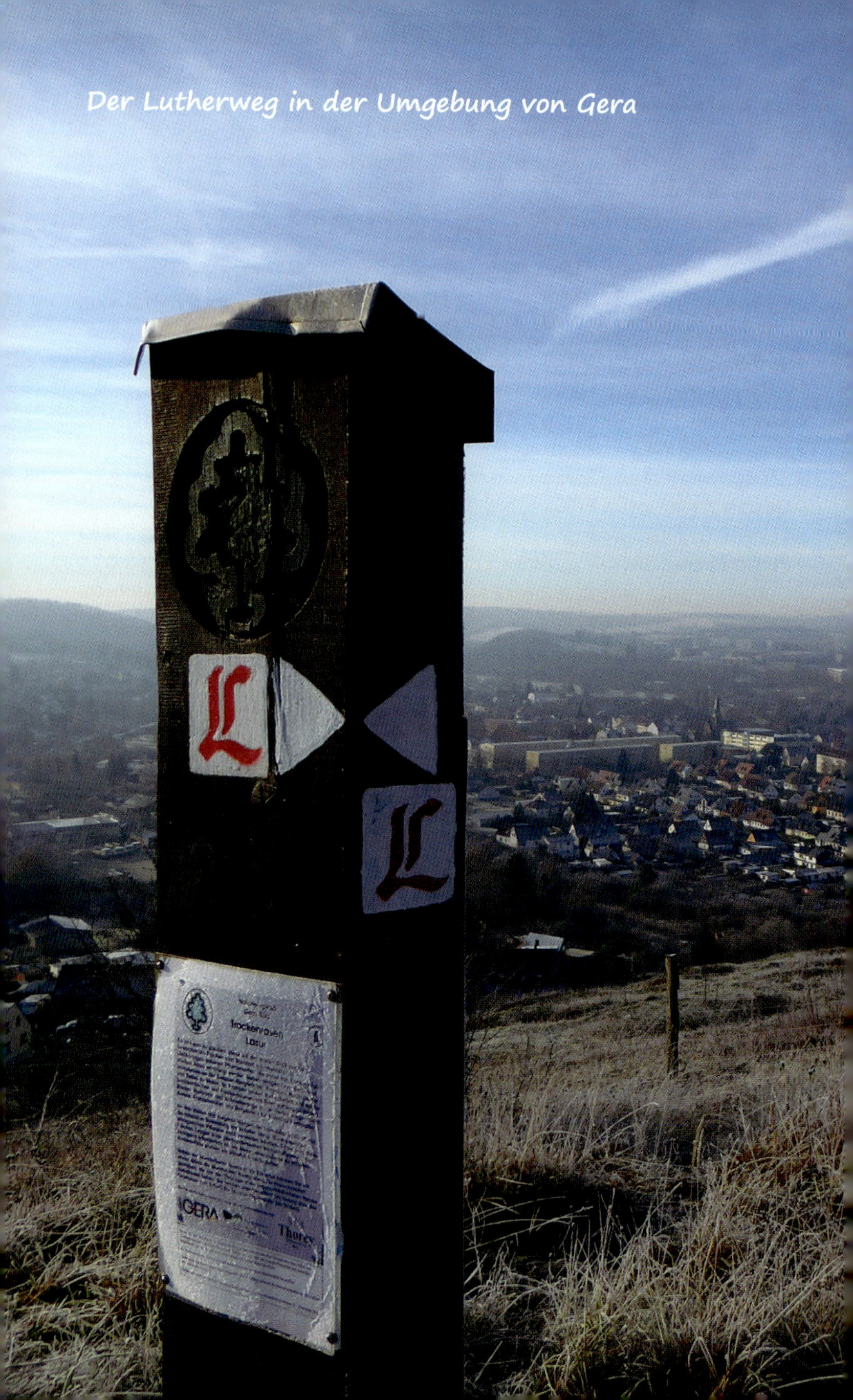

Der Lutherweg in der Umgebung von Gera

Der Lutherweg in Thüringen führt als Streckenwanderweg auf über 1.000 Kilometern durch das gesamte Bundesland. Wir stellen Ihnen fünf Etappen vor, auf denen Sie das Umland von Gera entdecken können. So wandern Sie auf einer Tour von der Knopfstadt Schmölln zur Burg Posterstein, durch die Neue Landschaft Ronneburg und das Gessental nach Gera.

Mit dem im Herbst 2016 eröffneten Verbindungsweg „Katharinas Spange" hat Gera einen Luther-Rundwanderweg bekommen, der den Stadtwald mit dem Lasurberg, dem Ferberturm und den anderen natürlichen und kulturellen Schönheiten der Stadt verbindet.

Auf weiteren Wanderungen können Sie auf dem Weg bis nach Neustadt an der Orla, die Veitskirche und Kloster Mildenfurth in Wünschendorf, die prächtige Osterburg von Weida und das auf einer Hochfläche des Naturparks "Thüringer Schiefergebirge/Obere Saale" bei Plothen gelegene "Land der Tausend Teiche" erkunden.

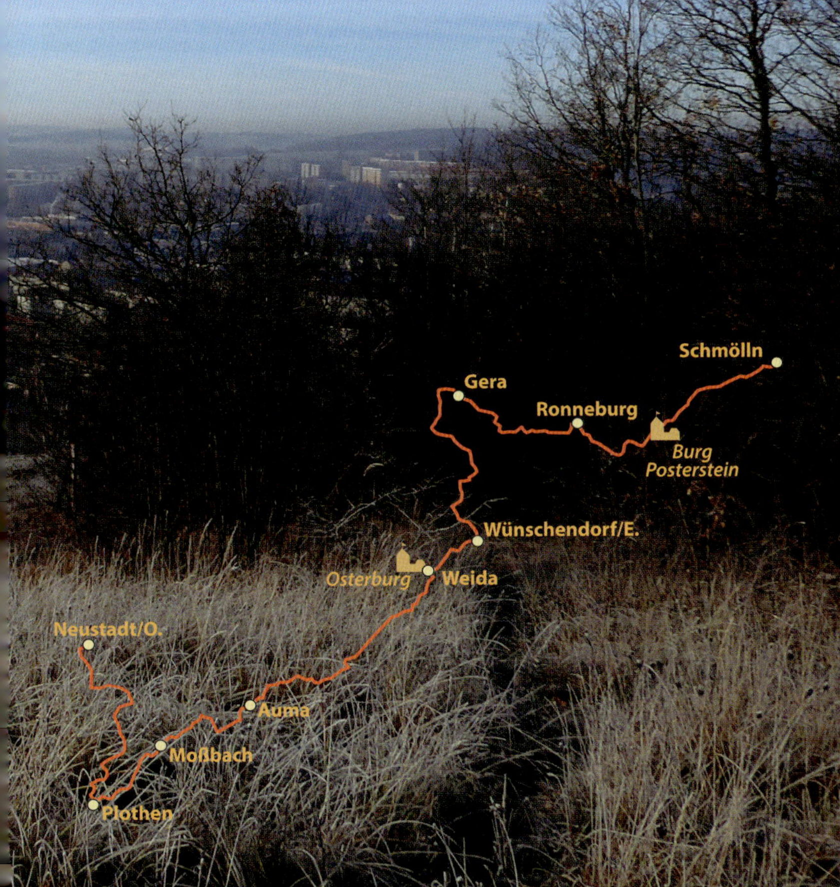

11 Luther-Rundweg Gera - Katharinas Spange

Sehenswert: Marktplatz, Theater, Orangerie, Küchengarten, Otto-Dix-Haus, Schloss Osterstein, Dahliengarten, Tierpark, Fuchsturm, Lasuraussicht, Ferberturm, Lutherlinde
Streckenlänge: 18,4 km **Höhenmeter:** ↑359 ↓359
Wanderkarten: Gera, Ronneburg - 1:25.000 vom Landesvermessungsamt oder Wälder um Gera, Eisenberg, Hermsdorf - Blatt 100 - 1:35.000 vom Verlag Dr. Barthel
Wegmarkierung: mit Lutherweg-Markierung "*L*"& "*L*"

Die stadtnahen Abschnitte der Lutherweg Strecken Schmölln-Gera und Gera-Weida sind zwischen den Stadtteilen Zwötzen und Collis durch den Weg "Katharinas Spange" miteinander verbunden. Der dadurch entstandene Luther-Rundwanderweg ermöglicht Ihnen eine wundervolle Tour zu zahlreichen Ausflugszielen und Sehenswürdigkeiten der Otto-Dix-Stadt Gera.

Wegverlauf

✱Gera-Marktplatz ⇧202 m, auf der abwärts führenden Gr. Kirchstraße der Lutherweg-Markierung ***GRÜNES*** "***L***" folgen
✧Stadtmuseum ⇧197 m ➤0,2 km, an der Ampel rechts, nach dem Museum rechts aufwärts auf der Bachgasse
✧Sorge ⇧200 m ➤0,4 km, links ab
✧Puschkin-Denkmal ⇧201 m ➤0,6 km
✧Puschkinplatz ⇧198 m ➤0,8 km, an der Ampel gerade, dann sofort links an der zweiten Ampel, danach rechts auf der abwärts führenden E. Toller Straße weiter
✧Bahnunterführung ⇧193 m ➤1,2 km, danach an der Ampel gerade
✧Theater-Küchengarten ⇧194 m ➤1,4 km ⚐, gerade durch den Park
✧Orangerie ⇧193 m ➤1,7 km, gerade auf der Küchengartenallee
✧Untermhäuser Brücke ⇧195 m ➤2,0 km, über die Weiße Elster zur Marienkirche
+Mohrenplatz ⇧194 m ➤2,1 km ⚐, am Otto-Dix-Haus links halten, auf schmalen gepflasterten Weg aufwärts
✧Schloss Osterstein ➤2,4 km, links halten
✧Reformationskreuz ⇧235 m ➤2,8 km, links über die alte Steinbogenbrücke
◈Rondell ⇧234 m ➤3,2 km, rechts halten (zur Waldgaststätte Kuckucksdiele gehen Sie ca. 300 m gerade abwärts ⚐)
✧Dahliengarten ⇧202 m ➤4,0 km, rechts 70 m auf Str. des Friedens, dann links ab
✧Aufgang Tierpark ⇧201 m ➤4,2 km, Infotafel zum Bauernkrieg bei Gera, rechts ab
✧Abzweig ⇧238 m ➤4,6 km, links ab
✧Martinshöhe ⇧262 m ➤4,9 km ⚐, an der Infotafel zur Marienbrücke gerade
✧Abzweig ⇧275 m ➤5,3 km, links ab
◈Schutzhütte ⇧265 m ➤5,6 km, links ab
✧Abzweig ⇧261 m ➤5,9 km, gerade in die Siedlung, nach ca. 60 m rechts ab
✧Fuchsturm ⇧264 m ➤6,4 km, links auf schmalen Pfad abwärts, nach ca. 80 m am Abzweig links halten
✧Abzweig ⇧201 m ➤6,8 km, rechts auf die Eiselstr., nach ca. 130 m links in die Keplerstr.
✧Wiesestraße ⇧204 m ➤7,1 km, gerade
✧Vogtlandstr. ➤7,4 km, über Vogtlandstr. dann rechts dem Elsteruferweg folgen
✧Zwötzener Brücke ⇧199 m ➤8,2 km ⚐, nach der Brücke rechts über den Bahnübergang und auf Elsteruferweg weiter
✧Sportplatz ⇧201 m ➤8,5 km, links ab, nach ca. 150 m am Zwötzener Anger rechts
✧Zwötzener Kirche ⇧198 m ➤8,8 km,

Wanderteil

links Katharinas Spange auf **ROTEM "L"** der Straße der Völkerfreundschaft folgen
✧**Ärztehaus** ⇧199 m ➤9,3 km, gerade, nach ca. 230 m durch Unterführung
✧**Abzweig** ⇧198 m ➤9,6 km, links der Straße folgen, nach ca. 150 m links ab auf dem im Wald aufwärts führenden Weg
✧**Obstplantage** ⇧270 m ➤10,2 km, rechts
✧**Lasuraussicht** ⇧287 m ➤10,4 km, an der Ruhebank links halten, schöner Blick
✧**Abzweig** ⇧295 m ➤10,7 km, links ab
✧**Lasur Querweg** ⇧281 m ➤11,0 km, gerade
◈**Schutzhütte** ⇧265 m ➤11,4 km, rechts
✧**Abzweig Erdbeerstadion** ⇧218 m ➤11,9 km, rechts halten, im Wald weiter
✧**Eingang Erdbeerstadion** ➤12,2 km, nach der Bahnunterführung rechts
◇**Rastplatz Gessental** ⇧217 m ➤12,7 km
✧**Gessenbach** ⇧218 m ➤13,4 km, nach der Brücke über den Gessenbach rechts
+**Collis Gasthaus Am Gessenbach** ⇧216 m ➤13,7 km ⚐, links auf **GRÜNEM "L"**
+**Collis, Ortsausgang** ⇧221 m ➤13,9 km, rechts steil aufwärts zum Collisberg
◈**Schutzhütte** ⇧297 m ➤14,3 km, links
✧**Aussicht & Ruhebank** ➤14,5 km, rechts
✧**Zschippern-Kreuzung** ⇧296 m ➤15,5 km, an der Ampel links über die Straße
✧**Landgasthof Zum Fliegenschnapper** ⇧291 m ➤15,6 km ⚐, rechts ab
+**Zaufensgraben** ⇧259 m ➤16,1 km, gerade auf schmalen Pfad abwärts, nach ca. 80 m über den Zaufensgraben und nach ca. 50 m an einer Ruhebank führt links der Lutherweg kräftig ansteigend durch eine Siedlung zur Ronneburger Höhe
+**Ferberturm** ⇧303 m ➤16,9 km ⚐, gerade auf dem Falkenweg
✧**Lutherlinde** ⇧274 m ➤17,5 km ◇, neben der Infotafel über Stufen abwärts
✧**Abzweig** ⇧248 m ➤17,7 km, links ab und die Hohe Straße abwärts
✧**Botanischer Garten** ⇧234 m ➤17,9 km, rechts auf der Schillerstraße abwärts
✧**Abzweig** ⇧219 m ➤18,1 km, nach der Ampel links, vorbei an der Nicolaischule
✧**Abzweig Salvatorkirche** ⇧214 m ➤18,2 km rechts ab, vorbei an der Infotafel, nach ca. 50 m links auf der Gr. Kirchstraße abwärts
✱**Gera-Marktplatz** ⇧202 m ➤18,4 km

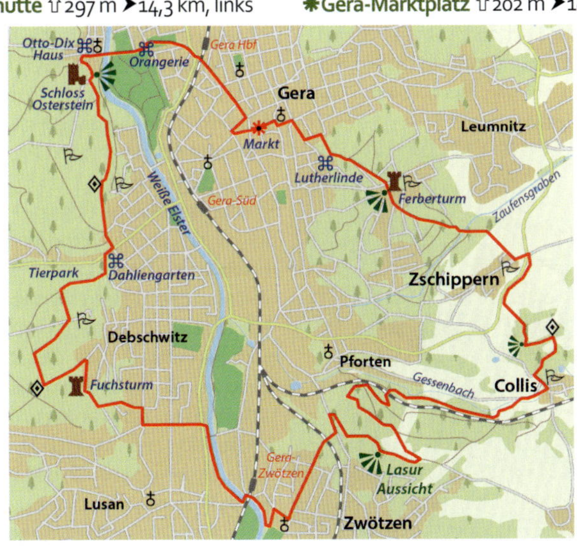

12 Schmölln - Ronneburg - Gera

Sehenswert: Knopfmuseum Schmölln, "Tausendjährige Eiche" Nöbdenitz, Burg Posterstein, Neue Landschaft Ronneburg, Drachenschwanzbrücke, Ferberturm, Lutherlinde, Marktplatz
Streckenlänge: 29,6 km **Höhenmeter:** ↑335 ↓348
Wanderkarten: Gera - 1:50.000 vom Verlag Grünes Herz oder Altenburg - Blatt 96 und Wälder um Gera, Eisenberg, Hermsdorf - Blatt 100 - 1:35.000 vom Verlag Dr. Barthel
Wegmarkierung: mit Lutherweg-Markierung "*L*"

Die Wanderung startet am Bahnhof in Schmölln und führt Sie über den Markt zum Knopfmuseum. Im lieblichen Tal der Sprotte wandern Sie zum Naturdenkmal der "Tausendjährige Eiche" in Nöbdenitz und zur Burg Postserstein bis in das ehemalige Uranbergbaugebiet der Neuen Landschaft Ronneburg (hier können Sie die recht lange Tour teilen). Ein besonderes Erlebnis ist die Überquerung des Gessentals auf der mächtigen Drachenschwanzbrücke. Über den Collisberg wandern Sie über Zschippern zum Ferberturm und vorbei an der Lutherlinde zum Marktplatz in der Otto-Dix-Stadt Gera.

Wegverlauf

✱Schmölln-Bahnhof ⇧211 m, rechts ab, nach ca. 50 m links in die Walter Kluge Str., nach ca. 100 m wieder rechts und an der Weggabel nach ca. 100 m links halten
✧Markt ⇧214 m ➤0,4 km, gerade über den Markt auf Lutherweg-Markierung „*L*"
+Amtsplatz ⇧210 m ➤0,6 km, rechts ab, nach ca. 50 m links durch Straßentunnel
+Brücke über Sprotte ⇧208 m ➤0,9 km, nach der Brücke links durch kleinen Park
+Knopfmuseum ⇧211 m ➤1,2 km ⚐, links auf der Holzbrücke über die Sprotte, nach ca. 120 m rechts in die Weststraße

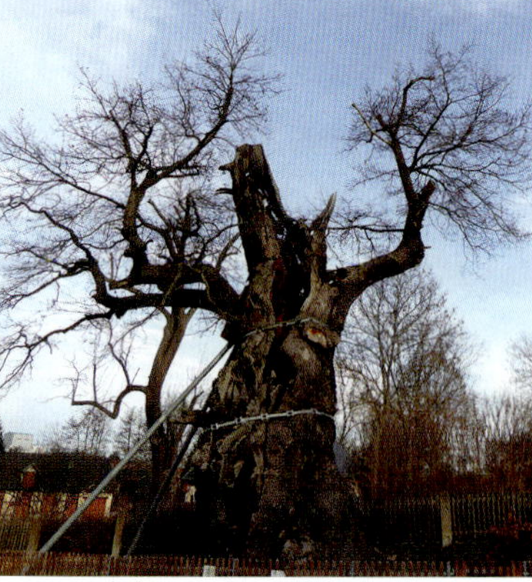
Tausendjährige Eiche - Nöbdenitz

+Weggabel ⇧213 m ➤1,6 km, rechts halten Richtung Schloßig durch die Gartensiedlung
+Gartensiedlung ⇧214 m ➤2,3 km, gerade
+Schloßig ⇧215 m ➤2,9 km, links ab
+Brücke ⇧216 m ➤3,6 km, links halten
✧Leedenmühle ⇧219 m ➤4,1 km, links
+Burkersdorf ⇧220 m ➤4,5 km, an der „Wetterstation" links, nach ca. 150 m rechts
+Lohma Bahnübergang ➤5,6 km, rechts
+Sprotte-Brücke ⇧223 m ➤5,9 km, links
✧Steinbogenbrücke ⇧229 m ➤6,4 km
+Nöbdenitz Kirche ⇧230 m ➤7,1 km, vor der Tausendjährigen Eiche rechts ab
+Nöbdenitz Teich ⇧234 m ➤7,4 km ◈, rechts auf dem Wassererlebnispfad Sprotte
✧Tunnel A4 ⇧236 m ➤8,5 km
+Rothenmühle ⇧236 m ➤8,8 km ◈⚐
+Posterstein ⇧264 m ➤9,4 km ◈⚐, gerade, nach ca. 250 m an Kreuzung gerade
✧Abzweig ⇧271 m ➤9,8 km ◈, rechts vorbei an dem kleinen Teich zur Burg
+Burg Posterstein ⇧272 m ➤10,0 km ◈, gerade, dann links durch die Steinbogenbrücke,

WANDERTEIL

danach links halten, auf dem Hochzeitsweg durch den Park, am Rande einer Wiese rechts und auf schmalen Pfad abwärts
+Kreuzung ⇧256 m ➤10,6 km, gerade der Straße nach Mennsdorf folgen
+Mennsdorf Kirche ⇧260 m ➤12,0 km, rechts über die Sprotte
+Ortsausgang ⇧276 m ➤12,2 km, gerade
+Abzweig ⇧279 m ➤12,6 km, links, nach ca. 400 m nochmals links
+Paitzdorf Spritzenhaus ⇧278 m ➤13,8 km ◈, gerade, nach ca. 50 m rechts halten
✧Kreuzung ⇧308 m ➤15,2 km, gerade, nach ca. 200 m an Schutzhütte ◈ gerade
✧Bahnübergang ⇧299 m ➤16,6 km, danach sofort links auf einem Pfad
✧Infotafel Stolln 2 ⇧284 m ➤16,9 km, gerade, dann rechts auf der Brunnenstr.
+Bogenbinderhalle ⇧272 m ➤17,4 km ⚐, links über Straße, nach ca. 160 m rechts über Stufen aufwärts, dann rechts halten
✧Unteres Tor ⇧283 m ➤17,8 km, links
✧Ronneburg Markt ⇧283 m ➤18,0 km ⚐, rechts am Rathaus vorbei, dann links
✧Schloss ⇧278 m ➤18,3 km, links ab
+Baderteich ⇧272 m ➤18,4 km, gerade
+Am Baderteich ⇧270 m ➤18,5 km, rechts, durch die Bahnunterführung, dann links
+Weidaer Str. ⇧288 m ➤18,7 km, rechts
✧Neue Landschaft Ronneburg ⇧291 m ➤18,9 km, ca. 50 m nach Eingang rechts ab
+Bienenlehrpfad ➤19,3 km, links ab
✧Drachenschwanzbrücke ⇧276 m ➤19,5 km, rechts über das Gessental, dann an den nächsten zwei Abzweigen wieder rechts
+Gessental ⇧257 m ➤20,2 km ◈, rechts
◈Schutzhütte ⇧244 m ➤21,6 km
✧Straßenunterführung ⇧232 m ➤22,4 km
+Weißes Kreuz ⇧236 m ➤23,2 km, links
+Collismühle ⇧221 m ➤24,1 km, links der Straße durch den Ort folgen
+Collis Gasthaus Am Gessenbach ⇧216 m ➤24,6 km ⚐ ⌂, rechts ab
+Collis, Ortsausgang ⇧221 m ➤24,8 km, rechts steil aufwärts zum Collisberg
◈Schutzhütte ⇧297 m ➤25,2 km, links
✧Aussicht & Ruhebank ➤25,7 km, rechts
✧Zschippern-Kreuzung ⇧296 m ➤26,7 km an der Ampel links über die Straße
✧Landgasthof Zum Fliegenschnapper ⇧291 m ➤26,8 km ⚐, rechts ab
+Zaufensgraben ⇧259 m ➤27,3 km, gerade auf schmalen Pfad abwärts, nach ca. 80 m über den Zaufensgraben und nach ca. 50 m an einer Ruhebank führt links der Lutherweg kräftig ansteigend durch eine Siedlung zur Ronneburger Höhe
+Ferberturm ⇧303 m ➤28,1 km ⚐, gerade
✧Lutherlinde ⇧274 m ➤28,7 km ◇, neben der Infotafel über Stufen abwärts
✧Abzweig Hohe Strasse ➤28,9 km, links
✧Botanischer Garten ➤29,1 km, rechts
✧Abzweig ⇧219 m ➤29,3 km, nach der Ampel links, vorbei an der Nicolaischule
✧Abzweig Salvatorkirche ⇧214 m ➤29,4 km rechts ab, vorbei an der Infotafel, nach ca. 50 m links auf der Gr. Kirchstraße abwärts
✱Gera-Marktplatz ⇧202 m ➤29,6 km

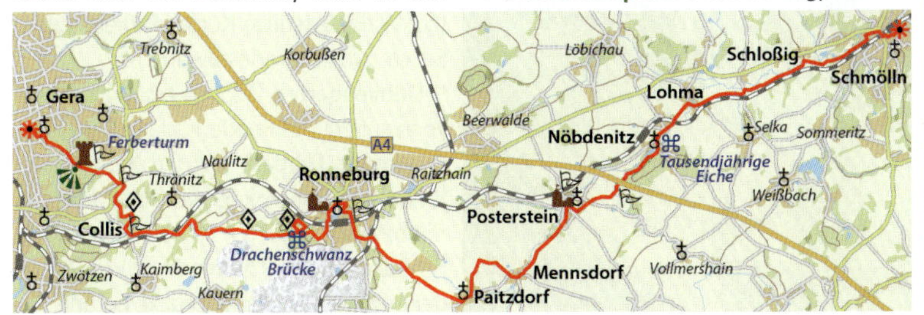

13 Gera - Wünschendorf/E. - Weida

Sehenswert: Marktplatz, Theater, Orangerie, Küchengarten, Hofwiesenpark, Otto-Dix-Haus, Schloss Osterstein, Dahliengarten, Tierpark Gera, Fuchsturm, historische Holzbrücke Wünschendorf, Veitskirche, Kloster Mildenfurth, Schwedeneiche, Osterburg Weida
Streckenlänge: 21,9 km **Höhenmeter:** ↑268 ↓238
Wanderkarten: Gera - 1:50.000 Verlag Grünes Herz oder Wälder um Gera, Eisenberg, Hermsdorf - Blatt 100 & Thüringer Vogtland - Blatt 116 1:35.000 Verlag Dr. Barthel
Wegmarkierung: mit Lutherweg-Markierung "*L*"

Vom Geraer Markt aus gehen Sie vorbei am Theater, durch den Küchengarten mit Orangerie zum Otto-Dix-Haus. Die Wanderung durch den Stadtwald, führt Sie dann zum Schloss Osterstein, Dahliengarten, Tierpark & Fuchsturm. Der Lutherweg wechselt die Elsteruferseite und Sie wandern durch Zwötzen und Liebschwitz, überqueren auf der historischen Holzbrücke in Wünschendorf wieder die Weiße Elster und erreichen das Kloster Mildenfurth. Beenden können Sie die Wanderung in Weida am Bahnhof Mitte oder auf dem Marktplatz (Bus).

Wegverlauf

✱**Gera-Marktplatz** ⇧202 m, auf der abwärts führenden Gr. Kirchstraße der Lutherweg-Markierung ***GRÜNES*** "*L*" folgen
✧**Stadtmuseum** ⇧197 m ➤0,2 km, an der Ampel rechts, nach dem Museum rechts aufwärts auf der Bachgasse
✧**Sorge** ⇧200 m ➤0,4 km, links ab
✧**Puschkin-Denkmal** ⇧201 m ➤0,6 km
✧**Puschkinplatz** ⇧198 m ➤0,8 km, an der Ampel gerade, dann sofort links an der zweiten Ampel, danach rechts auf der abwärts führenden E. Toller Straße weiter
✧**Bahnunterführung** ⇧193 m ➤1,2 km, danach an der Ampel gerade
✧**Theater-Küchengarten** ⇧194 m ➤1,4 km ⚐, gerade durch den Park
✧**Orangerie** ⇧193 m ➤1,7 km, gerade auf der Küchengartenallee
✧**Untermhäuser Brücke** ⇧195 m ➤2,0 km, über die Weiße Elster zur Marienkirche
✚**Mohrenplatz** ⇧190 m ➤2,1 km ⚐, am Otto-Dix-Haus links halten, auf schmalen gepflasterten Weg aufwärts
✧**Schloss Osterstein** ➤2,4 km, links halten
✧**Reformationskreuz** ⇧235 m ➤2,8 km, links über die neue Waldhausbrücke
◈**Rondell** ⇧234 m ➤3,2 km, rechts halten (zur Waldgaststätte Kuckucksdiele gehen Sie ca. 250 m gerade abwärts ⚐)
✧**Dahliengarten** ⇧202 m ➤4,0 km, rechts 70 m auf Str. des Friedens, dann links ab
✧**Aufgang Tierpark** ⇧201 m ➤4,2 km, Infotafel zum Bauernkrieg bei Gera, rechts ab
✧**Abzweig** ⇧238 m ➤4,6 km, links ab
✧**Martinshöhe** ⇧262 m ➤4,9 km ⚐, an der Infotafel zur Marienbrücke gerade

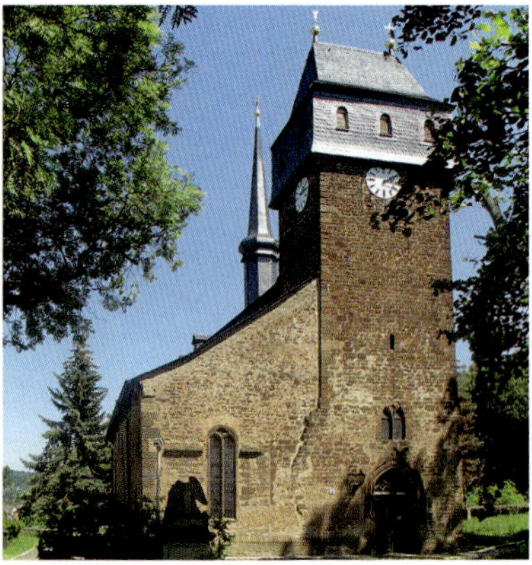

Veitskirche - Wünschendorf

✧**Abzweig** ⇧275 m ➤5,3 km, links ab
◈**Schutzhütte** ⇧265 m ➤5,6 km, links ab
✧**Abzweig** ⇧261 m ➤5,9 km, gerade in die Siedlung, nach ca. 60 m rechts ab
✧**Fuchsturm** ⇧264 m ➤6,4 km, links auf schmalen Pfad abwärts
✧**Abzweig** ⇧201 m ➤6,8 km, rechts auf die Eiselstr., nach ca. 130 m links in die Keplerstr.
✧**Wiesestraße** ⇧204 m ➤7,1 km, gerade
✧**Vogtlandstr.** ➤7,4 km, über Vogtlandstr. dann rechts dem Elsteruferweg folgen
✧**Zwötzener Brücke** ⇧199 m ➤8,2 km ⚐, nach der Brücke rechts über die Bahn
✧**Sportplatz** ⇧201 m ➤8,5 km, links ab, nach ca. 150 m am Zwötzener Anger rechts
✧**Zwötzener Kirche** ⇧198 m ➤8,8 km, rechts, nach ca. 120 m links in Reuter Str.
✧**Abzweig** ➤9,1 km, rechts ab in Gutsstr.
✧**Bahnübergang** ⇧204 m ➤9,3 km, gerade, dann nach ca. 100 m links halten
✧**Am Büchsenberg** ⇧211 m ➤9,5 km, links ab dann kräftig ansteigend
✧**Taubenpreskeln** ⇧270 m ➤10,1 km, gerade, nach ca. 130 m an Kirche links ab
✧**Abzweig** ⇧262 m ➤10,5 km, rechts ab, nach ca. 100 m gerade
✧**Ortsausgang** ⇧247 m ➤10,9 km, links
✚**Thüringenweg** ⇧244 m ➤11,3 km, auf der Straße abwärts nach Liebschwitz
✧**Liebschwitz** ⇧217 m ➤11,6 km, links auf der Salzstr., nach ca. 50 m rechts ab
✧**Sportplatz** ⇧206 m ➤11,9 km, gerade dem Wipsebach folgen
✚**Wipsebrücke** ⇧202 m ➤12,4 km, links auf dem Elsteruferweg über die Brücke
✚**Meilitz Brücke** ➤14,1 km ⚐, gerade
✧**Artenschutzturm** ➤16,6 km, links halten
✚**Wünschendorf Bhf.** ⇧213 m ➤17,2 km
✚**Poststraße** ➤17,4 km, rechts ab, nach ca. 160 m am Wendenplatz ⚐ rechts ab
✧**Historische Holzbrücke** ⇧209 m ➤17,8 km
✚**Veitsberg** ⇧215 m ➤17,9 km, links über Treppen aufwärts zur Veitskirche
✚**Veitskirche** ⇧230 m ➤18,0 km, rechts halten und wieder abwärts
✚**Veitsberg** ⇧215 m ➤18,1 km, links ab
✚**Weida-Brücke** ⇧209 m ➤18,3 km, nach Brücke beim Sportplatz links
✚**Weidaer Str.** ⇧212 m ➤18,7 km, rechts
✚**Kloster Mildenfurth** ➤19,1 km, links ab
✧**Abzweig** ⇧219 m ➤19,9 km, rechts über Wiese, dann auf Straße aufwärts
✧**Schwedeneiche** ⇧254 m ➤20,4 km
✚**Weida L. Jahn Str.** ⇧239 m ➤20,8 km, gerade, nach ca. 150 m über die Geraer Str. dann rechts auf dem Dorngäßchen aufwärts, nach ca. 200 m links ab in Bergstr.
✧**Rudolf Alander Str.** ➤21,3 km, rechts, nach ca. 250 m über die Bahn, dann links
✧**Friedensstr.** ⇧258 m ➤21,8 km, links ab
✸✚**Weida Bhf. Mitte** ⇧250 m ➤21,9 km

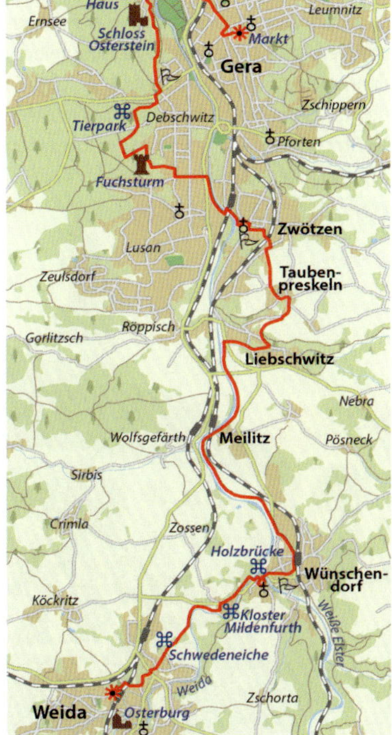

14 Weida - Auma - Moßbach

Sehenswert: Osterburg Weida, FFH-Gebiet Auma-Buchenberg-Wolchenteiche, Markt in Auma mit Kursächsischer Postmeilensäule und ein zum Osterfest mit über 5.000 bunten Eiern geschmückter Osterbrunnen, Kesselsee

Streckenlänge: 26,9 km **Höhenmeter:** ↑387 ↓176

Wanderkarten: Gera & Greiz & Saalestauseen - 1:50.000 Verlag Grünes Herz oder Thüringer Vogtland - Bl. 116 & Orlasenke, Neustadt - Bl. 131 - 1:35.000 Verlag Dr. Barthel

Wegmarkierung: mit Lutherweg-Markierung "*L*" und Balken ***BLAU***

Vom Bahnhof Weida-Mitte aus gehen Sie hinauf zur prächtigen Osterburg, von deren Turm Sie den schönsten Blick über Weida haben. Dann erreichen Sie ein Rondell und eine Terrasse, wo sich Ihnen einen wundervoller Blick zur Osterburg bietet. Die Wanderung führt Sie nun vorbei am Sänger-Denkmal, über den Hohen Herd zum Artenschutzturm bei Staitz, zur Postmeilensäule in Auma und durch das Wolcheteichgebiet. Ende der Tour in Moßbach mit Übernachtung, oder in Auma und mit dem Bus zurück nach Gera.

Wegverlauf

✱+Bhf. Weida Mitte ⇧250 m, links über die Bahnlinie abwärts der Lutherweg-Markierung "*L*" Richtung Osterburg folgen, dann rechts in die Clara Zetkin Str. und an der Kreuzung ➤0,4 km, links in die Neustädter Str., über die Auma und an der folgenden Kreuzung, rechts aufwärts zur Osterburg

+Osterburg ⇧257 m ➤0,6 km, gerade geht es in die Burg, der Lutherweg führt hier nach rechts vorbei an einem Burggelände-Nebeneingang, ca. 150 m nach der Burg links ab, auf einem Pfad vorbei an einer Ruhebank

✧Aussichtsrondell ⇧297 m ➤1,0 km, ein schöner Blick zur Osterburg und auf Weida

✧Aussichtsterrasse ⇧303 m ➤1,1 km, noch ein prächtiger Osterburg-Blick, rechts halten

+Wegkreuz ➤1,3 km, nach links ab Richtung Sängerstein

+Kastanienallee ➤1,7 km, hier rechts halten

◈Aufgang zum Sängerdenkmal ⇧303 m ➤2,1 km, links aufwärts zum kleinen Denkmal, danach wieder zurück zum Lutherweg, links halten

+Hoher Herd ➤3,2 km, links

✧Abzweig ⇧350 ➤3,5 km, rechts ab, am nächsten Abzweig geradeaus weiter

+Abzweig ⇧372 m ➤4,5 km, rechts der Straße folgen

Osterbrunnen - Auma

+Am Schwanensee ⇧374m ➤4,8km, nach links ab, auf einer Forstallee weiter
◈Forsthütte ⇧398 ➤5,7 km, gerade
+Jägerhaus ⇧404 ➤6,9 km ◈, gerade
+Forstalle Abzweig Zoche ➤7,7 km ◇
+Forstspitze ⇧414 m ➤9,0 km, links ab Richtung Auma, schöne Aussicht
◈Artenschutzhaus Staitz ➤9,2 km, gerade
+Ortsrand Staitz ⇧397m ➤9,5km, rechts ab auf asphaltierten Feldweg, schöner Blick zur Weida-Talsperre, Gasthaus Zum Taubenschlag in Staitz ⚐(ca. 800 m)
✧Tränkesmühle ⇧359 m ➤11,9 km, links
✧Abzweig Wöhlsdorf ⇧371 m ➤12,1 km, rechts ab, Gasthaus Goldener Löwe Wöhlsdorf ⚐ (links ab ca. 700 m entfernt)
+Wiebelsdorf ⇧358 m ➤12,5 km, über die Auma, dann nach dem Teich links
+Abzweig ⇧397 m ➤13,2 km, links ab von der schmalen Straße, auf einem Feldweg abwärts ins Aumatal der Auma folgen
+Rastplatz ⇧370 m ➤15,3 km ◈, links auf Fußgängerbrücke über die Auma
+Abzweig ⇧398 m ➤16,0 km, rechts ab
+Auma Nordstraße ⇧405 m ➤16,6 km, rechts ab und nach dem Friedhof links
+Markt ⇧399 m ➤17,2 km, rechts weiter Richtung Wolcheteiche, am Ende vom Markt links halten auf schmaler Gasse abwärts, dann nach rechts der Straße folgen
+Abzweig ⇧383 m ➤17,6 km, rechts ab zum Pfarrteich unterhalb der Liebfrauenkirche, dann auf Fußgängerbrücke über die Auma
✧Unterführung ⇧387 m ➤18,0 km
✧Kesselsee ⇧390 m ➤18,3 km ◈, gerade
+nach dem Kesselsee ➤18,6 km, links ab
✧Infotafel Naturlehrpfad ⇧412 m ➤19,5 km ◈, am Rastplatz rechts ab auf Lutherweg
+Weißer Stein ⇧418 m ➤20,0 km, gerade
✧Abzweig ⇧442 m ➤21,1 km, rechts ab
+Wolcheteiche ⇧438m ➤22,8km, hier verlassen Sie nach links den Lutherweg und folgen am Teichufer auf ***BLAU*** dem Hauptwanderweg Saaletalsperren-Ostsee
✧Autobahnbrücke A9 ➤25,4 km, darüber
✧Moßbach Teich ⇧445 m ➤26,3 km
⚐Gasthaus Goldener Löwe ➤26,5 km, links ab, vorbei an der Kirche, dann rechts
✱⌂⚐Landgasthof Deutscher Hof ⇧461 m ➤26,9 km

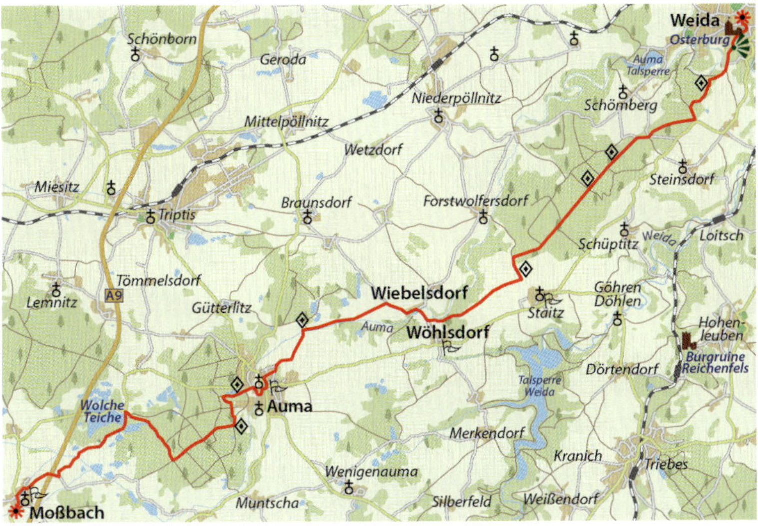

WANDERTEIL

15 Moßbach - Plothen - Neustadt a. d. Orla

Sehenswert: Naturschutzgebiet Plothener Teichgebiet - das Land der Tausend Teiche, Pfahlhaus, Knapp-Windmühle mit Sackmuseum in Linda, Neustadt/O. mit dem Lutherhaus, dem spätgotischen Rathaus mit prachtvollen Erker und den Fleischbänken - eine in Deutschland einmalige mittelalterliche Ladenstraße der Fleischer
Streckenlänge: 22,3 km **Höhenmeter:** ↑174 ↓339
Wanderkarten: Saalestauseen - 1:50.000 Verlag Grünes Herz oder
Orlasenke, Neustadt - Bl. 131 - 1:35.000 Verlag Dr. Barthel
Wegmarkierung: mit Balken *GRÜN* & *BLAU* und *ROTEN* Dreieck und mit der Lutherweg-Markierung "*L*"

Da Moßbach mit den öffentlichen Verkehrsmitteln schlecht erreichbar ist, empfehlen wir die Etappe von Moßbach nach Neustadt/O. zusammen mit der Tour 14 von Weida nach Moßbach zu gehen und eine Übernachtung in Moßbach, einzuplanen.
Die Wanderung führt durch das Plothener Teichgebiet, auch als das "Land der Tausen Teiche" bekannt, es gehört zum Naturpark "Thüringer Schiefergebirge/Obere Saale". Sie kommen zur schon weithin sichtbaren Knapp-Windmühle von Linda und erreichen im Waldgebiet Kleines Bauernholz wieder den Lutherweg der Sie bis nach Neustadt/O. begleitet.

Wegverlauf

✱Moßbach - Landgasthof Deutscher Hof ⇧461 m ⌂⚐, auf der aus dem Ort führenden Straße gehen Sie nach ca. 250 m über die Bahngleise und folgen dann rechts auf einem Feldweg dem alten Bahndamm **✧Abzweig** ⇧473 m ➤0,8 km, nach links auf *BLAU* der schmalen Straße folgen **+Landstraße** ⇧508 m ➤1,9 km, gerade

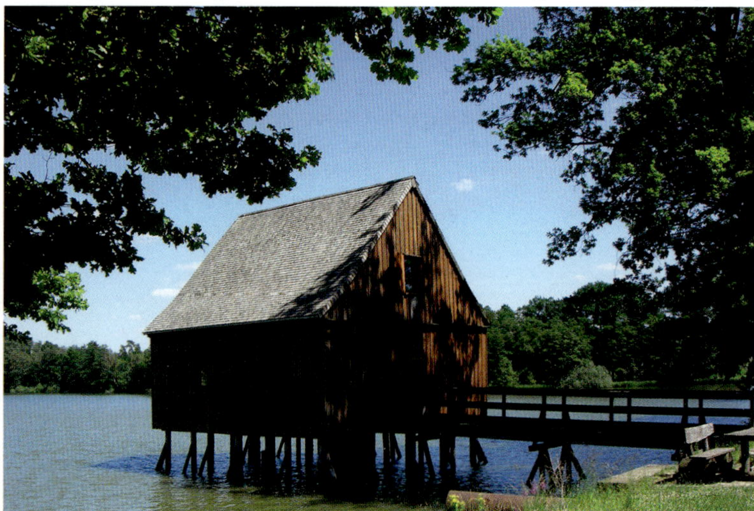

Pfahlaus am Hausteich bei Plothen

über die Straße hinweg, Richtung Plothen
✧**Abzweig** ⇧496 m ➤3,5 km, nach rechts
+**Jugendherberge Plothen** ⇧471 m ➤4,6 km ⌂, gerade weiter Richtung Plothen
+**Informationsstelle Umwelt & Naturschutz Am Hausteich** ➤4,9 km, rechts auf ***BLAU***
✧**Pfahlhaus am Hausteich** ➤5,4 km
+ **Semmlergruppenteich** ⇧ 475 m ➤ 6,1 km nach rechts Richtung Knau auf dem mit ***GELBEN*** Querbalken markierten Naturlehrpfad entlang des Teichs
+**Fürstenteich** ⇧476 m ➤7,0 km, gerade, weiter dem Naturlehrpfad Richtung Windmühle Linda folgen
+**Födisch Teich** ⇧479 m ➤7,5 km, auf dem Naturlehrpfad rechts ab, Weg führt bald auf dem Damm zwischen Goche- & Fürstenteich weiter
◈**Schutzhütte am Fürstenteich** ➤8,2 km
+**Rudolph Teich I** ⇧478 m ➤8,3 km, links ab auf Naturlehrpfad mit ***ROTEM*** Dreieck markiert, nach ca. 400 m rechts halten
+**Abzweig** ⇧499 m ➤8,9 km, links ab auf der mit ***ROTEM*** Dreieck markierten Forststraße
+**Abzweig** ⇧502 m ➤9,8 km, rechts ab Richtung Linda, ***GRÜN*** markiert und dann nach ca. 600 m über die Bahngleise
+**Abzweig** ⇧501 m ➤11,4 km, nach der Straße sofort links ab Richtung Linda
✧**Windmühle Linda** ⇧502 m ➤13,0 km
✧**Linda Kirche** ⇧497 m ➤13,3 km, gerade über die Straße und nach dem Ort auf einem mit Steinplatten belegten Feldweg weiter bis zum Waldrand
+**Waldrand** ⇧516 m ➤14,2 km, nach rechts auf dem anfangs asphaltierten Feldweg
+**Abzweig** ⇧516 m ➤14,9 km, rechts halten Richtung Neustadt
+**Abzweig** ⇧505 m ➤15,5 km, geradeaus weiter Richtung Neustadt/O., nach ca. 150 m treffen Sie am Abzweig wieder auf den Lutherweg und folgen links Richtung Neustadt, der Lutherweg-Markierung "**L**"
✧**Lattenbank** ⇧491 m ➤16,2 km, an der Ruhebank gerade weiter
+**Landstraße** ⇧417 m ➤18,4 km, nach links für ca. 100 m der Straße folgen, dann rechts ab zwischen Feldern weiter
✧**Abzweig** ⇧419 m ➤18,9 km, rechts abwärts, nach ca. 200 m Bank mit schönem Blick
✧**Moderwitz Kirche** ⇧367 m ➤20,0 km, links, nach ca. 75 m an der Infotafel rechts
✧**Straßenunterführung** ⇧339 m ➤20,7 km danach leicht ansteigend am Silberberg zum Neustädter Stadtteil Arnshaugk
✧**Kreuzung** ⇧348 m ➤21,3 km, gerade dem Centbaumweg abwärts folgen
✧**Kreuzung** ⇧318 m ➤21,7 km, gerade über die Rathenaustraße auf einer Fußgängerbrücke über die Bahnlinie, danach rechts auf dem Promenadenweg an der Bahnstrecke entlang. Wenn Sie nach Neustadt zum Markt möchten, so gehen Sie nach der Fußgängerbrücke gerade weiter.
✷**Neustadt an der Orla - Bahnhof** ⇧309 m ➤22,3 km ⌂

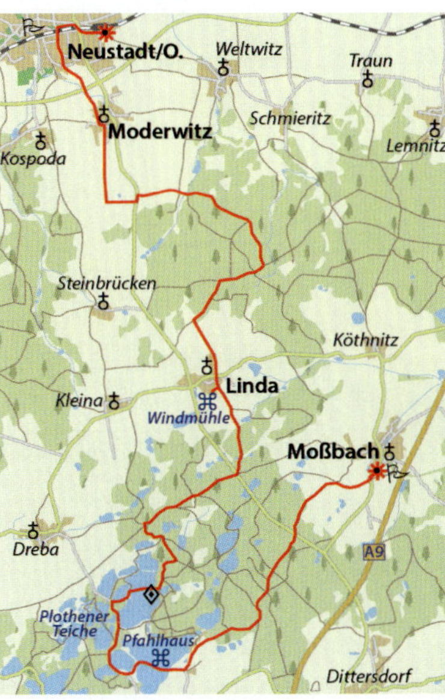

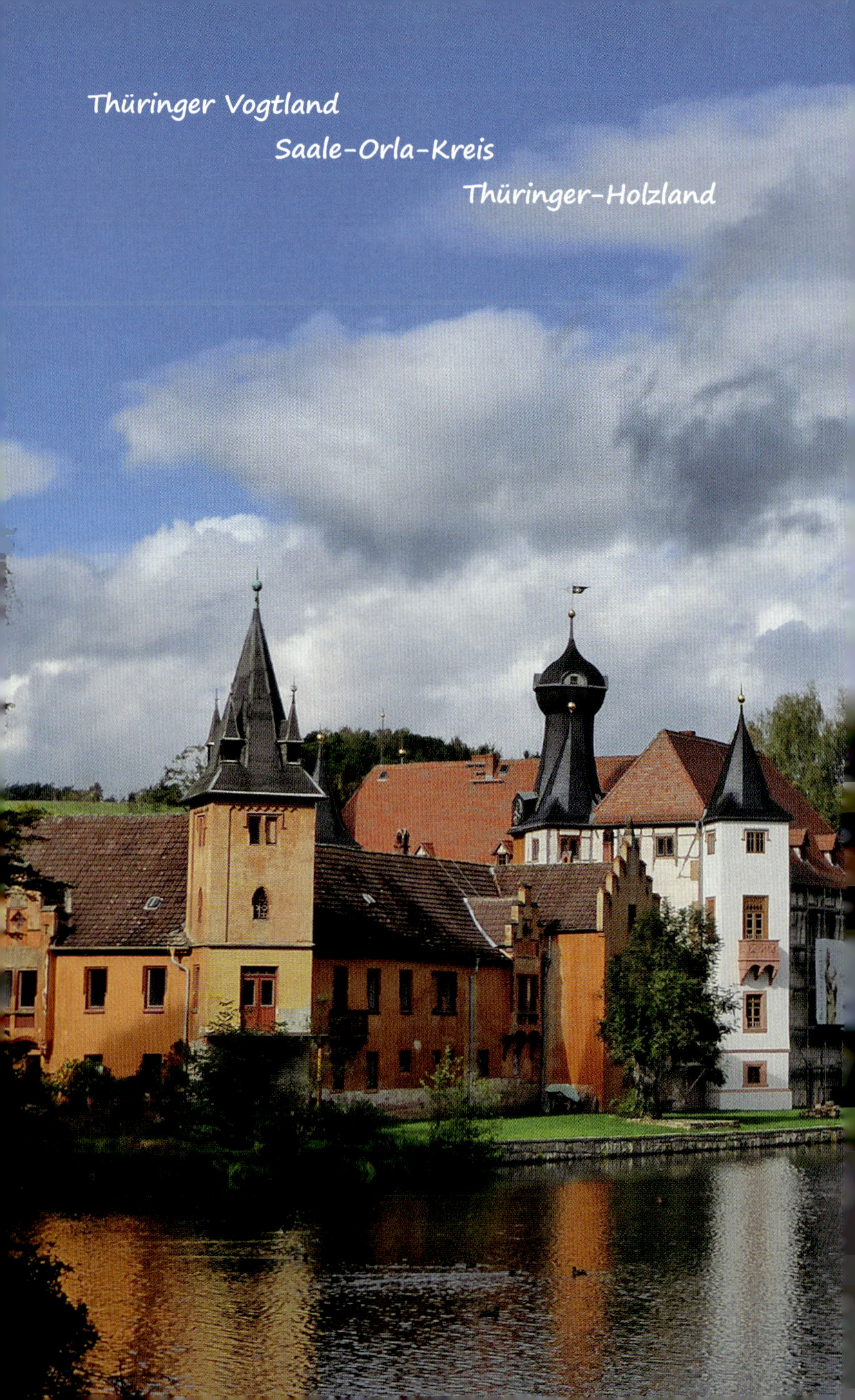
Thüringer Vogtland
Saale-Orla-Kreis
Thüringer-Holzland

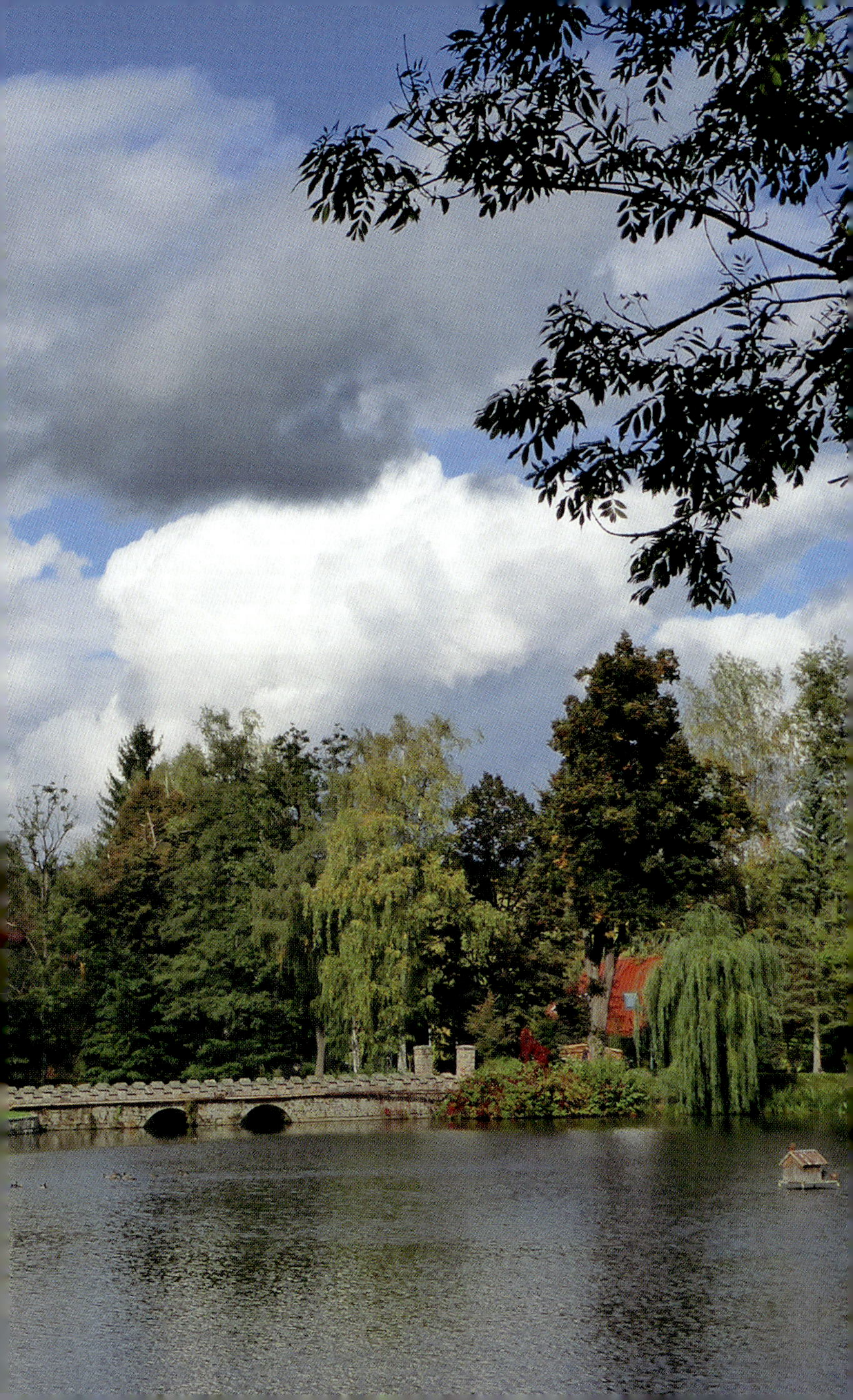

16 Greiz - Göltzschtalbrücke - Dölau

Sehenswert: der Greizer Park mit dem Sommerpalais, Unters & Oberes Schloss Greiz, der Köhlersteig mit seiner Köhlerspitzenaussicht, die gewaltige Göltzschtalbrücke, die größte Ziegelsteinbrücke der Welt, das Schloss Netzschkau
Streckenlänge: 19,2 km **Höhenmeter:** ↑386 ↓377
Wanderkarten: Greiz - Vogtland - 1:50.000 Verlag Grünes Herz oder Wälder um Zwickau, Werdau & Greiz - Bl. 64 - 1:35.000 Verlag Dr. Barthel
Wegmarkierung: mit Balken ***BLAU*** ***GRÜN*** ***ROT*** ***GELB*** und ***ROTEM*** Kreis

Vom Greizer Bahnhof gehen Sie zur Weißen Elster und erreichen an der Göltzschmündung den Köhlersteig. Der Weg am rechten Hang des Göltzschtals führt über romantische Steige und oft schmale Pfade zu zahlreichen Felsen. Der schönste Ausblick öffnet sich Ihnen auf der Köhlerspitze, lassen Sie Ihren Blick über die Flußlandschaft des Göltzschtals, bis zur größten Ziegelsteinbrücke der Welt, der Göltzschtalbrücke schweifen. Sie gehen in Netzschkau hinauf zum Galgenberg, wo sich Ihnen unterwegs der wohl schönste Blick auf die Brücke bietet. Dann wandern Sie durch das Stoppbachtal und auf dem Hammerweg nach Kleingera und Dölau. Rückreise mit der Bahn ab Greiz-Dölau. Tipp: vorher Einkehr im Gasthaus Zur Eiche in Dölau - u. a. wohlschmeckende Pferderouladen.

Wegverlauf

✱+Greiz Bahnhof ⇧259 m, rechts halten auf ***BLAU*** Richtung Elstertalbrücke
✧Kreuzung Carolinenstraße ➤0,2 km, gerade, am Ende der Nahmmacherstr. rechts und nach ca. 50 m links
✧Fußgängerbrücke ⇧262 m ➤0,5 km
+Treppe Papiermühlenweg ➤0,7 km, rechts weiter oberhalb der Weißen Elster
+Köhlersteig ⇧269 m ➤1,6 km, links auf dem ansteigenden Köhlersteig: ***GRÜN***
+Schöne Aussicht ⇧330 m ➤2,0 km, links ab, rechts ca. 100 m die Aussicht
+Am Dreimäderlbrunnen ➤2,2 km, gerade, nach ca. 120 m rechts halten: ***GRÜN***
+Hoher Stein ⇧345 m ➤2,8 km ◇, rechts auf Pfad über Natursteinstufen abwärts
+Am Sorgbruch ⇧285 m ➤4,3 km, rechts halten, schöner Weg an der Göltzsch
+Göltzsch km 33,2 ⇧280 m ➤4,6 km ◈, links ab Richtung Echo
+Köhlersteig ⇧319 m ➤4,8 km, rechts halten, nach ca. 150 m schöne Aussicht
+Aufstieg Köhlerspitze ➤5,0 km, links geht es über Stufen und steinigen Pfad (ca. 200 m - Trittsicherheit) zur Köhlerspitze ⇧348 m - prächtige Aussicht
+Abzweig ➤5,5 km, gerade (links zur Köhlerspitze), nach ca. 200 am nächsten Abzweig nochmals gerade auf ***GRÜN***
+Bachtal ⇧297 m ➤6,1 km, rechts ab
+Schwarzhammermühle ➤6,3 km, gerade
+Echo ⇧290 m ➤7,4 km, links ab: ***BLAU***
+Teich am Friesenbach ➤7,8 km, rechts
+Göltzschtalbrücke *(oberhalb)* ⇧335 m ➤8,8 km, Teilung des Weges in Talweg ***GRÜN*** rechts und Höhenweg ***ROT*** gerade, beide treffen im Tal wieder zusammen
+Göltzschtalbrücke *(im Tal)* ⇧301 m ➤9,2 km ◇, auf ***ROT*** Richtung Kuhberg
✧Parkplatz ➤9,4 km, rechts auf ***ROT*** über die Steinbogenbrücke, dann rechts ab und nach ca. 60 m links der schmalen Mühlstraße aufwärts folgen
✧Netzschkau Hermann-Löns-Str. ⇧351 m

➤10,0 km, rechts in die H. Löns Str., nach ca. 300 m durch die Göltzschtalbrücke

+Reinsdorfer Weg ⇧363 m ➤10,7 km, rechts ca. 150 m fantastischer Göltzschtalbrücken-Blick ◇, Sie gehen danach links ab auf ***ROT***, nach ca. 50 m an Kreuzung gerade, nach weiteren ca. 150 m rechts ab

✧Gasthaus Bürgerstübl ⇧394 m ➤11,4 km ⚐, rechts ab auf ***ROT***, nach ca. 100 m auf der Siedlungsstraße abwärts, nach weiteren 200 m gerade abwärts auf Kiesweg - am Gasthaus nach links kommen Sie zum Schloss Netzschkau (ca. 600 m)

+Stoppachtal ⇧359 m ➤11,9 km, rechts vor den Garagen ins Stoppachtal

✧Weggabel ⇧335 m ➤12,7 km, links halten

✧Stoppbachbrücke ⇧325 m ➤13,1 km, links über Brücke, dann rechts ab: ***GRÜN***

✧Abzweig ⇧292 m ➤14,5 km, ✋ kurz nach einem großen Felsen, verlassen Sie in einer Linkskurve nach rechts den Waldweg auf schmalen Pfad, nach ca. 180 m folgen Sie links der Straße im Göltzschtal

+Gasthaus Waldfrieden ⇧283 m ➤14,9 km ⚐, gerade auf ***ROTEN*** Kreis, nach dem Gasthaus links ab von der Straße

+Gasthaus Waldfrieden *(Rückseite)*, links ab, ✋ nach dem Wald ➤15,6 km, gerade

+Kleingera ⇧374 m ➤16,5 km, gerade über die Kreuzung in den Ort auf ***BLAU***

+Gedenkstein ⇧382 m ➤17,0 km, rechts ab ***BLAU*** auf dem Dölauer Weg, nach ca. 150 m an einer Weggabel gerade

✧Bushaltestelle ⇧362 m ➤17,5 km, gerade über die Straße nach Sachswitz

+Sachswitz ⇧344 m ➤17,8 km, rechts ab auf ***GELB***, nach ca. 200 m an einer Weggabel links zwischen den Wiesen abwärts

✧Dölau ⇧276 m ➤18,8 km ⚐, nach rechts auf der Plauenschen Straße, nach ca. 100 m das Gasthaus Zur Eiche

✱Bahnhof Greiz-Dölau ⇧309 m ➤19,2 km

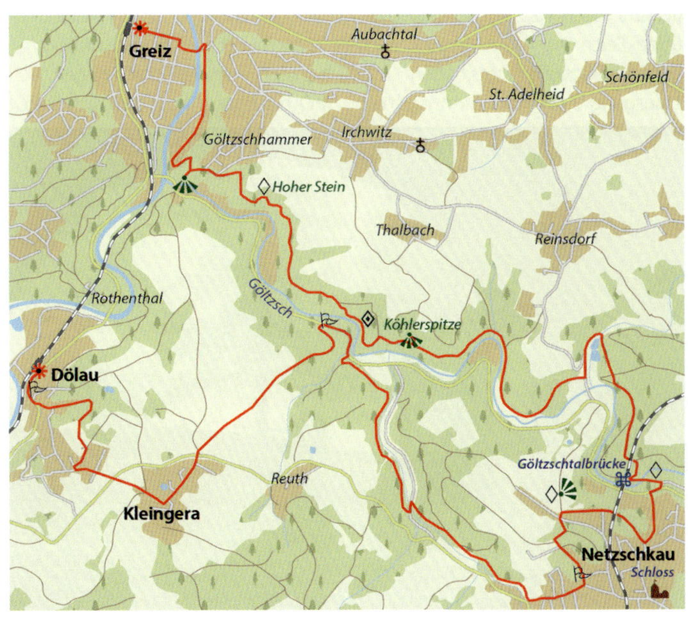

17 Hohenleuben - Burgruine Reichenfels

Sehenswert: Mittelalterlicher Turmhügel mit kleinen Gebirgspflanzengarten in Lunzig, Talsperre Hohenleuben, Burgruine & Museum Reichenfels
Streckenlänge: 18,7 km **Höhenmeter:** ↑236 ↓236
Wanderkarten: Thüringer Vogtland - Bl. 116 - 1:35.000 Verlag Dr. Barthel oder Greiz - Vogtland - 1:50.000 Verlag Grünes Herz
Wegmarkierung: mit Balken *BLAU* *GRÜN* *GELB* *ROT*

Von der Bahnstation Hohenleuben aus wandern Sie über die Dörfer Brückla, Mehla und Langenwetzendorf zur Talsperre Hohenleuben. Hier können Sie einen Abstecher zur Mittelalterlichen Ringwallanlage mit der "Waleiche" im kleinen Gebirgsplanzengarten, direkt neben dem ehemaligen Rittergut Schloss Lunzig machen. Der Weg führt Sie dann vorbei an der Staumauer der Talsperre nach Hohenleuben mit der Burgruine & dem kleinen interessanten Museum Reichenfels.

Wegverlauf

✱Bahnstation Hohenleuben ⇧328 m, Sie überqueren die Bahnlinie und folgen auf *BLAU* dem schmalen ansteigenden Weg
+Waldschänke ➤0,25 km, links steil aufwärts dem Fronweg folgen: *GRÜN*
+Brückla ⇧367 m ➤1,2 km, links *GRÜN*
+Brückla-Teich ➤1,3 km, gerade, nach ca. 100 m am Abzweig rechts halten
+Ortsausgang ⇧383 m ➤1,6 km, nach der Straße, gerade zwischen Feldern: *GRÜN*
+Mehla-Ortsrand ⇧389 m ➤2,4 km, gerade und nach ca. 200 m rechts auf der Straße in den kleinen Ort
+Mehla ⇧374 m ➤2,8 km, links ab: *GELB*, nach ca. 120 m rechts auf Feldweg weiter
✧Langenwetzendorf Leubabrücke ⇧333 m ➤4,4 km, links der Straße folgen: *ROT*
+Ortsausgang ➤4,9 km, rechts ab, nach

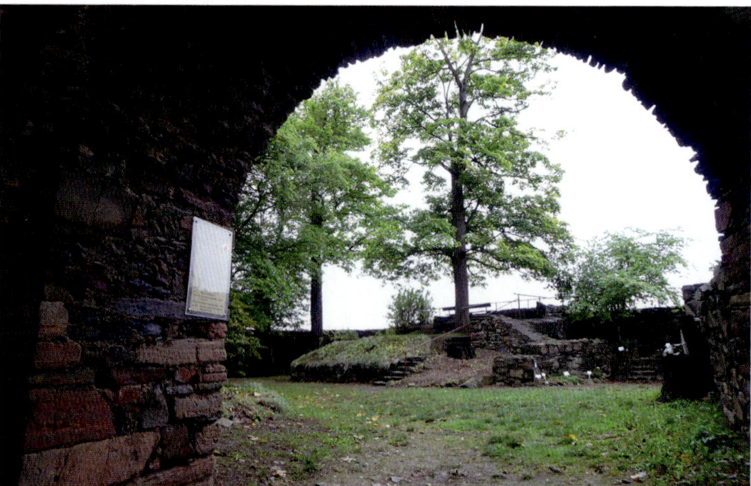

Eingang zur Burgruine Reichenfels

ca. 100 m über die Leuba, danach am Waldrand links halten
+im Wald ⇧338 m ➤5,3 km, gerade ***ROT***, es folgt ein schöner Weg im Leubatal
+Leubatal ⇧327 m ➤6,7 km, rechts halten
+Waldrand ⇧339 m ➤6,9 km, nach links dem Waldrand folgen
+an kl. Birke ⇧332 m ➤7,5 km, rechts ab
+Teufelskanzel ➤7,6 km, gerade auf ***ROT*** in Richtung Lunzig, links kommen Sie zur ca. 60 m entfernten Teufelskanzel, wo sich ein schöner Talsperrenblick bietet
◈Rastplatz ⇧320 m ➤8,2 km, nach rechts dem Seitenarm folgen, nach ca. 350 m ◈
+Hain ⇧329 m ➤8,8 km, gerade, nach ca. 120 m am **+Trafoturm** geht die Tour auf ***ROT*** nach links weiter Richtung Sperrmauer, wenn Sie hier gerade der Straße nach Lunzig folgen, so kommen Sie vorbei am Gasthof Zur Linde ⛿⌂ ➤9,7 km zum Rittergut Lunzig mit der Ringwallanlage
+Trafoturm ⇧329 m ➤10,8 km, nachdem Sie vom Rittergut Lunzig wieder hier zurück sind dann nun rechts ab auf ***ROT***
+Baumstumpf ⇧329 m ➤11,6 km, rechts
+Abzweig Lukalei ➤11,8 km, links: ***ROT***
+Lukalei Aussicht ⇧339 m ➤12,3 km, prächtiger Talsperrenblick, gerade
+Sperrmauer ⇧324 m ➤13,9 km, gerade Richtung Hohenleuben, nach ca. 140 m unterhalb der Staumauer links auf ***GRÜN*** über die Brücke dann links steil aufwärts
✧Abzweig CJD ⇧358 m ➤15,0 km, links am Zaun aufwärts, vom Weg nach dem CJD-Gelände schöne Blicke ins Leubatal
✧Hohenleuben Hofkäserei ⇧391 m ➤16,2 km, links ab Zeulenrodaer Straße
+Hohenleuben ⇧378 m ➤16,5 km, nach rechts ab in die Bergstraße: ***GELB***
+Markt ⇧393 m ➤16,7 km, links halten: ***GELB***, nach ca. 120 m nach der Apotheke links, am Wasserturm rechts und nach ca. 100 m links der Reichenfelser Straße folgen
✧Parkplatz Burgruine Reichenfels ⇧366 m ➤17,4 km, an der Weggabel rechts: ***GELB***
+Burgruine & Museum Reichenfels ⇧373 m ➤17,8 km ⛿⌂, links vor dem Gelände auf ***BLAU*** abwärts, dann nach ca. 200 m rechts der schmalen Straße folgen
✱Bahnstation Hohenleuben ➤18,7 km

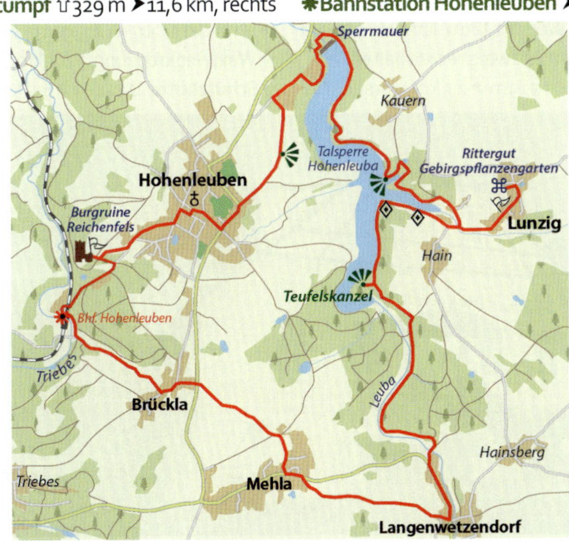

18 Thüringenweg: Bad Köstritz - Mühltal - Hermsdorf

Sehenswert: Heinrich Schütz Haus und Brauerei in Bad Köstritz, das Mühltal mit seinen gemütlichen, meist zur Einkehr einladenden acht Mühlen und dem Milos Waldhaus
Streckenlänge: 25,3 km **Höhenmeter:** ↑445 ↓332
Wanderkarten: Gera & Holzland - 1:50.000 Verlag Grünes Herz oder
Wälder um Gera, Eisenberg, Hermsdorf - Bl. 100 - 1:35.000 Verlag Dr. Barthel
Wegmarkierung: Thüringenweg (*TW*)-Markierung ***BLAUER*** Kreis, Balken ***GELB***

Die Wanderung beginnt am Bahnhof Bad Köstritz und Sie folgen dann ab dem Heinrich-Schütz-Haus dem Thüringenweg über Gleina und Seifartsdorf ins Eisenberger Mühltal. Das reizvolle waldreiche Tal verläuft entlang des Baches Rauda an dem acht ehemaligen Mühlen stehen, die inzwischen fast alle zur Einkehr einladen. Bei der Meuschkensmühle verlässt der Thüringenweg das Mühltal und führt durch das sumpfige Stille Tal in das Naturschutzgebiet Rote Pfütze mit seinen zahlreichen Teichen. In Bad Klosterlausnitz gehen Sie durch den Kurpark und beenden Ihre Wanderung am Bahnhof in Hermsdorf.

Wegverlauf

❋**Bad Köstritz Bahnhof** ⇧192 m, nach ca. 150 m links unter der Bahn hindurch
⚐**Gaststätte Elstertal** ➤0,38 km ⌂, gerade
✧**Weiße-Elster Brücke** ➤0,9 km
✚**Heinrich-Schütz-Haus** ⇧192 m ➤1,6 km ⚐, gerade dem mit ***BLAUEN*** Kreis markierten Thüringenweg (*TW*) folgen
✧**Gleinaer Weg** ➤1,8 km, links ab, ☝ nach ca. 240 m am Abzweig rechts halten
✚**Ortsende** ⇧219 m ➤2,5 km, gerade: *TW*
✧**Baumschule** ⇧207 m ➤2,9 km, links ab und nach ca. 180 m am Wegschild links
✧**Gleina** ⇧220 m ➤3,8 km, rechts halten, nach ca. 30 m rechts ab auf schmalen Weg
✚**Gleina Kirche** ⇧216 m ➤4,0 km, *TW*
✚**Infotafel Gleina** ➤4,2 km, links ab, auf dem Weg zwischen Feldern schöner Blick
✚**im Wald** ⇧307 m ➤5,9 km, links halten
✚**Waldwegkreuzung** ➤6,4 km, rechts: *TW*
◈**Schutzhütte** ⇧321 m ➤6,9 km, rechts

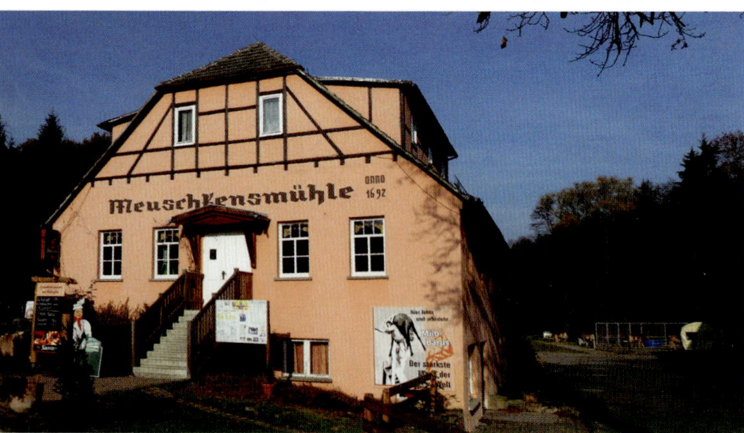

Meuschkensmühle - Eisenberger Mühltal

+Waldrand ⇧311 m ➤7,4 km, links ab
+Seifartsdorf Kirche ⇧218 m ➤8,3 km, links
+Seifartsdorf Bus ➤8,5 km ◈, rechts ab
+Höhenweg ⇧295m ➤9,1 km, links auf der Höhe entlang, schöner Blick
+Rondell ⇧312 m ➤10,5 km, rechts ab ***TW***
+Rauda ⇧207m ➤11,6 km ◈, links ab
◈Rastplatz-Rondell ➤12,4 km, auf dem Feldweg weiter, nicht auf dem Asphalt
+Mühltal Robertsmühle ⇧215 m ➤13,2 km ⚐, rechts über die Rauda, an der Mühle links
+Schössersmühle ➤14,2 km ⚐, rechts
+Amtsschreibersmühle ⇧238 m ➤15,0 km ⚐, gerade weiter im Tal: ***TW***
+Walkmühle ⇧245 m ➤15,5 km ⚐⌂
+Pfarrmühle ⇧253 m ➤16,3 km ⚐⌂
+Froschmühle ⇧253 m ➤16,6 km ⌂, links ab über die Rauda, dann rechts ***TW***
+im Wald ⇧301 m ➤17,1 km, rechts halten und nach ca. 350 m rechts abwärts
+Abzweig zur Naupoldsmühle ⇧286 m ➤17,6 km ⚐, links (rechts 200 m die Mühle)
+im Wald ⇧278 m ➤18,1 km, links ab ***TW***
+im Wald ➤18,7 km, gerade weiter, nach ca. 120 m links der Straße folgen: ***TW***
✧Abzweig ➤19,1 km, nach links die Straße verlassen, dann nach 170 m rechts halten
+Meuschkensmühle ⇧287 m ➤19,6 km ⚐⌂, rechts, nach 80 m links ab auf Straße
+Rastplatz ⇧291 m ➤19,8 km ◈, rechts
+Parkplatz am NSG Rote Pfütze ➤20,9 km, über die Brücke, dann nach links ab ***TW***

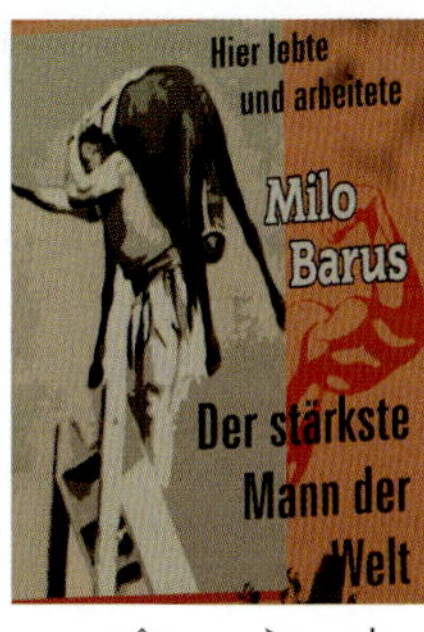

+Wanderwegkreuzung ⇧301 m ➤21,7 km ◈, nach links auf ***GELB*** den ***TW*** verlassen
+Wanderwegkreuzung ⇧315 m ➤22,1 km, gerade weiter, Rastplatz nach ca. 300 m ◈
✧Bad Klosterlausnitz Ortsrand ⇧332 m ➤22,6 km, rechts halten auf dem Waldweg
✧Kurmittelhaus ⇧330 m ➤22,8 km, gerade durch den kleinen Kurpark
✧Kurpark Bus ➤23,0 km, gerade auf Treppen abwärts, im Bogen um den Teich
✧Forststraße ➤23,3 km, rechts ab und auf der Forststraße abwärts
⚐Hotel In Piazza ⇧308 m ➤23,5 km ⌂, gerade über die Kreuzung am Hotel vorbei
✧Ortsausgang ⇧320 m ➤23,9 km, links ab in die Bahnhofstraße, vorbei an einer Klinik dem Waldrand folgen
✧Bahnunterführung ⇧322 m ➤24,6 km, nach Unterführung rechts am Bahndamm
✱+Hermsdorf-Klosterlausnitz Bahnhof ⇧337 m ➤25,3 km

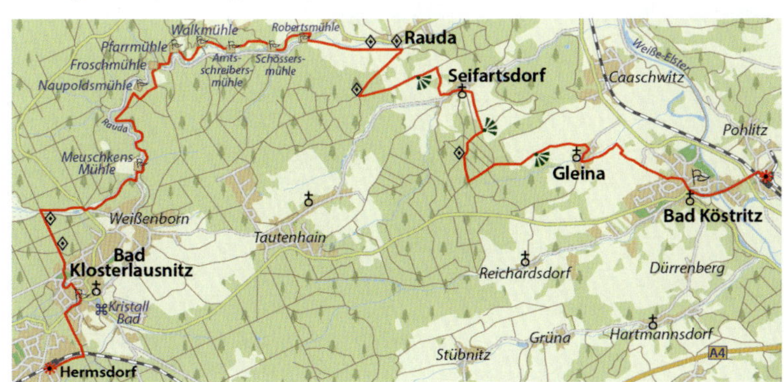

19 Zeitzgrundrundweg - Papiermühle - Stadtroda

Sehenswert: die Mühlen des urwüchsigen eng eingeschnittenen Zeitzgrund-Tals, der Pechofen - ein auf den Resten eines alten Pechofens errichtes Schaumodell, die Ruinen der großen und der kleinen Rabsburg aus dem 13. Jahrhundert.
Streckenlänge: 17,3 (10,4) km **Höhenmeter:** ↑175 ↓235
Wanderkarten: Holzland - 1:50.000 Verlag Grünes Herz oder
Wälder um Gera, Eisenberg, Hermsdorf - Bl. 100 - 1:35.000 Verlag Dr. Barthel
Wegmarkierung: mit Zeitzgrundweg Markierung "*ZG*" und Balken *ROT*

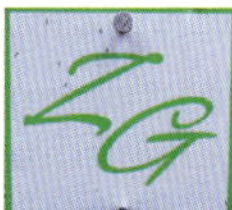

Der Zeitzgrund zählt zu den beliebtesten Wandergebieten im Thüringer Holzland. Hier schlängelt sich der Zeitzbach vorbei an mehreren ehemals mit Wasserkraft betriebenen Mühlen durch das oft enge Tal. Drei der Mühlen sind zu Waldgaststätten umgebaut, die Ziegenmühle, die Janismühle und Bockmühle. Die anderen Mühlen: Papiermühle, Neumühle und Walkmühle, sind geschlossen bzw. leider verfallen. Sie können Ihre Wandertour im Zeitzgrund von den Bahnstationen Papiermühle, Hermsdorf oder Stadtroda starten.

Wegverlauf

✱+Bahnstation Papiermühle ⇧271 m ◈, Sie halten sich links und folgen der Markierung vom Zeitzgrundweg grünes "*ZG*" Richtung Große Rabsburg, nach ca. 100 m unter der Bahn hindurch

✧Infotafel Neophyten Thüringen ➤0,7 km
+Große Rabsburg Tal ⇧263 m ➤0,9 km, rechts ab aus dem Zeitzgrund, nach ca. 100 m unter der Bahn hindurch und auf schmalen Pfad in den Raubgrund

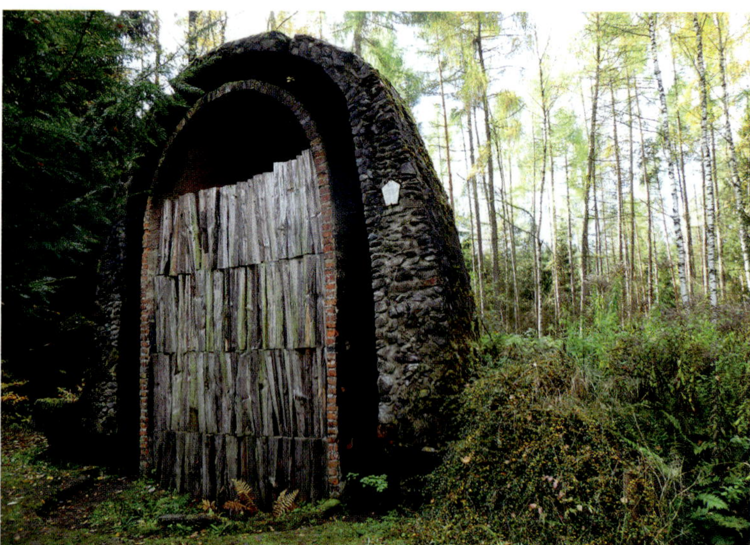

Pechofen am Zeitzgrundweg

✧**Abzweig** ⇧278 m ➤1,3 km, rechts ab
✚**Große Rabsburg** ⇧301 m ➤1,5 km, links halten Richtung Tännchen
✚**Abzweig Papiermühle** ⇧313 m ➤1,8 km, geradeaus weiter, dann nach ca. 250 m links ab von der Forststraße
✚**Kleine Rabsburg** ⇧308 m ➤2,3 km ◈, Reste eines mittelalterlichen Dorfbackofens, gerade weiter auf dem ***ZG***
✧**Blick zum Weißen Berg** ⇧318 m ➤2,7 km
✚**Tännchen** ⇧315 m ➤3,0 km, rechts ab auf dem ***ZG*** weiter Richtung Falkenteich
✚**Abzweig zur Hubertusquelle** ⇧281 m ➤3,5 km, gerade auf dem schmalen Pfad
✚**Hubertusquelle** ⇧299 m ➤3,6 km ◈, gerade weiter , nach ca. 250 m rechts ab
✧**Am Papiermühlenkopf** ➤4,0 km, links
✧**Infotafel Rabenvögel** ⇧321 m ➤4,3 km, gerade, dann nach ca. 80 m rechts ab
◈**Rastplatz** ⇧307 m ➤5,4 km, schöner Blick in den Zeitzgrund auf die Ziegenmühle
✚**Abzweig Ziegenmühle** ⇧325 m ➤5,9 km links halten Richtung Pechofen
✚**Läusegrundquelle** ⇧305 m ➤6,5 km, auf kleiner Holzbrücke über den Läusegrundbach
✚**Pechofen** ⇧316 m ➤6,7 km ◈, am Parkplatz neben dem Pechofenmodell rechts ab
✚**Bockteiche** ⇧280 m ➤7,6 km ◊, nach rechts in den Zeitzgrund auf dem ***ZG***
✚**Bockmühle** ➤7,8 km, an der Infotafel zum Zeitzgrund, rechts halten, nach ca. 150 m Restaurant Bockmühle & Waldspielplatz ◈
✚**Bahnunterführung** ⇧280 m ➤8,4 km
✚**Ziegenmühle** ⇧275 m ➤8,6 km ⚐⌂, rechts halten auf dem ***ZG***
✚**Janismühle** ⇧275 m ➤9,8 km ⚐⌂
✚**Bahnunterführung an der Papiermühle** ⇧262 m ➤10,3 km
✚**Bahnstation Papiermühle** ⇧271 m ➤10,4 km ◈, hier schließt sich die Zeitzgrund-Runde, Rückreise per Bahn oder Wanderung durch den unteren Zeitzgrund bis zum Bahnhof von Stadtroda
✚**Große Rabsburg Tal** ⇧263 m ➤11,3 km, hier nun gerade weiter im Tal, nach ca. 100 m links auf ***ROT*** über den Zeitzbach ◈
✚**Neumühle** ⇧221 m ➤14,0 km, Infotafel zur leider völlig verfallenen Neumühle
◈**Rastplatz** ⇧217 m ➤15,1 km, rechts halten, weiter auf ***ROT*** durch den Zeitzgrund
✧**Autobahnbrücke** ⇧207 m ➤16,0 km,
✚**Walkmühle** ⇧202 m ➤16,2 km, gerade
✧**Infotafel** ⇧193 m ➤16,8 km, über den Zeitzbach und weiter im Zeitzgrund
✧**Stadtroda Hammermühle** ⇧193 m ➤17,0 km ⚐⌂, rechts halten und auf Fußweg entlang der Steilwand aufwärts
✱**Stadtroda Bahnhof** ⇧214 m ➤17,3 km

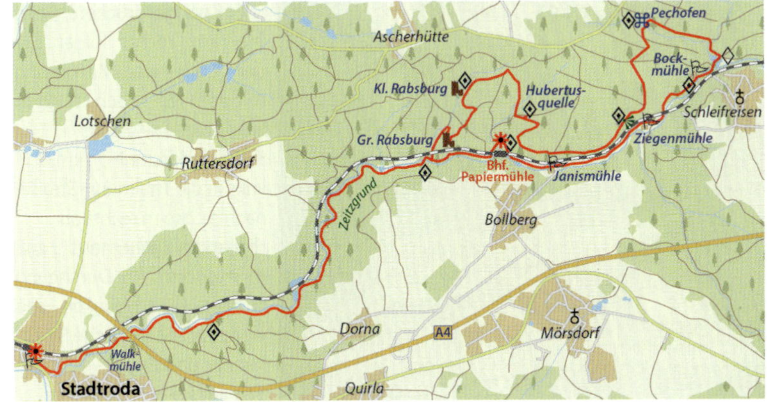

20 Neustadt/O. - Wolfersdorf - Bismarckturm

Sehenswert: Neustadt/O., mit dem spätgotischen Rathaus, dem Lutherhaus und den Fleischbänken - eine in Deutschland einmalige mittelalterliche Ladenstraße der Fleischer, Jagdschloss "Zur Fröhlichen Wiederkunft" & Waldbad in Wolfersdorf, Bismarckturm
Streckenlänge: 23,2 km **Höhenmeter:** ↑322 ↓322
Wanderkarten: Saalestauseen & Jena, Saale-Holzland - 1:50.000 Verlag Grünes Herz oder Orlasenke, Neustadt - Bl. 131 - 1:35.000 Verlag Dr. Barthel
Wegmarkierung: mit der Lutherweg-Markierung "***L***" und mit Balken ***GRÜN*** und ***GRÜNES*** & ***ROTES*** Dreieck

Die Rundtour starten Sie am Bahnhof in Neustadt/O., gehen vorbei an der Klosterkirche zum Marktplatz mit dem schmucken Rathaus und folgen dem Lutherweg bis zur Hohen Straße. Durch das Naturschutzgebiet Weißacker und den Grünen Grund wandern Sie zum idyllisch gelegenen Herzog Ernst Waldbad und zum Wasserschloss "Zur Fröhlichen Wiederkunft" in Wolfersdorf. Auf dem Rückweg kommen Sie nach Strößwitz mit schönem Dorfanger, zu den Fuchsteichen und zum Bismarckturm vor den Toren von Neustadt/O..

Wegverlauf

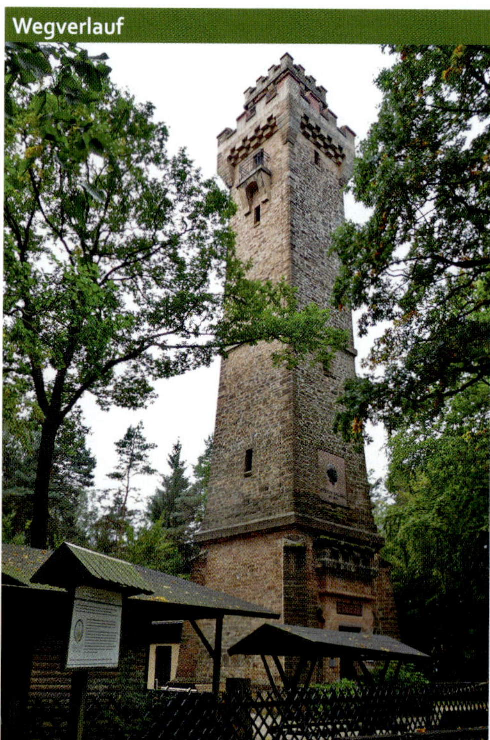

Bismarckturm bei Neustadt/O.

✱Neustadt an der Orla Bahnhof ⇧309 m, Sie halten sich am Bahnhof rechts und folgen dem schmalen Weg entlang der Bahnstrecke

✧Bahnübergang ➤0,2 km, Sie überqueren die Schleizer Straße und laufen dann auf dem Promenadenweg durch einen kleinen Park

✧Fußgängerbrücke ⇧310 m ➤0,5 km, rechts folgen Sie der Lutherweg-Markierung mit dem „***L***" , nach ca. 50 m links ab in eine Gasse

✧Klosterkirche ➤0,7 km, links in die Thälmann-Straße, nach ca. 150 m rechts ab

+Markt & Lutherhaus ⇧298 m ➤1,0 km, im Durchgang zu den Fleischbänken und weiter zur Stadtkirche St. Johannis, dann rechts ab in die Schulgasse & Schulpforte

WANDERTEIL

✧**Abzweig** ➤1,3 km, links in die Mühlstraße und nach ca. 150 m rechts ab in den Quendel- & Börthener Weg
✧**Wimmlerstraße** ➤1,6 km, rechts ab
✧**Börthen** ⇧293 m ➤2,0 km, gerade
✚**Börthen Busplatz** ➤2,2 km, links halten
◈**Rastplatz am Waldrand** ➤3,0 km, rechts
◊**Orlasenke Blick** ⇧340 m ➤3,3 km
✚**Sachsenburg** ⇧350 m ➤3,6 km, links auf dem schmalen Waldpfad, mit ***GRÜN*** & „*L*"
✚**Straße** ⇧367 m ➤3,8 km, über die Straße, danach links halten
✚**Hohe Straße** ⇧379 m ➤4,3 km, links ab
✚**Weißacker** ⇧392 m ➤4,9 km, gerade über die Straße
✚**Grünergrund** ⇧369 m ➤5,7 km, Lutherweg nach rechts auf ***GRÜN*** verlassen
✚**im Wald** ⇧345 m ➤6,3 km, links halten
✚**Abzweig Lichtenau** ⇧328 m ➤7,0 km, gerade auf ***GRÜN*** und nach ca. 150 m links auf einer Holzbrücke über den Grünbach
✚**nach Brücke** ⇧326 m ➤7,3 km, rechts
✚**Grünengrund** ⇧310 m ➤8,3 km, links
✧**Wüstung Heinrichsgrün** ⇧298 m ➤8,7 km
◈**Borkenhaus** ➤9,0 km, an der Stelle der ehemaligen Köhlerhütte gerade weiter
✚**Waldspielplatz** ⇧285 m ➤9,8 km ◈
✧**Waldbad Wolfersdorf** ⇧278 m ➤10,2 km
✚**Wolfersdorf - Wasserschloss** ⇧272 m ⌂⚐ ➤10,6 km, rechts am Schlossteich entlang
✚**Kurfürstenbrücke** ⇧273 m ➤10,9 km, rechts halten auf ***GRÜN***, nach ca. 50 m links ab in das Tal Alter Stanauer Grund
✚**Teich** ⇧304 m ➤12,2 km, gerade
✚**Heidenberg** ⇧316 m ➤12,6 km, rechts ab
◊**Waldhaus Carl Alexander Platz** ⇧361 m ➤13,3 km, am Abzweig links weiter
✚**Abzweig Stanau** ⇧358 m ➤13,8 km ◈ gerade auf ***GRÜN***, nach ca. 500 m am Wegkreuz links halten Richtung Pillingsdorf
✚**Abzweig Pillingsdorf** ⇧381 m ➤16,3 km, links ab und der Markierung ***GRÜNES*** Dreieck Richtung Strößwitz folgen
✚**Abzweig Straße** ⇧350 m ➤16,7 km, links aufwärts der Landstraße folgen
✚**Strößwitz** ⇧377 m ➤17,1 km ⚐, links ab auf ***GRÜNEM*** Dreieck, geradeaus im Ort schöner Dorfanger mit Teich ◈
◈**Struppschützenhütte** ⇧398 m ➤17,7 km rechts von der Straße auf schmalen Pfad
✚**Fuchsteiche** ⇧359 m ➤18,2 km, links ab nun auf Markierung mit ***ROTEM*** Dreieck
✚**nach den Fuchsteichen** ➤18,9 km, rechts
✚**Bismarckturm Kesselberg** ⇧429 m ➤19,3 km ◈, rechts auf ***ROTEM*** Dreieck
✚**Abzweig zum Gasthaus Heinrichsruhe** ⇧398 m ➤19,9 km, links weiter
✚**Gasthaus Heinrichsruhe** ➤20,3 km ⚐, rechts ab auf ***ROTEM*** Dreieck, nach ca. 400 m links ab von der schmalen Straße
✚**Neustadt-Dimitroffstr.** ⇧300 m ➤22,3 km links der Straße folgen, nach ca. 200 m über die Orla dann links auf dem Weg
✧**Abzweig** ➤22,6 km, rechts in die Karl Liebknecht Str., nach ca. 400 m links ab
✱**Neustadt/O. Bahnhof** ⇧309 m ➤23,2 km

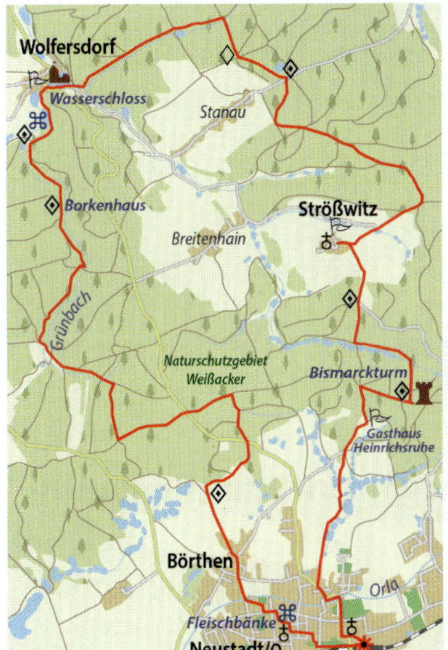

Weidatalweg & Talsperrenweg Zeulenroda

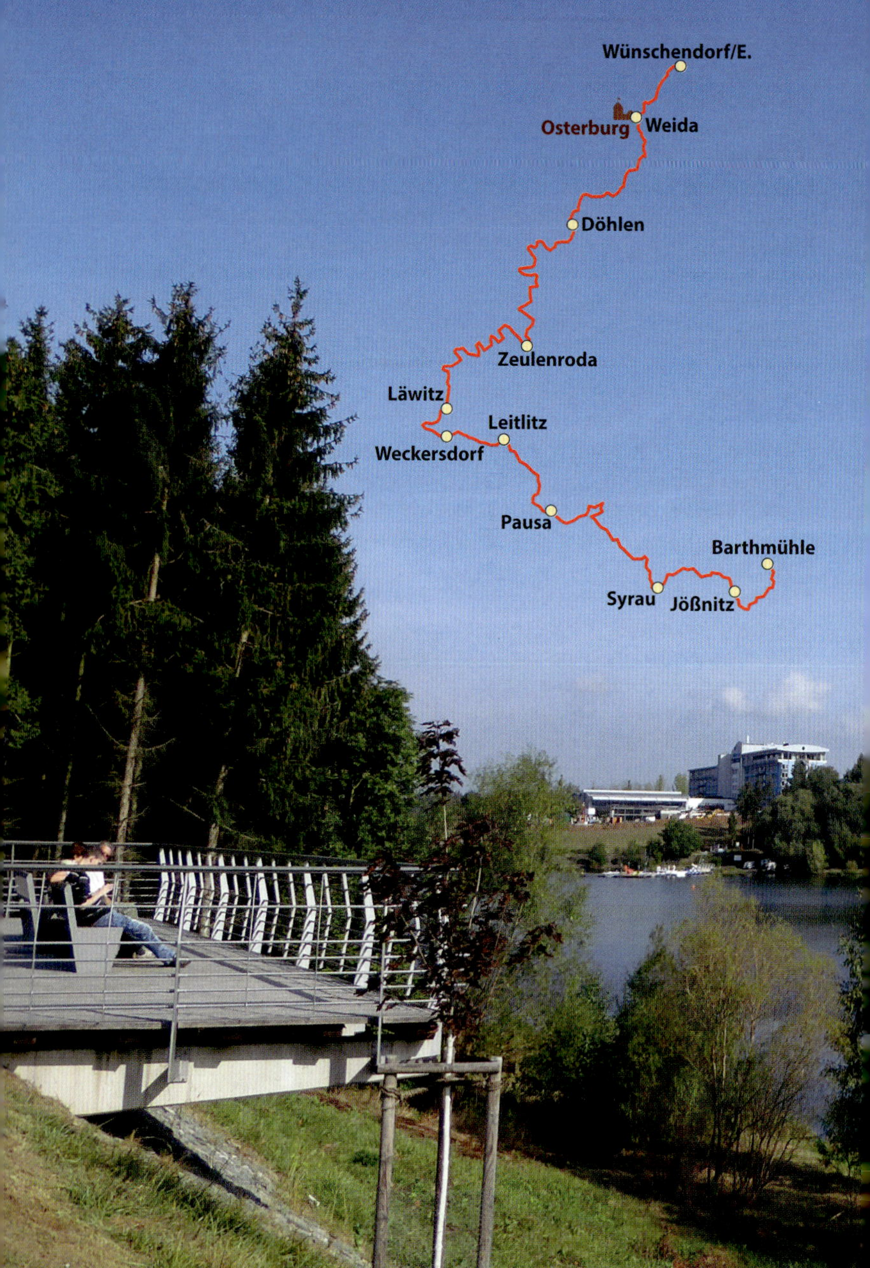

Die Weida entspringt in 490 m Höhe in der Nähe von Pausa im Vogtländischen Mühlenviertel, ist flussabwärts durch die Zeulenrodaer & Weidaer Talsperre angestaut und mündet nach nur 56 km bei Wünschendorf in die Weiße Elster.

Wir beschreiben den Wanderweg im Weidatal mit einer Zubringertour von der Barthmühle im Elstertal, vorbei an der Windmühle & Drachenhöhle von Syrau bis zur Weida-Quelle bei Pausa. Dann begleiten wir die junge Weida über das Zeulenrodaer Meer bis in die Stadt die dem Fluss den Namen gab nach Weida und zur Mündung bei Wünschendorf.

Weiterhin finden Sie zwei Rundwanderungen auf dem Talsperrenweg Zeulenroda, die fast ständig in Ufernähe verlaufen und Ihnen so viele prächtige "Meeresblicke" bieten.

21 Barthmühle - Weidaquelle - Pausa

Sehenswert: Eisenbahn-Elstertalbrücke (68 m hoch), nach der Göltzschtalbrücke die zweitgrößte Ziegelsteinbrücke der Welt, Gasthaus Pfaffenmühle, Schloss Jößnitz, Holländerwindmühle & Tropfstein-Drachenhöhle Syrau, Weidaquelle
Streckenlänge: 23,8 km **Höhenmeter:** ↑356 ↓228
Wanderkarten: Plauen & Umgebung - Bl. 65 - 1:33.000 Verlag Sachsen Kartographie, oder Greiz - Vogtland - 1:50.000 Verlag Grünes Herz oder
Plauen, Vogtländische Schweiz - Bl. 69 & Schleiz, Gefell - Bl. 47 - 1:35.000 Verlag Dr. Barthel
Wegmarkierung: mit Balken: *GELB* *GRÜN* *BLAU* *ROT* & *ROTER* Punkt

Von der Bahnstation Barthmühle führt Sie die Wanderung zur Elstertalbrücke, durch das Nymphental zur Pfaffenmühle und zum Schloss Jößnitz. Sie folgen dann dem Tal des Kaltenbachs zur Drachenburg mit der weithin sichtbaren Holländermühle und kommen zur Drachenhöhle, einer interessanten Tropfsteinhöhle in Syrau. Vorbei am ehemaligen Gasthaus Klein-Amerika wandern Sie über die Krippenleite nach Bernsgrün und erreichen kurz vor Pausa die Weidaquelle. Leider hält zurzeit in Pausa nicht die Bahn, so dass nur die Möglichkeit der Übernachtung oder der Busfahrt zum Bahnhof Mehltheuer besteht.

Wegverlauf

✱+Barthmühle Bahnhof ⇧313 m, rechts auf der Brücke über Weiße-Elster: ***BLAU***
+Gasthaus Barthmühle ⇧314 m ➤0,2 km, Gasthaus ist leider geschlossen, links
✧Elstertalbrücke ➤0,7 km, gerade ***BLAU***
+Abzweig Jocketa ➤0,9 km, gerade
+Teufelskanzel ⇧313 m ➤1,7 km, nach der Brücke, rechts ab ins Nymphental: ***GELB***
+Gasthaus Pfaffenmühle ⇧351 m ➤2,9 km ⚐⌂, links am Biergarten vorbei und nach ca. 120 m am Waldrand rechts: ***GELB***
✧Abzweig ⇧388 m ➤3,8 km, ☝ hier nach

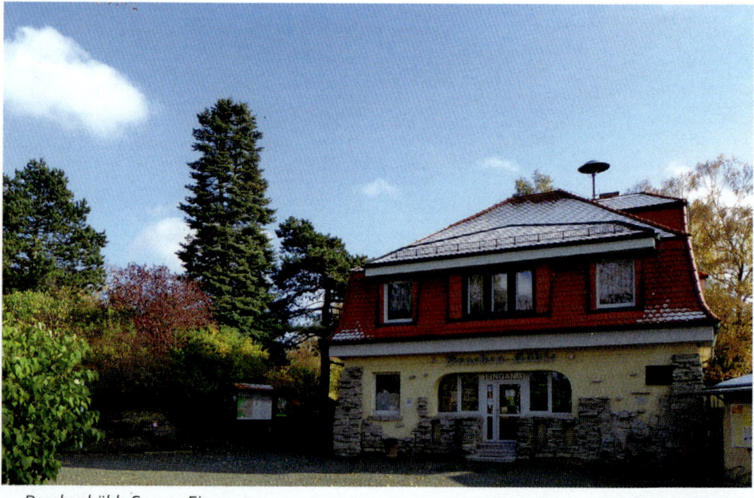

Drachenhöhle Syrau - Eingang

rechts ab vom Kiesweg, markiert mit: **J4/J3**
✧**Jößnitz am Ortsrand** ⇧379 m ➤4,2 km, rechts der Straße folgen
✧**Jößnitz bei Bahnhof** ⇧392 m ➤4,7 km, gerade weiter auf Bahnhofstraße: ***GELB***
✧**Schlosspark** ⇧383 m ➤5,3 km, rechts vom Häuschen am Teich aufwärts: ***GELB***
✧**Schloss** ⇧408 m ➤5,5 km ⚐⌂, auf der Straße abwärts, nach 250 m rechts ab und nach 80 m links die Kirchgasse aufwärts
✧**Kirche** ⇧412 m ➤6,0 km, links halten, am Ortsende nach 150 m links ab: ***GRÜN***
✧**Abzweig am Teich** ➤7,4 km, gerade
✧**Abzweig B92** ⇧443 m ➤8,3 km, links für 60 m der Straße folgen, dann nach rechts und zwischen Feldern weiter: ***GRÜN***
✧**Windmühle Syrau** ⇧488 m ➤9,9 km,
+Fröbersgrüner Straße ➤10,4 km, links ab zur Drachenhöhle in Syrau
⚐**Syrau Haus Vogtland** ➤11,1 km ⌂
⚐**Café Syrau** ➤11,3 km ⌂, links ab, nach ca. 120 m rechts zur Drachenhöhle
+Drachenhöhle ⇧472 m ➤11,5 km ◈, rechts halten: ***BLAU***
✧**Kreuzung** ➤11,7 km, rechts an der Straße Richtung Schleiz, nach 180 m rechts ab
✧**Ortsausgangsschild** ⇧504 m ➤12,9 km, links halten und in den Wald: ***BLAU***
+Müllerburschenweg ➤13,3 km, rechts: ***GRÜN***, nach 80 m links, nach Klein-Amerika
+Schwarze Brücke ⇧498 m ➤13,8 km, nach Überquerung der Bahn, links: ***GELB***
+Bernsgrün Bus ➤16,6 km, gerade
+Ortsausgang Bus ⇧486 m ➤17,0 km, links ab in den Olischweg
✧**Bahnunterführung** ⇧495 m ➤17,4 km
✧**Abzweig im Wald** ➤18,3 km, rechts ab zur Weidaquelle: ***ROT***, nach 400 m über Bahn
+Abzweig Weidaquelle ➤18,9 km, links ab mit ***ROTEN*** Punkt markiert
+Weida ⇧485 m ➤19,3 km, rechts ab an der sehr jungen Weida zur Quelle
✧**Weidaquelle** ⇧490 m ➤19,6 km ◈, wieder zurück zum letzten Wegkreuz **+Weida** und gerade über die Wiese: ***GELB***, nach ca. 200 m rechts der Bahn folgen
✧**Bahnübergang - Teich** ➤20,6 km, links übers Gleis, nach 200 m am Windrad gerade, nach weiteren 250 m treffen Sie auf Wanderweg und gehen rechts auf ***ROT***
+Abzweig ⇧457 m ➤22,3 km, rechts der Straße nach Pausa folgen: ***ROT***
✧**Pausa am Ortsrand** ⇧484 m ➤22,9 km, links halten der Bernsgrüner Straße folgen
✧**Pausa** ⇧441 m ➤23,5 km, links in die P. Scharf Straße, nach ca. 120 m rechts in die Friedensstraße aufwärts zum Markt
✱**+Pausa Neumarkt** ⇧450 m ➤23,8 km ⌂

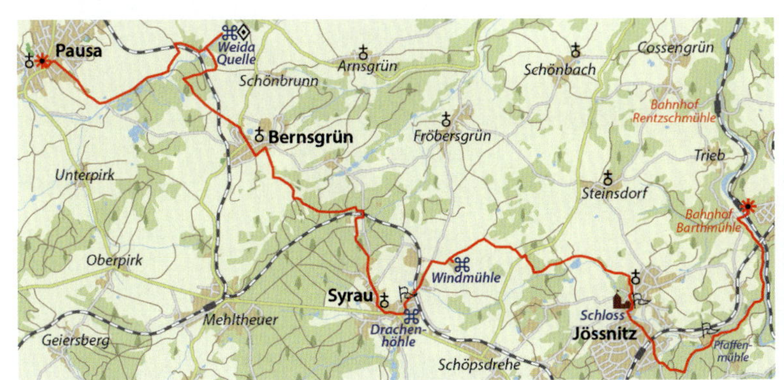

22 Pausa - Talsperre Zeulenroda

Sehenswert: in Pausa das Rathaus mit Globus & Erdachse und die Michaeliskirche am Kirchplatz, Steinbogenbrücke an der Kesselmühle Läwitz; Vorsperre Riedelmühle, Mühlendenkmal & Pâtisserie Bergmann in Stelzendorf, Talsperre Zeulenroda
Streckenlänge: 27,7 km **Höhenmeter:** ↑269 ↓355
Wanderkarten: Greiz - Vogtland - 1:50.000 Verlag Grünes Herz oder
Thüringer Vogtland - Bl. 116 & Schleiz, Gefell - Bl. 47 - 1:35.000 Verlag Dr. Barthel
Wegmarkierung: mit Balken: ***ROT*** ***GRÜN*** ***GELB*** ***BLAU*** & Talsperrenweg Zeulenroda

Leider hält die Bahn zurzeit nicht in Pausa, so bleibt nur die Möglichkeit die Touren 21 & 22 mit einer Übernachtung zu verbinden oder die Anreise mit der Bahn bis Mehltheuer und weiter per Bus nach Pausa. Die Wanderung folgt dem Flüsschen Weida über Leitlitz und Weckersdorf bis zur Kesselmühle bei Läwitz. Sie überqueren auf der Steinbogenbrücke die Weida und folgen auf einem aussichtsreichen Uferweg dem Talsperrenweg Zeulenroda. Ende der Tour bei der Staumauer der Talsperre Zeulenroda. Rückreise per Bus oder mit der Bahn (zusätzlich ca. 2 km), oder Sie planen eine Übernachtung ein.

Wegverlauf

✱+Pausa Neumarkt ⇧450 m, links vom Rathaus auf dem Weidatalweg aufwärts, dann links in die Obere Kirchstraße: ***ROT***
✧St.-Michaelis-Kirche ➤0,25 km, rechts ab am Pfarramt, nach 50 m am Friedhof links
✧Vorstadt ⇧436 m ➤1,1 km, nach rechts der Straße folgen: ***ROT***
+Unterreichenau ⇧432 m ➤1,4 km, nach rechts der Straße folgen: ***GRÜN***
✧Abzweig ➤1,7 km, rechts auf dem Feldweg im Weidatal weiter
✧Kreuzung ⇧425 m ➤2,3 km, gerade der Straße folgen: ***GRÜN***
✧Spitzenburg ⇧422 m ➤3,0 km, links ab

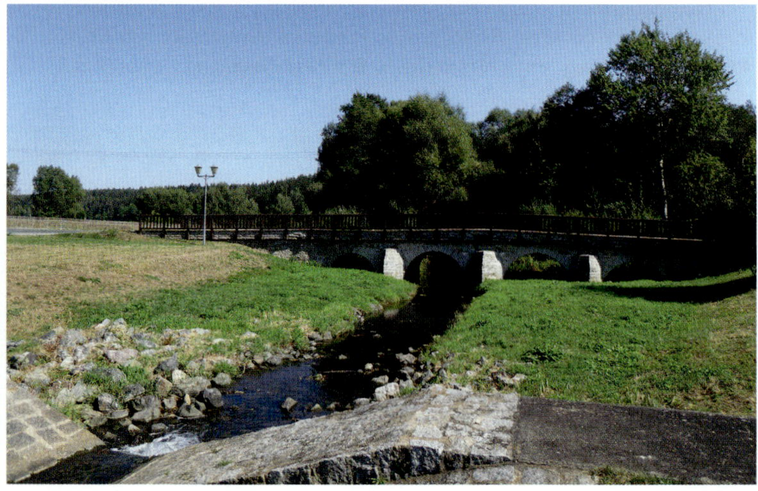

Steinbogenbrücke - Kesselmühle

+Wallengrün ➤3,2 km, rechts ab: ***ROT***
+Eiche ➤3,5 km, gerade, ◈ ➤4,5 km
✧Abzweig ➤5,1 km, links, nach ca. 250 m am kleinen Teich rechts halten
+Leitlitz ⇧413 m ➤6,1 km ◈, links: ***ROT***
+Leitlitzmühle ⇧398 m ➤7,1 km, gerade
✧Reisigsmühle ➤7,9 km, gerade
+Waldbachmündung ➤9,3 km, gerade
+Weckersdorf ⇧374 m ➤9,45 km ⚐, gerade über die Kreuzung: ***ROT***
+Weidabrücke ➤10,0 km, über die Weida, dann links auf der schmalen Straße
◈Rastplatz im Wald ➤10,9 km, gerade
+An der Fritschenmühle ⇧372 m ➤11,3 km rechts ab von der Straße: ***ROT***
✧Holzbrücke ➤12,0 km, über die Weida, links über Wiese, nach 400 m & 900 m ◊
+Kesselmühle ⇧357 m ➤13,5 km, links ab auf der Steinbogenbrücke über die Weida
+An der Steinbogenbrücke ➤13,6 km ◈ rechts ab Talsperrenweg Zeulenroda: ***ROT***
◈Vorsperre Riedelmühle ➤14,4 km
+Vorsperre Riedelmühle ➤14,9 km, links am Waldrand weiter: ***ROT***
+Pahrener Bucht ➤16,3 km, rechts, nach ca. 600 m ◊
+Aussichtspunkt ⇧358 m ➤17,1 km ◈, links: ***ROT***
◈Rastplatz Stelzenmühle ➤17,7 km
✧Stelzendorf Kirche ⇧367 m ⚐ ➤18,4 km, rechts an Kirche vorbei
+Mühlendenkmal ➤18,5 km ◈, rechts ab von der Straße: ***ROT***
⚐Gasthaus Zum Segel ➤19,3 km
◈Panoramablick ⇧374 m ➤20,3 km Badestelle mit schöner Aussicht
+Kleiner Teich ➤20,9 km: ***ROT***
+Zadelsdorf ➤21,4 km, rechts ab
◈Eichholzhütte ➤23,5 km
+Straße ⇧369 m ➤24,7 km, gerade über die Straße: ***ROT***
+Alexanderplatz ⇧389 m ➤25,2 km nach rechts ab auf: ***GELB***

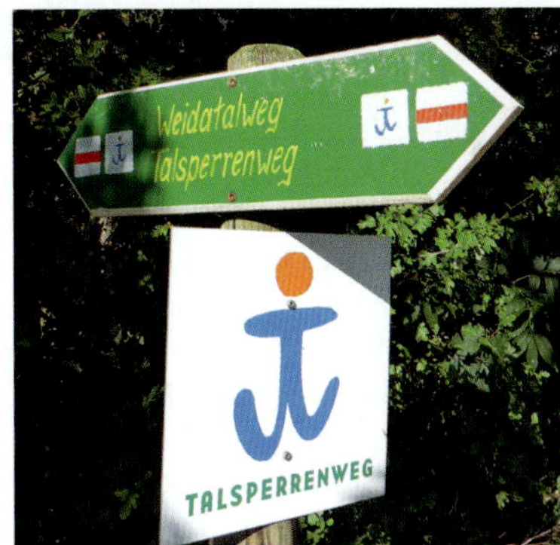

+Quingenberg ➤25,9 km, nach links der Straße über die Staumauer folgen, dann ca. 150 m nach der Staumauer links halten
+Aussichtsterrasse ⇧368 m ➤26,7 km, schöner Blick, dem Ufer folgen: ***BLAU***
+Rabensleite ➤27,1 km, links der Uferpromenade folgen, zum Unteren Bahnhof Zeulenroda gehen Sie hier rechts
✱+Talsperre Zeulenroda Bio-Seehotel ⇧362 m ➤27,7 km ⚐⌂, Strandbad

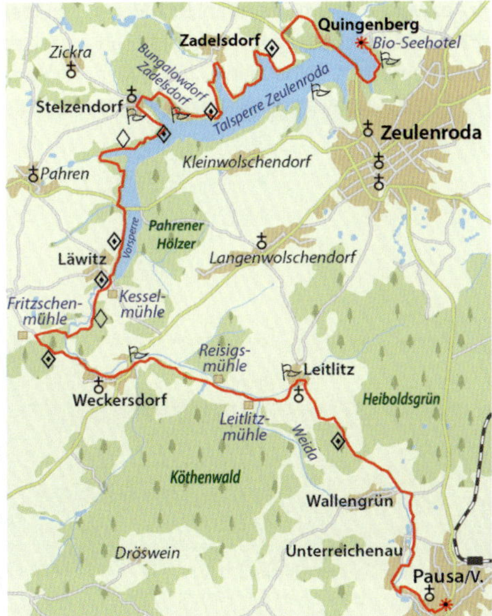

23 Talsperre Zeulenroda - Weida - Wünschendorf/E.

Sehenswert: Talsperre Zeulenroda, Weida-Talsperre, Pfarrgut Döhlen, Wehrkirche Schüptitz, Osterburg & Ruine der Widenkirche Weida, Kloster Mildenfurth, Historische überdachte Holzbrücke & Veitskirche Wünschendorf
Streckenlänge: 29,3 km **Höhenmeter:** ↑332 ↓478
Wanderkarten: Greiz - Vogtland & Gera - 1:50.000 Verlag Grünes Herz oder Thüringer Vogtland - Bl. 116 - 1:35.000 Verlag Dr. Barthel
Wegmarkierung: mit Balken: ***BLAU*** ***ROT*** & Talsperrenweg Zeulenroda, Weidatalweg

Ihre Wanderung startet am Bio-Seehotel nahe der Staumauer und Sie folgen ufernah dem Weidatalweg bis zur Staumauer der Weida-Talsperre. Über die kleinen Orte Göhren, Döhlen, Schüptitz, Loitsch wandern Sie im Weidatal bis zur Ruine der Widenkirche nach Weida. Auf dem letzten Teil des Weidatalwegs kommen Sie zum Kloster Mildenfurth, zur Veitskirche und überqueren nahe der Weida-Mündung, auf der überdachten Historischen Holzbrücke in Wünschendorf die Weiße Elster. Wenn Sie per Bahn zum Unteren Bahnhof Zeulenroda anreisen, verlängert sich die Wanderung um ca. 3 km.

Wegverlauf

✱+Zeulenroda Bio-Seehotel ⇧362 m ⌂ auf ***BLAU*** (Talsperrenweg) zum Parkplatz
+Parkplatz ➤0,2 km, gerade
+Abzweig ⇧353 m ➤0,5 km, links halten
+Abzweig ➤0,7 km, rechts ab: ***BLAU***
+Knuppelbrücke ➤1,0 km ◈, Infotafel an der ehemaligen Sichelmühle, links über die Brücke zum Weidatalweg: ***ROT***
+Weidatalweg ⇧349 m ➤1,4 km, rechts ab Richtung Mortelgrund: ***ROT***
+Mortelgrund ⇧322 m ➤2,1 km, links ab
+Oberer Mortelgrund ⇧362 m ➤2,6 km, nach rechts weiter auf ***ROT***
✧Vorsperre Pisselsmühle ⇧321 m ➤3,7 km

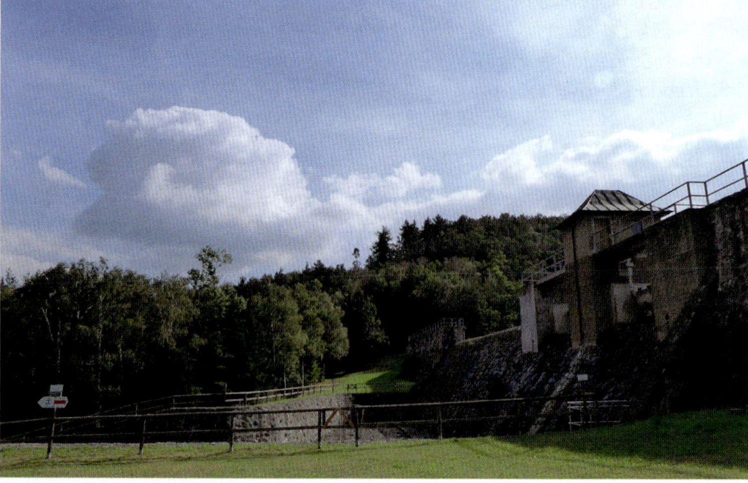

Überlaufbauwerk mit Kaskaden - Weidatalsperre

+Weida-Talsperre (Vorsperre) ⇧316 m ➤4,1 km, gerade weiter am Ufer: ***ROT***
+An der ehemaligen Holzmühle ⇧346 m ➤4,8 km, nach rechts abwärts
◈Himmelsleiter ⇧327 m ➤5,3 km, über 68 Stufen steil aufwärts und nach ca. 100 m am nächsten Wegschild gerade
+Piesigitz ⇧333 m ➤7,4 km, rechts ab
◈Rastplatz ➤8,4 km, rechts halten: ***ROT***
+Blick auf Piesigitz ➤9,6 km, rechts
+Abzweig nach Staitz ⇧345 m ➤10,1 km, nach rechts auf einem Pfad abwärts
+Am Wärterhof ⇧330 m ➤11,0 km, gerade, nach ca. 150 m rechts ab: ***ROT***
+Bermichsmühle ⇧295 m ➤11,4 km, gerade über die Weida und vor der schmuck restaurierten Bermichsmühle rechts ab: ***ROT***
✧Sperrmauer Weidatalsperre ➤11,7 km
✧Überlaufbauwerk - Kaskaden ⇧336 m ➤12,0 km, gerade, nach 50 m links
+Ausgleichbecken ⇧292 m ➤12,4 km auf der Brücke über die Weida: ***ROT***, am Parkplatz ◈ vorbei und nach ca. 100 m an der Weggabel gerade
✧Erzmühle ⇧293 m ➤13,1 km
+Weidatal ➤13,5 km, links halten
+Döhlen ⇧285 m ➤14,1 km, links
+Denkmal ➤14,5 km, links halten
+Göhren Teich ⇧327 m ➤14,8 km ◈, am Rastplatz rechts halten
✧Abzweig ⇧344 m ➤15,5 km, ☝ links ab zwischen Feldern: ***ROT***
+Schüptitz Kirche ⇧349 m ➤16,6 km links ***ROT***, nach ca. 100 m rechts
✧Weida-Brücke ⇧269 m ➤18,4 km
+Loitzsch Bahnhof ➤19,3 km ◈, links, nach 300 m rechts von Straße über Wiese an der Weida weiter
✧Fußgänger-Weidabrücke ➤20,3 km über die Weida und nach ca. 200 m über die Bahnlinie, dann links ab
◈Natternmühle ⇧255 m ➤21,4 km am Rastplatz links halten : ***ROT***
+Neuhof ⇧288 m ➤22,1 km, links ab
✧Weida Greizer Str. ⇧249 m ➤23,9 km, links und nach ca. 120 m rechts - Greizer Str.
+An der Widenkirche ⇧245 m ➤24,7 km rechts ab: ***ROT***, wenn Sie die Tour in Weida beenden möchten, gehen Sie hier gerade
✧Kammerer Turnhalle ➤25,0 km, rechts
+Unterführung B92 ⇧272 m ➤25,4 km, ☝ nach 300 m rechts ab auf schmalen Pfad
+Abzweig ➤27,2 km, gerade: ***ROT***
+Rastplatz ⇧264 m ➤27,6 km ◈, gerade: ***ROT***, links geht es zum Kloster Mildenfurth
+Veitsberg ⇧215 m ➤28,5 km, auf Holzbrücke über die Weiße Elster, dann gerade
⚐Gasthof Elsterperle ➤28,9 km ⌂, links in die Poststraße, nach 200 m nochmal links
✱+Wünschendorf/Elster Bahnhof ⇧213 m ➤29,3 km

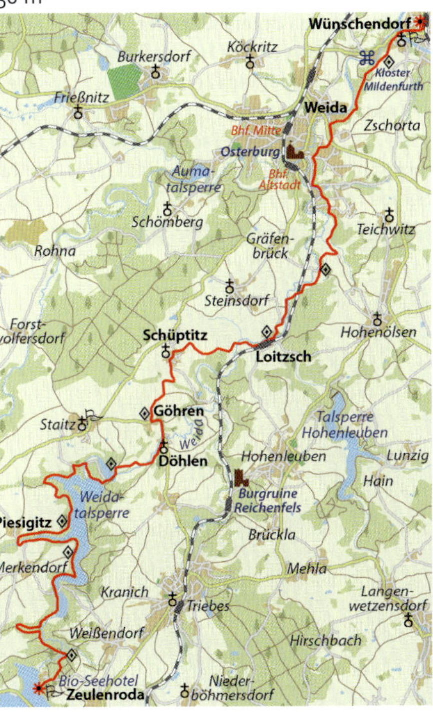

24 Rundwanderung um die Talsperre Zeulenroda

Sehenswert: Talsperre Zeulenroda, Strandbad, Steinbogenbrücke Kesselmühle Läwitz, Mühlendenkmal & Pâtisserie Bergmann Stelzendorf, Aussicht von der Stauseebrücke
Streckenlänge: 28,4 km **Höhenmeter:** ↑287 ↓287
Wanderkarten: Greiz - Vogtland & Gera - 1:50.000 Verlag Grünes Herz oder Thüringer Vogtland - Bl. 116 - 1:35.000 Verlag Dr. Barthel
Wegmarkierung: mit Balken: *GRÜN* *GELBER* Punkt & Talsperrenweg *TSW*

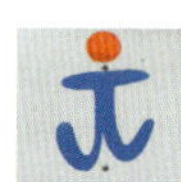

Wir beginnen und beenden die idyllische Rundwanderung um die Talsperre Zeulenroda am Unteren Bahnhof von Zeulenroda. Ab dem Stausee verläuft die Wanderung dann immer sehr ufernah , bietet eindrucksvolle Aussichten auf das Zeulenrodaer Meer und ist durchgängig mit dem Logo vom Talsperrenweg gekennzeichnet. Die Strecke vom Bahnhof bis zur Talsperre Zeulenroda (ca. 3 km) können Sie auch mit dem Rufbus (Tel.Nr. siehe Infoteil) zurücklegen. Sollten Sie mit dem Linienbus oder dem PKW anreisen, ist der Wanderparkplatz am Seehotel Zeulenroda bzw. Tropenbad Waikiki ein guter Ausgangspunkt für die Stausee-Runde.

Wegverlauf

✱+Zeulenroda Unterer Bahnhof ⇧379 m auf den Straßen Untere Haardt & Schopperstraße aufwärts nach Zeulenroda
✧Kreuzung ⇧428 m ➤1,3 km, gerade, nach ca. 100 m am Sackgassenschild, rechts ab in die Straße Binsicht nach 60 m gerade vorbei am Holzhandel
✧Waldstadion ⇧423 m ➤1,9 km, links ab: *GRÜN*, nach ca. 200 m rechts ab auf einem Waldweg: *GELBER* Punkt
+An der Rabensleite ➤2,3 km, links halten (gerade kommen Sie zum Tiergehege)
+Rabensleite/Talsperre ⇧364 m ➤2,8 km links ab auf dem Talsperrenweg Richtung

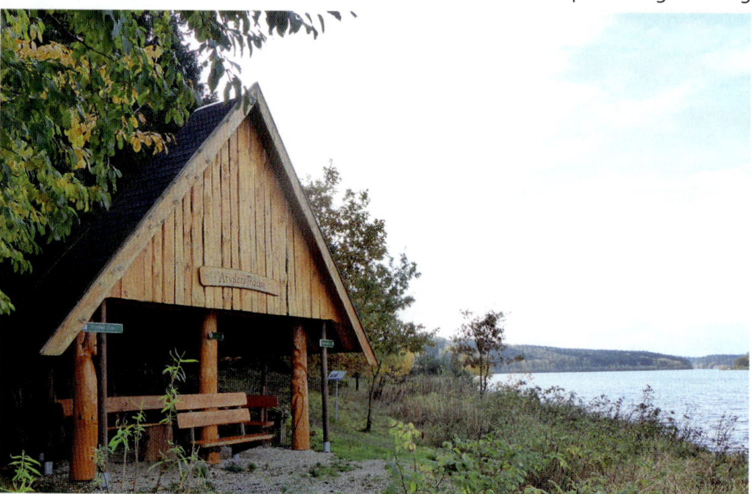

Rastplatz - Anglers Traum

WANDERTEIL

Quingenberg, gerade kommen Sie am Ufer entlang nach ca. 600 m zum Seehotel
+Aussichtsterrasse ⇧368 m ➤3,2 km, auf dem Promenadenweg gerade: ***TSW***
✧**Stauseebrücke** ➤3,4 km, schöner Blick
+Teichleite ➤4,0 km, rechts über Brücke
◈**Fischer un sine Fru** ➤4,4 km, gerade
Das Strandhaus ➤4,9 km, am Strandbad links über die Treppen aufwärts
+Touristinformation Zeulenrodaer Meer ⇧370 m ➤5,0 km, rechts ab: ***TSW***
+Saubucht ⇧370 m ➤5,8 km ◈, Rastplatz mit uriger Schaukelbank
✧**Aussichtspunkt** ➤6,3 km, schöner Blick
+Abzweig Wanderhütte ➤6,8 km, rechts
◈**Anglers Traum** ➤6,9 km, Wanderhütte
+An der ehemaligen Starkenmühle (Abriss 1973) ➤7,5 km, gerade: ***TSW***
◈**Hütte Blumen am Wegesrand** ➤7,8 km
+Kleinwolschendorf ➤8,5 km, gerade
◈**Wolschendorfer Hütte** ➤9,1 km, gerade
+Abzweig zum Parkplatz ➤9,3 km, rechts
+Damm Vorsperre Riedelsmühle ⇧362 m ➤10,4 km, gerade über die Straße (um abzukürzen gehen Sie rechts über den Damm)
+Vorsperre Riedelsmühle ➤11,2 km, nach ca. 70 m ◈, schöner Blick
+Kesselmühle ⇧357 m ➤12,0 km, nach rechts über die Steinbogenbrücke
+An der Steinbogenbrücke ➤12,1 km ◈, rechts am Ufer der Vorsperre entlang: ***TSW***
◈**Rastplatz Vorsperre Riedelmühle** ➤12,9 km
+Vorsperre Riedelmühle ➤13,4 km, nach links dem Waldrand folgen: ***TSW***
+Pahrener Bucht ➤14,8 km, rechts halten
+Aussichtspunkt ➤15,6 km ◈, links
◈**Rastplatz Stelzenmühle** ➤16,2 km
✧**Stelzendorf Kirche** ⇧367 m ➤16,9 km, rechts halten, an der Kirche vorbei
+Mühlendenkmal ➤17,0 km ◈, rechts
Gasthaus Zum Segel ➤17,8 km
◈**Panoramablick** ➤18,8 km, Badestelle
+Kleiner Teich ➤19,4 km: ***TSW***
+Zadelsdorf ⇧363 m ➤19,9 km, rechts ab
◈**Eichholzhütte** ➤22,0 km
+Straße ⇧369 m ➤23,2 km, gerade: ***TSW***
+Alexanderplatz ⇧389 m ➤23,8 km, nach rechts ab vom Talsperrenweg: ***GELB***
+Quingenberg ➤24,4 km, links der Straße über die Stauseebrücke folgen und ca. 150 m nach der Brücke links halten
+Aussichtsterrasse ⇧368 m ➤25,2 km, gerade der Bucht folgen: ***TSW***
+Rabensleite/Talsperre ➤25,6 km, von hier rechts auf gleichen Weg zurück zum Unteren Bahnhof Zeulenroda, oder links am Ufer entlang zum Bio-Seehotel
✱**+Zeulenroda Unterer Bahnhof** ➤28,4 km

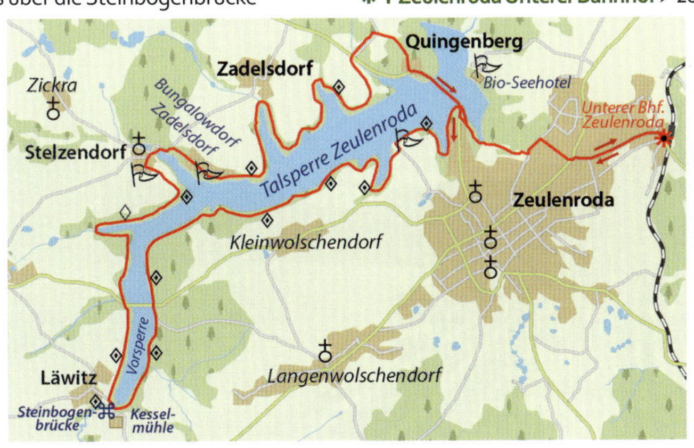

25 Rundwanderung um die Weidatalsperre

Sehenswert: in Triebes das in Blockbauweise errichtete Winkelmannsche Haus von 1617, Teufelsberg-Aussicht, Weidatalsperre, Sperrmauer & Überlaufbauwerk mit Kaskaden
Streckenlänge: 22,5 km **Höhenmeter:** ↑348 ↓348
Wanderkarten: Greiz - Vogtland & Gera - 1:50.000 Verlag Grünes Herz oder Thüringer Vogtland - Bl. 116 - 1:35.000 Verlag Dr. Barthel
Wegmarkierung: mit Balken: GELB BLAU GRÜN & Talsperrenweg TSW

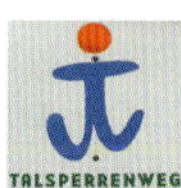

Am Bahnhof Triebes beginnt und endet die Runde um die Weidatalsperre. Vorbei am Winkelmannschen Haus und dem alten Gasthaus im "Kranich" (Schankrecht seit 1711), erreichen Sie den Teufelsberg und können die prächtige Stausee-Aussicht genießen. Der Weg rings um die Weidatalsperre ist nun mit dem Logo vom Talsperrenweg gekennzeichnet und führt Sie durch den Mortelgrund zur Himmelsleiter, der Bermichsmühle und zu den mächtigen Kaskaden der Staumauer der Weidatalsperre. Auf dem Rückweg bietet sich Ihnen vom Grobisch ein fantastischer Blick auf den Stausee, bevor Sie Ihre Wanderung über die Karpfenwiese durch das Steinbruchgebiet bei der Muschel bis zum Wegkreuz "Am Weißen Stein" fortsetzen und sich die Runde schließt.

Wegverlauf

✱+Triebes Bahnhof ⇧346 m ⚐⌂, auf der Bahnhofstraße ca. 150 m zur Hauptstraße, dann links ab und nach 100 m rechts halten der Aumaer Straße folgen: GELB
✧Winkelmannsches Haus ➤0,45 km, hier rechts halten auf der schmalen Straße
+Gasthaus Zum Kranich ⇧401 m ⚐ ➤1,2 km, gerade zum Weißen Stein: BLAU
+Weißer Stein ⇧386 m ➤2,1 km, Sie folgen nun gerade dem Talsperrenweg: TSW
+Abzweig ➤2,5 km, links am Waldrand
+Abzweig ⇧402 m ➤2,7 km, rechts ab

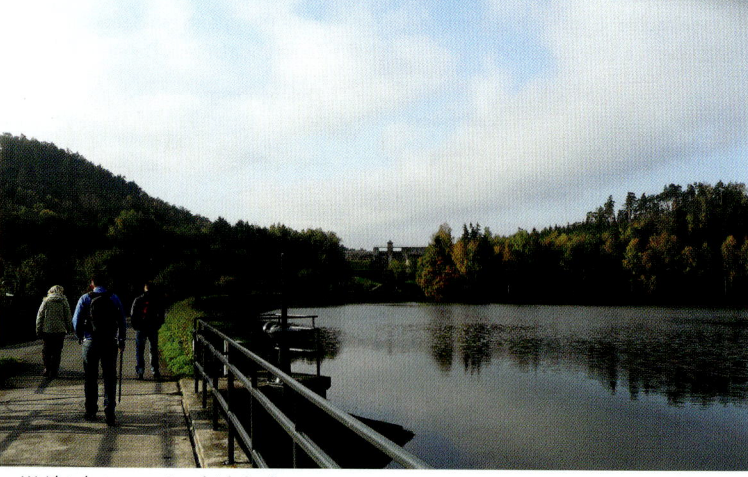

Weidatalsperre am Ausgleichsbecken

WANDERTEIL

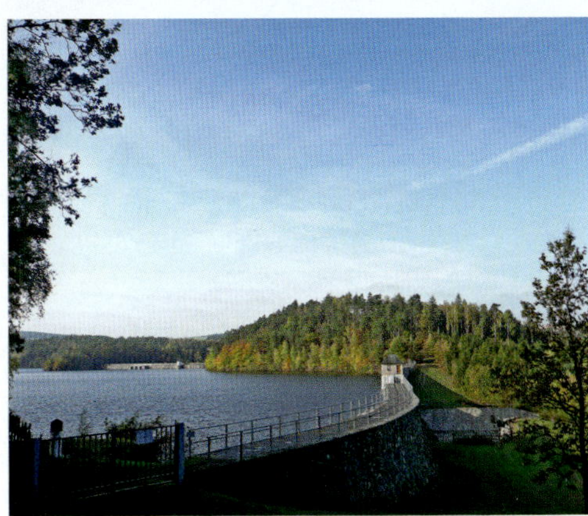
Staumauerblick - Weida-Talsperre

+Teufelsberg Aussicht ⇧395 m ➤3,2 km, schöner Blick, rechts auf steilem Pfad abwärts: ***TSW***
✧Abzweig-Baumstumpf ⇧321 m ➤3,6 km, links ab, schöner Weg an der Weida entlang: ***TSW***
+Knuppelbrücke ➤4,2 km ◈ bei der Infotafel an der ehemaligen Sichelmühle, nach links über die Brücke auf ***ROT*** zum Weidatalweg
+Abzweig Weidatalweg ⇧349 m ➤4,6 km, nach rechts halten Richtung Mortelgrund: ***TSW***
+Mortelgrund ⇧322 m ➤5,3 km, links ab
+Oberer Mortelgrund ⇧362 m ➤5,8 km, nach rechts weiter auf dem ***TSW***
✧Vorsperre Pisselsmühle ⇧321 m ➤6,9 km
+Weidatalsperre (Vorsperre) ⇧316 m ➤7,3 km, gerade weiter am Ufer: ***TSW***
+An der ehemaligen Holzmühle ⇧346 m ➤8,0 km, nach rechts abwärts
◈Himmelsleiter ⇧327 m ➤8,5 km, über 68 Stufen steil aufwärts und nach ca. 100 m am nächsten Wegschild gerade
+Piesigitz ⇧333 m ➤10,6 km, rechts ab
◈Rastplatz ➤11,6 km, rechts halten: ***TSW***
+Blick auf Piesigitz ➤12,8 km, rechts
+Abzweig nach Staitz ⇧345 m ➤13,3 km, nach rechts auf einem Pfad abwärts
+Am Wärterhof ⇧330 m ➤14,2 km, gerade, nach ca. 150 m rechts ab: ***TSW***
+Bermichsmühle ⇧295 m ➤14,6 km, gerade über die Weida und vor der schmuck restaurierten Bermichsmühle rechts ab
✧Sperrmauer Weidatalsperre ➤14,9 km
✧Überlaufbauwerk - Kaskaden ⇧336 m ➤15,2 km, gerade, nach 50 m links
+Ausgleichsbecken ⇧292 m ➤15,6 km ◈, vor der Brücke rechts ab: ***TSW***, dann links neben den Kaskaden aufwärts, nach ca. 450 m an der Staumauer links halten
✧Ruhebank ➤16,3 km, schöner Blick
+Abzweig Wasserwerk ➤16,6 km, rechts
+Rastplatz "Schöner Blick" Grobisch ⇧405 m ➤17,1 km ◈, gerade
◇Karpfenwiese ⇧337 m ➤17,4 km, an der ehemaligen Franzenmühle gerade abwärts über die Wiese, dann links am Ufer
✧Steinbruch ⇧325 m ➤18,1 km, gerade
+Muschel ⇧338 m ➤18,4 km, rechts
+Abzweig zum Weidatalweg ⇧320 m ➤19,7 km, links ab: ***TSW***
+Weißer Stein ➤20,4 km, links ab: ***BLAU***
+Gasthaus Zum Kranich ➤21,3 km ⚐
✧Winkelmannsches Haus ➤22,1 km
✱+Triebes Bahnhof ➤22,5 km ⚐ ⌂

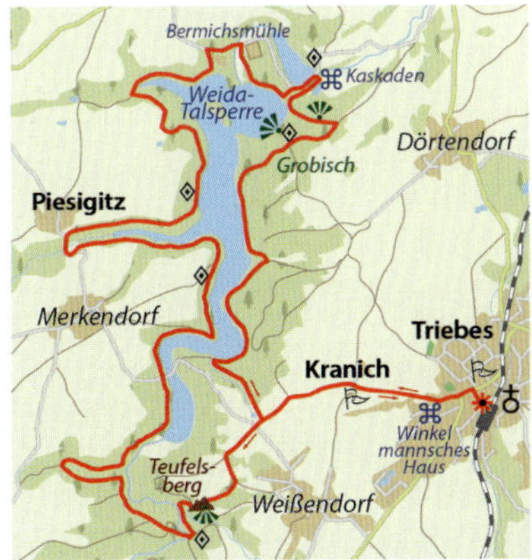

Weiße-Elster-Wanderweg

Die Weiße Elster (tschechisch Bílý Halštrov) entspringt in Böhmen im Elstergebirge, östlich von Aš (Asch) und mündet nach ca. 250 km bei Halle in die Saale.

Die Touren auf dem Weiße-Elster-Wanderweg beginnen in Bad Brambach beim Kapellenberg, mit 759 m die höchste Erhebung im Elstergebirge. Vom Aussichtsturm haben Sie einen herrlichen Blick über das Vogtland bis zum Böhmischen Becken und erreichen dann die auf böhmischer Seite liegende Quelle der Weißen Elster.

Vorbei am kleinen Weiße Elster Stausee wandern Sie hinab in den Kurort Bad Elster, eines der ältesten Moorheilbäder Deutschlands und weiter nach Adorf und Oelsnitz mit dem Schloss Voigtsberg. Sie folgen dem Ufer der Talsperre Pirk nach Plauen, die Stadt der Spitze und der historischen Steinbogen Elsterbrücke.

Das nun immer ursprünglichere, engere Tal der Weißen Elster wird lediglich von der Eisenbahnlinie und von Wanderwegen durchzogen. Auf Ihrem Weg zur Talsperre Pöhl überqueren Sie bei Jocketa den Fluss auf der zweitgrößten Ziegelsteinbrücke der Welt.

Durch eine hügelige Landschaft gelangen Sie über Elsterberg in die Residenzstadt Greiz mit ihren zwei Stadtschlössern und auf oft schmalen Pfaden bis in den Märchenwald bei Wünschendorf. Vom Wasser des Kamnitzbaches angetrieben, bewegen sich hier im engen Seitental der Weißen Elster zahlreiche Märchenspiele. Im wunderschönen Hofwiesenpark in der über 1.000 jährigen Otto-Dix-Stadt Gera endet der von uns beschriebene Weiße-Elster-Wanderweg.

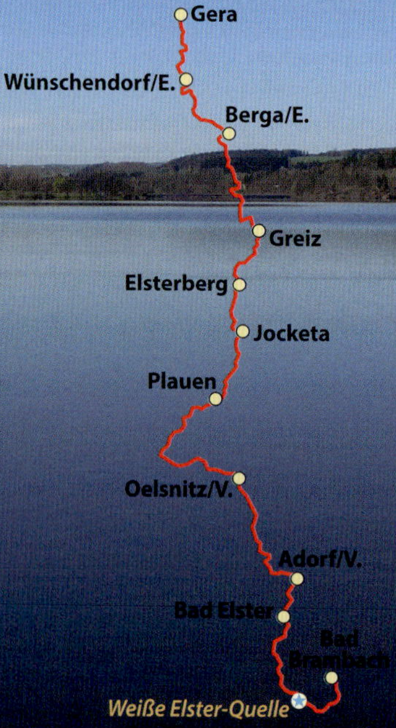

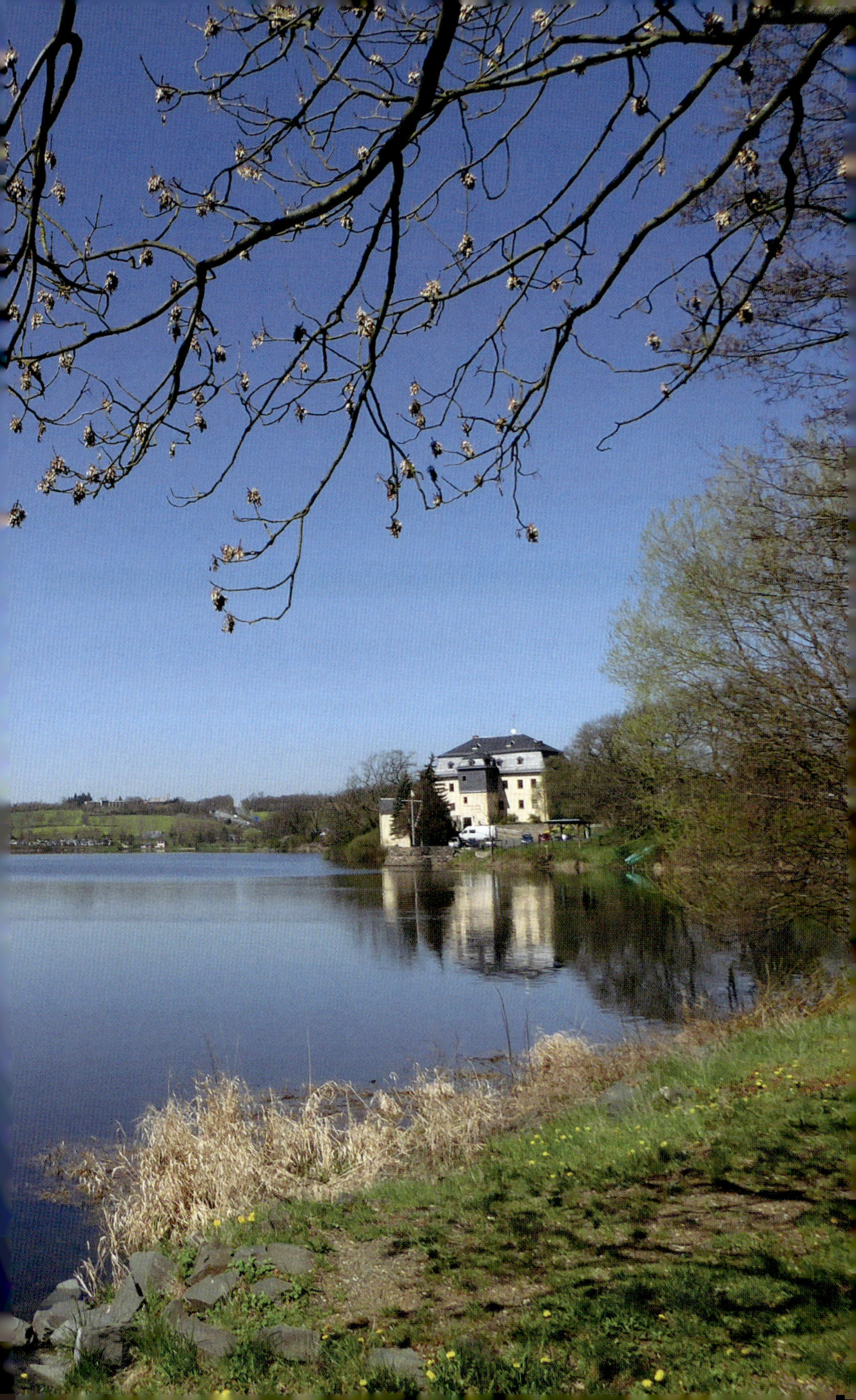

26 Bad Brambach - Weiße-Elster Quelle - Bad Elster

Sehenswert: Bad Brambach Kurpark mit Festhalle & Quellen, Kapellenberg 759 m mit Aussichtsturm, Weiße-Elster-Quelle, Stausee Bílý Halštrov, Bad Elster Kurpark mit Marienquelle, Bädermuseum, Luisa-See und Floratempel, König-Albert Theater
Streckenlänge: 24,9 km **Höhenmeter:** ↑287 ↓382
Wanderkarten: Südliches Vogtland - Bl. 36 - 1:33.000 Verlag Sachsen Kartographie oder Vogtländische Musik- und Bäderregion - Bl. 21 - 1:35.000 vom Verlag Dr. Barthel
Wegmarkierung: mit Balken *BLAU* *GRÜN* *GELB*

Am Bahnhof in Bad Brambach beginnt die Wanderung gleich mit einem kräftigen Anstieg zum Kapellenberg, mit 759 m die höchste Erhebung im Elstergebirge. Vom Aussichtsturm bietet sich Ihnen ein prächtiger Blick über Vogtland, Fichtelgebirge, Böhmisches Becken und zum Kaiserwald. Der Weg führt Sie dann auf die böhmische Seite zur Quelle der Weißen Elster und vorbei am kleinen Weiße-Elster Stausee in eines der ältesten Mineral- und Moorheilbäder Deutschlands nach Bad Elster.

Wegverlauf

✱+Bad Brambach Bahnhof ⇧571 m ⌂⚐ Sie folgen dem Wanderweg auf *GRÜN* gen Osten und überqueren nach ca. 500 m die Bundesstraße B92 auf einer Brücke
✧Bahnunterführung ➤1,1 km, Steinbogenbrücke, unter der Bahnlinie hindurch
+Abzweig ⇧585 m ➤1,6 km, links: *GRÜN* Brunnen Route 1 zum Kapellenberg folgen
◈Schutzhütte ➤2,8 km, rechts auf *GRÜN*
+Abzweig ⇧648 m ➤3,0 km, links auf *BLAU*, nach ca. 100 m gerade aus weiter
+Abzweig ⇧651 m ➤4,2 km, über die Straße B92 hinweg, weiter auf *BLAU*
+Abzweig ⇧665 m ➤4,5 km, rechts auf *BLAU* dem Forstweg folgen
+Abzweig ⇧672 m ➤4,8 km, links ab
+Abzweig ⇧701 m ➤5,1 km, links auf *GELB* der Straße für ca. 100 m folgen, dann rechts ab Richtung Schönberg - Sie können am Abzweig auch rechts weiter

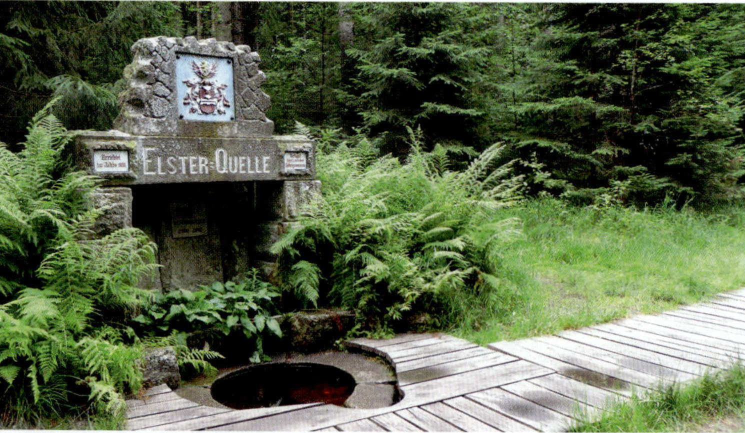

Weiße-Elster Quelle - Bílý Halštrov pramen

auf ***BLAU*** bis zum Kapellenberg gehen (Strecke verläuft nicht zur Kapellenruine)
+Abzweig ⇧686m ➤5,5km, rechts Richtung Kapellenruine und nach ca. 150m nochmal rechts auf schmalen Pfad aufwärts
✧Kapellenruine ⇧694 m ➤5,7 km, zwei Infotafeln mit Sagen, Sie gehen vorbei an der Ruhebank auf einem schmalen Pfad, der über Serpentinen aufwärts führt
+Abzweig ⇧742m ➤6,0km, links ab, nach ca. 50 m rechts ab zum Kapellenbergturm
✧Kapellenberg ⇧759 m ➤6,1 km ◈, vom 16m hohen Turm bietet sich eine grandiose Aussicht über das Elstergebirge &Egerland, Sie folgen ***BLAU*** Richtung Bärendorf
+Abzweig ⇧727m ➤6,6 km, gerade weiter
+Geiershäuser ⇧722 m ➤6,8 km, rechts ab
+Abzweig ⇧727 m ➤7,1 km, nach rechts der schmalen Straße folgen
+Bärendorf ⇧718 m ➤7,5 km, links ab auf ***GELB*** zur Grenze & Elsterquelle
✧Grenze Tschechien ⇧740 m ➤8,5 km
+Abzweig ⇧729 m ➤8,8 km, links ab, auf ***GELB*** der Forststraße folgen
+Abzweig ➤9,2 km, rechts ab auf ***GRÜN***
+Bílý Halštrov pramen ⇧719m ➤9,5km ◈, rechts kommen Sie nach 100 m zur Quelle der Weißen-Elster ◈, Sie gehen dann hier weiter auf ***GRÜN*** Richtung U Marty und halten sich nach 200 m rechts
+Rondell ➤10,9 km ◈, links ab ***GRÜN***
+U Marty ⇧643 m ➤12,3 km, links ab
+Abzweig ⇧602 m ➤13,9 km, hier nach rechts der Straße folgen
+Verněřov ⇧596 m ➤14,3 km, gerade auf ***GRÜN*** am Teich entlang, nach ca. 400 m rechts der Straße folgen
+Verněřov U Kašparů ⇧590m ➤14,8km ⚐, am gemütlichen kleinen Gasthaus Restaurace U Kašparů links ab auf ***GRÜN***
+Abzweig Dolní Paseky ⇧566 m ➤16,3km rechts ab auf ***GRÜN***

+Dolní Paseky pramen ➤16,9 km, Mineralquelle in einem Pavillon, gerade ***GRÜN***
+Abzweig ⇧544m ➤18,7km, rechts: ***GELB***
+Bílý Halštrov-přehr. ⇧534m ➤19,1km, rechts über den Damm der Talsperre: ***GELB***
✧Infotafel Bílý Halštrov ➤20,3km, an der Ruhebank nach rechts ab ***GELB***
+Doubrava min. pram. ⇧501m ➤21,4km ⌂⚐, Ruinen einer Papierfabrik mit Infotafel zum Lehrpfad Weiße-Elster, am kleinen Quellenhaus gehen Sie rechts: ***GELB***
⚐Restaurace U Janičky ➤21,7 km, nach links auf dem gut ausgebauten Elsterradweg weiter, nach ca. 1,2 km überqueren Sie die Landesgrenze nach Sachsen
+Floratempel ⇧489 m ➤24,1 km, gerade am Ufer vom Gondelteich entlang: ***GELB***
+Luisa-See & Rosengarten ⇧486 m ➤24,3 km ⚐, am kleinen Café rechts halten und auf ***BLAU*** der Weißen Elster folgen, Brücke über den Fluss, dann gerade über die Straße in den Kurpark hinein
✸+Bad Elster Kurpark ⇧483m ➤24,9km

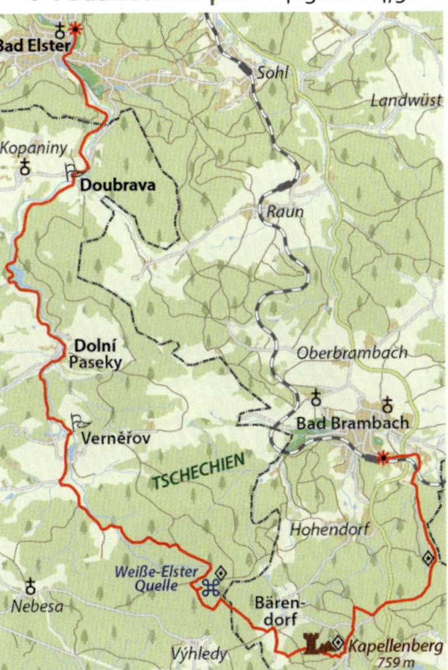

27 Bad Elster - Adorf - Oelsnitz/V.

Sehenswert: in Bad Elster der Kurpark mit Marienquelle, Bädermuseum, König-Albert Theater, Floratempel und Luisa-See, in Adorf die Miniaturschauanlage "Klein Vogtland", das Freiberger Tor mit Perlmutter-Museum, Oelsnitz mit dem Schloss Voigtsberg und dem Zoephelschen Haus - ein alter Gerberhof mit Fachwerk-Obergeschoss
Streckenlänge: 23,8 km **Höhenmeter:** ↑359 ↓465
Wanderkarten: Vogtländische Musik- und Bäderregion - Bl. 21 und Vogtländische Musikregion - Bl. 22 - 1:35.000 vom Verlag Dr. Barthel
Wegmarkierung: mit Balken ***GRÜN*** ***BLAU*** (Kammweg)

Vom Kurpark in Bad Elster aus führt die Etappe vorbei am NaturTheater und der Miniaturschauanlage "Klein Vogtland" nach Adorf. Nun verlassen Sie das Tal der Weißen Elster und gehen über Vogtlands längsten Marktplatz und durch das schmucke Freiberger Fachwerk-Tor. Über bewaldetet Höhenzüge erreichen Sie bei Hundsgrün wieder das Elstertal und folgen dem Fluss vorbei am Landgasthof Dreihöf bis nach Oelsnitz/V..

Wegverlauf

✱Bad Elster Kurpark ⇧483 m ⌂⚐, links am Quellenhaus der Marienquelle vorbei, dann links dem Weg im Tal folgen: ***GRÜN***
⚐ **Café Waldquelle** ⇧488 m ➤0,7 km, am NaturTheater gerade weiter auf ***GRÜN***
◈**Wandersruh** ⇧487 m ➤1,5 km, an der Schutzhütte gerade, nach ca. 100 m wieder gerade über einen asphaltierten Weg und auf dem schmalen Pfad abwärts zum Elsterradweg dem Sie nach rechts folgen
+Kreuzung ⇧467 m ➤2,4 km, an der Straße gehen Sie nach links über die Kreuzung
⚐⌂ **Landhaus Adorf** ➤2,6 km der aufwärts führenden schmalen Straße folgen, wenn Sie die Strecke kürzen möchten, folgen Sie weiter dem Elsterradweg bis Adorf.
+Abzweig ⇧507 m ➤3,2 km, gerade auf ***GRÜN*** und nach ca. 100 m rechts ab auf Waldweg Richtung Klein Vogtland
✧**Adorf Klein Vogtland** ⇧478 m ➤3,6 km,

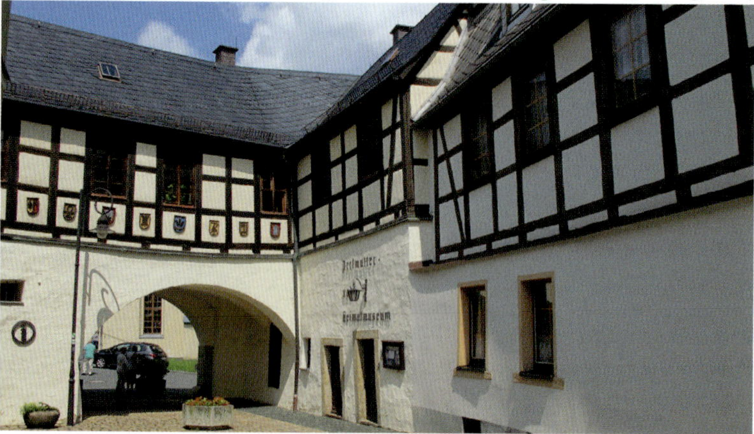

Freiberger Tor - Adorf/V.

kleine Miniaturschauanlage mit Botanischem Garten, gerade auf der Waldbadstraße vorbei am Schwimmbad Adorf

+Kreuzung ⇧459 m ➤4,2 km, Sie folgen nach links ca. 100 m der B 92, dann rechts ab auf der Werkstraße nach ca. 50 m über die Weiße Elster, sofort links ab auf dem Radweg

+Bahnübergang ⇧458 m ➤4,9 km, vor der Schranke links ab auf die Karlsgasse

+Abzweig ➤5,5 km, links, nach 50 m auf der Straße Sand über die Weiße-Elster

+Kreuzung ⇧454 m ➤5,7 km, gerade über die B 92, nach 75 m rechts auf der Pflaumenallee steil aufwärts Richtung Markt, nach 100 m links über Treppen zum Kirchplatz

✧St. Michaeliskirche ➤6,0 km, an der einzigen Jugendstil-Kirche des Vogtlandes gehen Sie links aufwärts über den Markt

⚐Rathaus ⇧484 m ➤6,1 km ⌂, am Ratshauskeller rechts ab durch das **Freiberger Tor**, dann halten Sie sich links und folgen dem Wolfsgässchen: ***BLAU*** (Kammweg)

+Weggabel ⇧516 m ➤6,7 km, rechts halten

✧Tetterweinbach ➤7,7 km, nach dem Bach vorbei an der ehemaligen Mückenmühle

+Mückenmühle ⇧476 m ➤7,9 km, links ab

◈Rastplatz ⇧475 m ➤8,7 km, gerade weiter

+Abzweig ⇧484 m ➤9,1 km, rechts ab auf ***BLAU*** Richtung Leubetha

+Wolfsteich ⇧559 m ➤10,7 km, rechts für ca. 350 m an der Straße, dann links auf einem Feldweg dem Vogtlandweg folgen

+Abzweig ⇧566 m ➤11,5 km, ☝ nicht verpassen, links halten und auf ***BLAU*** dem mit ***VPW*** gekennzeichneten Weg folgen (rechts geht hier der Kammweg ab)

+Abzweig ⇧581 m ➤12,0 km, nach links der Forststraße folgen

+Lochhäuser ⇧453 m ➤14,1 km, rechts der Straße über den Lochersbach folgen und nach ca. 120 m links abbiegen

◈Rastplatz ⇧539 m ➤15,6 km, schöner Fernblick, links der Straße 200 m folgen, danach rechts ab auf einem Pfad im Wald

+Abzweig ⇧498 m ➤16,8 km, rechts an der Straße entlang, nach ca. 120 m am nächsten Wegkreuz ab links auf ***BLAU***

✧Ebersbach ⇧417 m ➤18,5 km, links halten, über den Bach und am Elsterradweg dem Bahndamm folgen

⚐Unterhermsgrün Landgasthof Dreihöf ➤20,1 km ⌂, vor dem Bahnübergang links auf schmalen Pfad im Tal weiter

+Abzweig ➤22,8 km, rechts und nach wenigen Metern durch die Bahnunterführung, dann rechts ab auf ***BLAU*** an der Bahn

✧Freibad Oelsnitz ⇧398 m ➤23,1 km, links ab, nach 150 m über die Weiße-Elster

+Abzweig ➤23,5 km, an der Fußgängerampel über die B 92 dann links halten der Egerstraße 250 m folgen und rechts auf der Dr. Külz Straße zum Markt

✱Oelsnitz Markt ⇧483 m ➤23,8 km ⌂⚐

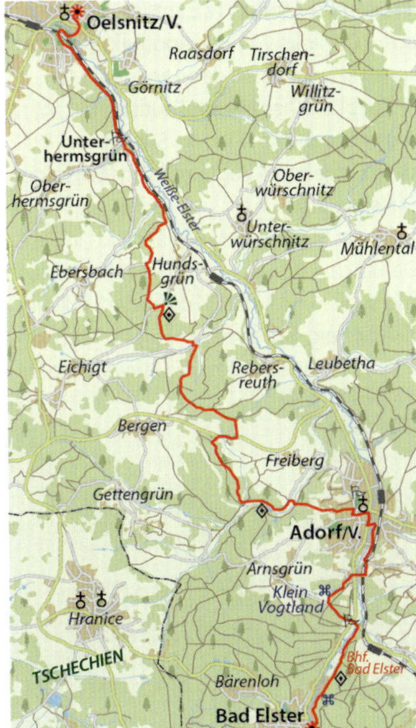

28 Oelsnitz/V. - Talsperre Pirk - Plauen

Sehenswert: in Oelsnitz Schloss Voigtsberg, Zoephelsches Haus - ein alter Gerberhof mit Fachwerk-Obergeschoss, Talsperre Pirk, Elstertalbrücke Pirk (Autobahn) - gehört zu den größten Steinbogenbrücken Europas die für den Straßenverkehr errichtet wurden, Altes Gut & Elsterbrücke Weischlitz, Plauen - die Spitzenstadt mit ihrer sehenswerten Altstadt rund um das Alte Rathaus mit seinem Renaissancegiebel, Nonnenturm, Johanniskirche, Weberhäuser, Weisbachsches Haus, Alte Elsterbrücke, Plauener Spitzenfest
Streckenlänge: 24,9 km **Höhenmeter:** ↑230 ↓295
Wanderkarten: Plauen, Vogtländische Schweiz - Bl. 69 - 1:35.000 Verlag Dr. Barthel oder Plauen und Umgebung - 1:33.000 vom Verlag Sachsen Kartographie
Wegmarkierung: mit Balken ***ROT*** ***BLAU***

Vom Markt von Oelsnitz/V. aus führt Sie die Weiße-Elster-Weg Etappe vorbei am Zoephelschen Haus zur Talsperre Pirk. Immer dem aussichtsreichen Uferweg folgend, kommen Sie zur mächtigen Sperrmauer und steigen hinab ins Elstertal. Nun folgen Sie der noch jungen Weißen-Elster und wandern durch die Elstertalbrücke Pirk und vorbei am Alten Gut mit der historischen Holzbrücke von Weischlitz in die Spitzenstadt Plauen.

Wegverlauf

✱Oelsnitz Markt ⇧412 m ⚐, Sie gehen auf ***ROT*** links von der Apotheke die Pfortenstraße abwärts, dann links halten
+Zoephelsches Haus & Touristinfo ⇧397 m ➤0,4 km, rechts über die Straße, auf ***ROT*** dem Erzgebirge-Vogtland Weg (***EB***) folgen
✧Heppelplatz ➤0,5 km, rechts ab in die Schleizer Straße, nach 200 m rechts in die A. Damaschkestraße, nach 150 m links in die Lutherstraße und auf ***ROT*** durch die Siedlung
✧Abzweig Stiftsweg ⇧405 m ➤1,6 km, links auf einem Kiesweg abwärts, dann nach rechts der Taltitzer Straße folgen
+große Kastanie ⇧404 m ➤1,9 km, links ab
✧Brücke ⇧391 m ➤2,4 km, unter der Straße hindurch zur Vorsperre Dobeneck
✧Ruhebank am Stausee ⇧402 m ➤3,6 km
◈Bungalowsiedlung ⇧389 m ➤4,9 km, weiter dem Ufer folgen, schöner Blick über die Talsperre Pirk und zur Jugendherberge
◈Rastplatz an Herberge ⇧390 m ➤5,2 km
✧Jugendherberge ➤5,3 km, gerade der schmalen Straße entlang der Bucht folgen
✧Abzweig ➤5,7 km, links weiter am Ufer
✧Schranke Campingplatz ➤6,3 km, gerade auf dem Wiesenweg am Ufer, nach dem Campingplatz links der Straße folgen
✧Badestelle ➤7,1 km ⚐, vorbei an der Liegewiese und der kleinen Bistro Bar
✧Rettungsstation ⇧393 m ➤7,7 km ⚐
✧Sperrmauer ➤8,5 km, links über die Sperrmauer, dann rechts unterhalb der Sperre zurück und links der Straße folgen
✧Abzweig ⇧379 m ➤9,4 km, gerade auf einem Feldweg weiter

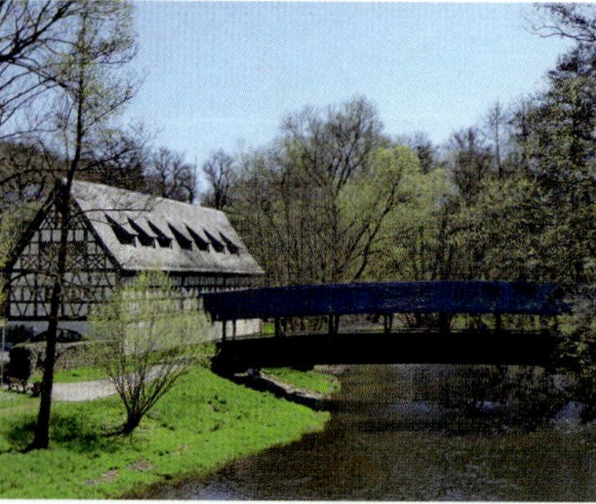

Altes Gut Weischlitz mit Holzbrücke

✧**Ruhebank** ➤10,2 km, Infotafel Stollenmundloch, nach 100 m unter Straße hinweg
✚**Rosenthal** ⇧378 m ➤10,4 km, gerade
✚**Pirk Bahnhof** ⇧376 m ➤10,6 km, links ab auf ***ROT*** Richtung Kürbitz, über die Bahngleise und auf einer Brücke über die Weiße-Elster, dann rechts an der Straße
✚**Türbel** ⇧379 m ➤10,9 km, weiter der Straße folgen, über den Feilebach
✚**Elstertalbrücke Pirk** ⇧375 m ➤11,2 km ⚐, auf der Straße unter der A72 hindurch
✧**Pirkmühle** ⇧371 m ➤11,9 km ◈, rechts ab
✚**Pirkmühle** ➤12,0 km, links ab auf ***ROT***
✚**Hainbach Neuer Steig** ⇧370 m ➤13,0 km gerade auf Pfad an der Bahnlinie weiter
✚**Meißner Grund** ⇧367 m ➤13,5 km ◈
✚**Wiesenburg** ⇧363 m ➤14,3 km, gerade
✚**Weischlitz** ⇧366 m ➤14,7 km, rechts auf zwei Brücken über die Bahn & die Weiße Elster, schöner Blick auf die alte Holzbrücke
✚**Rosengasse** ⇧373 m ➤15,0 km, links ab
✚**Teichbachtal** ⇧366 m ➤15,3 km, gerade weiter auf ***ROT*** Richtung Kürbitz
✧**Gasthof Zum Grünen Thal** ➤17,1 km ⚐
✚**Kürbitz** ➤17,2 km ⚐, gerade auf ***ROT***, nach ca. 50 m Landgasthof Strobel, dann vorbei am kleinen SR2-Denkmal
✧**Abzweig** ➤17,5 km rechts ab, nach der Siedlung, links am Waldrand aufwärts
◈**Koßberg** ⇧429 m ➤18,1 km, gerade, nach 200 m beim nächsten Abzweig links: ***ROT***
✚**Zothner** ⇧424 m ➤18,5 km, gerade auf ***BLAU*** abwärts dem Waldrand folgen
✧**Bahnübergang** ⇧354 m ➤19,4 km, gerade dem Weiße-Elster Radweg folgen
◈**Elsterbrücke Straßberg** ➤19,7 km, vor der Brücke rechts ab und auf einem Wiesenweg (ohne Markierung) der Weißen Elster folgen, alternativ können Sie auch nach der Brücke rechts auf dem asphaltierten Elster Radweg weiter gehen
✧**Elsterbrücke** ⇧350 m ➤20,7 km, links über die Brücke, dann rechts auf dem Uferweg
◇**Rastplatz** ➤21,9 km
✧**Elsterbrücke** ➤22,4 km, gerade: ***BLAU***
✧**Fußgängerbrücke** ➤22,8 km, über die Weiße-Elster, dann dem rechten Ufer folgen
✧**Elsterbrücke** ➤23,8 km, nach links über die Elster, dann rechts in die Dürerstraße
✧**Trockentalstraße** ➤24,1 km, gerade
✧**Böhlerstraße** ➤24,3 km, links ab, nach 100 m rechts zum Weisbachschen Haus und am Mühlgraben zu den Weberhäusern
✧**Johanniskirche** ⇧337 m ➤24,7 km, links über Stufen aufwärts zur Kirche
✱**Plauen Altmarkt** ⇧351 m ➤24,9 km ⌂⚐

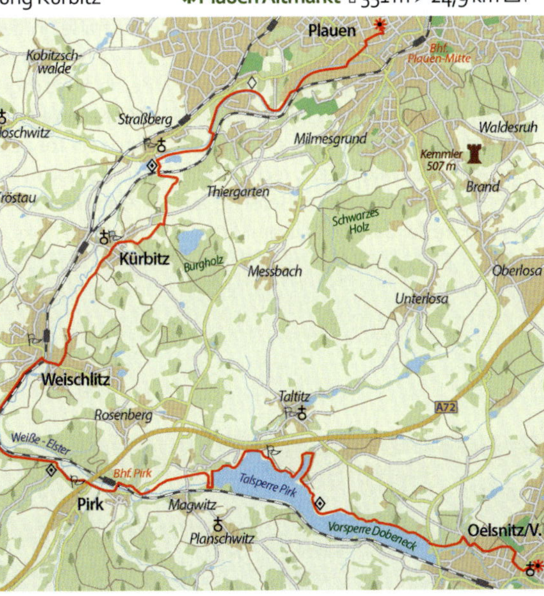

29 Plauen - Talsperre Pöhl - Jocketa

Sehenswert: Spitzenstadt Plauen mit sehenswerter Altstadt rund um das Alte Rathaus mit dem Renaissancegiebel, Nonnenturm, Johanniskirche, Weberhäuser, Weisbachsches Haus, Alte Steinbogen-Elsterbrücke, Lochbauernhof, Nymphental mit der Pfaffenmühle, Elstertalbrücke, das wilde Triebtal, Julius-Mosen-Turm, Talsperre Pöhl
Streckenlänge: 16,2 km **Höhenmeter:** ↑275 ↓249
Wanderkarten: Plauen, Vogtländische Schweiz - Bl. 69 - 1:35.000 Verlag Dr. Barthel oder Plauen und Umgebung - 1:33.000 vom Verlag Sachsen Kartographie
Wegmarkierung: mit Balken *GELB* *ROT* *GRÜN*

Ihre Wanderung beginnen Sie auf dem Plauener Altmarkt und gehen zur Alten Steinbogen-Elsterbrücke. Duch die Gartensiedlung am Nußberg und den Stadtteil Preißelpöhl verlassen Sie Plauen und erreichen wieder das liebliche Elstertal. An der Teufelskanzel, bei der Mündung vom Kaltenbach, empfehlen wir einen Abstecher durch das idyllische Nymphental zum Gasthaus Pfaffenmühle. Wieder zurück an der Teufelskanzel überqueren Sie auf der mächtigen Ziegelstein-Elsterbrücke das Tal und bekommen zum Abschluss vom Julius-Mosen-Turm einen wahrlich prächtigen Blick über die Talsperre Pöhl.

Wegverlauf

✱Plauen-Altmarkt ⇧351 m, an der südöstlichen Ecke in die Kirchstraße, nach ca. 50 m links dem Schulberg abwärts, dann rechts der Syrastraße für ca. 100 m folgen
+Alte Elsterbrücke ⇧346 m ➤0,5 km, vor der Brücke, dem Radweg Richtung Greiz auf dem linken Elster-Ufer folgen
✧Stresemannbrücke ➤0,9 km, gerade weiter dem Radweg folgen, rechts befindet sich auf der anderen Straßenseite, auf einer Brücke der Bahnhof Plauen-Mitte
+Fußgängerbrücke ⇧342 m ➤1,5 km, vor der Brücke links auf Radweg Richtung Reißig, nach 150 m gerade über die Hammerstraße, in der Rähnischstraße 100 m aufwärts, dann rechts in die Heubnerstraße, nach 150 m gerade über eine Kreuzung
✧Gartenanlage Grünes Tal ⇧342 m ➤2,2 km durch ein Tor gerade in die Gartenanlage, nach ca. 100 m rechts vorbei am Gasthaus
✧Gartenanlage Tor ➤2,4 km, nach dem Tor 15 m links, dann rechts durch ein

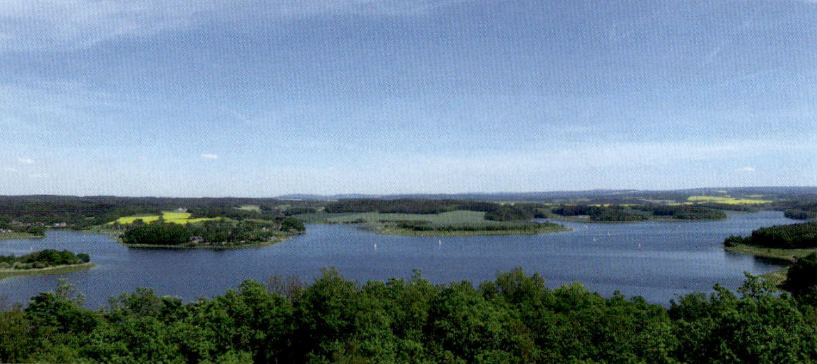

Talsperre Pöhl - Blick vom J. Mosen-Turm

WANDERTEIL

weiteres Tor in die Gartenanlage Volkshain
✧**Ausgang Gartenanlage** ➤2,8 km, nach dem Tor links, Sie folgen nach 150 m der aufwärts führenden Chamissostraße, biegen nach 50 m rechts auf den Radweg ab
✧**Kreuzung** ⇧376 m ➤3,2 km, rechts ab auf der Straße Am Preißelpöhl
✧**Chrieschwitzer Straße** ➤4,2 km, gerade
✧**Siedlungsende** ⇧358 m ➤4,8 km, gerade auf *GELB* dem Plauener Rundweg abwärts zwischen den Wiesen folgen
✧**Abzweig Elstertal** ⇧331 m ➤5,1 km, nach links auf dem Elster-Radweg im Tal
+**Unterer Rosenbach** ⇧335 m ➤6,2 km, gerade *GELB* (Hauptwanderweg Vogtland)
+**Lochbauer** ➤7,1 km ⌂⚐, gerade weiter, rechts kommen Sie zum Gasthaus Lochbauer, aber beachten: Sonntags ist Mittagsbrunch mit all inclusive, da kann sich ein müder Wanderer nicht einfach nur ein Getränk bestellen, sondern muss das gesamte Menu nehmen. Daher am Sonntag lieber noch bis zur gemütlichen Pfaffenmühle gehen.
◈**Rastplatz an der Elster** ➤7,6 km, gerade auf einem steinigen schmalen Pfad
+**Teufelskanzel** ⇧324 m ➤8,5 km, links auf Steinstufen aufwärts ins romantische Nymphental zum Gasthaus Pfaffenmühle
+**Pfaffenmühle** ⇧362 m ➤9,7 km ⌂⚐, Gasthaus mit gemütlichen Biergarten unter großen Kastanien (Do. Ruhetag), nach einer Einkehr zurück ins Elstertal
+**Teufelskanzel** ⇧324 m ➤11,0 km, links auf der Holzbrücke über den Kaltenbach
+**Elsterbrücke-Eisenbahnviadukt im Tal** ⇧321 m ➤11,8 km, links über Stufen aufwärts
+**Elsterbrücke "Oben"** ⇧352 m ➤12,1 km rechts auf Fußweg über die Elsterbrücke
+**Abzweig nach der Brücke** ➤12,2 km, rechts ins Tal, wenn Sie die Strecke kürzen möchten, gehen Sie hier auf *GELB* gerade
✧**Abzweig Bahngleis** ⇧320 m ➤12,4 km, nach links über den Trieb-Bach, dann sofort auf *ROT* aufwärts im idyllischen Triebtal
+**Trieb-Brücke** ⇧324 m ➤12,9 km, gerade auf *GRÜN* Richtung Friedenshöhe
+**Abzweig** ⇧330 m ➤13,1 km, rechts aufwärts Richtung Mosen-Turm
+**Abzweig** ➤13,5 km, links zum Mosen-Turm
+**Abzweig** ➤13,7 km, rechts ab auf *ROT*
+**Julius-Mosen-Turm** ⇧439 m ➤14,0 km ◊, vom Turm haben Sie einen prächtigen Bick über die Talsperre Pöhl und zur Elsterbrücke, Sie gehen bis zum letzten Abzweig zurück und folgen dann dort rechts *GRÜN* zur Sperrmauer der Talsperre
✧**Sperrmauer** ⇧386 m ➤14,6 km, links ab über die Sperrmauer (rechts geht es zur Anlegestelle der Talsperren-Ausflugsboote)
✧**Kreuzung** ➤15,2 km ⚐, nach dem kleinen Imbiss, links ab auf der Pöhler Straße vorbei am Restaurant Talsperrenblick
✧**Kreuzung Bahnhofstraße** ➤16,0 km, links
✱+**Landhotel Alt-Jocketa** ➤16,2 km ⌂⚐

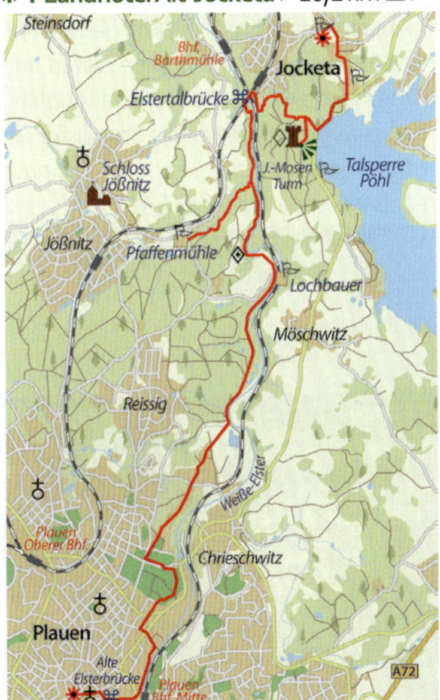

30 Jocketa - Elsterberg - Greiz

Sehenswert: Talsperre Pöhl, das wilde Triebtal, Elstertalbrücke, Naturschutzgebiet Steinicht, Kriebelstein-Aussicht, Ruine spätromanisches Schloss Elsterberg, schmaler Weg über die "Rothenthaler Alpen", Greizer Park mit Sommerpalais, Unteres & Oberes Schloss
Streckenlänge: 19,6 km **Höhenmeter:** ↑365 ↓448
Wanderkarten: Plauen, Vogtländische Schweiz - Bl. 69 & Wälder um Zwickau, Werdau, Greiz - Bl. 64 - 1:35.000 Verlag Dr. Barthel oder Greiz-Vogtland - 1:50.000 Verlag Grünes Herz
Wegmarkierung: mit Balken *GRÜN* *BLAU* *GELB* & *ROTER* & *GELBER* Punkt

Von Jocketa aus gehen Sie durch das Triebtal hinunter zur Elstertalbrücke bei der Barthmühle. Nun folgen Sie dem lieblichen Elstertal und wandern vorbei an der Rentzschmühle zum Naturschutzgebiet Steinicht. Durch das steilwandige Flusstal führt keine Straße, nur die Elstertalbahn und Wanderwege begleiten hier den Lauf der Weißen-Elster. Für den anschließenden Aufstieg zum Kriebelstein werden Sie mit einem herrlichen Blick ins Tal belohnt. Dann gehen Sie vorbei an der Ruine des spätromanischen Schlosses Elsterberg zum Elsterstausee Greiz-Dölau, wo Sie das Thüringer Vogtland erreichen und beenden in der Schloss- und Residenzstadt Greiz die Etappe.

Wegverlauf

✱+Landhotel Alt-Jocketa ⇧382 m, nach 50 m links ab von der Straße Richtung Triebtal
+Abzweig ➤0,3 km, gerade *GRÜN*
+Abzweig ⇧355 m ➤0,5 km, gerade und nach 100 m links halten über Stufen aufwärts, nach 200 m links in die Bahnhofstr.
✧Abzweig ⇧379 m ➤0,9 km, links ab
+Bahnhofsplatz ⇧378 m ➤1,0 km, nach rechts in Friedensstraße: *GRÜN*
+Hauptwegweiser ➤1,1 km, gerade weiter und nach 100 m wieder gerade *GELB*
+Elstertalbrücke "oben" ⇧352 m ➤1,4 km nach links abwärts ins Elstertal
✧Abzweig am Bahngleis ⇧320 m ➤1,6 km über die Bahnlinie, dann rechts und nach 150 m unter der Elstertalbrücke ♢ hindurch
+Barthmühle Bhf. ➤2,4 km, rechts ab: *BLAU*, nach 200 m links halten, schöne

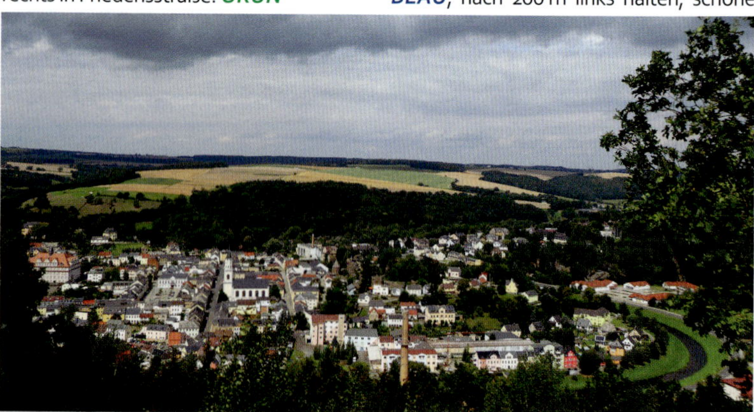

Blick vom Kriebelstein auf Elsterberg

WANDERTEIL

Strecke auf oft schmalen Pfad im Elstertal
+Abzweig Burgruine Liebau ➤4,3 km, gerade
+Rentzschmühle ⇧309 m ➤4,9 km, nach 60 m rechts durch das **NSG Steinicht**
+Forellenbach ➤7,4 km, links über Bach
+Elsterberg Am Reitsteig ⇧325 m ➤9,0 km rechts aufwärts ***BLAU***, nach 400 m gerade
+Kriebelstein ⇧407 m ➤9,9 km ◈, prächtiger Panoramablick, links abwärts nach Elsterberg: *GELBER* Punkt, nach 200 m rechts halten und nach weiteren 200 m am nächsten Abzweig links ab
+Am Hain ⇧317 m ➤10,7 km, rechts ab
✧Fußgängerbrücke ⇧288 m ➤11,1 km, über die Weiße-Elster, links in Th. Müntzer Str., Lange Str. dann links ab zum Markt, rechts geht es zur Schloss-Ruine
✧Elsterberg Markt ⇧392 m ➤11,5 km ⚐ ⌂ zurück zur Langen Str. dann links halten
+Bahnhofstr. Ecke ➤11,8 km, gerade *GELB*
+Pension Pfauenhof ⇧290 m ➤12,0 km ⌂, rechts halten auf *GELB*, nach 100 m rechts ab von der Straße, den Zäunen der Gartensiedlung folgen, dann gerade durch ein Waldstück und über eine Wiese
✧Abzweig Nosswitz ⇧298 m ➤13,4 km, rechts der Straße folgen, nach 100 m links ab
+Gasthof Nosswitz ⇧290 m ➤13,6 km ⚐, rechts halten auf ***GRÜN***
+Elsterstausee ➤13,8 km ◈, rechts am Ufer
+Am Schweißgraben ➤14,2 km, gerade
✧Wasserkraftwerk Dölau ➤14,4 km, rechts über die Weiße-Elster & die Bahn: ***GRÜN***
+Sachswitz ⇧285 m ➤14,7 km, links dem Radweg entlang der Straße folgen
✧Dölau Abzweig Am Butterberg ⇧278 m ➤15,4 km ⚐, rechts ab Str. Am Butterberg
+Butterberg ⇧308 m ➤15,6 km, links ab zur Göltzschmündung, auf ***ROTEN*** Punkt
+Rothenthaler Alpen ⇧301 m ➤16,5 km, gerade weiter auf *GELBEN* Punkt
+Basteifelsen ⇧301 m ➤16,9 km, auf engen Pfad & Stufen der Rothenthalleite folgen

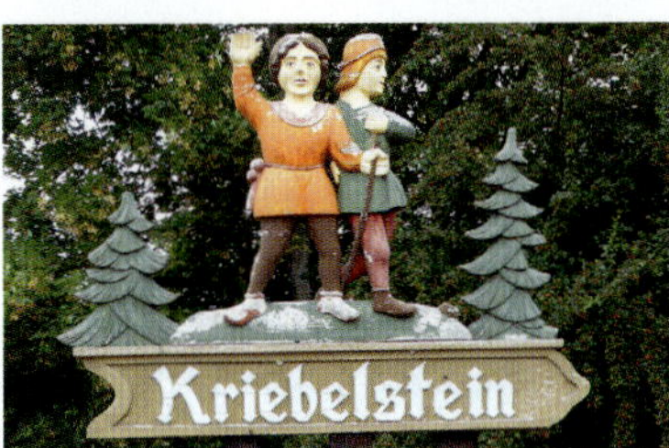

Wegweiser zum Kriebelstein

+Abzweig Vogtlandweg ➤17,5 km, gerade
+Göltzschmündung ⇧272 m ➤17,5 km, links halten auf ***BLAU*** und nach 100 m auf der Brücke über die Weiße-Elster, danach gleich rechts ab: ***ROTER*** Punkt
✧Abzweig Elsterplatz ➤18,4 km, rechts halten und auf dem Damm dem Ufer folgen
✧Fußgängerbrücke ⇧262 m ➤19,1 km, links ab, nach 100 m rechts und gleich wieder links in die Nahmmacherstraße
✧Carolinenstraße ➤19,4 km, gerade
✱+Greiz Bahnhof ⇧259 m ➤19,6 km

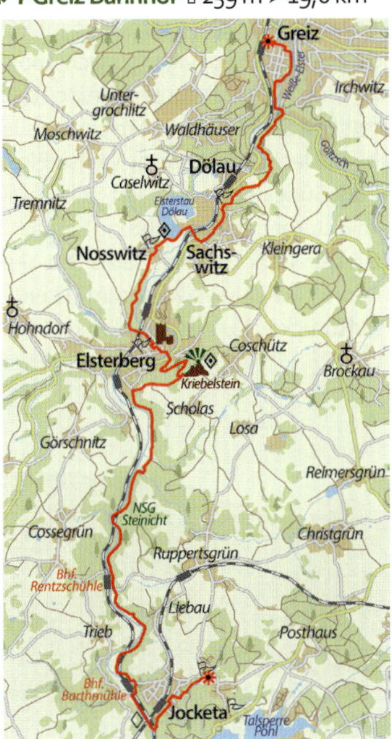

31 Greiz - Nitschareuth - Berga/E.

Sehenswert: Greizer Park mit der Staatlichen Bücher- und Kupferstichsammlung Satiricum im Sommerpalais, Unters & Oberes Schloss, Bauernmuseum in Nitschareuth
Streckenlänge: 21,6 km **Höhenmeter:** ↑543 ↓568
Wanderkarten: Wälder um Zwickau, Werdau, Greiz - Bl. 64, oder Thüringer Vogtland - Bl. 116 - 1:35.000 Verlag Dr. Barthel oder Greiz-Vogtland - 1:50.000 Verlag Grünes Herz
Wegmarkierung: mit Balken *ROT* *GELB* *GRÜN* & Elsterperlenweg (*EPW*)

Auf dem reizvollen Flussabschnitt zwischen Greiz und Wünschendorf können Sie rechts und links der Weißen-Elster wandern. Die Wege sind als Elsterperlenweg (*EPW*) durchgängig markiert und können so als große Rundtour (ca. 72 km) absolviert werden. Daher haben wir die Wanderungen 32 & 34 mit der Wegführung flussaufwärts beschrieben. Die Tour 31 auf der linken Elsteruferseite beginnt in Greiz am Bahnhof, führt Sie durch den Greizer Park hinauf zur Idahöhe und vorbei an der Teufelskanzel-Aussicht nach Nitschareuth. In Neumühle treffen beide Uferseitenwege vom Elsterperlenweg zusammen, so dass Sie hier auch das Ufer wechseln können und auf einer Rundwanderung wieder zurück nach Greiz gehen können. Bei der Tour 31 sind die nächsten Stationen der Amselstein, die Lehna- & Eulamühle , bevor Sie in Berga/E. Ihre Wanderung beenden.

Wegverlauf

✱+Bahnhof Greiz ⇧259 m, links auf *ROT* Richtung Park Südeingang, nach 200 m links durch die Bahnunterführung, dann rechts halten und nach 400 m am Kreisverkehr auf der Brücke über die Weiße-Elster
+Park Südeingang ➤0,5 km, links ab auf dem Elsterperlenweg Richtung Berga
✧Greizer Park Sommerpalais ➤0,9 km, am Café Küchenhaus, weiter am Elsterufer
+Luftbrücke ⇧255 m ➤1,2 km, links auf der weißen Holzbrücke über die Weiße-Elster, danach rechts dem Uferweg folgen
+Abzweig ➤1,4 km, links ab auf Waldweg
+Elfte Stunde ➤1,6 km, rechts weiter und nach 50 m am nächsten Wegkreuz, links auf Pfad aufwärts Richtung Idahöhe
+Idahöhe ⇧328 m ➤2,0 km, rechts ab
+Abzweig ⇧357 m ➤2,3 km, gerade zur Teufelskanzel-Aussicht, nach ca. 100 m an der Weggabel halten Sie sich rechts

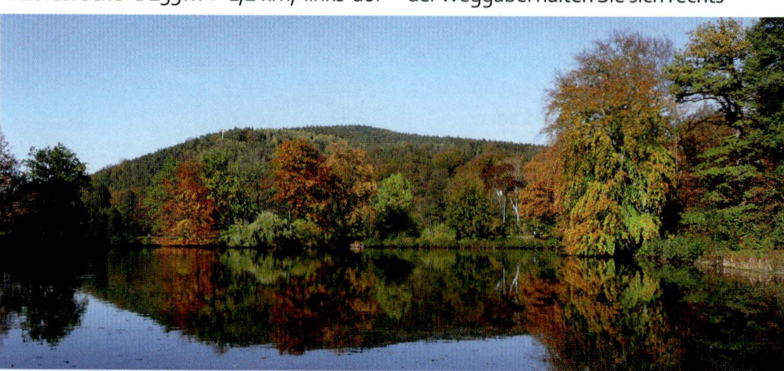
Herbst im Greizer Park

WANDERTEIL

+Teufelskanzel ⇧377 m ➤2,9 km, Ruhebank mit schöner Aussicht, links aufwärts weiter, dann folgt ein Kiesweg
+Amtsreuth ⇧406 m ➤4,0 km, rechts ab
+Abzweig ➤4,5 km, rechts ab auf einer Forststraße abwärts, nach 300 m gerade
◊Rastplatz ➤5,4 km, gerade weiter
+Am Lugenberg ⇧361 m ➤6,1 km, rechts auf der Betonplattenstraße abwärts
+Abzweig ➤6,5 km, links: Röschnitzgrund
+Am Hammerberg ⇧320 m ➤7,0 km, links Richtung Neumühle, nach 400 m, gerade auf Waldweg abwärts: Nitschareuth
+Röschnitzgrund ⇧274 m ➤7,8 km, über den Bach, dann links halten der aufwärts führenden Forststraße folgen
+auf der Höhe ⇧342m ➤8,3 km, links ab Richtung Nitschareuth, nach ca. 30 m gleich wieder rechts auf Feldweg weiter
+Nitschareuth ➤8,8 km, am Ortseingang gleich rechts ab, im Ort Bauernmuseum
+Am Vogelherd ⇧322 m ➤9,2 km, gerade in den Wald hinein und nach ca. 100 m an der Weggabel links halten: *GELB*
+Abzweig ➤9,6 km, gerade: Amselstein
+Amselstein ⇧315 m ➤10,1 km, Aussichtskanzel mit Ruhebank, links Stufen abwärts
+Neumühle ⇧248 m ➤10,5 km, links ab und nach ca. 100 am nächsten Wegkreuz rechts ab Richtung Berga: *GRÜN*
+W. Pieck Gedenkstein ⇧275 m ➤10,9 km links halten und auf Stufen kräftig bergauf
+Bach-Goethe Hain ➤11,1 km ◊, rechts ab
+Lehnamühle ⇧248 m ➤12,4 km ◊, gerade und vor der Brücke links der Straße folgen, am Ortsende rechts am kleinen Teich vorbei, dann auf der Wiese rechts halten
+am Waldrand ➤13,1 km, links auf schmalen Pfad aufwärts, schöne Blicke ins Elstertal
+Abzweig ⇧268 m ➤13,6 km, links ab
+Abzweig ⇧316 m ➤14,0 km, rechts halten: *GRÜN* und nach ca. 100 m, rechts ab
+Eulamühle ⇧237 m ➤16,2 km, links und

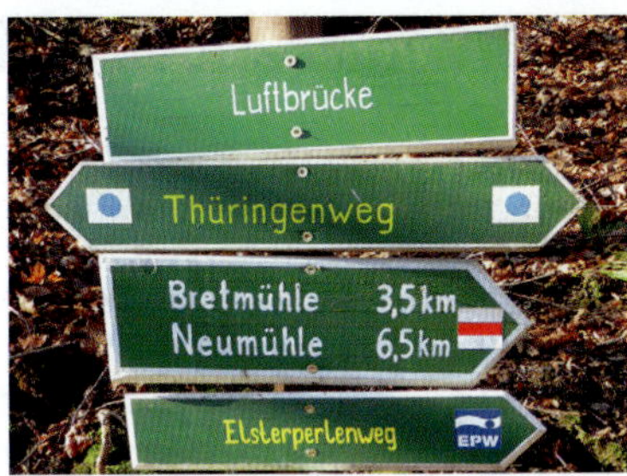

nach 50 m rechts auf steilen Pfad aufwärts
+Abzweig ⇧284 m ➤16,8 km, rechts ab
+Abzweig ➤17,8 km, rechts, nach 1,2 km ◊
+Am Pfarrzipfel *(im Tal)* ⇧249 m ➤19,2 km links ab über Stufen steil aufwärts
+Pfarrzipfel *(oben)* ⇧315 m ➤19,4 km, rechts
+Abzweig ⇧309 m ➤19,8 km ◊, rechts ab
+An der Elsterbrücke ⇧226 m ➤21,0 km, auf der Brücke über die Weiße-Elster, dann zwischen Sportplatz & der Bahnlinie weiter
✱+Bahnhof Berga/E. ⇧228 m ➤21,6 km ⚐⌂, gute Bahnverbindung nach Greiz

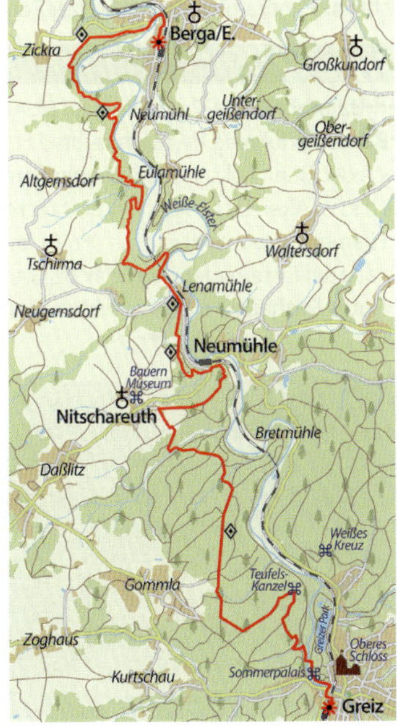

32 Berga/E.- Neumühle - Greiz

Sehenswert: Berga mit Rathaus & der Alten Eiche, dem Wahrzeichen der Stadt, Herrenhaus Markersdorf, Aussicht auf dem Hirschfelsen vom Sophienkreuz - im Volksmund "Weißes Kreuz" , Pulverturm im Greizer Krümmetal, Sommerpalais im Greizer Park mit der Staatlichen Bücher- und Kupferstichsammlung Satiricum, Unters & Oberes Schloss
Streckenlänge: 21,7 km **Höhenmeter:** ↑628 ↓594
Wanderkarten: Wälder um Zwickau, Werdau, Greiz - Bl. 64, oder Thüringer Vogtland - Bl. 116 - 1:35.000 Verlag Dr. Barthel oder Greiz-Vogtland - 1:50.000 Verlag Grünes Herz
Wegmarkierung: mit Balken *GELB* *GRÜN* *BLAU* *ROT* & Elsterperlenweg (*EPW*)

Auf dem reizvollen Flussabschnitt zwischen Greiz und Wünschendorf können Sie rechts und links der Weißen-Elster wandern. Die Wege sind als Elsterperlenweg (*EPW*) durchgängig markiert und können so als große Rundtour (ca. 72 km) absolviert werden. Daher haben wir die Wanderungen 32 & 34 mit der Wegführung flussaufwärts beschrieben. Die Tour 32 auf der rechten Elsteruferseite startet in Berga/E., führt mächtig ansteigend zum Herrenhaus Markersdorf und dann abwärts ins Pöltzschbachtal, dem Sie nach Untergeißendorf folgen. Auf dem folgenden Abschnitt können Sie auf der Wachberg-Höhe eine prächtige Fernsicht und vom Heiteren Blick die schöne Aussicht auf Neumühle und das Elstertal genießen. Vom Schlötengrund aus wandern Sie im Landschaftsschutzgebiet "Wälder um Greiz & Werdau" zum "Weißen-Kreuz" , wo sich Ihnen das malerische Elstertal-Panorama mit dem Greizer Park & Schloss öffnet.

Wegverlauf

✱+Bahnhof Berga/E. ⇧228 m, auf *BLAU* **+Bahnunterführung** ➤0,18 km, rechts *GELB* nach der Bahn links auf der Bahnhofstraße bis zur Alten Eiche ➤0,5 km, dort rechts **+Heimatmuseum** ⇧235 m ➤0,65 km, gerade auf Elsterperlenweg *EPW* bis Greiz **✧Rotes Rathaus** ➤0,8 km, rechts halten, aufwärts durch den kleinen Park, nach ca. 200 m rechts über Stufen zur Kirche **+St. Erhard Kirche** ⇧274 m ➤1,1 km, rechts **+Markersdorf** ⇧359 m ➤1,9 km, gerade **+Herrenhaus** ➤2,1 km ⛳⌂, *GELB* **✧Brücke Pöltzschbach** ⇧261 m ➤2,8 km **+Pöltzschbachtal** ➤2,9 km, rechts: *GRÜN*

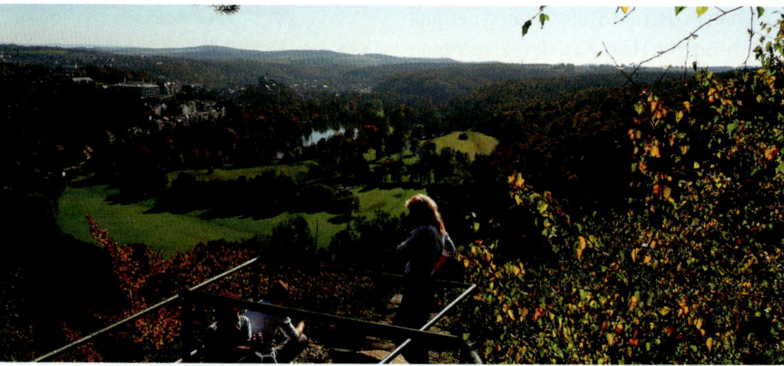

Blick vom Weißen Kreuz auf den Greizer Park

+Thüringenweg-Abzweig ➤3,2 km, gerade
+Untergeißendorf ⇧256 m ➤4,2 km ◈, rechts entlang der Straße, nach 150 m vor der Brücke links über Wiesen aufwärts, nach 350 m links zwischen Feldern weiter aufwärts, dann am Waldrand bis zur Höhe
+Wachberg-Höhe ⇧356 m ➤5,7 km, bei der Ruhebank herrlicher Fernblick, rechts auf der Betonstraße abwärts
+Ruhebank ⇧327 m ➤6,0 km, links: ***BLAU***
+Mühlberg Kirche ⇧286 m ➤7,1 km, rechts an der Straße, nach 80 m links ab ***ROT***
+Die Ebene ⇧331 m ➤7,7 km, rechts, nach 300 m links zwischen Feldern abwärts
✧**Teich** ⇧294 m ➤8,6 km, links halten
+Waltersdorfer Straße ➤8,9 km, rechts und nach ca. 130 m links ab ***ROT***
+Infotafel-Spinnen ⇧304 m ➤9,3 km, rechts
+Heiterer Blick ⇧330 m ➤9,6 km ◈, schöner Talblick, rechts in Serpentinen ins Tal
+Morgenröthe ⇧272 m ➤10,0 km, links
+Neumühle Gartenweg ➤10,4 km, rechts
+Neumühle Wehr ⇧245 m ➤10,6 km, links, nach 20 m rechts dem Ufer folgen
+Mühlstein im Park ➤10,9 km ◈, gerade
+Knottenmühle ➤11,1 km ◈, gerade und nach ca. 50 m links ab von der Straße
+Schlötenbach ⇧253 m ➤11,4 km, rechts
+Knottengrund ⇧264 m ➤11,7 km, rechts
+Schlötengrund ⇧283 m ➤12,7 km, rechts Furt durch den Bach und im Wald aufwärts
+Bierweg ⇧410 m ➤14,1 km, gerade
+Abzweig ➤14,4 km, gerade ***ROTER*** Punkt
+Waldwegkreuzung ⇧343 m ➤15,1 km, links
+Abzweig ⇧304 m ➤16,1 km, links ab auf ***ROTEN*** Punkt, nach ca. 300 m gerade
+Weißes-Kreuz ⇧375 m ➤16,6 km, 125 m über dem Tal, herrliche Aussicht auf Greiz
+Abzweig ⇧318 m ➤17,6 km, rechts ab, nach ca. 70 m am nächsten Wegkreuz links
+Abzweig ⇧349 m ➤18,0 km, rechts: ***EPW***
+Pulverturm ⇧325 m ➤18,6 km, rechts
+Krümmetal ⇧265 m ➤18,9 km, links

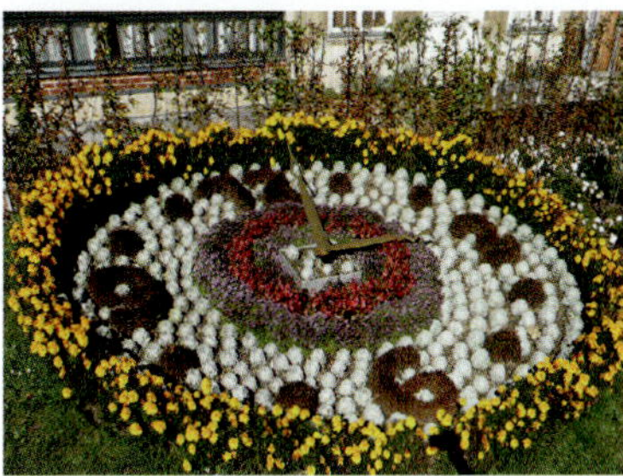

Sonnenuhr - Greizer Park

und nach 50 m rechts über die Bahnlinie ⚐
+Greizer Park Hammerwiese ➤19,1 km, links vorbei am Schwanenhäuschen, am schönen Greizer Parkteich entlang
+Greizer Park Rotunde ➤20,0 km, gerade
+Greizer Park Sonnenuhr ➤20,2 km, nach 100 m rechts über die Elsterbrücke zum Bahnhof (oder gerade zum Markt), am Kreisverkehr gerade, nach ca. 140 m links durch die Bahnunterführung, dann rechts
✱**+Bahnhof Greiz** ⇧259 m ➤20,7 km ⚐ ⌂

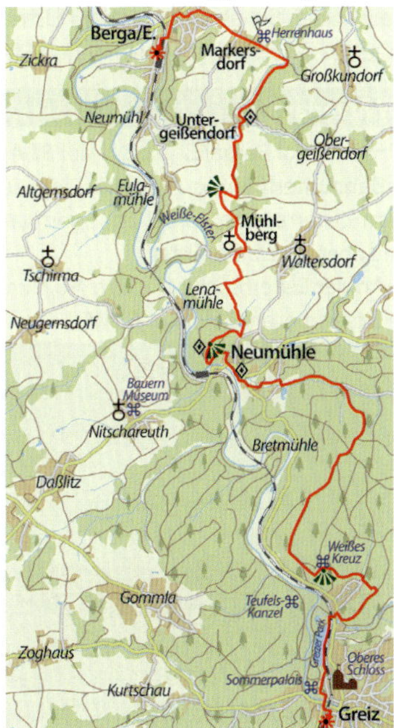

33 Berga/E.- Wünschendorf - Gera (Zwötzen)

Sehenswert: in Berga Rathaus & Alte Eiche, das Wahrzeichen der Stadt, Clodramühle, in Wünschendorf die Veitskirche & Historische Holzbrücke, in Gera Hofwiesenpark & Orangerie
Streckenlänge: 26,0 (22,2) km **Höhenmeter:** ↑249 ↓288
Wanderkarten: Thüringer Vogtland - Bl. 116 & Gera - Bl. 100 - 1:35.000 Verlag Dr. Barthel oder Gera - 1:50.000 Verlag Grünes Herz
Wegmarkierung: mit Balken ***BLAU GRÜN***, Elsterperlenweg (***EPW***) & Lutherweg (***LW***)

Zwischen Greiz und Wünschendorf können Sie auf beiden Uferseiten der Weißen-Elster wandern. Die Wege sind als Elsterperlenweg (***EPW***, ca. 72 km) durchgängig markiert und können als große Rundwanderung absolviert werden. Daher haben wir die Touren 32 & 34 mit der Wegführung flussaufwärts beschrieben.
Von Berga/E. bis Wünschendorf folgen Sie auf der Tour 33 dem linken Elsterufer und erreichen bald die idyllisch gelegene Clodramühle mit Schafshofkäserei. Hier können Sie auf der neuen Fußgängerbrücke die Flusseite wechseln, wenn Sie durch den Märchenwald nach Wünschendorf wandern möchten (siehe Tour 34). Beim Friedhof Veitsberg haben Sie die Möglichkeit, die Tour 33 zu kürzen, indem Sie direkt zur Veitskirche bei der Holzbrücke gehen. Ab Wünschendorf folgen Sie nun dem Elsterdamm, der auch gleichzeitig Radweg ist und machen bei Liebschwitz einen Abstecher zum Zoitzberg, wo sich Ihnen ein prächtiger Elstertalblick bietet. Bis zum Ziel im Hofwiesenpark von Gera folgen Sie dann weiter dem Elsterufer, können die Etappe aber auch bereits im Stadtteil Zwötzen beenden (Bahn- & Straßenbahn direkt ins Zentrum).

Wegverlauf

✱+Bahnhof Berga/E. ⇧228 m, auf ***BLAU***
+Bahnunterführung ➤0,18 km, links auf dem Elsterradweg vorbei am Sportplatz und über die Weiße-Elster
+An der Elsterbrücke ⇧226 m ➤0,6 km, rechts vorbei am Zollhaus: ***EPW***
◊Rastplatz ➤1,1 km, gerade am Ufer
+Am Echo ⇧225 m ➤1,25 km, gerade
✧Fußgängerbrücke Clodramühle ➤2,8 km
+Clodramühle ⇧223 m ➤3,2 km, zurzeit geschlossen, vorbei an der Hofkäserei
+Harnbachtal ⇧227 m ➤3,4 km, rechts ab

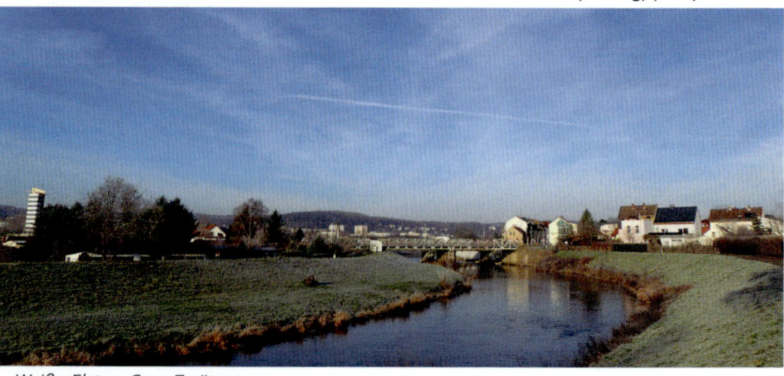

Weiße-Elster - Gera-Zwötzen

WANDERTEIL

und nach 500 m an Weggabel links halten
+Abzweig Clodra ⇧272 m ➤4,3 km, rechts
✧Elstertalblick ⇧276 m ➤4,5 km, links
+Silberblick ⇧301 m ➤7,2 km, Ruhebank 85 m über dem Tal, nach 50 m rechts
+Am Silberberg ⇧308 m ➤7,9 km, gerade
+Bendelgrund ⇧272 m ➤9,2 km, rechts ab
+Cronschwitz ⇧215 m ➤9,8 km, gerade
+Friedhof ⇧245 m ➤10,4 km, links entlang der Straße: ***EPW*** (oder gerade auf dem Thüringenweg direkt zur Veitskirche)
+Abzweig ➤10,7 km, rechts Straße verlassen
+einzelnes Haus ⇧257 m ➤11,1 km, rechts, nach ca. 150 m an der Weggabel links halten
+Weidatalweg ⇧258 m ➤11,7 km, rechts
◈Rastplatz ⇧264 m ➤12,1 km, links auf dem schmalen Pfad abwärts
+Weidabrücke ⇧219 m ➤12,6 km, links über die Weida, nach der Brücke rechts dem Lutherweg (***LW***) folgen (nach links kommen Sie zum Kloster Mildenfurth)
+Wünschendorf Sportplatz ➤13,0 km, auf der Brücke über die Weida, dann links
+Veitsberg ⇧215 m ➤13,2 km, auf der Historischen Holzbrücke über die Weiße-Elster
+nach der Holzbrücke ⇧215 m ➤13,4 km, links Str. an der Feuerwehr: ***GRÜN*** (gerade ca. 400 m das Gasthaus Elsterperle ⌂⚐)
✧Artenschutzturm ➤14,1 km, gerade und dann nach 50 m links am Elsterufer: ***LW***
+Meilitz ⇧205 m ➤16,6 km ⚐, gerade
+Wipsebrücke ⇧202 m ➤18,3 km, nach der Brücke rechts ab auf ***LW*** und nach ca. 400 m links ab in die Gartenstraße (wenn Sie nicht auf den Zoitzberg möchten, so gehen Sie hier weiter entlang der Elster)
✧Liebschwitz Salzstraße ➤18,9 km, links auf Straße Binsenacker aufwärts: ***GRÜN***
+Binsenacker ⇧238 m ➤19,1 km, links ab über Stufen und auf schmalen Pfad
◈Zoitzsberg Schutzhütte ⇧284 m ➤19,6 km, prächtiger Elstertal-Blick, links neben der Hütte auf schmalen steilen Pfad abwärts
✧Bahnlinie ⇧213 m ➤20,0 km, nach dem Gleis rechts, nach 300 m links in Sachsenstraße und nach weiteren 130 m rechts ab
✧Liebschwitzer Straße ➤20,6 km, ☝ links zwischen Gärten dem Elsterufer folgen
✧Sportplatz Zwötzen ➤21,2 km, gerade
✧Gera-Zwötzen Bahnhof ⇧199 m ➤21,6 km ⚐, links über die Brücke, dann rechts dem Elsterradweg am Ufer folgen
✧Zwötzener Wehr ⇧196 m ➤22,7 km
✧Stadion Am Steg ➤23,4 km, links halten unter der Brücke hindurch
✧Heinrichsbrücke ⇧195 m ➤24,5 km, links halten und unter der Brücke hindurch
✧Eingang Hofwiesenpark ➤24,8 km, gerade weiter dem Elsterufer folgen
✧Untermhäuser Brücke ⇧195 m ➤25,7 km ⚐, rechts ab, links auf dem anderen Ufer neben der Marienkirche ist das Dix-Haus
✱+Gera Orangerie ➤26,0 km ⌂⚐

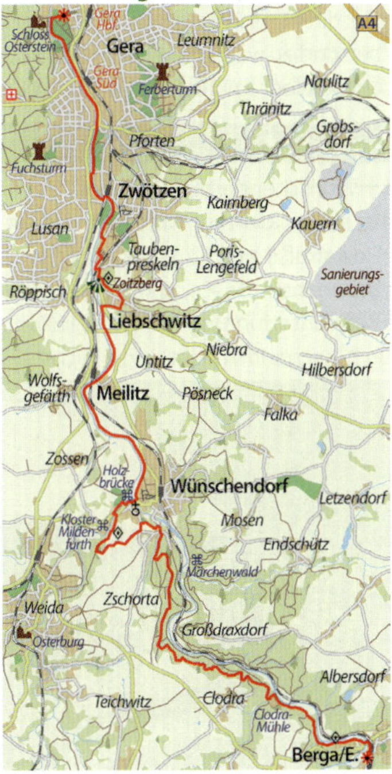

34 Wünschendorf - Märchenwald - Berga/E.

Sehenswert: in Wünschendorf Historische Holzbrücke & der idyllische Märchenwald, Weiberstein Aussicht, Dorfanger Großdraxdorf, Clodramühle, in Berga Rathaus & Alte Eiche
Streckenlänge: 15,9 km **Höhenmeter:** ↑319 ↓305
Wanderkarten: Thüringer Vogtland - Bl. 116 - 1:35.000 vom Verlag Dr. Barthel oder Gera - 1:50.000 vom Verlag Grünes Herz
Wegmarkierung: mit Balken *ROT* *GRÜN*, Elsterperlenweg (*EPW*)

Zwischen Greiz und Wünschendorf können Sie auf beiden Uferseiten der Weißen-Elster wandern. Die Wege sind als Elsterperlenweg (*EPW*, ca. 72 km) durchgängig markiert und können als große Rundwanderung absolviert werden. Daher haben wir die beiden Touren 32 & 34 mit der Wegführung flussaufwärts beschrieben.
Auf der Tour 34 von Wünschendorf nach Berga/E. folgen Sie dem rechten Elsterufer und wandern über den Hüttchenberg in den idyllischen Märchenwald. Hier wird an 17 Wasserspielen mit Hilfe von Zahnrädern die Kaft des Kamnitzbaches genutzt, um viele kleine Gestalten aus der Märchen- & Sagenwelt zum "Leben zu erwecken". Sie kommen zur Geyerstein & Weiberstein Aussicht, nach Großdraxdorf mit seinem schönen Dorfanger und gehen auf dem Zehnmarkweg, einem schmalen Pfad mit prächtigen Elstertal-Blicken, nach Unterhammer. Im Elstertal können Sie dann auf der gleichen Uferseite im Tal direkt nach Berga wandern, oder die längere Tour auf dem Elsterperlenweg über Albersdorf zu wählen. Weiterhin möglich: auf der neuer Fußgängerbrücke auf das Elsterufer zur Clodramühle wechseln und dann dem Uferweg bis Berga folgen.

Wegverlauf

✱+Wünschendorf/E. Bahnhof ⇧213 m links halten Richtung Märchenwald
+Poststraße ➤0,25 km, gerade *EPW*
+Brunnenstraße ➤0,39 km, gerade *EPW*
+Bahnunterführung ➤0,57 km, links hindurch, nach 100 m rechts in die Fuchstalstr.
+Fuchstalstraße ➤0,81 km, links halten auf Wiesenweg weiter, nach 100 m links dem Siedlungsrand aufwärts folgen (direkt zum Märchenwald kommen Sie, wenn Sie hier rechts dem Ufer folgen)
+Waldrand ⇧289 m ➤1,4 km, rechts: *EPW*
✧Aussicht ⇧305 m ➤2,1 km links halten auf dem *EPW* Richtung Hüttchenberg
✧Hüttchenberg ⇧308 m ➤2,5 km, schöner Blick über den Steinbruch ins Elstertal
+Märchenwald ⇧264 m ➤3,1 km, rechts gehen Sie im Kamnitzgrund an den liebevoll gestalteten Märchenspielen abwärts ins Tal (600 m ⚐), kehren dann wieder

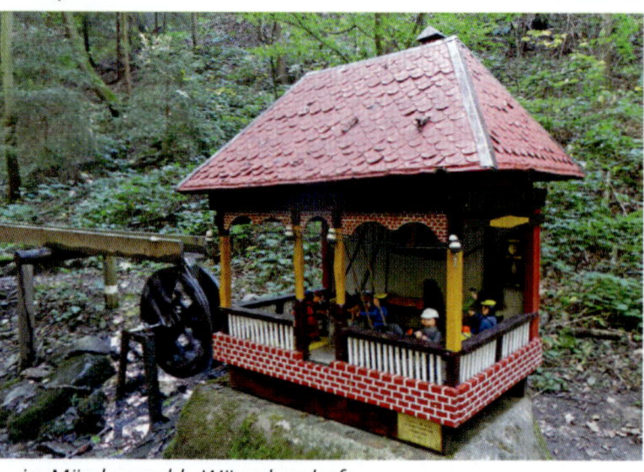
im Märchenwald - Wünschendorf

WANDERTEIL

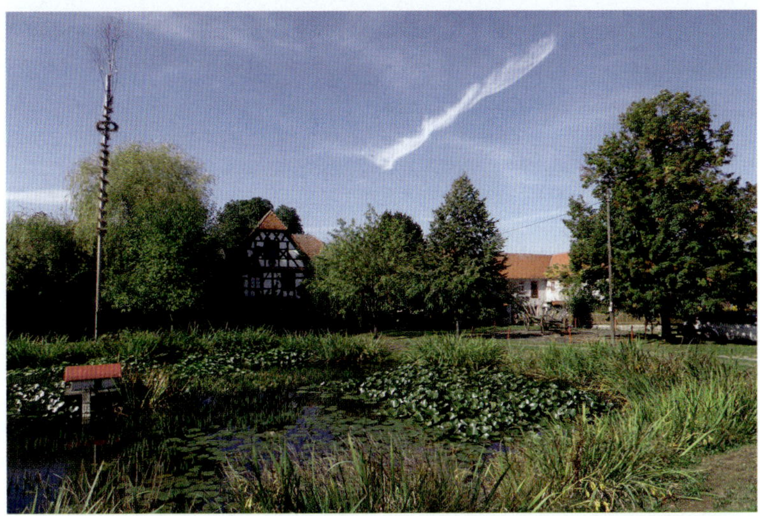

Dorfanger - Großdraxdorf

hierher zurück und gehen rechts: **GRÜN**
+Geyerstein Aussicht ⇧293 m ➤5,0 km, ca. 60 m über der Talsohle, links ab **GRÜN**
+Abzweig Hirschensprung ➤5,8 km, links
✧**Fuchsbachtalblick** ➤6,0 km, links halten
+Fuchsmühle ➤6,3 km, rechts **GRÜN**
+Fuchsbachtal ⇧225 m ➤7,3 km ◈, links über die Brücke und nach 100 m am nächsten Wegkreuz, links das Tal verlassen: ***ROT***
+Teufelskanzel ⇧298 m ➤7,8 km, rechts
+Weiberstein ⇧307 m ➤8,1 km ◈, vom Rastplatz schöner Talblick, gerade
+Großdraxdorf ⇧315 m ➤8,7 km, nach rechts auf ***ROT*** wieder abwärts ins Tal (gerade nach 200 m schöner Dorfanger ◈)
+Elstertal ⇧244 m ➤10,2 km, links ab und nach nur 50 m nach links auf ***ROT*** das Tal wieder verlassen und auf dem Zehnmarkweg über die Fichtleite (☝ Trittsicherheit nötig, sonst weiter auf dem Talweg)
+Elstertal ⇧225 m ➤11,9 km, links im Tal
+An der Rohrbrücke ➤12,1 km, weiter im Tal: ***ROT*** (oder links die längere Strecke über die Draxdorfer Bastei auf dem ***EPW***)
+Hammermühle ➤13,1 km, gerade im Tal
+Unterhammer ➤13,2 km, gerade weiter im Tal (oder auf der neuen Fußgängerbrücke über die Weiße-Elster zur Clodramühle)
+Schutzhütte ➤13,9 km, weiter am Ufer im Tal (oder links die längere Strecke über Stausee Albersdorf auf dem ***EPW***)
+Oberhammer ➤14,4 km, weiter im Tal
+Berga Elsterbrücke ➤15,4 km, rechts im Bogen unter der Brücke hindurch, dann am Sportplatz entlang
+Bahnunterführung ➤15,7 km, gerade
✱**+Berga/E. Bahnhof** ⇧228 m ➤15,9 km

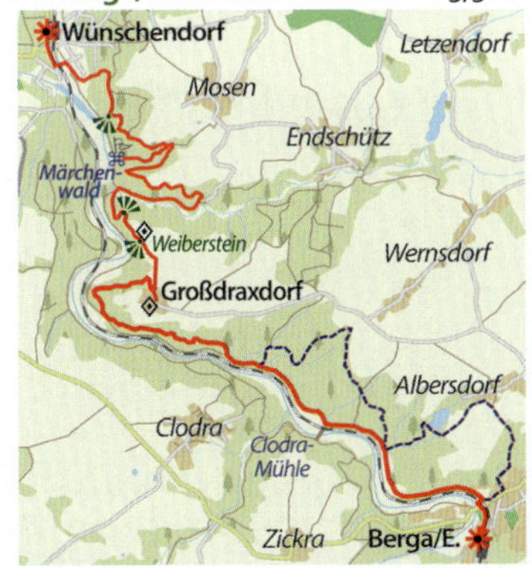

Thüringer Meer & Plothener Teiche

Wo viel Wald, Wasser und Schiefer die Landschaft prägen, im Türinger Naturpark Schiefergebirge/Obere Saale, haben wir fünf Wanderetappen zu einer Streckentour verbunden. In der Orlasenke bei Pößneck, am Fuße der Burg Ranis, startet die Reise und führt Sie auf einem Naturlehrpfad durch das Plothener Teichgebiet, das Land der "Tausend Teiche", bis zum Schloss Burgk.

Das Obere Saaletal mit dem "Thüringer Meer" ist das nächste Ziel, hier bestimmt die wildromantische Landschaft des größten zusammenhängenden Stauseegebietes Europas mit dem Hohenwarte- & Bleilochstausee das Bild des Saalelaufes. Auf den drei Etappen bis Saalfeld folgen Sie dem nördlichen Teil vom Hohenwarte Stausee Weg. In der fjordähnlichen Landschaft wandern Sie auf anspruchsvollen Wegen entlang der Steilhänge an der Saale, erobern dabei eindrucksvolle Felsen und geniessen prächtige Aussichten auf das "Thüringer Meer".

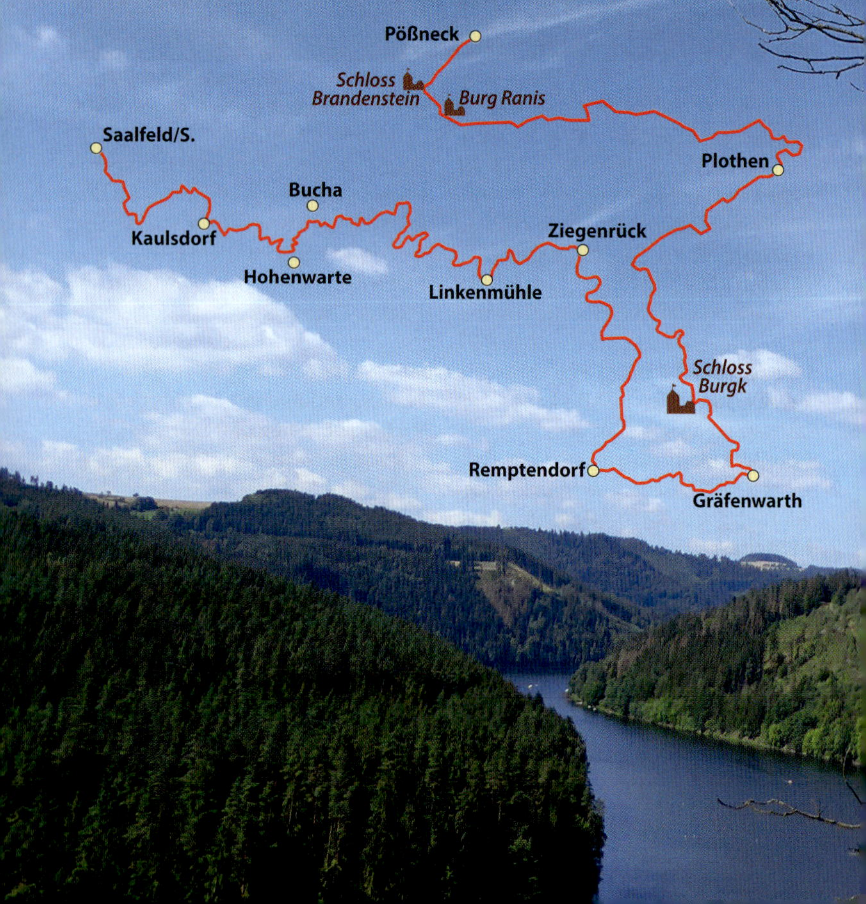

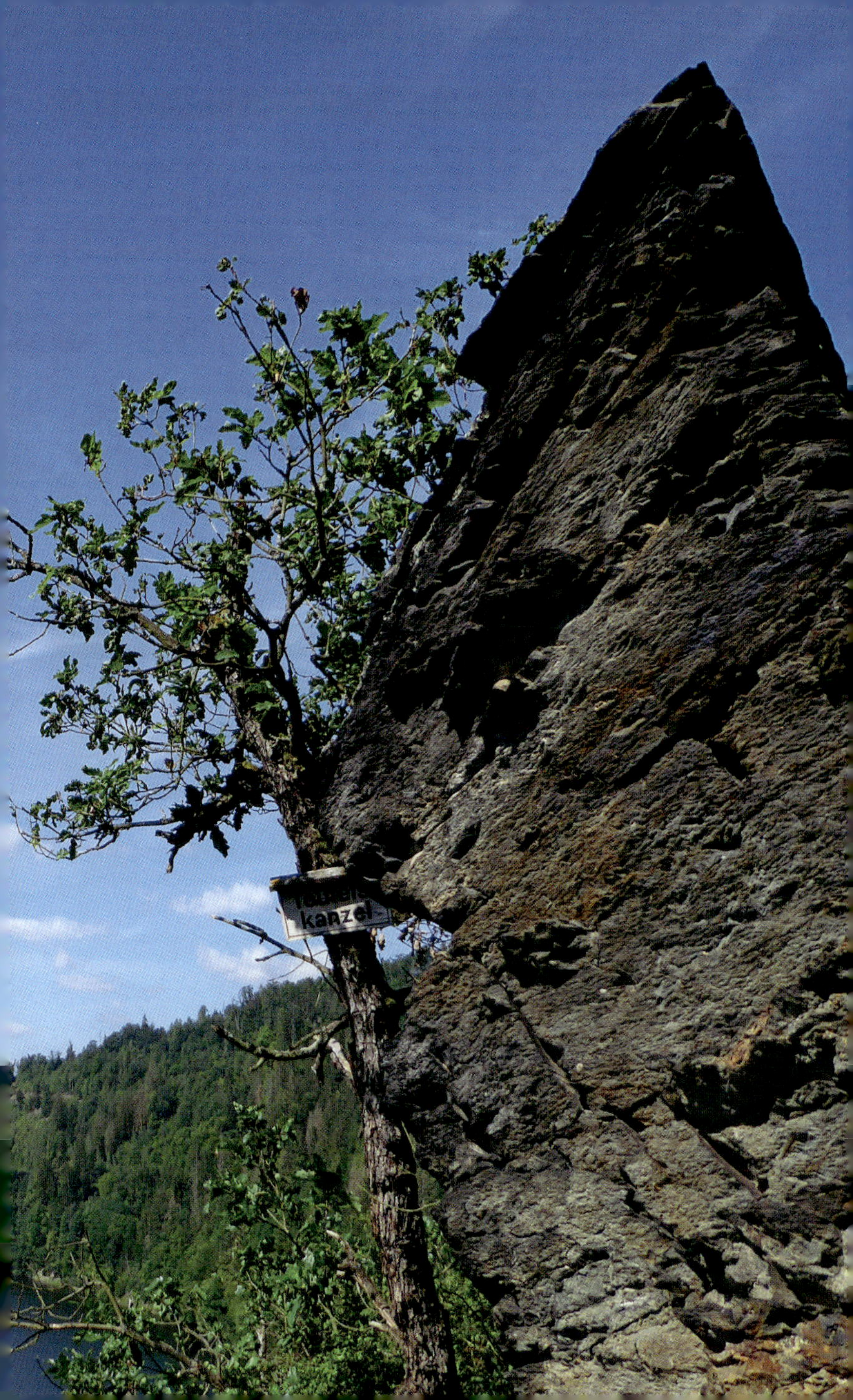
kanzel

35 Pößneck - Burg Ranis - Plothen

Sehenswert: ins Pößneck das spätgotische Rathaus, Ranis mit Barockschloss Brandenstein & der Burg Ranis, einem Renaissanceschloss (16. Jhd.) mit Kern einer Reichsministerialenburg, Naturschutzgebiet der Debraer Teiche mit dem Haus auf Stelzen im Wasser
Streckenlänge: 26,7 km **Höhenmeter:** ↑512 ↓276
Wanderkarten: Orlasenke, Neustadt, Pößneck - Bl. 131 - 1:35.000 vom Verlag Dr. Barthel oder Saalestauseen - 1:50.000 vom Verlag Grünes Herz
Wegmarkierung: mit *GELBEN* Punkt, *ROTES* Dreieck, *ROTER* Punkt & Balken: *GELB*

Die Wanderung beginnt in Pößneck am oberen Bahnhof und führt aus der Orlasenke hinauf zum prächtig rot leuchtenden Barockschloss Brandenstein und zur Burg Ranis. Sie durchqueren das Waldgebiet Ratsholz bei Seebach und erreichen nach dem Dörfchen Peuschen die Teiche bei der zurzeit leider geschlosssenen Bankschenke und das hübsche Angerdorf Knau mit seinem Rittergutspark. Das "Land der Tausen Teiche", das Naturschutzgebiet der Plothner-Debraer Teiche, ist erreicht, und entlang von Fürsten-, Haus- und Neuer Teich kommen Sie zum bekannten Pfahlhaus. In Plothen besteht leider kein Bahnanschluss, Rückreise mit Bus (über Knau oder Schleiz) oder Übernachtung.

Wegverlauf

✱+Pößneck oberer Bahnhof ⇧239 m, rechts auf der Bahnhofstraße, nach 230 m rechts auf Raniser Str. unter Bahn hindurch
+Poststraße ➤0,35 km, rechts ab Straße: Am Friedhof: *GELBER* Punkt
✧Friedhof ⇧253 m ➤0,65 km, links ab
✧Erzberg ⇧289 m ➤1,6 km, gerade, schöner Blick auf Pößneck: *GELBER* Punkt
+Schloss Brandenstein ⇧349 m ➤4,0 km ◈, vor dem Schloss links: *ROTES* Dreieck
✧Freudental Teich ⇧316 m ➤4,3 km ◈, rechts, nach 120 m am Wisentgehege gerade
+Ranis Altmarkt ⇧388 m ➤5,2 km, nach rechts aufwärts zur Burg Ranis
✧Burg Ranis ➤5,4 km, nach der Besichtigung, vor dem unteren Burgtor, links auf Stufen abwärts zur Ilsenhöhle und links ab in Str. Schloßberg & links in A. Bebel Str.

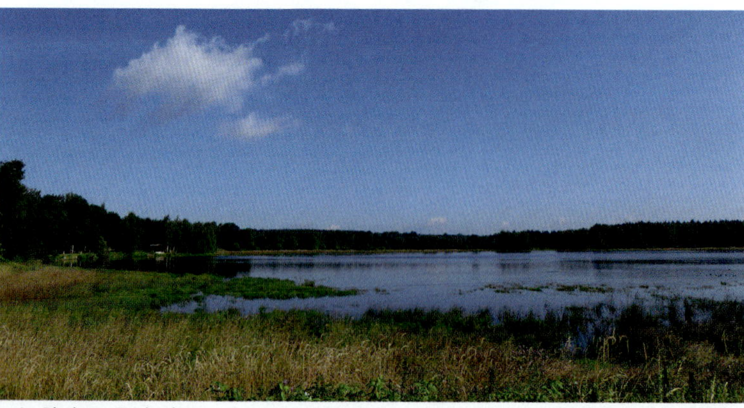

im Plothener Teichgebiet

WANDERTEIL

✧**Kreuzung** ⇧385 m ➤5,6 km, rechts ab in die Lindenstraße: *ROTES* Dreieck
+**An der Schöpfe** ➤6,0 km, links halten
✧**Weggabel** ➤6,5 km, links *GELBER* Punkt
✧**Waldrand** ⇧453 m ➤7,1 km, gerade, nach 200 m am Abzweig gerade: *ROTES* Dreieck
+**Limberg** ⇧510 m ➤8,0 km ◈, gerade, auch nach 170 m am nächsten Abzweig
+**Lichtung** ⇧515 m ➤8,9 km, rechts
+ **Seebachhütte** ⇧ 532 m ➤ 9,2 km ◈ links ab, nach ca. 20 m rechts halten
+**Seebach** ➤9,4 km, nach rechts auf dem Wiesenweg am Waldrand weiter, dann im Wald immer gerade: *ROTER* Punkt
✧**Straße** ➤10,4 km, rechts an der Straße, nach 50 m gerade und nach 200 m links ab
+**Peuschen** ⇧494 m ➤11,5 km, nach links, dann gerade durch den kleinen Ort: *GELB*
+**Gamsetal** ⇧428 m ➤12,6 km ◇, links ab auf dem Wiesenweg und nach 550 m rechts am Bach von der Bankschenke
✧**Speicher Laskau** ⇧451 m ➤14,2 km, links halten und dem Ufer folgen
+**Straße** ⇧463 m ➤14,8 km ◇, am Rastplatz nach links ab von der Straße
+**Gasthaus Zur Bankschenke** ⇧478 m ➤15,5 km ⚐◈, rechts und nach 100 m links weiter am Teichufer: *GELB*
✧**Weggabel** ⇧486 m ➤16,1 km, rechts am Feldrand, nach 150 m links am Waldrand weiter und nach ca. 200 m gerade
✧**Abzweig** ⇧488 m ➤16,6 km, nach rechts auf dem Forstweg in den Wald hinein

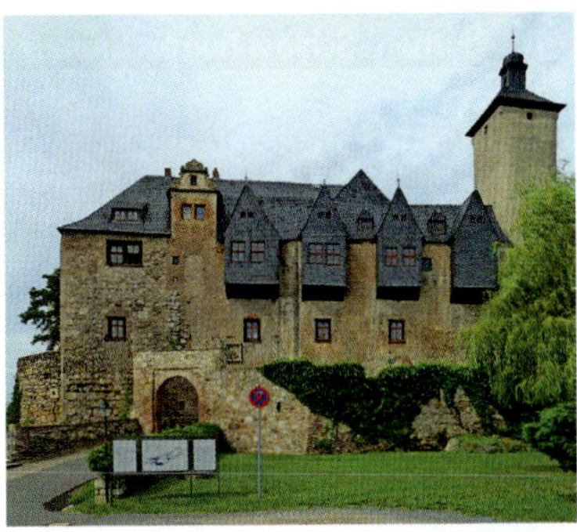

Burg Ranis

✧**Knau** ⇧439 m ➤18,3 km, gerade über das Bahngleis in den Ort hinein
✧**Anger - Teich** ➤18,6 km ◈, am kleinen Lebensmittelmarkt beim Teich gerade
✧**Kirche** ➤18,9 km, nach 100 m links ab, nach dem Ort gerade zwischen Feldern
+**Parkplatz bei Dreba** ⇧504 m ➤21,7 km, rechts ab, an der Straße weiter
+**Födischteich** ⇧492 m ➤22,3 km, rechts, auf Pfad neben der Straße: *ROTES* Dreieck
+**Fürstenteich** ➤22,7 km, links am Teich
✧**Camping Plothener Teiche** ➤23,3 km ⚐, nach 200 m an der Zeltwiese kleine Waldschänke, weiter am Ufer vom Hausteich
+**Jugendherberge** ➤24,5 km ⌂, rechts ab
+**Informationsstelle Umwelt & Naturschutz Am Hausteich** ➤24,8 km, rechts
+**Pfahlhaus am Hausteich** ➤25,3 km
+**Semmlergruppenteich** ➤26,0 km, links
✱+**Plothen Gasthaus "Zum Plothenteich"** ⇧478 m ➤26,7 km ⌂⚐

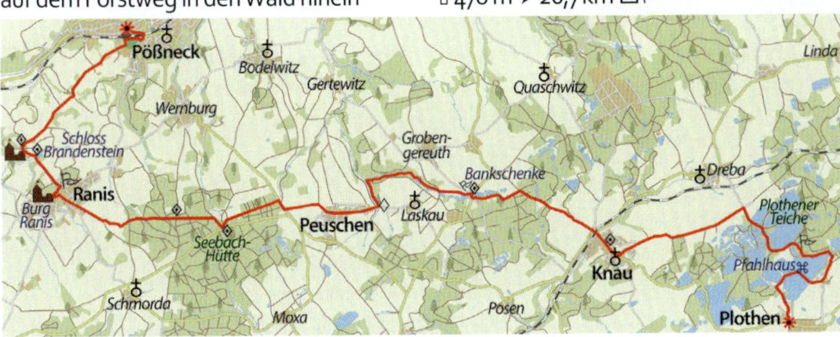

36 Plothen - Schloss Burgk - Gräfenwarth

Sehenswert: Plothener Teichgebiet, Vogelbeobachtungsturm bei der Finkenmühle, Schloss Burgk mit Torhaus, Rotem Turm, Silbermannorgel & Sophienhaus, Talsperre Burgkhammer, NSG Kobersfelsen mit Holzsteg über dem Wasser, Bleilochtalsperre
Streckenlänge: 26,8 km **Höhenmeter:** ↑518 ↓527
Wanderkarten: Orlasenke, Neustadt, Pößneck - Bl. 131 & Oberes Saaletal, Bleilochtalsperre - Bl. 126- 1:35.000 Verlag Dr. Barthel oder Saalestauseen - 1:50.000 Verlag Grünes Herz
Wegmarkierung: mit Balken: ***BLAU***, ***ROTEN*** Viereck & Dreieck

Plothen ist leider nicht mit der Bahn zu erreichen, daher bleibt nur die Anreise mit dem Bus, oder Sie verbinden die Tour 36 mit der Tour 35 und planen eine Übernachtung ein. Die Wanderung führt Sie dann an den Teichen bei der Finkenmühle nach Schöndorf, durch den Plothengrund nach Eßbach und im Tal der Wisenta zum Teufelsberg. Schloss Burgk mit dem Sophienpark, hoch über der Talsperre Burgkhammer gelegen, ist die nächste Station, bevor Sie über den Holzsteg beim Koberfelsen das Ziel in einem Seitenarm der Bleilochtalsperre erreichen. Auch in Gräfenwarth besteht leider kein Bahnanschluss, Rückreise mit Bus (nach Schleiz oder Bad Lobenstein) oder Übernachtung.

Wegverlauf

✱+Plothen Gasthaus "Zum Plothenteich" ⇧478 m, an der Straße Richtung Knau
+Moosteich ⇧492 m ➤1,1 km, links ab
+Finkenmühle ⇧474 m ➤2,5 km, rechts ab
+Mahlteich ⇧473 m ➤2,8 km, rechts, nach 300 m links: ***BLAU***
+Infotafel ➤3,5 km, rechts am Teich
✧Vogelbeobachtungsturm ➤4,2 km
+Infotafel ⇧465 m ➤4,7 km, links
+Infotafel ⇧463 m ➤5,0 km, rechts
✧Külzenteich ⇧456 m ➤5,6 km, gerade
+Kohlungsteich ➤6,1 km, links ***BLAU***
◈Langenwiesenteich ➤6,4 km, gerade
+Langenwiesenteich ➤6,5 km, rechts und nach 120 m links ab: ***BLAU***
+Schöndorf Teich ⇧423 m ➤7,4 km ◈,

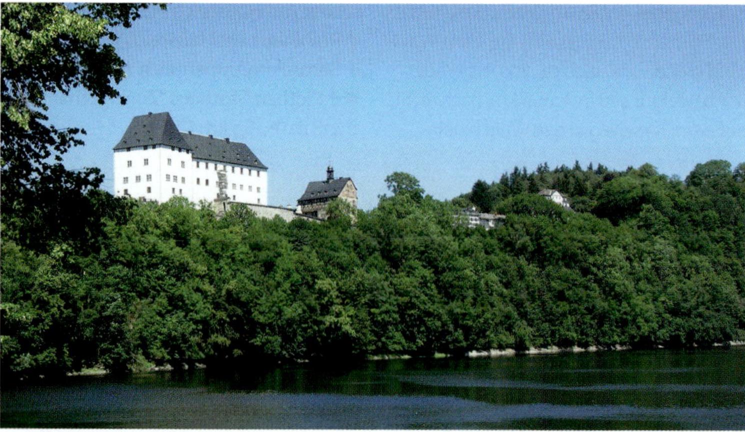

Blick zum Schloss Burgk

nach 100 m rechts ab von Straße, auf Talbärenweg durchs Winkelbach Tal: ***BLAU***
+Ruhebank ⇧398 m ➤8,1 km, gerade
+Plothengrund ⇧370 m ➤8,8 km, links ab ***ROTES*** Viereck
+Lichtung ⇧395 m ➤10,2 km, rechts
+Plothenbach ⇧400 m ➤10,8 km, rechts über den Plothenbach
+Mühlberg ⇧472 m ➤11,8 km, rechts für ca. 220 m der Straße folgen, dann links
+Eßbach-Ziegenhals ⇧447 m ➤12,6 km, an einer großen Halle links: ***ROTES*** Viereck, nach ca. 700 m Rastplatz ◈
✧**Wiesenta** ⇧361 m ➤13,9 km, über die Brücke, nach 80 m links halten im Wald aufwärts
✧**Wiesenhaus** ⇧401 m ➤14,4 km, links: ***ROTES*** Viereck, ✋ nach 100 m rechts ab auf Pfad, nach 150 m links über Stufen abwärts
✧**Wiesenta** ⇧377 m ➤14,8 km, gerade
+Ferienland Bhf. Festwiese ➤14,9 km, rechts
+Schafbrücke ⇧385 m ➤15,9 km, rechts der aufwärts führenden Straße folgen
+Abzweig Dörflas ⇧441 m ➤16,7 km, links: ***ROTES*** Dreieck, nach 200 m rechts
+Teufelsberg ⇧429 m ➤17,4 km, rechts
+Elzbach ⇧431 m ➤18,2 km, rechts, nach 300 m an einem Hochsitz links
◈**Marienhütte** ⇧444 m ➤18,8 km, schöner Marienblick, nach 150 m rechts halten
✧**Höhle „Geist Huuuh Mann"** ➤19,3 km
+Burgk ⇧412 m ➤19,9 km ⚐, rechts ab
✧**Schloss Burgk** ➤20,1 km, durch das Schlossgelände zum Sophienpark mit Pavillion und danach wieder zurück
+Burgk ⇧412 m ➤20,8 km, gegenüber vom Torbogen gerade, nach 100 m rechts ab auf schmalen Pfad: ***ROTES*** Dreieck, nach ca. 800 m schöne Aussicht
+Eisbrücke ⇧366 m ➤22,7 km, nach rechts, dann vor der Brücke ◈ links ab
✧**NSG Kobersfelsen** ➤23,9 km, auf einem Holzbohlenweg über der Talsperre Burgkhammer am Felsen entlang

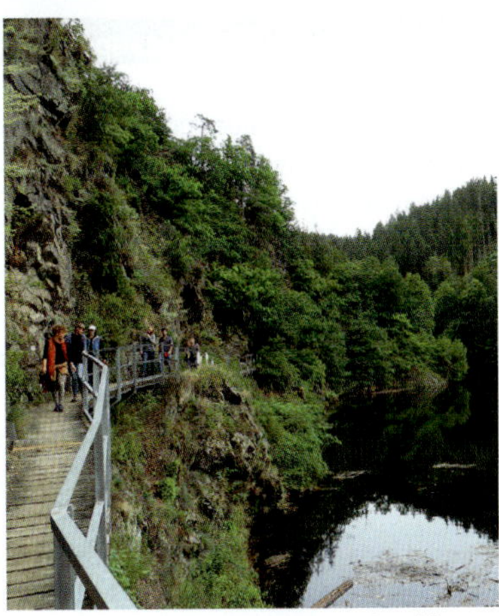

Holzsteg - Kobersfelsen

+Am Kobersfelsen ➤24,2 km, nach dem Molwitzbach links aufwärts
+An der Kalkbachbrücke ➤24,7 km, rechts
◈**Im Ruh** ⇧452 m ➤25,2 km, gerade
+Am Weinberg ⇧481 m ➤25,7 km, links
+Am Apfelbaum ➤26,5 km, gerade
✱**+Gräfenwarth Teich** ➤26,8 km ⚐⌂

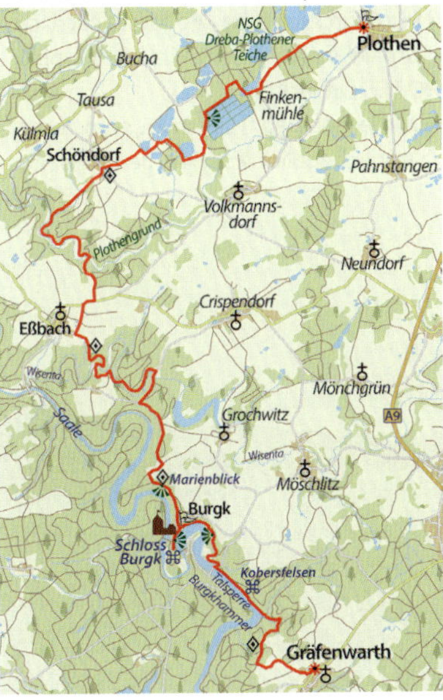

37 Gräfenwarth - Bleilochtalsperre - Ziegenrück

Sehenswert: Staumauer und schöner Uferweg an der Bleilochtalsperre, Gaststätte Waldhaus Karolinenfield, idyllischer Weg am Saaleufer von Walsburg bis nach Ziegenrück, mit der Kemenate auf dem Schlossberg, Saaleviadukt und Wasserkraftmuseum
Streckenlänge: 23,7 km **Höhenmeter:** ↑288 ↓442
Wanderkarten: Oberes Saaletal, Bleilochtalsperre - Bl. 126- 1:35.000 Verlag Dr. Barthel oder Thüringer Meer - 1:33.000 vom KK-Verlag
Wegmarkierung: mit *ROTEN* Dreieck, *BLAUES: X* & Balken: *GELB*

Gräfenwarth erreichen Sie mit dem Bus (von Schleiz, Bad Lobenstein), oder Sie verbinden die Tour 37 mit den Touren 35 & 38 und planen eine Übernachtung ein. Die Wanderung führt Sie über die 205 m lange Staumauer der Bleilochtalsperre, dem nach Fassungsvolumen größten Stausee Deutschlands. Sie folgen nun dem Ufer der Talsperre, erreichen durch das Retschenbachtal Remptendorf und die von Wald umgebene kleine Siedlung Karolinenfield. Am Eichbach abwärts gehend, kommen Sie zur Walsburg und wandern im idyllischen Tal der Saale nach Ziegenrück. Am Ziel in Ziegenrück leider kein Bahnanschluss, Rückreise mit Bus (nach Pößneck, Schleiz) oder Übernachtung.

Wegverlauf

✱+**Gräfenwarth Teich** ⇧467 m ⚐⌂, Sie folgen der abwärts führenden Straße
+**Parkplatz** ⇧459 m ➤0,4 km ◈, rechts
◈**Pilz-Märchenstube** ➤0,7 km, nach ca. 170 m links ab auf dem Pilz-Erlebnispfad: *ROTES* Dreieck
+**Mariechenweg** ⇧446 m ➤1,0 km, rechts
✧**Mariechenblick** ➤1,3 km, gerade weiter
✧**Unterer Wetterablick** ⇧438 m ➤1,6 km, nach ca. 30 m links halten
+**Abzweig** ⇧434 m ➤2,2 km, links
+**Straße** ➤2,6 km ◇, über die Straße
+**Köstritzer Haus** ➤3,0 km ◈, gerade
✧**Bleiloch-Sperrmauer** ➤3,5 km, beim Weg über die Sperrmauer prächtiger Blick über Stausee & auf das Pumpspeicherwerk

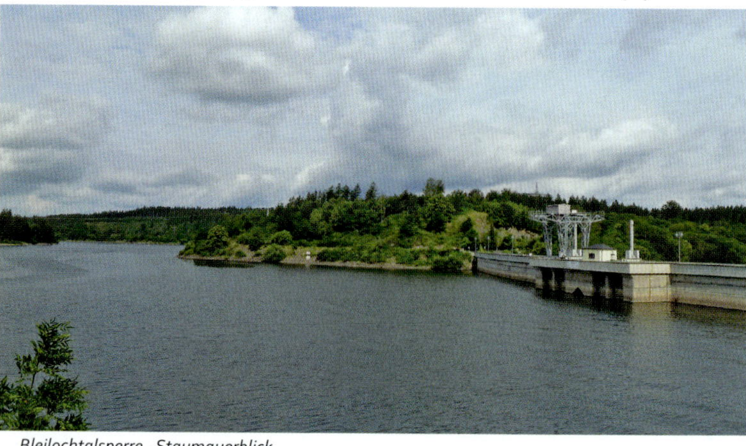

Bleilochtalsperre - Staumauerblick

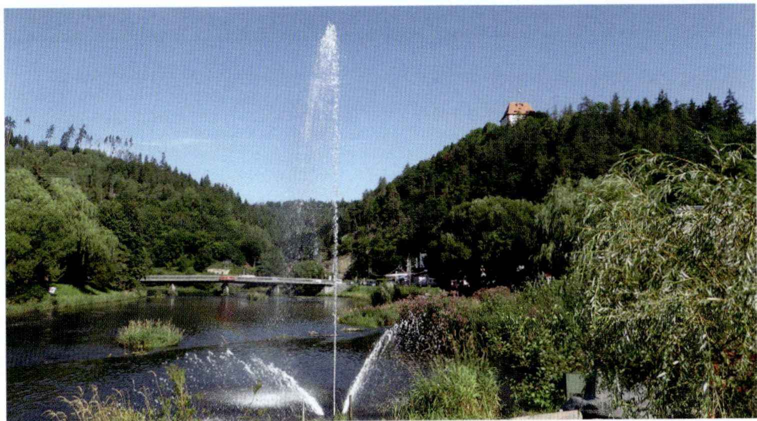

Ziegenrück - Blick zur Kemenate

+nach der Sperrmauer ⇧418 m ➤3,7 km, hier links dem Ufer folgen: ***BLAUES X***

✧Abzweig Isabellengrün ➤4,8 km, links und nach ca. 100 m gerade weiter auf dem herrlichen Bleilochstausee-Uferweg

◊Landzunge ➤6,3 km, gerade

◈Seitenarm ➤7,3 km, gerade

+Retschenbachdamm ➤7,5 km ◈, nach rechts den Stauseeweg verlassen

✧Remptendorf am Ortsbeginn ⇧452 m ➤9,0 km, links aufwärts in den Ort

✧Ortsmitte ⇧485 m ➤9,7 km, rechts ab

⚐Gasthaus Zur Goldenen Sonne ➤9,9 km ⌂, an der Kirche gerade vorbei

✧Abzweig nach Ortsausgang ➤10,4 km, rechts der schmalen Straße folgen: ***GELB***

◈Teich ⇧511 m ➤11,4 km, gerade, dann nach ca. 50 m rechts halten

+Weggabel ➤11,7 km, links halten

+Abzweig ➤12,6 km, links

+Karolinenfield ⇧493 m ➤12,8 km ⚐⌂, am Waldhaus links, nach 50 m rechts ab

+Hildebrand ⇧462 m ➤14,1 km, gerade dem Waldrand folgen, nach 200 m am Teich nach rechts dem schmalen Weg im Tal vom Eichbach, abwärts bis zur Saale folgen

+Saaleufer ⇧337 m ➤16,1 km, nach links am Saale-Ufer weiter

⚐Walsburg ➤16,9 km ⌂, vorbei am Gasthof Fuchsbau, rechts über die Saale, dann links auf Uferweg weiter: ***BLAUES X***

◈Rastplatz ⇧329 m ➤18,6 km, gerade

◈Wehr ⇧321 m ➤21,2 km, gerade

✧Heinze-Quelle ➤21,3 km ◈, gerade

+Saale-Brücke ⇧337 m ➤22,3 km, gerade

✧Ziegenrück-Eisenbahn-Viadukt ➤22,6 km

✧Wasserkraftmuseum ➤23,1 km ⚐⌂

✱+Ziegenrück Wehr ⇧315 m ➤23,7 km ⚐⌂, unterhalb der Kemenate

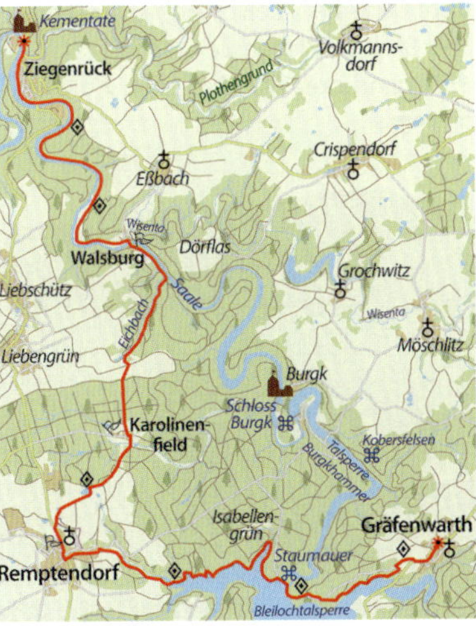

38 Ziegenrück - Hohenwartetalsperre - Bucha

Sehenswert: Ziegenrück, mit der Kemenate auf dem Schlossberg & dem Wasserkraftmuseum, Hohenwartetalsperre mit der Teufelskanzel & Linkenmühle
Streckenlänge: 23,9 km **Höhenmeter:** ↑712 ↓659
Wanderkarten: Oberes Saaletal, Saalfeld/Saale, Hohenwartetalsperre - Bl. 124- 1:35.000 vom Verlag Dr. Barthel oder Thüringer Meer - 1:33.000 vom KK-Verlag
Wegmarkierung: Hohenwarte Stausee Weg (*HSW*) mit *ROTEN* Punkt & Balken *GELB*

Ziegenrück erreichen Sie mit dem Bus (von Pößneck, Schleiz), oder Sie verbinden die Tour 38 mit den Touren 37 & 39 und planen eine Übernachtung ein. In Ziegenrück verlassen Sie unterhalb der Kemenate das idyllische Saaletal und steigen kräftig bergan zur Teufelskanzel, wo sich Ihnen ein famoser Blick auf den tief unter Ihnen liegenden Hohenwarte-Stausee bietet. Auf oft schmalen, aussichtsreichen Uferwegen folgen Sie dem **Hohenwarte Stausee Weg** zur malerisch gelegenen Linkenmühle, zum Erholungsgebiet Portenschmiede und beenden Ihre Wanderung in der Nähe der Hohenwarte-Sperrmauer bei Bucha. Am Ziel leider kein Bahnanschluss, Rückreise mit Bus ab Hohenwarte-Sperrmauer (nach Saalfeld) oder Übernachtung.

Wegverlauf

✱+Ziegenrück Am Schloßberg ⇧316 m ⚐⌂, auf einem schmalen Pfad dem *HSW*: *ROTER* Punkt aufwärts folgen
+Sornitzgrund ⇧351 m ➤0,2 km, links halten über Stufen Richtung Linkenmühle
+Marienquelle ⇧391 m ➤0,5 km, Talblick
+Reißertsruh ⇧408 m ➤0,7 km ◈, herrlicher Blick auf Ziegenrück, rechts
+Ziegenrücker Wand ⇧415 m ➤0,9 km, links halten: *ROTER* Punkt
+Conrod ⇧419 m ➤1,1 km ◈, gerade
✧Teufelskanzel ⇧376 m ➤1,6 km, prächtige Aussicht, auf schmalen Pfad am Steilhang
+Eltsch ⇧321 m ➤3,5 km, gerade durch das Campingplatz-Gelände
+Zur Saaleschenke ➤3,7 km ⚐, gerade
+Schlinge ⇧315 m ➤4,4 km, links über den Silberleite Bach

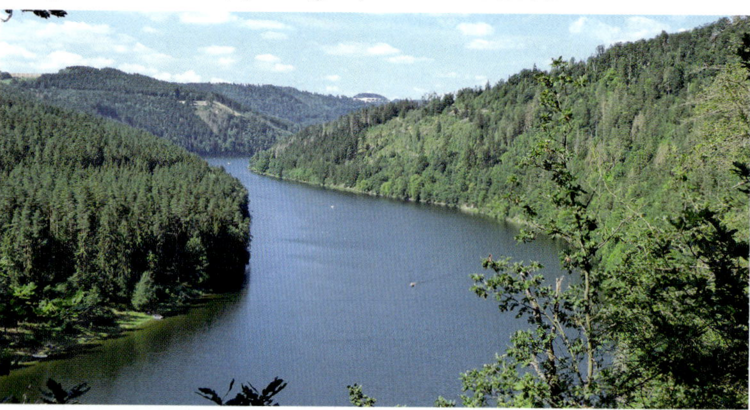

Blick von der Teufelskanzel

WANDERTEIL

+Dürre Schlinge ➤4,5 km, links weiter
+Linkenmühle-Fähre ⇧318 m ➤5,0 km ⚐ Gasthaus Zur Linkenmühle, rechts halten
+Alte Brücke ⇧326 m ➤5,2 km, gerade dem schönen Uferweg folgen
+Am Kiosk ⇧321 m ➤6,9 km, gerade
+Camping Neumannshof ➤7,0 km ⚐
+Droschkaublick ➤7,3 km, gerade
+Boden ⇧319 m ➤7,6 km, gerade am murmelnden Bach aufwärts
+Am Fleischersbach ⇧356 m ➤8,0 km, links über Wiese, nach 100 m links abwärts
+Zum Drachenschwanz ➤8,4 km, gerade
+Abzweig Gössitz ➤9,1 km, gerade
+Mörtendelle ⇧441 m ➤9,9 km, links ab
+Am Weidersberg ➤10,2 km, links halten
+Am Bockfelsen ⇧457 m ➤10,6 km, gerade (links 100 m der Bockfelsen ◈)
+Bloßebene ⇧463 m ➤11,6 km, links
+Lange Bucht ⇧322 m ➤13,3 km, gerade
+Gasthaus Zur Großen Bucht ➤13,6 km ⚐, links ***HSW***: ***ROTER*** Punkt
⚐Gasthaus Zur Portenschmiede ➤14,2 km
+Kleine Bucht ⇧323 m ➤14,4 km, rechts
+An der Schonung ⇧339 m ➤14,6 km, links auf einem Pfad kräftig aufwärts
+Hermanns Ruh ⇧398 m ➤14,9 km, links
+Hoher Hain ⇧398 m ➤15,3 km, gerade
+Saupfütze ⇧404 m ➤15,4 km, links
+Rotacker ⇧405 m ➤15,5 km, rechts
+Geiersberg ⇧452 m ➤16,3 km, gerade
+Fuchsbau ⇧484 m ➤17,0 km, gerade

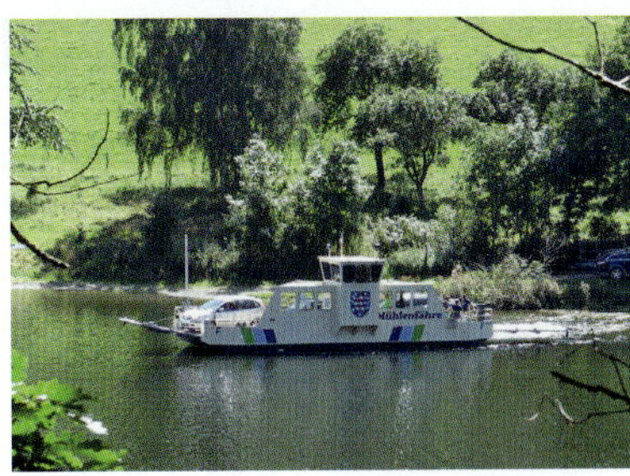

Linkenmühle - Fähre

+Wilhelmsdorf Zum Steinlich ⇧483 m ➤17,6 km, links halten
+Wanderparkplatz ➤17,7 km ◈, links
+Überm Gutschenbach ➤18,0 km, links
◈Mooshäuschen ⇧471 m ➤18,6 km
+Vogelherd ⇧420 m ➤19,3 km, gerade
+Koßdorfsbach-Ost ⇧327 m ➤20,6 km, links, nach dem Bach nochmals links
+Alter - Fuhrweg ⇧327 m ➤21,2 km ⚐ ⌂
+Alter - Camping ⇧333 m ➤22,1 km ⚐, am Kiosk rechts der Straße folgen
+Saalthal Weggabel ⇧344 m ➤22,4 km, der ***HSW*** führt im Bogen um die Landzunge der Preßwitzer Spitze (plus ca. 4 km), wir empfehlen der Straße aufwärts zu folgen
✧Abzweig ➤23,2 km, 250 m nach der Kehre, links auf Pfad ***H 6*** die Straße verlassen
+Stelzenbachbucht ⇧357 m ➤23,5 km, gerade auf ***HWS*** & (***H 6***)
+Güntersheil ⇧373 m ➤23,7 km, rechts
✱+Waldhotel am Stausee bei Bucha ⇧386 m ➤23,9 km ⚐ ⌂

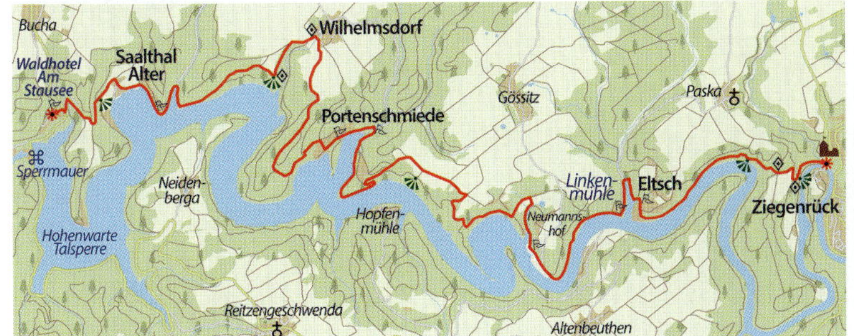

39 Bucha - Kaulsdorf - Saalfeld

Sehenswert: Sperrmauer Hohenwartetalsperre, Klinkhardtshöhe & Zur Gustavsruh mit prächtigen Blicken auf die Sperrmauer & das Pumspeicherwerk, NSG Gleitsch, Bohlenwand, Saalfeld mit der Tropfsteinhöhle Feengrotten, der Burgruine Hoher Schwarm, Amtsgefängnis "Hutschachtel" & dem Renaissance-Rathaus am Markt
Streckenlänge: 21,0 km **Höhenmeter:** ↑662 ↓804
Wanderkarten: Oberes Saaletal, Saalfeld/Saale, Hohenwartetalsperre - Bl. 124- 1:35.000 vom Verlag Dr. Barthel oder Thüringer Meer - 1:33.000 vom KK-Verlag
Wegmarkierung: Hohenwarte Stausee Weg (*HSW*), *ROTER* Punkt & Balken *GELB GRÜN*

Den Startpunkt bei Bucha erreichen Sie mit dem Bus (von Saalfeld), oder Sie verbinden die Touren 39 & 38 und planen eine Übernachtung ein. Auf dem ersten Teil der Wanderung über die Klinkhardtshöhe und vorbei am Rastplatz Zur Gustavsruh haben Sie oft herrliche Aussichten auf die Sperrmauer der Hohenwartetalsperre und das Pumspeicherwerk. Nach Kaulsdorf verlassen Sie das Saaletal und gehen aufwärts zur Gleitsch-Aussicht, erreichen Obernitz und steigen nun über Stufen hinauf zur Bohlenwand, wo Sie zum Abschluss der Wanderung ein fantastischer Blick auf Saalfeld erwartet.

Wegverlauf

✱+Waldhotel am Stausee bei Bucha ⇧386 m, auf dem *HSW*: *ROTER* Punkt
+Güntersheil ⇧398 m ➤0,4 km, rechts
+Reitweg Nord ⇧445 m ➤1,1 km, links
+Reitweg Süd ⇧453 m ➤1,3 km, rechts
+Römstatt ⇧503 m ➤1,7 km, links *HSW*
◊Klinkhardtshöhe ⇧510 m ➤2,1 km, hier an der schönen Aussicht rechts halten
+Zur Gustavs´Ruh ⇧512 m ➤2,6 km, ein herrlicher Blick auf den Hohenwartestausee
+Tannberg Süd ⇧377 m ➤3,9 km , rechts
+Am Zickzackweg ➤4,2 km, gerade
◊Tannberghütte ⇧349 m ➤4,6 km
+Vor der Tannberghütte ⇧349 m ➤5,1 km

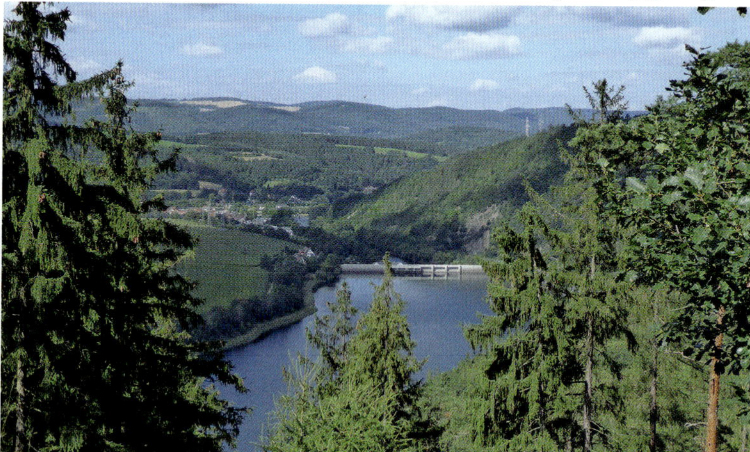

Talsperre Eichicht - Blick zur Sperrmauer

gerade *GELB* (der *HSW* wird hier verlassen)
+vor einer Lichtung ⇧329 m ➤6,6 km, nach rechts halten auf *GELB*
+an Wiese ⇧325 m ➤7,8 km, links *GELB*
+unter Eiche ⇧307 m ➤9,0 km, links und nach 30 m an Weggabel rechts halten
✧**Kaulsdorf Ortsbeginn** ➤9,4 km, links über die Straßen Am Wachhügel, Fuhrgasse, am Friedhof vorbei abwärts
✧**Kaulsdorf Kirche** ⇧244 m ➤9,8 km, rechts in Könitzer Straße und an der Weggabel links
+Edelhof ➤9,9 km, nach rechts durch das Tor der Straße Edelhof folgen: *GRÜN*
✧**Türkengraben** ⇧278 m ➤10,8 km, links, nach 400 m am Abzweig wieder links
◇**Infotafel Der Plattenbruch** ⇧322 m ➤11,5 km, geradeaus weiter
+Zur Nase ⇧365 m ➤12,0 km ◈, rechts
+Krahnhügel ⇧373 m ➤14,2 km, gerade
+Pfaffenberg ➤14,7 km, links ab: *GRÜN*
✧**Gleitsch Aussicht** ⇧402 m ➤15,3 km
✧**Teufelsbrücke** ➤15,4 km, rechts neben der Infotafel auf Pfad abwärts zur Höhle
✧**Obernitz** ⇧252 m ➤16,4 km, rechts in die A. v. Harnack Straße: *GRÜN*
+Obernitz ⇧234 m ➤17,0 km, rechts über Stufen kräftig ansteigend ins NSG Bohlen
+Bohlenwand ⇧339 m ➤17,4 km, prächtige Aussicht übers Saaletal, links: *GRÜN*

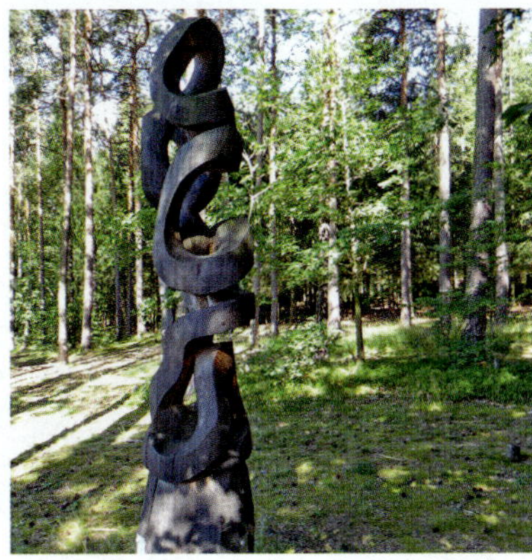
Skulptur Wellenflug - Klinkhardts Höhe

+Herrengraben ⇧262 m ➤18,2 km, links, nach 200 m gerade weiter auf Privatweg, nach 150 m links unter der Bahn hindurch
✧**Köditz Kulmbacher Str.** ⇧222 m ➤18,7 km rechts auf dem Radweg neben der Straße
✧**Südstadtbrücke** ➤19,1 km, links über die Saale und rechts auf dem Radweg am Ufer
✧**Saalfeld Sportplatz** ➤19,8 km, gerade
✧**Saalewiesen Parkplatz** ➤20,3 km, links ab und nach 50 m gleich wieder rechts
✧**Burgruine Hoher Schwarm** ➤20,4 km, rechts dem Weg entlang der Stadtmauer folgen, nach 250 m rechts ab und nach 40 m links auf der Saalstraße zum Markt
❋**+Saalfeld Markt** ⇧239 m ➤21,0 km

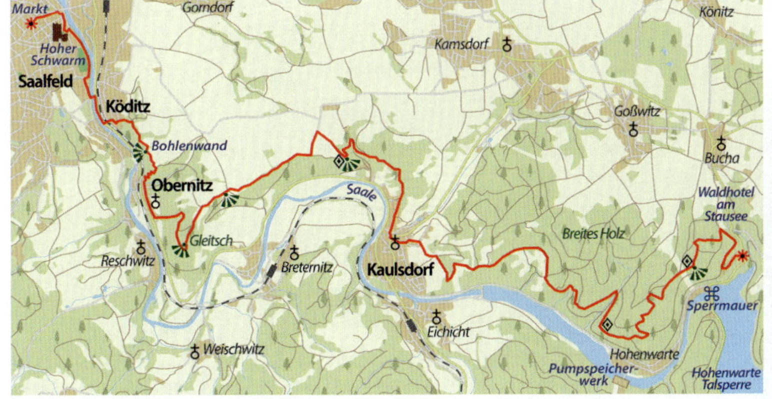

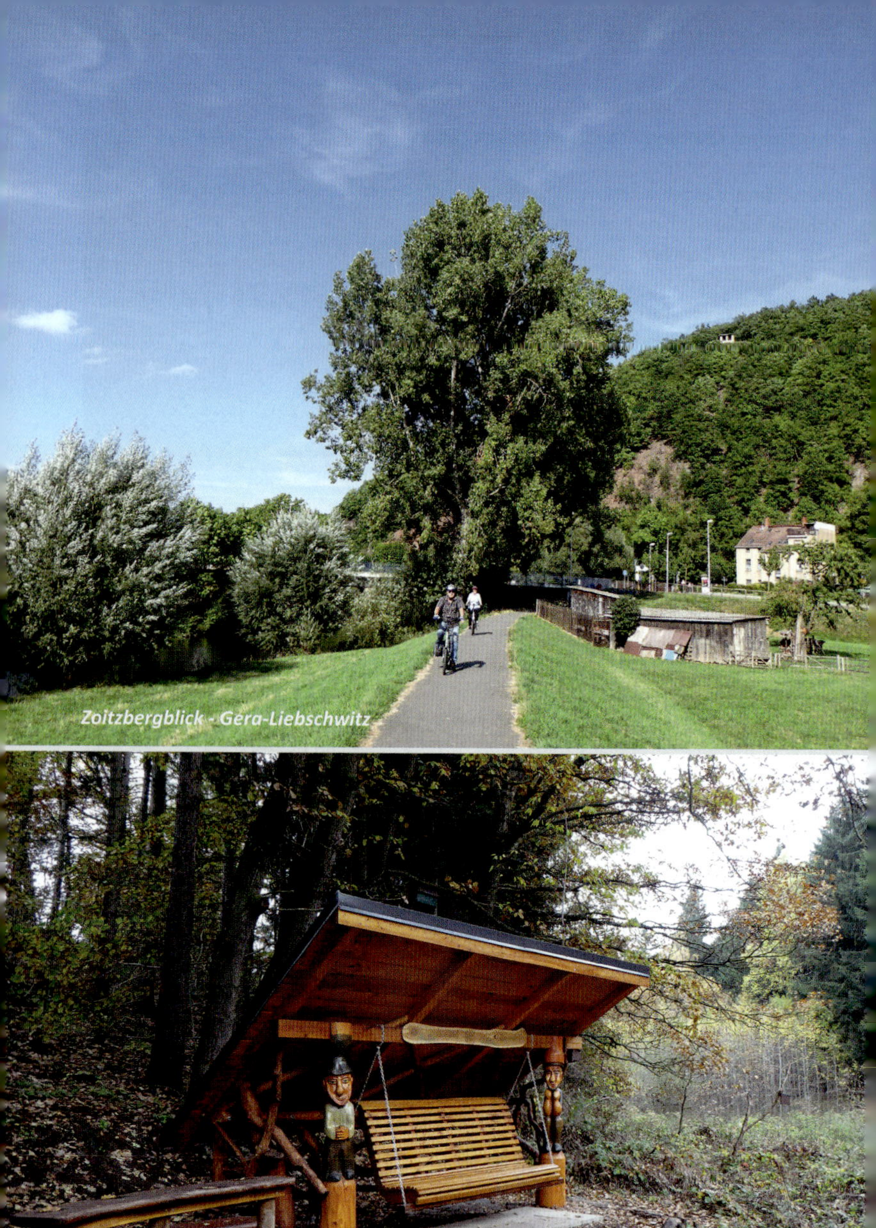

Zoitzbergblick - Gera-Liebschwitz

Saubucht - Talsperrenweg Zeulenroda

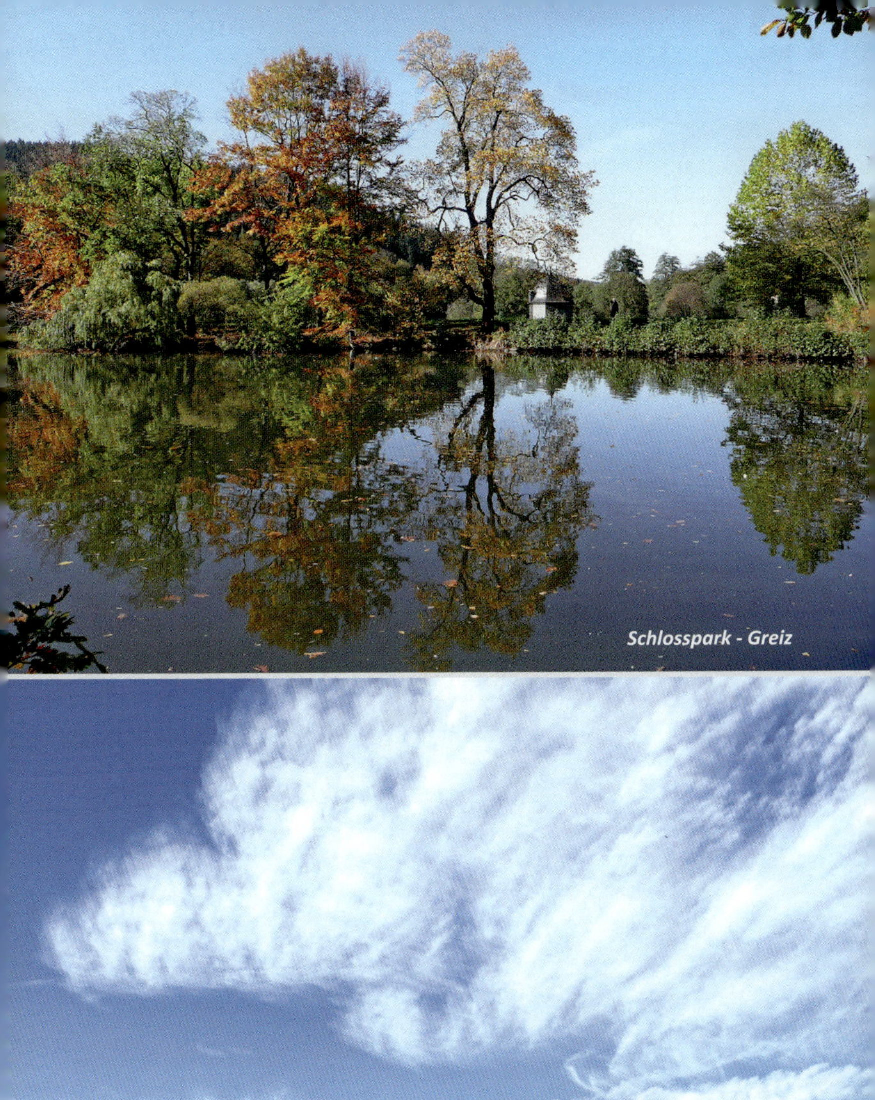

Schlosspark - Greiz

Steinbogenbrücke - Crossen

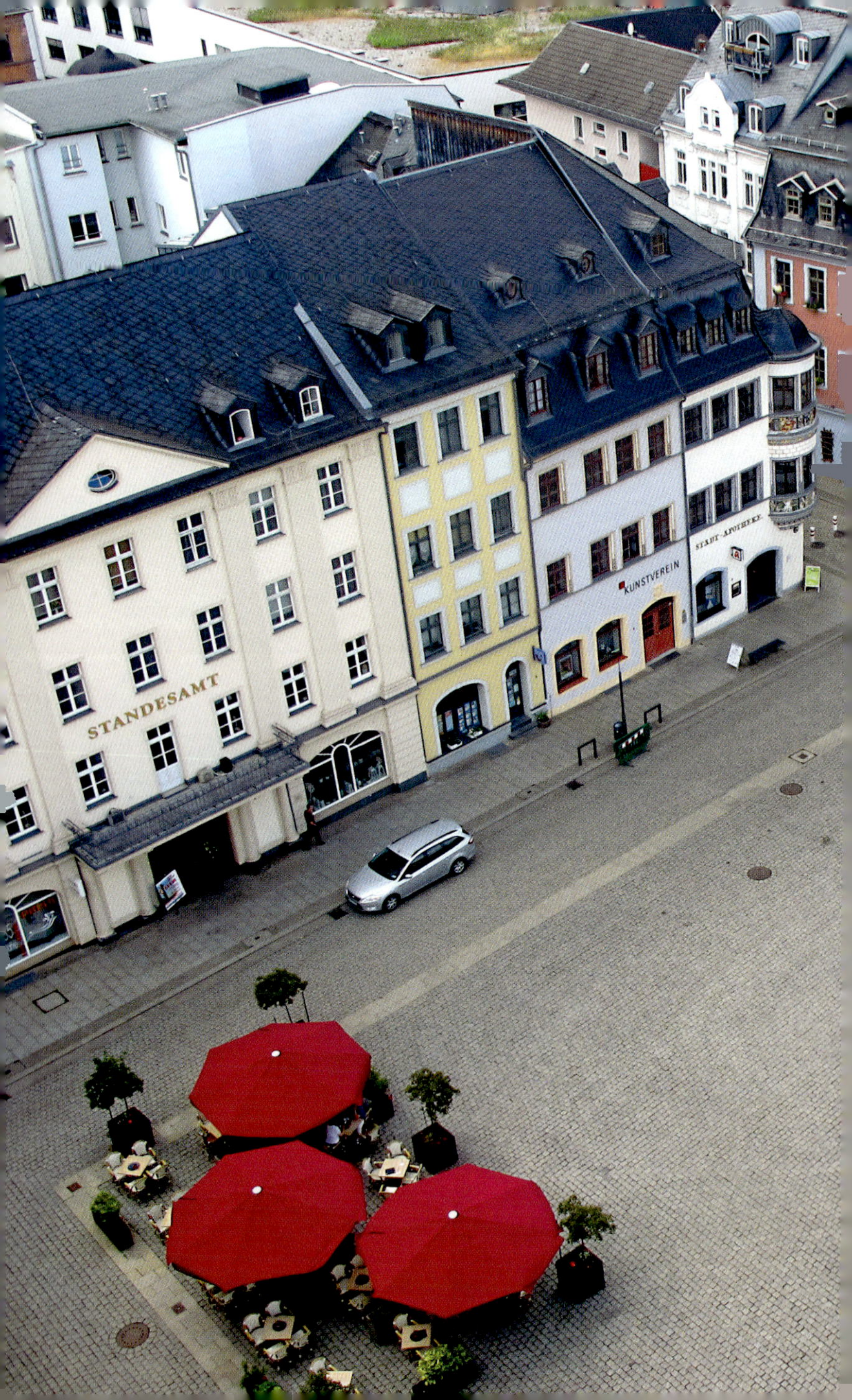
STANDESAMT
KUNSTVEREIN
STADT-APOTHEKE

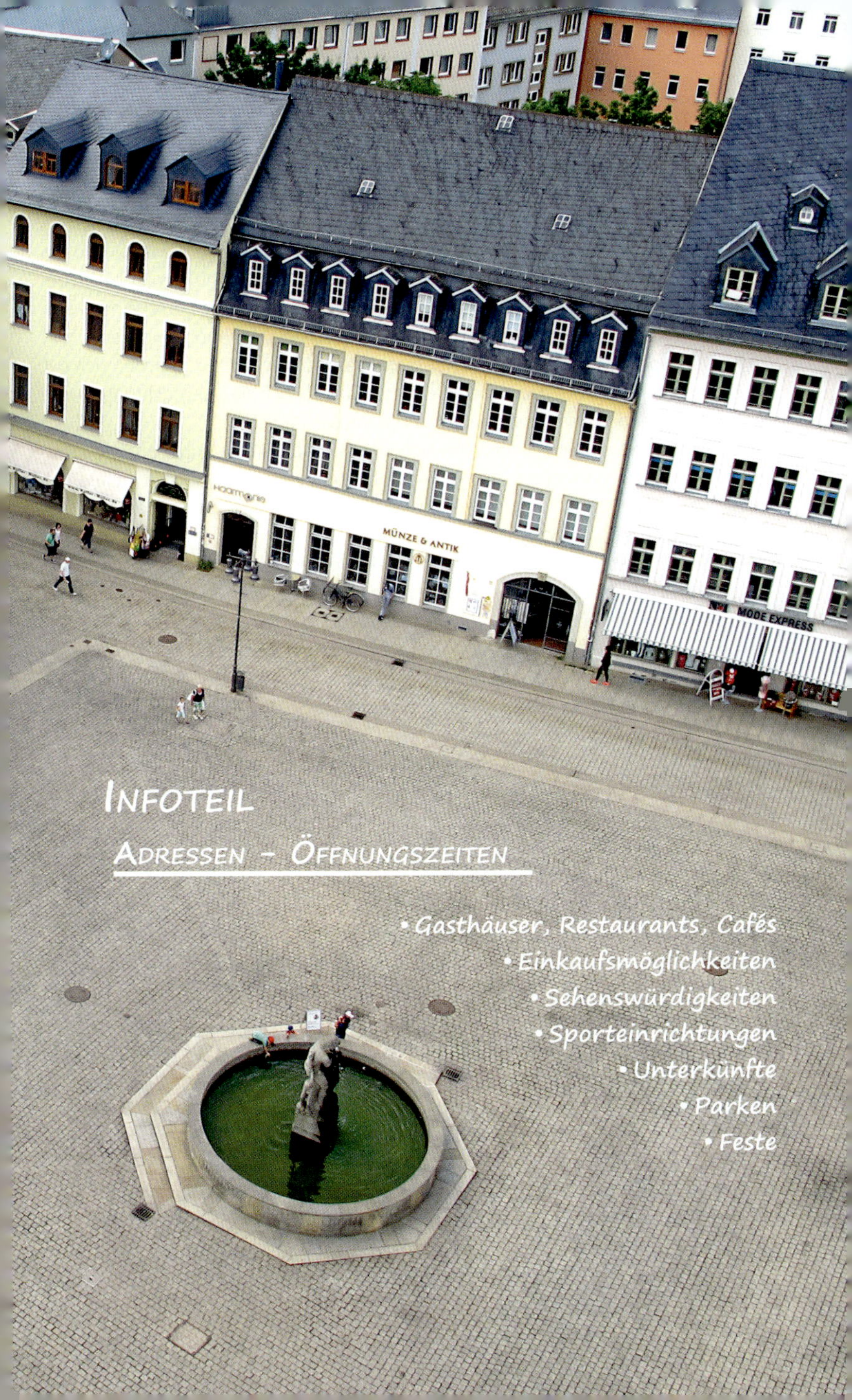

Infoteil

Adressen – Öffnungszeiten

- Gasthäuser, Restaurants, Cafés
- Einkaufsmöglichkeiten
- Sehenswürdigkeiten
- Sporteinrichtungen
- Unterkünfte
- Parken
- Feste

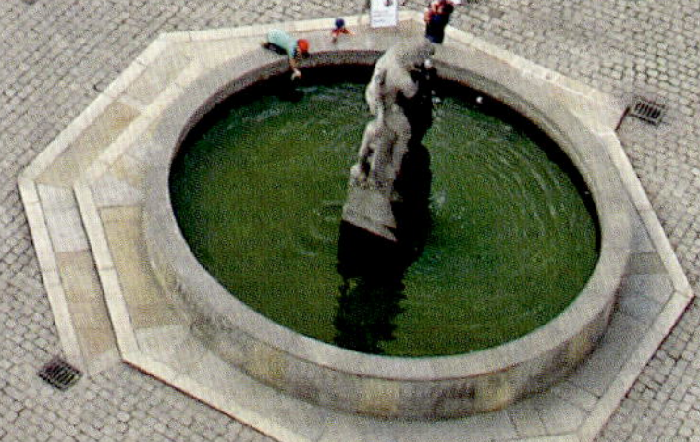

Wir stellen Ihnen im Infoteil neben den **Touristinformationen** und **Sehenswürdigkeiten** auch **Unterkünfte, Restaurants, Gasthäuser** und **Cafés** vor, die uns aufgefallen sind, weil sie günstig liegen, uns gut gefallen haben oder irgendetwas Besonderes haben. Diese Tipps sind weder ein vollständiges Verzeichnis aller Möglichkeiten noch sind sie als Empfehlung zu verstehen, denn gerade diese Informationen veralten schnell. Da muss nur in einem Restaurant der Koch wechseln und mit ihm das Angebot und die Qualität der Speisen, und schon stimmen unsere Beobachtungen nicht mehr! Auch bei den Quartieren ändern sich die Zustände oft schneller, als ein Buch erscheinen kann - Häuser werden renoviert, modernisiert und verschönert oder auch umgekehrt. Von der Angabe von Qualifikationssternen sehen wir ab - am besten, Sie machen sich auf der entsprechenden Hotel-Homepage selbst ein Bild. Da sich die Übernachtungspreise immer wieder ändern, haben wir auf eine Preisangabe verzichtet.

Über **Eintrittspreise** machen wir aus den gleichen Gründen keine Angaben. Sehen Sie unsere Hinweise als Anregung. Fast jeder hat heute die Möglichkeit, sich im Internet bei der Reiseplanung den neuesten Stand anzusehen oder sich mit modernen Kommunikationsmitteln vor Ort zu informieren.

Über **Öffnungszeiten** lässt sich sagen, dass viele Museen, Burgen, Schlösser und auch Gaststätten usw. am Montag geschlossen haben. Warum die einzelnen Betriebe eines Ortes sich nicht besser untereinander absprechen, wird uns immer ein Rätsel bleiben. Warum muss der Gast montags hungern und sich langweilen, nur damit die meisten am gleichen Tag Ruhetag haben können?!? Wenn bei Gasthöfen keine Öffnungszeiten angeführt sind, war es uns nicht möglich, entsprechende gültige aussagekräftige Angaben zu recherchieren.

Die touristische Saison beginnt oft erst im Mai, und von November bis April sind viele Sehenswürdigkeiten im Winterschlaf. Wenn Sie gerne außerhalb der Öffnungszeiten etwas besichtigen wollen, rufen Sie vorher an - meist kommt man Ihnen gerne entgegen.

In vielen Orten gibt es eine **Touristeninformation**, die sich manchmal im Gemeindeamt, im Rathaus oder auch in der Bibliothek befindet. Dort erhalten Sie Wanderkarten, Heimatbücher, Postkarten, Prospekte, Informationsbroschüren, Souvenirs und Auskünfte über Hotels und Pensionen. In den meisten größeren Orten wie Gera, Greiz, Schmölln, Neustadt/Orla, Pößneck oder Saalfeld werden **Stadtführungen**, auch zu speziellen Themen, angeboten. Darüber informieren die Tourismusbüros.

Bitte beachten: nicht alle Orte mit touristischen Angeboten haben auch das ganze Jahr über Saison. Vor allem in der Zwischensaison müssen Sie sich auf ein eingeschränktes Angebot an offenen Hotels oder Gaststätten einstellen. Viele Betriebe nutzen die Zeit von November bis Februar für den eigenen Urlaub oder für Renovierungen. Besonders die Ausflugsgaststätten haben im Winter entweder komplett oder doch unter der Woche geschlossen. Viele Gaststätten haben am Nachmittag von 14-17 Uhr geschlossen.

Die Ausstattung der meisten Hotelzimmer ist gut bis sehr gut, WC, Du, TV gehören mittlerweise zum Standard und werden daher nicht extra erwähnt.

In den meisten Orten ist Parken kein Problem, in den Städten oft gegen Gebühr. Wo es ein bisschen kniffelig ist, haben wir Parktipps für Sie zusammen gestellt.

Wenn Sie eifrige Besichtiger sind, lohnt sich vielleicht die Anschaffung der **Vogtland-CARD**, die für über 130 Einrichtungen des Vogtlandes, in Thüringen, des bayerischen Vogtlandes, Erzgebirges und in Tschechien für Museen, Kinos, Bäder, Ausflugsziele usw. gilt. Sie kostet 5.-€, gilt für für eine Person inklusive zwei Kindern bis 16 Jahre und ist 12 Monate ab dem Kaufdatum gültig.
Sie können die Card an verschiedenen Stellen (Touristinfo, Hotel, Sehenswürdigkeit...) kaufen oder online bestellen unter *www.vogtlandcard.de*.
Im "Wilden Thüringer Westen" verschafft Ihnen die **Thüringer Wald Card** (ca. 5.-€) ein Jahr lang Ermäßigungen bei über 300 Kooperationspartnern. Sie bekommen die Card bei den Tourismusbüros, teilnehmenden Betrieben & online: *www.thueringer-wald-card.info*.
In Gera gibt es seit 2017 die **Simson-Karte**, die zum ermäßigten Besuch in städtischen Museen, im Hofwiesenbad, im Tierpark, in den Geraer Höhlern und für die öffentlichen Stadtrundgänge berechtigt. Wer in einem Geraer Hotel übernachtet, bekommt sie dort gratis, Tagesgäste können sie für 3 € in der Touristinfo kaufen.

ORTS-INFORMATIONEN

Adorf/Vogtland ☎ *03 74 23* *PLZ 08626*

TouristInfo im Freiberger Tor Freiberger Str. 8, Tel. 22 47, *www.adorf-vogtland.de*

Museum Adorf Freiberger Str. 8, Tel. 22 47, geöffnet Febr.-Nov. Di.-Sa. 9-12 & 13-17 Uhr, So. 13-16 Uhr, *www.museum-adorf.de*

Miniaturschauanlage "Klein-Vogtland" Waldbadstraße 7, Tel. 48 060, geöffnet Apr.-Okt. tägl. 10-18 Uhr, auf dem Gelände auch der **Botanische Garten**, *www.klein-vogtland.de*

Landhaus Adorf Elsterstraße 142, Tel. 25 60, 8 Zi., Restaurant, Terrasse, Biergarten. Familienbetrieb, in dem freundliche Menschen arbeiten. Speisegarte mit viel gegrilltem und gebratenem Fleisch ohne große Überraschungen. Zimmer zur Straße hin laut bei offenem Fenster. Liegt an der Kreuzung B92 und Straße nach Bad Elster. Mo. Ruhetag, *www.landhaus-adorf.de*

Hotel Zur Staffel 255 Hohe Straße 2, Tel. 31 46, 8 Zi., superzentral in Seitengasse vom Markt in einem schönen Fachwerkhaus, Restaurant, Bar

Landhotel Weisses Röß'l Adorfer Straße 17, OT Arnsgrün, Tel. 50 02 22, 8 Zi., Restaurant, das u.a. auch Gerichte mit den typischen Grünen Klößen anbietet, Di. Ruhetag, *www.weisses-roessl-adorf.de*

Gasthof und Pension Jugelsburg OT Jugelsburg, Bergsteig 4, Tel. 27 45, 1 DZ, 2 FeWo, Gaststätte mit vogtländer Spezialität "gebackene Klöße", Mi. Ruhetag, *www.gasthof-und-pension-jugelsburg.de*

Rathskeller Markt 1, Tel. 5 04 97, hier kocht eine gute böhmische Köchin nicht nur böhmische Spezialitäten, sondern auch regionale und saisonale Gerichte. Einen Blick wert ist die Gaststube mit Decken- und Wandmalereien, Mo. Ruhetag

Café Wolff Konditorei, Lange Straße 25-27, Tel. 28 26, Mo.-Fr. 6.30-18 Uhr, So. 13-18 Uhr, Stollenverkauf- und Versand, hier gibt es auf Anfrage bei Hr. Wolff Infos über die Orgelbauerfamilie Trampeli

Elstercafé Elsterstraße 63, Tel. 29 26, Café mit Abendkarte und hauseigener Bäckerei in Jugendstilvilla, Mo.& Di. Ruhetag, *www.elster-cafe.de*

Waldbad Waldbadstraße 5, Tel. 26 04, geöffnet Mitte Mai- Anf. Sept.tägl. 11-18 Uhr, gepflegtes, modernes Freibad in schöner Lage

Althenbeuthen *OT von Kaulsdorf* ☎ *03 67 37* *PLZ 07338*

Gasthof Zur goldenen Krone Ortsstr. 4, Tel. 3 01 95, mehrere DZ, gutbürgerliche Küche, Gäste können sich gratis Ruderboot mit Motor leihen, Mi. Ruhetag, *www.krone-altenbeuthen.de*

Gasthaus & Pension Zur Linde Ortsstraße 42/43, Tel. 2 22 37, 8 Betten, Gästekühlschrank, handgemachte Thüringer Klöße, Di. Ruhetag, *www.linde-altenbeuthen.de*

Ostthüringer Gleitschirmschule Ortsstraße 67, Tel. 03 67 34/3 03 57, Grundausbildung bis zum fertigen Piloten, *www.flugzentrum.com*

Aš *(CZ)* *Asch* ☎ *0 04 20* *PLZ 352 01*

Infozentrum Hlavní 23, Tel. 702 414 711 *www.info-as.cz*

Stadtmuseum Mikulášská 3, Tel. 354 525 195, Mo. Ruhetag, *www.muzeum-as.cz*

Hotel & Pension Goethe Čapkova 1501, Tel. 354 525 777, 52 Zi., 2 Restaurants mit italienischer, heimischer & internationaler Küche, zentrumsnah, *www.hotelgoethe.cz*

Hotel U Radnice Pivovarská 2, Tel. 720 308 804, 28 Betten, www.restauraceuradnice-cz.webnode.cz

Ubytovani Srup Výhledy 75, Tel. 603 218 779, finnische Blockhütte, *www.ubytovani-srub.cz*

Parkhotel Nebesa Nebesa 24, Tel 354 526 466, 723 043 644, 34 Betten in DZ und App., drei Bungalows, *www.volny.cz/hotel.nebesa*

Penzion Magdalena Doubrava 28, Tel. 3 54 52 79 88, WLAN, Restaurant geöffnet 10-22 Uhr, *www.restauracemagdalena.cz*

Restaurace U Kašparů. Vernéřov 25; Tel. 773 117 504, geöffnet Mai-Okt. Mi.-So. ab 11 Uhr, Nov.-Apr. Sa. & So. ab 11 Uhr, *www.restauraceukasparu.cz*

Restaurace U Janičky Doubrava, Tel. 354 527 988

Auma ☎ *03 66 26* *PLZ 07955*

Heimatstube Auma im Alten Rathaus Markt 1, Tel. 2 07 04, jeden 1. und 3. So. im Monat 14-17 Uhr oder nach Vereinbarung

Liebfrauenkirche Dr.-M.-Luther-Str. 6, für eine Besichtigung im Pfarrhaus (Fachwerkhaus rechts hinter der Kirche) anfragen oder unter Tel. 2 02 49

Thüringer Hof Freybergstr. 9, Tel. 2 03 15, der Name ist Programm: Thüringer Küche, die schmeckt (nur nicht der Kaffee), Mo. & Di. Ruhetag

Cafe & Restaurant am Marktberg Marktberg 3, Tel. 3 11 65, Mittagstisch, unglaublich günstige à la carte-Gerichte, original italienische Kaffee- & Eisspezialitäten, *www.cafe-marktberg.de*

Gasthof & Hotel Zur Linde OT Gütterlitz 51, Tel. 2 03 67, 10 Zi., WLAN, klassische Gerichte, frisch und modern gekocht, *www.hotel-auma.de*

Gasthof & Pension Taubenschlag OT Staitz Nr. 27, Tel. 7 24 71, Taubenspezialitäten, Schlachtfeste, Di., Mi., Do. Ruhetag, *www.gasthof-taubenschlag.de*

Gaststätte Goldener Löwe Wöhlsdorf 40, 07950 Wiebelsdorf, Tel. 3 13 76, geöffnet Mo.-Sa. ab 18 Uhr, So. ab 10 Uhr, Do. Ruhetag

Bad Brambach ☎ *03 74 38* *PLZ 08648*

Kur- & Fremdenverkehrsverein Badstraße 47, Tel. 22 4 22, hier informiert man Sie gerne über die verschiedenen Kurpauschalen & Wellnessangebote, geöffnet Mo.-Fr. 8:30-12:30 Uhr & 13-16 Uhr, *www.badbrambach.de*

www.saechsische-staatsbaeder.de

Bade- & Saunalandschaft "Aquadon" im Kurhaus mit Schwimmbecken, Massagedüsen, Whirlpool, Saunalandschaft mit Tepidarium, Dampfbad, Finnischer Sauna und Brambacher Kräutersauna, geöffnet So.-Do. 9-21 Uhr, Fr. & Sa.-22 Uhr

Heimatmuseum Zollstraße 6, Tel. 2 25 86, geöffnet am Mi. & Sa. 14-17 Uhr

www.heimatmuseum-bad-brambach.de

Der Aussichtsturm Kapellenberg ist von Di.-So. & Feiertagen von 10-17 Uhr geöffnet, Tel. 2 04 86

Hotel Santé Royale Badstraße 45, Tel. 21 00, 100 Zi., 2 Restaurants, Bistro, Bibliothek, WLAN in den öffentlichen Räumen. Das moderne Hotel im historischen Gebäude ist nur einige Schritte vom Badezentrum entfernt, das durch den "Bademantelgang" zu erreichen ist. *www.vogtland-resort.de*

Hotelpension Parkhotel Oberreuther Straße 3 A, Tel. 21 60, 18 Zi., Restaurant mit Terrasse, Massage- und Kosmetikstudio, WLAN in den öffentlichen Räumen. Familiäres Hotel direkt am Therapiezentrum, *www.parkhotel-badbrambach.de*

Landhotel Jungbrunnen Sprudelweg 8, Tel. 2 10

97, 10 seniorengerecht eingerichtete Zi., Fam.Zi. mit kl. Küche, WLAN in den öffentlichen Räumen, Restaurant mit traditioneller und einheimischer Küche, *www.landhotel-jungbrunnen.de*

Untere Rauner Mühle Raunergrund 10, OT Raun, Tel. 205 13, 16 Zi., altes Gebäude mit schönem Fachwerkgiebel, WLAN in den öffentlichen Räumen, www.rauner-muehle.de

Pension Schwalbenhof Dorfstraße 18, OT Raun, Tel. 2 04 18, 8 Zi., 4 App., Sauna

Gaststätte & Pension Parkblick Oberreuther Straße 4, Tel. 2 23 83. 13 Zi., Restaurant mit "fleischiger" Speisekarte, Privatkurangebote der hauseigenen Physiotherapie, *www.pension-parkblick.de*

Landgasthof Kapellenberg Am Südhang 22, OT Schönberg, Tel. 89 99 78, 7 Zi., FeWo, Winterpause bis März, *www.gasthof-kapellenberg.de*

Gasthaus Stadt Leipzig Schönberger Str. 8, Tel. 2 02 38, Mo. & Di. Ruhetag, vogtländische Küche, im Winter Wildgerichte

Freibad Forststraße Tel. 20 50 9, in den Sommermonaten geöffnet von 9-18 Uhr

Bad Brambach ist ein ruhiger Kurort mit wenig Einkaufsmöglichkeiten, es gibt aber ein **kleines Lebensmittelgeschäft** in der Badstraße 37, geöffnet von Mo.-Fr. bis 19 Uhr, Sa. bis 13 Uhr

Bad Elster ☎ *03 74 37* *PLZ 08645*

Das Ortszentrum ist mehr oder weniger Kurzparkzone. In der Badstraße können Sie in einigen Parkbuchten 2 Std. gratis parken. Beim Albertbad gibt es ein großes Parkhaus, beim NaturTheater einen großen Gratis-Parkplatz (etwa 10-15 Min. Fussweg ins Zentrum).

Touristinformation Königliches Kurhaus, Badstraße 25, Tel. 5 39 00, geöffnet tägl. 10-18 Uhr, *www.saechsische-staatsbaeder.de*

Bade- & Saunalandschaft im Albert-Bad, Badstraße 6, Tel. 7 11 11, geöffnet So.-Do. 9-21, Fr. & Sa. bis 22 Uhr, *soletherme.saechsische-staatsbaeder.de*

König Albert Theater Theaterplatz 1, Tel. 5 39 00, *www.koenig-albert-theater.de*

Sächsisches Bademuseum Badstr. 6, Tel. 5 39 00, geöffnet Mi-Fr. 14-17:30, Sa. & So. 9:30-12 & 14-17:30 Uhr, *www.saechsisches-bademuseum.de*

NaturTheater Carl-August-Klingner-Str. 7, Tel. 5 39 00, *www.naturtheater-badelster.de*

In **Bad Elster** gibt es viele **Hotels**, Gasthöfe, Pensionen & Appartments der verschiedenen Kategorien, die in einem übersichtlichen Prospekt zusammengefasst sind, den Ihnen die Touristinfo gerne zuschickt. Schön gelegen am Rosengarten und auch so, dass Sie die Kureinrichtungen gut zu Fuss erreichen können, sind:

Kurhotel Goldener Anker Walter-Rathenau-Straße 7, Tel. 55 80, 23 Zi., WLAN, Lift, Sauna, Parkplatz, Restaurant, Terrasse mit Blick auf den Louisasee, umfangreiche Speisekarte, vogtländische Spezialitäten, *www.anker-badelster.de*

Schloss Miramar Heißensteiner Weg 1, Tel. 28 44, 5 Zi., 5 gut ausgestattete App., Hotelparkplatz, WLAN, traditionelles, renoviertes Haus im Zuckerbäckerstil, *www.schloss-miramar.de*

Haus Rosengarten Johann-Christoph-Hilf-Straße 7, Tel. 37 85, 5 komfortable App. in unterschiedlicher Größe, WLAN, Fußpflege, Reiki, Maniküre, Massagen, Salzgrotte im Haus, *www.ferienwohnungen-rosengarten.de*

Pension Rheingold J.-Christoph-Hilf-Straße 14, Tel. 28 85, 3 Zi., Kühlschrank, Restaurant, Parkplatz

Pension Flitzteufel Ernst-Thälmann-Straße 27, OT Sohl, Tel. 53 56 16, 4 DZ, WLAN, Whirlpool, Sauna, Aktivangebote wie z.B. im Winter Schneeschuhwanderungen, *www.flitzteufel.de*

Café Zollhaus Ascher Straße 26, Tel. 53 91 05, Terrasse mit Elsterblick, wechselnde Tagesgerichte, sündhaft leckere Torten, Eisbecher, Di. Ruhetag, *www.cafe-am-zollhaus.de*

Café Waldquelle Carl-August-Klinger-Straße 5, Tel. 53 45 20, geöffnet ab 11 Uhr, Mo. Ruhetag, regionale und saisonal wechselnde Landhausküche, Seniorenportionen, *www.waldquelle-badelster.de*

Gasthaus Zum Adel Schubertplatz 1, Tel. 53 87 10, rustikale Gaststätte mit gut gelauntem Personal, schmackhafte Klöße, Mo. & Di. Ruhetag

Café-Restaurant Convivo im Kurhaus Badstraße 25, Tel. 53 99 20, Mi. & Do. Ruhetag, hier kocht ein österreichischer Koch gute Sachen wie Tafelspitz,

Backhendelsalat, Breznknödel oder Pannonischen Fischeintopf, *www.convivo-badelster.de*

Naturbad Heißenstein 10, Paul-Schindel-Park, Tel. 5 66 10, historisches Schwimmbad, *www.naturbad-badelster.de*

Naturbad Sohl August-Bebel-Straße, Tel. 5 66 10, *www.badelster.de*

Wer shoppen will, ist in Bad Elster besser dran als in Bad Brambach, in der Badstraße und in der Wandelhalle gibt es Kleidung, Andenken, usw.

Bad Klosterlausnitz ☎ *03 66 01* *PLZ 07639*

Kur- & Gesundheitszentrum Hermann-Sachse-Str. 44, Tel. 8 00 50, ambulante Mooranwendungen buchbar, *www.bad-klosterlausnitz.com*

Kristall-Sauna-Wellnesspark Köstritzer Str. 16, Tel.598-0, geöffnet So., Mo., Mi., Do. 9-22, Di., Fr., Sa. bis 23 Uhr. Tipp: immer bei Vollmond romantisches Vollmondschwimmen mit Kerzen, Laternen, Fackeln & Aktionen nach dem Mondkalender, *www.kristallbad-bad-klosterlausnitz.de*

Über die **Möglichkeiten einer Kur,** bzw. über Wohnen in den Kurkliniken berät Sie das Kurzentrum

Heimatmuseum Altes Sudhaus Geraer Straße 20, Tel. 9 24 89, geöffnet Di., Do., Fr. 13:30-17 Uhr, Sa. & So. 13:30-15:30 Uhr sowie nach Vereinbarung

Gasthaus & Landhotel Zu den Drei Schwänen Köstritzer Str. 13, Tel. 90 20-0, 13 Zi., WLAN, Klimaanlage, Restaurant mit regionalen Spezialitäten wie Holzländer Aschbrätchen im Schwarzbiersud, *www.dreischwaene.de*

Café & Hotel Fabrice Eisenberger Straße 9, Tel. 9 18 95, 17 klassisch eingerichtete Zi., WLAN, Parkplatz, *www.hotel-fabrice.de*

Ristorante & Hotel In Piazza Bahnhofstraße 6, Tel. 921 46, 22 moderne Zi., WLAN, Restaurant - italienischen Speisen, Mo. Ruhetag, *www.inpiazza.de*

Gaststätte Holzland-Stube Geraer Straße 20, Tel. 4 35 19, Museumsgaststätte im ehemaligen Brauhaus, wo Sie eine original Thüringer Bratwurst oder ein deftiges Rostbrätel bekommen, Mi. Ruhetag, *www.holzlandstube.de*

Hotel & Restaurant Zur Kanone OT Tautenhain, Dorfstraße 3, Tel. 55 92 0, 29 Zi., WLAN, Parkplätze, in der Küche trifft holzländische Tradition auf moderne Kochkunst, saisonale Spezialitäten, z.B. Bauernschnitzel unter Blutwurst-Kartoffelhaube mit Käse überbacken. *www.zur-kanone.de*

Gaststätten im Eisenberger Mühltal ☎ *0 36 69* *PLZ 07607 (Eisenberg)*

Café Robertsmühle Mühltalsweg 24, Tel. 86 18 64, geöffnet Fr.-So. 12-17 Uhr, der dazu gehörende Mühlen-Miniaturpark Apr.-Okt. 10-16 Uhr oder nach Vereinbarung. Nachbau von 10 Mühlen mit ihrer ursprünglichen Funktion und dem Aussehen, das sie um 1900 hatten.

Waldgaststätte Schössersmühle Mühltal 1, Tel. 4 33 66, wird zurzeit umgebaut

Gaststätte Amtsschreibermühle Mühltal 2, Tel. 5 75 90, zurzeit geschlossen

Restaurant & Hotel Walkmühle Mühltal 3, Tel. 4 30 84, 50 Betten in individuell eingerichteten Zi., WLAN, Restaurant mit der Spezialität Räucherforellen, Grillabende, Kremserfahrten, Mo. Ruhetag, *www.walkmuehle-eisenberg.de*

Restaurant Pfarrmühle Mühltal 4, Tel. 4 36 09, 21 Zi., Restaurant mit regionaler Küche, im Jan. Betriebsurlaub, *www.pfarrmuehle.de*

Jugendherberge Froschmühle Mühltal 5, Tel. 4 34 62, Jugendherberge, *www.djh-thueringen.de*

Waldgasthof Naupoldsmühle Mühltal 6, Tel. 4 21 17, geöffnet tägl. 10-22 Uhr, Pension & Gasthof mit einem kleinem Mühlenmuseum

Meuschkensmühle Mühltal 12, 07639 Weißenborn, Tel. 8 34 05, 4 DZ, 5 FeWo, Grillplatz, Streichelzoo, Gaststätte, Rouladen & Klöße, hausgemachte Sülze, Thüringer Grillbuffet, geöffnet Di.-So. 10-14 & 17-22 Uhr, Ausstellung über Milo Barus von Apr.-Okt. oder auf Nachfrage unter 0 36 60/55 59 50 geöffnet, *www.meuschkensmühle.de.*

Milos Waldhaus Erlebnisküche, Mühltal 12a, 07639 Weißenborn, Tel. 28 81 28, im ehemaligen Wohnhaus von Milo Barus können Sie in einer Eventküche beim Erlebniskochen Ihr Kochrepertoire erweitern, *www.milos-waldhaus.com*

Bad Köstritz ☎ 03 66 05 PLZ 07586

Information & Dahlienzentrum im Haus des Gastes, Julius-Sturm-Str. 10, Tel. 8 60 59, geöffnet Mo. 13-16 Uhr, Di.-Do. 10-12 Uhr, 13-17 Uhr, Fr. 10-13 Uhr, *www.stadt-bad-koestritz.de*

Köstritzer Schwarzbierbrauerei H.-Schütz-Str. 16 Tel. 20 00, Brauereishop, Brauereirundgang Mo.-Do. nach Voranmeldung oder Mo. um 17 und Do. um 14 & 17 Uhr möglich, *www.koestritzer.de*

Heinrich-Schütz-Haus H.-Schütz-Straße 1, Tel. 24 05, Mo.-Fr. 8-17 Uhr, Sa.& So. 13-17 Uhr, *www.heinrich-schuetz-haus.de*

Palais Bad Köstritz H.- Schütz- Str. 4, Tel. 88 10

Hotel Goldner Loewe H.-Schütz-Str.5/5a, Tel. 3 80, 36 Zi., WLAN, Jugendstilhotel mit Restaurant & Wellnessbereich, Restaurant ab 17 Uhr geöffnet, *www.goldnerloewe.de*

Gaststätte & Pension Elstertal Bahnhofstr. 98, Tel. 22 39, 6 Zi., Thüringer Küche

Gasthaus Zum Frosch Am Mühlgraben 1, Tel. 0172/3 74 93 67, geöffnet Mi.-Sa. ab 17 Uhr, So. ab 11 Uhr, uriges Gasthaus in einem Dreiseiten-Fachwerkhof von 1650, frisch renoviert mit Köstritzer Bier aus dem Fass, *www.zum-frosch.com*

Gasthaus Zum Schlossgeist Julius-Sturm-Platz 5 Tel. 90 95 40, ab 17 Uhr geöffnet, Mo. Ruhetag, *www.zum-schlossgeist.com*

Eiscafé Bahnhofstr. 1, Tel. 29 05 89, Mo. Ruhetag

Gasthaus Zum Mandelbaum Dorfstraße 5, OT Pohlitz, Tel. 27 96, geöffnet ab 16 Uhr, Mi. Ruhetag, Speisekarte wie zur guten alten Zeit vor 30 Jahren

Freizeit- & Erholungsbad mit Beach-Volleyball-Anlagen, Am Sommerbad 1, Te.22 28 *www.stadt-bad-koestritz.de*

Wildgehege H.-Schütz-Str. 4, im Köstritzer Park mit Damhirschen, Mufflons, Zwergziegen, Goldfasane, freilaufende Pfauen, Eintritt frei, ganzjährig offen

Berga/Elster ☎ 03 66 23 PLZ 07980

Gasthaus & Pension Pölscheneck August-Bebel-Str. 64, Tel. 2 56 02, 6 DZ, geöffnet Mo.-So. 11-13 & 17:30-22 Uhr, die umfangreiche Speisekarte bietet Salate, Schnitzelgerichte, Pasta, Pizza, *www.poelscheneck.de*

Pension & Cafe Poser August-Bebel-Straße 18, Tel. 60 00, Mo. Ruhetag, 3 Zi., Restaurant, das überraschen pfiffige Gerichte wie Kaninchenleber oder Wildhasenkeule anbietet, Bowlingbahn, *www.cafe-poser.de*

Autocamping & Restaurant Am Töpferberg OT Clodra, Dorfstraße 35, Tel. 2 04 38, 35 Stellplätze von Ostern bis Okt. geöffnet, 2 Ferienhäuser, Restaurant geöffnet tägl. ab 11 Uhr, Mo.-Fr. 14-17 Uhr geschlossen, Nov.-März Mi. & Do. Ruhetag, schöne Terrasse, Kegelbahn, *www.toepferberg.de*

Kulturhof Zickra OT Zickra 31, Tel. 21 3 69, Kunsthandwerkermärkte, Bauernmärkte, Konzerte, Kabarett, Hofcafé verbreitet von März-Okt. am Wochenende & Feiertag von 13-18 Uhr skandinavisches Feeling, *www.kulturhof-zickra.de*

Schafshofkäserei Clodramühle Dorfstraße 39, Tel. 2 16 52, *www.clodrahammer.de*

Bucha *(bei Ziegenrück)* ☎ 03 64 84 PLZ 07389

Hotel-Restaurant Güldene Gabel Preßwitzer Str. 24, 07333 Unterwellenborn, Tel. 036732/22251, 9 Zi., WLAN im öffentlichen Bereich, Restaurant Mi. Ruhetag, *www.gueldenegabel.de*

Hotel & Restaurant Saalestrand OT Saalthal 6, 07333 Unterwellenborn. Tel. 03 67 32/34 80, DZ & Familienzi., Restaurant, Biergarten, frische Forelle, 80 Whiskysorten, geöffnet Mai-Sept. Mo. 17-22 Uhr, Di.-So. 11-22 Uhr, Okt.-Apr. Mi.-So. 11-22 Uhr, *www.hotel-saalestrand.de*

Zeltplatz Alter OT Saalthal 7, 07333 Unterwellenborn, Tel. 03 67 32/2 22 67, 45 Plätze für Wohnwagen, 50 Zelte, geöffnet Apr.-Okt., Bootsverleih, *www.camping-hohenwartestausee.de*

Burgk/Saale ☎ 0 36 63 PLZ 07907

Im Ort Burgk absolutes Halteverbot, Parkplatz am Saaleturm gratis, von dort 500 m zum Schloss

Museum Schloss Burgk Ortsstraße 17, Tel. 40 01 19, geöffnet Apr.-Okt Di.-So. 10-18 Uhr,

Nov.-März Di.-So. 11-16 Uhr, Museumsshop. Für Veranstaltungen und Feiern können verschiedene Räume gemietet werden: Besucherservice Tel. 41 07 17, *www.schloss-burgk.de*

Schloßterrasse Burgk Ortstraße 11, Tel. 40 23 41, Mo. Ruhetag, schöne Terrasse oberhalb der Saale

Saaleturm geöffnet Nov.-Febr. 8:30-17 Uhr, März, Apr., Okt. 8-19 Uhr, Mai-Sept. 8-21 Uhr

Eis-Café Beyer Ortstraße 14, Tel. 40 23 40

Zum Saaleblick Ortstraße 6, Tel. 4 60 39 52, Frühstückspension, 5 einfache Zi., FeWo, *www.zumsaaleblick.de*

Café Isabellengrün OT Isabellengrün 1, Ferienanlage Isabellengrün 3, Tel. 28 47 30, 6 Bungalows, Café von Apr.-Okt. am Wochenende geöffnet, *www.isabellengruen.de.vu*

Crossen an der Elster ☎ *03 66 93* *PLZ 07613*

Gasthof & Hotel Weißes Ross Markt 7, Tel. 48 50, 18 Zi./App., geöffnet Mo.-Fr. 11-14 Uhr & 17-22 Uhr, Sa. & So. 11-22 Uhr, hauseigene Schlachterei, Thüringer Küche, *www.weisses-ross-crossen.de*

Leimers Eck Hauptstrasse 22, Tel. 2 00 55, geöffnet Di. - Sa. ab 15 Uhr, So. ab 11 Uhr, Mo. Ruhetag, solide Speisen ohne große Überraschungen, www.crossen.de

Landgasthaus Elstertal OT Ahlendorf 15, Tel. 2 22 68, Mo. Ruhetag, gutbürgerliche Küche

Dreba ☎ *03 64 84* *PLZ 07806*

Landgasthof Zur Linde Ortsstraße 43, Tel. 2 03 30, 17 Zi., Restaurant geöffnet Mo.-Fr. ab 18 Uhr, Sa.& So. ab 11 Uhr, Tipi mit Grillplatz, Fisch- & Wildspezialitäten, *www.landgasthof-dreba.de*

Campingplatz Dreba Ortsstraße, Tel. 6 28 60, 35 Plätze für Zelte, Wohnwagen und Wohnmobile, Waldschänke, *www.camping-plothener-teiche.de*

Drognitz ☎ *03 67 37* *PLZ 07338*

Volkskundemuseum OT Reitzengeschwenda Nr. 24, Tel. 2 22 94, geöffnet Apr.-Okt. Do.-So.

Campingplatz Hopfenmühle Ortsstraße 4, Tel. 2 12 22, Stellplätze für 120 Dauercamper, 50 Urlaubsgäste, 2 Wohnwagen zum Mieten, Imbiss, geöffnet vom 15. Apr.-15. Okt.

Jugendherberge Niedenburg Ortsstraße 1, OT Neidenberga, Tel. 2 22 62, Jugendherberge, 56 Betten im ehemaligen Schloss, WLAN, Grillplatz, Bogenschießen, *www.schloss-niedenburg.de*

Hotel Sommerfrische Lothramühle Lothramühle 38, Tel. 20 98 08, Zi., 2 FeWo, WLAN, Gaststube & Biergarten tägl. von Mai-Okt. geöffnet, Campingplatz Schäferwiese

Flößergaststätte Zum Wolf Ortsstraße 34, Tel. 2 22 50, 2 Zi., Mo. Ruhetag, deftige Gerichte, oft auch Fleisch aus dem Backofen, *www.zum-wolf.de*

Elsterberg ☎ *03 66 21* *PLZ 07985*

Elsterberger Heimatturm mit Vogtländischer Bauemstube Burgruine Elsterberg, Tel. 8 81 42, geöffnet Mai-Okt. jeden 2. & 4. So. im Monat 14-17 Uhr, *www.burgruine-elsterberg.de*

Hotel Grüner Baum Marktplatz 18, Tel.3 04 90, 15 Zi., zentral am Marktplatz, Restaurant geöffnet Di.-So. ab 11 Uhr, Mo. Ruhetag, Produkte aus eigener Landwirtschaft kommen auf den Tisch, *www.hotel-restaurant-gruenerbaum.de*

Pension Pfauenhof Moschwitzer Straße 23, Tel. 3 06 77, Ferienwohnung und Zi. in einem alten Bauernhof in einem Seitental der Weißen Elster, gehört mit dem Hotel Grüner Baum zusammen

Pension Elstemest Greizer Str. 27, Tel. 2 47 24, 6 Zi., Gemeinschaftsküche & Duschen auf der Etage, Waschmaschine, Trockner, Kühlschrank, *www.elsterberg-elsternest.de*

Gaststätte Waldfrieden Waldfrieden 1, Tel. 3 04 81, gemütliche Zi. mit viel Holz, Restaurant geöffnet So.-Mi. 11:30-14 Uhr und nach Absprache, *www.waldfrieden-reisen.de*

Gasthof Knäfel OT Noßwitz 13, Tel. 2 03 95

Waldbad Tremnitzweg 1,Tel. 3 07 21, Kiosk, Massagedüsen

Gera ☎ 0365 PLZ 07545-07557

Wie in jeder größeren Stadt ist auch in Gera das **Parken** in der Innenstadt kommerziel organisiert. Der Markt, die Sorge, die Schlossstr., die Johannisstr., die Bachgasse und Teile der Großen Kirchstr. sind Fussgängerzone. Die anderen im Zentrum liegenden Straßen sind Kurzparkzone. Es gibt mehrere große Parkhäuser und zwei große gebührenpflichtige Parkplätze (bei der Pandorfhalle, Einfahrt über Neue Straße bzw. Küchengartenallee oder Am Stadtgraben (von dort sind es nur 5 Minuten bis zum Markt).

Das Bahn- und Bussystem in Gera ist in der Stadt ausreichend und gut getaktet; zentrale Umstiegsstelle ist die Heinrichstraße. Fahrscheine bekommen Sie an den VMT-Automaten an den Haltestellen und in den Fahrzeugen. Ab Januar 2017 kostet die Einzelfahrt 2.- €, die vier-Fahrten-Karte 7,20 € und die Tageskarte 5,10 €. Kurzfahrkarten und Seniorenermäßigung gibt es nicht. *www.gvbgera.de*

Gera Information Markt 1a, Tel. 8 38 11 11. Hier können Sie sich den Rathausturm öffnen lassen und sich über Termine verschiedener, empfehlenswerter Führungen informieren, z.B. Gera mit dem Nachtwächter oder eine Villentour. Wenn Sie in die Luft gehen wollen, um Gera, das Osterland oder das Vogtland von oben zu sehen, informiert Sie die Gera-Information über Rundflüg von Sky Motion. Unter *www.gera.de* finden Sie die Touristeninformation und Auskünfte über Sehenswürdigkeiten, Ünterkünfte, Konzerte.

"Bäume in Gera - Dendrologischer Wanderführer" Der Wegweiser zu dendrologischen Besonderheiten will Ihnen die Schönheiten der Gehölze in der Stadt Gera nahe bringen. Hrsg. Gesellschaft von Freunden der Naturwissenschaften in Gera, c/o Museum für Naturkunde Nicolaiberg 3, Tel.5 20 03.
Die auf dem **Stadtspaziergang-Tour 1 "Auf der Spur der Bäume"** erfassten Bäume nach Nummern sortiert:

4 **Acer campestre** Feldahorn
14 **Acer platanoides** Kugelahorn
17 **Acer pseudoplatanus** Bergahorn
20 **Acer saccharinum** Silberahorn
24 **Aesculus hippocastanum** Rosskastanie
27 **Ailathus altissima** Götterbaum
30 **Amelanchier lamarckii** Kupferfelsenbirne
39 **Castanea sativa** Edelkastanie
51 **Corylus avellana** Korkenzieherhasel
52 **Corylus colurna** Baumhasel
59 **Cydonia oblonga** Birnenförmige Quitte
63 **Fagus sylvatica** Rotbuche
66 **Fagus sylvatica** Säulenbuche
69 & 71 **Fraxinus exelsior** Gemeine Esche
74 **Ginkgo biloba** Ginkgo
75 **Gleditsia triacanthos** Gleditschie
82 **Juniperus sabina** Tamariskenbl. Sadebaum
88 **Liriodendron tulipifera** Amer. Tulpenbaum
90 **Magnolia Kobus** Kobushi-Magnolie
92 **Magnolia x soulangiana** Tulpenmagnolie
96 **Metasequoia glyptostroboides** Urweltmammutbaum
99 **Parrotia persica** Eisenholz
104 **Picea breweriana** Siskiyoufichte
111 **Pinus niger** Schwarzkiefer
116 **Platanus x hispanica** Hybridplatane
125 **Prunuscerasifera** Blutpflaume
126 **Prunus dulcis** Kulturmandel
127 **Prunus fructicosa** Steppenkirsche
132 **Prunus serrulata** Jap. Blütenkirsche
134 **Prunus subbirtella** Higankirsche
137 **Pterocaryafraxinifolia** Kaukas. Flügelnuss
139 **Quercus macrocarpa** Großfrüchtige Eiche
142 **Quercus robur** Stieleiche
144 **Quercus rubra** Roteiche
153 **Salix x sepulcralis** Dottertrauerweide
157 **Sophora japonica** Schnur- oder Pagodenbaum
158 **Sorbus aria** Echte Mehlbeere
169 **Tilia cordata** Winterlinde
170/71 **Tilia x euchlora/x moltkei** Krim/Moltkelinde
175 **Tilia tomentosa** Silberlinde
178 **Ulmus glabra** Bergulme

Otto-Dix-Haus Mohrenplatz 4, Tel. 8 32 49 27, geöffnet Mi.-So. 12-17 Uhr

Orangerie Orangerieplatz 1, Tel. 8 38 42 50, wegen Bauarbeiten geschlossen, Ende der Arbeiten war bis Redaktionsschluss nicht abzusehen.

Geraer Höhler Nicolaiberg 3, Tel.55 24 99 54 (Kasse Höhler), öffentliche Führungen Mi. 13 & 15 Uhr, Do.-So. 11, 13 & 15 Uhr, Winterpause von der 2.-5. Kalenderwoche, *www.gera-hoehler.de*

Stadtmuseum Museumsplatz 1, Tel. 8 38 14 70, geöffnet Mi.-So. 12-17 Uhr

Museum für Naturkunde Nicolaiberg 3, Tel.5 20 03, geöffnet Mi.-So. 12-17 Uhr

Museum für Angewandte Kunst Greizer Str. 37, Tel. 8 38 14 30, geöffnet Mi.-So. 12-17 Uhr

Haus Schulenburg Straße des Friedens 120, Tel. 8 26 41-0, geöffnet Apr. – Okt. Mo.- Fr. 10 - 17 Uhr, Sa., So. 14 - 17 Uhr, Nov. – März bis 16 Uhr. Bus 10 Rg. Hammelburg, Haltestelle Haus Schulenburg, *www.haus-schulenburg-gera.de*

Gedenkstätte Amthordurchgang Amthordurchgang 9, Tel. 5 52 76 30, geöffnet Di., Do. & Sa. 14-18 Uhr, *www.torhaus-gera.de*

Botanischer Garten Eingang Nicolaistraße/ Schillerstraße, Tel.5 20 03, geöffnet Mi.-So. 12-16:30 Uhr, Okt.-Apr. geschlossen, die Pflanzenwelt Ostthüringens komprimiert auf 0,7 ha!

Dahliengarten Eingänge: Am Martinsgrund, Straße des Friedens, Rathenaustraße, geöffnet 8 Uhr bis Einbruch der Dunkelheit, Okt.-April geschlossen, *www.dahliengarten-gera.de*

Tierpark Straße des Friedens 85, Tel. 81 01 27, geöffnet März-Okt. 9-17:30 Uhr, Nov.-Febr. von 9 Uhr bis zur Dämmerung, Parkeisenbahn Di., Mi., Do., Sa., So. 9:30-11:30 Uhr, 13-17 Uhr, *www.unser-waldzoo-gera.de*

Erlebnisbad Hofwiesenbad Hofwiesenpark 2, Tel. 8 38 43 50, Freigelände, Sauna, mehrere Schwimmbecken, geöffnet Mo.-Sa. 8-22 Uhr, So. 8-20 Uhr, Sauna ab 9 Uhr, *www.gera.de*

Eigentlich unvorstellbar, dass eine Stadt in der Größe Geras **kein Freibad** hat, aber es ist so. Zwei Bäder in den Vororten retten die Situation ein wenig.

Naturbad Strandbad Aga Reichenbacher Straße 14, 07554 OT Aga, Tel. 03 66 95/20 20 9, mit Campingplatz, 250 parzellierte Stellplätze, davon 120 für Urlaubsgäste, 20 Warmwasserduschen, beheizte Waschräume mit Behindertendusche & WC, Waschmaschinen und Trockner. Geöffnet Apr.-Okt., *www.thueringencamping.de*

Naturbad Kaimberg Kaimberger Straße, Tel. 3 64 41 oder 8 38 43 50, 7.000 m² große Wasserfläche, Planschbecken, Beach-Volleyball-Anlage, Kinderspielplatz, Sandstrand, Gastronomie, geöffnet je nach Witterung etwa ab Mitte Mai-Sept. 10-20 Uhr, *www.naturbad-kaimberg.de*

Infos über Kanuwandern auf der Weißen Elster: *www.kanu-gera.de*

Das Programm der Bühnen der Stadt Gera finden Sie unter *www.tpthueringen.de*

Kabarett Fettnäppchen Markt 1, Tel. 2 31 31, Kabarett im Höhler, *www.kabarett-fettnaeppchen.de*

Lachgeschäft Steinweg 1, Polit-Comedy-Kabarett, *www.lachgeschaeft.de*

Immer mal wieder tritt das Kabarett Wirsing e.V. im Haus Schulenburg auf, die Termine unter: *www.kabarett-wirsing.de*. Besonders gelungen sind die Abende mit Jana Huster, wenn sie ihre Welterklärer und andere Wegeriche vorstellt.

Hotel Gewürzmühle Clara-Viebig-Straße 4, Tel. 82 43 30, 29 Zi., WLAN, Frühstücksbuffet, Parkplatz, zentral, *www.hotel-gewuerzmuehle-gera.de*

The Royal Inn Regent Schülerstraße 22, Tel. 9 18 10, 102 Zi. im Landhausstil, WLAN, Restaurant, Wellnessbereich, ebenfalls zentral *www.gera.the-royal-inn.de*

Zwergenschlösschen Untermhäuser Str. 67/69, Tel. 2 25 03, 18 Zi., WLAN, Restaurant, Parkplatz, geöffnet 11-22 Uhr, familiäres Hotel am Waldrand mit Blick über das Elstertal

Novotel Berliner Straße 38, Tel. 0 6995/30 75 93, 260 Zi., WLAN, Parkplatz, Restaurant, komfortables Haus im Geraer Villenviertel mit Wellnessbereich, *www.novotel.com*

Pentahotel Gutenbergstraße 2a, Tel. 069/2 56 69 93 00, 165 Zi., WLAN, Restaurant, Sauna, modernes Stadthotel in Gera-Untermhaus, *www.pentahotels.com*

Hotel & Restaurant Waldmeisterei Am Stadtwald 4, Tel. 77 32 98 20, 7 Zi. mit Kochnische, Parkplatz, Terrasse, Restaurant geöffnet Di.-Fr. 11:30-21 Uhr, Sa. & So. 9-21 Uhr, schöne Lage im Stadtwald oberhalb von Gera, *www.waldmeisterei.de*

Gaststätte & Pension Zum Obstler Liebschwitzer Str. 121, Tel. 3 20 72, 4 moderne Zi., WLAN, Restaurant, umfangreiche Speisekarte, passable Küche, *www.zum-obstler.de*

Gasthaus & Pension Collis am Gessenbach OT Collis 2, Tel. 3 19 58, 11 Zi., Gasthaus mit guter Hausmannskost, Kegelbahn, schön ruhig gelegen im Gessental zwischen Gera & Ronneburg, *www.gasthaus-kutschbach.de*

Landhotel-Trebnitz OT Trebnitz 2, Tel. 83 36 63 60, 7 Zi., 1 FeWo, Gaststätte, *www.trebnitzerhof.de*

Hotel-Gasthof Kalte Eiche Ernseer Str. 21, OT Ernsee, Tel. 5 52 02 23, mehrere Zi., FeWo, WLAN, Gaststätte geöffnet Mo.-Do. 17-20 Uhr, So. 11-17 Uhr, übersichtliche Speisekarte mit Thüringer Küche, *www.pension-kalteeiche-gera.de*

Gasthof & Pension Frankenthal Frankenthaler Str. 74, OT Frankenthal, Tel. 82 66 60, 16 helle, farbenfrohe Zi., WLAN, Gaststätte geöffnet Mo.-Fr. ab 17 Uhr, Sa. ab 16 Uhr, So. 11:30-14 Uhr, Hausmannskost, *www.gasthof-frankenthal.de*

Gaststätte Rübezahl Friedrich-Naumann-Platz 3, Tel. 8 00 15 40, Thüringinger Küche, *www.weissbach-gastronomie.de*

Lummersches Backhaus Gries 1 Tel. 77 31 69 59, Mo. Ruhetag, im Sommer Tische auf Brücke über der Elster, moderne, leckere Küche ohne Schnick-Schnack, *www.lummersches-backhaus.de*

Waldgaststätte Kuckucksdiele Willhelm-Herfurth-Straße 11, Tel. 2 56 85, solide Küche, im Winter Karpfen, großer Biergarten, Mo. Ruhetag, *www.kuckucksdiele.de*

Kaffeerösterei Mahlwerk & Café Kornmarkt 4, Tel. 20 43 51 20, So. Ruhetag, hier gibt's Café aus frisch gerösteten Kaffeebohnen - ein Genuss! *www.mahlwerk-gera.de*

Steinwegerich Steinweg 4, Tel. 5 52 02 25, So. & Mo. geschlossen, Spezialitäten aus der Region, *www.steinwegerich.de*

Tête à Tête Kleine Kirchstraße 2, Tel. 8 00 97 13, Feinkostgeschäft mit Tee, Wein, Whisky, Aufstrichen usw., die hübsch und liebevoll verpackt werden, So. geschlossen, *www.teteatete-gera.de*

In Geras Innenstadt gibt es einige Möglichkeiten, essen zu gehen von A wie anatolisch bis T wie Thüringer Küche. Wir stellen Ihnen einige **(Ausflugs-)Gaststätten** außerhalb der Innenstadt vor, die traditionelle einheimische Küche anbieten. Manche der Lokale sind nicht sehr groß, so dass eine Reservierung empfehlenswert ist. Einige öffnen unter der Woche erst am Abend. Praktisch alle Köche haben die leckeren Thüringer Klöße im Programm.

Gaststätte Dix Frankenthaler Str. 61, OT Frankenthal, Tel. 81 04 50, Mo. Ruhetag, *www.gaststaette-dix.de*

Ferberturm Am Ferberturm 14, Tel. 2 14 76 37, Ausflugsgaststätte mit großen Biergarten, geöffnet Mi.-Fr. 15-22Uhr, im Winter ab 17 Uhr, Sa. & So. ab 11 Uhr, *www.ferberturm-gera.de*

Fliegenschnapper Dorfstraße 3, OT Zschippern, Tel. 7 10 81 75, Hier treffen Sie auf den Charme früherer Ausflugsgaststätten, Mo Ruhetag, *www.fliegenschnapper.de*

Jagdhof Schloßallee 15, Tel. 2 32 88, oberhalb von Schloss Osterstein, urig, gemütlich, Wildspezialitäten, Mo. Ruhetag, *www.jagdhof-gera.de*

Gaststätte Rubitz Rubitzer Str. 26, OT Rubitz, Tel. 41 15 82, Mo. Ruhetag, Spezialität Karpfen blau (Sept.-Karfreitag), *www.gaststaette-rubitz.de*

Gasthof Langenberg Zeitzer Str. 34, OT Langenberg, Tel. 5 52 87 73, Mi.-Fr. ab 17 Uhr, Sa. & So. 11-14 Uhr & ab 17 Uhr, *www.gasthof-langenberg.de*

Langenberger Bratwurstscheune Platz des Friedens 13, OT Langenberg, Tel. 7 73 72 17

Gaststätte Pferdestall Ernseer Str. 18, OT Ernsee, Tel. 8 00 59 37, geöffnet Okt.-Apr. Mi.-So. ab 17 Uhr, Mai-Sept. Di.-So. ab 17 Uhr, hier gibt es Steaks von allen möglichen Tieren, aber nicht vom Pferd, *www.pferdestall-gera.de*

Gaststätte Waldhaus Hofer Str. 2A, Tel. 81 16 59, geöffnet Do. & Fr. 11-14 Uhr & 17:30-22 Uhr, Sa. & So. ab 11 Uhr, Thüringer Küche mit Fisch- und Wildgerichten, *www.waldhaus-gera.de*

Gössitz ☎ *03 64 83* *PLZ 07389*

Campingplatz Neumannshof Ortsstraße 1, Tel. 74 20, 250 Stellplätze, 16 Bungalows, Kiosk, Imbiss

Gasthaus Linkenmühle Linkenmühle 92, Tel. 2 00 56, Ausflugsgaststätte mit guter Küche, Braumeistersteak, Saibling, Würzfleisch - alles lecker, geöffnet Juni-Aug. Di.-Fr., So 11-17 Uhr, Sa. bis 20 Uhr, sonst eingeschränkte Öffnungszeiten, *www.linkenmuehle.de*

Gaststätte zur großen Bucht Portenschmiede 2, Tel. 03647/5 24 85 60, 3 FeWo, geöffnet Mitte Apr.-Anfang Okt., frische Räucherforelle, hausgebackener Kuchen, *www.portenschmiede.de*

Wikingerboot an der Linkenmühle Rundfahrten von Mai-Aug., www.wikingerboot.com

Campingplatz Linkenmühle Linkenmühle 1, 07381 Paska, Tel. 2 25 48, 50 Stellplätze

Mühlenfähre zwischen den Anlegestellen Altenroth & Linkenmühle, Tel. 0176/15 46 34 29, Thüringens einzige Autofähre, Apr. & Okt. 9-18 Uhr, Mai-Sept. 8-20 Uhr, *www.kombus-online.eu*

Gräfenwarth ☎ *03 66 47* *PLZ 07907*

Hotel Piccolo Stauseestraße 6, Schleiz OT Gräfenwarth, Tel. 2 98 99, 6 rustikal-gemütlich eingerichtete Themenzi. im ehemaligen Gutshof, WLAN, Gastgarten im schönen Innenhof, Speisekarte mit saisonalen Gerichten, ein bisschen italienisch angehaucht, *www.hotel-piccolo.de*

Gasthof Zur Post Stauseestraße 36, Tel. 2 28 28, einfache EZ & DZ, Thüringer Küche, Biergarten, *www.gasthofzurpost-graefenwarth.de*

Hofcafe Orlamünder Am Teich 11, Tel. 2 23 79, geöffnet Mi.-Sa. 14-18 Uhr, in einem schönen Vierseithof, Kreuzgewölbekeller, Innenhof, Eis, leckerer Thüringer Kuchen wie von Oma gebacken

Greiz ☎ *0 36 61* *PLZ 07973*

In Greiz gibt es mehrere gebührenpflichtige, größere **Parkplätze**, von denen aus Sie die Sehenswürdigkeiten gut zu Fuß erreichen, z.B. Parkplatz am Elsterufer, 3 Stunden 1.-€; Parkplatz am Landratsamt östlich der Schlossbrücke, 5 Stunden 2 €, Parkplatz von-Westernhagen-Platz Sa. & So. gebührenfrei.

Tourist-Information Burgplatz 12, Tel. 68 98 15, geöffnet Di.-Fr. 9-17 , Sa.& So. 10-17 Uhr, *www.greiz.de*

Viel Spaß machen die **Führungen** durch Stadt und Schlösser mit dem Greizer Nachtwächter & Stadtführer Hr. Wittig, Termine: *www.greiz-tourist.de*

Museum Oberes Schloss Dauerausstellung "Vom Land der Vögte zum Fürstentum Reuß älterer Linie", geöffnet Di.-So. 10-17 Uhr, *www.greiz.de*

Museum Unteres Schloss mit ehemaligen Wohn- & Repräsentationsräumen der Landesherren, Touristinfo, Schauwerkstatt zur Geschichte des Greizer Textilhandwerks, Burgplatz 12, geöffnet Di.-So. 10-17 Uhr, *www.greiz.de*, es gibt ein günstiges Kombiticket (Museum Unteres & Oberes Schloss, inkl. Schauwerkstatt)

Staatliche Bücher- & Kupferstichsammlung im Sommerpalais Greizer Park, Tel. 7 05 80, seit 1975 ist hier das Satiricum, eine einzigartige Sammlung von Karikaturen, Apr.-Sept. 10-17 Uhr, Okt.-März bis 16 Uhr, *www.sommerpalais-greiz.de*

Café im Küchenhaus Greizer Park, Tel. 45 56 88, keine festen Öffnungszeiten, es gibt Kaffee aus eigener Kaffeerösterei, Kuchen und einige kleine Speisen, *www.treibmann-crimla.de*

Für die Größe der Stadt gibt es in Greiz recht wenig **Gasthäuser und Hotels** oder Pensionen.

Schlossberg Hotel Marienstraße 1-5, Tel. 62 21 23, 31 Zi., WLAN, kostenpflichtiger Parkplatz, separater Fahrradraum, auf Bedürfnisse von Wanderern, Radfahrern eingerichtet, der Hoteleingang ist im Einkaufszentrum und die Rezeption ist am 3. Stock. *www.schlossberghotel-greiz.de*

Krug zum grünen Kranze Parkgasse 17, Tel. 28 88, 10 einfache Zi., 1 FeWo, direkt am Schlosspark, Haus aus der Gründerzeit, solide deutsche, fleischbetonte Küche, kostenloser Hotelparkplatz

Haus Friedensbrücke Carolinenstraße 1-3, Tel. 22 21, 4 Zi., WLAN, im Haus mehrere Säle für Feierlichkeiten - es könnte laut werden *www.haus-friedensbruecke-greiz.de*

Pension Langer Prof.-Dr.-Schneider Str. 8, Tel. 0172/6 15 53 44, 5 Zi., Gemeinschaftsküche

Hotel Ambiente Bahnhofstraße 7, Tel. 45 87 69, *www.hotel-ambiente-greiz.de*, im gleichen Haus:

Pizzeria Da Papu Tel. 458 746, netter Biergarten, 30 Sorten Pizza, Nudelgerichte usw., Lieferservice, Mo. Ruhetag, *www.restaurant-dapapu.de*

Café & Restaurant Harmonie Burgplatz 12, Unteres Schloss, Tel. 38 66, geöffnet Mi.-So. ab 11:30 Uhr, keine durchgehend warme Küche, gemütliche Atmosphäre & appetitliche Gerichte, schöne Aussicht über die Elster von der Terrasse, *www.harmonie-greiz.de*

Gaststätte Altstadt Marienstr. 30, Tel. 30 34, Mo. & So. Ruhetag, altmodisches Ambiente, solide Küche

Gaststätte Reiher Dr.-Rathenau-Platz 2, Tel. 25 84, geöffnet So.-Fr. 11-14 Uhr, Kaninchen, Goulasch, Rinderzunge, Hühnerfrikassee - Küche wie bei Muttern!

Brauereigasthof Grüne Linde Grüne Linde 2, Tel. 43 17 90, gutbürgerliche Küche, Mi. Ruhetag

Café zur Stadtmühle Burgplatz 10, Tel. 67 11 31, geöffnet Mo.-Fr. 9-18 Uhr, Sa. 11-18 Uhr, So. 14-18 Uhr, hier wird fantasievoll gekocht: Forellen-Cordonbleu, Auberginenschnitzel... mal was anderes nach all den Rouladen, Rostbräteln und Sauerbraten, *www.stadtmühle-greiz.de*

Cafe & Bar City Life Kirchplatz 6, Tel. 6 84 13 70, Mo. Ruhetag, Barbecue, Brunch, Tagesgerichte, hübsch gelegen an der Stadtkirche St. Marien

Café Parkschlösschen Parkgasse 72, Tel. 45 51 12, 2 einfache DZ, Restaurant im Wiener- Kaffeehaus- Stil, traditionelle Thüringer Speisen ohne Schnörkel, geöffnet Mi.-Fr. 14-22 Uhr, So. 11:30-18 Uhr, *www.schloesschen-greiz.de*

Gasthof Zur Eiche Plauensche Str. 57, OT Dölau, Tel. 67 01 55, geöffnet Do.-Mo. 11-14 Uhr, 17-22 Uhr, Thüringer Küche, leckere Pferderouladen

Vereinsbrauerei Greiz Lindenstraße 60, Tel. 6 10-0, Brauereibesichtigungen und Bierseminare nach Anmeldung unter *www.greizer.de*

Grobengereuth ☎ *03 64 84* *PLZ 07389*

Gasthaus Zur Bankschenke Ortsstr. 19, Tel. 2 22 20, unregelmäßig geöffnet, *www.bankschenke.de*

Harth-Pöllnitz ☎ *03 66 07* *PLZ 07570*

Golf- & Tagungshotel Adler Großebersdorf 22, Tel. 50-00, 41 Zi., WLAN, Restaurant mit Gartenterrasse, hier wird die Synthese zwischen traditioneller Thüringer Küche und der großen, weiten Welt gesucht z.B. mit Thüringer Tapas - lassen Sie sich überraschen, der Gault Millau vergab immerhin mal 13 Punkte. Mo.-Fr. 17-22 Uhr, Sa. & So 11-22 Uhr, *www.thueringen-tagungshotel.de*

Golfclub Gera Am Schafteich 3, Tel. 6 16 10, *www.golfclub-gera.de*

Hermsdorf ☎ *03 66 01* *PLZ 07629*

Kultur- & Touristinformation Eisenberger Str. 48, Tel. 4 22 41, *www.saaleland.de*

Stadthaus Am Alten Versuchsfeld 1, Tourismusbüro, Galerie, *www.vg-hermsdorf.de*

Zur Linde Alte Regensburger Str. 45, Tel. 4 05 09, 10 Zi., 2 App., WLAN, Parkplatz, zeitgemäßes Hotel im Fachwerkhaus aus dem 16. Jh., deftige Küche mit Spanferkel, Grillhaxe und Bauernschmaus, *www.linde-hermsdorf.de*

Zum Schwarzen Bär Alte Regensburger Str. 2, Tel. 8626 2, 13 Zi., tägl. ab 11:30 Uhr, herrliches Fachwerkhaus, früher Ausspanne, Biergarten, Bowlingbahn, *www.zumschwarzenbaer.de*

Ratskeller Eisenberger Straße 56, Tel. 93 47 38, geöffnet Mo.-Fr. ab 16 Uhr, Sa. & So. ab 12 Uhr, hier gibt es Thüringer Grüne Klöße!

Freibad Am Freibad 1, Tel. 8 30 10, ab 10 Uhr geöffnet, modernes Bad mit Erlebnisbecken

Gaststätten im Zeitzgrund

Gaststätte Zur Ziegenmühle 07629 Schleifreisen, Tel. 8 34 88, 2016/2017 großer Umbau, geplant sind 9 Zi. für 20 Gäste, 4 Wanderhütten, Restaurant, *www.ziegenmuehle.com*

Reiterhof Gasthaus & Pension Janismühle Dorfstraße 59, 07646 Bollberg, Tel. 03 64 28/54 96 50, rustikale Zi., Küche mit Hausmannskost, geöffnet Mi.-So. 12-18 Uhr, Reiterhof, Ausritte, Kutsch- & Kremserfahrten, *www.janismuehle.de*

Bockmühle Dorfstraße 123, 07629 Schleifreisen, Tel. 03 66 01/27 40 49, 7 einfache Zi., WLAN, Gemeinschftsküche, Wanderlokal, Do.-So. ab 11 Uhr, einfache regionale Köstlichkeiten, *www.bockmuehle-zeitzgrund.de*

Hohenleuben ☎ *03 66 22* *PLZ 07958*

Museum Reichenfels Reichenfels 1a, Tel. 71 02 & 8 33 49, geöffnet Di.-Do. von 10-16 Uhr, Sa. & So. 13-17 Uhr, *www.museum-reichenfels.de*

Hochzeits- & Eventhotel Burgruine Reichenfels Reichenfels 2, Tel. 82 97 90, 5 DZ im rustikalen Look, davon eins mit Miniküche, Whirlpool, gemütliches Restaurant mit großem Wintergarten, Kaminzimmer, witzig formulierte Gerichte wie "Haifisch-Steak frisst Wildlachsfilet" oder "Ossisteak" (oh, der arme Ossi, der hier gebraten wird) machen neugierig, geöffnet Do. & Fr. ab 15 Uhr, Sa. & So. ab 9 Uhr, *www.burgruinereichenfels.de*

Gasthof Zur Rosenschänke Zeulenrodaer Str. 33A Tel. 7 18 86

Eiscafe Italia Dr.- J.-Schmidt-Straße 4, Tel. 7 17 55, 60 verschiedene Eisbecher, Di.- Fr. 10-18 Uhr, Sa. & So. 13-18 Uhr, *www.eiscafe-hohenleuben.de*

Hofkäserei Büttner Oststraße 2, aus eigener Erzeugung: Rohmilchkäse, Butterkäse, Räucherkäse, Trinkjoghurt, Buttermilch, geöffnet Mo.-Fr. 8-18 Uhr, Sa. 8-12 Uhr, *www.hofkäserei-büttner.de*

Waldbad Hohenleuben Waldstraße, Tel. 70 81, geöffnet Mai-Sept., *www.natuerlich-vogtland.de*

Hohenwarte ☎ *03 67 33* *PLZ 07338*

Pumpspeicherkraftwerk Hohenwarte Besichtigungen können Sie vereinbaren bei Vattenfall, PSW Hohenwarte, Preßwitzer Str. 25, Tel. 28 22 96

Fahrgastschifffahrt Hohenwarte An der Sperrmauer, Tel. 2 15 28, Rundfahrten, Tagesausflüge, gebührenpflichtiger Parkplatz, einige Imbisse mit Futter gegen den schnellen Hunger, Fahrpläne unter *www.fahrgastschiffahrt-hohenwarte.de*

Waldhotel am Stausee Preßwitzer Straße, 07333 Unterwellenborn, OT Bucha, Tel. 363, Zi. im Haupthaus & Chalets, Sauna, Massage, herrlich oberhalb des Stausees gelegen, beeindruckender Blick von der Terrasse, lecker gekochte Thüringer Gerichte, *www.waldhotel-am-stausee.de*

Gasthof Zum Saaletal Preßwitzer Str. 14, Tel. 2 22 29, 9 Zi., Mo. & Di. Ruhetag

Hummelshain ☎ *03 64 24* *PLZ 07768*

Altes Schloss Generationenwohnen im Schloss, Am Alten Schloss, Anfragen zur Vermietung, zu Veranstaltungen & Besichtigungsmöglichkeiten Tel. 0 83 89/9 22 88 32, Schlosspark Apr.-Okt. tägl. 10-18, Nov.-März bis 16 Uhr

Neues Jagdschloss Am Neuen Schloss, kann nach Terminvereinbarung unter 15 77/8 91 44 44 oder 03 41/4 42 42 900 besichtigt werden, *www.schloss-hummelshain.com*

Gaststätte Weidmannsheil Zum Alten Forsthaus 5, Tel. 2 24 57, geöffnet Mi.-So. 11-18 Uhr, *www.weidmannsheil-hummelshain.com*

Jößnitz ☎ *0 37 41* *PLZ 08547*

Schloss-gut-Hotel Schlossstr. 2, Tel. 57 77 50, 8 Zi., Restaurant mit Ritteressen, Di.-Do. ab 18 Uhr, Fr.-So. ab 11:30 Uhr, *www.schlosshotel-joessnitz.de*

Hotel Romantica Pfarrweg 19, Tel. 55 41 40, 9 DZ, Restaurant mit internationaler Küche, Mo. & Di. Ruhetag, *www.romantica-hotel.de*

Pension Vogtland mit Herz Grüne Gasse 4, Tel. 52 12 88, 4 rustikale Wohneinheiten im Umgebindehaus aus dem 17. Jh., *www.vogtland-mit-herz.de*

Pfaffenmühle Pfaffenmühlenweg 18, Tel. 52 57 72, 3 DZ, Ausflugsgaststätte bei Plauen, Ritterschmaus, im Winter Schlachtefest, großer Gastgarten, Hausmacher-Sülze, Eisbein, geöffnet Fr.-Mi. ab 10 Uhr, *www.pfaffenmuehle.de*

Gasthaus zum Kuckuck Lessingstr. 17, Tel. 52 16 86, Mo., Do., Fr. ab 15 Uhr, Sa. & So. ab 11 Uhr

Kaulsdorf ☎ 03 67 33 PLZ 07338

Schlemmerstube am Gänsemarkt Saalfelder Str. 53, Tel. 23 91 48, Mo. & Di. Ruhetag, Spezialität: Aalrauchmatjesfilet aus der "Fischräucherei Cramer" Saalfeld, *www.schlemmerstube.fiehring.de*

Eis-Cafe Mandarin Zur Oschütz 11, Tel. 2 32 75, Winterpause von Mitte Nov.-Mitte Feb., im Sommer Mo. Ruhetag, *www.eiscafe-mandarin.de*

Gasthaus & Pension Zur Linde Str. des Aufbaus 15, OT Eichicht, Tel. 0 3 32-0, 5 Zi., Thüringer Fleisch- & Fischgerichte, *www.pension-zur-linde.de*

Hotel & Pension Zur grünen Eiche Am Anger 12, OT Eichicht, Tel. 3 33-0, 18 Zi., frisch geräucherte Saale-Forellen, *www.hotel-zur-gruenen-eiche.de*

Gasthaus & Pension Zur Linde OT Breternitz Nr. 28, Tel. 0 36 71/61 59 09, 4 Zi., 1 FeWo, WLAN in der Lobby, *www.pension-wiefel.de*

Gasthaus Zeuner OT Fischersdorf 4, Tel. 0 36 71/61 58 08, geöffnet Mi.-Fr. 16-22 Uhr, Sa. 12-20 Uhr, So. 10-20 Uhr, *www.kaulsdorf-saale.de*

Knau ☎ 03 64 84 PLZ 07389

Rittergut Hauptstraße 24, *www.rittergut-knau.de*

Agrofarm Knau eG An der Bahn 4, Tel. 67 00, 2 Zi. & 2 App. in der Wassermühle zu Knau, Mittagstisch, Hofladen, *www.agrofarm-knau.de*

Alte Försterei Alte Försterei 2, Tel. 2 23 05, 3 FeWo, Sauna, Kneippkuren, *www.fewo-knau.de*

Fischerhof Händelsmühle Fischergrund 1, Tel. 2 23 02, 3 FeWo direkt am Teich, WLAN, *www.fischerhof-haendelsmuehle.de*

Am Anger gibt es einen entzückend nostalgischen kleinen **Tante-Emma-Laden.**

Könitz ☎ 03 67 32 PLZ 07333

Bergbau- & Heimatmuseum Könitz Buchaer Straße 1, Tel. 2 07 86, geöffnet Mi. 9-12 Uhr, Sa. & So. 13-17 Uhr, *www.museum-koenitz.de*

Landgasthof & Fleischerei Fr.-Ebert-Straße, Tel. 3 06 97, geöffnet Mo.-Fr. 7:30-14 Uhr, So. 11-14 Uhr, *www.der-landfleischer.de*

Kraftsdorf-Harpersdorf ☎ 03 66 06 PLZ 07586

Mutzmuseum Straße der Einheit 87 (68 a) Tel. 6 34 24, Kontakt: Jochen Viererbe, geöffnet nach vorheriger Vereinbarung, *www.kraftsdorf.de*

Gasthof Altenburger Hof Straße der Einheit 28, Tel. 8 42 37

Gaststätte Erlbachhof OT Harpersdorf, Harpersdorfer Str. 53, Tel. 6 00 40, So. & Feiertag ab 10 Uhr, sonst ab 18:30 Uhr, Di.,Do.,Sa. Ruhetag

Ausflugsgaststätte Käseschenke Kaltenborn Nr. 43, Tel. 6 04 73, Di.-So. 11-16 Uhr, es gibt Bockwurst!

Langenwetzendorf ☎ 03 66 25 PLZ 07957

Bauernmuseum Nitschareuth OT Nitschareuth Nr. 13, Tel. 2 05 04, geöffnet Mi., Sa., So. 13-19 Uhr & nach Vereinbarung *www.nitschareuth.de/bauernmuseum*

Rittergut Lunzig Ortsstraße, Besichtigung der Dauerausstellung "Lunzigs Gedächtnis" unter kontakt@heimatverein.lunzig.de oder Tel. 62 00 oder über Frau Noll Tel. 2 03 53

Floßtour auf der Leubatalsperre Gemeinde Langenwetzendorf, Platz der Freiheit 4, Tel. 520-0, *www. Langenwetzendorf.de*

Waldherberge & Gasthaus Drei Tannen Jugendherberge 2, Tel. 2 03 05, Herberge im Jugendherbergsstil, Gemeinschafts-DU/WC im Haupthaus, Gasthaus Do. & Fr. ab 18 Uhr, Sa. & So. ab 11 Uhr, Campinggelände, *www.waldherberge-jh.de*

Frühstückspension Zum alten Brunnen Hauptstraße 142, Tel. 2 08 12, 7 Betten, kleine Speisen für Pensionsgäste, *www.zum-alten-brunnen.de*

Landgasthof & Hotel Zur Linde Ortsstraße 14 a, OT Lunzig, Tel. 62 00, 7 Zi., WLAN, hausgebackener Kuchen, Wildgerichte mit Thüringer Klößen, geöffnet Di.-Do. & Sa. auf Reservierung, So. ab 11 Uhr, Mo. & Fr. Ruhetag, *www.linde-lunzig.de*

Gasthof Drei Schwanen Wildetaubener Hauptstraße 7, OT Wildetaube, Tel. 204 07, komfortable Zi., geöffnet Mo. & Do. 17-22 Uhr, Fr., Sa., So. 11-14 Uhr & 17-22 Uhr, Di. & Mi. Ruhetag.

Selbstverständlich gibt es im Gasthaus auch Thüringer Klöße, aber wer mal was anderes möchte, ist mit Kürbis-Gnocchi oder Kartoffel-Speck-Pürree gut beraten, *www.gasthof-drei-schwanen.de*

Sommerbad Am Bad, Tel. 2 03 55

Linda b. Neustadt/Orl ☎ *03 64 81* *PLZ 07819*

Knapp-Mühle Ortsstraße 20, Tel. 8 41 53, Mühlenbesichtigung nach tel. Vereinbarung möglich, Übernachten in der Mühlenschlafkammer mit Teeküche, Stellplatz für Wohnmobil *www.knapp-muehle.de*

Die Trike-Piraten Ortsstraße 7. Tel. 18 95 52, Trikeverleih Thüringen, *www.die-trike-piraten.de*

Ferienhof Wolschendorf Ortsstraße 11, OT Köthnitz, Tel. 2 27 92, 3 Themen-DZ, FeWo, Ferienhaus, Gästeküche, Holzbackofen, Sauna, Dampfbad, Fitnessraum, *www.aufs-land.com*

Gasthaus & Pension Zum fröhlichen Dorfleben OT Köthnitz 5, Tel. 2 29 07, 8 Zi., Restaurant mit Thüringer Küche, Biergarten, Parkplatz, Reiten, Kutschfahrten, Kegeln, Bademöglichkeit, *www.zum-froehlichen-dorfleben.de*

Moßbach ☎ *03 66 48* *PLZ 07907*

Landgasthof Deutscher Hof Ortsstraße 89, Tel. 2 23 88, 10 DZ, WLAN, Fischabend, Schlachtfest, Wurst aus eigener Herstellung, *www.landgasthof-deutscher-hof.de*

Goldener Löwe Ortsstraße 14, Tel. 2 22 46 *www.loewe-moosbach.de*

Münchenbernsdorf ☎ *03 66 04* *PLZ 07589*

Stadtkirche Kirchberg 1, Tel. 22 53

Naturbad Teichhäuser 17, Tel. 26 48

Gaststätte Reichspost Rodaer Str. 37, Tel. 23 17, Mo., Di.-Sa. ab 16 Uhr, So. 10-13 Uhr & ab 17 Uhr, beliebt: die Rindslende nach Wildart, Bowlingbahn

Hohe Reuth OT Kleinbocka 22, Tel. 24 14, 8 Zi., WLAN, Restaurant geöffnet Di.-Fr. ab 17 Uhr, Sa. & So. ab 11:30 Uhr, Festscheune, Ausritte, Kutsch- & Kremserfahrten, *www.hotelhohereuth.de*

Gaststätte & Pension Schmidt Großsaara 44, OT Großsaara, Tel. 25 23

Mylau ☎ *0 37 65* *PLZ 08499*

Fremdenverkehrsverein "Nördliches Vogtland" im "Neuberinhaus", Weinholdstr. 7, 08468 Reichenbach, Tel. 6 11 99 26, Stadt- & Kirchenführungen, Führungen an der Göltzschtalbrücke

Burg Mylau Burg 1, Tel. 3 82 23 52, Museum geöffnet Di. – So. 11 - 17 Uhr, www.burgmylau.de

Alaunwerk OT Mühlwand, Tel. 12 834 und 13986 wegen Hochwasserschäden im Frühjahr 2017 keine Besichtigung möglich, *www.alaunwerk.de*

Hotel Garni Stadt Milin Markt 5, Tel. 38 23 82, 13 klassische Zi., WLAN, Gratis-Parkplatz, zentral gelegen, *www.hotel-garni-stadt-milin.de*

Speisegaststätte & Café Centra Heubnerring 2, Tel. 3 43 82, geöffnet Di.-So. ab 11 Uhr

Gasthaus & Pension Zum grünen Tal Mühlwander Berg 1, 08468 Limbach, Tel. 1 36 36, Gästezi., geöffnet ab 11 Uhr, Di. Ruhetag, Biergarten, Kaminzimmer, *www.gasthaus-muehlwand.de*

Freibad Lengenfelder Straße, Tel. 39 29 39

Netzschkau ☎ *0 37 65* *PLZ 08491*

Touristinformation Markt 12, Tel. 39 01 10, Mi., Sa., So. geschlossen, *www.netzschkau.de*

Schloss Schlossstraße 8b, Tel. 30 51 99, geöffnet Apr.-Okt. Sa., So. & Feiertag 13-17 Uhr *www.schloss-netzschkau.de*

Göltzschtalbrücke Brückenstraße, Informationen durch den Fremdenverkehrsverein "Nördliches Vogtland" zur Geschichte der Brücke, zu Sehenswertem in der Umgebung usw. unter Tel. 6 11 99 26, bzw. 0 17 22/71 61 52, Besichtigung nach Voranmeldung für jeden Termin möglich

Vogtländisches Bergbaumuseum Bahnhofsstraße 18, Tel. 3 16 47, Führungen nach Voranmeldung, *www.vogtlaendisches-bergbaumuseum.de*

Plauener Spitzenmanufaktur C. R. Wittmann Reimersgrüner Straße 6, OT Brockau, Tel. 39 490, weltgrößte Spitzendecke aus Plauener Spitze, Werksverkauf Mo.-Fr. 10-18 Uhr, jeden ersten Sa. im Monat von 10-13 Uhr, *www.stickerei-wittmann.de*

Ketzels Mühle Brückenstraße 6 B, Tel. 30 08 28, Besichtigung der Mühlenanlage, Souvenirshop, Apr.-Okt. tägl. 9-18 Uhr, Nov.-März bis 16 Uhr

Café & Konditorei Richter Markt 10, Tel. 30 09 85, Cafégarten mit Schaubacken im Holzofen bei schönem Wetter, *www.isor.de/baeckerei/*

Gasthaus Bürgerstübel Siedlungsstraße 41, Tel. 3 43 57

Freibad Plauener Straße, Tel. 3 40 19

Neumühle/Elster ☎ *0 36 61* *PLZ 07980*

Sterner Mühle Hauptstraße 12, Tel. 43 39 05, Mühlenladen

Neustadt/Orla ☎ *036481* *PLZ 07806*

Touristinformation im Lutherhaus Rodaer Straße 12, Tel. 8 51 21, geöffnet Di.-Sa. 10-17 Uhr, So. 14-17 Uhr, das Lutherhaus ist in den musealen Bereichen ein unbeheizter Kaltbau, bitte denken Sie gegebenenfalls an warme Kleidung *www.neustadtanderorla.de*

St. Johannis Zur Besichtigung können sich Besucher während der Öffnungszeiten im Museum für Stadtgeschichte melden. Dort erhalten sie Eintritt in die Kirche, Di. 10-12 Uhr & 14-16 Uhr, auch durch das evangelisch-lutherische Pfarramt (Kirchplatz 2). Außerdem ist die Kirche zu Gottesdiensten und Konzerten zugänglich.

Museum für Stadtgeschichte Kirchplatz 7, Tel. 51 913, geöffnet Di.-Sa. 10-17 Uhr, So. 14-17 Uhr

Hotel Stadt Neustadt Ernst-Thälmann-Straße 1 Tel. 2 27 49, 24 Zi., WLAN, Parkplatz, Hotelküche: Thüringer Klöße, Original Thüringer Rostbratwurst, Biergarten, charmantes, zentrales Hotel *www.hotel-stadt-neustadt.de*

Hotel-Restaurant Ringhotel Ernst-Thälmann-Straße 62, Tel. 66 0, 31 Zi., WLAN, Restaurant mit lokalen Spezialitäten, Terrasse, Kaminzimmer, *www.ringhotel-schlossberg.de*

Hotel Goldener Löwe Ernst-Thälmann-Straße 72, Tel. 2 39 95, Familienzimmer, Küche mit Kühlschrank, Mo. Ruhetag, Küche mit regionalen und internationalen Speisen, sonntags Klöße, *www.goldenerloewe-neustadt.de*

Gaststätte & Pension Ziegler Pößnecker Str. 34, Tel. 22 075, *www.thueringen.info/pension-ziegler*

Gaststätte & Pension Heinrichsruh Heinrichsruhe 1, Tel. 2 39 44, 7 Zi., Ausflugsgaststätte, Freiluftkegelbahn, Streichelzoo, im Winter Schlachtfest, Mo. Ruhetag, *www.heinrichsruhe.de*

Gaststätte Altstadtklause Markt 17, Tel. 2 30 69, Mo. Ruhetag, *www.ask-neustadt.com*

Nöbdenitz ☎ *03 44 96* *PLZ 04626*

Landhotel Riedel OT Untschen 48D, Tel. 03 44 91 56 60 60, 10 Zi., WLAN, *www.landhotel-riedel.de*

Gaststätte Sportlerheim Dorfstraße 2a, Tel. 22277, geöffnet Di.-Sa. 17-22 Uhr, So. 12-14 Uhr Mittagstisch und 14-16 Uhr Kaffeetrinken

Oelsnitz /Vogtland ☎ *03 74 21* *PLZ 08606*

Parken ist kein Problem, es gibt einen Parkplatz oben beim Schloss, am Kirchplatz oder in den Seitenstraßen vom Markt.

Kultur- & Tourismusinformation im Zoephelschen Haus Grabenstraße 31, Tel. 2 07 85, geöffnet Mo.-Fr. 9-16 Uhr, Sa bis 12 Uhr, hier gibt es ein Übernachtungsverzeichnis, auch online, mit vielen Ferienwohnungen, *www.oelsnitz.de*

Schloß Voigtsberg Schloßstraße 32, Tel. 72 94 84, Museen geöffnet Di.-So. von 11-17 Uhr *www.schloss-voigtsberg.de*

Voigtsberger Schloßstube im Schloss, Tel. 18 80 46, geöffnet von Di.-So. ab 11 Uhr, originelle Gerichte wie Erbsen-Apfel-Salat mit Radicchio oder Saiblingsfilet mit Salbei-Basilikum-Pesto auf Kartoffelstampf, Biergarten im Schlosshof *www.voigtsberger-schlossstube.de*

Halbmond Teppichwerke GmbH Brückenstr. 1, Tel. 420, Werksverkauf geöffnet Mo.-Fr. 10-17 Uhr, Sa. 9-12 Uhr, *www.halbmond.de*

Hotel Altdeutsche Bierstube Feldstr. 9, Tel. 2 22 48, 21 Zi., zentral gelegen, Parkplatz, vogtländische Küche, *www.altdeutschebierstube.de*

Landhotel Zum grünen Baum Straße zum Ferienheim 1, OT Taltitz, Tel. 2 30 14, 9 zum Teil originell eingerichtete Zi., WLAN, Sauna, Biergarten, Bibliothek, Restaurant geöffnet Mo.-Fr. ab 17 Uhr, Sa. & So. ab 11 Uhr, frische, saisonale Produkte, *www.landhotel-taltitz.de*

Hotel Gasthof Am Mühlteich Straße zum Ferienheim 11, OT Taltitz, Tel. 2 21 67, 10 Zi., WLAN, Parkplatz, Terrasse, Restaurant, Do. Ruhetag

Gaststätte Zum Vogtländer Schmidtstraße 17, Tel. 01 72/8 88 92 99, Di. & Mi. Ruhetag, probieren Sie mal das Sperkennest oder den Schwammtiegel, *www.gaststaette-zum-vogtlaender.de*

Landgasthof Dreihöf Dorfstraße 2, Tel. 18 83 10, geöffnet Apr.-Okt. Mi.-So. 11-21 Uhr, Nov.- März Mi.-So. 11-14 Uhr & 17-1 Uhr, der Chef möchte mit seinen Gerichten, z.B. Eisbein mit Meerrettichsoße, Sauerkraut und hausgemachten Mehlklößen oder Pastinaken-Cremesuppe der deutschen Küche wieder einen guten Ruf verschaffen, *www.landgasthof-dreihöf.de*

Gasthof Planschwitz Oelsnitzer Str. 7, OT Planschwitz, Tel. 42 12 31 36

Freibad Elstergarten Elsterstr. 15, Tel. 2 26 19, Camping, Imbiss, *www.elstergarten.de*

Naherholung Talsperre Pirk Am Strand 4, OT Taltitz, Tel. 23547, *www.naherholung-talsperrepirk.de*

Imbiß - Talsperre Pirk Am Strand 93, Tel. 2 34 47

DJH Jugendherberge Taltitz Dobenecker Weg 27, Tel. 2 30 19, *www.taltitz.jugendherberge.de*

Paitzdorf ☎ *036602* *PLZ 07580*

Erdwärmepfad Firma Rohn & Co. GmbH Paitzdorf 63a, Tel. 2 26 78

Pausa-Mühltroff ☎ *037432* *PLZ 07952*

Schloss Mühltroff August-Bebel-Platz 1, 07919 Mühltroff, Tel. 03 66 45/2 23 09. Termine für Führungen auf der Internetseite oder unter Tel. 03 66 45/2 23 09, *www.schloss-muehltroff.de*

Erdachsendeckelscharnierschmiernippelkommission zu Pausa e.V. Neumarkt 1, Tel. 2 15 94, oder Stadtverwaltung Tel. 60 30, die Schmierdauer richtet sich nach der individuell gewünschten Umdrehungszahl, Besucher sollten aber mindestens 30 Min. einplanen, *www.erdachse-pausa.de*

Hotel Stadt Pausa Neumarkt 4A, OT Pausa, Tel. 2 05 95, 10 Zi., WLAN, *www.pausa-hotel.de*

Gasthof & Pension zur Linde OT Ebersgrün, Pastor-Blume-Straße 91, Tel. 2 05 95, 4 Zi., 1 Bungalow, geöffnet Mo.-Fr. 11-13 Uhr & 17-23 Uhr, Sa. 17-23 Uhr, So. 11-14 Uhr, günstiger Mittagstisch, *www.linde-ebersgruen.de*

Pension Globus Zeulenrodaer Str. 4, OT Pausa, Tel. 2 08 82, 6 freundliche Zimmer, WLAN, *www.pension-pausa.de*

Restaurant Grünes Tal Am Plauenschen Tor 10, OT Pausa, Tel. 2 26 96, Mo. & Di. Ruhetag, *www.gasthaus-gruenes-tal.de*

Freibad Butterberg 10, Tel. 2 05 90

Plauen ☎ *03741* *PLZ 08523-08529*

Unter *www.plauen.de* finden Sie eine Übersicht über die Parkhäuser und **Parkplätze** der Stadt. Gratis können Sie in der Bergstraße parken; in der Stresemannstraße sind die ersten zwei Std. kostenlos.

Die PlauenCard lässt Sie Kultur ab 13,90 € (2017) erleben: Eintritt in 5 Museen/Galerien, 3 Tage Nutzung der Plauener Straßenbahn, 3 h Audioguide, Besuch Stadtbad Plauen. Erhältlich: Tourist-Information, in teilnehmenden Museen, in ausgewählten Hotels.

Touristinfo Unterer Graben 1, Tel. 2 91 10 27, *www.plauen.de*. Unter dieser Internetadresse finden Sie auch alle Plauener Museen.

Öffentliche Rathausturmführung Mai-Okt. Di. & Do. 10 Uhr. Treff: Tourist-Information am Markt

Plauener Spitzenmuseum Altmarkt, im Alten Rathaus, Tel. 22 23 55, 22 37 13, geöffnet Di.-Fr. 10-17, Sa. & So. 10-16 Uhr

Erich-Ohser-Haus Galerie e.o.plauen, Nobelstraße 7, Tel. 2912344, Di.-So. 11-17 Uhr, *e.o.plauen.de*

Vogtlandmuseum Nobelstraße 9-13, Tel. 2 91 24 01, geöffnet Di.-So. 11-17 Uhr

Malzhaus & Galerie im Malzhaus Alter Teich 7-9, Tel. 15 32 32, *www.malzhaus.de*

Schaustickerei Plauener Spitze Obstgartenweg 1, Tel. 44 31 87, geöffnet Mo.-Sa. 10-17 Uhr. Straßenbahnen Linie 4 Richtung Reusa, Linien 3 & 6 Richtung Waldfrieden ab Haltestelle "Tunnel" am Postplatz bis Haltestelle Vogtlandklinikum

Alaunbergwerk "Ewiges Leben" Haupteingang Reichsstraße 9, Tel. 01 79/1 30 31 63, geöffnet auf Vorbestellung, *www.alaunbergwerk-plauen.de*

Plauener Spitze:

- **Modespitze Plauen GmbH** Annenstraße 9, Tel. 22 25 54, geöffnet Mo.-Fr. 9-17 Uhr
- **Salon Plauener Spitze** Rädelstraße 2, Tel. 223155, Mo.-Fr. 10-12:30 Uhr, 13-18 Uhr, Sa. 10-14 Uhr
- **Kunstgewerbe Am Rathaus** Herrenstraße 6, Tel. 14 99 88, geöffnet Mo.-Fr. 10-18, Sa. 10-15 Uhr
- **Plauener Spitzenmuseum** Altmarkt, Tel. 22 23 55, geöffnet Di.-Fr. 10-17, Sa. & So. 10-16 Uhr
- **Schaustickerei Plauener Spitze** siehe oben

Pfaffengut Plauen Pfaffengutstraße 16, Tel. 52 28 97, Agrarhistorische Ausstellung, Erforschung von Lebensräumen, Gutsgarten, Veranstaltungen, Heuübernachtungen bis 20 Pers., Zi. zum Teil mit Küche, Zeltplätze, *www.pfaffengutplauen.de*

Falknerei Herrmann Pfaffengutstraße 4, Tel. 01 74/9 14 71 24, *www.falknerei-herrmann.de*

Parkhotel Plauen Rädelstraße 18, Tel. 2 00 60, in schicker Stadtvilla gibt's 18 schicke Zi., WLAN, Tablet-PC, Restaurant bietet spannende crossover-Küche, Parkplatz, im Keller wartet die "Friesische Botschaft" mit Nordsee-Gastlichkeit auf, *www.parkhotel-plauen.de*

Pension & Gasthaus Matsch Nobelstraße 5, Tel. 20 48 07, 10 antik eingerichtete Zi., WLAN, älteste Gastwirtschaft in Plauen, hier ist die Spezialität der Bambes, Biergarten, Bierkeller, Café, geöffnet So.-Do. 11-15 Uhr & 17-22 Uhr, Fr. & Sa. bis 23 Uhr, *www.matsch-plauen.de*

Hotel & Restaurant Altes Handelshaus Straßberger Str. 17, Tel. 14 96 99, 10 historisch-romantisch eingerichtete Zi., WLAN, Gastgarten, Parkplatz, uriges Restaurant bietet u.a. Bambes in vielen Variationen, *www.altes-handelshaus.de*

Hotel & Restaurant Ambiente Schulstraße 23A, Tel. 3 94 99 16, 20 Zi., WLAN, am östlichen Stadtrand, *www.hotelrestaurantambiente.de*

ViVo-Gastgarten & Lebensraum Walkgasse 7, Tel. 01 74/1 41 11 34, ein reiner Gastgarten Apr.-Okt. bei schönem Wetter ab 18 Uhr geöffnet, idyllischer Platz am Mühlbach, Burger, Drinks, Cocktails, *www.vivo-lounge.de*

Gaststätte Heinrichs Unterer Graben 1A, Tel. 14 92 99, historisches Gewölbe mit modernem Touch, geöffnet tägl. ab 11 Uhr, Biergarten, Bowlingbahn, Wildsülze, Sauerbraten, Bierfleisch, Braumeistersteak... *www.heinrichs-plauen.de*

Gaststätte Cambrinus Hauptstraße 21, Tel. 13 33 96, geöffnet So.-Fr. 10-15 Uhr, aus der Region gibt's z.B. vogtländische Kartoffelsuppe oder Kartoffeln und Quark mit Zwiebeln und Butter, *www.cambrinus.de*

Pension & Restaurant Lochbauer Pfaffengutstraße 30, OT Reißig, Tel. 52 66 41, 6 Zi. im Landhausstil, Restaurant mit Hausmannskost, im Sommer am Sonntag Brunch, geöffnet ab 11 Uhr, Drei-Seiten-Gehöft nahe der Talsperre Pöhl *www.lochbauer.de*

Plothen ☎ *03 66 48* *PLZ 07907*

Tourismus-Information Ortsstraße 46, Tel. 2 39 22, geöffnet Apr.-Okt. Di., Fr., Sa., So. 13-16 Uhr

Museum für Fischerei- & Teichwirtschaft im Pfahlhaus am Hausteich, geöffnet Sa. & So 13-17 Uhr, Mo.-Fr. nach Vereinbarung bei der Tourismus-Information, beim Heimatverein Plothen e.V. 2 23 26 oder bei der Infostelle für Naturschutz 2 23 48

Naturführer Erich Herzog Tel. 2 22 25 für interessante Führungen durchs Teichgebiet

Gasthaus Zum Plothenteich Ortsstraße 50, Tel. 2 22 43, 14 Zi., in den Monaten mit "R" gibt es Plothener Karpfen, *www.zum-plothenteich.de*

Umweltjugendherberge Am Hausteich Hausteichstr. 1, Tel. 2 23 29, moderne Jugendherberge

167 Betten / Zi. mit Du/WC, *www.djh-thueringen.de*
Auf der Seite: *www.land-der-tausend-teiche.de* erhalten Sie Infos und es werden Zimmer und Ferienwohnungen in den Teichgemeinden angeboten.

Podhradí u Aše *(CZ)* *Neuberg* *PLZ 352 01*

Pension Pod Věží Podhradí 319, Tel. +420 354 527 190, 3 einfache Zi., Du/WC auf Gang, Kochmöglichkeit, 1 App., WLAN, www.pensionpodvezi.cz

Restaurace ve školce Podhradí 272, Tel. +420 607 999 788, gute tschechische Küche

Pöhl ☎ *03 74 39* *PLZ 08543*

Mehrere **Parkplätze** mit Parkscheinautomat

Anlegestelle Fahrgastschifffahrt Möschwitz - Hauptstr. 48, Tel. 63 72, 3 Fahrgastschiffe, einstündigen Rundfahrten tägl. ab 11 Uhr, Themenfahrten, Charterfahrten, *www.talsperre-poehl.de*

Campingplatz Gunzenberg & Tourist-Information Möschwitz - Hauptstr. 38, Tel. 67 78, geöffnet Apr.-Okt. tägl. 8-12:30 und 14-17 Uhr

Unter ***www.talsperre-poehl.de*** finden Sie sämtliche Freizeitangebote von A wie Angeln über Badestrände & Naturfreibad, Bootsverleih, Segel- und Surfschule, Kletterwald, den Sportpark Sachsen bis Z wie Zeltplätze

Freizeitgarten Pöhl nahe Sperrmauer Talperre Pöhl, 1 min Fußweg vom Parkplatz "Bühne am Talsperrenblick", Tel. 4 49 59, geöffnet Apr.-Sept. Mo.-Fr. 11-18 Uhr, Sa. & So. 10-19 Uhr, Minigolf, Tischtennis, Volleyball, Federball, Imbiss *www.freizeitgarten-poehl.de*

Restaurant & Pension Gockescher Hahn Bergstraße 3, OT Jocketa, Tel. 7 72 59, 7 Zi., geöffnet Di.-So. ab 11 Uhr, Grillecke, Pool, heimische Küche

Landhotel & Gasthof Alt-Jocketa Jocketa-Dorfaue 1, OT Jocketa, Tel. 62 54, 35 Zi., WLAN, Wellnessbereich, Parkplatz, Speisekarte präsentiert sich irisch-tschechisch-asiatisch-mediterran-vogtländisch, Biergarten, *www.landhotel-altjocketa.de*

Restaurant & Caféteria Talsperrenblick Pöhler Str. 49, OT Jocketa, Tel. 4 49 59, Ausflugsgaststätte, *www.talsperrenblick.de*

Die Gaststätte bei der **Barthmühle** wurde zur Zeit der Recherche für dieses Buch gerade umgebaut und es gab noch keinen konkreten Eröffnungstermin.

Pößneck ☎ *0 36 47* *PLZ 07381*

Stadtinformation Klosterplatz 2-4-6, Tel. 41 22 95, geöffnet Mo., Di., Do.-Sa. 11-16 Uhr, So bis 17 Uhr, Mi. Ruhetag, Stadtführungen auch unter verschiedenen Mottos, Auskunft über die Öffnungszeit des Weißen Turms, *www.poessneck.de*

Museum642-Pößnecker Stadtgeschichte Klosterpl. 6, Tel. 41 22 95, geöffnet wie Stadtinformation, *www.museum642.de*

Museum der Rosenbrauerei Karl-Marx-Straße 3, Tel. 4 10 90, Brauereigeschichte, Führungen Mo.-Do. 8-16 Uhr, Fr. 8-12 Uhr in Gruppen ab 5 Pers. nach tel. Anmeldung, *www.rosenbrauerei.de*

Ausstellung im **Thüringer Schokoladenwerk Berggold** Raniser Str. 11, Tel. 53 21, Führungen nach tel. Voranmeldung, Werksverkauf, *www.berggold.de*

DDR-Büromuseum Franzensplatz 6, Tel. 44 58 40, Besichtigung nach telefonischer Absprache

Hotel Villa Altenburg Straße des Friedens 49, Tel. 5 04 28 88, 15 edle Zi. in einer ehemaligen Fabrikantenvilla, WLAN, Restaurant mit klassischen und Thüringer Speisen, geöffnet Mo.-Sa. 14-22 Uhr, So. 11:30-21 Uhr, liegt ein bisschen außerhalb, *www.villa-altenburg.de*

Hotel zur Bärenleite Bärenleite 19, Tel. 41 89 55, 5 Zi., FeWo, *www.hotelzurbaerenleite.de*

Gaststätte & Pension Zur Erholung Jenaer Straße 21, Tel. 50 56 28, 9 Zi., WLAN, Restaurant mit Thüringer Küche, geöffnet Mo.-Fr. 16-22 Uhr, Sa. & So. ab 10 Uhr, Di. Ruhetag, Grillplatz, großer Parkplatz, *www.erholung-poessneck.de*

Ratskeller Markt 1, Tel. 41 20 23

Imbissrestaurant Am Stadttor Breite Straße 40, Tel. 42 28 74, Mo.-Fr. 6:30-15 Uhr, jeden Tag wechselnde Hausmannskost, *www.am-stadttor.eu*

Café Dittmann Poststraße 1, Tel. 44 51 31, geöffnet tägl. 7-19 Uhr, *www.cafe-dittmann.de*

Posterstein ☎ 03 44 96 PLZ 04626

Museum Burg Posterstein Burgberg 1, Tel. 2 25 95, geöffnet Di.-Sa. 10-17 Uhr, So. bis 18 Uhr, *www.burg-posterstein.de*

Burgkirche: Besichtigung während der Öffnungszeiten des Museums Burg Posterstein, Führungen Di.-So. 11 Uhr, 13 Uhr und 15 Uhr, sowie nach vorheriger Anmeldung

Landhotel Zur Burg Dorfstraße 13, Tel. 65 10, 16 Zi. (wunderschön: das Bauernzimmer), WLAN, Restaurant mit regionaler Küche wie Gutsherrensuppe, Postersteiner Gänsebrust, Altenburger Ziegenkäse oder Thüringer Festtagskuchen, geöffnet Di.-Fr. 17-22 Uhr, Sa. & So. ab 11 Uhr *www.hotel-posterstein.de*

Gasthof & Pension Deftige Pfanne Am Reichartshain 9, Tel. 2 35 77, 2 DZ, 1 FeWo, Restaurant mit saisonaler und lokaler Küche, hier wird frisch gekocht, geöffnet Mi.-Fr. 17:30-22 Uhr, Sa. & So. 11:30-15 Uhr & 17:30-22 Uhr *www.deftige-pfanne.de*

Café DeLapide auf der Burg Burgberg 3, Tel. 015 20/6 72 18 00, geöffnet Fr.-So. Kaffee, Kuchen und Getränke in gemütlichem Ambiente *www.delapide-posterstein.de*

Kunst- & Kräuterhof Auenhof Dorfstraße 9, Tel. 2 34 02, 4 Zi., Atelier, Hofladen,Veranstaltungen, Seminare, geöffnet Do. 15-18 Uhr und nach Absprache, *www.kunstundkraeuterhof.de*

Ranis ☎ 0 36 47 PLZ 07389

Burg Ranis Lindenstraße 37, Tel. 41 33 45, geöffnet Apr.-Okt. Di.-So. 10-17 Uhr, Nov.-März Sa. & So. 13-16 Uhr, Burgführungen (Außenführungen) auf Anfrage unter *www.burgfreunde-ranis.de*, *www.stadt-ranis.de*

Parkplatz am Burgaufgang, etwa 200m Fußweg zur Burg, im Vorburggelände zwei markierte Behindertenparkplätze

Gästehaus Papilio Ludwigshof Nr 14, Tel. 44 58 55, Kinder-, Jugend- & Familienpension mit 23 Zi., Du/WC z.T. auf dem Gang, Grillplatz, Bolzplatz, Streichelzoo, Reiten, *www.tour-papilio.de*

Gasthof & Pension Deutscher Garten Bahnhofstraße 9, Tel. 41 39 57, 12 Zi., WLAN, Restaurant, Biergarten, Bowlingbahn, selbstgemachtes Speiseeis, *www.deutscher-garten.de*

Burgcafé Wöhlsdorfer Str.35, Tel. 50 49 35

Gasthaus zur Schmiede August-Bebel-Str. 26, Tel. 41 39 39, geöffnet Mo., Do.-Mo. 18-22 Uhr, Di. & Mi. Ruhetag, jeden lezten Sonntag im Monat großes Kloßessen, *www.schmiede-ranis.de*

Altmarktstübchen Rathausstr. 21, Tel. 41 33 57, geöffnet Di. Mi. Fr. 17-22 Uhr, So. bis 21 Uhr, *www.altmarktstuebchen.de*

Schloss Brandenstein Brandenstein 1, Tel. 42 08 58, Schlossführungen So. 16 Uhr, zum Schätz- & Ankauftag So. 10-16 Uhr geöffnet, Café ab April So. 11-18 Uhr, herzhafte Gerichte, Kaffeespezialitäten, Torten & Eis, *www.schloss-brandenstein.de*

Das **Thüringer Wisent-Freilandgehege** zwischen Ranis und dem Ortsteil Brandenstein können Sie täglich und kostenfrei besuchen. Kontaktdaten: Arbeitsgruppe Artenschutz Thüringen e.V., Thymianweg 25, 07745 Jena, Tel. 0 36 41/61 74 54, *www.wisenthotel.de*

Artenschutzzentrum Thüringen Preißnitzberg 5, Tel. 41 38 26, geöffnet Mo.-Sa. 10-16 Uhr, So. ab 13 Uhr, *www.ag-artenschutz.de*

Remptendorf ☎ 03 66 40 PLZ 07368

Gasthof Zur Goldenen Sonne Pößnecker Str. 9, Tel. 2 21 71, 9 Zi., geöffnet Mo., Do., Fr., Sa. 10-14 Uhr & ab 17 Uhr, So. ab 10 Uhr, gutbürgerliche Küche *www.goldene-sonne-remptendorf.de*

Gaststätte & Pension Waldhaus OT Karolinenfield 1, Tel. 2 88 99, mehrere DZ, Hausmannskost, Di. Ruhetag, *www.im-waldhaus.de*

Renthendorf ☎ 03 64 26 PLZ 07646

Brehm-Gedenkstätte Dorfstraße 22, Tel. 2 22 16, geöffnet Di.-Do. 13-16 Uhr, Fr.-So. 11-16 Uhr, *www.brehm-gedenkstaette.com*, die Gedenkstätte wird umgebaut und voraussichtlich 2018

schick und neu wiedereröffnet werden. Bis dahin Teilausstellung im Pfarrhaus.

Schullandheim Renthendorf Dorfstraße 23, Tel. 20 34, *www.slh-renthendorf.de*

Ronneburg ☎ *03 66 02* *PLZ 07580*

Stadtinformation August-Bebel-Strasse 4, Tel. 2 30 44, Di. & Do. 10-12 Uhr, 14-18 Uhr, Fr. 9-12 Uhr

Stadt & Schulmuseum Schlossstraße 19, Tel. 4 45 66, geöffnet Mi. & So. 13-17 Uhr und nach Vereinbarung, *www.ronneburg.de*

Schaubergwerk Ronneburg Bogenbinderhalle, Rosa-Luxemburg-Straße, geöffnet Mi.-So. 10-16 Uhr, eine Anmeldung wird für Gruppen und Besuch des Schachtes 407 erbeten unter Tel. 6 56 56, *www.bergbauverein-ronneburg.de*

Der BUGA-Park "Neue Landschaft Ronneburg" ist immer von Sonnenaufgang bis Sonnenuntergang geöffnet. Dort finden Sie:

Objekt 90 Weidaer Strasse 40, Tel. 03 71/8 12 01 50, WISMUT Ausstellung im Sommer Do. & Fr. 13-17 Uhr, Sa. & So. 11-17 Uhr, *www.wismut.de*

Eiscafe CAPRI Neue Landschaft Im Herrenhaus Weidaer Str. 40, Tel. 51 24 47, tägl. 11-19 Uhr

Hotel Restaurant Gambrinus Markt 40, Tel. 3 42 05, 26 einfache Zi., WLAN, Restaurant mit italienischer Küche - mal was anderes nach den vielen Klößen! *www.gambrinus-hotel.de*

Gaststätte Schützenhaus Brunnenstraße 1, Tel. 9 31 40, Mi.-Fr. ab 17 Uhr, Sa. & So. ab 11 Uhr, regionaleKüche, *www.schuetzenhaus-ronneburg.com*

Bismarckturm am Reuster Berg geöffnet von Ostern bis Ende Okt. am Wochenende bis 14 Uhr

Freibad Zeitzer Straße 15, Tel. 2 22 09, Badelandschaft mit Spaßelementen

Caravan-Platz Am Kühlen Grund, Tel. 5 36 15, Mai-Okt., 20 Stellplätze, *www.ronneburg.de*

Saalburg-Ebersdorf ☎ *03 66 47* *PLZ 07929*

Bürgerservice & Touristinformation Markt 1, Tel. 2 90 80 oder 2 90 64, *www.saalburg-ebersdorf.de*

Fahrgastschifffahrt Saalburg GmbH Am Torbogen 1, Tel. 2 22 50, 5 Fahrten pro Tag in der Hauptsaison, Mondscheinfahrten, Fahrplan unter: *www.saalburg.de*. Infos über Fahrten mit dem Elektrofloß unter *www.saale-floss-tours.de*

Saaletal-Kabinen-Schifffahrts-Gesellschaft Schleizer Str. 17, Tel. 01520/4274219, Minikreuzfahrt, Rundfahrten, Fahrplan *www.saaletal-schiffe.de*

Kletterwald Pöritzsch 3, Tel. 0173/3554477, geöffnet Juni, Juli, Aug. tägl. 10-19 Uhr, Nebensaison Mo., Mi., Do., nur für Gruppen nach Voranmeldung, *www.kletterwald-saalburg.de*

Hotel Seeblick Dr.- Karl-Rauch-Str.21, Tel. 2 99 98, 15 geräumige Zi., WLAN, Terrasse, Whirlpool, Gerichte aus der thüringer & ungarischen Küche, schön am See gelegen, *www.seeblick-saalburg.de*

Gasthaus Zur Ratte Zoppoten 90, Tel. 2 91 69, 2 Zi., Gasthaus ab 18 Uhr, *www.gasthaus-ratte.de*

Campingplatz Am Strandbad 1, Tel. 2 24 57, ganzjährig geöffnet, 220 Plätze, 1 Bungalow, kleiner Imbiss, *www.saalburg-ebersdorf.de*

Campingplatz OT Kloster, Tel. 2 24 41, geöffnet Ende März-Ende Okt., 350 Plätze, kleines Restaurant, am 2. Wochenende im August ist hier nebenan das Musikfestival Sonne, Mond und Sterne, *www.saalburg-ebersdorf.de*

Märchenwald Dornbachgrund 1, Tel. 2 22 18, geöffnet März-Okt. 9-18 Uhr, 40 Märchenszenen mit überwiegend lebensgroßen Schaubildern, Seilbahn, Luna Loop, Butterfly, Tiergehege, Spiel- und Klettergeräte, Selbstbedienungsgaststätte, *www.saalburg-maerchenwald.de*

Hotel Gasthaus Kranich Markt 59, Tel. 2 24 48, 15 hübsche Zi., 2 Bungalows, Restaurant mit fleischbetonter Speisekarte, direkt am Stausee bei der Schiffsanlegestelle, *www.kranich-saalburg.de*

Speisegaststätte Strand-Cafe Am Strandbad 2, Tel. 2 22 92, geöffnet tägl. ab 11 Uhr, Ausflugsgaststätte direkt am See, frisch geräucherte Forellen aus eigener Räucherei, Liegewiese

Sommerrodelbahn Am Kulmberg 1a, Tel. 29 91 50, geöffnet Apr.-Okt. 10-17 Uhr, mit dem Schlittenlift hoch, dann 600 m runter zur Talstation, *www.saalburg.de*

Im OT Ebersdorf:

Schloss Ebersdorf steht leer, die Orangerie ist bei Veranstaltungen geöffnet, Schlossparkführung jeden 1. Sonntag im Monat um 14 Uhr oder nach Vereinbarung unter Tel. 03 66 51/3 81 14, Treffpunkt: Parkplatz Orangerie

Hotel-Gasthof zur Krone Krankenhausstraße 2, Tel. 8 70 41, 21 Zi., FeWo, WLAN in den öffentl. Bereichen, Wellnessbereich, Restaurant tägl. geöffnet, im Winter Mo.-Do. ab 11 Uhr, *www.zurkrone-ebersdorf.de*

Saalfeld ☎ *03671* *PLZ 07318*

Auch in Saalfeld werden Sie Ihr Auto los, wenn Sie wissen, wo. Zentrumsnahe **Gratisparkplätze** finden Sie hier: P2-Breitscheidstraße/Bohnstraße, P3-Promenadenweg, auf einem unbebauten Grundstück in der Gerbergasse, P6-Hüttenstraße; kostenpflichtig sind der Parkplatz am Bahnhof, P4- Am Blankenburger Tor, P1-Grüne Mitte.

Tourist-Information Markt 6, Tel. 52 21 81, So. geschlossen, *www.saalfeld-tourismus.de*. Unter dieser Internetadresse finden Sie auch einen kostenfreien, mobilen Stadtrundgang für Handy oder Tablet in deutsch und englisch und Näheres zu den Sehenswürdigkeiten, wenn keine andere Internetadresse angegeben ist.

Johanneskirche Kirchplatz, Tel. 4 55 94 0, geöffnet Mai-Nov. Mo.-Fr. 11-17 Uhr, Sa. 11-16 Uhr, So. 13-16 Uhr, *www.johanneskirche-saalfeld.de*

Residenzschloss Schlossstraße, geöffnet Mo.-Do. 8-18 Uhr, Fr. 8-14 Uhr zur Besichtigung des Haupttreppenhauses und der Galerie in der 1. Etage mit weiteren Bildern aus den herzoglichen Gemächern, Schlosskapelle wird auf Anfrage in der Poststelle bzw. telefonisch unter 82 31 55 gern für Besuch geöffnet

Caférestaurant & Pension Eschenstübl Alte Gehegstraße 38, Tel. 3 32 63, gemütliche Zi., 2 App., WLAN, Liegewiese, Restaurant mit Original Thüringer Klößen & selbstgebackenem Kuchen, geöffnet Mo., Mi.-Fr. ab 15 Uhr, Sa. ab 14 Uhr, So. ab 12 Uhr, in 10 Min. ist man zu Fuss im Zentrum, unser Favorit in Saalfeld! *www.eschenstuebel.de*

Hotel & Restaurant am Hohen Schwarm Schwarmgasse 18, Tel. 28 84, 16 Zi., familiäres Hotel direkt an der Burgruine, zentrale Lage, WLAN, Massage, Restaurant mit Biergarten, Hausspezialitäten, *www.schwarmhotel.de*

Darrtor Darrtorstraße 11, Tel. 35 820, geöffnet Mai-Okt. Mo.-Fr. 10-16:45, Sa. & So. 13-16:45 Uhr

Stadtmuseum im Franziskanerkloster Münzplatz 5, Tel. 59 84 71, geöffnet Di.-So. 10-17 Uhr, *www.museumimkloster.de*

Feengrotten Feengrottenweg 2, Tel. 55 04 0, geöffnet Mai-Okt. tägl. 9:30-17 Uhr, im Winter 11-15:30 Uhr, Themenführungen, Abenteuer-Freizeitpark, Feenweltchen, Grottoneum, Heilstollen, verschiedene gastronomische Einrichtungen, *www.feengrotten.de*

Hotel Schloss Wetzelstein Wetzelstein 1, Tel. 45 71 49, Schlösschen Wetzelstein im neuromanischen Stil mit 2 edlen Suiten & 2 schicken App., Kaminzimmer, Dachterrassen, Park, Abendessen auf Anfrage, *www.schloss-wetzelstein.de*

Hotel Tanne & Restaurant Lutherstube Saalstraße 35-39, Tel. 82 60, 48 helle, klassische Zi., WLAN, Sauna, Fitnessbereich, kostenfreie Parkplätze, Restaurant Mo.-Do. ab 17 Uhr ab 10 Personen auf Vorbestellung, *www.tanne-saalfeld.de*

Landgasthof Bohlenblick Geschwister-Scholl-Straße 7, Tel. 67 02 67, 14 Themenzi., mehrere Fewo, WLAN im öffentl. Bereich, Wellnessanwendungen, Gaststätte geöffnet Mo.-Sa. ab 14 Uhr, So. ab 11:30 Uhr, *www.bohlenblick.de*

Übrigens, sollten Sie versuchen, am ersten Wochenende im Juli ein Zimmer in Saalfeld zu bekommen, werden Sie wegen des Rudolstadt-Festivals schlechte Karten haben!

Gasthaus Loch Blankenburger Straße 8, Tel. 458 40 95, geöffnet tägl. ab 11 Uhr, Erlebnisrestaurant, mittelalterliches Ambiente, Thüringer Küche, *www.das-loch-saalfeld.de*

Restaurant Schlutius Grüne Mitte 6, Tel. 4 55 33 30, geöffnet tägl. ab 11:30 Uhr, zur Abwechslung mal leichte, mediterrane Küche, Café hoch über den Dächern von Saalfeld, *www.das-schlutius.de*

Güldene Gans Am Markt 25/26, Tel. 59 91 03, geöffnet Mo. & Fr. ab 17 Uhr, Di., Do. & Sa. ab 11:30 Uhr, ländliche Küche, *www.gueldene-gans.de*

Kaffeehaus Wenzel Markt 10, Tel. 45 76 50, geöffnet tägl. 6-19 Uhr, So. ab 7 Uhr, Kaffee schmeckt, hinten heraus zur Kirche kleiner Gastgarten, handgemachte Pralinen, Eis, Windbeutel-Variationen, Mittagstisch

Saara ☎ *03 66 04* *PLZ 07589*

Gaststätte & Pension Schmidt Großsaara 44, Tel. 25 23

Gästezimmer Saara Kathrin Werner, Großsaara Nr. 21, 07589 Saara, *www.gaestezimmer-saara.de*

Schmölln ☎ *03 44 91* *PLZ 04626*

Stadtinformation Markt 1, Tel. 7 62 60, Di. & Do. 10:30-12:30 Uhr & 13:30-17 Uhr, *www.schmoelln.de*

Knopf- & Regionalmuseum zwei Gebäude: Am Sprottenanger 2 Heimatmuseum & Knopfsorten, Ronneburger Str. 90 Maschinen zur Knopfherstellung, Tel. 7 62 60, Fr. & So. 13-16 Uhr, Sa. 13-18 Uhr, *www.schmoelln.de*

Hotel Bellevue Am Pfefferberg 7, Tel. 70 00, 15 Zi., WLAN, Terrasse, Restaurant mit zeitgemäßer Thüringer Küche und wie schon der Hotelname andeutet, hat man eine wunderbare Aussicht über Schmölln, *www.bellevuehotel.de*

Hotel & Cafe Baum Brückenplatz 18, Tel. 36 20, 9 Zi., WLAN, Parkplatz, Restaurant mit Mittagstisch & Thüringer Speisen, Pavillongarten *www.hotel-baum.de*

Hotel Reussischer Hof Gößnitzer Straße 14, Tel. 2 31 08, 32 Zi., WLAN, Parkplatz, Restaurant tägl. geöffnet, *www.hotel-reussischer-hof.de*

Museumsschänke Sprottenanger 2, Tel. 8 14 61, geöffnet Do. & Fr. ab 16 Uhr, Sa. & So. ab 11:30 Uhr, solide Hausmannskost im Haus des Knopfmuseums, *www.museumsschaenke-schmoelln.de*

Gasthaus Sprotten Aue Weststraße, Tel. 72 93 33, Spezialität: Klöße und Kloßbier (ein Bier, klar wie Kloßbrühe!), *www.sprottenaue.de*

Silbitz ☎ *03 66 93* *PLZ 07613*

Ladencafé Kräuterschuppen Am Kirchberg 44, Tel. 2 22 55, geöffnet Mi.-So. ab 14 Uhr, selbstgebackener Kuchen, hausgemachte Marmeladen, Kräuteröle, *www.kraeuterschuppen.de*

St. Gangloff ☎ *03 66 06* *PLZ 07629*

Gasthof Zum grünen Baum Talstraße 26, Tel. 8 42 51, geöffnet nach 17 Uhr

Reit- & Pensionsstall Hädrich Talstraße 8, St. Gangloff, Tel. 6 00 79, Pensionsboxen für Pferde, *www.pensionsstall-haedrich.de*

Stadtroda ☎ *03 64 28* *PLZ 07646*

Tourist Information Straße des Friedens 17, Tel. 4 41 39, geöffnet Mo.-Fr. 9-11:30, Mo., Di., Do. 13-15 Uhr, *www.stadtroda.de*

Stadtmuseum Alte Skulptur Kreuzstraße 2, Tel. 5 41 00 und 4 41 24, geöffnet Do. & Sa. 15-18 Uhr

Schloss Schlossstraße 2, Sitz des Amtsgerichts

Kirche St. Salvator wenn die Tür verschlossen ist, bitten Sie im Pfarramt, Kirchweg 16, Tel. 6 20 17 um den Schlüssel

Hotel Hammermühle Hammermühlenweg 2, Tel. 57 90, 28 individuell in einem historischen Design eingerichtete Zi. in einem Gebäude aus dem 17. Jh., WLAN, Spa & Wellnesscenter, Restaurant mit Speisen von leicht bis deftig, im Winter ab 17 Uhr *www.hammermuehle.com*

Gasthof & Pension Zu Hainbücht Am Dorfpl. 2, Tel. 6 15 03, einfache Zi., gutbürgerliche Gaststätte, geöffnet Mo., Mi. – Sa. 11 – 14 Uhr & 17:30 – 20 Uhr, So. ab 11 Uhr, *www.gasthof-geiling.de*

Schützenhaus Zur Louisenlust August-Bebel-Str. 1, Tel. 1 32 00, 6 Zi., WLAN, geöffnet Mo., Do.-Fr. 16-21:30 Uhr, Sa. ab 11:30 Uhr, So. bis 15 Uhr *www.schuetzenhaus-stadtroda.de*

Strohatelier Gernewitz Rausdorfer Str. 10, OT Gernewitz, kleine & große Strohfiguren, Strohcafé mit Kuchen & Eis, *www.strohatelier.de*

Strößwitz ☎ 03 64 81 PLZ 07806

Hotel Zur Einkehr Strößwitz 13, Tel. 2 82 28, 11 Zi., 1 App., WLAN im öffentl. Bereich, Heuhotel, Sauna, vielseitige Küche von herzhaft-deftig-thüringisch bis modern, *www.gasthofzureinkehr.de*

Landgasthaus & Pension Heideperle Ortsstraße 3, Tel. 2 82 22, 3 DZ mit Kühlschrank, 2 App., 2 Fewo, Mo. & Do. ab 18 Uhr, Fr.,Sa.,So. ab 11 Uhr, Karpfen aus eigener Aufzucht, Schlachtfeste, hausgebackener Kuche *www.heideperle-stroesswitz.de*

Syrau ☎ 03 74 31 PLZ 08548

Drachenhöhle Höhlenberg 10, Tel. 37 35, geöffnet Nov., Febr., März tägl. 10-16 Uhr, Apr.-Okt. tägl. 9:30-17 Uhr, Kiosk geöffnet Ostern-Okt., Lasershow Mai-Aug., *www.syrau.de*

Technik- & Industriemuseum Windmühle Syrau Fröbersgrüner Straße, Tel. 37 35, geöffnet Mai-Sept., sonst auf Anfrage, *www.syrau.de*

Pension Folger Bahnhofsstraße 13 a, Tel. 42 64, 4 Zi. mit Gästeküche, 1 FeWo, *www.pension-folger.de*

Gaststätte & Pension Haus Vogtland-Die Steins Bahnhofstraße 25, Tel. 33 42, 6 große DZ, Du/WC auf dem Gang, FeWo, Spezialität Pfannengerichte "a la Minute" zubereitet, Wurst und Fleisch aus eigenen Wurstküche, geöffnet Mo.,Mi.-Fr. 10-14 Uhr & 17-23 Uhr, Sa. 10-23 Uhr, So. 10-15 Uhr, *www.haus-vogtland.de*

Pension & Speiserestaurant Cafe Syrau Bahnhofstr. 16, Tel. 8 66 20, 5 renovierte Zi., geöffnet Mo.-Mi. ab 15 Uhr, Sa. & So. ab 11 Uhr, frisch gezapfte Biere & gute vogtländische Küche *www.cafe-syrau.de*

Gaststätte & Pension Zum Kühlen Morgen Zum Kühlen Morgen 4c, OT Fröbersgrün, Tel. 8 68 73, 6 Zi., Biergarten, *www.landgasthof-syrau.de*

Triptis ☎ 03 64 82 PLZ 07819

Porzellanium Werkshop Neue Porzellanfabrik Puschkinstraße 12, Tel. 88 49 22, Museum & Fabrikverkauf geöffnet Mo.-Fr. 9-18 Uhr, Sa. 9-13 Uhr, **Cafétasse** Tel. 88 49 92, geöffnet Di.-Fr. 11-17:30 Uhr, Sa. & So. 13:30-17:30 Uhr, Eis & Bagels, *www.porzellanium.de*

Hotel Mohren Ernst-Thälmann-Straße 21, Tel. 3 06 71, 16 Zi., WLAN in den öffentl. Bereichen, Parkplatz, Restaurant

Pension Karibik Puschkinstr. 2, Tel. 4 86 00

Das kleine Haus am Park Schlossgasse 39-43, Tel. 3 25 88, ruhig gelegene Pension

Gaststätte & Pension Zur Schmitze Teichstraße Nr. 12, Tel. 3 22 91

Gaststätte Felsenkeller Neustädter Straße 14, Tel. 3 22 03

Freibad Triptis Sportallee 1, Tel. 3 22 25, Massagedüsen & Sprudelanlage, 15. Mai-15. Sept. tägl. 9-19 Uhr

Trockenborn-Wolfersdorf ☎ 03 64 28 PLZ 07646

Wasserschloss Fröhliche Wiederkunft Dorfstr. 18a Tel. 12 38 34, geöffnet Di.-Fr. 13-17 Uhr, Sa. 10-17 Uhr, So. 10-18 Uhr, Führungen stündlich, Gruppenführungen nach tel. Voranmeldung, Schlosscafé soll ab Ostern 2017 wieder geöfnet sein, Kuchen & kleine Speisen, *www.schloss-wolfersdorf.de*

Hotel am Kellerberg Dorfstr. 18, Tel. 470, 32 Zi. & 2 Junior-Suiten mit schöner Aussicht, WLAN, Wellnessstudio, Restaurant mit klassischer Küche auf moderne Art, Backstube, Terrasse, geöffnet von Di.-Do. ab 15 Uhr, Fr.-So. ab 11 Uhr *www.hotel-am-kellerberg.de*

Hotel & Gaststätte Schüsselgrund Dorfstr. 12, Tel. 4 11 12, 12 einfache Zi. im historischen Gasthof, geöffnet tägl. ab 10 Uhr, Thüringer Küche, *www.gasthof-schuesselgrund.de*

Walsburg ☎ 03 64 83 PLZ 07924

Hotel Fuchsbau Walsburg 10, Tel. 2 23 90, 14 klassische Zi., WLAN, Sauna, Restaurant & Biergarten mit Thüringer Speisen, z.B. Sauerbraten vom Pferd oder fangfrische Saale-Forellen auch zum Selber-Angeln, *www.gasthof-fuchsbau.de*

Weida ☎ 03 66 03 PLZ 07570

Weida-Information in der Stadtbibliothek Petersberg 2, Tel. 5 41 81, geöffnet Di.-Fr. 9-12 Uhr & 13-18 Uhr, Sa. 9-12 Uhr *www.weida.de/weida-information*

Osterburg Schlossberg 14, Tel. 6 27 75, Museum geöffnet Apr.-Okt Do.-So. 10-18 Uhr, Nov.-März Do.-So. 10-16 Uhr oder nach tel. Vereinbarung. Von Mai-Sept. wird einmal im Monat am Sa. die begleitete Turmbesteigung bis zum dritten Zinnenkranz nach Voranmeldungen unter 5 41 10 angeboten, *www.osterburg-vogtland.eu*

Techn. Schaudenkmal Lohgerberei Untere Straße 6, Tel. 7 13 50, geöffnet Do.-So. 10-18 Uhr, Führungen: 10:15-17:15 Uhr zu jeder Stunde und nach Vereinbarung, *www.weida.de*

Korbflechterei Kathrin Heinrich Ölsengrund 5, OT Hohenölsen, Tel. 03 66 22/73 57, mehr als 1.000 verschiedene Korbwaren & Korbmöbel, geöffnet Sa. 8-17 Uhr & nach tel. Absprache

Pension & Gasthaus Zur Altstadt Untere Straße 2, Tel. 4 25 77, 7 renovierte Zi. & 2 FeWo in der Residenz Am goldenen Ring, WLAN, Gaststätte geöffnet Mo.-Sa. 17-24 Uhr, So 11-14 Uhr, üppige Abendkarte mit regionalen und mediterranen Gerichten, *www.zuraltstadt.de*

Gaststätte & Pension Zum Aumatal Liebsdorfer Str. 6, Tel. 60 09 30, 14 Zi., WLAN, Parkplatz, Restaurant Zu den 5 Kontinenten mit Speisen von der Thüringer Küche bis zu ausgefallenen Gerichten ferner Länder,tägl. 11-14 Uhr & 17-23 Uhr, Kegel-Bowling-Minigolfanlagen, *www. zum-aumatal.de*

Sieben Laden & Café Kanalstrasse 7, Tel. 4 42 33, 1 charmantes kleines Zi., Bad & Küche am Gang, 1 FeWo, Spezialität: süße & salzige Crêpes, geöffnet Di.-Fr. 12:30-18 Uhr, Sa. & So. 14-18 Uhr, *www.cafe-sieben-weida.de*

Wirtschaft zur Osterburg Schlossberg 14, Tel. 6 24 85, rustikale Burgschänke, Türmerfrühstück, geöffnet Mai-Sept. Fr. & Sa. ab 18 Uhr nur auf Vorbestellung, So. 11:30-14 Uhr, Okt.-Apr. Mi.-Sa. ab 17 Uhr, So. 11:30 - 14 Uhr & 17-21 Uhr *www.wirtschaft-zur-osterburg.de*

Gaststätte Waldis Lindenhof Hohe Str. 4, Tel. 6 27 92, geöffnet Do.-So. ab 17 Uhr, So ab 11 Uhr Mittagstisch, originelle Speisekarte mit Dialektausdrücken bietet z.B. Lammkeule, Wildschweinrücken oder Tafelspitz an

Gasthof Zur fröhlichen Wiederkunft Hauptstraße 4, 07580 Linda bei Weida, Tel. 3 66 08/25 44, geöffnet Mo., Di., Fr., Sa. ab 17:30 Uhr, So. 10:30-14:30 Uhr & ab 17:30 Uhr, Hausspezialität (auf Vorbestellung): Haustaube mit selbstgemachten Wickelklößen, *www.froehliche-wiederkunft.de*

Gaststätte Aumühle An der Aumühle 4, Tel. 4 08 08, So. & Mo. Ruhetag, *www.gasthaus-aumuehle.de*

Klosterschänke Marktstraße, Tel. 64 65 45, Mi.-So. ab 17 Uhr, *www.klosterschaenke-weida.de*

Campingplatz An der Aumatalsperre 1, Tel. 6 25 61, Naturcampingplatz,125 Stellplätze, 33 für Reisemobile, 30 für Zelte, 4 Bungalows, 3 Mobilheime, Wanderherberge mit 32 Betten,Kiosk *www.campingplatz-weida.com*

Freibad Am Sportpark 1, Tel. 6 01 63 *www.freibad-weida.de*

Weischlitz ☎ 03 74 36 PLZ 08538

Pension am Kirchberg Rößnitzer Straße 13, OT Kloschwitz, Tel. 0 37 41/13 25 33 *www.pension-am-kirchberg.de*

Pension Weischlitz Am Trögers Berg 11, Tel. 8 38 77, 1 FeWo, *www.pension-weischlitz.de*

Pension Anders Plauener Landstr.29, OT Großzöbern, Tel. 8 42 43, 4 Zi., 1 FeWo, Sauna

Gasthof Weischlitz Alte Furth 1, Tel. 22 38, regionale, saisonale frische Speisen, Biergarten, Weinlaube, Mai-Okt. Mo., Di., Fr., Sa. 11-14 Uhr & ab 17 Uhr, So. ab 11 Uhr, Nov.-Apr. auch Di. Nachmittag geschlossen, *www.gasthof-weischlitz.de*

Zur Neumühle Neumühle 87, OT Geilsdorf, Tel. 8 35 13, Mo. & Di. Ruhetag, hier befindet sich der einzige Thermalbrunnen des Vogtlandes mit artesischem Mineralwasser

Landgasthof Strobel Thiergartener Str. 3, OT Kürbitz, Thiergartener Str. 3, Tel. 26 64

Gaststätte & Fleischerei Zum Grünen Thal Oberweischlitzer Str. 5, OT Kürbitz, Tel. 24 95, geöffnet ab 11 Uhr, Mo. Ruhetag, Tageskarte mit wechselnden vogtländischen Spezialitäten wie Bambes oder gebackenes Blut, *www.zschäck.de*

Judith's Brückenstüb'l Zur Pirkmühle 1A, OT Pirk, Tel.1 23 99, Di. Ruhetag, direkt an der größten Natursteinbogenbrücke Europas

Wilhelmsdorf ☎ *0 36 47* *PLZ 07389*

Gasthof & Campingplatz Portenschmiede Ortsstr. 21a, Tel. 5 10 74 95, Gaststätte mit thüringer Küche, *www.gaststaette-zur-portenschmiede.de*. Campingplatz mit 60 Stellplätzen für Zelte, 8 Stellplätzen für Caravans, 30 Bungalows, geöffnet von Mitte Apr.-Mitte Okt., 2 Gaststätten, Lebensmittelladen, Bootsverleih *www.camping-portenschmiede.de*

Wünschendorf/E. ☎ *03 66 03* *PLZ 07570*

Im Reisebüro Zippel Poststraße 6, Tel. 8 60 03 bekommen Sie **Informationsbroschüren** über den Ort.

Kirche St. Veit Cronschwitz 15, für eine Besichtigung kontaktieren Sie bitte Tel. 8 85 19

Gasthof Elsterperle Wendenplatz 7, Tel. 84 20, 14 einfache Zi., geöffnet Di. ab 16 Uhr, Mi.-So. ab 11:30 Uhr, *www.hotel-elsterperle.de*

Gasthaus & Pension Zum Klosterhof Cronschwitz 12, Tel. 8 77 95, 3 Zi., Gaststube, Biergarten, *www.gasthaus-zum-klosterhof.de*

Café Ratzer Meilitz 18, OT Meilitz, Tel. 8 82 47

Märchenwaldbaude Fuchstalstraße 14, Tel. 60 79 81, geöffnet Mai-Okt. tägl. ab 11 Uhr, im Winter Sa. & So. ab 11 Uhr, Ausflugsgststätte *www.maerchenwald-baude.de*

ThSV Wünschendorf e.V. Abteilung Kanu Tel. 8 77 81, Infos über Kanuwandern auf der Weißen Elster

Kanu-Scheune Cronschwitz 3, Tel. 0175/3 27 49 74, organisierte Kanutour Berga-Wünschendorf, *www.kanuscheune-cronschwitz.de*

Infos über Kanuwandern auf der Weißen Elster *www.blaues-band.de/elster*

Zeulenroda-Triebes ☎ *03 66 28* *PLZ 07937*

Parken ist in Zeulenroda kein Problem, es gibt mehrere Parkplätze, die allerdings gebührenpflichtig sind, z.B. bei der Stadthalle oder am Tuchmarkt. Beim Strandbad parken Sie die erste Stunde gratis. Auch der Parkplatz am Bio-Seehotel hat einen Parkautomaten.

Tourismuszentrum Zeulenrodaer Meer Bleichenweg 30, Tel. 98 70 64, geöffnet Mai-Sept. Mo.-Sa. 10-17 Uhr, So. 13-17 Uhr, Okt.-Apr. Mo.-Fr. 10-15 Uhr, So. 13-17 Uhr, alle Sehenswürdigkeiten unter *www.zeulenroda-triebes.de*

Städtisches Museum Aumaische Straße 30, Tel. 6 41 35, geöffnet Di., Mi., Fr. 9-16 Uhr, Do. 9-18 Uhr, So. 13-16 Uhr, Gruppenführungen nach Voranmeldung, audiovisuelle Hörführung

Rathausturmführung organisiert Hr. Klamuth, Tel. 4 81 03 Di. & Do. 9-12 Uhr & 14-16 Uhr

Winkelmannsches Haus Krahnweg, OT Triebes, Tel. 7 28 84, Haus kann für private Veranstaltungen gemietet werden, *www.winkelmannsches-haus.de*

Wehrkirche Pöllwitz Kirchweg, OT Pöllwitz, wegen Innenbesichtigung Tel. 8 31 81

Tiergehege Rabensleite, Tel. 480, 19 Tierarten in Gehegen & Volieren, eintrittsfrei ganztägig offen

Strandbad Bleichenweg 30, Tel. 98 70 64, geöffnet 15. Mai-15. Sept. tägl. 10-19 Uhr, Kiosk und

Gaststätte Das Strandhaus Tel.97 22 20, geöffnet Di.-Sa. 14-22 Uhr, So. 11:30-17:30 Uhr, kleine, feine Speisekarte, große Seeterrasse, im Sommer richtig voll, bitte unbedingt reservieren, *www.dasstrandhauszeulenroda.de*

Wohnmobilhafen Zeulenrodaer Meer Tel. 0172 8 48 75 68, 18 Plätze, ganzjährig nutzbar

Natur Freibad Triebes Str. zum Freibad, Tel. 5 18 60

Waikiki Themen- & Erlebniswelt Am Birkenwege 1, Tel. 73 70, geöffnet tägl. 10-21 Uhr, Tropenbad, Sportbad, Sauna, Wellnessangebote, Gastronomie, 6 Caravan-Stellplätze ganzjährig nutzbar, *www.badewelt-waikiki.de*

Bungalowdorf Zadelsdorf Naturbadestelle mit

Gasthaus zum Segel Tel. 8 23 84, einfache Speisen, hier können Sie Bungalows mieten

Bio-Seehotel Bauerfeindallee 1, Tel. 980, 158 schöne, moderne Zi., z.T. mit Panoramablick über den Stausee, WLAN, hoteleigener Sandstrand, Panorama-Spa, Beauty- & Wellness-Lounge, Panorama-Restaurants mit Bio-Köstlichkeiten, Biergarten direkt am See, Panorama Hochseilgarten mit fachkundiger Betreuung *www.bio-seehotel-zeulenroda.de*

Hotel Scheunenschänke Scheunengasse 3-5, Tel. 8 54 22, 5 Zi., WLAN, ruhige zentrale Lage, Parkplatz, *www.scheunenschaenke.de*

Pension Kastanienhof Obere Haardt 6, Tel. 8 32 80, 7 Zi., WLAN, Gästeküche, am Ortsrand, auch Pferdepension, *www.pension-kastanienhof.info*

Hotel Goldener Löwe Kirchstraße 15, Tel. 98 60 12, 26 komfortable Zi.,WLAN, Sauna, Kosmetik, Parkplätze, *www.goldener-loewe-zeulenroda.de*

Hotel Goldener Löwe Hauptstr. 18, **OT Triebes**, Tel. 03 66 22/7 29 55, 8 geräumige Zi., Restaurant mit typisch Thüringer Speisekarte, auf Vorbestellung "All can you eat" Sa. Mittag & Abend, geöffnet Mo.-Do. & Sa. & So. 11-14:30 Uhr & ab 17 Uhr, Fr. ab 17 Uhr, *www.goldener-loewe-triebes.de*

Landhotel & Gasthaus Zum Forsthaus Leitlitz 43, OT Leitlitz, Tel. 6 30 24, 5 neue Zi., Thüringer & Bayrische Küche, Wild- & Geflügelspezialitäten

Restaurant Zellreder Schleizer Straße 2, Tel. 95 42 93, kontrastreiche Küche, geöffnet ab 11:30 Uhr, *www.restaurant-zellreder.de*

Gasthof Kranich Kranich 1, OT Triebes, Tel. 5 13 23, geöffnet Mo., Di., Fr. 16-20 Uhr, Sa., So., 10-13 Uhr & 15-20 Uhr, gute Hausmannskost wie bei Oma im ältesten Gasthaus von Zeulenroda. Lassen Sie Ihr "Wischkästele" in der Tasche, sonst bekommen Sie unter Umständen kein Bier!

Gasthof Goldener Stern OT Stelzendorf 4, Tel. 6 03 43, Eventgastronomie auf Vorbestellung, *www.gasthof-goldener-stern-stelzendorf.de*

Pâtisserie Bergmann OT Stelzendorf 15, Tel. 9 76 70, geöffnet Mi.-Fr. 9-17 Uhr, Sa. & So. ab 14 Uhr, die süßen Versuchungen sind einen Besuch wert, außergewöhnliche Torten in hübschem Ambiente, *www.patisserie-bergmann.de*

Zur Post Mehlaer Hauptstraße 15, OT Mehla, Tel. 5 14 76, geöffnet nur am Wochenende

Zur Eiche Oberer Weg 1, OT Weckersdorf, Tel. 6 20 66, geöffnet Di., Mi., & Fr. 11-14:30 Uhr, Do., Sa., So. 11-21 Uhr

Naturcampingplatz mit Wanderherberge An der Aumatalsperre 1, Tel. 6 25 61, 100 Stellplätze, 3 Miet-Caravans, 7 Bungalows, Herberge mit 7 Zi., Kiosk, ganzjährig geöffnet *www.campingplatz-weida.com*

Rufbus Zeulenroda verkehrt täglich nach telefonischer Voranmeldung zwischen dem Stadtgebiet Zeulenroda und dem Unteren Bahnhof Zeulenroda von und zu allen Zügen, die am Unteren Bahnhof ankommen und abfahren und rund um das "Zeulenrodaer Meer". Anmeldung bis 30 Minuten vor der planmäßigen Abfahrt an der gewünschten Haltestelle unter Tel.: 01804/783287, *www.prg-greiz.info/157/rufbus-zeulenroda*

Ziegenrück ☎ *03 64 83* *PLZ 07924*

Tourist-Information Markt 6, Tel. 2 26 49, geöffnet Mo., Mi., Fr. 9-11 Uhr & 13-17 Uhr, Di. & Do. 9-16 Uhr, *www.ziegenrueck.de/stadtinformationen*

Museum für Wasserkraftnutzung in der ehemaligen Fernmühle Lobensteiner Str. 9, Tel. 2 22 54, geöffnet Mai-Okt. Di.-So. 10-17 Uhr, Nov.-Apr. Di.-Fr. 10-16 Uhr, Sa. & So. 13-16 Uhr *www.saalburg.de/wk.htm*

Kirche St. Bartholomäus & St. Nikolaus falls geschlossen, unter Tel. 2 22 58 nachfragen

Burg Ziegenrück ist nur von außen zu besichtigen

Fahrgastschifffahrt Hohenwarte Anlegestelle Ziegenrück, Tel. 2 15 28, Rundfahrten, Tagesausflüge, Fahrpläne unter: *www.fahrgastschiffahrt-hohenwarte.de*

Hotel am Schlossberg Paskaer Str. 1, Tel. 750, 43 Zi. (fragen Sie nach dem romantischen Bauernzimmer mit Himmelbett), WLAN, Wellnessbereich, Restaurant mit interessanten Gerichten wie Steckrübeneintopf oder Wirsingroulade, geöffnet tägl. 7-23 Uhr *www.hotel-am-schlossberg-ziegenrueck.de*

Hotel & Restaurant Zur Fernmühle Lobensteiner Straße 6, Tel.7 01 90, 17 freundliche Zi., LAN, Parkplatz, privater Saalestrand, Bowlingbahn, Restaurant mit Terrasse, am Wochenende Kloßgerichte, geöffnet Mo. ab 17 Uhr, Di.-So. ab 11 Uhr, Januar Betriebsurlaub, *www.fernmuehle.de*

Hostel Ziegenrück Platz der Jugend 5, Tel. 0176 81 02 72 90, 4 Zi., WLAN, Gästeküche *www.hostel-ziegenrueck.de*

Gaststätte & Pension Heinke Saalestraße 9a, Tel. 2 23 16, 10 Betten in gemütlichen Zi., Restaurant mit gutbürgerlicher Küche, Kegelbahn, *www.hotel-heinke.ziegenrueck.com*

Naturcamping Plothental Plothental 9, Tel. 0176 81 02 72 90, 110 Stellplätze, 4 Bungalows, geöffnet 1. Mai bis 3. Okt., Kanufahrten auf der Saale oder auf dem Hohenwarte-Stausee *www.naturcamping-plothental.de/Kanuverleih.html*

Lesetipps für Leseratten & Bücherwürme

Gibt es für eine Leseratte etwas Schöneres, als im Urlaub ein Buch zu lesen, das in der Urlaubslandschaft handelt - man atmet dann förmlich die Atmosphäre und das Lokalkolorit!

Bräunig, Werner: Rummelplatz. *Aufbau TB. Ein so ungeschminktes Bild der frühen Jahre der Wismut, dass der Roman in der DDR nicht veröffentlicht wurde.*

Ebert, Sabine: Das Geheimnis der Hebamme. *Historischer Roman. 2006 Droemer/Knaur*

Huster, Jana: Welterklärer und andere Wegeriche. 2012, adakia Verlag

Huster, Jana: Mehr Welterklärer und andere Wegeriche. *2014, adakia Verlag*

Ohser, Erich: Vater und Sohn - Sämtliche Streiche und Abenteuer. *2015, Südverlag*

Rauca, Reglindis: Vuchelbeerbaamland. *Roman. 2008, Mitteldeutscher Verlag. Eine Geschichte vom Erwachsenwerden im deutschen Osten und von der schwierigen Suche nach Orientierung und Identität in der Vielschichtigkeit der Systeme.*

Die Werke von Louis Riedel, *wie z.B.* **" Erzählungen und Gedichte in vogtländischer Mundart"** *sind zurzeit nur antiquarisch erhältlich.*

Schmidt, Karl-Heinz: E Laabn uhne Fraad is wie e weite Raas uhne Gasthaus. *Heiteres aus Erzgebirge und Vogtland. 2016, Evangelische Verlagsanstalt.*

Schwarz, Maren: Grabeskälte. *Kriminalroman - Schauplatz Auerbach & Göltzschtalbrücke. 2004, Gmeiner Verlag*

Spörl, Ulla: Lebensreise eines Malers. *Romantetralogie über Otto Dix. 2016, Greifenverlag*

Steps, Petra (Hrsg.): Wer mordet schon im Vogtland? *11 Krimis & 125 Freizeittipps, 2015, Gmeiner-Verlag*

Thal, Flora: Verschwunden. *Ein Gera-Krimi. 2016, epubli*

Thumser, Gottfried: Heiter bis wolkig. *Anekdoten & Geschichten aus dem Reußenland, Zeulenroda, 2012.*

Träger, Uwe & Lemm, E. : Milo Barus. *Der stärkste Mann der Welt. 2015,Verlag Lemm*

Wildgrube, Doris: Be uns drhamm. *Geschichten, Gedichte & Lieder in vogtl. Mundart. Vogtland Druck*

Register

INFOTEIL

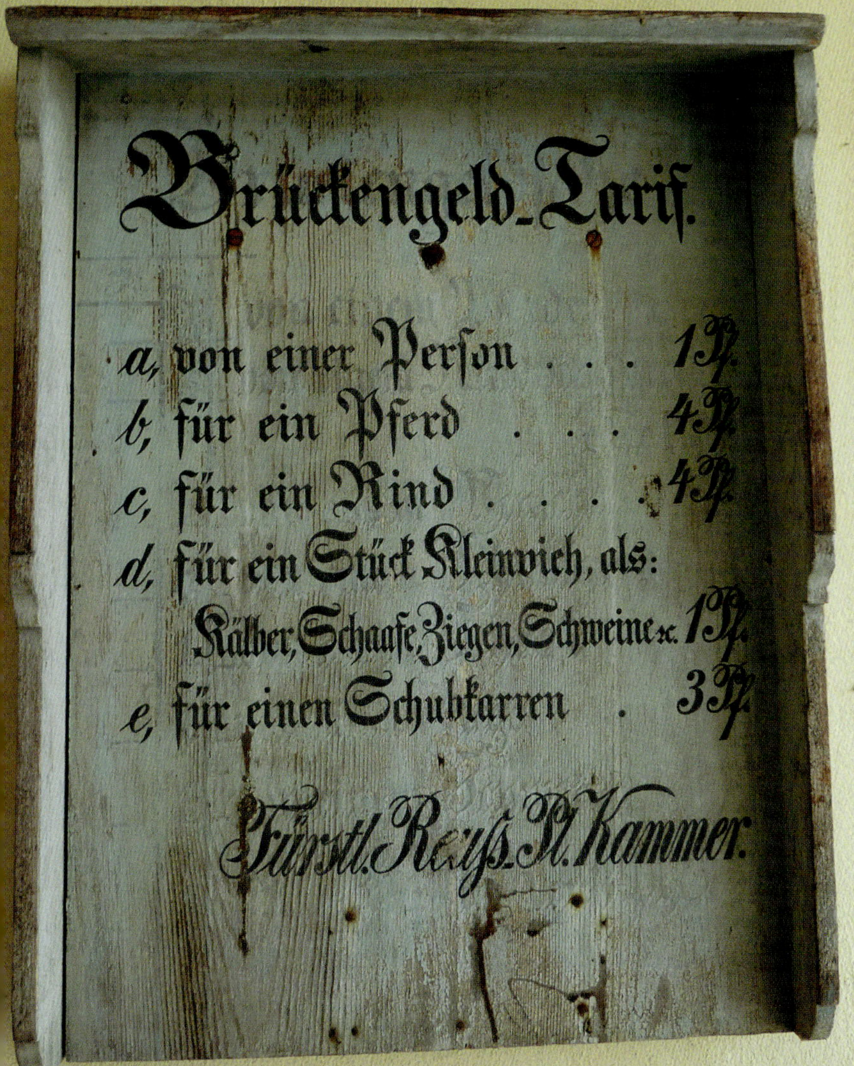
Brückengeld-Tarif.
a, von einer Person . . . 1 ₰
b, für ein Pferd . . . 4 ₰
c, für ein Rind . . . . 4 ₰
d, für ein Stück Kleinvieh, als:
Kälber, Schaafe, Ziegen, Schweine ꝛc. 1 ₰
e, für einen Schubkarren . 3 ₰
Fürstl. Reuß. Pl. Kammer.

Unsere WANDERFÜHRER & REISEFÜHRER für Aktive

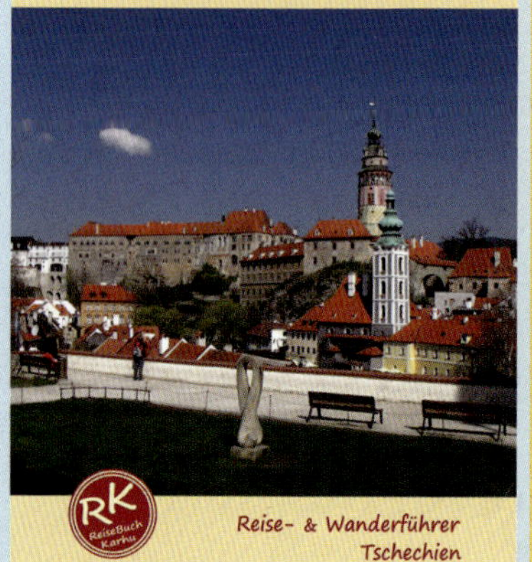

Böhmerwald & Kaiserwald

Ein Reiseführer für Böhmen mit Wanderungen vom **Westböhmischen Bäderdreieck** durch den **ŠUMAVA-Nationalpark** zum **Lipnostausee** und bis nach **Krumau & Budweis.**

Autoren:
Sabine Flöry & Jörg Schaar

Verlag: REISEBUCH-KARHU

1. Aufl. 2015
292 Seiten mit 37 Übersichtskarten
Format 12 x 19 - Taschenbuch
ISBN 978-3-9816577-0-8

Preis 17,95 €

Bücher für Aktivurlauber, Wanderer und Kulturtouristen, die gern bunte Landschaften & interessante Kulturen entdecken wollen!

Zwischen den Buchdeckeln finden Sie:

Im Teil "Land und Leute":
Wissenswertes über Natur, Geschichte, Kultur, Sprache & Küche
Im Reiseteil:
Beschreibung der Sehenswürdigkeiten & Ausflugsziele
Im Wanderteil:
ausführliche Tourenbeschreibungen mit Übersichtskarten
Im Infoteil:
Informationen über Öffnungszeiten, Adressen, Unterkünfte, Aktivitäten
Viele Fotos, die Appetit aufs Reisen machen, Rezepte & Sagen

Der aktive Wanderer kommt ebenso auf seine Rechnung wie der Kulturtourist, denn beiden Aspekten wird die gleiche Bedeutung eingeräumt.
Der Reiseteil bietet ausführliche Informationen über die vielfältigen Sehenswürdigkeiten, denn rings um die Wanderlandschaften locken Burgen, Schlösser, Parkanalagen und kulturreiche Städte mit spannenden Entdeckungen nicht nur für Städtetouristen.
Der klassische Wanderer, der reizvolle Landschaften erlaufen möchte, findet im Wanderteil detaillierte, sorgfältig recherchierte Tourenbeschreibungen, mit denen planen und wandern fast ein Kinderspiel ist.

Riesengebirge
Böhmisches Paradies

Isergebirge
Wanderung von Zittau bis vor die Tore von Prag

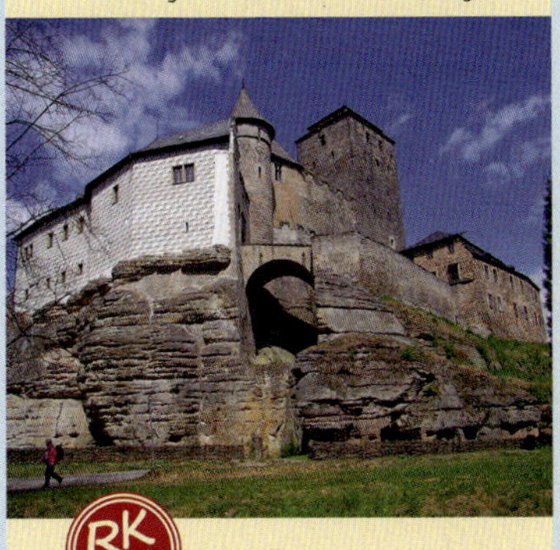

RK ReiseBuch Karhu

Reise- & Wanderführer
Tschechien

Sabine Flöry | Jörg Schaar

Riesengebirge & Böhmisches Paradies

Ein Reiseführer für Böhmen
mit Wanderungen im
Riesengebirge
Isergebirge
Böhmischen Paradies
mit einer Streckenwanderung
von Zittau bis vor die Tore von Prag

Autoren:
Sabine Flöry & Jörg Schaar

Verlag: REISEBUCH-KARHU
1. Aufl. 2016
288 Seiten mit 28 Übersichtskarten
Format 12 x 19 - Taschenbuch
ISBN 978-3-9816577-1-5

Preis 17,95 €

Demnächst erscheint

Adersbach-Weckelsdorfer Felsenstadt
Nationalpark Heuschergebirge

Ein Reiseführer mit Wanderungen im
Adlergebirge
Altvatergebirge
über den **Glatzer Schneeberg**
in den **Braunauer Wänden**
und durch die
Wilden Löcher *(Błędne Skały).*

Autoren:
Sabine Flöry & Jörg Schaar

Verlag:
REISEBUCH-KARHU

ET: 2018
Taschenbuch
ISBN 978-3-9816577-3-9

Adersbach-Weckelsdorfer
Felsenstadt
Nationalpark Heuschergebirge

Adlergebirge I Altvatergebirge I Braunauer Wände
Glatzer Schneeberg I Wilden Löcher

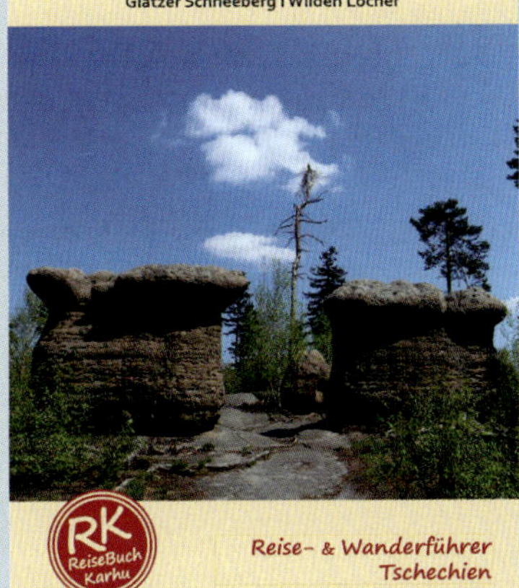

RK ReiseBuch Karhu

Reise- & Wanderführer
Tschechien

Sabine Flöry | Jörg Schaar

GERA - Thüringer Vogtland
Reise- & Wanderführer - 1. Auflage 2017

Verlag REISEBUCH-KARHU
REISE-KARHU - AktivReisen & ReiseBücher e.K., Bahnhofstraße 14, 07545 Gera
www.reisebuch-karhu.de

ISBN: 978-3-9816577-2-2

Entwurf, Gesamtgestaltung, Satz, Bildgestaltung: Sabine Flöry, Jörg Schaar.
Karten: Jörg Schaar
Druck und Buchbindung: Finidr, s.r.o., Český Těšín.

Fotos:
Titelbild: Untermhäuser Brücke & Marienkirche Gera
Rückseite: Talsperre Pirk, Fachwerkhaus Steinsdorf, Teufelskanzel Hohenwarte
Innenklappe: Osterburg, Kasse im Märchenwald, Göltzschtalbrücke, Plauener Spitze
Kapitelanfänge/Innenseiten: S. 1: Postmeilensäule - Alte Elsterbrücke *(Plauen)*, S. 2-3: Drachenschwanzbrücke *(Ronneburg)*, S. 8-9: Kl. Kirchstrasse 2 *(Gera)*, S. 22-23: Orangerie *(Gera)*, S. 46-47: Osterburg *(Weida)*, S. 82-83: Alte Elsterbrücke *(Plauen)*, S. 120-121: Ziegenrück, S. 154-155: Oberes Schloss *(Greiz)*, S. 182-183: Blick vom Lasurberg *(Gera)*, S. 194-195: Jagdschloss Fröhliche Wiederkunft *(Wolfersdorf)*, S. 206-207: Talsperre Zeulenroda, S. 218-219: Talsperre Pirk, S. 238-239: Teufelskanzel *(Hohenwarte Stausee)*, S. 252-253: Blick vom Rathaus *(Gera)*
Alle Fotos von: Sabine Flöry und Jörg Schaar.

Wir - der Verlag und die Autoren - sind bemüht, Ihnen immer die aktuellsten Informationen über das im Buch beschriebene Reiseziel zu vermitteln. Alle Angaben und Informationen zu den Städten, Sehenswürdigkeiten und zu den empfohlen Wanderungen wurden von den Autoren sorgfältig recherchiert, persönlich abgefahren und die Wanderungen „erwandert".
Trotzdem können wir für die Richtigkeit der Angaben keine Gewähr übernehmen. Sollten sich Fehler eingeschlichen oder Informationen geändert haben, nehmen wir gern Ihre Hinweise und Änderungen für die Aktualisierung entgegen (per E-Mail unter tour@reise-karhu.de).